DEPOIS DE PIKETTY

Heather Boushey, J. Bradford DeLong,
Marshall Steinbaum
(organizadores)

DEPOIS DE PIKETTY

A agenda para a economia e a desigualdade

tradução
Alexandre Hubner
Luciano Vieira Machado
Marcelo José Ferraz Ferreira

Estação Liberdade

Título original: *After Piketty: The Agenda for Economics and Inequality*

PREPARAÇÃO Silvia Massimini Felix
REVISÃO Paula Queiroz e Marina Silva Ruivo
EDITOR ASSISTENTE Luis Campagnoli
SUPERVISÃO EDITORIAL Letícia Howes
PROJETO GRÁFICO E COMPOSIÇÃO Gustavo Abumrad
LAYOUT DE CAPA Dean Bornstein
EDIÇÃO DE ARTE Miguel Simon
EDITOR Angel Bojadsen

CIP-BRASIL. CATALOGAÇÃO NA PUBLICAÇÃO
SINDICATO NACIONAL DOS EDITORES DE LIVROS, RJ

D469

Depois de Piketty: a agenda para a economia e a desigualdade / organização Heather Boushey, J. Bradford DeLong, Marshall Steinbaum; tradução Alexandre Hubner, Luciano Vieira Machado, Marcelo José Ferraz Ferreira. – 1. ed. – São Paulo: Estação Liberdade, 2023.
752 p. ; 23 cm.

Tradução de: After Piketty: the agenda for economics and inequality
Inclui índice
ISBN 978-65-86068-77-1

1. Piketty, Thomas, 1971- 2. Capital – Aspectos sociais. 3. Igualdade – Aspectos econômicos. I. DeLong, J. Bradford. II. Steinbaum, Marshall. III. Hubner, Alexandre. IV. Machado, Luciano Vieira. V. Ferreira, Marcelo José Ferraz.

23-83990 CDD: 332.041
CDU: 330.85

Gabriela Faray Ferreira Lopes - Bibliotecária - CRB-7/6643
16/05/2023 18/05/2023

Esta publicação segue as normas do Acordo Ortográfico da Língua Portuguesa, Decreto nº 6.583, de 29 de setembro de 2008.

EDITORA ESTAÇÃO LIBERDADE LTDA.
Rua Dona Elisa, 116 | Barra Funda
01155-030 São Paulo – SP | Tel.: (11) 3660 3180
www.estacaoliberdade.com.br

Na academia, nosso trabalho sempre se apoia nos ombros daqueles que nos precederam. É com tal espírito que dedicamos este volume a Anthony Atkinson (1944-2017), cuja vida, consagrada à tarefa de documentar e compreender a desigualdade econômica, nos estimulou — e, assim esperamos, seguirá estimulando futuras gerações de acadêmicos — a fazer indagações fundamentais para o entendimento de como e em favor de quem a economia funciona.

SUMÁRIO

INTRODUÇÃO

O capital no século XXI, três anos depois 13
J. Bradford Delong, Heather Boushey e Marshall Steinbaum

I. RECEPÇÃO 43

1. O fenômeno Piketty 45
Arthur Goldhammer

2. Thomas Piketty está certo 71
Robert M. Solow

3. Por que estamos em uma nova Idade de Ouro? 85
Paul Krugman

II. CONCEPÇÕES DE CAPITAL 99

4. O que há de errado no modelo indicado em *O capital no século XXI*? 101
Devesh Raval

5. Uma análise da W/Y, do ponto de vista da economia política 131
Suresh Naidu

6. A natureza ubíqua do capital escravo 163
Daina Ramey Berry

7. Capital humano e riqueza antes e depois de *O capital no século XXI* 193
Eric R. Nielsen

8. Explorando os efeitos da tecnologia sobre desigualdade de renda e riqueza 221
Laura Tyson e Michael Spence

9. Desigualdade de renda, determinação de salários e o local de trabalho fissurado 269
David Weil

III. DIMENSÕES DA DESIGUALDADE 303

10. Aumento da renda decorrente do capital e seu efeito sobre a desigualdade de renda pessoal 305
Branko Milanovic

11. Desigualdade global 333
Christoph Lakner

12. As geografias de *O capital no século XXI*: desigualdade, economia política e espaço 363
Gareth A. Jones

13. A agenda de pesquisa após *O capital no século XXI* 397
Emmanuel Saez

14. Macromodelos de desigualdade de riqueza 423
Mariacristina De Nardi, Giulio Fella e Fang Yang

15. Uma interpretação feminista do capitalismo patrimonial 465
Heather Boushey

16. O que a crescente desigualdade significa para a macroeconomia? 503
Mark Zandi

17. Desigualdade crescente e estabilidade econômica 535
Salvatore Morelli

IV. A ECONOMIA POLÍTICA DO CAPITAL E DO CAPITALISMO 569

18. Desigualdade e ascensão da social-democracia: uma história ideológica 571
Marshall I. Steinbaum

19. A formação jurídica do capitalismo 611
David Singh Grewal

20. As origens históricas da desigualdade global 639
Ellora Derenoncourt

21. Em todos os lugares e em lugar nenhum: a política no livro *O capital no século XXI* 665
Elisabeth Jacobs

V. A RESPOSTA DE PIKETTY 701

22. Rumo a uma reconciliação entre economia e ciências sociais 703
Thomas Piketty

Agradecimentos 729

Índice remissivo 731

INTRODUÇÃO

O capital no século XXI, *três anos depois*

J. BRADFORD DELONG, HEATHER BOUSHEY
E MARSHALL STEINBAUM

A obra de Thomas Piketty, *O capital no século XXI*, é um sucesso de vendas de proporções espetaculares.

O fato de que o livro tenha alcançado um número tão impressionante de leitores diz muito da intensidade com que tantas pessoas anseiam em se inteirar e participar do debate político e econômico em torno da segunda Belle Époque atualmente em curso no Norte global.[1] O tradutor da edição em inglês de *O capital no século XXI*, Art Goldhammer, registra no Capítulo 1 que o livro já alcançou a marca de 2,2 milhões de exemplares vendidos no mundo inteiro, tendo sido vertido para trinta idiomas, que certamente terão grande impacto. É impossível que não ponham o espírito dos tempos em outra sintonia: depois de Piketty, o enfoque do debate público e intelectual sobre desigualdade, política econômica e crescimento justo há de ser outro.

No entanto, isso é contrabalançado pela ação de algumas forças sociopolíticas. Uma maneira de entender o projeto de Piketty é lembrar que, para o autor de *O capital no século XXI*, a típica economia industrializada com baixo índice de desigualdade lembra, em vários aspectos, a França gaullista dos Trinta Gloriosos*, o período de crescimento acelerado vivido pela economia francesa

1. T. Piketty, *O capital no século XXI*, trad. Monica Baumgarten de Bolle, Rio de Janeiro, Intrínseca, 2014.

* A expressão Trinta Gloriosos designa os trinta anos (de 1945 a 1975) que se seguiram ao final da Segunda Guerra Mundial e que constituíram um período de forte crescimento econômico na maioria dos países desenvolvidos, notadamente os países membros da OCDE. [N.T.]

entre 1945 e 1975, ao passo que a típica economia industrializada com alto índice de desigualdade se assemelha, em vários aspectos, à Terceira República francesa do período de 1870 a 1914, a chamada Belle Époque. O que predominava durante a Terceira República era uma corrente que se distinguia politicamente por seu igualitarismo radical (embora restrito aos franceses do sexo masculino) e por sua aversão extrema a autoridades preestabelecidas — em particular às autoridades religiosas —, mas que, não obstante isso, também se notabilizava por uma tolerância exacerbada às grandes fortunas e pelo afã em protegê-las e reforçá-las. Todos aqueles que possuíam ou se esforçavam por adquirir alguma propriedade — fosse um pequeno estabelecimento comercial, um vinhedo, títulos do governo, uma fábrica ou grandes propriedades rurais — eram irmãos nessa riqueza a ser protegida dos invejosos e forasteiros que proliferavam no seio de uma classe operária de propensões socialistas.

É fundamental, para o livro de Piketty, o prognóstico de que esse mesmo complexo ideológico, econômico e político — a percepção de que todos os indivíduos que detêm alguma propriedade precisam se juntar para se precaver das ameaças à posse ou à lucratividade desses bens — acabará por dominar a economia política do século XXI, ao menos no Atlântico Norte. Isso colocará em ação forças que manterão a taxa de lucro em níveis elevados o bastante para impulsionar a ascensão da plutocracia que Piketty antevê em nosso futuro.

Há dois anos, os editores da presente obra teriam dito: "Talvez isso aconteça, talvez não." Porém, o fato é que, depois da eleição presidencial de 2016 nos Estados Unidos, o prognóstico de Piketty ganhou solidez. Ainda que não venhamos a testemunhar a mesma dominância cultural da propriedade que se observava na Belle Époque da Terceira República francesa, parecemos inegavelmente em vias de reproduzir muitas de suas principais características.

É importante observar que Donald Trump venceu a eleição de 2016 graças ao colégio eleitoral, e não porque tenha obtido mais votos. Mesmo assim, foram muitos votos, e grande parte deles veio de lugares que historicamente favoreciam os candidatos democratas, mas que nos últimos tempos têm enfrentado graves dificuldades econômicas. Além disso, Hillary Clinton não se saiu tão bem quanto Barack Obama entre os jovens e as minorias raciais, os quais sofrem com taxas de emprego historicamente baixas, não obstante terem contraído um volume recorde de dívidas para financiar seus estudos superiores, estimulados pela promessa de que o diploma universitário lhes proporcionaria segurança no mercado de trabalho. De modo que a argumentação político-econômica de Piketty nos parece ter sido enormemente robustecida pela eleição de Trump.

Em razão disso, acreditamos que este livro se tornou ainda mais importante. Reunimos nossos autores e editamos seus ensaios para realçar aquilo que, ao menos aos nossos olhos, os economistas deveriam estudar *Depois de Piketty*, encontrando no livro uma ferramenta para afiar sua visão e se concentrar no que é relevante e importante.

Fora dos muros da economia

Nos ramos das ciências sociais que transcendem a economia, o impacto da obra de Piketty é inegável. *O capital no século XXI* logrou uma vitória intelectual arrasadora. Desde sua publicação, o livro vem pautando o debate na sociologia e na ciência política, assim como as discussões de natureza político-econômica. Outras áreas das ciências sociais também foram definitivamente afetadas pelos argumentos de Piketty sobre as consequências e a probabilidade do aumento da desigualdade.

Em que consiste esse efeito sobre historiadores, sociólogos, politólogos e outros cientistas sociais? Em nossa opinião, a melhor síntese do impacto de *O capital no século XXI* nas ciências sociais fora dos muros da economia foi escrita, de maneira um tanto paradoxal, por um economista: Paul Krugman. No Capítulo 3 deste volume, Krugman observa que o estudo do último período histórico marcado por elevados níveis de desigualdade — a primeira Idade de Ouro* — mostra que não havia incompatibilidade entre essa desigualdade exacerbada e aquilo que então era considerado um experimento (para os indivíduos brancos do sexo masculino) em democracia radical, pois "naquela época, como hoje, a grande riqueza comprava grande influência — não exatamente no nível das políticas públicas, mas no do discurso público". No momento em que escrevemos esta introdução, em dezembro de 2016, um fenômeno semelhante é evidenciado pela provável formação do gabinete presidencial mais endinheirado da história dos Estados Unidos. E as grandes fortunas não serviam apenas como um megafone para amplificar as vozes de seus detentores, fosse nos corredores do poder, fosse na esfera pública. Também suscitavam

* Na história dos Estados Unidos, a *Gilded Age* (Idade de Ouro) corresponde ao período final do século XIX, da década de 1870 a cerca de 1900. [N.T.]

padrões sociológicos de emulação, inclusive na determinação das qualificações a ser exibidas pelos indivíduos que desejassem ocupar altos cargos na administração pública, bem como na demarcação dos interesses aos quais era aceitável que esses indivíduos servissem.

Krugman vê — com acerto, em nossa opinião — a desigualdade econômica produzindo as mesmas consequências políticas e sociológicas atualmente; se é que seus efeitos agora não são ainda mais profundos. É como se correntes políticas e sociológicas estivessem reagindo não ao que a desigualdade é hoje, mas àquilo que as pessoas acreditam que ela provavelmente será daqui a uma geração:

> Um aspecto curioso da cena americana é que a política da desigualdade parece ser algo que corre à frente da realidade. Como vimos, nesse aspecto a elite econômica dos Estados Unidos deve seu status antes a salários do que a rendimentos de capital. Ainda assim, a retórica econômica conservadora já enfatiza e comemora mais o capital do que o trabalho — "criadores de emprego", não trabalhadores. [...] Às vezes, tem-se a impressão de que grande parte de nossa classe política está seriamente empenhada em restaurar o capitalismo patrimonialista descrito por Piketty.

A conclusão de Krugman é reforçada e ressaltada pela eleição presidencial de 2016 nos Estados Unidos. Parece-nos extraordinário que um candidato com conhecimentos tão limitados e sem nenhuma experiência política tenha obtido uma votação tão expressiva explorando apenas a imagem que construiu de um sujeito que não tem papas na língua e que se propõe a legitimar os preconceitos do "americano comum", promovendo seus interesses em detrimento das elites profissionais e impedindo que as minorias e os imigrantes sejam beneficiados por mecanismos que lhes permitam "furar a fila" das oportunidades. Diante da rejeição de Trump por parte da enorme maioria dos economistas, seus eleitores deram de ombros, rejeitando a autoridade dos especialistas (em economia e outros assuntos) e suas opiniões sobre o que é bom para a economia. Ao longo das últimas quatro décadas, em nome da promoção do crescimento econômico, os Estados Unidos reduziram consideravelmente a tributação sobre os indivíduos mais ricos, enfraqueceram os sindicatos dos trabalhadores e seu poder de negociação com os patrões, além de terem aumentado substancialmente o nível educacional da força de trabalho. Essas políticas produziram um país desigual, com baixos índices de crescimento econômico, e um eleitorado disposto a abraçar os ódios de um populismo protofascista. Se o livro de Piketty era desconfortavelmente radical antes, agora parece urgentemente necessário.

Sociólogos, historiadores, cientistas políticos e outros estudiosos parecem estar se havendo com essas questões, de forma saudável e produtiva. Essa parte do impacto de *O capital no século* XXI parece, ao menos a nosso ver, bem encaminhada.

Dentro dos muros da economia

No entanto, dentro dos muros da economia, a reação nos parece ser menos saudável. A participação de Piketty em seminários da área lota auditórios. Mas os estudos acadêmicos sobre a vasta gama de questões levantadas por *O capital no século* XXI não alcançaram, pelo menos até o momento, um volume expressivo. O livro de Piketty não teve, ou ainda está por ter, o impacto nas agendas da pesquisa econômica e da formulação de políticas públicas a que, em nossa opinião — fãs ardorosos que somos —, a obra faz jus.

Pensamos assim porque estamos convencidos de que *O capital no século* XXI é, como diz Robert Solow no Capítulo 2, um livro extremamente sério. Há inúmeras questões em suas páginas que chamam a atenção dos economistas. O fato de Kaldor estipulava que, em meados do século XX, a desigualdade — ao menos quando impulsionada por mudanças na distribuição funcional da renda — já não seria, e nunca mais voltaria a ser, um observável econômico variável digno de importância. O que se percebe agora é que o fato de Kaldor não é um fato — ou melhor, foi apenas um padrão histórico transitório que acabou por se diluir. A hipótese de Kuznets dizia que todas ou quase todas as economias haviam passado, ou viriam a passar, por uma era industrial, durante a qual a desigualdade aumenta, para então embarcar em uma era social-democrática de consumo de massa, em que a desigualdade diminui e se estabiliza. Tampouco isso é um fato — trata-se apenas de outra contingência histórica passageira. Dado que esses dois fatos não são fatos, Solow conclama os economistas — e a ciência econômica — a se debruçar sobre *O capital no século* XXI com a seriedade que Piketty merece. A conclamação de Solow é parte fundamental de nossa motivação para organizar e editar este livro. O fato de que os economistas, e a própria ciência econômica, não pareçam estar respondendo como deveriam a tal chamamento compõe o restante de nossa motivação.

As proposições de Piketty

Portanto, nossas indagações são: de que maneira Piketty avançou a discussão no tocante ao nosso entendimento da economia? Quais são os próximos passos para a pesquisa econômica, tendo em vista o que Piketty realizou? Para responder a essas perguntas, antes de mais nada precisamos identificar com clareza o argumento de *O capital no século XXI*. A nosso ver, o best-seller de Piketty apresenta cinco proposições fundamentais:

1. Durante a era social-democrática, que se estendeu do fim da Segunda Guerra até aproximadamente 1980, as economias industrializadas do Norte global foram lugares relativamente igualitários (ao menos para os indivíduos brancos do sexo masculino). Nessas economias, as diferenças relativas de renda se tornaram mais moderadas; as arraigadas disparidades raciais em termos de patrimônio, renda e emprego foram reduzidas; e a participação política se manteve aberta a toda a população. Nelas, as pretensões da riqueza patrimonial a determinar a direção da política e moldar a estrutura da economia foram mantidas sob controle — ainda que não neutralizadas.
2. Esse padrão da era social-democrática foi uma instável anomalia histórica. Ao contrário de muitos estudiosos, Piketty vê a ascensão do Estado de bem-estar social como uma consequência do poder declinante da elite plutocrática. Para ele, a queda da desigualdade, depois da incidência de impostos, se deveu às guerras e à adoção de regimes tributários progressivos, e não aos mecanismos de seguridade social, às leis trabalhistas e às infraestruturas de bem-estar social que foram criados entre o fim do século XIX e o início do século XX. Como a destruição de capital promovida por conflitos armados é uma anomalia, o mesmo vale para o período de baixa desigualdade.
3. A era social-democrática foi precedida pela Belle Époque na Europa — período que nos Estados Unidos corresponde à primeira Idade de Ouro. Nesse período antecedente, prevaleciam as pretensões da riqueza patrimonial, em particular a proveniente de herança, a determinar a direção da política e moldar a estrutura da economia. Na época, a disparidade em renda relativa — e, mais ainda, em patrimônio relativo — era extremada.

4. No momento, aparentemente nos encontramos em uma era de transição. Muito embora a concentração patrimonial tenha retornado aos níveis recorde do início do século XX, Piketty mostra que, no caso dos indivíduos que pertencem ao 1% mais rico da população, a maior parte da renda ainda advém do trabalho, e não do capital.[2] Por outro lado, a desigualdade em termos de renda do capital vem crescendo em ritmo acelerado desde o ano 2000, ao passo que, no tocante à renda do trabalho, ela se manteve relativamente constante de lá para cá.[3] Ainda não atingimos a situação em que "o passado devora o futuro", mas estamos chegando lá.[4]
5. Graças às poderosas forças geradas pela dinâmica subjacente da riqueza patrimonial, é muito provável que estejamos sendo levados para uma segunda Idade de Ouro, outra Belle Époque, em que mais uma vez prevalecerão as pretensões da riqueza patrimonial, em particular a proveniente de herança, a determinar a direção da política e moldar a estrutura da economia, e na qual a disparidade em renda relativa — e, mais ainda, em patrimônio relativo — voltará a ser extremada, e o acesso aos modernos avanços na saúde e na educação deixará de ser universal, interrompendo, quando não revertendo, a convergência relativa em bem-estar entre grupos e indivíduos.

A estrutura do argumento de Piketty

O argumento central por trás dessas proposições de Piketty pode ser sucintamente delineado em sete passos analíticos:

1. A razão riqueza/renda anual de um país aumentará (ou diminuirá) até atingir um nível correspondente a suas taxas de poupança e acumulação, divididas por sua taxa de crescimento.

2. Sobre riqueza patrimonial, veja T. Piketty; G. Zucman, "Capital Is Back: Wealth-Income Ratios in Rich Countries, 1700-2010", *Quarterly Journal of Economics*, v. 129, n. 3, 2014, pp. 1255-1310.

3. T. Piketty; E. Saez; G. Zucman, "Distributional National Accounts: Methods and Estimates for the United States", *Working Paper*, disponível em: http://gabriel-zucman.eu/files/PSZ2016.pdf.

4. T. Piketty, op. cit.

2. Tempo e acaso inevitavelmente levarão à concentração de patrimônio nas mãos de um grupo relativamente pequeno — ao qual podemos chamar de "os ricos". Um país com uma razão riqueza/renda anual elevada terá uma distribuição patrimonial extremamente desigual.
3. Um país com distribuição patrimonial extremamente desigual também terá uma distribuição de renda extremamente desigual, uma vez que os ricos manipularão a economia política ou outros fatores de maneira a manter as taxas de lucro em níveis suficientemente elevados para evitar o que John Maynard Keynes chamou de "a eutanásia do *rentier*".[5]
4. Em um país no qual a distribuição da riqueza e da renda é extremamente desigual, o controle sobre a riqueza ficará, com o passar do tempo, nas mãos de herdeiros e herdeiras, dando origem a uma "herdeirocracia".
5. Em um país no qual a riqueza, em particular a herdada, é economicamente proeminente, os ricos terão um grau muito elevado de influência econômica, política e sociocultural — e a vida social nesse país será, em muitos aspectos, detestável.
6. O século XX: (a) se caracterizou por um crescimento econômico extraordinário, gerado pelo que Robert Gordon identificou como forças propulsoras ativadas pela Segunda Revolução Industrial, e também pela bem-sucedida convergência do Norte global com a fronteira de prosperidade econômica constituída pelos Estados Unidos; (b) foi marcado por guerras, revoluções, caos generalizado e movimentos políticos de inclinações socialistas, defensores da adoção de regimes tributários progressivos, conformando um conjunto de forças poderosas que contribuíram para reduzir a taxa de acumulação; mas (c) deu lugar a um século XXI em que todas essas forças estão refluindo, se é que já não saíram definitivamente de cena.[6]
7. Em vista disso — embora ainda estejamos distantes do limite —, a lógica explicitada entre (1) e (5) está agora em operação. E é muito provável que ela continue a operar até produzir suas consequências definitivas. Dentro de aproximadamente meio século, essa lógica produzirá uma sociedade detestável em vários aspectos.

5. J. M. Keynes, *The General Theory of Employment, Interest, and Money*, Nova York, Harcourt Brace Jovanovich, 1953, p. 376.
6. Veja R. J. Gordon, *The Rise and Fall of American Growth: The U.S. Standard of Living since the Civil War*, Princeton, Princeton University Press, 2016.

Na opinião de Piketty, estamos há uma geração inteira vivendo esse definhamento da social-democracia do Atlântico Norte. Mas o processo ainda não chegou ao fim. Serão necessárias, segundo ele, pelo menos mais duas gerações para que a lógica que impulsiona nossa trajetória atual se desdobre até sua completude. Em sua visão, ainda não vimos nada, ao menos no que tange ao retorno do Norte global a seu padrão plutocrático por natureza.

A pobreza das críticas a Piketty (ou de grande parte delas)

O argumento de Piketty não é simples, nem mesmo quando apresentado de forma tão sintética. Seria de se esperar, portanto, que *O capital no século XXI* atraísse um grande volume de respostas críticas. E isso realmente aconteceu: há diversas críticas sérias e importantes a Piketty. Alguns exemplos:

- Matt Rognlie põe em dúvida o passo (3) e toma o partido de John Maynard Keynes ao discutir se a acumulação que leva a uma razão riqueza/renda anual ascendente de fato conduz a uma taxa de lucro que cai em ritmo mais acelerado do que o crescimento da razão riqueza/renda anual, dando origem a um país com elevada concentração patrimonial, mas baixo nível de desigualdade de renda.[7]
- Tyler Cowen questiona os passos (2), (4) e (5), argumentando que a destruição criativa eliminará, ou pelo menos limitará, a relevância das acumulações dinásticas intergeracionais. Cowen também sustenta, na linha de Friedrich von Hayek, que os "ricos ociosos" são um recurso cultural valioso exatamente por não estarem presos à engrenagem cármica que obriga os demais indivíduos a pensar apenas em ganhar, obter e gastar com necessidades e conveniências, podendo assim adotar uma visão de mais longo prazo e/ou heterodoxa sobre as coisas.[8]

---

7. M. Rognlie, "A Note on Piketty and Diminishing Returns to Capital", *Working Paper*, 2014.
8. T. Cowen, "Capital Punishment", *Foreign Affairs*, v. 93, n. 3, maio/jun. 2014, pp. 158-164, disponível em: https://www.foreignaffairs.com/reviews/review-essay/capital-punishment.

- Daron Acemoglu e James Robinson chamam a atenção para o fato de que, embora Piketty "mencione políticas e instituições [...], elas têm um papel *ad hoc*".[9]
- Há também autores que apostam em uma nova revolução industrial que, criando mais oportunidades, impulsionando o crescimento e sendo acompanhada de nova onda de destruição criativa, acabará por desativar (2), (4), (6) e (7).
- E há ainda o fato de que Piketty desconsidera o capital humano como uma importante forma de propriedade e um fator nivelador na era moderna.

Em termos mais gerais, porém, o que nos impressiona é o conteúdo limitado das críticas ao encadeamento do argumento de Piketty como um todo. Trata-se de um argumento complexo, com várias etapas, e portanto vulnerável. O levantamento e a leitura que fizemos das críticas a *O capital no século* XXI estão longe de ser exaustivos: tentamos compilar um apanhado das críticas a Piketty, mas o volume era tão grande que tivemos de nos contentar em fazer um apanhado dos apanhados. E identificamos uma quantidade impressionante de argumentos que em grande medida nos parecem completamente desprovidos de substância. Muitos deles lembram diagnósticos psicológicos amadorísticos, outros se resumem à acusação de que Piketty teria simpatias comunistas, e há ainda os que contêm leituras equivocadas do próprio argumento de Piketty, calibragens mal elaboradas de modelos de crescimento econômico, dados incorretos, entre outras aberrações.

O cúmulo do absurdo talvez seja a crítica de Allan Meltzer, da Carnegie-Mellon University e do Hoover Institution da Stanford University, em que Thomas Piketty é acusado de ser francês, de ter sido professor do MIT e de ter publicado, em colaboração com Emmanuel Saez, trabalhos no MIT, onde Olivier Blanchard, do FMI, também já deu aulas. Blanchard também é francês. A França há muitos anos implementa destrutivas políticas de redistribuição de renda... E assim por diante.[10]

9. D. Acemoglu, J. Robinson, "The Rise and Decline of General Laws of Capitalism", *Journal of Economic Perspectives* 29, n. 1, inverno 2015, p. 9.

10. A. Meltzer, "The United States of Envy", in *Defining Ideas: A Hoover Institution Journal*, 17 abr. 2014, disponível em: http://www.hoover.org/research/united-states-envy.

Por um lado, é decepcionante ver críticas que parecem menos análises acadêmicas do que coisas escritas para tranquilizar os bilionários que esperam poder estabelecer suas próprias dinastias.

Em contrapartida, o ímpeto que leva à publicação de críticas tão levianas, além dos 2,2 milhões de exemplares vendidos da obra, é prova irrefutável do barulho — para não dizer estrondo — que *O capital no século XXI* vem causando. Muitas pessoas acreditam que vale a pena enfrentar o livro de Piketty. A questão é: como?

FIGURA 0.1: Tuíte em que um leitor resume em poucas palavras, não exatamente corretas, o argumento de *O capital no século XXI*

Tradução: Karl Marx não estava errado, apenas adiantado. Bastante. Desculpe, capitalismo. #desigualdadeparasempre

Nosso desejo é promover um questionamento construtivo de *O capital no século XXI*. Queremos análises — análises afiadas. Mas queremos que sejam efetivas, úteis, que contribuam para o avanço do conhecimento. Não nos interessam coisas como a Figura 0.1, que oferece uma leitura equivocada do argumento de Piketty e, ao fazê-lo, contribui para estreitar, em vez de ampliar, o conhecimento global. E desejamos estimular pesquisas que levem o trabalho de Piketty mais à frente, estendendo sua coleta de dados e aprofundando seus argumentos teóricos.

Acreditamos que os ensaios aqui reunidos contribuem para essa tarefa. A fim de preparar o terreno para eles, fizemos as seguintes indagações:

1. O argumento de Thomas Piketty em *O capital no século XXI* é correto?
2. Devemos ficar preocupados?
3. Quais são as implicações?
4. O que fazer a seguir?

Piketty está certo?

Os argumentos apresentados em *O capital no século XXI* são corretos? Ou, caso não sejam totalmente acertados, será que o perturbador cenário traçado por Piketty é algo com que devemos nos preocupar — e talvez algo a que devamos reagir, na esperança de transformar as previsões de *O capital no século XXI* em uma profecia que nega a si mesma?

Aqui, a nosso ver, tudo indica que a resposta é: sim.

Piketty está certo ao sustentar que, no Norte global, desde o passado mais remoto sobre o qual dispomos de dados, a posse privada de riqueza — com sua capacidade de controlar recursos, determinar onde e como as pessoas devem trabalhar e moldar a política — sempre foi altamente concentrada. Piketty tem razão ao afirmar que há 150 anos — seis gerações atrás —, durante a Belle Époque/primeira Idade de Ouro, em um país típico do Norte global, o total da riqueza privada correspondia a aproximadamente seis anos da renda nacional. Piketty também está certo ao afirmar que durante a era da social-democracia, há cerca de cinquenta anos — duas gerações atrás —, a razão capital/renda era aproximadamente igual a três. E Piketty acerta ao observar que no transcorrer das duas últimas gerações essa razão riqueza/renda vem aumentando em ritmo acelerado.

Por outro lado, não é tão certo que a elevação da razão riqueza/renda seja de fato impulsionada pelas forças indicadas por Piketty. E é ainda mais controversa a tese de que o aumento na desigualdade de renda se deve a um aumento na desigualdade patrimonial, que, por sua vez, seria uma consequência da elevação da razão riqueza/renda nacional. Esses pontos são questionáveis — e são questionados. E era de se esperar que fossem questionáveis. A distribuição da renda é influenciada por várias outras forças além daquelas a que Piketty confere destaque — algumas das quais são inclusive mencionadas por ele. E as que Piketty põe em relevo ainda não tiveram tempo de exercer integralmente seu impacto desde que a era da social-democracia chegou ao fim.

O foco do argumento de Piketty não está em apontar as causas de como as coisas são agora, mas em visualizar como elas serão daqui a cinquenta anos. Apesar disso, não faltam indicações de que certos elementos importantes da última Idade de Ouro voltaram a se manifestar no mundo atual: a elevação da participação do capital na renda nacional, a coincidência crescente entre renda do trabalho e renda do capital, a persistência cada vez maior das fortunas intergeracionais, que se mostram impregnáveis às investidas das autoridades tributárias.

Por sua vez, a relativa autonomia das instituições, da política e dos movimentos sociais diante das pressões econômicas estruturais merece ser mais discutida. O argumento de Piketty se baseia em uma teoria bastante determinista do futuro: os ricos manipularão o sistema a fim de manter a taxa de lucro em 5%, seja qual for a dimensão alcançada por suas fortunas. Piketty não explora com a devida atenção o papel das forças não econômicas. Muito embora incentive o leitor a levar em consideração o que as outras ciências sociais têm a dizer sobre elas, o fato é que, no limite, seu argumento está assentado nas dinâmicas econômicas simples da acumulação de patrimônio e da desigualdade no contexto de uma taxa de lucro saudável e relativamente estável.

As mudanças institucionais que talvez se façam necessárias para que a taxa de lucro permaneça em níveis saudáveis enquanto a riqueza continua a aumentar, viabilizando a concretização dessa visão, não são abordadas.

No entanto, as instituições, tal como elas se configuram no momento, podem impedir a realização dessa visão de várias maneiras. Por exemplo, como observa Heather Boushey no Capítulo 15, uma "herdeirocracia" quase com certeza envolveria uma reversão no tocante ao princípio da igualdade de gênero — algo que provavelmente enfrentaria forte resistência por parte das mulheres e seus aliados. Além disso, tanto David Grewal (Capítulo 19) como Marshall Steinbaum (Capítulo 18) sustentam que a história da desigualdade transcorre em meio à ascensão (no caso do ensaio de Grewal) e queda (no de Steinbaum) do que se poderia chamar de "ideologia do capitalismo" e de um corpo correspondente de leis e políticas. Um "mercado livre", independente de autoridades mercantilistas ou monárquicas, se desenvolveu em concomitância com a burguesia do século XVIII e estabeleceu uma aliança política com o *ancien régime* no século XIX. Piketty argumenta que o capitalismo em si, mais do que sua ideologia, produz uma desigualdade crescente, e que foram os fatores exógenos das duas guerras mundiais do século XX que, por um curto período de tempo, refrearam sua ação. Mas o fato é que a ideologia capitalista também foi afetada por esses conflitos, e isso não foi algo tão exógeno. O argumento de Piketty é questionável, e é alvo de questionamento, porque o sinal em que ele se concentra ainda não veio à tona ou permanece indistinto.

Mas é justamente isso que deveríamos estar observando se o argumento de *O capital no século XXI* estiver realmente correto.

Todavia, também poderíamos estar observando se o argumento de Piketty for completamente infundado.

Por outro lado, a margem para controvérsias é bem menor no tocante à ideia de que pode haver problemas empíricos significativos com o padrão da "eutanásia do *rentier*", tal como previsto por autores como Keynes, Rognlie e outros, que supõem uma identidade entre a riqueza e o capital produtivo em algumas funções de produção de renda neoclássicas. Esses autores anteveem que a lógica da oferta e demanda provocará grandes oscilações na razão riqueza/renda, as quais serão acompanhadas de grandes oscilações, na direção oposta, na taxa de lucro. As taxas de lucro serão elevadas quando houver escassez de capital em relação à renda nacional e baixas quando houver abundância de capital. Segundo Keynes e outros autores, essas oscilações serão grandes o bastante para que a participação dos *rentiers* na renda total permaneça razoavelmente constante.

A resposta de Piketty é, grosso modo, a seguinte: o argumento de Keynes-Rognlie parece bastante bom nos termos da teoria econômica neoclássica, mas não encontra respaldo na prática histórica. A lógica da oferta e demanda nos diz que, quando a razão riqueza/renda varia, a taxa de lucro deve variar na direção oposta. Mas a história nos diz outra coisa: a taxa de lucro anual vem se mantendo entre 4% e 5%, revelando-se consideravelmente independente quanto à escassez ou abundância relativas da riqueza. Tanto pior para a lógica da oferta e demanda.

Aparentemente, temos aqui um fato histórico: a relativa invariância da taxa de lucro com respeito àquilo que as funções de produção agregadas neoclássicas nos dizem que deveria ser sua principal fonte de variação. Mas Piketty não apresenta uma tese para explicar esse fato:

- Ele poderia argumentar que capital físico, riqueza total, economia política rentista e monopólios mantidos por imposição governamental operam em um quadrilátero de ferro para manter a taxa de lucro em determinado patamar, à revelia do que dizem a lógica da produção e a teoria da distribuição segundo a produtividade marginal.
- Ele poderia argumentar que a tecnologia impede que o capital físico gere retornos marginais substancialmente decrescentes e que, em vista disso, a razão capital/renda e a participação do capital na renda caminham sempre no mesmo sentido, e não em sentidos opostos. Poderia dizer que,

no passado, o que ele chama de "capital" era em sua quase totalidade capital agrícola, sob a forma de terras aráveis, e que, no futuro, o "capital" será em sua quase totalidade capital informacional e que o modelo neoclássico de crescimento é uma aproximação de primeira ordem válida apenas para o breve intervalo que foi a era da social-democracia.

- Ele poderia acompanhar Suresh Naidu (Capítulo 5), o qual sustenta que a participação do capital na renda nacional, longe de obedecer às regras de precificação da produtividade marginal, é na realidade determinada pelo poder, e que o estoque total do que Piketty e os neoclássicos chamam seja de riqueza ou de capital na realidade são pretensões financeirizadas sobre o fluxo futuro de receitas — o resultado, não de um longo esforço de acumulação, mas do controle político do futuro.

Mas Piketty não defende nem essas nem quaisquer outras teses.

Eis uma lacuna substancial em *O capital no século XXI*, que aponta para aquela que talvez seja a mais importante e urgente fronteira de pesquisa aberta por Piketty. A aparente estabilidade da taxa de lucro é uma realidade robusta? E, em caso positivo, que forças e fatores mantêm a estabilidade da taxa de lucro?

Devesh Raval (Capítulo 4) tenta realizar alguns avanços nesse sentido. Reforçando a ideia da "eutanásia do *rentier*", de Rognlie-Keynes, ele mostra que capital e trabalho não são substituíveis o bastante para sustentar o argumento de Piketty. Se a estabilidade da taxa de lucro não pode ser explicada pela hipótese de que o capital marginal continua a ser produtivo enquanto se acumula, o que a explica? Há uma explicação? Laura Tyson e Michael Spence (Capítulo 8) oferecem uma possível explicação. Na opinião desses dois autores, Piketty está batendo na porta errada. A desigualdade está aumentando e continuará assim. Mas esse aumento não será impulsionado pelos fatores incluídos nos modelos de crescimento de Piketty. A desigualdade aumentará em razão do advento da era da informação e da forma a ser assumida nessa era pela tecnologia da informação, que, pela primeira vez na história, fará com que o trabalho humano seja um substituto, e não um complemento do capital, ao reduzir enormemente a utilização de cérebros humanos como mecanismos de controle cibernético na manipulação básica de materiais e no processamento básico de dados.

O argumento de Piketty é correto? No momento, a resposta é "talvez". Sua validade está condicionada não só à solidez de cada um de seus elos, como também a que o Norte global permaneça em sua trajetória político-econômica atual. De modo que muito depende do significado atribuído à expressão "trajetória político-econômica atual". Alguns a leem de uma maneira que faz com que Piketty certamente tenha razão. Outros a entendem de uma forma que faz com que ele esteja indiscutivelmente equivocado. E é fundamental que saibamos distinguir entre uns e outros.

Devemos ficar preocupados?

Alguns — talvez muitos — dizem que isso não tem importância. Segundo uma linha de argumentação bastante difundida, a desigualdade não é motivo de preocupação. Com efeito, dizem os defensores desse ponto de vista, a desigualdade, no fundo, é positiva: ela promove um crescimento econômico mais acelerado ao estimular a aquisição de capital humano e fomentar a mobilidade social. Para uma economia, uma sociedade ou um país, a desigualdade não seria problemática.

O que é um problema, de acordo com essa linha de pensamento, é a pobreza — sobretudo a pobreza extrema.

E, prossegue o argumento, hoje somos muito mais ricos do que nossos antepassados de seis gerações atrás. Na Idade de Ouro, ou Belle Époque, os níveis de desigualdade causavam não só pobreza, como pobreza extrema. Portanto, naquela época a desigualdade era um problema sério. Mas, como o Norte global enriqueceu muito, o grau de desigualdade que causava pobreza extrema no passado não tem o mesmo efeito hoje. Na realidade, agora a desigualdade não causa nada que se possa chamar de "pobreza" — desde que vejamos a coisa com perspectiva histórica.

Nos Estados Unidos, organizações que pretendem influenciar a formulação de políticas públicas, como a Third Way, sustentam que a situação da classe média americana é excelente. Apontam para a elevação dos salários reais — impulsionada em grande medida pelo aumento das horas trabalhadas e pela remuneração das mulheres — como indicação de que as mensurações a que Piketty submete o 1% mais rico são uma maneira equivocada de analisar as coisas. Na universidade, muitos mencionam os enormes avanços em saúde, saneamento básico, educação pública, alfabetização, erradicação de doenças, além da ampliação das atividades de lazer e da melhoria de diversos outros aspectos da vida das pessoas, para sustentar que nada indica que estejamos em vias de observar uma reversão desse aumento de bem-estar em termos absolutos, independentemente do que acontece com o 1% mais rico.

O argumento é velho — tem 250 anos, na realidade. Adam Smith diz, em sua obra *A riqueza das nações*, que o trabalhador britânico médio vivia com mais conforto material do que um rei africano. Em seu trabalho *Teoria dos sentimentos morais*, Smith sustentava que o consumo dos ricos era limitado pelo tamanho de seus estômagos e que, portanto, a maior parte do que eles gastavam, mesmo consigo mesmos, no fundo representava uma contribuição para o lazer e o conforto de seus subalternos.

Acontece que esse argumento provavelmente está errado. Mesmo quando se leva em conta que o crescimento econômico acima do nível malthusiano de subsistência foi impressionante no Reino Unido da primeira metade do século XVIII, e mesmo considerando que de lá para cá o crescimento foi ainda mais pujante, isso não quer dizer que não haja razões sólidas e importantes para nos preocuparmos não apenas com o que, pelos padrões históricos, entendemos por pobreza extrema e pobreza, mas também com a desigualdade e com o que entendemos por "pobreza" atualmente — mesmo que os pobres de hoje tenham máquinas de lavar pratos, smartphones e televisores.

Em primeiro lugar, ninguém que conheça a distribuição da assistência médica nos Estados Unidos e as estatísticas de produção de nosso sistema de saúde em relação às dos sistemas de outros países ricos pode negar que a desigualdade é um fator que faz com que o investimento de grandes volumes de recursos se traduza em muito pouco em termos de bem-estar e qualidade de vida. E a questão não se limita ao setor da saúde: uma economia desigual enfrenta enormes dificuldades para transformar seu potencial produtivo em bem-estar social. Nossa situação poderia ser muito melhor — e seria, se tivéssemos uma distribuição de renda e riqueza mais igualitária.

É difícil estabelecer uma relação de causalidade entre a desigualdade e os indicadores de saúde e outros índices de bem-estar, mas há um dado na pesquisa de Anne Case e Angus Deaton que ilustra as agruras enfrentadas pelos americanos que ficaram de fora da nova Idade de Ouro. Estes autores mostram que a elevação no número de óbitos de indivíduos de meia-idade provocados por suicídio ou overdose de drogas — duas causas intimamente associadas a problemas econômicos — entre 1999 e 2013 nos Estados Unidos foi tão expressiva que pode ser comparada à alta da mortalidade causada pela crise da Aids até 2015.[11] Outros dados indicam que as disparidades de emprego, saúde e bem-estar em geral pararam de encolher e, em alguns casos, voltaram a aumentar.[12]

Em segundo lugar, como já mencionamos, a riqueza que vem de longa data, em particular as fortunas herdadas, é naturalmente hostil à destruição criativa que acompanha o crescimento econômico acelerado. Os patrimônios acumulados há mais tempo são justamente os mais sujeitos aos abalos da destruição criativa. Os plutocratas e seus ideólogos gostam de dizer que uma distribuição de renda excessivamente igualitária eliminaria o incentivo ao trabalho e nos transformaria em uma nação de dependentes da assistência do Estado. Mas se a desigualdade voltasse aos níveis observados nos anos 1960, os Estados Unidos não virariam uma China maoísta. Considerando os níveis de desigualdade que realmente nos dizem respeito, acreditamos ser muito mais provável que o aumento da desigualdade arrefeça o crescimento, uma vez que isso subtrairia aos indivíduos menos bem aquinhoados os recursos de que eles precisariam para investir em si mesmos, em seus filhos e em seus empreendimentos. E o efeito negativo sobre o crescimento seria ainda maior, pois o país estaria se concentrando em ajudar os ricos a manter suas posses, às expensas do desenvolvimento dos restantes.

Há amplas evidências nos Estados Unidos de que as elites estão tentando criar o que alguns chamam de "reserva de oportunidades" (*opportunity hoarding*).[13] Estamos cansados de saber que os ricos conseguem assegurar para si poltronas de dimensões humanamente dignas em aviões e até refúgios privados no interior de navios de cruzeiro, mas há áreas em que seu consumo limita o

11. A. Case; A. Deaton, "Rising Morbidity and Mortality in Midlife among White Non-Hispanic Americans in the 21st Century", *Proceedings of the National Academy of Sciences* 112, n. 49, 8 dez. 2015, pp. 15078-15083, disponível em: doi:10.1073/pnas.1518393112.

12. D. Neal; A. Rick, "The Prison Boom and the Lack of Black Progress after Smith and Welch", *NBER Working Paper* n. 20283, 2014, disponível em: https://www.nber.org/papers/w20283.

13. R. V. Reeves; K. Howard, "The Glass Floor: Education, Downward Mobility, and Opportunity Hoarding", Brookings Institution, nov. 2013, disponível em: http://www.brookings.edu/~/media/research/files/papers/2013/11/glass-floor-downward-mobility-equality-opportunity-hoarding-reeves-howard/glass-floor-downward-mobility-equality-opportunity-hoarding-reeves-howard.pdf.

potencial de outros indivíduos.[14] Cada vez mais, as elites deixam de pôr seus filhos em escolas públicas, privando essas instituições do valioso envolvimento em suas atividades de pais que dispõem de amplos recursos socioculturais, e privando-as também de recursos financeiros, uma vez que essas elites deixam de apoiar o aumento de impostos para financiar a rede pública de ensino. Esse abandono das escolas públicas por parte da elite as deixa vulneráveis ao assalto político de forças que são hostis à própria ideia de uma educação pública, gratuita e universal de qualidade.

Em terceiro lugar, uma sociedade na qual os plutocratas lançam mão de seus recursos para que sua influência seja não só considerável, mas esmagadora, será uma sociedade em que os governantes se preocupam em resolver antes os problemas dos plutocratas do que os do povo. E é improvável que essa seja uma boa sociedade.

Isso também contribui negativamente para o crescimento econômico. Quando têm a chance de optar entre o rentismo ou vencer no mercado, os plutocratas geralmente preferem fechar as portas aos novos participantes. Um exemplo ilustrativo: enquanto as autoridades se esforçam para exercer algum controle sobre a propensão anticoncorrencial das grandes plataformas de tecnologia, vemos que nesse segmento da economia, os que chegam primeiro colhem todos os louros da vitória, deixando apenas migalhas para os demais. É um tipo de economia que mantém os preços elevados e desestimula a inovação, duas características que desfavorecem o dinamismo econômico.

Em quarto, a predominância da riqueza patrimonial no exercício do poder vai muito além da esfera da política formal, adentrando os locais de trabalho, as casas das pessoas (onde por vezes chegam ao próprio quarto) e a sociedade civil. O fato de que o ensino superior seja financiado fundamentalmente por recursos privados já tornou esse setor muito mais desigual, fazendo de uma mediocridade conquistada a peso de ouro o destino dos que não têm a sorte de ser aceitos nas universidades mais prestigiosas (as quais favorecem os filhos de ex-alunos de forma explícita e beneficiam de forma implícita aqueles que lhes são assemelhados) e tornando os conteúdos curriculares e a visão de mundo

14. N. Schwartz, "In an Age of Privilege, Not Everyone Is in the Same Boat", *New York Times*, 23 abr. 2016, disponível em: http://www.nytimes.com/2016/04/24/business/economy/velvet-rope-economy.html?em_pos=large&emc=edit_nn_20160426&nl=morning-briefing&nlid=74144564.

daqueles que são contratados para ensiná-los muito mais restritos do que seriam em um sistema que devesse sua existência a fundos públicos.

Em quinto lugar, em uma sociedade desigual os patrões têm a possibilidade de explorar, e exploram, o poder de escolher vencedores e perdedores — e são levados a uma indignação furiosa ante a ideia de que os trabalhadores possam ter uma voz coletiva.

Para o especialista em economia do trabalho David Weil (Capítulo 9), o aumento da desigualdade ao mesmo tempo impulsiona e é impulsionado pela "cisão do local de trabalho". No passado, as grandes corporações funcionavam, de uma maneira coaseana relativamente eficiente, como ilhas de planejamento central no meio do oceano que era a economia de mercado, empregando trabalhadores de todos os níveis: executivos altamente qualificados, gestores de nível médio e trabalhadores manuais. Um local de trabalho desse tipo está inevitavelmente sujeito a fortes pressões igualitárias: a presença de executivos com altos salários empurra para cima o cálculo que todos fazem a respeito dos salários que a empresa tem condições de pagar a seus trabalhadores manuais e a remuneração que esses trabalhadores fazem por merecer. No entanto, passou a ser lucrativo desmontar essa construção social, já que isso reduz as pressões sociológicas igualitárias, em particular quando a inobservância de parâmetros que desde a época do New Deal regulam as relações trabalhistas permite que as empresas exerçam controle sobre a mão de obra sem precisar cumprir com suas responsabilidades legais. Precisamos determinar a potência das forças que Weil identifica e verificar se elas são um caso particular ou se indicam que níveis elevados de desigualdade tendem a interferir de maneira mais abrangente na organização interempresas e intraempresas.

Em sexto lugar, em uma sociedade desigual, o bem-estar das pessoas é mais determinado por *quem* elas conhecem do que pelo *que* elas conhecem, e uma coisa que podemos perceber ao observar o comportamento dos indivíduos endinheirados e seus acólitos é que a aptidão para bajular os ricos não está igualmente distribuída pela população. As pessoas ricas preferem aqueles que são como elas — e uma sociedade em que a distribuição de bem-estar é determinada por "aqueles de quem os ricos gostam" dificilmente preservará as conquistas em termos de igualdade racial e de gênero alcançadas durante a era social-democrática.

Além disso, o argumento desenvolvido por Arthur Okun em *Equality and Efficiency: The Big Trade-off* [Igualdade e eficiência: o grande *trade-off*], segundo o qual a boa sociedade é aquela que escolhe um equilíbrio apropriado entre a igualdade e a eficiência, com toda a probabilidade se mostrará fundamentalmente equivocado se tentarmos aplicá-lo aos dias de hoje.[15] Maior igualdade pode muito bem ser compatível com maior eficiência.

Portanto, devemos, sim, ficar preocupados. E estamos preocupados.

Quais são as implicações?

Imaginemos que Piketty tenha demonstrado a elevada probabilidade de que, dentro de um século, o Norte global apresentará uma razão riqueza/renda muito mais alta do que hoje — e até mesmo que as fortunas herdadas terão participação muito maior na riqueza total do que atualmente. Por acaso isso implica uma distribuição desfavorável de poder e recursos econômicos, uma economia incapaz de realizar seu potencial segundo algum padrão utilitário de referência que leve em conta a utilidade marginal decrescente da riqueza? Podemos mesmo afirmar que uma sociedade com uma razão riqueza/renda elevada apresenta necessariamente altos níveis de desigualdade?

A resposta de Piketty é afirmativa. Em relação a essas questões, o autor de *O capital no século XXI* acompanha Marx e seu insight de que, em uma economia de mercado na qual a riqueza pode ser transferida de um indivíduo para outro, a distribuição igualitária da propriedade é instável. Mesmo quando se parte de uma divisão igualitária da riqueza, o tempo e o acaso inevitavelmente se encarregam de produzir uma cauda superior grande e alongada, com tamanho e extensão forte e positivamente dependentes da magnitude de $r - g$, onde r não é a taxa de juros garantida pela autoridade monetária, mas a taxa de lucro média do conjunto da economia, e dependentes também da magnitude dos riscos associados ao retorno do capital. Portanto, uma economia em que a razão riqueza/renda é elevada e o capital e outras formas de riqueza têm grande participação na renda nacional será uma economia desigual.

O argumento de Piketty é o seguinte:

> Muitos choques [...] contribuem para tornar a distribuição patrimonial extremamente desigual [...]. Há choques demográficos [...] choques que

15. A. M. Okun, *Equality and Efficiency: The Big Tradeoff*, 2. ed., Washington, DC, Brookings Institution Press, 2015.

> afetam as taxas de retorno [...] choques que interferem nos resultados do mercado de trabalho [...] diferenças nos parâmetros de gosto que afetam o nível de poupança [...].* Uma propriedade central dessa ampla classe de modelos é a de que [...], a longo prazo, a magnitude da desigualdade patrimonial tende a ser amplificada quando a diferença $r-g$ é maior [...]. Uma diferença $r-g$ maior permite a uma economia sustentar um nível de desigualdade patrimonial que é mais alto e mais persistente ao longo do tempo [...] [convergindo] para uma distribuição que se assemelha à curva de Pareto para os indivíduos de patrimônio mais elevado [...] [onde] o coeficiente de Pareto invertido (um indicador de concentração patrimonial) é função da diferença $r-g$ com acentuada tendência ascendente [...]. Veja em particular Chapernowne, 1953; Stiglitz, 1969; [...] Piketty; Zucman, 2015, seção 5.4 [...].
>
> Nessa classe de modelos, alterações relativamente pequenas em $r-g$ podem produzir grandes variações na desigualdade patrimonial de estado estacionário [...]. No fundo, é a *interação* entre o efeito de $r-g$ com as respostas institucionais e de políticas públicas — incluindo tributação progressiva sobre renda, patrimônio e heranças; inflação; privatizações; destruições e expropriações físicas; normas que regulam a partilha das heranças; e assim por diante — que a meu ver determina a dinâmica e a magnitude da desigualdade patrimonial.[16]

E, do ponto de vista de Piketty, pelo menos tal como expresso em *O capital no século XXI*, essa interação não deve ser benéfica: o aumento da desigualdade patrimonial intensificará as demandas por políticas igualitárias, mas também fortalecerá os detentores de grandes fortunas em suas investidas contra a adoção

---

* No original, *parameters of taste*, expressão também empregada por T. Piketty e E. Saez no artigo "A Theory of Optimal Capital Taxation" (*NBER Working Paper* n. 17989, 2012), onde o leitor encontra à p. 11 a seguinte passagem elucidativa: "É importante notar que em nosso modelo os parâmetros de gosto variam de indivíduo para indivíduo [...]. Por exemplo, alguns indivíduos podem apresentar gosto zero por acumular patrimônio e também por deixar um legado de bens materiais para seus herdeiros [...], caso em que poupam apenas para atender aos propósitos de seu ciclo de vida e morrem com patrimônio zero ('poupadores do ciclo de vida'). Outros podem ter gosto por acumular patrimônio para si, mas não por deixar um legado patrimonial para seus herdeiros [...] ('apaixonados por patrimônio'), ao passo que ainda outros, mesmo não tendo gosto por acumular patrimônio, têm gosto por deixar um legado patrimonial [...] ('transmissores de patrimônio')". [N.T.]

16. T. Piketty, "Putting Distribution Back at the Center of Economics: Reflections on *Capital in the Twenty-First Century*", *Journal of Economic Perspectives*, v. 29, n. 1, inverno 2015, pp. 75-76.

dessas políticas. Segundo Piketty, as forças que favorecem a formação de uma plutocracia dominante são tão avassaladoras que só podem ser contrabalançadas por guerras mundiais ou revoluções globais — e mesmo assim, a correção é apenas temporária.

Isso é o que ele diz em *O capital no século XXI*. Uma vez publicado o livro, Thomas Piketty não assumiu o papel do profeta soturno que vaticina o aumento inescapável da desigualdade e recomenda resignação. Pelo contrário, ele abraçou o papel de intelectual público de renome. E a mensagem que ele leva para os quatro cantos do mundo não é a do cronista passivo de um destino inevitável. Se prestarmos atenção nas ações de Piketty — mais do que em seus escritos —, veremos com clareza que ele acredita que nós podemos, coletivamente, construir nosso próprio destino, ainda que as coisas não sejam como ele, ou nós, gostaríamos que fossem.

Branko Milanovic (Capítulo 10) faz uma crítica relevante aqui, não ao Piketty intelectual público, mas ao Piketty autor. Para ele, esses argumentos de Piketty (e antes, de Marx) são aplicáveis apenas ao arranjo institucional que Milanovic chama de "novo capitalismo". Outros arranjos institucionais serão possíveis no futuro. De fato, já vimos outros no passado. Naquela que nos inclinaríamos a chamar de social-democracia avançada — como, por exemplo, a ordem institucional do pós-Segunda Guerra, em que Estado e sociedade promoviam intervenções vigorosas a fim de equalizar a distribuição da renda gerada por "patrimônio antigo", assim como para criar "patrimônio novo" sob a forma de benefícios sociais —, não há ligação entre a participação do capital na renda e a desigualdade de renda. E naquele que Milanovic chama de "capitalismo clássico" (e Karl Marx chamaria de "sociedade pequeno-burguesa"), a distribuição é impulsionada pela tríade ricardiana de trabalho, capital e terra — e as dinâmicas são fundamentalmente diferentes.

Há quase dois séculos, Karl Marx rejeitou posicionamentos semelhantes aos de Milanovic, acusando-os de serem reflexo da aspiração irracional e irrealizável a um "socialismo pequeno-burguês" que jamais seria alcançado e que, se viesse a se instaurar por obra do acaso, não teria como perdurar.

Mas essa refutação superficial não significa que Milanovic esteja errado.

O mundo de Piketty é particularmente sombrio porque é um mundo predeterminado. Enquanto a taxa de lucro for superior à taxa de crescimento da economia, estamos fadados a caminhar rumo a uma desigualdade sempre crescente. A única coisa que podemos fazer é encontrar maneiras de computar os volumes extraordinários de riqueza patrimonial e tributá-los — se formos capazes de sobrepujar a capacidade que a riqueza tem de proteger a si mesma por meio do estreitamento das opções políticas.

Como Gareth Jones diz no Capítulo 12, essa será uma tarefa extremamente difícil, em não pequena medida porque o capital já não se encontra sob a jurisdição do Estado-nação. O aumento da riqueza gerado pela industrialização ocorreu simultaneamente à formação do Estado-nação na Europa e em outros lugares. O Estado foi um instrumento para a promoção da acumulação de capital. Hoje o capital quer escapar às circunscrições de lugar ou cidadania, preferindo vagar pelo planeta em busca não só de lucros, mas do acesso irrestrito a eles — como mostra a pesquisa pioneira de Gabriel Zucman sobre paraísos fiscais e ações como a divulgação dos *Panama Papers**, que contribuem para nos dar maior clareza sobre o panorama da riqueza global.

O que fazer a seguir?

Por todos esses motivos, consideramos *O capital no século XXI* um livro sério, que nos alerta para as prováveis — mas não inevitáveis — consequências funestas de certos aspectos da trajetória histórica em que a economia mundial parece ter embarcado há cerca de trinta anos. Isso levanta algumas questões naturais: precisamos fazer um seguro contra isso? Que tipos de seguro devemos contratar? No entanto, como Abraham Lincoln disse em seu "Discurso da casa dividida", pronunciado em Springfield, Illinois, em 16 de junho de 1858, essas questões são, em certa medida, prematuras: "Antes de mais nada, precisamos saber onde nos encontramos e para onde estamos indo", pois só então "conseguiremos avaliar melhor o que fazer e como fazê-lo". O próximo passo deve ser dado, como John Maynard Keynes gostava de dizer, "com a cabeça". E nós organizamos este livro para apresentar nossa visão da agenda no que diz respeito ao que é necessário fazer para aprofundar nosso entendimento.

Quando os leitores deparam um livro extenso e variado como este, precisam de orientação para se guiar em suas páginas. Tentamos oferecer essa orientação. Na Parte 1, três autores — Art Goldhammer (Capítulo 1), Bob Solow (Capítulo 2) e Paul Krugman (Capítulo 3) — expõem suas diferentes visões

* Ver nota à página 355. [N.E.]

sobre *O capital no século* XXI enquanto fenômeno e sobre *O capital no século* XXI enquanto argumento-com-implicações.

O que é essa coisa chamada "capital" de que trata *O capital no século* XXI? Piketty oferece definições. Todavia, como muitas vezes acontece com um conceito que está no cerne de um argumento extraordinário e controverso, a despeito de ele ser sólido o bastante para suportar a carga argumentativa que lhe é depositada, seu próprio significado se torna controverso, incerto e merecedor de análise. Em razão disso, a Parte 2 submete o conceito de "capital" a exame a partir de cinco diferentes pontos de vista.

Devesh Raval (Capítulo 4) observa que Piketty apresenta seu argumento em termos teórico-econômicos como uma derivação do fato histórico de que, em nível agregado, capital e trabalho são fatores de substituição altamente elástica. Ocorre que um número significativo de pesquisas, muitas delas realizadas pelo próprio Raval, indica, com robustez, que no nível micro isso não é verdade — e aqui o agregado deve ser uma média ponderada das microelasticidades e da elasticidade da demanda efetiva. Raval chama a atenção para um paradoxo a ser enfrentado por qualquer leitura que se faça de *O capital no século* XXI: porventura a obra consiste, em sua essência, no argumento de que o capital continua a ser marginalmente produtivo enquanto se acumula? E se isso não for verdade, o que resta do argumento?

Suresh Naidu (Capítulo 5) oferece uma possível resposta ao paradoxo apontado por Raval, estabelecendo um contraste entre o Piketty "domesticado", que desenvolve sua análise dentro dos limites de uma função de produção econômica agregada neoclássica, e o Piketty "indomável", que rompe com essa camisa de força. Para Naidu, o que resta do argumento de *O capital no século* XXI é um argumento econômico-político sobre o fato de que, em uma Idade de Ouro, os indivíduos mais abastados são capazes de estruturar a propriedade a fim de proteger e aumentar a importância das rendas por eles extraídas.

Os outros três ensaios da Parte 2 identificam problemas no emprego que Piketty faz do conceito de "capital". Em primeiro lugar, boa parte do argumento de *O capital no século* XXI repousa sobre a tese de que o século XX foi uma exceção: no tocante à dinâmica da desigualdade patrimonial, ao menos, o século XXI se parece muito mais com os séculos XIX e XVIII. Daina Ramey Berry (Capítulo 6) critica o retrato que Piketty apresenta desses dois séculos pregressos. Na leitura que Berry faz da história, a escravidão é uma instituição muito mais relevante para a "acumulação primitiva" do que Piketty supõe, tanto em termos da profundidade e extensão da exploração direta que o escravagismo proporcionava como no que diz respeito ao impacto negativo que a concorrência oferecida pelos senhores de escravos e sua mão de obra agrilhoada exercia sobre o poder de negociação dos trabalhadores livres. Se os elementos a que Berry se refere forem realmente relevantes, isso significa que provavelmente será muito mais difícil sustentar uma segunda Idade de Ouro em uma época na qual o trabalho é livre. Ou não? Como observa Branko Milanovic, as barreiras à migração internacional em certa medida tornam os trabalhadores menos livres, e isso será tanto mais relevante quanto maior for o abismo que separa o Norte do Sul global.

Em segundo lugar, grande parte do argumento de *O capital no século XXI* se funda no pressuposto de que as únicas formas reais de riqueza são os fluxos de renda e amortização de dívida criados pelos governos, os ativos físicos (terras, edifícios, máquinas) e o controle das organizações que fazem uso desses ativos físicos e financeiros. Os altos salários, na visão de Piketty, são mais o resultado fortuito e temporário de condições favoráveis de oferta e demanda do que uma fonte real e duradoura de riqueza. Eric Nielsen (Capítulo 7) discorda dessa opinião e delineia o imenso estrago a que o argumento de Piketty estaria sujeito se o capital humano fosse posto em pé de igualdade com as outras formas de riqueza.

E, em terceiro lugar, Mike Spence e Laura Tyson (Capítulo 8) defendem a tese de que, muito embora as terras e o capital industrial tenham sido fatores importantes na dinâmica da evolução e distribuição da riqueza no passado, não será assim no futuro e nem sequer é assim atualmente. Na opinião desses dois autores, seria fundamental combinar *O capital no século XXI* com um argumento como o expresso em *A segunda era das máquinas*, de Brynjolfsson e McAfee, e, a partir daí, formular um arcabouço teórico para o debate sobre a desigualdade que deveríamos estar travando hoje a fim de compreender nosso provável futuro.

O Capítulo 9 estabelece uma ponte intelectual entre a análise do "capital" e nosso levantamento sobre as dimensões da desigualdade. Aqui David Weil — que escreveu seu ensaio quando ainda estava na Divisão de Salários e Horas do Departamento do Trabalho do governo americano — aponta para a importância do "local de trabalho cindido". No lugar do antigo modelo em que grandes corporações empregavam profissionais de todos os níveis de habilidade e em todos os tipos de função, agora os empregos são terceirizados para outras empresas e outras localidades. Trabalhadores que no passado seriam funcionários e, portanto, desfrutariam dos benefícios legais ou simplesmente contratuais associados ao pertencimento a uma grande empresa, entendida como uma comunidade sociológica, agora estão excluídos. O resultado é uma crescente precarização das condições de trabalho — com uma força que não estava presente no século XIX contribuindo para agravar a desigualdade no século XXI, independentemente do impacto de outros fatores econômicos sobre a divisão capital/trabalho.

Depois de examinar o conceito de "capital" e as funções que lhe são dadas desempenhar no argumento de *O capital no século XXI*, na Parte 3 nos voltamos para autores que analisam as várias dimensões da desigualdade que uma distribuição desigual do capital pode criar. Branko Milanovic (Capítulo 10) observa que os elos entre posse e controle da propriedade, de um lado, e a desigualdade efetivamente vivenciada, de outro, dependem criticamente de como o sistema político administra suas instituições econômico-políticas. Christoph Lakner (Capítulo 11) critica Piketty por narrar a história da desigualdade em *O capital no século XXI* como se se tratasse de uma história comparativa da desigualdade no interior de cada Estado-nação, esquecendo-se do principal, que é o fato de que desde o início da Revolução Industrial o avanço da igualdade entre os Estados-nação tem sido mais determinante para o nível de desigualdade global. Gareth Jones (Capítulo 12) critica a ausência do "espaço" em *O capital no século XXI*, onde a geografia funciona apenas como "contêiner de dados", e não como contexto em que se dão a desigualdade e a exploração. O modo como a geografia viabiliza e propaga a desigualdade em um mundo globalizado é, na visão de Jones, um fator relevante, que *O capital no século XXI* omite por completo. Emmanuel Saez (Capítulo 13) observa que ainda sabemos muito pouco sobre a desigualdade e que, se quisermos saber em que ponto estamos e para onde estamos indo, precisamos desagregar nossos sistemas de contabilidade das rendas nacionais a fim de incluir indicadores distributivos, dedicar mais recursos à mensuração da desigualdade patrimonial e entender os efeitos da regulação e da tributação sobre a desigualdade.

Mariacristina de Nardi, Giulio Fella e Fang Yang (Capítulo 14) mostram que uma razão capital/renda anual elevada e uma participação acentuada do capital na renda nacional não se traduzem direta e proporcionalmente em um grau determinante de maior desigualdade — tópico em que os três autores também examinam correlações e a ausência delas. Heather Boushey (Capítulo 15) analisa os potenciais efeitos econômico-feministas do surgimento do que poderíamos chamar de "herdeirocracia": historicamente, as relações de gênero se tornam tensas e difíceis, mesmo para mulheres às quais tenderíamos a atribuir considerável poder social, quando o status e o prestígio das pessoas dependem de quem são seus pais e contraparentes.

Mark Zandi (Capítulo 16) e Salvatore Morelli (Capítulo 17) nos levam em outra direção, dando início à importante tarefa de tentar avaliar como a estabilidade econômica, no nível da gestão do ciclo econômico e da promoção do crescimento, se modifica em um contexto de aumento da desigualdade. Suas conclusões não se limitam ao velho bordão acadêmico de que "é preciso realizar mais pesquisas". Os dois autores identificam riscos graves — mas que podem, talvez, ser administrados e compensados.

A Parte 4 apresenta um conjunto diferente de questionamentos ao argumento de Piketty. Cada um dos quatro ensaios aí incluídos assume a perspectiva de uma abrangente história intelectual-institucional. Marshall Steinbaum (Capítulo 18) propõe a tese de que a era social-democrática do pós-guerra, com seus níveis de desigualdade relativamente baixos, foi o resultado das catástrofes políticas e militares da primeira metade do século XX, assim como da contribuição que essas catástrofes deram para que a ordem capitalista desigual da primeira Idade de Ouro caísse em descrédito. Para David Grewal (Capítulo 19), a primeira e a segunda Idade de Ouro são, em grande medida, o resultado inevitável das mudanças político-jurídicas dos séculos XVII e XVIII, que fizeram com que o domínio absoluto sobre a propriedade deixasse de ser apenas um caso extremo para se tornar a maneira canônica como as sociedades ocidentais entendem o controle sobre coisas concretas e abstratas e as responsabilidades dos "proprietários".

Ellora Derenoncourt (Capítulo 20) gostaria que Piketty tivesse se debruçado mais sobre as origens histórico-institucionais dos altos níveis de desigualdade patrimonial. Para corrigir essa falha, ela recorre à dicotomia entre instituições "extrativas" e "inclusivas" estabelecida por Daron Acemoglu, James Robinson e Simon Johnson — com uma variação, pois instituições que são "inclusivas" e promotoras do desenvolvimento para "cidadãos" podem muito bem ser "extrativas" e "excludentes" para "súditos". Elisabeth Jacobs (Capítulo 21) tenta entender como a política pode estar ao mesmo tempo por toda parte e em lugar nenhum na narrativa de Piketty. *O capital no século XXI* contém um argumento que afirma tanto a existência de leis fundamentais da economia como a de processos historicamente contingentes e institucionalmente prescritos que determinam o crescimento e a distribuição, sem todavia descrever como as duas dinâmicas interagem na realidade.

Gostaríamos de destacar esta última questão, pois ela aponta para uma contradição que em nossa opinião está no cerne da natureza dupla de *O capital no século* XXI, isto é, de sua condição de, a um só tempo, trabalho acadêmico e fenômeno intelectual global. De um lado, a tese central de Piketty é a de que a reversão em curso aos padrões econômicos e políticos da Idade de Ouro deve ser vista como um desdobramento normal para uma sociedade capitalista. De outro, em seu papel de intelectual público de renome, Piketty não se comporta como um cronista passivo de um destino inevitável. O autor de *O capital no século* XXI age como se acreditasse que as forças descritas em seu livro pudessem ser resistidas — e que nós podemos, coletivamente, construir nosso próprio destino, ainda que as circunstâncias não sejam as mais propícias.

E, por fim, Thomas Piketty (Capítulo 22) nos diz o que pensa de nossos argumentos, críticas, desenvolvimentos e explorações.

PARTE I
Recepção

CAPÍTULO 1

O fenômeno Piketty

ARTHUR GOLDHAMMER*

A maioria dos livros escritos por economistas mal chega a vender uns poucos milhares de exemplares. *O capital no século XXI*, de Piketty — com quase setecentas páginas —, vendeu mais de dois milhões no mundo inteiro, em mais de trinta línguas. O frenesi em torno do livro começou antes mesmo de ser traduzido do original francês. Em Washington, DC, as livrarias não conseguiam mantê-lo em estoque. Neste capítulo, o tradutor Art Goldhammer analisa esse "fenômeno Piketty". Ele se pergunta: o que fez de *O capital no século XXI* um best-seller internacional? Por que houve tanto interesse pelo livro? Esse entusiasmo continuou quando se publicaram as resenhas? O sucesso seria devido à seriedade das ideias econômicas do livro, a sua prosa acessível ou ao *Zeitgeist*** da época em que foi lançado? Goldhammer esmiúça o fenômeno Piketty e apresenta insights sobre sua causa e seu significado.

A edição em inglês de *O capital no século XXI*, de Thomas Piketty, que traduzi do francês, foi publicada na primavera de 2014. Poucos meses depois da publicação, já tinham sido vendidos mais de quatrocentos mil exemplares — coisa rara para qualquer livro, e ainda mais rara para um trabalho de um economista erudito, com

* Agradeço a Nicolas Barreyre, Mark Blyth, Gary Gerstle, Alex Gourevitch, Peter Gourevitch, David Grewal, Peter Hall, Deborah Mabbett, Noam Maggor, Ian Malcolm, Jedediah Purdy, George Ross, Waltraud Schekele, William Sisler e a Michael Zakim por discussões que me ajudaram a elaborar este ensaio. Uma primeira versão foi apresentada na Universidade de Montreal em novembro de 2014, a convite de Pierre Martin e George Ross, aos quais quero expressar minha gratidão.

** "*Zeitgeist*" é uma expressão em alemão cuja tradução significa "espírito da época" ou "espírito do tempo". Em outras palavras, significa o conjunto do ambiente intelectual e cultural do mundo, em uma dada época, ou, ainda, as características gerais de um tempo específico. [N.T.]

quase setecentas páginas, cheio de quadros estatísticos e gráficos, para não falar de um apêndice técnico on-line, com referências a dezenas de trabalhos acadêmicos e grande profusão de dados.[1] Um ano depois, as vendas mundiais em mais de trinta países alcançaram o número espantoso de 2,1 milhões (veja a Tabela 1.1).

O livro foi resenhado não apenas em publicações especializadas, mas em jornais e revistas de grande circulação. Seu autor apareceu no rádio e na televisão em todo o mundo — não apenas em programas de notícias e relações públicas, mas também em veículos de larga penetração como *The Colbert Report*, nos Estados Unidos.[2] Piketty foi convidado a se reunir com o secretário do Tesouro americano Jack Lew e com o consultor da presidência Gene Sperling, tendo feito também uma apresentação pública ao lado da senadora americana Elizabeth Warren.

Piketty começou a ser chamado de "rock star" da economia, e a *Bloomberg Businessweek* o retratou como tal em uma capa que parodiava capas de fanzines.[3] Livrarias expunham pilhas do volume encadernado junto com outros best-sellers. A fórmula $r > g$ começou a aparecer em camisetas nos campi universitários e nos uniformes do time de *softball* da Harvard University Press.[4] Uma sessão do encontro anual da Associação Econômica Americana de 2015 foi dedicada ao trabalho, que recebeu comentários elogiosos de dois ganhadores do Prêmio Nobel. *The Financial Times* tentou, sem sucesso, retorquir suas descobertas.[5] Piketty recusou a condecoração da Legião de Honra da França, e sua obra foi considerada "o melhor livro de negócios do ano", em 2014, pelo mesmo *Financial Times* que

1. Os dados referentes a vendas são aproximados, baseados em comunicações privadas da Harvard University Press.

2. Piketty apresentou suas conclusões publicamente em vários países, inclusive China, Japão, Índia, África do Sul e Argentina. Em uma ocasião, suas viagens tiveram de ser adiadas, por falta de espaço em branco para carimbos em seu passaporte, e não o deixaram embarcar no voo.

3. Disponível em: http://www.bloomberg.com/bw/articles/2014-05-29/businessweeks-thomas-piketty-cover-how-we-made-it.

4. C. Lambert, "The 'Wild West' of Academic Publishing", *Harvard Magazine*, jan./fev. 2015, http://harvardmagazine.com/2015/01/the-wild-west-of-academic-publishing. Veja também *Business Week*, 29 maio 2014, capa, disponível em: http://www.businessweek.com/printer/articles/203578-pikettys-capital-an-economists-inequality-ideas-are-all-the-rage.

5. C. Giles, "Piketty Findings Undercut by Errors", *Financial Times*, 23 maio 2014, disponível em: http://www.ft.com/intl/cms/s/2/e1f343ca-e281-11e3-89fd-00144feabdc0.html#axzz3mfDs2OBq. Em sua resposta, porém, Piketty refutou de forma convincente a crítica de Giles. Houve outras críticas, mais consistentes, das descobertas de Piketty, sobretudo a de M. Rognlie, "Deciphering the Fall and Rise in the Net Capital Share", *Brookings Papers on Economic Activity*, 19 mar. 2015, disponível em: http://www.brookings.edu/about/projects/bpea/papers/2015/land-prices-evolution-capitals-share; e a de O. Bonnet et al., "Capital Is Not Back", Vox EU, jun. 2014, disponível em: http://www.voxeu.org/article/housing-capital-and-piketty-s-analysis.

Tabela 1.1 Vendas de *O capital no século XXI* por país e língua*
(fonte: Éditions du Seuil, comunicação privada para Thomas Piketty, que nos repassou a informação)

Língua	Número de exemplares (dezembro 2015)
Francês	274.910
Inglês	650.000
Alemão	108.270
Grego	7.357
Italiano	71.353
Húngaro	1.850
Português	155.367
Espanhol	101.500
Coreano	88.000
Japonês	163.000
Sueco	8.000
Turco	33.000
Chinês simplificado	282.500
Chinês não simplificado	44.000
Polonês	16.460
Sérvio	1.750
Russo	7.000
Holandês	50.981
Croata	3.000
Norueguês	12.000
Dinamarquês	7.000
Catalão	10.000
Tcheco	5.500
Esloveno	4.380
Eslovaco	1.905
Bósnio	1.000
Total	**2.110.083**

Outras línguas (dados sobre vendas não disponíveis): romeno, tailandês, tâmil, hindi, mongol, bengali, letão, árabe, finlandês, macedônio, vietnamita, ucraniano.

* De acordo com dados comunicados pela editora Intrínseca, as vendas até junho de 2023 totalizaram 163.508 exemplares no Brasil. [N.E.]

tentara desaboná-lo poucos meses antes.[6] Por todas essas razões, e ainda outras, *O capital no século XXI* constitui um fenômeno editorial que requer estudo.

Dito isso, a análise que se segue provavelmente desapontará leitores em busca de esclarecimentos. Em muitos aspectos, o "fenômeno Piketty" desafia explicações. Embora eu vá apontar um grande número de fatores que parecem estar relacionados com a recepção do livro, alguns deles já vinham de muitos anos, durante os quais se publicaram outros trabalhos sobre desigualdade que não tiveram tanta repercussão. Correlação não é causa. Continuará sendo um mistério a questão de saber por que as várias influências que vamos discutir convergiram justamente para *este* livro, *este* autor e *este* momento. Se fosse possível prever um fenômeno como esse, publicar seria um caminho para a fortuna. Uma advertência final é a de que a análise se aplica exclusivamente aos Estados Unidos. Sem dúvida, o interesse que o livro despertou nos Estados Unidos influenciou a forma como foi recebido em outros países, inclusive em sua França natal, mas é impossível dizer exatamente em que medida.

A análise se desenvolve em cinco partes. Em primeiro lugar, abordo as expectativas quanto à recepção do livro e mostro que mesmo as previsões mais otimistas falharam em antever o alcance do fenômeno Piketty. Em segundo, avalio como o contexto social e político criado pela Grande Recessão de 2007-9 pode ter influenciado na repercussão que o livro tem tido. Em terceiro, examino as primeiras críticas importantes sobre o trabalho, na medida em que influenciaram em sua recepção. Em quarto lugar, analiso as respostas acadêmicas ao trabalho fora do âmbito da disciplina de Economia. Por fim, avalio a repercussão política de *O capital no século XXI* e discuto sucintamente a ideia de Piketty da relação entre democracia e capitalismo.

Previsões e projeções

Antes da publicação do livro, ninguém previu o fenômeno Piketty. Ian Malcolm, o editor da Harvard University Press, que adquiriu o livro, esperava que fosse vender "não menos de duzentos mil exemplares em dois ou três anos".[7]

6. A. Hill, "Thomas Piketty's *Capital* Wins Business Book of the Year", *Financial Times*, 11 nov. 2014, disponível em: http://www.ft.com/intl/cms/s/0/b9e03c5c-6996-11e4-9f65-00144feabdc0.html.

7. Comunicação privada.

Ele baseou essa estimativa em sua experiência anterior na Princeton University Press, onde um colega publicara o que ele chama de um livro "comparável": *This Time is Different* [Desta vez é diferente], de Carmen Reinhart e Kenneth Rogoff. Mas esse trabalho, que trata da história das crises financeiras, é comparável apenas no sentido de que seus autores também eram economistas acadêmicos que estudaram um período de tempo mais extenso do que se costuma encontrar em estudos de economia. É razoável, porém, concluir que o sucesso desse volume demonstrou a existência de um público ansioso por se informar sobre a situação das economias industriais avançadas depois da Grande Recessão de 2007-9.

Não obstante, William Sisler, diretor da Harvard University Press, se mostrava menos otimista do que o editor que adquiriu os direitos do livro. Ele observa que a HUP elegeu o livro para ser o mais destacado de seu catálogo de 2014 porque "ele haveria de ter certa repercussão e, com sorte, vender talvez de dez mil a vinte mil exemplares".[8] Vendas dessa ordem teriam sido de fato dignas de nota, tratando-se de um livro acadêmico, em que as tiragens de centenas de milhares (em vez de centenas) são raríssimas. Aconteceu, porém, que ambos os editores experientes subestimaram o potencial do livro — aquele, em duas ordens de magnitude; este, em uma. O tradutor também não foi mais presciente. Ele não solicitou royalties, pois estes, no caso de livros acadêmicos, raramente "rendem dinheiro".

Portanto, é justo dizer que ninguém previu a fenomenal acolhida que o livro recebeu, apesar das entusiásticas recomendações e do sólido reconhecimento de que Piketty já gozava na França e nos Estados Unidos. O trabalho de Piketty despertou o interesse da imprensa via Roger Guesnerie, eminente economista do prestigioso Collège de France. O livro teve o apoio de seu editor francês, Pierre Rosanvallon, também professor emérito do Collège, cujo trabalho Ian Malcolm já havia publicado (e eu traduzi). Uma resenha encomendada pela imprensa elogiou o livro, considerando-o como o mais importante trabalho de ciência social francesa dos últimos dez anos.[9] Observe-se que a resenha classifica o livro mais como de "ciência social" do que simplesmente de "economia" ou de "história econômica". Isso talvez constituísse um ganho adicional para a Harvard: ali estava uma oportunidade de estabelecer uma cabeça de ponte em economia, ao mesmo tempo que se acrescentava um título importante com boas possibilidades de despertar o interesse da massa de leitores da imprensa. Publicar o livro,

8. Comunicação privada.

9. Comunicação privada.

portanto, fazia sentido em termos de estratégia editorial, embora a empreitada não fosse isenta de riscos. Visto que o original ainda não estava completo na ocasião em que se assinou o contrato, era difícil avaliar a magnitude desse risco. O livro concluído terminou tendo quase o dobro da extensão prevista, aumentando assim o custo da tradução e potencialmente desencorajando leitores, que podiam se assustar com o tamanho do volume.

Piketty não tinha publicado nada, anteriormente, que prenunciasse um sucesso para além do limitado público de economistas acadêmicos e de historiadores da economia. Embora seus trabalhos sobre desigualdade de renda, em coautoria com Emmanuel Saez, fossem amplamente conhecidos — assunto que abordarei de forma mais completa mais adiante —, seu livro mais importante, um trabalho longo, denso e especializado sobre rendas altas na França, foi publicado em 2001 e não teve tradução em inglês.[10] Além disso, ele publicara um curto livro elementar, *A economia da desigualdade* (também lançado em inglês apenas depois de *O capital no século XXI*), que nada continha dos dados empíricos característicos da obra madura do autor.

Traduções de obras especializadas em francês muitas vezes só são contratadas depois de o trabalho ter sido publicado na França e demonstrado sua importância nas resenhas de jornais especializados. Esse "teste de marketing" em certa medida diminui os riscos inerentes a qualquer tradução. Mas *O capital no século XXI* só foi publicado na França depois de sua tradução para o inglês. Na verdade, a edição francesa só foi publicada semanas depois que eu dei os últimos retoques na versão em inglês. Fui visitar a França logo depois da publicação e vi, exposta em todas as bancas de jornais, uma capa de revista em que se afirmava que Thomas Piketty era "*un marxiste de sous-préfecture*" (marxista provinciano), caracterização ridiculamente depreciativa que não prenunciava nada de bom para a recepção que o livro teria nos Estados Unidos. Não obstante, era evidente também que o livro era objeto de comentários e estava tendo repercussão.

Com efeito, apesar da resenha caricaturesca, o livro vendeu rapidamente pouco depois de ser publicado na França. Às vezes se diz que as vendas da edição francesa só deslancharam quando a tradução se tornou best-seller nos Estados Unidos, ocasião em que ela teve um *revival* na França, graças aos informes sobre a

10. T. Piketty, *Les Hauts revenus en France au 20e siècle: Inégalités et redistribution, 1901-1998*, Paris, B. Grasset, 2001. Foi encomendada uma tradução para o inglês desse trabalho de oitocentas páginas, depois do sucesso de *O capital no século XXI*.

celebridade de Piketty no exterior. Isso não é verdade. O livro teve vendas expressivas na França desde o início, alcançando dezenas de milhares de exemplares — um notável sucesso e, considerando-se que o mercado editorial francês é menor, em nada inferior ao que teve nos Estados Unidos. Ainda assim, ele despertou uma segunda onda de interesse depois de sua consagração nos Estados Unidos.

Vendas no exterior, porém, não são garantia de sucesso no mercado editorial americano. Minhas muitas traduções do patrono de Piketty, Pierre Rosanvallon, eminente figura pública na França, cujos livros têm tiragens expressivas, não tiveram a mesma boa acolhida no mercado americano, por exemplo. Isso talvez porque o trabalho de Rosanvallon exija certa familiaridade com a história da França. Seus livros não "viajam" tão bem quanto um trabalho de história econômica, elaborado de forma bastante consciente em termos comparativos e visando a um público global — um livro cujas principais descobertas podem ser transmitidas em uma impressionante série de gráficos e resumidas em uma hora de exposição oral. Com efeito, alguns comentaristas insolentes se perguntaram, em voz alta, quantos dos americanos que compraram o livro na verdade o leram até o fim — ou mesmo passaram do princípio: o *Wall Street Journal*, baseando-se em dados do *e-reader* Kindle da Amazon, levantou a possibilidade de *O capital no século XXI* estar até mais abaixo, no "índice Hawking" (que mede a proporção de páginas de um livro realmente lidas pelos compradores), do que os trabalhos do famoso físico cujo nome deu título ao índice.[11]

De todo modo, havia motivos para temer que o respeitável desempenho do livro na França não se repetisse nos Estados Unidos. Em seu país de origem, Thomas Piketty já era uma figura pública bastante notória, não apenas como autor de influentes trabalhos sobre economia, mas também como ativista político. Antes das eleições presidenciais de 2012, por exemplo, o noticioso on-line *Mediapart* promoveu um debate sobre política tributária entre Piketty e o candidato socialista François Hollande, que terminou sendo eleito presidente.[12] Na França, portanto, Piketty já era um intelectual conhecido do público, mas, naturalmente, sua proeminência e identificação com a esquerda social-democrata lhe valiam também a hostilidade de detratores direitistas, de que dá mostras o comentário, já citado, de que ele era um marxista provinciano. Visto que polêmicas

11. Jordan Ellenberg, "The Summer's Most Unread Book Is...", *Wall Street Journal,* jul. 3, 2014, disponível em: http:// www.wsj.com/articles/the-summers-most-unread-book-is-1404417569.

12. Disponível em: http://www.dailymotion.com/video/xgs61l_hollande-piketty-et-la-revolution-fiscale-1-2news.

vendem, tal antagonismo pode ser considerado como um *plus*, do ponto de vista editorial. E seria possível dar como certo que um livro que afirmasse que a desigualdade de riqueza e de renda tinha aumentado de forma significativa, nos Estados Unidos e no Reino Unido, em função das políticas de Ronald Reagan e Margaret Thatcher, encontraria detratores entre os inúmeros admiradores de suas políticas neoliberais. De fato, um dos aspectos mais surpreendentes da recepção do livro é que as resenhas mais hostis tenham vindo antes da esquerda do que da direita, cuja reação foi um tanto débil. Voltarei a esse ponto, mas primeiro quero analisar o contexto público e político em que esse livro foi publicado — que sem dúvida teve grande influência na forma como foi recebido.

O contexto político e social

Uma hipótese plausível é a de que o livro teve sucesso porque chegou em um momento propício. A Grande Recessão de 2007-9 abalou a confiança no livre mercado desregulamentado e, mais ainda, na capacidade dos economistas de entender as forças responsáveis pelas recorrentes crises do sistema capitalista. Em 2008, Olivier Blanchard, destacado economista do MIT que depois viria a ser o economista-chefe do Fundo Monetário Internacional, sentiu-se seguro o bastante para escrever que "o estado da macroeconomia é bom".[13] Dois anos mais tarde, ele escrevia sobre a necessidade de repensar a política macroeconômica em um período de recriminações e confusão pós-crise.[14] A alocução presidencial de Paul Krugman dirigida à Eastern Economic Association censurou a profissão por ter falhado em entender a natureza e mesmo a possibilidade de uma crise como a que ocorreu em 2008.[15] Embora o retorno de Keynes tenha sido anunciado logo nos meses que se seguiram ao colapso do Lehman Brothers, em pouco tempo se tornou claro que a resistência aos gastos deficitários continuou forte na esfera política e entre o público votante. A paz armada entre a macroeconomia

13. O. J. Blanchard, "The State of Macro", *NBER Working Paper* n. 14259, ago. 2008, http://www.nber.org/papers/w14259.

14. O. Blanchard; G. Dell'Ariccia; P. Mauro, "Rethinking Macroeconomic Policy", IMF Staff Position Note, 12 fev. 2010, disponível em: https://www.imf.org/external/pubs/ft/spn/2010/spn1003.pdf.

15. P. Krugman, "The Profession and the Crisis", *Eastern Economic Journal* 37, n. 3, maio 2011, pp. 307-312, disponível em: http://www.palgrave-journals.com/eej/journal/v37/n3/full/eej201118a.html.

neokeynesiana e a neoclássica, que Blanchard apontou em seu artigo de 2008, entrou em colapso com a crise, levando o público e os políticos a um dilema.

Entre os economistas que seguiam a tendência dominante, tornou-se novamente aceitável falar das injustiças do capitalismo — tema que tinha se tornado quase tabu no período de ascensão do neoliberalismo (1980-2008), quando falar em desigualdade era às vezes considerado, com desprezo, como uma maneira de fomentar a "luta de classes", e se justificava a existência da desigualdade considerando-a um incentivo a esforço concentrado, inovação e crescimento. Os bancos centrais reagiram à pior recessão desde a Segunda Guerra Mundial reduzindo as taxas de juros, o que ajudou na recuperação das carteiras de títulos financeiros devastadas pela crise, embora o desemprego continuasse teimosamente alto. Bancos e companhias de seguros se beneficiaram de socorros com dinheiro público, que se dizia ser necessários para evitar o colapso do sistema, enquanto os que tinham casa própria, cujo valor líquido se tornou de repente negativo, foram abandonados à própria sorte. Para muitos, parecia que a recuperação estava restrita aos ricos, ao passo que o ônus da calamidade continuava sendo pago pelos menos afortunados, que perderam empregos e casas e lutavam para equilibrar suas contas em circunstâncias muito adversas.

A desigualdade, porém, não era totalmente ignorada durante esses anos. Como já dissemos, Piketty era conhecido nos Estados Unidos, antes de *O capital no século XXI*, principalmente como coautor de uma série de trabalhos que publicou com seu colaborador Emmanuel Saez, em princípios de 2003, sobre a desigualdade crescente nos Estados Unidos.[16] Esse trabalho atraiu muita atenção. Em especial, a ênfase dada pelos autores na crescente disparidade entre o centil superior da escala da distribuição de renda e a parcela restante que conseguiu atingir uma espécie de status icônico. O movimento conhecido como Occupy Wall Street, que surgiu em 2011, pôs em relevo esse contraste, adotando como slogan "Nós somos os 99%!". Seria difícil provar, no entanto, que esse slogan tenha se inspirado diretamente no trabalho de Piketty e Saez. O tema das disparidades de renda e riqueza vinha sendo levantado regularmente nos Estados Unidos já em 1980 e até antes — na verdade, desde o começo da República. O aumento da remuneração dos CEOs em relação à média da remuneração

16. T. Piketty; E. Saez, "Income Inequality in the United States, 1913-1998", *The Quarterly Journal of Economics* 118, n. 1, fev. 2003); id., "The Evolution of Top Incomes: A Historical and International Perspective", *American Economic Review: Papers and Proceedings* 96, n. 2, maio 2006, pp. 200-205.

dos trabalhadores era uma estatística frequentemente citada muito antes das análises publicadas por Piketty.

O abrangente estudo de 250 anos de *O capital no século XXI* sobre a distribuição de renda e riqueza teria tido uma influência decisiva na forma como a desigualdade foi discutida politicamente? Um cataclismo econômico da magnitude da Grande Recessão ocorre (é o que se espera) apenas uma vez no espaço de uma vida. Em consequência de tal evento, é talvez natural querer olhar para trás, estender a investigação a um período maior da história, para fazer um balanço do que está acontecendo. Embora, porém, interrogar a história seja um movimento natural para os estudiosos, não há razão para se mostrar cético diante do fato de eleitores e especialistas reagirem da mesma forma. Os polemistas políticos raramente veem, como faz Piketty, em uma perspectiva de longo prazo. Os eleitores tendem mais a se deixar influenciar por apelos à memória recente do que por comparações com uma Idade de Ouro sobre a qual a maioria nunca ouviu falar. "Agora você está em situação melhor do que quatro anos atrás?" é um quadro-padrão político de tempo "histórico", e é bem possível que seja mais eficaz até do que os mais convincentes argumentos sobre a dinâmica de longo prazo do sistema capitalista.

Nos meses que antecederam a publicação de *O capital no século XXI*, porém, o presidente Barak Obama, procurando articular os temas que iriam definir seu segundo mandato, percebeu que o crescimento da desigualdade nos Estados Unidos era um tema crucial para a década seguinte.[17] Apesar da lenta recuperação da economia pós-recessão, inclusive a redução do desemprego, a preocupação com as injustiças sistêmicas não se dissipou. Em uma resenha de *O capital no século XXI*, Larry Summers, ex-secretário do Tesouro e destacado economista de Harvard, referindo-se ao recente interesse renovado da classe política pela desigualdade, apontou a persistente tendência do público à morosidade como a chave para a calorosa acolhida que se deu a Piketty. O sucesso do livro "não deveria surpreender", escreveu Summers, com uma segurança retrospectiva.

17. Em um pronunciamento feito no Center for American Progress, o presidente Obama chamou a atenção para "a perigosa e crescente desigualdade e falta de mobilidade social ascendente nos Estados Unidos" e classificou-a como "o grande desafio de nosso tempo". Ele garantiu que "no curso do próximo ano e pelo resto de minha presidência, é nesse problema que minha administração vai concentrar todos os esforços". Barack Obama, "Remarks by the President on Economic Mobility", discurso, Washington, DC, 4 dez. 2013, disponível em: https://www.whitehouse.gov/the-press-office/2013/12/04/remarks-president-economic-mobility.

> Em um momento no qual nossos políticos parecem ter sido definidos por uma classe média grosseira, e o presidente fez da desigualdade seu tema central na área econômica, como poderia um livro que documenta a irresistível e crescente concentração de riqueza e renda entre a faixa superior do 1%, a do 1% e do 0,1% das famílias não atrair grande atenção?[18]

O presidente Obama não foi o único político a entender o problema da desigualdade nos meses que antecederam a publicação de *O capital no século XXI*. A senadora americana Elizabeth Warren também fez um longo pronunciamento sobre o assunto, destacando a crescente desigualdade de renda nos Estados Unidos, tema de muitos trabalhos de Piketty anteriores a *O capital no século XXI*.[19] Bill de Blasio, democrata progressista que ganhou as eleições para prefeito da cidade de Nova York em 2013, fez da desigualdade de renda um tema central de sua campanha.[20] Não foi a desigualdade *per se* que a crise projetou para o primeiro plano, mas antes uma exasperada percepção da injustiça, cujas raízes podem remontar a meados da década de 1980, o exato momento em que, segundo Piketty, a desigualdade entre riqueza e renda começou a aumentar. A Grande Recessão atingiu tanto os muito ricos como as classes médias baixas, mas as carteiras de títulos dos ricos logo se recuperaram, ao passo que as pessoas que perderam suas residências, perderam-nas em caráter definitivo. Foi essa evidente *injustiça* que fomentou a raiva política, mais do que a desigualdade em si.

O crescente interesse pelo tema da desigualdade não se restringia aos políticos, mas se estendia para a classe política em sentido mais lato. The Economic Policy Institute, um centro de estudos progressista, durante muitos anos vinha insistindo no tema da estagnação dos salários (mas se centrando antes nos assalariados de renda média do que nos que se encontram no ápice da pirâmide da distribuição de renda, destacados por Piketty e Saez). No outono de 2014, alguns meses depois da publicação de *O capital no século XXI*, Larry Mishel, presidente do referido centro de estudos (EPI), parabenizou Janet Yellen, presidente do Federal

18. L. H. Summers, "The Inequality Puzzle", *Democracy*, n. 33, verão 2014, disponível em: http://www.democracyjournal.org/33/the-inequality-puzzle.php?page=all.

19. E. Robinson, "Elizabeth Warren Makes a Powerful Case", *Washington Post*, 20 out. 2014, disponível em: https://www.washingtonpost.com/opinions/eugene-robinson-elizabeth-warren-makes-the-case-on-income-inequality/2014/10/20/ba54c68e-588a-11e4-8264-deed989ae9a2_story.html.

20. E. Alterman, "Inequality and the Blind Spots of the Democratic Party", *The Nation*, 14 maio 2015, disponível em: http://www.thenation.com/article/bill-de-blasio-crisis-inequality-and-blind-spots-democratic-party/.

Reserve, por ter reconhecido as graves implicações da crescente desigualdade para a economia americana: "Ela merece nosso aplauso por falar algumas verdades sobre mobilidade social e desigualdade de renda, muitas vezes ignoradas [...] Ela não usou de eufemismos."[21] Mishel citou Yellen extensamente:

> Não é nenhum segredo que as últimas décadas de expansão da desigualdade podem ser resumidas como sendo de ganhos significativos em renda e riqueza para os que se encontram no topo da pirâmide, e de padrões de vida estagnados para a maioria. Acho necessário perguntar se essa tendência é compatível com princípios enraizados na história de nossa nação, entre eles o alto valor que os americanos tradicionalmente atribuem à igualdade de oportunidades.

As palavras de Yellen aludiram a uma preocupação que vai além dos números e gráficos — uma preocupação que estava nas mentes de não economistas e também na da presidente do Federal Reserve (Fed). Sua referência a valores americanos profundamente enraizados deixa entrever uma grande ansiedade quanto a uma possível relação entre aumento da desigualdade e redução da mobilidade social. Em 2012, Alan Krueger, presidente do Council of Economic Advisers, fez um pronunciamento em que chamou a atenção para a evidente relação inversamente proporcional entre desigualdade (tal como medida pelo coeficiente de Gini) e mobilidade social: quanto maior a desigualdade, menor a mobilidade social. Essa relação logo foi confirmada pela "curva do Grande Gatsby" e largamente divulgada.[22]

Em suma, o contexto político em princípios de 2014 era receptivo a um livro que esclarecesse como a distribuição de riqueza e de renda tinha mudado, e explicasse também um fenômeno em relação ao qual cidadãos comuns e líderes políticos tinham começado a exprimir ansiedade e perplexidade. A democracia corre perigo quando um substancial segmento da população percebe que está condenado a um status de classe de segunda ordem, sem condições de mobilidade

---

21. L. Mishel, "Chair Yellen Is Right: Income and Wealth Inequality Hurts Economic Mobility", Economic Policy Institute, Working Economics Blog, disponível em: http://www.epi.org/blog/chair-yellen-income-wealth-inequalities/.

22. A. B. Krueger, "The Rise and Consequences of Inequality in the United States", pronunciamento, 12 jan. 2012, disponível em: https://www.whitehouse.gov/sites/default/files/krueger_cap_speech_final_remarks.pdf.

social ascendente. A oportunidade de avançar por meio da educação constituía, tradicionalmente, uma pedra de toque da democracia americana.

Naturalmente, a percepção da redução da mobilidade social nos últimos anos talvez não corresponda à realidade. O trabalho feito por Raj Chetty com o colaborador de Piketty, Emmanuel Saez, e outros leva a crer que a percepção popular a esse respeito talvez seja exagerada. Não obstante, ela existe, possivelmente porque o aumento da desigualdade de renda potencializa as consequências da estagnação social.[23] Com efeito, preocupações com a mobilidade social — em especial mobilidade *para baixo* — são uma fonte de extrema ansiedade justo para os elementos desse grupo cuja posição em um patamar relativamente alto na escala da distribuição de renda talvez se deva ao seu sucesso educacional e ao aumento das oportunidades para trabalhadores com bom nível de instrução, nas décadas que se seguiram ao pós-guerra. Piketty chama esse grupo de "classe média patrimonial", constituído pelos que se encontram nos dois primeiros decis da pirâmide de distribuição de renda. Muitos nesse grupo desfrutam de rendas mais altas do que a de seus pais e possuem e passarão aos seus filhos um patrimônio muito maior. Eu arriscaria a hipótese — difícil de demonstrar na ausência de prova estatística, mas ainda assim plausível — de que a maioria dos leitores do livro de Piketty pertence a esse grupo.

Outro ponto crucial sobre como estava a opinião pública nos Estados Unidos quando o livro foi lançado: na mente de muitos americanos, a decisão da Suprema Corte no caso do grupo conservador Citizens United escancarou as portas para a influência do dinheiro na política. O poder potencial que a riqueza concentrada tem de distorcer o processo político democrático é um dos temas fundamentais

23. R. Chetty et al., "Is the United States Still a Land of Opportunity? Recent Trends in Intergenerational Mobility", documento de trabalho NBER n. 19844, http://www.nber.org/papers/w19844: "Achamos que todas essas mensurações baseadas em classificação da mobilidade intergeracional não mudaram significativamente ao longo do tempo. Por exemplo, a probabilidade de que um filho alcance o topo do quinto superior da distribuição de renda, considerando-se que seus pais se encontram na faixa mais baixa desse quinto, é 8,4% para crianças nascidas em 1971, ao passo que é de 9% para as que nasceram em 1986. As crianças nascidas nas famílias de renda mais alta em 1984 tinham 74,5% mais chances de cursar uma faculdade do que as de famílias de renda mais baixa. A correspondente distância para crianças nascidas em 1993 é de 69,2 pontos percentuais, o que indica que, quando muito, a mobilidade intergeracional pode ter aumentado ligeiramente nos grupos recentes. Além disso, a mobilidade intergeracional se mostra bastante estável ao longo do tempo em cada um dos nove censos desses dados nos Estados Unidos, ainda que eles tenham níveis de mobilidade muito diferentes". Não obstante, dada a crescente desigualdade, os autores também frisam que "as consequências da 'loteria do nascimento' — de que pais as crianças nasceram — atualmente são maiores do que no passado".

de Piketty, embora ele não tenha sido bem explorado no livro. Piketty afirma que essa influência é responsável pela passagem dos Estados Unidos de um regime de renda e impostos fundiários progressivos para outro de baixas taxas marginais, mesmo para as rendas mais altas. Essa transformação cria incentivos para que os gerentes mais bem situados busquem pacotes de compensação cada vez maiores e lhes permite acumular a renda suplementar em forma de ativos transmissíveis, fazendo com que "o passado devore o futuro", como Piketty afirma em uma de suas frases mais memoráveis. Contudo, se, como suponho, a massa de leitores do livro de Piketty em grande medida pertença à classe média patrimonial, há algo de paradoxal no tema, pois os dados mostram que membros desse grupo foram evidentes beneficiários da crescente concentração de renda pós-1980.

O aparente paradoxo se desfaz, porém, se supusermos que os leitores de Piketty desse grupo se situam na faixa que vai de liberal a progressista no espectro político, isto é, profissionais da classe média patrimonial que, em grande medida, devem seu status ao acesso que tiveram à educação e tendem a defender valores políticos e sociais liberais e progressistas.

O fato é que muitas vezes se tem questionado o pressuposto de que o sistema educacional americano é justo. O papel das universidades de elite, enquanto monopolizadoras de muitas profissões, é um aspecto problemático da educação nos Estados Unidos, visto que as altas mensalidades e a prioridade que se dá a candidatos que mantêm certo tipo de ligação com os alunos e as instituições educacionais tendem a restringir o acesso e transformar as elites em castas que se reproduzem.[24]

Nas três décadas que se seguiram à Segunda Guerra Mundial, que Piketty aponta como um período de redução da desigualdade, fizeram-se esforços para ampliar o acesso a uma educação de alta qualidade por meio do uso de testes padronizados, como o SAT (teste para ingresso nas universidades).[25] Mas quando a desigualdade recomeçou a crescer, a partir de 1980, a eficácia desses remédios foi reduzida pela estrutura do sistema educacional americano. As escolas públicas financiadas por impostos sobre bens imóveis locais tendem a canalizar os recursos educacionais para as comunidades mais ricas. Cursos pré-vestibulares pagos e professores particulares, para não falar da crescente tendência de a alta classe média culta recorrer a escolas particulares, em certa

24. J. Karabel, *The Chosen: The Hidden History of Admission and Exclusion at Harvard, Yale, and Princeton*, Nova York, Houghton Mifflin Harcourt, 2005.

25. N. Lemann, *The Big Test: The Secret History of American Meritocracy*, Nova York, Farrar, Straus and Giroux, 2000.

medida neutralizaram as providências tomadas para criar igualdade de oportunidades depois da Segunda Guerra Mundial, em parte devido à necessidade que o país tinha de cientistas, engenheiros e outros profissionais de alto nível.

O que muito preocupa os membros do grupo profissional é o papel cada vez mais destacado dos doadores muito ricos e conservadores no financiamento da ala direita do Partido Republicano — um esforço tão bem-sucedido que, o que antes era uma ala, quase devorou o próprio partido.

Pode-se supor, portanto, que o componente mais liberal/profissional da classe média patrimonial sofre uma espécie de "ansiedade de status", que Richard Hofstadter diagnosticou em outras partes do espectro social e em épocas mais remotas da história americana. Muitos liberais patrimoniais devem sua afluência a oportunidades de educação e de emprego que se abriram nas prósperas décadas que se seguiram à Segunda Guerra Mundial — oportunidades que eles temem não estar mais ao alcance de seus filhos, apesar das vantagens que sua relativa riqueza lhes proporciona. Eles se ressentem sobretudo da visível destruição do consenso liberal — que Arthur Schlesinger classificou de "centro vital" da vida política americana — pelo populismo da ala direita financiado pelo que Theda Skocpol e Vanessa Williamson chamaram de "bilionários itinerantes" e fomentado por uma disposição e ressentimento anti-intelectual diante da mudança de valores promovida pela revolução cultural da década de 1960, a qual teve uma influência considerável nos círculos frequentados, em sua juventude, por esses profissionais urbanos.[26] Assim, é de se esperar que esse grupo — de liberais "patrimoniais" afluentes — se sinta muito ansioso em relação à crescente influência dos doadores individuais muito ricos que se contrapõem a sua influência e cultura, e muito receptivo à mensagem de Piketty.

Naturalmente, o trabalho de Piketty alcançou um número considerável de leitores jovens, sobretudo nas universidades. Uma prova disso é o rápido surgimento de "grupos de leitura de Piketty" nos campi universitários de todo o país. O que os motivou foi a sensação de que estamos vivendo um momento crítico, um ponto de virada social e econômico cujas causas e implicações continuam obscuras. O que Piketty prometia era um insight sobre a atual situação. Em certo sentido, o que ele oferece, aliás de forma paradoxal em vista de sua sombria previsão de altos níveis de desigualdade, é *confiança renovada:*

---

26. T. Skocpol; V. Williamson, *The Tea Party and the Remaking of American Conservatism*, Nova York, Oxford University Press, 2012.

a segunda Idade de Ouro, ele argumenta, em muitos aspectos se parece com a primeira, e por isso deve ser possível controlá-la usando instrumentos semelhantes, que ele sintetiza esperançosamente sob a rubrica "controle democrático do capitalismo". Ele pode estar certo quando diz que "desta vez *não* é diferente". E também, ainda aqui, pode estar enganado. Mas tanto a ansiedade da velha geração como a ansiedade existencial dos jovens, diante de um futuro incerto, sem dúvida contribuíram para que tantos se dispusessem a mergulhar nas águas desconhecidas da história econômica e da econometria histórica.

A recepção crítica

Um sucesso fenomenal como o de Piketty não pode resultar apenas em resenhas favoráveis, mas não há dúvida de que elas deram um impulso ao livro no mercado editorial americano. A obra despertava a atenção antes mesmo de estar disponível para compra. Um dos primeiros comentários em inglês sobre o livro se deveu a Branko Milanovic, economista do Banco Mundial e especialista em desigualdade, que resenhou a edição francesa do trabalho. Milanovic observou que Piketty avançou muito em relação ao seu estudo anterior sobre distribuição de renda, para desenvolver uma "teoria geral do capitalismo": "O objetivo não declarado de Piketty é nada menos que combinar a teoria do crescimento econômico com as teorias de distribuição funcional e pessoal da renda."[27] Quando o livro estava para ser lançado, a revista *The Economist* declarou que o trabalho marcaria época e prometeu abrir suas páginas para debatê-lo, tão logo fosse publicado.[28] Em janeiro de 2014, vários meses antes da publicação, Thomas Edsall, do *New York Times*, anunciou seu lançamento, observando que na França ele fora classificado como "um buldôzer teórico e político", e asseverou que o livro questionava a ortodoxia tanto de esquerda quanto de direita.[29] O jornal também chamou a atenção para a tese de Piketty de que a crescente desigualdade nada tinha a ver com imperfeições do mercado, mas se devia a mercados livres operando exatamente como seus defensores afirmavam que deviam operar. Além

27. B. Milanovic, "The Return of 'Patrimonial Capitalism': A Review of Thomas Piketty's *Capital in the Twenty-First Century*", *Journal of Economic Literature* 52, n. 2, 2014, pp. 1-16.

28. *The Economist*, maio 2014.

29. T. Edsall, "Capitalism vs. Democracy", *New York Times*, 28 jan. 2014, disponível em: http://www.nytimes.com/2014/01/29/opinion/capitalism-vs-democracy.html.

disso, Edsall citou a afirmação de Milanovic de que o trabalho era "um desses livros que constituem um divisor de águas no pensamento econômico".

Em vista do amplo interesse que o livro despertava antes mesmo da publicação, a Harvard University Press decidiu adiantar em um mês a data de seu lançamento oficial. O fator mais importante para despertar o interesse inicial foi a frequente discussão do livro por Paul Krugman, ganhador do prêmio Nobel, primeiro em seu blog e em sua coluna no *Times*, depois em uma extensa resenha na *The New York Review of Books*, em um debate público com outro economista agraciado com o Nobel, Joseph Stiglitz, e com o próprio Piketty, na Universidade da Cidade de Nova York. Krugman mal conseguia conter seu entusiasmo. "Essa análise não é apenas importante, ela é bela", escreveu ele em 16 de abril de 2014. "Minha admiração aumenta ainda mais em função de minha tremenda inveja profissional. Que livro!" Em seu comentário mais extenso sobre o livro, Krugman disse ser o trabalho "importantíssimo", e acrescentou que, por causa dele, "nunca mais iremos falar sobre riqueza e desigualdade como fazíamos antes".[30] É inegável que a influência de Krugman, economista e intelectual largamente conhecido do público, contribuiu bastante para o sucesso do livro.

Paralelamente, ainda outro economista ganhador do prêmio Nobel, Robert Solow, cuja teoria sobre o crescimento influenciou a análise de Piketty, resenhou o livro para o *New Republic* e saudou "a nova e poderosa contribuição a um tema antigo", devida ao economista mais jovem. Solow também destacou outra característica fundamental da análise de Piketty que, como veremos mais adiante, é de particular interesse para estudiosos de outras disciplinas — a de que "é provável que o papel da riqueza herdada na sociedade aumente em relação à adquirida recentemente e, portanto, também, à renda derivada do mérito".[31]

A divulgação antecipada também gerou muitos convites para o autor falar em importantes fóruns de políticas públicas. Em uma turnê-relâmpago de divulgação em meados de abril de 2014, logo depois de o livro chegar às livrarias, Piketty falou em uma sessão conjunta do Economic Policy Institute e do Washington Center for Equitable Growth, para o Urban Institute, e também em uma reunião no Fundo Monetário Internacional, em Washington. Com já foi dito, ele se reuniu também com o secretário do Tesouro Jack Lew. De lá ele seguiu para Nova York, onde

30. P. Krugman, "Why We're in a New Gilded Age", *New York Review of Books*, 8 maio 2014. (O artigo de Krugman é o Capítulo 3 deste livro.)

31. R. M. Solow, "Thomas Piketty Is Right", *New Republic*, 22 abr. 2014. (Capítulo 2 deste volume.)

falou na ONU, no Council on Foreign Relations, e para um grande público na Universidade da Cidade de Nova York, ao lado de Krugman, Stiglitz e Milanovic. Todos esses eventos mereceram extensa cobertura da imprensa, despertando uma atenção muito maior do que normalmente se daria a um trabalho desse tipo.

Depois de Nova York, Piketty partiu para Boston, onde falou no Seminário Macroeconômico no MIT (com um público cinco vezes maior do que o que normalmente participa desse evento, apesar da total ausência de divulgação), a que se seguiu uma apresentação na Kennedy School of Government, em Harvard, onde ele falou a um público numerosíssimo, ao qual foi apresentado pelo ex-presidente da Universidade Harvard e pelo secretário do Tesouro Larry Summers. Depois, ele fez uma palestra com a senadora Elizabeth Warren em uma reunião pública no Faneuil Hall. Por todo esse período, os jornais continuaram a divulgar as vendas impressionantes do novo livro de Piketty, descrevendo o jovem e elegante economista como o "rock star" de uma disciplina mais comumente vista como uma "ciência triste", cujos profissionais raramente atraem multidões de admiradores. As livrarias falavam de estoques esgotados, ao passo que as próprias gráficas se viram despreparadas para atender à demanda inicial. Com efeito, as vendas do livro foram muito mais rápidas do que as de quaisquer outros livros publicados pela Harvard University Press em seus 102 anos de história — tão rápidas que o editor teve de recorrer a gráficas da Índia e da Inglaterra para atender à demanda imprevista.[32]

Seria fácil multiplicar os exemplos de resenhas laudatórias e reações entusiásticas ao autor. Seria um engano, porém, considerar a recepção do livro como uniformemente positiva. Talvez a maior surpresa entre as primeiras reações foi o fato de as mais ferozes reações terem vindo não da tendência dominante, mas do campo heterodoxo da ala esquerda, quando era de se esperar que se entusiasmasse com as críticas que Piketty faz à ala dominante, com sua "paixão infantil pela matemática", ao mesmo tempo que insiste em "recolocar a questão da distribuição no centro da análise econômica".[33] Dean Baker, do Center for Economic Policy Research, ao mesmo passo que concordava com Piketty que a desigualdade aumentou, insistia, no *New York Times*, que a principal razão para isso era a "busca da renda" da parte de atores pouco vulneráveis como advogados,

32. Veja Lambert, "The 'Wild West'", n. 3.

33. T. Piketty, *Capital in the Twenty-First Century*, trad. Arthur Goldhammer, Cambridge, MA, Belknap Press of Harvard University Press, 2014, 32, 15.

médicos, financistas detentores de propriedade intelectual, barateando assim a tese de Piketty, muito mais radical, de que a desigualdade é uma natural e previsível consequência do funcionamento da perfeita competição em mercados livres e isentos de restrições. Para Baker, "grande parte" do poder de encantamento da obra de Piketty se deve ao fato de "permitir que as pessoas digam que o capitalismo é horrível, mas que não há nada que possamos fazer quanto a isso".[34]

Uma das apreciações mais negativas de Piketty partiu de outro pesquisador do tema da desigualdade, James Galbraith, que censurou o francês por preferir sua própria definição de capital à de Marx ou de Joan Robinson, o que teria acarretado "uma terrível confusão".[35] Não obstante, o próprio Galbraith reconhece que Piketty chama a atenção para uma mudança significativa na dinâmica da acumulação de riqueza — isto é, "um fluxo de heranças" que atualmente, em alguns países, chega a 15% da renda nacional. Sem se dar conta disso, Galbraith, como Solow, assinalou um motivo pelo qual o trabalho de Piketty se mostrou atraente para estudiosos de outros campos, como história e sociologia. É esse aspecto do fenômeno Piketty que agora vamos abordar.

A recepção para além do campo da economia

Uma medida do fenômeno Piketty é o interesse que o trabalho despertou entre estudiosos de disciplinas fora do campo da economia. Na primavera de 2012, Piketty fez uma palestra no Harvard Center of European Studies. Sua exposição foi, essencialmente, um esboço do ainda não escrito *O capital no século XXI*. A palestra atraiu um público de talvez uma centena de estudantes e estudiosos, em sua maioria cientistas políticos e sociólogos. Três anos mais tarde, na primavera de 2015 e cerca de um ano depois da publicação de *O capital no século XXI*, Piketty voltou a Harvard, dessa vez a convite de Sven Beckert, um historiador dedicado à "história do capitalismo", subcampo que acaba de ganhar grande destaque.[36] O maior salão da universidade, que comporta cerca de 1,5 mil

34. T. Edsall, "Thomas Piketty and His Critics", *New York Times*, 14 maio 2014, disponível em: http://www.nytimes.com/2014/05/14/opinion/edsall-thomas-piketty-and-his-critics.html.

35. J. K. Galbraith, "*Kapital* for the Twenty-First Century?", *Dissent*, primavera 2014, disponível em: https://www.dissentmagazine.org/article/kapital-for-the-twenty-first-century.

36. T. Shenk, "Apostles of Growth", *The Nation*, 5 nov. 2014, disponível em: http://www.thenation.com/article/apostles-growth/.

pessoas, não bastou para acomodar todos os estudantes, o corpo docente e os demais interessados em ouvir Piketty. Muitos não conseguiram entrar.

O contraste entre os dois eventos mostra bem a influência do livro na reputação de Piketty na academia. A publicação o transformou — de economista influente cujo trabalho sobre desigualdade lhe valeu a atenção de um punhado de pesquisadores fora do campo da economia, em disciplinas como sociologia e ciência política, em que as questões de justiça distributiva há muito mereciam uma atenção muito maior do que no domínio da própria economia — em uma figura pública cujos pronunciamentos eram ansiosamente esperados pelo público culto em geral. A tese defendida por Piketty de que deve haver maior colaboração entre economistas e cientistas sociais teve uma ótima acolhida por parte de um estudioso como Beckert, que está tentando mudar a orientação de sua própria disciplina, em uma época em que as matrículas para o curso de economia aumentam e as do de história diminuem.[37]

Embora negativa, a apreciação de Galbraith chamou a atenção para um aspecto do trabalho de Piketty que exerce uma especial atração sobre historiadores como Beckert, que procuram situar a história do capitalismo na *longue durée* da modernidade: um fluxo de heranças que, nas palavras de Galbraith, "é espantosamente alto para um dado que não recebe nenhuma atenção dos jornais nem dos livros-texto".

Na esteira do colapso financeiro de 2008, muitos estudiosos se concentraram na evidente fragilidade das economias capitalistas, na vulnerabilidade dos endividados e na volatilidade da riqueza. Não obstante, o trabalho de Piketty nos lembra que o capitalismo, desde o princípio, tem sido notavelmente resiliente, apesar das contínuas calamidades que enfrenta.[38] Como os dados mostram, nos longos períodos em que a composição do capital sofre profundas mudanças, o retorno do capital, entretanto, varia dentro de uma faixa muito estreita. A riqueza acumulada em fases de *boom* pode ser corroída pela recessão, mas raras vezes é totalmente liquidada, e mesmo quando a destruição criativa enfatizada por Joseph Schumpeter desvaloriza completamente determinada categoria de ativos, os capitalistas mais

37. Cumpre notar que a segunda palestra teve lugar na Faculdade de Direito de Harvard, e um dos comentaristas era um professor de direito. Foi grande o interesse pelo trabalho de Piketty entre os especialistas em direito, como mostram as resenhas de Jedediah Purdy, da Faculdade de Direito da Duke, e de David Grewal, da Universidade de Yale. A resenha de Purdy foi publicada na *Los Angeles Review of Books* de 24 abr. 2014. A de Grewal, na *Harvard Law Review*, 128, n. 626, 10 dez. 2014.

38. Agradeço a Noam Maggor por esse pormenor.

atilados (ou seus herdeiros) podem ajustar suas carteiras de títulos financeiros para tirar vantagem de novas estratégias de crescimento. Na sucessão de gerações, herdeiros respondem ao surgimento de novas oportunidades se valendo dos recursos acumulados por seus antepassados para manter sua supremacia.

Os dados de Piketty sobre o fluxo das heranças reforçam a ideia de que os padrões de dominação de classe tendem a persistir por longos períodos — uma ideia que praticamente caiu no esquecimento com a ascensão da ideologia neoliberal nas últimas décadas do século XX. Robert Lucas, que Paul Krugman considera "o mais influente macroeconomista de sua geração", declarou em 2004, por exemplo, que "de todas as tendências nocivas aos estudos econômicos, a mais sedutora e, em minha opinião, a mais venenosa, é a de se concentrar na questão de distribuição".[39] Revalidando a pertinência de levantar questões sobre distribuição e pôr em xeque a tese de que a competição, por si só, garante a redistribuição de renda, Piketty mereceu a gratidão de historiadores cientes, com base no próprio trabalho, de que economistas como Lucas são por demais otimistas em sua crença de que o funcionamento normal do mercado é suficiente para garantir que a riqueza, e seu correspondente poder, não fiquem apenas nas mãos de uma classe restrita, e que até certo ponto se reproduz, de capitalistas. Ideias "venenosas" podem, afinal de contas, se revelar verdadeiras.

A publicação *Annales*, o mais importante periódico dos historiadores franceses, dedicou uma edição especial ao trabalho de Piketty e sua relação com as ciências sociais, "que não é, de modo algum, evidente por si mesma", afirmaram os editores na introdução.[40] Em seu livro, Piketty, de forma apaziguadora, afirma que uma das razões que o fizeram voltar dos Estados Unidos, onde lecionou por um breve período no MIT, para a França foi o fato de a economia, como disciplina, não ter alcançado, em seu país, a hegemonia de que gozava nos Estados Unidos. Por isso, argumenta ele, os economistas franceses têm uma postura mais modesta em relação à realidade social, renegando as ambições imperiosas e imperiais de seus colegas americanos e se dedicando a pesquisas mais cooperativas com seus colegas das outras ciências sociais.

Seus colegas historiadores parecem acreditar muito menos na modéstia das ambições de seus colegas economistas. Nicolas Delalande, por exemplo, ao mesmo

39. P. Krugman, op. cit.

40. *Lire* Le capital *de Thomas Piketty*, edição especial, *Annales: Histoire, Sciences sociales* 70, n. 1, jan.-mar. 2015, p. 5.

tempo que elogia a ambição do trabalho de Piketty, que para ele retoma o escopo dos trabalhos do século XIX sobre política econômica, questiona se Piketty levou em conta o trabalho histórico que informa as questões centrais levantadas em seu livro, como, por exemplo, o advento do imposto progressivo. Ele observa que o imposto progressivo foi debatido bem antes da Primeira Guerra Mundial, que Piketty considera um ponto de virada, e na verdade já vigorava em muitos países, inclusive na Prússia, na Suécia e no Reino Unido.[41] O significado último do trabalho de Piketty vai depender, em larga medida, da forma como sua ampla interpretação do capitalismo enquanto sistema global é desenvolvida, nuançada e talvez desafiada pelas análises mais refinadas para as quais Delalande chama a atenção.

Em outra contribuição para o volume do *Annales*, o sociólogo Alexis Spire propõe que "se leve a sério o convite [de Piketty] [...] de encarar o livro não como um tratado sobre economia, mas uma contribuição às ciências sociais, de modo mais geral".[42] Ele cita, explicitando sua concordância, a definição de Piketty de economia como "uma subdisciplina das ciências sociais, assim como a história, a sociologia, a antropologia e a ciência política".[43] O arrazoado de Spire demonstra, porém, que ele e outros sociólogos não esperaram a publicação de *O capital no século XXI* para descobrir a importância da desigualdade na estruturação das sociedades industriais avançadas. Com efeito, Spire expressa uma certa surpresa diante da ausência, no livro de Piketty, de uma discussão mais extensa da "dinâmica dos movimentos sociais e sua capacidade de impor mudanças institucionais e regulatórias".[44]

O apelo de Piketty para uma cooperação mais estreita entre as ciências sociais teve receptividade entre os não economistas, mas ainda resta ver se, e como, isso será transposto para as realidades institucionais e disciplinares. Economistas e historiadores têm formação e potenciais diferentes para integrar suas matérias. Para que o desejo de Piketty se torne realidade, ele deve ser respaldado por organização, recursos e engajamento conjuntos que transcendam os limites das disciplinas. O risco de um imenso sucesso no mercado editorial é que o essencial das teses do livro desapareça por trás das referências a sua influência, que se considera enorme, simplesmente pela magnitude de seu

41. N. Delalande, "Vers une histoire politique de capital?", *Annales: HSS* 70, n. 1, jan.-mar. 2015, p. 50.
42. A. Spire, "Capital, reproduction sociale et fabrique des inégalités", *Annales: HSS* 70, n. 1, jan.-mar. 2015, p. 61.
43. T. Piketty, op. cit., p. 573.
44. A. Spire, op. cit., p. 63.

suposto leitorado. Existe um risco — exemplificado, talvez, pelas camisetas e uniformes de beisebol estampados com a fórmula $r > g$ — de que Piketty se torne o que a historiadora Nancy Partner chama de "intelectual icônico". O status de ícone, ela escreve, citando o sociólogo Dominik Bartmanski, confere um "valor de emblema", transformando uma "teoria social em uma marca".[45] O status de ícone torna vantajoso para os estudiosos de outras disciplinas citar ou pelo menos aludir ao trabalho de um autor em apoio a ideias que eles, independentemente do "ícone", de todo modo teriam desenvolvido. A sociologia da desigualdade é um campo que florescia bem antes da publicação de *O capital no século XXI*. Alguns sociólogos expressaram, em caráter privado, o temor de que a desigualdade fosse mais um campo de estudo de que os economistas buscavam se apropriar. Quaisquer ressentimentos que se esboçavam entre os sociólogos foram atenuados, porém, por informes de que editores, encorajados pelo enorme sucesso do livro de Piketty, começaram a oferecer adiantamentos de valores sem precedentes para colegas que estivessem trabalhando no tema da desigualdade, que de repente entrara na moda.[46]

Desigualdade e democracia

Discuti o contexto político no qual o livro de Piketty foi recebido, mas o que se pode dizer de suas *consequências* políticas? Como Chu-En-Lai *não* disse sobre a Revolução Francesa, "é muito cedo para avaliar".[47] Embora o presidente Obama, como já dissemos, tenha afirmado a certa altura que a desigualdade seria o tema crucial das próximas décadas, ele não tomou medidas específicas para combatê-la,

45. N. Partner, "*Les Mots et les choses* and Beyond", estudo apresentado em um colóquio sobre a obra de Michel Foucault no Harvard's Center for European Studies, 17-18 abr. 2015.

46. Depois do sucesso de *O capital no século XXI*, a Harvard University Press publicou um trabalho mais antigo de Piketty e um livro de Anthony Atkinson, um pioneiro da economia da desigualdade, e encomendou um trabalho ao resenhista de Piketty Branko Milanovic — iniciativas que levaram a editora à "posição de liderança em publicações sobre desigualdade" (comunicação privada do chefe de imprensa William Sisler). Pelo fato de ser tradutor de Piketty, fui procurado por vários editores para saber se eu conhecia outros economistas e cientistas sociais franceses que estivessem trabalhando com o tema da desigualdade. E, como disse antes, já se encomendara a tradução de *Hauts revenus en France*, de Piketty. Não há dúvida de que o tema se tornou "quente" graças ao sucesso do autor.

47. Ao que parece, quando Chu-En-Lai fez esse famoso comentário, pensava estar sendo interrogado sobre as consequências políticas da revolta de maio de 1968 em Paris, não sobre a Revolução Francesa.

talvez porque a reação do público ao seu discurso tenha sido, na melhor das hipóteses, morna. Vários democratas dos Estados Unidos apoiaram aumentos do salário mínimo, e se aprovou legislação específica em algumas localidades, como Seattle, por exemplo, embora a hostilidade contra os sindicatos, cujo papel na redução da desigualdade em meados do século XX é clara, continue alta.

O remédio preferido de Piketty para a doença que ele diagnosticou é um imposto global sobre o capital, mas mesmo ele reconhece ser esta uma proposta utópica, com poucas chances de ação concreta no futuro próximo. Galbraith, que pensa ser mínima a importância do livro para o estudo empírico da desigualdade, considera ainda menor sua contribuição para a análise política: "Se a proposta é utópica, o que é sinônimo de fútil, então por que fazê-la? Por que dedicar todo um capítulo a ela — a menos que seja, talvez, para incitar os ingênuos?"[48]

Uma avaliação menos parcial deve levar em conta que o interesse de Piketty por tributação deriva do fato de que os impostos são um instrumento não apenas para aumentar a renda, mas também para gerar informação. Não é de surpreender que um empirista como Piketty acredite que, para exercer controle sobre a economia, os atores políticos e os cidadãos precisam de dados acurados. Para ele, o quadro das alíquotas é um poderoso instrumento para estimular a produção desses dados. Mas as autoridades tributárias não são a única fonte de informações úteis. Piketty também afirma que os bancos e outras corporações financeiras devem partilhar com as autoridades públicas informações sobre os valores pertencentes aos depositantes. E como já se fizeram progressos nesse campo nos últimos anos, no que diz respeito a isso, a proposta de Piketty não é nem utópica nem ingênua.[49]

É verdade, porém, que Piketty tem grande esperança no poder que a informação tem de galvanizar uma maior participação política e, assim, revigorar a democracia:

> A informação deve respaldar as instituições democráticas; ela não é um fim em si mesma. Se algum dia a democracia puder reassumir o controle sobre o capitalismo, deve começar por reconhecer que as instituições concretas nas quais a democracia e o capitalismo se materializam precisam ser continuamente reinventadas.[50]

---

48. J. K. Galbraith, op. cit.

49. Por exemplo, veja P. Spiegel, "EU Agrees Laws to End Banking Secrecy", *Financial Times*, 14 out. 2014, disponível em: http://www.ft.com/intl/cms/s/0/0ca39924-53b3-11e4-929b-00144feab7de.html#axzz3mfDs2OBq.

50. T. Piketty, op. cit., p. 570.

Aqui ele recorre ao trabalho do filósofo Jacques Rancière, mas deixa de lado o de muitos historiadores e cientistas políticos que demonstraram que, se as instituições democráticas podem "controlar" o capitalismo, para usar um termo caro a Piketty, essas mesmas instituições também podem ser exploradas pelos detentores do capital para aumentar a eficiência do sistema. A regulamentação pode restringir os excedentes ao mesmo tempo que impõe uma disciplina setorial de maneira a aumentar os retornos de escala, estimulando, assim, a concentração do capital que Piketty desaprova. Quando se trata de regulamentação da economia, a lógica da ação coletiva muitas vezes favorece pequenos grupos de atores com interesses bem definidos e instrumentos para se fazerem ouvir pelos tomadores de decisão. A informação incrementa tanto a democracia quanto a gerência tecnocrática, e discussões sobre sua interpretação podem arrefecer o entusiasmo e a emoção que alimentam os movimentos sociais. Nada disso abala a defesa que Piketty faz do potencial liberador da informação, mas sua argumentação seria mais persuasiva se ele explicasse melhor como espera que as informações a ser colhidas devem ser usadas quando os interesses forem conflitantes.

Conclusão

O capital no século XXI, um trabalho de vasto escopo e ambição, transformou Thomas Piketty de respeitado economista em intelectual icônico. É um truísmo afirmar que todo autor perde o controle de sua obra quando ela é publicada. Isso ainda é mais pertinente quando se trata de obras icônicas. O significado de *O capital no século* XXI já não depende principalmente das teses desenvolvidas por Thomas Piketty. Seu trabalho se tornou um objeto com significado flutuante, sujeito às interpretações pessoais de seus leitores e não leitores. Isso não é, necessariamente, o melhor que pode acontecer a um autor. De certo modo, ele fica subordinado a um fenômeno social que condicionará para sempre a recepção de seu pensamento daí para a frente. Não é fácil despertar a atenção do mundo como fez Piketty; talvez seja até mais difícil escapar da notoriedade global, para recuperar a serenidade essencial para a autorrenovação.

CAPÍTULO 2

Thomas Piketty está certo

ROBERT M. SOLOW

A desigualdade de renda nos Estados Unidos e em outros lugares tem se agravado desde a década de 1970. O mais impressionante aspecto foi o aumento da diferença entre os ricos e os demais. Essa nefasta tendência antidemocrática finalmente alcançou a consciência do público e o discurso político. Uma política racional e eficiente para lidar com o problema — se é que tem de haver uma — deve se basear em uma compreensão das causas da desigualdade crescente. Até agora, a discussão apontou um grande número de fatores causais: a erosão do salário mínimo real; a decadência dos sindicatos e dos dissídios coletivos; a globalização e competição mais acirrada dos trabalhadores de baixa renda nos países pobres; mudanças tecnológicas e alterações no perfil da demanda que eliminam empregos de nível médio e deixam o mercado de trabalho polarizado entre os mais instruídos e qualificados, no alto, e a massa dos trabalhadores sem qualificação, embaixo.

Cada uma dessas possíveis causas parece encerrar um pouco de verdade. Mas mesmo tomadas em seu conjunto, elas parecem não compor um quadro plenamente satisfatório. Essas análises têm pelo menos duas deficiências. Em primeiro lugar, não se pronunciam sobre o tema realmente candente: a tendência de as rendas situadas no ápice da pirâmide — o "1%" — se distanciarem do resto da sociedade. Em segundo lugar, elas parecem um tanto fortuitas, acidentais, ao passo que uma tendência de quarenta anos comum às economias avançadas dos Estados Unidos, da Europa e do Japão deveria derivar de forças mais profundas no interior do capitalismo industrial moderno. E então aparece Thomas Piketty, um economista francês de 42 anos, para preencher essas lacunas, e muito mais do que isso. Eu tinha um amigo, excelente algebrista, cujo adjetivo elogioso preferido era "sério". Ele diria, "Z é um matemático sério", ou "Esta é uma pintura séria." Bem, este é um livro sério.

É também um livro extenso: 577 páginas de texto cerrado e 77 páginas de notas. (Amaldiçoo os editores que puseram as notas no fim do livro, e não no rodapé das páginas, que é onde deveriam estar, garantindo assim que leitores como eu não pulem muitas delas.) Há também um longo "apêndice técnico", disponível on-line, com tabelas de dados, arrazoados matemáticos, referências à literatura especializada e links para anotações de aulas do curso de Piketty (claro que excelente) em Paris. A tradução para o inglês de Arthur Goldhammer é de fácil leitura.

A estratégia de Piketty é começar com uma leitura panorâmica dos dados no espaço e no tempo, e trabalhar a partir daí. Ele e um grupo de colaboradores, em que se destacam Emmanuel Saez, outro jovem economista francês que leciona em Berkeley, e Anthony B. Atkinson, de Oxford, pioneiro e eminência parda dos modernos estudos sobre desigualdade, trabalharam duro para compilar uma enorme base de dados que continua sendo ampliada e aprimorada. Ela serve de fundamento empírico para a tese de Piketty.

Ela começa com a trajetória da riqueza (ou capital) — privada ou pública — na França, no Reino Unido e nos Estados Unidos, remontando aos períodos em que esses dados se tornaram disponíveis, e avançando até o presente. Alemanha, Japão e Suécia, e, com menos frequência, outros países, figuram na base de dados quando existem elementos estatísticos satisfatórios. Se você está se perguntando por que um livro sobre desigualdade haveria de começar medindo o total da riqueza, espere um pouco.

Visto que comparações relativas a vastos segmentos de tempo e espaço constituem o cerne do trabalho, é difícil encontrar unidades comparáveis com que se possa mensurar o total da riqueza ou do capital, digamos... na França de 1850 e nos Estados Unidos de 1950. Piketty resolve o problema dividindo a riqueza medida na moeda local da época pela renda nacional, também medida na moeda local da época. Assim, a razão riqueza-renda tem a dimensão expressa em anos. A comparação referida anteriormente indica que a riqueza total da França em 1850 equivalia a sete anos de renda, mas a apenas quatro anos para os Estados Unidos em 1950. Essa visualização da riqueza ou capital nacional relativa à renda nacional é fundamental para a consecução do trabalho. Referências à razão capital/produção ou à razão capital/renda são muito comuns em economia. É bom se acostumar com isso.

Temos aqui uma pequena ambiguidade. Piketty usa "riqueza" e "capital" como termos intercambiáveis. Sabemos como calcular a riqueza de uma pessoa ou de uma instituição: soma-se o valor de todos os seus bens e se subtrai o total de suas dívidas. (Os valores são a preços de mercado ou, em sua ausência, procede-se por aproximação.) O resultado é o patrimônio líquido ou riqueza. Pelo menos em inglês, em geral isso é chamado de capital de uma pessoa ou de uma instituição. Mas "capital" tem outro sentido não de todo equivalente: é um "fator de produção", um insumo essencial no processo de produção, na forma de fábricas, maquinário, computadores, edifícios de escritórios ou casas (que produzem "*housing services*"). Esse sentido pode divergir de "riqueza". Em termos mais banais, existem bens que têm valor e fazem parte da riqueza, mas nada produzem: obras de arte, metais preciosos e assim por diante. (Poder-se-ia dizer que quadros nas paredes em uma sala de estar produzem "serviços estéticos", mas estes normalmente não contam para a renda nacional.) De forma mais significativa, o mercado acionário, a contraparte financeira do capital produtivo corporativo, pode flutuar muitíssimo, ainda mais do que a renda nacional. Em uma recessão, a razão riqueza-renda pode cair notavelmente, embora o estoque de capital produtivo, e mesmo seu futuro ganho presumível, possa ter mudado muito pouco ou absolutamente nada. Mas enquanto nos prendermos às tendências de mais longo prazo, como Piketty normalmente faz, podemos desconsiderar essa dificuldade sem maiores consequências.

Então os dados mostram um padrão claro. Na França e na Grã-Bretanha, de 1700 a 1910, o capital nacional se manteve razoavelmente estável em cerca de sete vezes a renda nacional. De 1910 a 1950 essa relação cai nitidamente, provavelmente em razão das guerras e da depressão, descendo para 2,5, na Grã-Bretanha, e para pouco menos de 3, na França. A razão capital-renda começou então a subir nos dois países, chegando, em 2010, a pouco mais de 5 na Grã-Bretanha e pouco menos de 6 na França. A trajetória dos Estados Unidos foi ligeiramente diferente: de pouco acima de 3 em 1770, subiu para 5 em 1910, caiu ligeiramente em 1920, voltou a alcançar 5 e 5,5 em 1930, caiu para menos de 4 em 1950 e voltou a 4,5 em 2010.

A razão riqueza-renda nos Estados Unidos sempre foi mais baixa do que na Europa. O principal motivo, em seus primórdios, era o fato de o valor das terras pesar menos nos vastos espaços abertos da América do Norte. Havia, é claro, muito mais terras, mas elas eram bem baratas. A partir do século XX, porém, a baixa razão capital-renda nos Estados Unidos provavelmente reflete o mais alto nível de produtividade: determinado montante de capital podia gerar uma produtividade maior do que na Europa. Não é de surpreender que as duas guerras mundiais tenham causado muito menos destruição e dissipação de capital nos Estados Unidos do que na Grã-Bretanha e na França. A observação importante para a tese de Piketty é que, nesses três países, assim como em outros lugares, a razão riqueza-renda tem aumentado desde 1950, tendo quase chegado aos níveis do século XIX. Ele calcula que esse crescimento vai continuar no presente século, com graves consequências — que vamos discutir à medida que avancemos em nossa exposição.

Com efeito, ele prevê, sem muita segurança e sem enganar a si mesmo, que a razão capital-renda mundial subirá de pouco menos de 4,5, em 2010, para pouco mais de 6,5, no fim deste século. Com isso, o mundo inteiro retrocederá para a mesma condição em que estavam umas poucas nações europeias no século XIX. De onde vem essa suposição? Ou, em termos mais gerais, o que afinal de contas determina, a longo prazo, a razão capital-renda de uma economia? Essa questão ocupou os economistas por cerca de 75 anos. Os estudos convergiram para uma resposta-padrão adotada por Piketty como uma "lei" econômica que funciona no longo prazo. Em linhas gerais, ela pode ser entendida como se explica a seguir.

Imagine-se uma economia com uma renda nacional de 100, crescendo a 2% ao ano (talvez com espasmos ocasionais, que podem ser ignorados). Suponha-se que ela poupa e investe regularmente (isto é, soma ao seu capital) 10% da renda nacional. Então, no ano em que a renda alcança 100, ela acrescenta 10 ao seu estoque de capital. Queremos saber se a razão capital-renda pode se manter inalterada no ano seguinte, isto é, pode se estabilizar por longo prazo. Para que isso aconteça, o numerador do quociente capital-renda deve crescer à mesma taxa de 2% do denominador. Já dissemos que ela cresce 10; para que esse valor seja 2% do capital, este deve ter sido 500, nem mais nem menos do que isso. Vejamos um caso paradigmático: a renda nacional é 100, o capital é 500 e o quociente é 5. No ano seguinte a renda nacional é 102, o capital é 510, o quociente ainda é 5, e esse processo pode se repetir automaticamente enquanto o crescimento se mantiver em 2% ao ano e a taxa de poupança/investimento for 10% da renda nacional. E acontece uma coisa mais surpreendente: se o capital e o trabalho se combinam para ter uma produção nacional de acordo com a velha boa lei de redução dos retornos, então, onde quer que a economia comece, será conduzida, por sua própria lógica interna, a essa excepcional razão capital-renda que se autorreproduz.

O exame atento desse exemplo mostrará que ele equivale a um postulado geral: se a economia cresce a *g* % ao ano, e se poupa *s* % de sua renda nacional a cada ano, a razão capital-renda que se autorreproduz é *s/g* (10/2, no exemplo). Piketty opina que o crescimento global da produção diminuirá no próximo século de 3% para 1,5% anualmente. (Esse é o somatório das taxas de crescimento da população e produtividade, ambas as quais ele prevê que diminuirão.) E calcula a taxa mundial de poupança/investimento em cerca de 10%. Assim sendo, ele estima que a razão capital/renda terminará por alcançar algo próximo de 7 (ou 10/1,5). São números impressionantes, como se verá. Ele está bem ciente de que os pressupostos de suas hipóteses podem se revelar incorretos; ninguém consegue ver um século adiante. Mas as coisas podem ocorrer como ele prevê.

O fator-chave no que se refere à riqueza em uma economia capitalista é o fato de que ela se autorreproduz e normalmente obtém um retorno líquido positivo. Esse é o próximo tema a ser explorado. Piketty apresenta estimativas da taxa "pura" de retorno (depois de ajustes mínimos) na Grã-Bretanha, remontando até 1770 e, na França, até 1820, mas não inclui os Estados Unidos. Ele conclui:

> O retorno "puro" do capital oscilou em torno de um valor básico de 4-5% ao ano ou, em termos mais gerais, em uma faixa de 3-6% ao ano. Não houve nenhuma tendência de longo prazo nem para cima nem para baixo... É possível, porém, que o retorno "puro" sobre o capital tenha se reduzido ligeiramente no longuíssimo prazo.

Seria interessante ter estatísticas comparáveis para os Estados Unidos.

Se se multiplica a taxa de retorno do capital pelo quociente da renda do capital, obtém-se a participação do capital na renda nacional. Por exemplo, se a taxa de retorno é de 5% ao ano e o estoque de capital corresponde ao sêxtuplo da renda nacional, a renda do capital será 30% da renda nacional. Assim, a renda do trabalho corresponderá aos 70% restantes. Finalmente, depois de todo esse preâmbulo, estamos começando a falar de desigualdade, e em dois sentidos diversos. Em primeiro lugar, chegamos à distribuição funcional de renda — a divisão radical entre a renda do trabalho e a renda da riqueza. Em segundo lugar, sempre acontece de a riqueza ser muito mais concentrada, entre os ricos, do que a renda do trabalho (embora a história recente dos Estados Unidos seja muito peculiar nesse sentido); e assim sendo, quanto maior a participação da renda da riqueza, mais desigual tende a ser a distribuição de renda entre as pessoas. E é isto — a desigualdade entre as pessoas — que mais importa, para o bem ou para o mal, em uma sociedade.

Como muitas vezes esse ponto não é bem entendido, permitimo-nos uma breve digressão. A participação do trabalho na renda nacional corresponde aritmética e exatamente ao salário real dividido pela produtividade do trabalho. Você preferiria viver em uma sociedade na qual o salário real subisse rapidamente, mas a participação do trabalho caísse (porque a produtividade estaria aumentando ainda mais rápido), ou em uma na qual o salário real estivesse estagnado, da mesma forma que a produtividade, de modo que a participação do trabalho se mantivesse inalterada? A primeira opção é com certeza melhor em termos estritamente econômicos: você come seu salário, não sua participação na renda nacional. Mas poderia haver vantagens políticas e sociais na segunda opção. Se a pequena classe de detentores de riqueza — e ela é pequena — se apropria de um crescente percentual da renda nacional, é provável que domine a sociedade também em outros aspectos. Essa dicotomia não precisa se fazer manifesta, mas é bom ter uma clara noção das coisas.

Vamos supor que aceitemos a suposição bem informada de Piketty de que a razão capital-renda aumentará ao longo do próximo século, terminando por se estabilizar em um valor alto, em torno de 7. Isso significaria que a participação da renda do capital também vai crescer? Não necessariamente: lembremo-nos de que temos de multiplicar a razão capital-renda pela taxa de retorno, e que a mesma lei de retornos decrescentes leva a crer que a taxa de retorno do capital irá cair. Como a produção se baseia cada vez mais em capital intensivo, fica também cada vez mais difícil encontrar usos lucrativos para capital adicional, ou maneiras fáceis de substituir trabalho por capital. O aumento ou queda da taxa de retorno vai depender da queda maior ou menor, em termos proporcionais, da razão capital-renda.

Foram feitas inúmeras pesquisas sobre essa questão no âmbito da economia, mas não se chegou a nada definitivo. Isso leva a crer que, em última análise, o efeito sobre a participação do capital, de todo modo, será pequeno.

Piketty acredita que haverá um aumento da participação do capital, e me sinto inclinado a concordar com ele. Como nas últimas décadas, na economia americana, o aumento da produtividade tem sido maior do que o do salário real, sem o menor sinal de reversão, a participação do capital aumentou, e a do trabalho diminuiu. Talvez a participação do capital passe de cerca de 30% para cerca de 35%, seja qual for o desafio que isso acarrete para a cultura e a política democráticas.

Há uma implicação mais significativa dessa linha de argumentação, com a qual chegamos ao âmago da tese de Piketty. Tanto quanto sabemos, ninguém antes dele apontou essa conexão. Lembremo-nos do que ficou estabelecido até agora. Tanto a história como a teoria levam a crer que existe uma fraca tendência, em uma economia capitalista industrial, de a razão capital-renda se estabilizar, e com ela a taxa de retorno do capital. Essa tendência pode ser perturbada por graves depressões, guerras e rupturas de ordem social ou tecnológica, mas ela se recupera em condições mais tranquilas. No amplo arco da história estudado por Piketty, em geral a taxa de retorno do capital é maior do que a taxa de crescimento básica. O único subperíodo realmente excepcional foi entre 1910 e 1950. Piketty atribui esse caráter excepcional ao caos e aos altos impostos, devidos às duas guerras mundiais e à depressão que ocorreu entre uma e outra.

Não existe um imperativo lógico para que a taxa de retorno supere a taxa de crescimento: uma sociedade ou os indivíduos que dela fazem parte podem resolver poupar e investir em tão alto grau que eles (e a lei dos retornos decrescentes) fazem a taxa de retorno ficar abaixo da taxa de crescimento de longo prazo, seja ela qual for. Sabe-se que esse possível estado de coisas é socialmente perverso, na medida em que deixar o estoque de capital diminuir até a taxa de retorno cair, igualando-se à taxa de crescimento, permite um nível mais alto e contínuo de consumo por pessoa. Mas não existe nenhuma mão invisível que afaste uma economia de mercado dessa distorção. Não obstante, isso foi evitado, provavelmente porque as taxas históricas de crescimento foram baixas e o capital ficou escasso. Podemos considerar normal o fato de a taxa de retorno do capital superar a taxa de crescimento básica.

Mas agora podemos voltar a atenção para o que está acontecendo na economia. Suponhamos que ela tenha alcançado um "estado estacionário" quando a razão capital-renda se estabilizou. Aqueles cuja renda advém toda do trabalho podem esperar que seus salários e rendas subam mais ou menos na mesma velocidade do crescimento da produtividade resultante do progresso tecnológico. Isso corresponde a pouco menos que a taxa de crescimento total, que também inclui a taxa de crescimento da população. Agora imaginemos alguém cuja renda provém exclusivamente de riqueza acumulada. Ele ou ela ganha *r* % ao ano. (Estou desconsiderando impostos, mas não por muito tempo.) Se a pessoa é muito rica, tende a consumir apenas uma pequena fração de sua renda. O restante é poupado e acumulado, e sua riqueza aumentará quase *r* % ao ano, assim como sua renda. Se você deixa 100 dólares em uma conta bancária que paga 3% de juros, seu saldo aumentará em 3% a cada ano.

Este é o tema principal de Piketty, e sua nova e poderosa contribuição a um tópico antigo: à medida que a taxa de retorno superar a taxa de crescimento, a renda e a riqueza dos ricos aumentarão mais rápido do que a renda do trabalho. (Parece não haver uma tendência para compensar a redução da participação total que cabe ao capital; a tendência pode ser, ligeiramente, no sentido inverso.) Essa interpretação da tendência observada para o aumento da desigualdade, e de maneira especial o fenômeno do 1%, não se baseia em nenhuma falha das instituições econômicas; ela repousa sobretudo na capacidade que a economia tem de absorver crescentes volumes de capital sem uma queda considerável da taxa de retorno. Isso pode ser bem alvissareiro para a economia como um todo, mas não para a igualdade em seu âmbito.

Precisamos dar um nome a esse processo, para referências futuras. Eu o chamarei de dinâmica "rico-fica-mais-rico". O mecanismo é um pouco mais complicado do que mostra o livro de Piketty. Há alguma poupança da renda do trabalho e, portanto, certa acumulação de capital nas mãos dos que ganham salário e remuneração. O retorno desses valores tem de ser levado em conta. Não obstante, dado o pequeno montante do valor inicial e a relativamente baixa taxa de poupança abaixo do grupo do ápice da pirâmide, e também o fato de poupanças menores terem uma taxa de retorno relativamente pequena, o cálculo mostra que esse mecanismo não é capaz de contrabalançar a previsão de aumento da desigualdade.

Há ainda outra consequência, também muito sombria, nessa análise de tendências subjacentes. Se a acumulação de riquezas já existentes tende a aumentar mais rápido do que a renda do trabalho, é bem provável que o papel da riqueza herdada na sociedade venha a aumentar em relação à adquirida recentemente e, portanto, às fortunas conquistadas por mérito. Nem é preciso dizer que o fato de a soma dos salários aumentar a um ritmo relativamente lento não exclui a possibilidade de que destacados e bem-sucedidos inovadores, gerentes, empreendedores, artistas, comunicadores e outros indivíduos possam acumular grandes volumes de riqueza ao longo de uma vida e ingressar no grupo dos rentistas. Mas um ritmo mais lento de crescimento certamente torna essas histórias de sucesso menos prováveis. Haverá mais o que dizer sobre isso. Ainda assim, a aritmética indica que a concentração de riqueza e sua capacidade de aumentar favorecerão um crescente peso da herança, em comparação com o do talento.

Piketty tende a descrever a distribuição de renda e riqueza de forma concreta, e não em termos de estatísticas sumárias. Ele considera as proporções do total apropriado pelo 1% do ápice da pirâmide (às vezes também os 10% mais ricos dentre os que integram esse 1%), os 10%, os 40% seguintes e a metade inferior. (Ele chama esses 40% entre o decil superior e o médio de "classe média". Há algo de incongruente em uma classe média que fica bem acima da média; mas suponho que esse uso não seja pior do que o hábito americano de considerar como pertencentes à classe média todos os que se encontram entre a faixa dos inequivocamente ricos e a dos que sofrem de uma pobreza degradante.)

Os dados são complexos e não facilmente comparáveis em diferentes tempos e espaços, mas aqui está o sabor do panorama sumário de Piketty. O capital é realmente distribuído de forma muito desigual. Atualmente, nos Estados Unidos, os 10% da faixa superior possuem cerca de 70% de todo o capital, sendo que a metade disso pertence ao 1% do ápice da pirâmide; os 40% que vêm em seguida — que compõem a "classe média" — possuem cerca de um quarto do total (boa parte em forma de imóveis), e a metade restante da população não possui quase nada: cerca de 5% da riqueza total. Mesmo esse volume de bens da classe média é um fenômeno novo na história. Um país europeu típico é um pouco mais igualitário: o 1% do ápice possui 25% do capital total, e a classe média, 35%. (Um século atrás, a classe média europeia praticamente não tinha riqueza nenhuma.) Se a riqueza se tornar ainda mais concentrada no decorrer do que resta do século XXI, a perspectiva é muito sombria, a menos que se goste de oligarquia.

A renda derivada da riqueza é provavelmente ainda mais concentrada do que a riqueza em si mesma, porque, como observa Piketty, grandes volumes de riqueza tendem a gerar muito mais retornos do que pequenos volumes. Parte dessa vantagem deriva de economias de escala, mas uma parcela maior pode surgir do fato de os grandes investidores terem um leque mais amplo de oportunidades de investimento do que pequenos investidores. A renda do trabalho é naturalmente menos concentrada do que a renda da riqueza. No panorama dos Estados Unidos de hoje, traçado por Piketty, 1% do ápice aufere 12% de toda a renda do trabalho, os 9% seguintes auferem 23%, a classe média, cerca de 40%, e a metade inferior da pirâmide, um quarto da renda do trabalho. Na Europa, as coisas não são muito diferentes: os 10% da faixa superior auferem um pouco menos, e os outros dois grupos, um pouco mais.

Temos então um cenário geral: o capitalismo moderno é uma sociedade desigual, e a dinâmica ricos-ficam-mais-ricos nos leva a crer que isso tenderá a se agravar. Mas ainda há uma ponta solta a amarrar, a que nos referimos de passagem, e que tem a ver com o advento de salários muito altos. Primeiro, aqui temos alguns fatos sobre a composição das rendas mais altas. Cerca de 60% da renda do 1% do ápice nos Estados Unidos de hoje é renda de trabalho. Só quando se chega ao décimo superior do 1%, a renda do capital começa a predominar. A renda da faixa superior do um centésimo do 1% deriva 70% de capital. Na França, as coisas não são muito diferentes, embora a proporção de renda do trabalho seja um pouco maior em todos os níveis. Evidentemente, existem rendas mais altas do que se imagina.

Isso é um fenômeno recente. Na década de 1960, o 1% do ápice da pirâmide de assalariados auferia pouco mais de 5% de todo o volume de salários. Essa fração cresceu continuamente até os dias atuais, em que a faixa superior do 1% de assalariados recebe de 10% a 12% de toda a massa salarial. Agora a coisa é bem diferente na França. Lá o centil superior se mantinha firme até bem recentemente, quando subiu a 7%. A recente onda de extrema desigualdade na faixa superior da distribuição salarial pode ser um fenômeno principalmente americano. Piketty, que, com Emmanuel Saez, fez um cuidadoso estudo das taxas de retorno das rendas altas nos Estados Unidos, atribui isso à ascensão do que ele chama de “superexecutivos”. A classe com renda realmente muito alta é composta, em larga medida, por altos executivos de grandes corporações, com valiosíssimos pacotes de bonificações. (Grande número deles provém da indústria de serviços financeiros.) Com ou sem ações opcionais, esses grandes salários com benefícios se convertem em riqueza e em futura renda de riqueza. Mas permanece o fato de que muito dessa desigualdade de renda (e de riqueza) nos Estados Unidos resulta da ascensão desses superexecutivos.

Não se compreende bem esse fenômeno, e o livro tem pouco a acrescentar. Naturalmente, Piketty tem plena consciência de que o pagamento dos executivos da faixa mais alta normalmente é determinado de forma bem tranquila por juntas de diretores e de remuneração, compostas por pessoas em condições muito semelhantes às das pessoas a quem elas pagam. Decerto existe um elemento da ilusão de superioridade típico da cidadezinha (fictícia) de Lake Wobegon: toda junta quer acreditar que "seus" altos executivos são melhores do que a média e merecem receber pagamentos acima da média.

É possível, claro, que os "superexecutivos" sejam mesmo superexecutivos e que seus altos salários reflitam suas enormes contribuições para os lucros corporativos. É até possível que sua contínua ascensão desde a década de 1960 tenha uma causa passível de ser identificada dentro dessa linha de pensamento. Essa explicação ficaria mais difícil de sustentar, visto que o fenômeno é exclusivamente americano. Ele não acontece na França nem, sem muito aprofundamento da análise, na Alemanha e no Japão. Será que seus altos executivos carecem de algum gene? Se assim for, teremos um campo fértil para transplantes.

Outra possibilidade, tentadora mas muito vaga, é que as bonificações da alta gerência, ou pelo menos de parte dela, na verdade não se enquadrem na categoria de renda do trabalho, mas constituam uma espécie de suplemento ao capital, e deviam ser tratadas, em parte, como uma forma de participação na renda do capital. Aqui temos um enigma cuja solução poderia lançar luz sobre o recente crescimento da desigualdade no topo da pirâmide nos Estados Unidos. O enigma talvez seja insolúvel, porque a diversidade de circunstâncias e consequências é muito grande.

De todo modo, é bastante claro que a classe dos superexecutivos pertence social e politicamente à dos rentistas, e não à massa anônima dos assalariados, profissionais liberais e gerentes em geral. Assim, na antevisão de Piketty do século XXI, permanecem em pauta questões como: desaceleração do crescimento da população e da produtividade, taxa de retorno do capital bem mais alta do que a taxa de crescimento, razão riqueza-renda voltando a níveis do século XIX, provável participação um pouco maior da riqueza na renda nacional, domínio crescente da riqueza herdada sobre a riqueza conquistada, e uma distância cada vez maior entre as rendas do topo da pirâmide e todas as demais. Talvez aqui caiba um pouco de ceticismo. Por exemplo, a evidente estabilidade histórica da taxa de retorno a longo prazo resultou de uma tensão entre a redução dos retornos e o progresso tecnológico; talvez uma taxa de crescimento mais baixa no futuro acarrete uma redução drástica da taxa de retorno. Talvez. Mas suponhamos que, em termos gerais, Piketty esteja certo. O que se deve fazer, se é que se pode fazer alguma coisa?

Piketty tem grande preferência por uma taxa progressiva anual sobre a riqueza, se possível em todo o mundo, para evitar remessas para escusos paraísos fiscais. Ele reconhece que uma taxa global é um objetivo sem muito futuro, mas acha ser possível impor uma taxa regional sobre riqueza em uma área do tamanho da Europa ou dos Estados Unidos. Um exemplo do tipo de esquema tributário que ele tem em mente é 0% sobre fortunas abaixo de um milhão de euros, 1% para fortunas entre um e cinco milhões de euros e 2% para fortunas acima de cinco milhões de euros. Lembremo-nos de que se trata de uma taxa anual, não de uma taxa cobrada uma única vez. Ele calcula que, se aplicada na União Europeia, essa taxa geraria uma renda correspondente a 2% do PIB, a ser usada ou distribuída segundo um critério consensual. Ele parece preferir, assim como eu, uma tabela um pouco mais progressiva. Naturalmente, a administração dessa taxa exigiria um alto grau de transparência e informes completos da parte das instituições financeiras e outras corporações. O livro discute, com certo grau de detalhamento, como isso poderia funcionar no contexto europeu. Como acontece com qualquer taxa, com certeza haveria uma luta contínua para fechar as brechas e evitar evasão, porém isso está dentro do esperado.

A renda anual de 2% do PIB não é nem insignificante nem enorme. Mas a renda não é o objetivo primordial da proposta de Piketty. A questão é que existe a diferença entre a taxa de crescimento e a taxa de retorno do capital depois da tributação que figura na dinâmica ricos-ficam-mais-ricos da desigualdade crescente. Uma taxa sobre o capital com uma tabela como a sugerida anteriormente talvez diminuísse em 1,5% o *gap* entre a taxa de retorno e a taxa de crescimento, enfraquecendo esse mecanismo de forma sensível.

Do ponto de vista técnico, a proposta faz sentido porque constitui um antídoto natural à dinâmica da desigualdade que ele pôs a nu. Não nos esqueçamos de que o processo rico-fica-mais-rico é intrínseco ao sistema, na medida em que opera sobre uma riqueza já acumulada. Ele não resolve o problema de incentivos individuais para inovar, e nem mesmo para poupar. Mitigar o processo rico-fica-mais-rico não implica necessariamente amenizar os referidos incentivos individuais. Naturalmente, uma taxa de retorno do capital, descontada a tributação, pode tornar menos atraente a acumulação de grandes fortunas, se bem que nem isso está muito claro. De todo modo, teria um efeito apenas sofrível.

Piketty escreve como se a taxa sobre riqueza fosse se tornar viável politicamente dentro de um prazo não muito longo na Europa, onde já existem algumas experiências com tributação de capitais. Não tenho opinião sobre isso. Desse lado do Atlântico, parece não haver nenhuma perspectiva séria de que isso se concretize. Somos politicamente incapazes de manter até mesmo impostos sobre transmissão de herança em um montante significativo. Se tivéssemos essa capacidade, seria um setor razoável por onde começar, para não falar de um imposto sobre renda mais efetivamente progressivo, que não favorecesse a renda do capital, como faz o sistema atual. Mas a tendência persistente, dos que se encontram no topo, a levar vantagem sobre os demais, não vai ceder por causa de reparos de pouca monta. Não seria interessante se os Estados Unidos viessem a se tornar a terra dos cidadãos livres, a terra dos bravos e o último refúgio da crescente desigualdade no topo da pirâmide (e talvez também na base)? Estaria tudo bem para você?

CAPÍTULO 3

Por que estamos em uma nova Idade de Ouro?

PAUL KRUGMAN

Thomas Piketty, professor da École d'économie de Paris, não é de família ilustre, nem um nome conhecido, embora isso deva mudar com a publicação em inglês de *O capital no século XXI*, sua magnífica e abrangente reflexão sobre a desigualdade. Não obstante, ele tem uma influência profunda. Tornou-se lugar-comum dizer que estamos vivendo uma segunda Idade de Ouro — ou, como Piketty gosta de dizer, uma segunda Belle Époque — definida pela incrível ascensão do "1%". Mas isso só se tornou lugar-comum graças ao trabalho de Piketty. Em especial, ele e seus colegas (principalmente Anthony Atkinson, de Oxford, e Emmanuel Saez, de Berkeley) desenvolveram em primeira mão técnicas estatísticas que permitem retraçar a concentração de renda desde um passado distante — remontando a princípios do século XX, no caso da América e da Grã-Bretanha, e a fins do século XVIII, no caso da França.

Disso resultou uma revolução em nossa compreensão de tendências de longo prazo para a desigualdade. Antes dessa revolução, a maior parte das discussões sobre disparidade econômica ignorava os muito ricos. Alguns economistas (para não falar de políticos) procuraram abafar toda e qualquer menção à desigualdade. "De todas as tendências nocivas aos estudos econômicos, a mais sedutora e, em minha opinião, mais venenosa, é a de se concentrar na questão de distribuição", declarou em 2004 Robert Lucas Jr., da Universidade de Chicago, o mais influente economista de sua geração. Mas mesmo aqueles que se dispunham a discutir a desigualdade se concentravam no *gap* entre os pobres, ou a classe trabalhadora, e os meramente abastados, não verdadeiramente ricos — pessoas de nível universitário cujos salários eram maiores do que os de trabalhadores menos qualificados, ou na fortuna relativa do quinto superior da população, comparado aos quatro quintos da base. Eles não levavam em conta as rendas de executivos e banqueiros, que aumentavam de maneira vertiginosa.

Assim, quando Piketty e seus colegas mostraram que as rendas dos agora famosos integrantes do "1%", ou até de grupos ainda menores, são na verdade o fator fundamental da crescente desigualdade, isso soou como uma revelação. E ela veio com uma segunda descoberta: falar de Idade de Ouro poderia parecer uma hipérbole, mas não era nada disso. Na América, em especial, a linha que representava a participação na renda nacional que vai para o "1%" do topo descrevia um grande arco em forma de U. Antes da Primeira Guerra Mundial, o 1% recebia cerca de um quinto da renda total tanto na Grã-Bretanha quanto nos Estados Unidos. Na década de 1950, essa participação tinha sido reduzida em mais da metade. Mas, a partir de 1980, a participação de ganhos do 1% voltou a subir — e nos Estados Unidos voltou ao nível em que estava um século atrás.

Não obstante, a atual elite econômica é muito diferente da do século XIX, não é verdade? Àquela época, a grande riqueza tendia a ser herdada; e a elite econômica de hoje não é composta por gente que conquistou seu status? Bem, Piketty nos diz que isso não é tão verdade quanto se pensa, e esse estado de coisas pode se revelar não mais perdurável do que a sociedade de classe média que floresceu por uma geração depois da Segunda Guerra Mundial. A grande ideia de *O capital no século XXI* é que não apenas voltamos aos níveis de desigualdade do século XIX, mas também estamos voltando ao "capitalismo patrimonial", em que o alto comando da economia está nas mãos não de indivíduos talentosos, mas de dinastias familiares.

Trata-se de uma afirmação significativa — e precisamente por ser assim precisa ser examinada com cuidado e critério. Antes de procedermos a isso, porém, deixem-me dizer desde já que Piketty escreveu um livro realmente excelente. É um trabalho que combina um amplo arco histórico — qual foi a última vez que você ouviu um economista citar Jane Austen e Balzac? — com cuidadosas análises de dados. E ainda que Piketty zombe da profissão de economista por sua "paixão pueril pela matemática", implícita em sua exposição, há um *tour de force* de modelagem econômica, uma abordagem que combina a análise do crescimento econômico com a da distribuição de renda e riqueza. Este é um livro que mudará tanto a forma como pensamos sobre sociedade quanto a maneira como fazemos estudos econômicos.

I.

O que sabemos sobre desigualdade econômica e quando nos damos conta disso? Até a revolução de Piketty entrar em campo, a maior parte do que sabíamos sobre desigualdade de renda e de riqueza provinha de pesquisas em que se solicitava a famílias escolhidas aleatoriamente que respondessem a um questionário, e suas respostas eram tabuladas para se obter um quadro estatístico do conjunto. A grande referência internacional para essas pesquisas é a que o Census Bureau [Departamento de Recenseamento americano] realiza uma vez por ano. O Federal Reserve também realiza uma pesquisa trienal sobre distribuição da riqueza.

Essas duas pesquisas constituem um guia essencial para o modelo cambiante da sociedade americana. Entre outras coisas, há muito tempo elas sinalizaram uma mudança radical no processo de crescimento econômico nos Estados Unidos, que teve início por volta de 1980. Até então, famílias situadas em todos os níveis viram suas rendas aumentarem mais ou menos no mesmo ritmo do crescimento da economia como um todo. A partir de 1980, porém, a parte do leão dos ganhos foi para o topo da pirâmide da distribuição de renda, deixando as famílias da base lá atrás.

Em termos históricos, outros países também não se inteiravam de quem ganhava o quê; mas essa situação melhorou com o passar do tempo, em grande medida graças aos esforços do Luxembourg Income Study (ao qual logo irei me integrar). E a crescente disponibilidade de dados de pesquisas que permitem comparações entre países levou a novos importantes insights. Em especial, agora sabemos que os Estados Unidos têm uma distribuição de renda muito mais desigual do que outros países avançados, e também que muito dessa desigualdade pode ser atribuída diretamente à ação do governo.

Os países europeus têm, em geral, rendas muitíssimo desiguais, resultantes da atividade de mercado, da mesma forma que os Estados Unidos, embora provavelmente não na mesma medida. Mas eles promovem muito mais distribuição através de impostos e transferências do que os Estados Unidos, o que resulta em muito menos desigualdade da renda líquida, isto é, depois de deduzidos impostos, programas de previdência, etc.

Contudo, mesmo considerando o quanto são úteis, os dados das pesquisas têm limitações importantes. Eles tendem a calcular por baixo ou ignorar totalmente que a renda aumenta para o punhado de indivíduos que se encontram no ponto mais alto da escala. Além disso, carecem de profundidade histórica. Mesmo os dados das pesquisas americanas remontam apenas a 1947.

Então entram em cena Piketty e seus colegas, que se voltaram para uma fonte diferente de informação: registros fiscais. Não era uma ideia nova. Na verdade, as primeiras análises sobre distribuição de renda se baseavam em dados fiscais, porque, além disso, pouco havia a que se pudesse recorrer. Porém, eles encontraram meios de cruzar dados sobre impostos com outras fontes para produzir informações que complementam de forma crucial os indícios trazidos pelas pesquisas. Em especial, dados sobre tributos nos dizem muito sobre a elite. E estimativas com base em impostos permitem recuar bem mais no passado: os Estados Unidos têm imposto de renda desde 1913, a Grã-Bretanha, desde 1909. A França, graças a um sistema acurado de recolhimento de imposto territorial e manutenção de registros, dispõe de dados que remontam a fins do século XVIII.

Tabela 3.1 Participação nas rendas

	Desigualdade baixa (Escandinávia 1970/1980)	Desigualdade média (Europa 2010)	Desigualdade alta (Europa 1910, Estados Unidos 2010)
1% (topo)	7%	10%	20%
9% segs	18%	25%	30%
40% segs	45%	40%	30%
50% (base)	30%	25%	20%

Analisar esses dados não é simples. No entanto, usando todos os truques do ofício, mais um pouco de especulação baseada na experiência, Piketty consegue produzir uma síntese da queda e ascensão da extrema desigualdade ao longo do século passado. Ela está expressa na Tabela 3.1.

Como já dissemos, descrever a era atual como uma nova Idade de Ouro ou Belle Époque não é uma hipérbole; é a pura verdade. Mas como isso aconteceu?

2.

Piketty lança o desafio intelectual logo de saída, já no título do livro: *O capital no século XXI*. Será que ainda se permite que os economistas se expressem nesses termos?

Não é apenas a óbvia alusão a Marx que torna esse título surpreendente. Ao invocar o capital desde o princípio, Piketty se rebela contra as mais modernas discussões sobre desigualdade e volta a uma tradição mais antiga.

O pressuposto geral de todos os que pesquisam a desigualdade era o de que a chave desse processo está na renda ganha, normalmente salários, e que a renda do capital não era nem importante nem relevante. Não obstante, Piketty demonstra que ainda hoje a renda do capital, não a originária de salários, predomina no ápice da distribuição de renda. Ele mostra também que, no passado — durante a Belle Époque europeia e, em menor extensão, na Idade de Ouro da América —, a propriedade desigual de recursos, não a desigualdade de salários, era a mola propulsora das disparidades de renda. E ele afirma que estamos fazendo o caminho de volta para aquele tipo de sociedade. E não se trata de mera especulação de sua parte. Por mais que *O capital no século XXI* seja um trabalho de sóbrio empirismo, ele procura muito mais integrar a discussão sobre crescimento econômico à questão da distribuição de renda e de riqueza. Basicamente, Piketty vê a história econômica como a história da disputa entre a acumulação de capital e outros fatores que levam ao crescimento, sobretudo aumento da população e progresso tecnológico.

Sem dúvida, essa é uma disputa em que não pode haver um vencedor permanente: a longuíssimo prazo, o estoque de capital e da renda total deve crescer mais ou menos à mesma taxa. Mas um ou outro lado pode, em certa época, ficar na dianteira durante décadas. Às vésperas da Primeira Guerra Mundial, a Europa acumulara capital no valor de seis ou sete vezes da renda nacional. Nas quatro décadas seguintes, porém, uma combinação de destruição física e desvio de fundos para o esforço de guerra reduziu esse valor à metade. Depois da Segunda Guerra Mundial, voltou a haver acumulação de capital, mas aquele foi um período de extraordinário crescimento econômico — *Trente Glorieuses*, os "Trinta Anos Gloriosos"; assim, a razão capital-renda permaneceu baixa. A partir da década de 1970, porém, a diminuição do ritmo de crescimento acarretou uma crescente razão capital-renda, de forma que o capital e a riqueza voltaram aceleradamente para os níveis da Belle Époque. E essa acumulação de capital, afirma Piketty, terminará por recriar o padrão Belle Époque de desigualdade, a menos que combatido por impostos progressivos.

Por quê? Tudo tem a ver com *r* vs. *g* — a taxa de retorno do capital vs. a taxa de crescimento econômico.

Praticamente todos os modelos econômicos nos dizem que se *g* cai — o que vem acontecendo desde 1970, e que provavelmente deve continuar devido ao ritmo mais lento tanto do crescimento da população em idade de trabalhar quanto do progresso tecnológico —, *r* também tenderá a cair. Mas Piketty garante que *r* cairá menos do que *g*. Isso não tem necessariamente de ocorrer. Contudo, se é muito fácil substituir trabalhadores por máquinas — se, para usar o jargão tecnológico, a elasticidade da substituição entre capital e trabalho for maior do que 1 —, o crescimento baixo (e o consequente aumento da razão capital-renda) irá mesmo aumentar o *gap* entre *r* e *g*. E Piketty afirma que é isso que os registros históricos indicam que vai acontecer.

Se ele estiver certo, uma consequência imediata será a redistribuição de renda favorecendo os detentores de capital, em detrimento do trabalho. O pressuposto tradicionalmente aceito é o de que não precisamos temer que isso aconteça, visto que a participação do capital e do trabalho na renda total é muito estável ao longo do tempo. A longuíssimo prazo, porém, não foi o que aconteceu. Na Grã-Bretanha, por exemplo, a participação na renda — seja na forma de lucros corporativos, dividendos, rendas ou vendas de propriedade, por exemplo — caiu de cerca de 40%, antes da Primeira Guerra Mundial, para meros 20%, por volta de 1970, e desde então teve uma recuperação de aproximadamente metade dessa perda. O arco histórico é menos definido nos Estados Unidos, mas também aí está em curso uma redistribuição em favor do capital. De forma notável, os lucros corporativos subiram vertiginosamente desde o começo da crise financeira, ao passo que os salários — inclusive os dos trabalhadores mais qualificados — estagnaram.

Por sua vez, uma crescente participação do capital aumenta diretamente a desigualdade, pois a propriedade do capital é sempre distribuída de forma muito mais desigual do que a renda do trabalho. Mas os efeitos não param por aí, porque quando a taxa de retorno do capital excede largamente o crescimento econômico, "o passado tende a devorar o futuro": a sociedade tende inexoravelmente a ser dominada pela riqueza herdada.

Considere-se como isso funcionou na Europa da Belle Époque. À época, detentores de capital podiam esperar ter um retorno de 4% a 5% de seus investimentos, com uma tributação mínima; ao mesmo tempo, o crescimento econômico era por volta de 1%. Assim, indivíduos abastados podiam facilmente reinvestir muito de sua renda para garantir que sua riqueza, e com isso suas rendas, crescessem mais rápido do que a economia, reforçando sua hegemonia econômica, mesmo fazendo grandes retiradas de dinheiro para viverem em grande luxo.

E o que aconteceu quando esses indivíduos abastados morreram? Eles passaram sua riqueza — sempre com tributação mínima — para seus herdeiros. O dinheiro herdado pela geração seguinte alcançava de 20% a 25% da renda anual; a grande massa da riqueza, cerca de 90%, era antes herdada do que produto de renda ganha. E essa herança se concentrava nas mãos de uma ínfima minoria: em 1910, o 1% mais rico detinha 60% da riqueza da França; na Grã-Bretanha, 70%.

Não é de surpreender, pois, que os romancistas do século XIX fossem obcecados por herança. Piketty discute longamente a aula que o vil Vautrin, do romance de Balzac *O pai Goriot*, dá a Rastignac, cujo pressuposto é o de que a carreira mais bem-sucedida provavelmente não poderia render mais do que uma fração da riqueza que Rastignac podia conquistar, de um só golpe, casando-se com a filha de um homem rico. E o fato é que Vautrin tinha razão: encontrar-se no 1% do topo da pirâmide dos herdeiros do século XIX e vivendo apenas da riqueza herdada proporcionava um padrão de vida 2,5 mais alto do que se poderia alcançar abrindo caminho para o 1% da faixa superior dos assalariados.

GRÁFICO 3.1: Taxa de retorno depois de deduzidos os impostos em nível mundial vs. taxa de crescimento em nível mundial, da Antiguidade até 2100

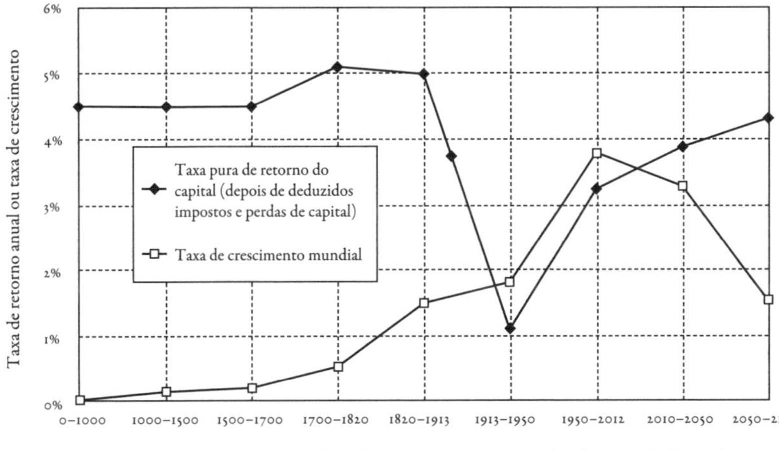

A taxa pura de retorno de capital (depois de deduzidos impostos e perdas de capital) ficou abaixo da taxa de crescimento durante o século XX, e deve voltar a superá-la no século XXI.

Fonte e séries: veja em piketty.pse.ens.fr/capital21c.

Pode-se ficar tentado a dizer que a sociedade moderna não corresponde em nada a essa descrição. Na verdade, porém, tanto o capital como a riqueza herdados, embora menos consideráveis do que eram na Belle Époque, continuam sendo poderosos geradores de desigualdade — e sua importância está aumentando. Piketty mostra que, na França, a participação da riqueza herdada caiu drasticamente à época das guerras e do rápido crescimento do pós-guerra; por volta de 1970, era menos de 50%. Mas agora chegou a cerca de 70%, e continua aumentando. Em paralelo, houve uma queda, seguida de um aumento, da importância da herança para se alçar ao status de elite: o padrão de vida dos herdeiros do 1% do topo caiu abaixo do padrão de vida dos assalariados do 1% do topo entre 1910 e 1950, mas começou a subir novamente a partir de 1970. Não chegou de modo algum aos níveis da época de Rastignac, entretanto a situação se repete: em geral é mais vantajoso ter os pais certos (ou casar com as pessoas certas) do que ter o emprego certo.

E isso pode ser apenas o começo. O Gráfico 3.1 mostra as estimativas de Piketty para *r* e *g* globais a longo prazo, levando a crer que a era da correção da desigualdade ficou para trás e que agora as condições estão maduras para o estabelecimento do capitalismo patrimonial.

Tendo em mente esse quadro, por que se dá tão pouca atenção ao papel da riqueza herdada nas discussões públicas? Piketty afirma ser possível que, de certo modo, a própria dimensão das fortunas herdadas as torne invisíveis. "A riqueza é tão concentrada que uma grande parcela da sociedade praticamente ignora sua existência, por isso algumas pessoas imaginam que ela pertence a entidades surreais e misteriosas." Esse aspecto é muito importante, mas não constitui, de modo algum, uma explicação completa. O fato é que o mais conspícuo exemplo de desigualdade crescente no mundo de hoje — a ascensão do 1% muito rico no mundo anglo-saxão, em especial nos Estados Unidos — não decorre tanto da acumulação de capital, pelo menos por enquanto. Ela é antes função de remunerações e rendas consideravelmente altas.

3.

O capital no século XXI é, como espero ter deixado claro, um trabalho fabuloso. Em uma época na qual a concentração de riqueza e renda nas mãos de uns poucos veio à tona como uma questão política fundamental, Piketty oferece, com uma profundidade histórica sem par, não apenas uma documentação inestimável sobre o que está acontecendo: ele apresenta também o que constitui uma teoria de campo unificada sobre a desigualdade, que integra crescimento econômico, distribuição de renda entre capital e trabalho, e a distribuição de riqueza e renda entre os indivíduos — dentro de um único quadro.

Contudo, há uma coisa que desvirtua um pouco sua façanha — uma espécie de prestidigitação, se bem que na verdade não envolve nenhum embuste nem conduta incorreta da parte de Piketty. Não obstante, aqui está: o principal motivo da existência do anseio pelo livro é a ascensão, não exatamente do 1% que está no topo, mas especificamente do 1% americano. Acontece, porém, que essa ascensão se deu por motivos que estão fora do escopo da excelente tese de Piketty.

Naturalmente, Piketty é um economista competente e honesto demais para passar por cima de fatos inconvenientes. "A desigualdade nos Estados Unidos em 2010", ele afirma, "é quantitativamente tão extrema quanto a da velha Europa na primeira década do século XX, mas a estrutura dessa desigualdade é notavelmente diferente." Com efeito, o que vimos nos Estados Unidos e estamos começando a ver em outros lugares é algo "radicalmente novo" — o surgimento de "supersalários".

O capital ainda é importante; nas mais altas esferas da sociedade, a renda do capital excede a das remunerações, salários e bônus. Piketty calcula que cerca de um terço do aumento geral da desigualdade nos Estados Unidos se explica pela crescente desigualdade de renda do capital. Mas os salários no topo da pirâmide também dispararam. Os salários reais da maioria dos trabalhadores dos Estados Unidos aumentaram um pouco, se é que aumentaram, desde princípios da década de 1970, entretanto os salários do 1% do ápice da pirâmide dos assalariados aumentaram 165%, e os do 0,1% da faixa superior dos assalariados aumentaram 362%. Se Rastignac estivesse vivo hoje, Vautrin talvez reconhecesse que na verdade podia ficar tão bem se tornando um gestor de fundos de investimento quanto o faria se casando com uma mulher rica.

O que explica esse drástico aumento da desigualdade de salários, com a parte do leão indo para as pessoas que se encontram no ápice da pirâmide? Alguns economistas americanos afirmam que isso se deve a mudanças tecnológicas. Em um famoso ensaio de 1981 intitulado "A economia de *superstars*", o economista Sherwin Rosen, de Chicago, afirmou que a tecnologia das comunicações modernas aumentou o âmbito da atividade de indivíduos talentosos e criou mercados do tipo "o-vencedor-leva-tudo"*, no qual um punhado de indivíduos excepcionais

* O chamado efeito do "vencedor-leva-tudo" ocorre em um mercado no qual os melhores desempenhos conseguem capturar uma parcela muito grande das recompensas e os demais concorrentes ficam com muito pouco. A expansão dos mercados vencedor-leva-tudo aumenta as desigualdades de riqueza, visto que apenas alguns poucos têm a possibilidade de obter quantidades crescentes de renda que, de outra maneira, seriam distribuídas de forma mais ampla para todos. [N.T.]

recebe remuneração considerável, mesmo que eles sejam apenas um pouco melhores no que fazem do que concorrentes que ganham muitíssimo menos.

Piketty não acredita nisso. Como ele diz, os economistas conservadores gostam de falar dos altos pagamentos dados a *performers* de um ou outro tipo, como astros do esporte e do cinema, como uma maneira de insinuar que esses pagamentos são de fato merecidos. Mas essa categoria de pessoas aufere apenas uma minúscula fração do que a elite ganha. Em vez disso, trata-se principalmente de executivos de algum tipo — pessoas cujo desempenho na verdade é muito difícil de avaliar ou se atribuir um valor monetário.

Quem julga o quanto vale um CEO? Bem, normalmente existe um comitê de remuneração nomeado por ele próprio. Com efeito, afirma Piketty, os executivos de alto nível estipulam seu próprio salário, regidos antes por normas sociais do que por algum tipo de disciplina de mercado. E se concedem salários astronômicos para os cargos de alto nível para minar essas normas. De fato, Piketty assevera que os altíssimos salários do escalão superior se devem antes a forças sociais e políticas do que a forças estritamente econômicas.

Então, para ser justo, ele expõe uma possível análise econômica das normas cambiantes, afirmando que a queda das alíquotas para os ricos na verdade encorajou a elite dos assalariados. Quando um gerente do mais alto escalão contava manter apenas uma pequena fração do ganho que conseguiria passando por cima das normas sociais e se atribuindo um salário muito alto, certamente concluía que o opróbrio não valia a pena. Corte-se a alíquota de modo drástico, e ele com certeza agirá de forma diferente. E à medida que os que recebem supersalários infringem as normas, estas mudam.

Há muito o que dizer sobre esse diagnóstico, mas é evidente que ele carece do rigor e da universalidade presentes em sua análise da distribuição da riqueza e de seus rendimentos. Ademais, acho que *O capital no século XXI* não responde de maneira adequada à crítica mais convincente à hipótese do poder dos executivos: a concentração de salários altíssimos nas finanças, onde o desempenho pode, realmente, até certo ponto, ser avaliado. Não falei em gestor de fundos de investimento de modo irrefletido: essas pessoas são pagas de acordo com sua habilidade para atrair clientes e obter retornos do investimento. Pode-se questionar o valor social das finanças modernas, mas os Gordon Gekkos* que aí atuam

* Gordon Gekko: ambicioso operador do mercado financeiro, personagem do filme *Wall Street — poder e cobiça*, de 1987, dirigido por Oliver Stone. [N.T.]

são realmente bons em alguma coisa, e sua ascensão não pode ser atribuída apenas a relações de poder, ainda que eu suponha que se possa argumentar que a disposição para entrar em disputas moralmente duvidosas, assim como de transgredir as normas de remuneração, seja encorajada por alíquotas marginais baixas.

No geral, estou mais ou menos convencido, pela explicação de Piketty, da explosão de desigualdade de salários, embora o fato de ele não incluir a desregulamentação me cause grande desapontamento. Mas, como já disse, nesse ponto sua análise carece do rigor de sua análise central, para não falar de sua fina e estimulante elegância intelectual.

Contudo, devemos reagir a isso de forma comedida. Apesar de a explosão da desigualdade nos Estados Unidos ter sido motivada sobretudo pela renda derivada de salários, o capital também teve papel decisivo. De todo modo, o que se prevê é um futuro totalmente diferente. A atual geração dos muito ricos nos Estados Unidos poderá ser constituída, em grande parte, antes por executivos do que por rentistas, pessoas que vivem de capital acumulado, mas esses executivos têm herdeiros. E daqui a duas décadas a sociedade pode ser dominada por rentistas, e se mostrará ainda mais desigual que a Belle Époque europeia.

Mas isso não terá necessariamente de acontecer.

4.

Às vezes, Piketty quase parece oferecer uma visão determinista da história, na qual tudo deriva das taxas de crescimento da população e do progresso tecnológico. Na realidade, porém, *O capital no século XXI* deixa bem claro que políticas públicas podem fazer uma enorme diferença, e até mesmo que, embora as condições econômicas subjacentes apontem para uma extrema desigualdade — o que Piketty chama de "tendência para a oligarquia" —, essa desigualdade pode ser detida e mesmo revertida, se o corpo político assim decidir.

O ponto-chave é que, quando fazemos a crucial comparação entre a taxa de retorno da riqueza e a de crescimento econômico, o que importa é a taxa de retorno da riqueza *depois da tributação.* Assim sendo, o imposto progressivo — em especial o imposto sobre riqueza e herança — pode ser uma poderosa força que limite a desigualdade. Com efeito, Piketty conclui sua obra-prima apelando exatamente para esse tipo de taxação. Infelizmente, a história que ele recapitula em seu próprio livro não dá muita margem a otimismo.

É verdade que, durante boa parte do século XX, impostos fortemente progressivos de fato contribuíram para reduzir a concentração de renda e de riqueza, e pode-se imaginar que a tributação alta no ápice da pirâmide é a decorrência política natural quando a democracia se bate contra a grande desigualdade. Piketty, porém, rejeita essa conclusão; a vitória do imposto progressivo ao longo do século XX, objeta ele, foi "um efêmero produto do caos". Sem as guerras e as insurreições da moderna Guerra dos Trinta Anos da Europa, afirma ele, nada disso teria acontecido. Em apoio a essa tese, ele dá o exemplo da Terceira República na França. A ideologia oficial da República era bastante igualitária. Mesmo assim, a riqueza e a renda eram quase tão concentradas quanto o eram na monarquia constitucional do outro lado do canal da Mancha, e o privilégio econômico também era dominado pela herança. As políticas públicas não fizeram quase nada para combater o domínio econômico dos rentistas: da perspectiva atual, os impostos patrimoniais, em especial, eram quase ridiculamente baixos.

Por que os cidadãos franceses, que gozavam de direitos civis, não votavam em políticos que enfrentassem a classe dos rentistas? Bem, naquela época, como hoje, a grande riqueza comprava grande influência — não exatamente no nível das políticas públicas, mas no do discurso público. Upton Sinclair fez esta declaração, que se tornou famosa: "É difícil fazer um homem entender alguma coisa quando seu salário depende da sua não compreensão." Analisando a história de seu próprio país, Piketty chega a uma observação semelhante: "A experiência da França na Belle Époque prova, se é que é preciso de provas, que nenhuma hipocrisia é grande demais quando as elites econômicas e financeiras se veem na contingência de ter de defender seus interesses."

O mesmo fenômeno ocorre nos tempos atuais. Na verdade, um aspecto curioso da cena americana é que a política da desigualdade parece ser algo que corre à frente da realidade. Como vimos, nesse aspecto a elite econômica dos Estados Unidos deve seu status antes a salários do que a rendimentos de capital. Ainda assim, a retórica econômica conservadora já enfatiza e comemora mais o capital do que o trabalho — "criadores de emprego", não trabalhadores.

Em 2012, Eric Cantor, líder da maioria na Câmara, resolveu celebrar o Dia do Trabalhador — Dia do Trabalhador! — com um tuíte homenageando os empresários: "Hoje homenageamos aqueles que assumiram um risco, trabalharam duro, criaram uma empresa e conquistaram o próprio sucesso." Diante, talvez, da reação contrária a essa ideia, ele declarou, em uma posterior convenção do Partido Republicano, sentir necessidade de lembrar aos seus colegas que a maioria das pessoas não possui sua própria empresa — mas isso só mostra o quanto o partido se identifica com o capital, com a virtual exclusão do trabalho.

Tampouco essa orientação para o capital é apenas retórica. A taxação de americanos com renda alta sofreu uma queda generalizada a partir da década de 1970, porém as maiores reduções incidiram principalmente sobre a renda de capital — inclusive houve uma forte queda dos impostos sobre o rendimento das empresas, o que beneficia indiretamente os acionistas — e sobre as heranças. Às vezes, tem-se a impressão de que grande parte de nossa classe política está seriamente empenhada em restaurar o capitalismo patrimonialista descrito por Piketty. E, se olharmos as fontes das doações políticas, muitas das quais vêm de famílias ricas, essa possibilidade se revela muito menos estranha do que pode parecer.

Piketty encerra seu *O capital no século XXI* com um chamado às armas — um apelo, em especial, para a adoção de impostos sobre riquezas, se possível global, a fim de restringir o poder crescente da riqueza herdada. É fácil reagir com cinismo diante das possibilidades de algo desse tipo. Mas com certeza o diagnóstico magistral de Piketty de onde nós estamos e para onde estamos indo faz com que isso se torne muito mais provável. Portanto, *O capital no século XXI* é um livro muitíssimo importante em todas as frentes. Piketty transformou nosso discurso econômico; nunca mais iremos falar sobre riqueza e desigualdade da forma que costumávamos falar.

PARTE II
Concepções de capital

CAPÍTULO 4

O que há de errado no modelo indicado em O capital no século XXI?

DEVESH RAVAL*

O economista Devesh Raval fez uma pesquisa original importante, estimando a elasticidade da substituição entre capital e trabalho — o conceito econômico que desempenha um papel-chave no modelo teórico de *O capital no século XXI*, subjacente à famosa afirmação de que a desigualdade continuará a crescer porque $r > g$. A pesquisa de Raval (e seus colaboradores) mostra que capital e trabalho não são substituíveis o suficiente para sustentar o argumento de Piketty. Aqui, Raval revisa o aparato teórico que Piketty oferece, o estado da pesquisa econômica sobre o assunto, e o enigma que isso deixa no cerne do livro *O capital no século XXI*: se a história da crescente desigualdade não é a de que o capital marginal continua produtivo à medida que é acumulado, então qual é ela?

A contribuição duradoura de *O capital no século XXI*, de Thomas Piketty, é a de demonstrar a importância de uma melhor mensuração em economia. Concentrando-se na desigualdade, Piketty amplia o conjunto de fatos disponíveis em múltiplas dimensões. Ele desenvolve novas estatísticas de contas nacionais para examinar um período de tempo histórico muito mais longo do que os economistas tipicamente estudam, e usa microdados administrativos para

* Todas as opiniões e conclusões aqui expressas são do autor. Gostaria de agradecer a Chris Adams, Miguel Leon-Ledesma, Eric Nielsen, Ezra Oberfield, Dave Schmidt, Marshall Steinbaum e Nathan Wilson por seus comentários.

criar novas medidas de desigualdade, como a parcela correspondente àqueles que formam o grupo do 1% que se encontra no topo da renda nacional. As conclusões de Piketty se baseiam em questões tipicamente postas por macroeconomistas (quanto à participação da renda do capital) e por microeconomistas (sobre a desigualdade na renda do trabalho). Por exemplo, Piketty demonstra que a participação do capital teve um longo ciclo por todo o século passado, e que a renda dos mais ricos aumentou muito mais rápido do que a do resto da sociedade.

Mas a força animadora por trás das previsões em *O capital no século XXI* — quais sejam, a de que a desigualdade explodirá e a de que os proprietários de capital terão uma parcela cada vez maior da renda nacional — é seu modelo econômico. Ele remonta à obra *O capital*, de Marx, e motiva a principal prescrição política para um imposto global sobre a riqueza. Será que ele suporta um escrutínio crítico?

Começo apresentando o modelo econômico de *O capital no século XXI*. Ele prevê que um declínio no crescimento econômico aumentará a participação do capital, desde que a elasticidade da substituição entre capital e trabalho seja maior do que 1. Portanto, examino a estratégia da estimativa de Piketty para essa elasticidade em relação à evidência mais ampla sobre a substituição do capital e trabalho, e explico por que a maioria das estimativas da elasticidade é muito menor do que a estimativa dele. Concluo sugerindo duas outras razões para uma crescente participação do capital — progresso tecnológico que economiza mão de obra e exposição ao comércio internacional — e discuto as evidências empíricas que as sustentam.

Modelo

Em *O capital no século XXI*, Piketty usa o modelo-padrão de crescimento neoclássico de Solow e Swan para examinar a evolução da relação capital/produção — sua Segunda Lei do Capitalismo — e a participação do capital — sua Primeira Lei do Capitalismo.[1] Em particular, Piketty está interessado em como um declínio no crescimento econômico, talvez devido a mudanças

1. R. M. Solow, "A Contribution to the Theory of Economic Growth", *Quarterly Journal of Economics* 70, n. 1, 1956, pp. 65-94; T. W. Swan, "Economic Growth and Capital Accumulation", *Economic Record* 32, n. 2, 1956, pp. 334-361.

demográficas, afetaria a participação de capital. Mudanças na participação de capital afetam o nível de desigualdade na sociedade, porque, como atesta Piketty, a propriedade do capital está fortemente concentrada em poucas mãos.

Segunda Lei

A Segunda Lei de Piketty rege o valor de estado estacionário para a relação capital/produção, que Piketty denota como β. Em cada período, a poupança S_t é igual ao investimento I_t. O autor assume que a poupança líquida é uma constante fração s da produção líquida Y_t, de forma que $S_t = sY_t$. Em outras partes de seu livro, ele examina as implicações das taxas de poupança e de retorno ao capital que variam entre os proprietários de capital. Estas, no entanto, não fazem parte de seu modelo explícito, e não tratarei delas aqui.

Em uma trajetória de crescimento equilibrada, o capital K_t e a produção Y_t crescem a uma taxa constante g ao longo do tempo, motivo pelo qual a relação investimento/capital é constante e igual à taxa de crescimento. Depois de reorganizar os termos, essas hipóteses indicam o seguinte:

$$\frac{sY}{K} = g \tag{1}$$

$$\beta = \frac{K}{Y} = \frac{s}{g} \tag{2}$$

Em outras palavras, a relação capital/produto β é constante ao longo do tempo e igual à taxa de poupança s dividida pela taxa de crescimento g no caminho de crescimento balanceado. Piketty utiliza essa relação para prever que, se a taxa de crescimento cair, a relação capital/produto aumentará. Por exemplo, com uma taxa de poupança de 12%, uma queda na taxa de crescimento de 3% para 1% aumentaria o capital de quatro a doze vezes a produção líquida.[2]

2. Krusell e Smith criticam o pressuposto de Piketty quanto a uma taxa de poupança líquida constante, e apontam que uma taxa de poupança bruta constante, ou de poupança endógena, reduziria o aumento da relação capital/produto com uma queda na taxa de crescimento e eliminaria a explosão da relação capital/produto quando o crescimento cair para zero. As implicações qualitativas do modelo de Piketty, em um aumento na relação capital/produto com uma queda na taxa de crescimento, permaneceriam inalteradas. Ver P. Krusell; T. Smith, "Is Piketty's 'Second Law of Capitalism' Fundamental?", *Journal of Political Economy* 123, n. 4, ago. 2015, pp. 725-748.

Primeira Lei

A Primeira Lei de Piketty é simplesmente uma identidade contábil; a parte do capital da renda, que Piketty denotou como α, é a taxa de aluguel do capital r vezes a relação capital/produto β:

$$\alpha = \frac{rK}{Y} = r\beta \tag{3}$$

Se os fatores de mercado forem competitivos, o preço de aluguel do capital será igual ao seu produto marginal. Para calcular o produto marginal, menciono, para simplificar, uma função de produção de CES[3]:

$$Y = \left[\mathrm{a}\left(A^K K\right)^{\frac{\sigma-1}{\sigma}} + (1-\mathrm{a})\left(A^L L\right)^{\frac{\sigma-1}{\sigma}} \right]^{\frac{\sigma}{\sigma-1}} \tag{4}$$

L corresponde a trabalho. A produtividade pode aumentar o capital (A^K) e o trabalho (A^L). Um A^K maior é, portanto, semelhante a mais capital; e um maior A^L, a mais trabalho.

A elasticidade de substituição σ é a elasticidade da relação agregada capital/trabalho (K/L) agregada, para uma mudança nos preços relativos dos fatores w/r:

$$\sigma = \frac{\mathrm{d} \ln K/L}{\mathrm{d} \ln w/r} \tag{5}$$

O produto marginal do capital e, assim, o preço de aluguel do capital r é:

$$r = \frac{\mathrm{d}Y}{\mathrm{d}K} = \mathrm{a}\left(\left(A^K\right)^{1-\sigma}\beta\right)^{-\frac{1}{\sigma}} \tag{6}$$

3. A função de produção CES abriga vários casos especiais, incluindo uma função de produção de proporções fixas de Leontief quando σ for 0; uma função de produção linear, quando σ for infinita; e uma função de produção Cobb-Douglas, com coeficiente de capital a, quando σ for 1.

Depois de substituir a forma pela qual o preço de aluguel responde a mudanças em β e a Segunda Lei, a Primeira Lei se torna:

$$\alpha = a\left(A^K \beta\right)^{\frac{\sigma-1}{\sigma}} = a\left(A^K \frac{S}{g}\right)^{\frac{\sigma-1}{\sigma}} \qquad (7)$$

Piketty visualiza um cenário em que o crescimento populacional desacelera, mas a tecnologia, incluindo A^K, permanece a mesma. Nesse caso, β aumentará e o preço do aluguel *r* cairá. As previsões sobre a participação de capital dependem então do grau de substituição capital-trabalho. Quando o capital é mais substituível pelo trabalho, mais uso pode ser feito do capital extra, e assim a queda no preço do aluguel é menor. Se, como entende Piketty, a elasticidade de substituição σ é superior a um, a queda em *g* também aumentará a participação de capital α.

Estratégia de estimativa de Piketty

A previsão de Piketty de que a queda do crescimento econômico aumentará a participação de capital depende de quão bem o capital pode substituir o trabalho. Para identificar a elasticidade de substituição capital-trabalho, ele usa a relação entre a participação de capital α e a relação capital/produto β como descrito na equação (7). O autor documenta que, durante um longo período de tempo histórico, α e β exibem uma forma de U, declinando de 1910 a 1950 e subindo de 1980 a 2010. Piketty identifica a elasticidade através do comovimento dessas séries, assumindo que o movimento em β provoca o movimento em α. Ele afirma: "Dadas as variações da participação de capital observada durante o século XX, e o aumento observado nos países ricos durante o período 1970-2010, podemos concluir que essa variação pode ser adequadamente explicada com uma elasticidade de substituição levemente superior a 1 (1.3–1.6)."[4]

A Figura 4.1 mostra a taxa de crescimento na razão capital/produto β e a participação no capital α nos quatro países para os quais Piketty desenvolve

4. Veja a p. 39 do Apêndice Técnico do livro *O capital no século XXI*, de Thomas Piketty, em: http://piketty.pse.ens.fr/files/capital21c/en/Piketty2014TechnicalAppendix.pdf.

uma série de observações de longa data, quais sejam: França, Alemanha, Reino Unido e Estados Unidos. As barras em cinza-claro indicam a relação capital/produto, e aquelas em preto, a participação no capital; a taxa de crescimento de cada variável é representada de 1910 a 1950 (sendo de 1929 a 1950 para os Estados Unidos) e 1980 a 2010. Para todos os quatro países, ambas as séries diminuem no período inicial e aumentam no período posterior. O declínio em β é muito maior do que α no período inicial, ao passo que, para o período posterior, α cresce mais rápido do que β para os Estados Unidos, mais lentamente para a França, e aproximadamente o mesmo para o Reino Unido e Alemanha.

Uma abordagem mais formal de estimativa, usando a estratégia de identificação de Piketty, seria regredir α em β, como na equação (7). Faço isso usando dados de todos os quatro países na Figura 4.1, no mesmo período de tempo, utilizando pontos de dados para 1910 (1929, para os Estados Unidos), 1950, 1980 e 2010. O valor estimado da elasticidade é 1,34, dentro do intervalo que Piketty indica.

A estratégia de estimativa mostrada requer dados sobre a relação capital/produto β. Piketty mede o capital em β usando o valor total da riqueza. Assim, ele mede o capital a seu valor de mercado, de modo que mudanças na avaliação de capital afetarão a medida de β indicada por ele, como Rowthorn e Rognlie apontam.[5] Mas as mudanças na avaliação de capital devem afetar a produção apenas se refletirem alterações na quantidade de capital efetivo. A equação de estimativa de Piketty (7) contém o produto do capital usado na produção e a tecnologia que aumenta o capital (A^K) como a medida correta do capital efetivo.

Muitos dos choques econômicos descritos por Piketty afetariam o valor de mercado do capital sem necessariamente alterar a quantidade de capital usada na produção. Tomemos, por exemplo, um aumento na probabilidade de uma fábrica ser nacionalizada no futuro. Por depender de seu fluxo de renda futuro, o valor de mercado do capital na fábrica diminuiria. Mas nada mudou na produção: a fábrica continua a ter a mesma quantidade de capital e o mesmo processo de produção.

---

5. R. Rowthorn, "A Note on Piketty's Capital in the Twenty-First Century", *Cambridge Journal of Economics* 68, n. 1, 2014, pp. 1275-1284; M. Rognlie, "Deciphering the Fall and Rise in the Net Capital Share", *Brookings Papers on Economic Activity*, mar. 2015, disponível em: https://www.brookings.edu/bpea-articles/deciphering-the-fall-and-rise-in-the-net-capital-share/.

FIGURA 4.1: Taxa de crescimento na relação capital/produto e participação do capital. (A) de 1910 a 1950 (sendo de 1929 a 1950 para os Estados Unidos). (B) de 1980 a 2010

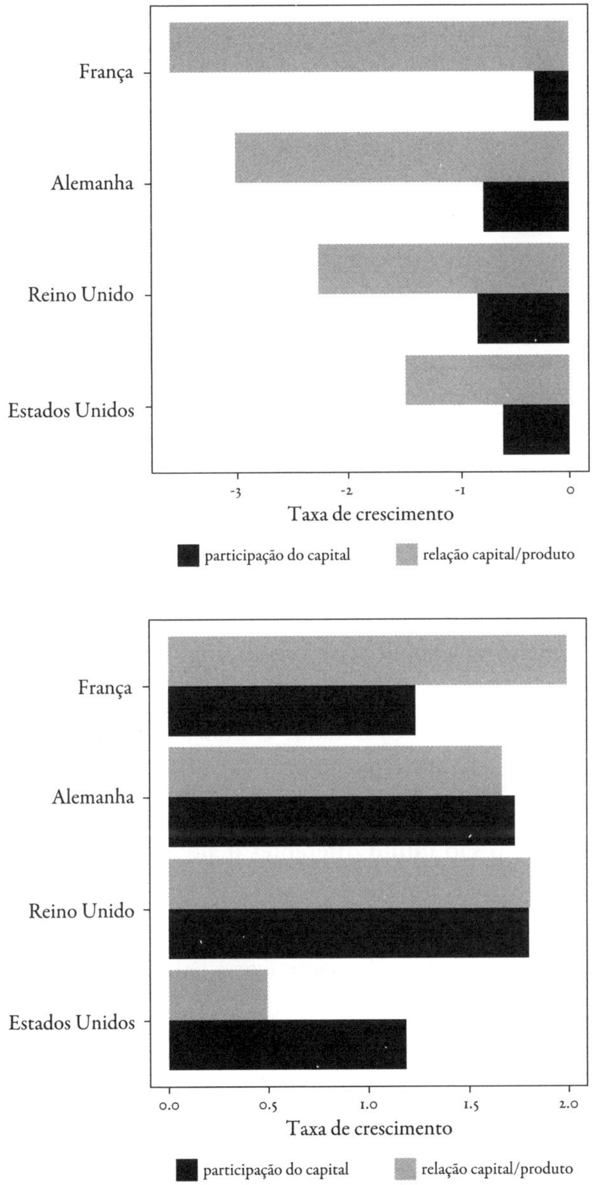

Nota: As estimativas, baseadas nos dados fornecidos por Thomas Piketty e Gabriel Zucman ("Capital Is Back: Wealth-Income Ratios in Rich Countries 1700-2010", *Quarterly Journal of Economics* 129, n. 3, 2014, pp. 1255-1310), estão em variação percentual por ano. As mudanças nos Estados Unidos, no período inicial, são baseadas no período de 1929 a 1950, e não no período de 1910 a 1950, pois os dados de participação no capital não estão disponíveis para 1910 quanto aos Estados Unidos.

O análogo empírico para remover os efeitos da avaliação é remover os ganhos de capital das medidas de β. Em outras palavras, a alternativa é medir o capital por seu valor contábil. Embora essa mensuração elimine os efeitos de avaliação de β, ele também remove o capital intangível, como patentes e valor da marca.

Com base no valor contábil, β não exibe a movimentação extraordinária do movimento em U que a participação no capital faz. A Figura 4.2 exibe a taxa de crescimento em β para os mesmos quatro países indicados antes; as barras em cinza-claro incluem ganhos de capital, e as barras negras os excluem. Incluindo ganhos, vemos um claro "U" em todos os quatro países; β diminui de 1910 a 1950 e aumenta de 1980 a 2010. Excluindo os ganhos de capital, nenhum país exibe a forma em "U". β aumenta para todos os países europeus de 1910 a 1950, e diminui apenas para os Estados Unidos. De 1980 a 2010, β cai em relação aos países anglo-saxônicos.

Tanto Rognlie quanto Bonnet e seus colaboradores enfatizam o papel do capital habitacional, bem como o aumento dos preços da habitação, nos recentes aumentos de β.[6] Bonnet e colaboradores argumentam que a medida do aluguel se aproxima, de forma mais acentuada, ao aumento real do capital habitacional. Eles entendem que, de acordo com uma medida baseada no aluguel, a relação capital/produto está estável, ou aumentando apenas ligeiramente, na França, no Reino Unido e nos Estados Unidos; ao contrário daquilo que se verificaria através da medida baseada no preço, utilizada por Piketty. A medida com base no aluguel efetivamente aumenta para a Alemanha. Mais uma vez, os movimentos em β são muito diferentes depois da remoção dos efeitos da valoração. Mudanças nas políticas que aumentam os preços das moradias — como regulamentos que dificultam a construção de novas casas, por exemplo — podem não melhorar os serviços relativos à habitação.

6. M. Rognlie, op. cit.; O. Bonnet et al., "Does Housing Capital Contribute to Inequality? A Comment on Thomas Piketty's Capital in the 21st Century", *Sciences Po Economic Discussion Paper*, 2014-07, 2014, disponível em: http://econ.sciences-po.fr/sciences-po-economics-discussion-papers.

Figura 4.2: Taxa de crescimento na relação capital/produto, com e sem ganhos de capital. (A) de 1910 a 1950 (sendo de 1929 a 1950 para os Estados Unidos). (B) de 1980 a 2010

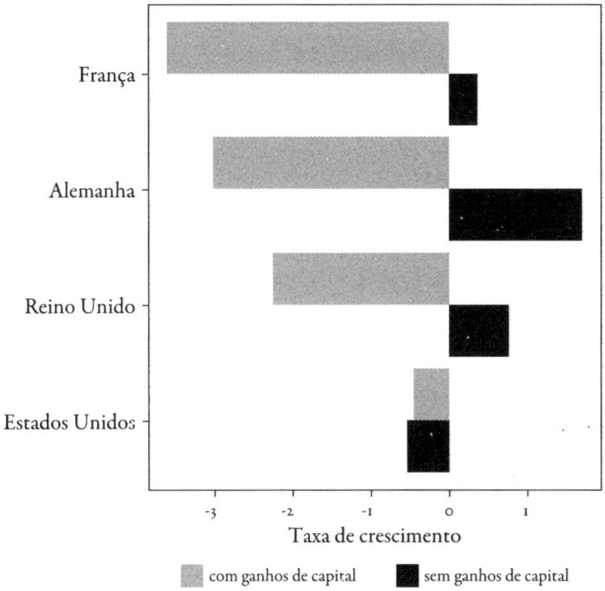

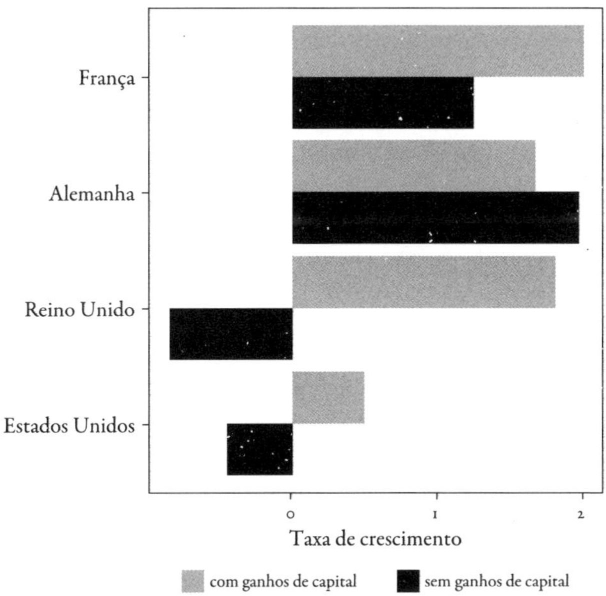

Nota: As estimativas, baseadas nos dados fornecidos por Piketty e Zucman ("Capital Is Back: Wealth-Income Ratios in Rich Countries 1700-2010", *Quarterly Journal of Economics* 129, n. 3, 2014, pp. 1255-1310), estão em porcentagem de variação por ano.

Substituição entre capital e trabalho

As estimativas de Piketty quanto a σ são muito mais altas do que as típicas da literatura existente sobre substituição entre capital e trabalho. Para comparar com a literatura, converto as estimativas de Piketty para uma elasticidade baseada na função de produção com depreciação. Em termos brutos, as estimativas de Piketty variam entre 1,7 e 2,1.[7] A Figura 4.3 mostra estimativas encontradas na literatura, com base em 44 estimativas compiladas em pesquisas bibliográficas de Chirinko e Leon-Ledesma, McAdam e Willman, bem como em vários artigos escritos depois dessas pesquisas.[8] A estimativa de Piketty está em cinza. A estimativa mediana na literatura é de 0,54, apenas algumas estão acima de 1, e quase todas estão abaixo das estimativas de Piketty.

Naturalmente, as estimativas na literatura variam entre diversos fatores, incluindo o período de tempo e o país examinados, as premissas feitas sobre o progresso técnico, o nível de agregação e a técnica econométrica empregada. Por que Piketty obtém estimativas tão diferentes das estimativas da literatura existente? E como se deve estimar a elasticidade de substituição entre capital e trabalho? Em outras palavras, que conclusão se deve tirar sobre a validade das estimativas de Piketty?

---

7. Rognlie deriva a relação entre a elasticidade líquida e a bruta: $\frac{\sigma^N}{\sigma^G} = \frac{r^N K/Y^N}{r^G K/Y^G} = \frac{\alpha^N}{\alpha^G}$. Aqui, N representa o valor líquido, e G, o valor bruto. A relação entre elasticidade líquida e bruta é igual à relação entre a participação líquida de capital e a participação bruta de capital. A elasticidade líquida está sempre abaixo da elasticidade bruta, porque a participação líquida de capital está sempre abaixo da participação bruta de capital. A intuição aqui é que qualquer mudança no retorno bruto corresponde a uma mudança maior no retorno líquido; portanto, considerando-se que a mudança em K/L é a mesma, a elasticidade líquida deve ser menor do que a elasticidade bruta. Usando os dados coletados por Piketty e Zucman, a participação bruta de capital foi cerca de 30% maior do que a participação líquida de capital nos Estados Unidos, em média, no período de 1970 a 2010. Consulte T. Piketty; G. Zucman, "Capital Is Back: Wealth-Income Ratios in Rich Countries, 1700-2010", *Quarterly Journal of Economics* 129, n. 3, 2014, pp. 1255-1310. Para a diferença entre a participação líquida e bruta do capital, consulte B. Bridgman, "Is Labor's Loss Capital's Gain? Gross versus Net Labor Shares", 2014, disponível em: https://bea.gov/papers/pdf/laborshare1410.pdf.

8. R. S. Chirinko, "Sigma: The Long and Short of It", *Journal of Macroeconomics* 30, 2008, pp. 671-686; M. A. Leon-Ledesma; P. McAdam; A. Willman, "Identifying the Elasticity of Substitution with Biased Technical Change", *American Economic Review* 100, n. 4, 2010, pp. 1330-1357.

Identificação

Para responder a essas perguntas, primeiro nos voltamos para o tópico da *identificação*. No parâmetro econométrico, verifica-se se os dados são consistentes com apenas um único valor para o parâmetro.

A estratégia de identificação que Piketty utiliza — o comovimento histórico de α e β — não identifica a elasticidade sem outras premissas sobre a tecnologia. Diamond, McFadden e Rodriguez indicam que, para qualquer valor da elasticidade, algumas direções nos movimentos da tecnologia — produtividades A^K e A^L — podem racionalizar os movimentos em α e β.[9] Intuitivamente, a mudança na participação do capital pode vir da oferta de fator relativo ou da demanda de fator relativo. A identificação requer premissas sobre o que está se movendo, tais como as restrições sobre a forma da evolução da tecnologia ou os movimentos exógenos quanto a fatores de preços ou de quantidades.

FIGURA 4.3: Estimativas de elasticidade na literatura. A estimativa de Piketty está em cinza. A estimativa mediana da literatura é de 0,54

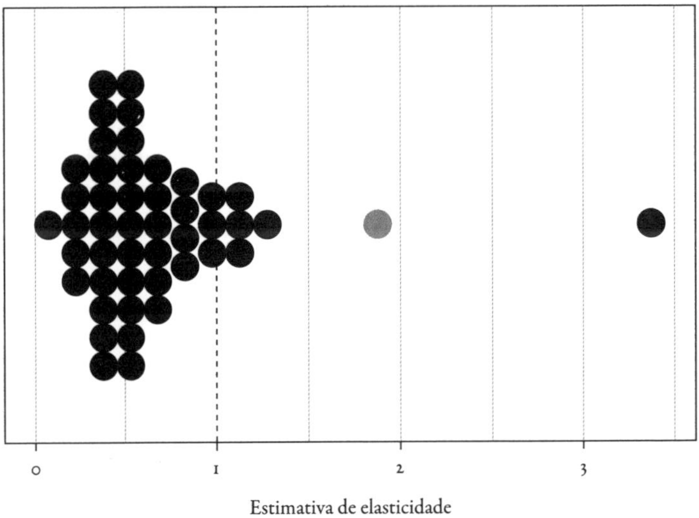

Nota: Este gráfico mostra estimativas de elasticidade com base em pesquisas na literatura de Chirinko e Leon-Ledesma, McAdam e Willman, além de vários artigos escritos depois dessas pesquisas: Oberfield e Raval; Raval; Karabarbounis e Neiman; Herrendorf, Herrington e Valentinyi; Alvarez-Cuadrado,

9. P. Diamond; D. McFadden; M. Rodriguez, "Measurement of the Elasticity of Factor Substitution and Bias of Technical Change", *Production Economics: A Dual Approach to Theory and Applications*, ed. M. Fuss; D. McFadden, Amsterdã, North-Holland, 1978.

Long e Poschke; Leon-Ledesma, McAdam e Willman; Chen; e Lawrence (E. Oberfield; D. Raval, "Micro Data and Macro Technology", *NBER Working Paper* n. 20452, set. 2014; D. Raval, "The Micro Elasticity of Substitution and Non-Neutral Technology", disponível em: http://www.devesh-raval.com/MicroElasticity.pdf; L. Karabarbounis; B. Neiman, "The Global Decline of the Labor Share", *Quarterly Journal of Economics* 129, n. 1, 2014, pp. 61-103; B. Herrendorf; C. Herrington; A. Valentinyi, "Sectoral Technology and Structural Transformation", *American Economic Journal: Macroeconomics* 7, n. 4, 2015, pp. 104-133; F. Alvarez-Cuadrado; N. Van Long; M. Poschke, "Capital-Labor Substitution, Structural Change and the Labor Income Share", Relatório técnico, Munique, CESifo, 2014; M. A. Leon-Ledesma; P. McAdam; A. Willman, "Production Technology Estimates and Balanced Growth", *Oxford Bulletin of Economics and Statistics* 77, n. 1, 2015, pp. 40-65; X. Chen, "Biased Technical Change, Scale, and Factor Substitution in US Manufacturing Industries", *Macroeconomic Dynamics*, 2016; R. Z. Lawrence, "Recent Declines in Labor's Share in US Income: A Preliminary Neoclassical Account", *NBER Working Paper*, n. 21296). O ponto cinza é a mediana das estimativas relatadas por Piketty. A linha tracejada vertical indica uma elasticidade de 1.

O pressuposto implícito por trás da estratégia de identificação de Piketty é que A^K, produtividade de aumento de capital, é constante ao longo do tempo ou não está correlacionada com mudanças em β. Não é fácil verificar se esses pressupostos são verdadeiros. Uma constante A^K é consistente com uma trajetória de crescimento balanceada de longo prazo, embora, como Acemoglu mostra, possa haver movimentos consideráveis na A^K, a médio prazo.[10] Em abordagens econométricas que permitem movimentos em A^K, em geral se entende que A^K não é constante. Por exemplo, Antràs estima uma queda média na A^K de 1,3 a 1,6 pontos percentuais, por ano, durante o período pós-guerra.[11] Uma correlação entre A^K e β devido às suas tendências de médio ou longo prazo pode levar a um caminho substancial em qualquer estimativa da elasticidade.

10. D. Acemoglu, "Labor-and Capital-Augmenting Technical Change", *Journal of the European Economic Association* 1, n. 1, 2003, pp. 1-37.

11. P. Antràs, "Is the US Aggregate Production Function Cobb-Douglas? New Estimates of the Elasticity of Substitution", *Contributions to Macroeconomics* 4, n. 1, 2004. Klump, McAdam e Willman estimam um aumento de cerca de 0,4 ponto percentual por ano. No entanto, a principal diferença entre essas estimativas é a de que Antràs usa uma série de deflatores de capital de Krusell e outros. Com base em trabalhos anteriores de Gordon, que diminuem mais acentuadamente ao longo do tempo do que os deflatores do NIPA (National Income and Product Account) usados por Klump, McAdam e Willman. Veja R. Klump; P. McAdam; A. Willman, "Factor Substitution and Factor Augmenting Technical Progress in the US", *Review of Economics and Statistics* 89, n. 1, 2007, pp. 183-192; Antràs, "Is the US Aggregate"; P. Krusell et al., "Capital-Skill Complementarity and Inequality: A Macroeconomic Analysis", *Econometrica* 68, n. 5, 2000, pp. 1029-1053; R. J. Gordon, "The Measurement of Durable Goods Prices", Chicago, University of Chicago Press, 1990.

Macroestimativas

A questão-chave com qualquer estimativa de elasticidade é como confrontar o problema de identificação destacado por Diamond, McFadden e Rodriguez; isto é, o que assumir com relação aos movimentos da tecnologia. Quase todas as estimativas da elasticidade capital-trabalho são, como as de Piketty, baseadas na série temporal agregada, mas examinam como as mudanças nos preços dos fatores afetam os custos dos fatores. Tomemos, por exemplo, a equação para a relação custo-do-capital/custo-do-trabalho, derivada da equação (5) depois da substituição de expressões para produtos marginais:

$$\ln\frac{rK}{wL}=\sigma\ln\frac{\mathrm{a}}{1-\mathrm{a}}+(\sigma-1)\ln\frac{w}{r}+(\sigma-1)\ln\frac{A^L}{A^K} \tag{8}$$

Nessa equação, é preciso estabelecer premissas sobre a mudança na $\frac{A^L}{A^K}$, que chamarei de viés de mudança técnica. Os preços relativos do fator $\frac{w}{r}$ identificariam a elasticidade se não fossem confundidos com mudanças técnicas enviesadas. Uma possibilidade é assumir que $\frac{A^L}{A^K}$ é constante ao longo do tempo, de modo que toda mudança técnica é neutra e não há mudança técnica tendenciosa. Essa é a premissa implícita de Piketty. Nesse caso, os movimentos no preço dos fatores relativos $\frac{w}{r}$ identificam a elasticidade. Outra premissa é que $\frac{A^L}{A^K}$ está crescendo exponencialmente com o tempo. Nesse caso, a equação (8) contém uma tendência temporal, e a variação nos preços relativos dos fatores, *longe de sua tendência de longo prazo*, identifica a elasticidade. Uma terceira possibilidade é que a taxa de mudança técnica tendenciosa varie ao longo do tempo.

Adiante, mostro como as estimativas da elasticidade mudam quando se estima a equação (8) sob três diferentes premissas em relação à mudança técnica tendenciosa: permitindo apenas mudanças técnicas neutras, permitindo uma taxa constante de mudança técnica tendenciosa através de uma tendência temporal, e permitindo a taxa de mudanças técnicas tendenciosas para variar ao longo do tempo por meio de uma transformação Box-Cox, como em Klump,

McAdam e Willman.[12] Utilizo dados sobre a manufatura nos Estados Unidos, de 1970 a 2010.

O gráfico da esquerda na Figura 4.4 contém essas estimativas e seus intervalos de confiança em 95%. Sem controle para mudanças técnicas tendenciosas, a estimativa da elasticidade é precisamente estimada em 1,9 e dentro da faixa das estimativas de Piketty. Depois de permitir uma mudança técnica tendenciosa, no entanto, a estimativa da elasticidade cai para 0,56, para uma taxa de viés constante; e para 0,69, para uma que varia no tempo. Essas estimativas são muito mais imprecisas do que a hipótese sem mudança técnica tendenciosa. Os intervalos de confiança estimados em ambos os casos de viés, o constante e o que varia no tempo, incluem uma elasticidade de um; o intervalo de confiança no caso de viés constante varia de 0,05 a 1,07. Intuitivamente, com mudanças técnicas tendenciosas, há menos variação identificadora nas mudanças nos preços dos fatores.

O gráfico à direita na Figura 4.4 exibe a taxa de mudança técnica tendenciosa, em pontos percentuais por ano, sob cada hipótese. O modelo de regressão com uma taxa constante de mudança técnica tendenciosa estima uma taxa de mudança de 2,3% ao ano. Sob o modelo Box-Cox variante no tempo, a taxa aumenta de quase zero em 1970 para mais de 3,5% ao ano em 2010.

A análise anterior nos dados de manufaturas nos Estados Unidos mostrou que as estimativas de elasticidade caem abaixo de 1 quando a especificação econométrica inclui alguns controles para mudança técnica tendenciosa. Da mesma forma, a literatura recente que permite essas mudanças técnicas tendenciosas, em geral, estima as elasticidades abaixo de 1. Por exemplo, Antràs estima a ocorrência de elasticidade em 1 usando a série temporal agregada dos Estados Unidos, supondo que a mudança tecnológica é neutra, mas significativamente abaixo de 1 (entre 0,6 e 0,9), depois de permitir um crescimento exponencial em A^K e A^L.[13]

---

12. Veja R. Klump; P. McAdam; A. Willman, op. cit., pp. 183-192. A transformação Box-Cox implica que d log $\varphi = \gamma t\ \lambda$; onde λ permite que a taxa de mudanças técnicas tendenciosas varie ao longo do tempo.

13. Em complemento, veja R. Klump; P. McAdam; A. Willman, op. cit., pp. 183-192; B. Herrendorf; C. Herrington; Á. Valentinyi, "Sectoral Technology and Structural Transformation", *American Economic Journal: Macroeconomics* 7, n. 4, 2015, pp. 104-133; F. Alvarez-Cuadrado; N. Van-Long; M. Poschke, *Capital-Labor Substitution, Structural Change and the Labor Income Share*, Munich, CESifo, 2014; M. Leon-Ledesma; P. McAdam; A. Willman, "Production Technology Estimates and Balanced Growth", *Oxford Bulletin of Economics and Statistics* 77, n. 1. fev. 2015, pp. 40-65; Lawrence, "Recent Declines in Labor's Share in US Income: A Preliminary Neoclassical Account", *NBER Working Paper* n. 21296, disponível em: http://www.nber.org/papers/w21296.

FIGURA 4.4: Estimativas de elasticidade e viés a partir de dados agregados (*esquerda*). Estimativas agregadas de elasticidade (*direita*). Taxa de mudanças técnicas tendenciosas (*em pontos percentuais*)

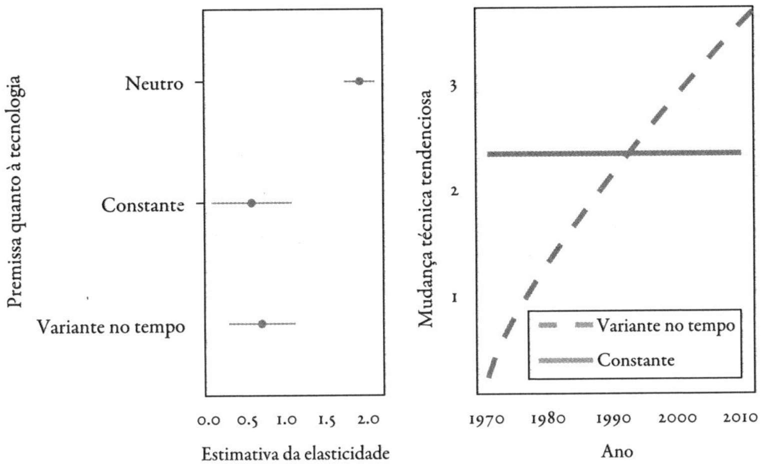

Nota: O lado esquerdo da figura mostra como as estimativas de elasticidade variam quando diferentes premissas são feitas sobre mudanças técnicas. O lado direito da figura exibe as taxas anuais de mudanças técnicas assumidas sob as premissas constantes (2,3%) e variáveis no tempo (0% subindo para 3,5%). O gráfico esquerdo exibe a estimativa pontual e o intervalo de confiança de 95% para a elasticidade de substituição agregada a partir de regressões baseadas na equação (8). As especificações diferem nas premissas sobre o viés da mudança técnica. Supõe-se que as mudanças técnicas não tenham tendência, que sigam uma tendência temporal linear ou que sigam uma transformação Box-Cox da tendência temporal. O gráfico à direita exibe o viés da mudança técnica em pontos percentuais, a partir de uma especificação linear ou de uma especificação Box-Cox da tendência temporal.

Abordagens econométricas para estimar a elasticidade agregada ainda têm de enfrentar duas questões principais. Primeiro, pode não haver variação de identificação suficiente na série temporal agregada para estimar a elasticidade, depois do controle da mudança técnica enviesada. Leon-Ledesma, McAdam e Willman realizam uma análise de Monte Carlo para examinar essa questão.[14] Eles acham que, embora seja difícil obter a elasticidade real usando dados agregados de séries temporais, uma abordagem de "sistemas" que estima simultaneamente equações para a função de produção e seus produtos marginais (como em Klump, McAdam e Willman) tem um desempenho melhor do que apenas o uso de informações sobre produtos marginais de fatores, como na equação (8).

14. M. A. Leon-Ledesma; P. McAdam; A. Willman, "Identifying the Elasticity of Substitution with Biased Technical Change", *American Economic Review 100*, n. 4, 2010, pp. 1330-1357.

Em segundo lugar, como vimos, controlar mudanças técnicas tendenciosas pode significar usar mais movimentos de alta frequência nos preços dos fatores. Se os fatores de mudança implicarem custos de ajuste, essas abordagens podem acabar por estimar uma elasticidade de curto prazo. Para as questões no livro *O capital no século XXI*, uma elasticidade de longo prazo é apropriada. Uma solução é isolar a variação de longo prazo nos preços dos fatores. Por exemplo, Chirinko e Mallick examinam a variação de longo prazo nos preços de aluguel de capital usando dados de painel sobre indústrias norte-americanas.[15] Suas estimativas da elasticidade de longo prazo são muito mais altas do que as de curto prazo, mas ainda variam de 0,40 a 0,65.

A principal exceção na literatura recente, quanto ao achado de uma elasticidade de substituição abaixo de 1, é Karabarbounis e Neiman.[16] Eles estimam uma elasticidade agregada de 1,25 usando a variação entre países na taxa de crescimento dos preços de capital. A principal vantagem da abordagem deles é que a variação entre os países pode ajudar a obter a elasticidade de longo prazo. No entanto, sua estratégia em relação à linha de base exige que a mudança em A^K seja a mesma em todos os países ou que não esteja correlacionada com as mudanças nos preços de aluguel. Assim, eles estão sujeitos a um problema de identificação com a mudança de tecnologia, semelhante ao da literatura anterior, que não previu nenhuma mudança técnica tendenciosa. Além disso, como Mutreja, Ravikumar e Sposi mostram, a maioria dos países importa quase todos os seus bens de capital. Portanto, grande parte da variação entre os países pode ser devida a diferenças na liberalização do comércio entre eles.[17] No entanto, mudanças nos padrões de comércio e as barreiras comerciais podem afetar a participação de capital por múltiplas razões que não os preços de capital, como discutiremos mais adiante, o que influenciaria qualquer estimativa da elasticidade.

---

15. R. Chirinko; D. Mallick, "The Substitution Elasticity, Factor Shares, Long-Run Growth, and the Low- Frequency Panel Model", *CESifo Working Paper* n. 4895, 2014.

16. L. Karabarbounis; B. Neiman, "The Global Decline of the Labor Share", *Quarterly Journal of Economics* 129, n. 1, 2014, pp. 61-103.

17. P. Mutreja; B. Ravikumar; M. J. Sposi. "Capital Goods Trade and Economic Development", *FRB of St. Louis Working Paper* n. 2014-012A., 2014.

Microestimativas

Como vimos, é difícil separar, da tecnologia, os movimentos dos preços dos fatores, em dados agregados, sem pôr fortes restrições *a priori* em relação à mudança técnica. Uma abordagem alternativa é usar microdados em empresas ou plantas industriais, para as quais há, de forma indiscutível, uma variação possivelmente exógena e de longo prazo nos preços de fatores para identificação.

Alguns estudos recentes utilizaram microdados para estimar a microelasticidade de longo prazo. Chirinko, Fazzari e Meyer identificam a elasticidade usando diferenças nos movimentos de longo prazo no preço de aluguel de capital entre empresas públicas dos Estados Unidos.[18] Eles controlam mudanças técnicas não neutras no nível da indústria, de forma que sua premissa identificadora é a de que diferenças de nível nos preços de locação têm de ser independentes das mudanças no nível da empresa em A^K. Eles estimam que a elasticidade seja de 0,40, assim como Barnes, Price e Barriel, usando os dados do painel no nível da empresa no Reino Unido, com uma abordagem semelhante.[19]

Identifiquei a elasticidade usando diferenças de salários nos Estados Unidos. Para essas estimativas, as diferenças locais nos salários devem ser independentes da empresa A^L.[20] Como as diferenças nos salários entre os locais são altamente persistentes, esse tipo de variação deve ajudar a descobrir a elasticidade de longo prazo. Usando os mínimos quadrados ordinários ("MQO") e outros instrumentos relativamente aos salários a partir de choques de demanda local, obtenho estimativas de elasticidade perto de 0,5.[21]

---

18. R. S. Chirinko; S. M. Fazzari; A. P. Meyer, "A New Approach to Estimating Production Function Parameters: The Elusive Capital-Labor Substitution Elasticity", *Journal of Business and Economic Statistics* 29, n. 4. 2011, pp. 587-594.

19. S. Barnes; S. Price; M. S. Barriel, "The Elasticity of Substitution: Evidence from a UK Firm-Level Data Set", *Bank of England Working Paper* n. 348, 2008.

20. D. Raval, "The Micro Elasticity of Substitution and Non-Neutral Technology", 2015, disponível em: http://www.devesh-raval.com/MicroElasticity.pdf.

21. Doraszelski e Jaumendreu estimam um modelo estrutural em que a elasticidade da substituição é igual entre capital, trabalho e materiais. Embora a variação estimada nos preços dos fatores se deva a diferenças entre os preços de mão de obra e materiais, suas estimativas de elasticidade também variam entre 0,45 e 0,65, em linha com as estimativas discutidas acima. Veja U. Doraszelski; J. Jaumendreu. "Measuring the Bias of Technological Change", 2015, disponível em: http://economics.yale.edu/sites/default/files/ces20150319.pdf.

Para entender os movimentos na participação agregada do capital, a elasticidade de substituição macro é necessária, não a elasticidade micro. Elas podem ser muito diferentes, como Houthakker demonstrou, porque a macroelasticidade incorporará a substituição juntos aos produtores, assim como entre eles.[22] Tal como Piketty e Zucman observam, "a elasticidade agregada da substituição σ deve ser interpretada como resultante tanto da força de fornecimento (os produtores mudam entre tecnologias com diferentes intensidades de capital) quanto das forças de demanda (os consumidores mudam entre bens e serviços com diferentes intensidades de capital)".[23]

Oberfield e Raval desenvolvem uma estrutura de agregação (baseada em estudos anteriores de Sato) que modela essas forças de demanda e oferta para estimar a macroelasticidade usando microdados.[24] Para simplificar, considere uma hipótese básica de uma economia que tenha um setor em que empresas maximizam os lucros em um ambiente monopolisticamente competitivo e enfrentam mercados de fatores competitivos.[25] Nesse caso, Oberfield e Raval mostram que a macroelasticidade de substituição entre trabalho e capital (σ^{Macro}) é uma combinação convexa da microelasticidade de substituição entre trabalho e capital (σ^{Micro}) e a microelasticidade da demanda, ε.

$$\sigma^{Macro} = (1-\varphi)\sigma^{Micro} + \varphi\varepsilon \tag{9}$$

Em resposta a uma mudança nos preços dos fatores, a alteração nas participações dos fatores, para a economia como um todo, inclui tanto a substituição dentro das plantas empresariais individualmente consideradas quanto a realocação entre elas. O primeiro termo do lado direito na equação (9) é um efeito de substituição que captura como as plantas empresariais mudam seu conjunto de entradas e, portanto, depende da microelasticidade σ^{Micro}. Com

22. H. Houthakker, "The Pareto Distribution and the Cobb-Douglas Production Function in Activity Analysis", *Review of Economic Studies* 23, n. 1, 1955, pp. 27-31. Houthakker demonstrou que, se a A^K e a A^L tiverem distribuições independentes de Pareto, uma economia de empresas com elasticidade zero terá uma função de produção agregada Cobb-Douglas.

23. T. Piketty; G. Zucman, "Capital Is Back: Wealth-Income Ratios in Rich Countries, 1700-2010", *Quarterly Journal of Economics* 129, n. 3, 2014, p. 1271.

24. E. Oberfield; D. Raval, "Micro Data and Macro Technology", *NBER Working Paper* n. 20452, set. 2014; K. Satō, "Production Functions and Aggregation", Amsterdã, Elsevier, 1975.

25. Oberfield e Raval, no artigo citado na nota 24, generalizam esse caso para permitir muitos insumos e indústrias.

o aumento do salário, as plantas empresariais tendem a usar menos mão de obra. O segundo termo é um efeito de realocação que capta como o tamanho das plantas empresariais muda com a alteração nos preços dos insumos. Quando os salários sobem, as empresas que se valem de capital de modo mais intensivo ganham uma vantagem de custo relativo. Os consumidores respondem às mudanças subsequentes nos preços relativos, deslocando o consumo para os bens de capital intensivo. Esse efeito de realocação é maior quando a demanda é mais elástica, porque os clientes respondem mais à mudança dos preços relativos.

O peso entre eles (φ) é proporcional à variância do custo ponderado na participação do capital que se situa entre 0 e 1. Quando cada planta empresarial produz na mesma intensidade de capital, φ é 0 e não há realocação entre as plantas. O custo marginal de cada planta empresarial responde simetricamente às mudanças nos preços de insumos, de modo que os preços relativos da produção permanecem inalterados. Por outro lado, se algumas plantas empresariais produzem mediante utilização, apenas, de capital, enquanto todas as outras produzem se valendo apenas de mão de obra, toda a substituição de insumos ocorrerá através das plantas e φ será uma só. Quando há pouca variação nas intensidades de capital, a substituição dentro das plantas é mais importante do que a realocação.

Essa abordagem de agregação permite usar microestimativas da elasticidade de substituição para obter a elasticidade agregada. Oberfield e Raval fazem isso para o setor manufatureiro dos Estados Unidos. Eles estimam as elasticidades das plantas quanto à substituição entre capital e trabalho, valendo-se de microdados, além de calcular o peso φ a partir da seção transversal das indústrias. Como essas elasticidades são obtidas a partir da seção transversal, eles não fazem nenhuma conjectura sobre os movimentos em tecnologia ao longo do tempo. Eles estimam uma macroelasticidade de 0,7, modestamente superior a uma microelasticidade de cerca de 0,5, mas bem abaixo do intervalo de Piketty.

Nos Estados Unidos, as diferenças nas intensidades de capital entre as plantas industriais não são grandes o suficiente para significar uma elevada diferença entre as micro e macroelasticidades. As baixas microelasticidades estimadas na literatura implicam, assim, macroelasticidades abaixo de 1. Eles, no entanto, encontram diferenças muito maiores nas intensidades de capital para os países em desenvolvimento, para os quais a literatura anterior documenta uma grande variação na intensidade de capital. Utilizando-se as mesmas elasticidades de demanda e oferta dos Estados Unidos, a maior heterogeneidade nas intensidades de capital na Índia implica uma elasticidade de 1,1.

Substituição do capital-trabalho no século XXI

A evidência apresentada nas duas seções anteriores aponta para uma elasticidade abaixo de 1. Uma das afirmações que Piketty faz, no entanto, é que a elasticidade da substituição tem aumentado com o tempo. Por exemplo, como mostra Piketty, a maior parte do capital compreendia a terra até a Revolução Industrial. Ele argumenta que a elasticidade entre terra e trabalho é menor do que a elasticidade entre capital e trabalho modernos. E se novas tecnologias, como os robôs, elevarem a elasticidade de substituição aos níveis estimados por Piketty?

Klump e De La Grandville examinam essa questão segundo o modelo de crescimento de Solow.[26] Eles provam que uma economia com maior elasticidade de substituição entre capital e trabalho, com todas as outras coisas iguais desde o início, terá maior participação de capital, renda per capita e crescimento da renda per capita. Assim, uma maior elasticidade de substituição significa uma sociedade mais rica, embora mais desigual.

Com uma elasticidade de substituição suficientemente alta, uma economia pode ter um crescimento de longo prazo sem progresso técnico. De La Grandville mostra que, desde que σ seja alto o suficiente (e acima de 1), há uma taxa-limite de poupança acima da qual o capital e a produção crescem para sempre.[27] A taxa-limite de poupança aumenta na taxa de crescimento populacional e diminui na elasticidade σ. A intuição aqui é que, com uma elasticidade suficientemente alta, o produto marginal do capital permanece grande mesmo com um grande estoque de capital, e assim o capital continua a crescer mais rápido do que a taxa de crescimento populacional, desde que a economia poupe o suficiente de sua produção.

Mesmo no limite superior das estimativas de elasticidade de Piketty, a taxa de poupança deve ser substancialmente mais alta e a de crescimento populacional menor, para que o cenário de crescimento perpétuo se mantenha.

---

26. R. Klump; O. De La Grandville, "Economic Growth and the Elasticity of Substitution: Two Theorems and Some Suggestions", *American Economic Review* 90, n. 1, 2000, pp. 282-291.

27. O. De La Grandville, "In Quest of the Slutsky Diamond", *American Economic Review* 79, n. 3, 1989, pp. 468-481.

Contudo, se o cenário temido de Piketty acontecer — ou seja, uma alta elasticidade de substituição e uma baixa taxa de crescimento populacional —, o modelo de crescimento de Solow implica que a economia experimentaria um crescimento ilimitado!

Tributação do capital

A principal proposta política de Piketty para combater a crescente desigualdade do capital é uma tributação progressiva do capital. A conveniência dessa proposta, no entanto, depende da validade das estimativas de elasticidade de Piketty. Considerando-se uma elasticidade abaixo de 1, o aumento na tributação sobre o capital, na verdade, aumentaria a participação de capital. Em contrapartida, uma redução na tributação acabaria por reduzir a participação e, portanto, o nível de desigualdade, através de um aumento em β.

O argumento tradicional em favor da tributação do capital tem sido o oposto àquele de Piketty, indicando-se que o custo de bem-estar pertinente à tributação é baixo, uma vez que as elasticidades de substituição são baixas. A tributação tem um custo de bem-estar porque as pessoas mudam seus comportamentos com o objetivo de evitar o imposto. Em relação à tributação de capital, isso ocorre porque as pessoas substituem o capital. Chamley acredita que o custo de bem-estar da tributação do capital está aumentando na elasticidade; esse custo é reduzido em aproximadamente dois terços quando a elasticidade é de 0,6 em vez de 2.[28] Assim, o custo de bem-estar da tributação de capital é muito menor se forem consideradas as estimativas nas seções anteriores do que aquelas indicadas por Piketty.

Explicações alternativas para o aumento da participação do capital

Se a explicação de Piketty está incorreta, por que a participação de capital aumentou? Ela continuará aumentando? Nesta seção, examino duas explicações potenciais: a globalização e a mudança técnica que poupa trabalho.

---

28. C. Chamley, "The Welfare Cost of Capital Income Taxation in a Growing Economy", *Journal of Political Economy* 89, n. 3, 1981, pp. 468-496.

Globalização

A explicação alternativa mais proeminente para a queda na participação do trabalho é a crescente exposição dos países desenvolvidos ao comércio global. Concentro-me nos Estados Unidos porque esse é o país que a maior parte da literatura examinou. As importações americanas triplicaram como parcela do PIB de 1970 a 2010, passando de cerca de 5% do PIB em 1970 para cerca de 16% em 2010. O comércio com a China cresceu de forma particularmente rápida, de cerca de 1% do total das importações de bens para os Estados Unidos, em 1985, para 19%, em 2010.[29] Esse aumento maciço no comércio da China se deveu ao rápido crescimento econômico deste país, bem como à adesão da China à Organização Mundial do Comércio (OMC) em dezembro de 2001.

A participação do trabalho poderia cair com o aumento do comércio se a manufatura norte-americana intensiva se deslocasse para países abundantes em mão de obra. Elsby, Hobijn e Sahin, efetivamente, descobrem que a folha de pagamento cai nas indústrias mais expostas às importações.[30] Eles verificaram que as indústrias com um aumento de ponto percentual extra na exposição à importação, de 1993 a 2010, tiveram, em média, uma queda de 0,87 ponto percentual na participação da folha de pagamento.[31] Para a produção como um todo, suas estimativas implicam, por exemplo, que o aumento da exposição das importações da China, durante aquele período, reduziu a participação da folha de pagamento em cerca de 8 pontos percentuais. O aumento percebido nas importações pode explicar o motivo da queda, em cerca de 85%, na folha de pagamento agregada, entre os anos de 1993 a 2010.

Essa queda na participação do trabalho pode ser devida a reduções no emprego, reduções nos salários ou quedas tanto no emprego quanto nos salários. Acemoglu e colaboradores verificaram que a exposição ao comércio chinês levou a uma perda de empregos nos Estados Unidos de dois milhões

---

29. Os dados sobre as importações dos Estados Unidos como parcela do PIB são dos Indicadores de Desenvolvimento do Banco Mundial; os dados sobre a participação chinesa no comércio de mercadorias são do censo dos Estados Unidos.

30. M. W. L. Elsby; B. Hobijn; A. Sahin, "The Decline of the U.S. Labor Share", *Brookings Papers on Economic Activity*, 2013.

31. Eles definem a exposição à importação como o aumento percentual no valor adicionado, se toda a produção fosse realizada no mercado interno. A folha de pagamento é um componente da renda do trabalho, além da renda por conta própria.

a 2,4 milhões nos anos 2000.[32] Autor, Dorn e Hanson examinam como o aumento da exposição às importações chinesas afeta diferentes mercados de trabalho locais nos Estados Unidos; alguns deles estão fortemente expostos a indústrias de manufaturas que experimentam um grande aumento nas importações chinesas.[33] Nesses mercados, eles constatam que esse aumento afeta tanto o emprego quanto os salários.[34] Para cada aumento de mil dólares nas exportações chinesas por trabalhador, em um período de dez anos, o emprego industrial no mercado de trabalho local caiu 0,60 ponto percentual (ou 4,2%), e o emprego para a população caiu 0,77 ponto percentual. Os salários caem 0,75%, por trabalhador, para cada aumento de mil dólares nas exportações chinesas. Para o mercado de trabalho local, com o aumento do nonagésimo percentil nas importações chinesas por trabalhador, o aumento da exposição das importações da China, no período de 2000 para 2007, teria reduzido o emprego e os salários em cerca de 3,25 pontos percentuais.

Os referidos autores examinam essas mudanças em separado para os setores de manufatura e não manufatura. Eles encontram quedas economicamente substanciais e estatisticamente significativas no emprego, mas não salários, para o setor manufatureiro; e o padrão reverso para o setor não manufatureiro. Além disso, Chetverikov, Larsen e Palmer constatam que os assalariados de baixa remuneração são os que mais sofrem com a queda dos salários induzida pelo comércio.[35] Assim, o aumento da concorrência das importações provavelmente afeta a participação do trabalho por meio de mudanças no emprego e nos salários, com distintos impactos para diferentes tipos de trabalhadores.

O emprego na indústria pode cair através de vários meios. Produtores manufatureiros que utilizam mão de obra intensiva podem deixar o mercado, podem crescer mais lentamente ou fabricar mercadorias que exijam uma produção mais intensiva em capital. Bernard, Jensen e Schott encontram evidências

32. D. Acemoglu et al., "Import Competition and the Great US Employment Sag of the 2000s", *Journal of Labor Economics* 34, 2016, pp. S141-S198.

33. D. Autor; D. Dorn; G. Hanson, "The China Syndrome: Local Labor Market Effects of Import Competition in the United States", *American Economic Review* 103, n. 6, 2013, pp. 2121-2168.

34. Eles definem as exportações chinesas por trabalhador dividindo as importações chinesas entre as regiões com base nas participações de emprego da indústria no período inicial. Eles examinam as mudanças entre 1990 e 2000 e entre 2000 e 2007.

35. D. Chetverikov; B. Larsen; C. Palmer, "IV Quantile Regression for Group-Level Treatments, with an Application to the Distributional Effects of Trade", *Econometrica* 84, n. 2, 2016, pp. 809-833.

para todos esses meios, examinando a variação, no nível da indústria, relativamente à participação das importações provenientes de países com baixos salários, como a China.[36] As fábricas dos Estados Unidos, com atuação nos setores com os maiores aumentos na participação de importações de países com baixos salários, têm mais chances de deixar o mercado ou de ter um crescimento menor no emprego, embora esses efeitos sejam menores em relação aos setores com plantas industriais intensivas em capital. É mais provável que eles também passem a fabricar produtos que sejam mais intensivos em capital e, portanto, enfrentem menos concorrência nas importações.

O aumento da concorrência das importações também poderia afetar a forma como as empresas operam, reduzindo o poder de barganha do trabalho ou forçando-as a aumentar a produtividade para competir. Schmitz e Dunne, Klimek e Schmitz examinaram como os produtores estabelecidos nas indústrias de minério de ferro e cimento, respectivamente, responderam a um aumento súbito na concorrência de importações através das mudanças de suas práticas de trabalho.[37] Em ambos os setores, as convenções coletivas propostas pelos sindicatos especificavam que diferentes tipos de trabalhos de reparo poderiam ser realizados apenas por funcionários específicos. Na indústria do cimento, as convenções coletivas de trabalho proibiam a demissão de trabalhadores com base no surgimento de novos equipamentos ou de novos métodos de produção, garantiam direitos específicos com relação à antiguidade do empregado e impediam a subcontratação de serviços através de empresas externas. Ao restringir a substituição do trabalho ou de tipos específicos de mão de obra, tais como empregados seniores ou trabalhadores de reparos, essas condições provavelmente aumentavam o emprego e a participação do trabalho. Depois de um aumento maciço na competição de importações, essas condições foram eliminadas, assim como a produtividade e a relação entre capital e trabalho aumentaram.

---

36. A. B. Bernard; J. B. Jensen; P. K. Schott, "Survival of the Best Fit: Exposure to Low-Wage Countries and the (Uneven) Growth of US Manufacturing Plants", *Journal of International Economics* 68, n. 1, 2006, pp. 219-237.

37. J. Schmitz, "What Determines Productivity? Lessons from the Dramatic Recovery of the U.S. and Canadian Iron Ore Industries Following Their Early 1980s Crisis", *Journal of Political Economy* 113, n. 3, 2005; T. Dunne; S. Klimek; J. Schmitz, "Does Foreign Competition Spur Productivity? Evidence From Post WWII U.S. Cement Manufacturing", 2010, disponível em: https://www.minneapolisfed.org/-/media/files/research/events/2010_04-23/papers/schmitz8.pdf?la=en.

Bloom, Draca e Van Reenen concluem que a concorrência chinesa nas importações aumentou as várias medidas de inovação para os produtores — produtividade total dos fatores (PTF), patentes e investimento em tecnologia da informação (TI) — e levou à realocação dentro da indústria, mas para aqueles produtores que tiveram, inicialmente, altos níveis de inovação.[38] Essa inovação poderia reduzir a participação do trabalho se resultasse em tecnologia que gerasse economia de mão de obra. Os referidos autores realmente acham que o emprego cai com a exposição à concorrência de importação chinesa, embora menos em relação às empresas de maior inovação. Não está claro, no entanto, se as melhorias na inovação estavam ligadas ao declínio no emprego.

Mudança técnica para poupar trabalho

Os economistas que estudam o progresso técnico descobriram que a adoção de "tecnologias de uso geral", como energia a vapor e eletricidade, teve amplos impactos em toda a economia.[39] A mais recente tecnologia de propósito geral foi possibilitada pela grande melhoria no poder da computação e tecnologia da informação nos últimos anos. A revolução da TI pode levar ao "desemprego tecnológico" e explicar o aumento da participação de capital?

Autor, Levy e Murmane fornecem um quadro para entender como as novas tecnologias de automação afetam a produção.[40] Eles verificaram que novas tecnologias de automação substituem o que chamam de trabalho "repetitivo" — ou seja, trabalho realizado por meio de tarefas explícitas e codificáveis — e complementam o trabalho desempenhado por meio de tarefas "abstratas", como resolução de problemas de alto nível, criatividade e persuasão. Outras tarefas "manuais" (como trabalho de limpeza ou preparação de alimentos) são muito menos afetadas pelas novas tecnologias. Autor, Levy e Murmane

---

38. N. Bloom; M. Draca; J. Van Reenen, "Trade Induced Technical Change? The Impact of Chinese Imports on Innovation, IT and Productivity", *Review of Economic Studies* 83, n. 1, 2015, pp. 87-117.

39. T. F. Bresnahan; M. Trajtenberg, "General Purpose Technologies 'Engines of Growth'?", *Journal of Econometrics* 65, n. 1, 1995, pp. 83-108. Para o efeito histórico da adoção da eletricidade sobre a participação da mão de obra na indústria do concreto, consulte, por exemplo, M. Morin, "The Labor Market Consequences of Electricity Adoption: Concrete Evidence from the Great Depression", 2015, disponível em: http://miguelmorin.com/docs/Miguel_Morin_Great_Depression.pdf.

40. D. H. Autor; F. Levy; R. J. Murmane, "The Skill Content of Recent Technological Change: An Empirical Exploration", *Quarterly Journal of Economics* 118, n. 4, 2003, pp. 1279-1333.

mostram que as novas tecnologias de automação levam à polarização do trabalho, à medida que as tarefas repetitivas de média complexidade são automatizadas, e as tarefas abstratas de alta complexidade e aquelas manuais de baixa habilidade aumentam a demanda.[41]

Embora esse tipo de polarização na seara do trabalho afete claramente os salários e o emprego de diferentes tipos de trabalhadores, é muito menos claro como isso atinge a participação total do trabalho. Em primeiro lugar, dentro de uma indústria, uma queda na parcela de receita destinada a empregados de tarefas repetitivas pode ser contrabalançada por um aumento na participação de renda do trabalho abstrato complementar às novas tecnologias de automação. Segundo, a mudança na participação total do trabalho dependerá de quanto a demanda do setor aumente à medida que seu preço cai; do quão bem os trabalhadores podem mudar suas habilidades para atender à demanda de mão de obra em mudança; e do quão bem a economia realoca esses trabalhadores para outras oportunidades.

Tomemos, por exemplo, a introdução do caixa eletrônico nos bancos. Como o próprio nome sugere, ele poderia executar as mesmas funções que um caixa de banco. Mas, como Bessen indicou, o emprego realmente aumentou com a introdução dos caixas eletrônicos, tanto porque o número de agências bancárias cresceu quanto pelo fato de que o custo de uma agência caiu; assim como em razão de as agências bancárias terem começado a usar caixas de banco como "gerentes de relacionamento" em vez de meros funcionários.[42] Basker, Foster e Klimek examinaram a mudança nos postos de gasolina quando eles deixaram de prestar serviço completo para se tornar de autoatendimento. Nesse caso, os clientes estão substituindo seu próprio trabalho pelo trabalho do atendente do posto de gasolina.[43] Enquanto Basker, Foster e Klimek verificaram que o emprego e a folha de pagamento caíram nos postos de gasolina que adotam o autoatendimento, com a economia de custos repassada aos consumidores na forma de preços menores dos combustíveis, o emprego nesse setor aumentou por causa dos trabalhadores empregados em novas lojas de conveniência ligadas a postos de gasolina.

---

41. Ibid.

42. J. Bessen, "Toil and Technology", *Finance and Development* 52, n. 1, 2015.

43. E. Basker; L. Foster; S. Klimek, "Customer-Labor Substitution: Evidence from Gasoline Stations", *U.S. Census Bureau Center for Economic Studies Paper*, n. CES-WP-15-45, 2015.

Autor, Dorn e Hanson comparam explicitamente o efeito da automação e do comércio examinando os efeitos de ambas as forças nos mercados de trabalho locais.[44] Eles entendem que as tecnologias de automação aumentam a polarização do emprego ocupacional, mas não reduzem o emprego líquido. Os autores descobrem, no entanto, que a exposição ao comércio chinês, de fato, leva à redução do emprego.

Beaudry, Green e Sand examinaram a hipótese da polarização para os anos 2000, o período com o maior declínio na participação do trabalho, e descobriram que o emprego e os salários diminuíram no que diz respeito ao trabalho abstrato.[45] Seu modelo é composto por trabalho em que há tarefas abstratas usadas para produzir capital de conhecimento. Uma melhoria na tecnologia durante a década de 1990 levou as empresas a contratar, temporariamente, mão de obra abstrata para construir capital de conhecimento; no entanto, depois disso, elas precisaram apenas de trabalho abstrato que fosse suficiente para manter o estoque de conhecimento já construído. Assim, o emprego e os salários decorrentes desse tipo de trabalho caem nos anos 2000. A Grande Recessão torna difícil separar os efeitos do ciclo de negócios das mudanças estruturais nas mudanças do mercado de trabalho durante a segunda metade dos anos 2000, mas Beaudry, Green e Sand fornecem evidências de que as forças tecnológicas podem ser responsáveis pela queda da participação do trabalho.

Mudanças futuras na participação do trabalho

Parece improvável que a globalização cause declínios maiores na participação do trabalho. As barreiras ao comércio já são bastante baixas. A China estava em uma posição única nas três décadas anteriores — ou seja, grande, crescendo rápido e fazendo a transição de uma economia fechada. Além disso, os Estados Unidos já eliminaram grande parte do emprego na indústria de mão de obra intensiva que seria afetada negativamente pela concorrência estrangeira.

Se o progresso técnico da economia de mão de obra for o culpado pela queda recente na participação do trabalho, essa queda continuará para sempre? Responder a essa questão requer um modelo de produção de inovações técnicas.

---

44. D. Autor; D. Dorn; G. Hanson. "Untangling Trade and Technology: Evidence from Local Labor Markets". *Economic Journal* 125. Mai 2015. p. 621 a 646.

45. P. Beaudry; D. A. Green; B. Sand, "The Great Reversal in the Demand for Skill and Cognitive Tasks", *Journal of Labor Economics* 34, n. S1, 2016, pp. S199-S247.

O grau e a direção do progresso técnico provavelmente dependem do lucro obtido através desse progresso. Em um mundo no qual a participação do trabalho diminuiu consideravelmente e, portanto, o trabalho é barato, há pouco incentivo para desenvolver invenções que tenham por finalidade a economia de trabalho. É o que Acemoglu revela quando σ é menor que 1 e as inovações estão em A^L; a escassez de mão de obra estimula a inovação que poupa trabalho.[46] Esse tipo de modelo pode ajudar a explicar por que os Estados Unidos, relativamente escassos em termos de mão de obra, cresceram mais rápido do que a Grã-Bretanha no século XIX (conhecida como hipótese de Habacuque) ou por que a Europa, e não a China com sua abundante mão de obra, experimentou a Revolução Industrial.

Acemoglu desenvolveu um modelo que endogeniza o progresso técnico no qual os fatores permanecem estáveis a longo prazo.[47] Em seu modelo, as melhorias em A^K e A^L são o resultado de esforços de um setor de P&D (pesquisa e desenvolvimento) que maximiza o lucro. Embora todo o progresso técnico seja o trabalho de mão de obra crescendo sob o caminho de crescimento equilibrado, A^K e A^L podem aumentar ao longo do caminho de transição. Os retornos para melhorar A^K e A^L dependem da participação de capital. Quando a participação de capital é alta em comparação com seu equilíbrio de longo prazo, há grandes retornos para o desenvolvimento de A^K. As melhorias resultantes no A^K diminuem a participação de capital. Em equilíbrio, o progresso técnico serve para estabilizar os fatores, e, assim, um cenário apocalíptico para o trabalho, tal como previsto por Piketty, não ocorre.

Conclusão

Em *O capital no século XXI*, Piketty emprega um modelo de crescimento para explicar como uma taxa decrescente de crescimento econômico afetaria a participação de capital. Sob esse modelo, uma taxa de crescimento menor aumentaria a relação capital/produto. Esse aumento também faria crescer a participação de capital se a elasticidade de substituição entre capital e trabalho

46. D. Acemoglu, "When Does Labor Scarcity Encourage Innovation?", *Journal of Political Economy* 118, n. 6, 2010, pp. 1037-1078.

47. D. Acemoglu, "Labor-and-Capital-Augmenting Technical Change", *Journal of the European Economic Association* 1, n. 1, 2003, pp. 1-37.

fosse superior a 1. Piketty, então, estima que essa elasticidade seja substancialmente superior a 1, através da utilização do comovimento histórico da relação capital/produto e da participação de capital.

A estratégia de identificação de Piketty requer uma importante premissa quanto à tecnologia — a de que essa tecnologia para o aumento de capital A^K tenha sido constante ou não tenha tido correspondência com os movimentos na relação capital/produto ao longo do tempo. As estimativas usando as séries temporais agregadas que relevam essa premissa e, portanto, permitem mudanças técnicas tendenciosas, geralmente obtêm estimativas inferiores a 1, e muito inferiores às de Piketty. As estimativas da microelasticidade de substituição também estão substancialmente abaixo de 1. Uma estrutura de agregação que utiliza essas estimativas para indicar a elasticidade macro também implica uma elasticidade menor do que 1. Assim, é improvável que a explicação de Piketty para o declínio da participação do trabalho esteja correta.

Duas explicações alternativas para o declínio da participação do trabalho são a globalização e o progresso tecnológico que economiza trabalho. Um conjunto substancial de evidências — incluindo diferenças entre setores e mercados de trabalho locais — indica que a ascensão do comércio com a China reduziu a participação do trabalho nos Estados Unidos. Vários mecanismos provavelmente estão funcionando. Produtores que utilizam mão de obra intensiva podem deixar o mercado, encolher, mudar os produtos que vendem ou mudar suas práticas de trabalho.

A evidência atual sobre o progresso tecnológico indica que o desenvolvimento das tecnologias de automação polarizou o trabalho, reduzindo a demanda por trabalhos de rotina, que é substituível por novas tecnologias, e aumentando a demanda por mão de obra abstrata, que é complementar às novas tecnologias. No entanto, há poucas evidências de que a automação reduziu a participação total do trabalho. Com o progresso técnico endógeno, um declínio na participação do trabalho pode eventualmente reverter com mudanças na tecnologia. Mais pesquisas são necessárias para entender como a tecnologia pode afetar a participação do trabalho.

CAPÍTULO 5

Uma análise da W/Y, do ponto de vista da economia política

SURESH NAIDU

Fazendo uma distinção entre um Piketty "domesticado" e um Piketty "indomado", o economista Suresh Naidu enfrenta o desafio de modelar o aumento da desigualdade como algo gestado pela dinâmica da riqueza. Ao contrário de Piketty, porém, ele não se prende ao mecanismo da produção neoclássica. Em vez disso, ele leva a sério a valorização do estoque de capitais, feita pelo mercado, como algo que reflete o que se acredita que os detentores de capital poderão reclamar sobre a produção nacional, e também em que medida o setor financeiro deduzirá essas exigências. Isso envolve a esfera política muito mais do que o faz o modelo neoclássico de Piketty e, portanto, também uma série de instrumentos políticos para controle da participação do capital e a cota do setor financeiro, que vai além da taxa de Piketty sobre a riqueza mundial.

Caminhos divergentes na compreensão da desigualdade

O quase sucesso de Piketty

Em sua "Carta aberta de um keynesiano a um marxista", Joan Robinson escreve:

> Ricardo foi seguido por dois competentes e experimentados pupilos — Marx e Marshall. Entretanto, a história inglesa seguiu em frente, e o problema já não eram os grandes proprietários de terra. Agora eram os

> capitalistas. Marx inverteu a tese de Ricardo desta maneira: os capitalistas são muito semelhantes aos grandes proprietários de terra. E Marshall inverteu de outra maneira: os proprietários de terra são muito semelhantes aos capitalistas.[1]

Em seu grande livro vermelho, Piketty tenta, como Henry George e um longo cortejo de economistas de esquerda antes dele, repetir o feito marxista de virar para cima o que ele considera um argumento de cabeça para baixo. Piketty afirma que o capital moderno é muito semelhante à propriedade fundiária — uma fonte de renda. Ele se distribui de forma inelástica, tem controle sobre uma participação de renda, embora tenha sacrificado muito pouco em termos de custo de oportunidade para sua cobertura, e sua influência e distribuição desigual nos levam de volta a uma Idade de Ouro neofeudal financeirizada. Assim, uma economia dominada pelo moderno capital acaba sendo uma economia rentista: uma economia de barões ladrões, aristocratas privilegiados, conflito social quanto à questão da distribuição e governo controlado pelos ricos.

Mas Piketty não consegue realizar plenamente a operação a que se propõe e acaba apanhado pelo aparato marshalliano que ele próprio construiu. Nele, o capital — riqueza — é tratado antes como um estoque de poupança acumulada do que como uma pretensão sobre a produção futura, e assim ele se parece menos com a terra de Ricardo, propriedade de parasitas, e mais como, digamos... o capital econômico neoclássico, cujo lucro é a natural e socialmente útil recompensa pela parcimônia.

Como mostra o livro de Piketty, o capital — riqueza — assume muitas formas, que vão de bens de raiz a ativos financeiros, como participações corporativas e empréstimo, e até mesmo escravos. A riqueza é mais acuradamente conceituada como uma pretensão sobre recursos futuros. Ela resulta da compra de direitos de propriedades perduráveis, tais como máquinas, casas, patentes e campos de petróleo, que podem ser produtivos (e nesse caso as pessoas oferecem determinadas quantias para usá-los) ou extrativos (e aqui as pessoas pagam para evitar que se abram processos legais contra elas). A riqueza importa muito,

1. J. Robinson, "Open Letter from a Keynesian to a Marxist", *Jacobin*, 17 jul. 2011, disponível em: https://www.jacobinmag.com/2011/07/joan-robinsons-open-letter-from-a-keynesian-to-a-marxist-2/.

e depende de quanto do bolo econômico ela reclama para si. Se a economia tiver gerado uma boa produção relativa ao capital, pode então cobrir o que é devido aos detentores de riqueza sem muito esforço. Se a produção geral da economia for relativamente baixa, serão necessários muito mais recursos da sociedade para cobrir as obrigações devidas aos detentores da riqueza. O livro de Piketty postula que, como o aumento da riqueza global (*g*) está com um ritmo mais lento, a sociedade precisará limitar o capital com impostos em nível global — ou então assistir a uma nova classe de rentistas-proprietários devorar mais e mais do bolo social.

O livro é um bom guia de economia popular: insights importantes do ponto de vista histórico, disciplinados por dados originais e cuidadosamente ordenados, e um sistema inspirado, mas não prejudicado, por modelos matemáticos do campo em estudo.

Isso não é a economia-padrão.

Mas, ao contrário de muitos escritos econômicos de esquerda, os economistas hão de reconhecer esse trabalho como economia (para o bem ou para o mal).

No texto, se não nos modelos, o livro também traz a política para o primeiro plano da análise. Os grandes movimentos na série de documentos de Piketty são gerados por política e pelas políticas públicas. Mas as políticas são exógenas ao modelo. Elas não são uma parte endógena do sistema. Assim, Piketty tem de navegar com muito cuidado entre o Cila — os "fundamentos do mercado" de oferta e procura de capital e trabalho — e o Caribde — o papel independente da política e das políticas públicas.

O Piketty domesticado

O livro de Piketty tem dois argumentos entrelaçados. O primeiro, o "Piketty domesticado", é um modelo bem dentro do padrão. Ele contém taxas de poupança estocásticas e heterogêneas e taxas de retorno sobre posição do ativo inseguráveis e não passíveis de diversificação, mercados competitivos. Ele comporta uma função de produção com uma elasticidade de substituição capital-trabalho maior do que 1. Tem uma função de bem-estar social igualitária e meritocrática. Esse Piketty domesticado é um deleite para os economistas. Ele combina um modelo da economia positiva, quantificável, com previsões verificáveis no contexto de uma função social objetiva bem definida. Dele resulta uma receita política excelente. Ela é expressa de forma clara e articulada em *papers* escritos com colaboradores. Ela apresenta uma fórmula para a taxa ótima sobre a riqueza como decorrência de uma política.

Não obstante, ela fica à margem de instituições e de política, e faz o projeto de Piketty parecer uma (impressionante) extensão dentro de uma estrutura-padrão de finanças públicas macro.

Essa é a leitura de Piketty que Krugman exalta, e que Acemoglu e Robinson[2], dentre outros, ridicularizam, recorrendo às "leis gerais do capitalismo". Reconheço a magnitude do esforço de modelagem. Apesar disso, receio que esse modelo domesticado seja inadequado para os usos que ele pretende lhe dar. Piketty procura estudar a variação histórica na desigualdade de riqueza. Pretende pôr em sua devida perspectiva as mudanças institucionais que explicam a variação empírica na relação riqueza-renda anual (W/Y) e, pois, a desigualdade de riqueza. Estas incluem: o papel dos mercados financeiros, a estrutura de mercado em geral e a negociação, dentro da empresa, sobre o rendimento. No que diz respeito a essas três variáveis, pelo menos, o modelo do Piketty domesticado lança relativamente pouca luz.

O Piketty indomado

Mas há brotos de mais alguma coisa: um "Piketty indomado". O Piketty indomado deixa entrever uma perspectiva diferente. Ele vê a economia através de uma lente na qual o capital é a alquimia da renda atual convertida em créditos garantidos sobre a renda futura, que são então comprados e vendidos em mercados de ativos. Dentro dessa visão, instituições de governança corporativa, empresas, instituições de mercado de trabalho e influência política são as maiores responsáveis pela determinação de W/Y e de distribuição de riqueza. Essa tese aflora em várias partes do livro, entrevistas e textos diversos. É uma visão do capital como uma série de direitos de propriedade institucionalmente definidos, que são então negociados em mercados de ativos. É onde as ideias do livro de Piketty, tangenciais da perspectiva do modelo do Piketty domesticado — as ideias sobre governança corporativa e o Q de Tobin, as especulações sobre investimento estrangeiro e direitos de propriedade débeis na

2. P. Krugman, "Wealth over Work", *New York Times*, 23 mar. 2014; D. Acemoglu; J. A. Robinson, "The Rise and Decline of General Laws of Capitalism", *NBER Working Paper* n. w20766, 2014.

África, as divagações sobre se escravos são riqueza líquida ou não —, se tornam o assunto principal. Nessa perspectiva, o capital constitui uma série de direitos de propriedade que garantem aos seus detentores direitos politicamente protegidos de controle, exclusão, transferência, e o decorrente fluxo de caixa. Como todos os direitos de propriedade, sua definição mais precisa e sua defesa exigem ações de poder de Estado, estandardização e legitimidade jurídica. Em última instância, o capital tem a capacidade de apelar ao governo para garantir o prometido fluxo de renda contra potenciais transgressores, sejam eles assaltantes, escravos fugidos, violadores de copyright, grevistas que ocupam empresas ou inquilinos inadimplentes.

A economia política nos ajudaria a escrever capítulos do livro de Piketty que estão faltando no texto, mas que são essenciais para preencher as lacunas na tese do Piketty indomado — capítulos sobre finanças, poder de mercado e formulação de políticas endógenas. Podemos entender as instituições e os direitos de propriedade que permitem ao capital se acumular como algo endógeno ao sistema político e decorrente do equilíbrio do poder político nos grupos sociais.

Dentre essas instituições, destaca-se a organização do setor financeiro. Riqueza é uma soma expressa em preço de ativos que de outra forma seriam incomensuráveis, e esses preços são determinados em mercados financeiros, que agregam nos preços de hoje expectativas voláteis sobre o futuro. Uma intermediação extensiva, se não eficiente, acompanha uma relação riqueza-renda bastante alta. Os próprios ativos são usados para organizar a produção com trabalhadores que produzem bens e serviços vendidos aos consumidores, e o fluxo de renda dos detentores desses ativos depende dos salários pagos aos trabalhadores e dos preços cobrados aos consumidores. O funcionamento dos mercados de produtos e de trabalho, e as instituições que regulamentam concorrência, preços e emprego determinarão a participação da renda controlada pelos detentores da riqueza. Por fim, a proteção de futuros fluxos dos ativos exige que se disponha do Estado de várias maneiras, não apenas mediante o sistema tributário. Isso condiciona circuitos de feedback em que a desigualdade de renda de hoje modela um sistema político que preserva a desigualdade no futuro.

Por fim, a perspectiva da economia política nos permite ver mais claramente o que é problemático, do ponto de vista normativo, na desigualdade de riqueza. Piketty escreve, em contextos diversos, que essa desigualdade e uma sociedade de rentistas são antidemocráticas, mas não deixa claro como isso funciona. Por que a extrema desigualdade de riqueza implicaria necessariamente a desigualdade do poder político? Mas quando a riqueza é entendida antes como direitos garantidos sobre os recursos respaldados pela polícia do que como recursos em si mesmos, o caráter antidemocrático da desigualdade de riqueza se torna muito mais evidente.

Formas alternativas de considerar as determinantes de W/Y

$$W/Y = s/g$$

O modelo básico de Piketty gira em torno da dinâmica da acumulação de riqueza, onde:

$W_{t+1} = sY_{t} + W_{t}$, sendo s a taxa de poupança, Y a renda, e W riqueza. Assim, dividindo ambos os fatores por:

$Y_{t+1} = (1+g)Y_{t}$, onde g é a taxa de crescimento do PIB, e, considerando o estado estacionário, temos:

$$W/Y = s/g$$

Essa fórmula destaca a taxa média de poupança das famílias (e das corporações) e a taxa de crescimento econômico. Ela faz a razão riqueza-PIB parecer uma consequência das decisões concernentes à poupança das famílias e das empresas (depreciação líquida) relativas à taxa de inovação, acumulação de capital humano e crescimento demográfico. No entanto, embora essas forças sejam sem dúvida importantes, são também muito mecânicas. À primeira vista, parecem invariantes em arranjos institucionais. Essa fórmula é aplicável tanto em uma economia planificada quanto em uma economia capitalista. Ela obscurece as instituições particularmente capitalistas que tornam possível a riqueza privada.

W/Y e as rendas relativas dos ricos

A participação do capital na renda α é dada por $\alpha = \frac{rs}{g}$, onde r é a taxa de lucro. Assim, o valor de W/Y, razão riqueza-renda anual da economia, importaria muito pouco, em termos da desigualdade de fluxos de renda, se r caísse mais ou menos como g. Mas se g cai enquanto r permanece relativamente constante, então a relação riqueza-renda anual e a participação dos detentores de riqueza na renda total aumentam. A ideia de pressão constante para o aumento da participação do capital é uma generalização de uma ideia de Marx, exposta de forma mais clara em *Trabalho assalariado e capital*. Piketty toma a tese ali exposta, deixa de lado os destroços metafísicos da teoria de valor de Marx, e se concentra apenas em renda e riqueza — grandezas empíricas mensuráveis no curso de longos períodos de história, registrados como são em imposto, recenseamento e homologação de inventários. Não obstante, o resultado final é o mesmo: a longo prazo, a maior parte do rendimento irá para os capitalistas. A diferença está no mecanismo: Piketty tem um modelo com taxa de lucro constante e declínio das inovações que acarretam o aumento de produtividade. Ambos são compatíveis com a tese de uma participação cada vez maior do capital na renda, ao longo do tempo.

O que Marx não considera, segundo Piketty, é a força compensatória do crescimento econômico. Inovações, crescimento populacional e mais atividade econômica aumentam a produção e a participação do trabalho.

Parece-me que a coisa é um pouco mais sutil. Piketty considera a taxa de lucro mais alta do que a taxa de crescimento. Marx, com base em sua teoria da existência de uma reserva constante de mão de obra desempregada, calcula salários em um nível de subsistência "histórico e moral". Assim, no contexto das ideias de Marx, todos os ganhos de produtividade vão para o capital até que, ou a menos que, o nível de subsistência "histórico e moral" aumente. No modelo concorrencial adotado por Piketty, os ganhos de produtividade são transmitidos para os trabalhadores através de uma competição do mercado de trabalho, ao passo que as empresas competem para contratar trabalhadores e, portanto, aumentam os salários. Dessa maneira, Piketty precisa que a produtividade total aumente menos do que a taxa de lucro para garantir um aumento da participação do capital. Mas, de todo modo, a previsão empírica é a mesma: a participação do capital na renda aumenta ao longo do tempo. Ou o crescimento é constante, ao passo que os salários são fixados por instituições e pela reserva de mão de obra desempregada, como em Marx; ou então as taxas de lucro são fixas, e o aumento da produtividade que poderia elevar a renda do trabalho em um mercado de trabalho competitivo está em declínio, como diz Piketty. A demanda de capital é elástica e a oferta é inelástica, segundo Piketty. A demanda do trabalho é inelástica e a oferta de trabalho é elástica, segundo Marx. Em ambos os casos, o superávit vai para os detentores do capital.

Essas forças que contribuem para o crescimento econômico, afirma Piketty, levaram gerações de economistas a descartarem, considerando como empiricamente falsa, a tensão básica inerente ao capitalismo, apontada por Marx. A melhoria do padrão de vida dos trabalhadores em todo o mundo industrializado invalidou o modelo marxista do aumento da miséria? A grande prosperidade do pós-guerra fez que muitas pessoas ficassem otimistas com relação à distribuição de renda permitida pelo mercado, porque não percebiam em que medida essa distribuição resultava de circunstâncias políticas e econômicas muito particulares. Segundo a tese de Piketty, o período entre a Primeira Guerra Mundial e a década de 1970 foi uma casualidade histórica — em que guerras de grandes proporções, benefícios sociais e políticas tributárias restringiam a taxa de retorno do capital, de forma que a taxa de crescimento ficou, por um breve período, abaixo da taxa de lucro. Piketty mostrou a volta à normalidade do retorno para os capitalistas a partir da década de 1970. E desenvolveu suas novas ideias sobre a dinâmica fundamental do capitalismo à luz desses fatos.

Causas estruturais de $r > g$

Mas *por que* existe a tendência de a taxa de lucro ser maior do que a taxa de crescimento ($r > g$)? Piketty *não diz*.

Ele considera que isso seja um fato histórico.

É possível que o investimento estrangeiro permita aos capitalistas dos centros dominantes encontrarem sempre investimentos no exterior para manter a taxa de retorno alta, mesmo às expensas da soberania e da estabilidade política desses países. Isso poderia acontecer pelo fato de os perfis da demanda e da produção na economia serem tais que temos grande capacidade de substituir trabalho por capital, e, por isso, os aumentos de capital não reduzem muito a taxa de retorno. Ou também porque temos grande capacidade de transformar riqueza em influência política e poder de organização, mantendo altas as taxas de retorno, o que implica uma elasticidade agregada de substituição muito maior do que em modelos que se concentram apenas na demanda e na tecnologia. Isso poderia acontecer por causa de forças do lado da oferta de capital — os determinantes das taxas de poupança. Ou pelo fato de as pessoas durarem menos do que o capital, de forma que poupamos para nós mesmos e ignoramos os impactos de nossa poupança no estoque de capital futuro. Ou ainda pelo fato de os capitalistas serem poupadores prudentes, inovadores e dispostos a correr riscos, verdadeiras personificações da virtude burguesa, e r é a compensação que os motiva a fazer investimentos.

Nenhuma dessas razões satisfaz Piketty. Particularmente insatisfatórias são explicações que derivam de um dos pilares da teoria do crescimento ótimo, a "intemporal equação de Euler", segundo a qual as poupanças não passam de meios para o consumo futuro, seja o do próprio poupador, ou um consumo psíquico atual, quando o poupador contempla os estilos de vida de ricos e famosos de futuros descendentes. Em vez disso, uma maneira mais correta de pensar sobre poupança é através de modelos em que a acumulação e o patrimônio são fins em si mesmos. Piketty (e também Saez) tem explorado esse tema em *papers* acadêmicos. "Acumulai, acumulai, é o que dizem Moisés e seus profetas" é um dito memorável de Marx. Contudo, embora isso seja uma boa descrição da motivação do capitalista para investir e poupar, talvez seja possível que as forças que levam os ricos a acumular não sejam a mera antecipação de um consumo futuro, mas, em vez disso, a inércia da finança corporativa, uma pulsão insaciável por segurança econômica, conceitos sociológicos de identidade ou fantasias psicológicas de impérios futuros ou outros imperativos estruturais.

O lucro como uma espécie de renda

Por exemplo, o texto canônico sobre finanças corporativas em meados do século XX, de Arthur Dewing, observa que, em geral, "a motivação para os homens expandirem seus negócios não são econômicas, mas antes psicológicas... o precioso legado da 'barbárie predatória' do homem". Dentre essas motivações estão aquelas relacionadas com herança — assim sendo, uma força importante por trás da acumulação é o desejo de transferir a riqueza para os filhos, independentemente de seu mérito. Mas isso pode também ser pensado, de forma fecunda, como mudanças de personalidade: vidas de longa duração (sobretudo para os ricos) esmaecem a linha que separa legados e consumo futuro: não seria possível afirmar que, dentro de 75 anos, seu futuro *eu* será uma pessoa tão diferente de você quanto seu filho é?

Quando se começa a pensar em poupança dessa maneira, a questão de taxar o capital se torna muito mais clara. Se a oferta de capital se dá antes na forma de bens de raiz do que de dinheiro livre, a economia básica nos diz que podemos taxá-la mais pesadamente. O capital não iria desaparecer se parte dele fosse expropriada. Com isso, pode-se até estar fazendo um bem social. Se as pessoas estão poupando para deixar heranças para seus filhos, então o custo de oportunidade da taxação de bens de raiz não é o consumo na velhice, mas uma contribuição para um fundo fiduciário.

Isso significa também que algumas conclusões teóricas clássicas (embora frágeis) de que a taxação ideal do capital devia ser zero já não se sustentam. Aqui, Piketty aponta para um programa de pesquisa fecunda: uma vez libertado da equação Euler de consumo, de qual teoria de poupança do setor privado precisamos para entender melhor a desigualdade e o crescimento? E a questão de como taxar o capital se torna menos uma troca entre poupança e consumo do que saber como implementar taxas globais para evitar que os capitalistas levem seu dinheiro para fora do país. A oferta de capital pode ser inelástica para o mundo todo, mas permanece elástica para qualquer país tomado individualmente.

$W/Y = \alpha/r$

Tudo isso é bom, mas concentra nossa atenção na oferta e demanda de poupança agregada. Assim, supõe-se que essa é a melhor maneira de considerar a questão da riqueza. Não obstante, os dados mostram claramente que os ganhos de capital e os efeitos de avaliação pesam muito na determinação de W/Y. Muitos modelos dinâmicos indicam que esses efeitos são meramente transitórios ou bolhas passageiras. Se é assim, como entendê-los?

Uma maneira é atentar para "a perspectiva do dinheiro", começando por considerar fundamentais os fluxos de renda para os vários pleiteantes. Dentro dessa visão, os fatores primordiais são o poder de barganha dos proprietários, α, o resultante montante da renda que vai para os proprietários, αY, e o preço de direitos de propriedades das empresas, que é estabelecido em mercados financeiros como o desconto ou taxa de lucro r. Para simplificar, vamos supor que o poder de barganha de todos os proprietários é o mesmo, e que a taxa de capitalização *r-finance* é igual para todas as empresas, onde eu uso *r-finance*, em vez de r, para distinguir a taxa de desconto aplicada a ativos da taxa de retorno das poupanças. Em um mercado financeiro perfeito, as duas teriam o mesmo valor. Em um mercado financeiro imperfeito com intermediação, porém, a taxa de retorno oferecida pelo setor financeiro é *r-finance* $= r + \rho$, onde r é a taxa de retorno para poupadores e ρ é o custo de uso de serviços financeiros.

Com a participação do capital na renda e a taxa financeira de retorno como bases, a riqueza agregada ao PIB é:

$$\frac{W}{Y} = \frac{\alpha}{r} = \frac{\alpha}{r^{finance} - \rho}$$

Exatamente como *s/g*, isso é apenas uma identidade contábil. Ela nos convida, porém, a uma interpretação diferente da riqueza privada. A riqueza se torna não só um estoque acumulado de poupanças passadas engarrafadas em bens de capital úteis, mas também uma reivindicação de direitos sobre recursos futuros. Mais que a soma das poupanças passadas cristalizadas em objetos físicos ou fatos sociais, o que chama a atenção nessa visão é o fato de que a riqueza são as rendas futuras capitalizadas que vão para os detentores de propriedades.

Luta de classes, poder de barganha, confiança de classe e taxas de capitalização

Posição no mercado e poder de barganhados detentores de riqueza

$W/Y = \alpha/r$ mostra que a riqueza pode, com a mesma facilidade, ser vista como a relação de duas outras forças além da taxa de poupança *s* e da taxa de crescimento *g*. Assim, α e *r* podem fornecer uma decomposição dos dados contábeis tão boa quanto a decomposição da relação de poupança-crescimento. O primeiro termo, α, corresponde à participação na renda que os detentores de propriedade tomam para si. Ele pode aumentar porque o capital é mais produtivo ou porque mudanças institucionais permitiram aos detentores de capital tirar mais das empresas — sobretudo as empresas que produzem mais receita. Esse termo determina, ou talvez reflita, o quanto da receita vai, como fluxo, para os detentores de direito de propriedade. Ele reflete a distribuição do poder de barganha no âmbito da economia. O segundo termo é *r-finance* – ρ, a taxa de retorno que o setor financeiro imputa a ativos como empresas, menos a participação que o setor financeiro consegue para intermediação. Ele reflete a forma como os mercados financeiros agregam expectativas sociais para cotar o direito de propriedade resultante, produzindo uma taxa de retorno implícita.

O valor da riqueza relativa à receita depende, pois, de um termo "marxiano", α, e de um termo "keynesiano", *r-finance* – ρ.

Concretamente, ampliar o espaço das transações financeiras permite que mais dinheiro possa ser empenhado do futuro para o presente, elevando o preço dos direitos de propriedade hoje e abaixando a taxa de desconto implícita *r-finance* – ρ. Enquanto a *r-finance* pode ser constante — determinada tanto pelas taxas reais de retorno de ativos quanto pelo fato de que "John Bull pode aguentar muitas coisas, mas não suporta abaixo de 2%" —, a extensão da capitalização financeira e a participação implícita obtida pela *finance* ρ podem variar.

α também inclui quaisquer rendas puras a que os capitalistas têm direito. Os setores de propriedade intelectual intensiva, como o farmacológico, de tecnologia e entretenimento, e outros como finanças e energia, são todos setores nos quais o valor do capital é bastante alto. A propensão da economia para esses setores pode ser um componente do aumento de W/Y. O mesmo se pode dizer da fundiária global, que capitaliza o valor magnificado de aglomerações econômicas, de políticas e instituições.

Não obstante, mudanças complementares em α poderiam ocorrer devido a mudanças em mercados de produto, em governança corporativa e instituições que estabelecem salários. α será alto em mercados com baixa concorrência, em que as empresas podem obter altos lucros de consumidores e trabalhadores. Como aprendemos da organização industrial, a existência de um grande número de empresas não implica necessariamente que o mercado seja competitivo, especialmente quando os bens vendidos são heterogêneos e as informações são muito desencontradas. Em modelos de busca de emprego, a divisão de renda entre proprietários e trabalhadores é determinada pelas condições do mercado de trabalho: a taxa com que os trabalhadores obtêm a oferta de emprego relativa à taxa das demissões. Em modelos de eficiência de remuneração, ela é determinada pela eficácia da tecnologia de monitoramento e pela precariedade do mercado de trabalho. Em modelos com sindicatos, ela depende da ameaça de greves por parte destes. Mas todos esses fatores têm uma história comum: a renda da propriedade é receita menos salários; por isso, fatores que diminuem a participação do trabalho na renda aumentam a participação do capital.

O poder de barganha dos detentores de riqueza ao longo do tempo

O Gráfico 5.1 mostra o padrão de desigualdade de riqueza junto com uma medida do poder de barganha do trabalho. Temos um U nas taxas de greves, sucedâneo imperfeito para o poder de barganha do trabalho, acompanhando o U invertido em W/Y. Embora não funcione como uma boa medida do poder de barganha dos operários, é um pouco melhor do que a taxa de trabalhadores sindicalizados, visto que, historicamente, as greves precederam a formação da Nacional Labor Relations Board (NLRB) [Comissão Nacional de Relações Trabalhistas]. Pode-se afirmar que a ameaça potencial da greve é fonte do poder do trabalho nos Estados Unidos, muito mais do que, por si só, a existência de uma grande porcentagem de trabalhadores sindicalizados. Se consideramos isso uma força para reduzir α, podemos ver que W/Y se altera com essa medida do poder de barganha.

GRÁFICO 5.1: Usando salários relativos do setor financeiro como a medida da desigualdade de riqueza, e paralisação do trabalho como um fator de aumento do poder de barganha do trabalho, vemos que os períodos de baixo poder de barganha do trabalho coincidem com períodos de grande desigualdade

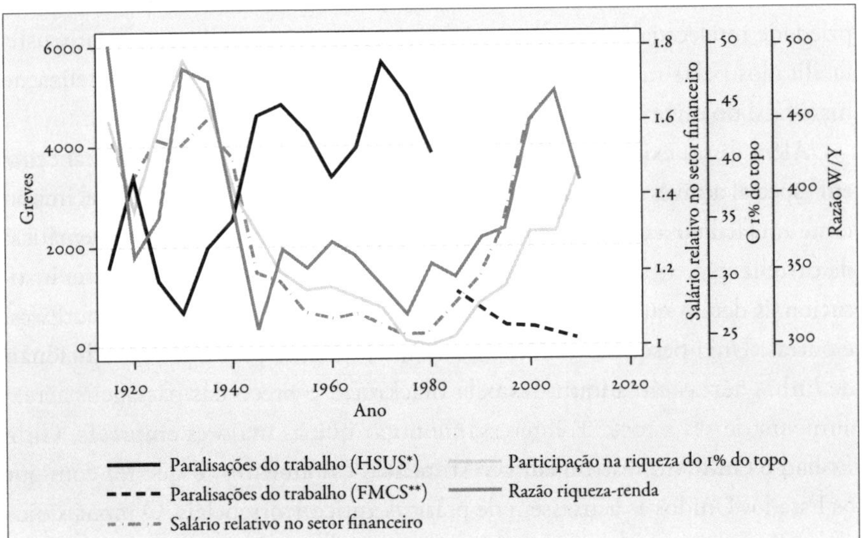

* Sociedade Humana dos Estados Unidos.

** Serviço Federal de Mediação e Conciliação dos Estados Unidos.

Fonte: Diagramas com séries temporais mostrando greves, da HSUS e do FMCS (*eixo da esquerda*) e relação riqueza/renda de Piketty (2014), participação na riqueza do 1% do topo, de Zucman (2016), e relativo prêmio em salário do setor financeiro, de Phillippon e Reshef (2012).

Além da barganha entre trabalhadores e patrões dentro das empresas, existe também o poder do mercado de produtos. Em um mundo de retornos em geral crescentes, custos fixados em patamar alto e custos marginais baixos, os monopólios serão onipresentes. Isso cria um mecanismo direto pelo qual α aumenta, enquanto os monopólios transferem recursos dos consumidores para os detentores de propriedade. Com efeito, uma explicação para a baixa mensuração do aumento da produtividade nos últimos quinze anos se deve a um peso maior do poder do mercado, pois o aumento da produtividade não se traduz em um aumento proporcional de produção (a produção restrita dos monopolistas), e então a produtividade total dos fatores (PTF) é mais baixa, ainda que a participação do capital esteja aumentando. Essa visão do aumento da desigualdade de riqueza torna o processo menos óbvio e menos inevitável, se comparada a uma visão que considera a desigualdade de riqueza como a razão *s/g* de uma taxa de crescimento fadada a cair, e uma taxa de poupança achatada pelas convulsões políticas de meados do século.

O aumento da concentração corporativa nos últimos quinze anos também tem grande influência. Mudanças regulatórias e tecnológicas, bem como sua interação, facilitaram isso. A crescente importância econômica da lei de propriedade intelectual e o enfraquecimento progressivo da doutrina antitruste, facilitados pelas mudanças jurídicas e econômicas, tornaram a cartelização mais fácil do que no passado.

Além disso, existem indícios muito interessantes de que o setor financeiro, em especial através de grandes investidores institucionais, tem um papel importante em facilitar a cartelização. As companhias aéreas se tornaram emblemáticas da cartelização, através do setor financeiro, onde uns poucos investidores institucionais detêm quase a maioria da participação da United, Delta, Southwest e outras. Uma pesquisa recente mostra que, quando participações adicionais de linhas aéreas são adquiridas pela Blackrock, o preço das passagens aéreas aumenta de 3% a 10%.[3] É interessante notar que as maiores empresas, Gulf, Etihad e Gulf Air, restringem investimentos estrangeiros, o que fez com que os Estados Unidos as acusassem de práticas anticoncorrenciais. O monárquico Conselho de Cooperação do Golfo (CCG), paraestatal, uma importante força

3. J. Azar; M. C. Schmalz; I. Tecu, "Anti-competitive Eff ects of Common Ownership", *Ross School of Business Paper* n. 1235, 2015; E. Elhauge, "Horizontal Shareholding", *Harvard Law Review* 129, 2016, pp. 1267-1811.

competitiva que mantém os preços das tarifas aéreas baixo, é ridiculamente absurdo, em certo nível, mas a retrustificação generalizada da economia dos Estados Unidos devia nos fazer tirar a poeira dos velhos exemplares de Hilferding, Hobson e Lênin, para os quais os conflitos internacionais entre monopólios seriam um desdobramento natural do capitalismo.

Controle corporativo e falta de liberdade

Podemos perceber mais uma das dimensões políticas de capital com contratos incompletos. Contratos entre financistas, empresários e trabalhadores (entre outros) nunca podem ser completamente especificados. Em vez disso, amplos domínios da transação econômica são deixados à discrição de um lado do mercado. Em fins da década de 1980, um CEO como Steve Jobs se queixou do poder exercido pelos acionistas da Apple, assim como os empregados de Jobs certamente se queixavam do poder tirânico exercido pelo próprio Jobs. Como afirmou Ronald Coase, essa divisão de poder não se situa fora do mercado, mas faz parte do negócio. Os trabalhadores fazem o que lhes é ordenado porque podem ser demitidos da empresa, e os CEOs são controlados por juntas de acionistas. Como na filosofia da empresa, o capital muitas vezes inclui o direito de excluir outros quando negociam sobre a produção conjunta, e isso aumenta o fluxo de renda passível de ser apropriado pelos proprietários.

Esses direitos de controle vão influenciar uma medida de investimento da empresa comumente usada, o Q de Tobin, a razão entre o valor de mercado de uma empresa e o valor de reposição de seus ativos físicos. Mas Piketty salienta que essa medida, como em geral é usada, não considera o controle; os preços médios das ações refletem apenas o retorno do investimento, mas os investidores também tratam de garantir para si pontos de veto nas decisões da empresa. Na Alemanha e no Japão, onde os não acionistas têm voz ativa no processo de decisão corporativa (o modelo do acionista), o Q é mais baixo do que nos Estados Unidos e no Reino Unido. Piketty salienta que as ações alemãs são vendidas abaixo do preço porque os acionistas de lá não têm o mesmo poder político exercido pelos dos Estados Unidos e do Reino Unido, pelo fato de terem de dividi-lo com conselhos de trabalhadores e com outras partes interessadas. O mesmo se aplica aos sindicatos dos Estados Unidos, onde grandes vitórias sindicais nas eleições do NLRB chegaram a reduzir os preços das ações, mas é muito improvável que tenham mudado o valor de reposição dos ativos subjacentes das empresas.

Piketty discute brevemente como interpretar a riqueza na forma de escravos, o que é esclarecedor com respeito à diferença entre capital humano e riqueza. Sob escravidão, os direitos de propriedade sobre os ganhos do trabalho dão uma enorme parcela de rendimento aos proprietários. Uma estimativa é que os escravos recebiam 48% de sua produção marginal, incorporando todos os direitos adicionais de controle conferidos aos donos de escravos. Não obstante, Piketty salienta que não está claro se a riqueza que é o escravo deva ser considerada riqueza líquida, visto que se poderia considerá-la, de forma um tanto cruel, um passivo (para escravos) que é capitalizado como um ativo para seus donos. Mas no fim ele concorda que se trata de riqueza, pois é um fluxo de renda negociável no mercado e protegido institucionalmente. Não é o corpo do próprio escravo, nem o edifício (ou pessoa), mas o direito de propriedade sobre o fluxo de renda deles resultante e o fórum para comercializá-lo que constituem o verdadeiro "capital". A Décima Terceira Emenda impõe severos limites sobre o que é obrigatório no contrato de trabalho, de forma que as capitalizações de capital humano (ainda) não ocorrem no moderno capitalismo e, portanto, vale a pena distinguir entre capital humano e riqueza, como faz Piketty. Naturalmente, os próprios escravos são produtivos, geram renda e sustentam o valor dos outros ativos. Por exemplo, em seguida à Guerra Civil, o valor das terras caiu nas áreas em que havia escravidão, mesmo em relação a condados adjacentes não escravagistas, ao longo do rio Ohio, pois os escravos abandonaram o trabalho, e os fazendeiros perderam a produtividade do chamado "*gang-system*" [em que as tarefas eram distribuídas sem se levar em conta a fragilidade de velhos, crianças e enfermos]. O direito de propriedade negociável sobre um fluxo de trabalho humano pode ser produtivo além de seu uso imediato na produção: escravos eram apresentados como caução para os empreendimentos comerciais de seus donos e propiciavam amplas redes de crédito na economia atlântica de antes da Guerra de Secessão.

Confiança de classe e taxas de capitalização

O outro componente da equação $W/Y = \alpha/r$ é $r = r\text{-}finance - \rho$. Esse termo leva em consideração o fato de que o capital é uma reivindicação não apenas sobre a produção atual, mas também sobre a produção futura. Dada sua durabilidade, a outra dimensão que estabelece a razão riqueza/renda é a avaliação do futuro fluxo de renda decorrente do ativo. Essa razão de capitalização $1/r$ é determinada pelo sistema financeiro, pela governança corporativa e pelo monitoramento dos credores, pela demanda e oferta de renda futura, e, naturalmente, pela política monetária — tema sobre o qual voltaremos a falar.

A forma como se dá a arbitragem dos mercados dos direitos de propriedade de futuros fluxos de renda e o grau com que as expectativas deslocam dinheiro do futuro para o presente são cruciais para essa nova visão de W/Y. Mas esses fatores tendem a ser ignorados quando a fórmula do estado estacionário é simplesmente *s/g*. De fato, o papel fundamental das expectativas sociais na determinação do papel da riqueza-renda agregada ganha destaque nessa visão. Se a riqueza é efetivamente um título para um fluxo de renda futuro, as expectativas agregadas dos mercados terão um papel na determinação da taxa de desconto aplicada a esses títulos. Com efeito, um papel das instituições (como o desejo do Estado de defender os direitos de propriedade) é respaldar essas expectativas, e as ideias de Keynes e Minsky se tornam importantes não apenas para as flutuações do ciclo de negócios, mas também para o estoque de riqueza na sociedade. As expectativas agregadas de mercado expressas em r talvez expliquem por que W/Y é um bom indicador de crise: ele contém o sensor que detecta o otimismo exagerado em relação ao futuro.

O prêmio em salário do setor financeiro mostrado no Gráfico 5.1 também acompanha de perto o W/Y. Este mensura ρ, o fluxo de renda derivado de serviços financeiros. Como se pode ver, ele acompanha de perto a desregulamentação financeira e W/Y. Mantendo-se a taxa geral de retorno para empresas fixadas em *r-finance*, na medida em que a *rent seeking* e o montante reclamado pelo setor financeiro ρ aumentam, W/Y também aumenta.

Observando-se bem, α/r também revela características da dispersão de riqueza, e não apenas seu nível. Considere-se que a variação do registro histórico da riqueza será: $var(\log w) = var(\log \alpha Y) + var(\log r) - 2Cov(\log \alpha Y, \log r)$. Assim, a dispersão das taxas de retorno e a dispersão da renda do capital vão aumentar a desigualdade de riqueza.

Significativamente, a desigualdade de riqueza aumenta com o termo de covariação: quando pessoas com grandes fatias de renda de capital também têm baixas taxas de desconto, que lhes são dadas por privilégios de governo ou serviços financeiros, a desigualdade de riqueza aumenta. Instituições financeiras e mercados também podem aumentar a capacidade dos ricos de tirar vantagem, de forma mais ampla, de rendas e dispersão de retornos, criando uma demanda política por regulamentação arbitrária e oportunidades para arbitragem.

Considerem-se as recentes teses de Jason Furman e Peter Orszag, segundo os quais a importância crescente dos aluguéis contribui para o aumento da desigualdade.[4] Eles argumentam que essa escassez artificial de imóveis em cidades produtivas (causada pela regulamentação e pela infraestrutura de transporte precária), ou empresas com fortes direitos de patente, retornos crescentes e mercado de trabalho diluído acarretam o aumento de α, isto é, o volume de renda que vai para os detentores de propriedade. Mas eles afirmam também que a dispersão e o retorno do capital investido estão aumentando, o que interpretam como uma prova de tal afirmação (e pode-se somar a isso, como outro aspecto do problema, a crescente segregação espacial em função da renda). Se a renda que vai para proprietários de empresas ou de bens de raiz se torna cada vez mais dispersa, os retornos para serviços financeiros de alta rentabilidade aumentam. Indivíduos ricos talvez achem que vale a pena pagar taxas para aumentar a covariação de suas carteiras de ações com as companhias e locais que geram mais renda para seus proprietários, exacerbando o crescimento da desigualdade.

Rentistas e superexecutivos

Ver o capital dessa maneira também esmaece a linha que divide superexecutivos e rentistas. Os superexecutivos têm contratos no mercado de trabalho (em forma de bônus e pagamento diferido, ações e opções) que lhes dão direito a uma renda fabulosa quando a empresa está em boa situação. Longe de retorno em capital humano, isso reflete de forma clara restrições a informações e normas legais (como a garantia de número fixo de opções). Não está claro que isso constitua renda "de trabalho", mas sim uma forma de capital que exige que você presida reuniões e use trajes elegantes. Podemos considerá-lo um *continuum* de contratos "do tipo capital" que organizam uma cadeia de valor que vai de salários fixos para trabalhadores da escala mais baixa até requerentes residuais sobre riscos para acionistas, passando por CEOs.

Se o pagamento dos CEOs fosse capitalizado como renda de capital, isso com certeza aumentaria enormemente a razão riqueza/renda. Isso significa que

---

4. J. Furman; P. Orszag, "A Firm-Level Perspective on the Role of Rents in the Rise in Inequality", *paper* apresentado em "A Just Society" Centennial Event in Honor of Joseph Stiglitz, na Universidade Columbia, 2015.

CEOs com esses contratos terão grande participação na propriedade de suas empresas, e CEOs de empresas de grande sucesso também serão extremamente ricos. A alta covariação do pagamento dos CEOs com lucros de empresas faz que ele (o pagamento) se pareça mais com renda de capital do que com renda de trabalho, e por isso não está claro se o pagamento líquido ou o pagamento básico deve ser considerado como renda de trabalho para efeitos econômicos, embora ele conste de declaração de tributos retidos na fonte. Além disso, as quedas nas taxas sobre ganhos de capital aumentam o estímulo para trocar pacotes de compensação por renda de capital. Essas forças institucionais da acumulação de riqueza são obscurecidas quando a riqueza é entendida apenas como poupanças + ganhos de capital, e a razão riqueza/renda é expressa apenas como taxas de poupança sobre taxas de crescimento. Embora eu não discuta o uso desse padrão contábil para determinados fins, a visão α-*r-finance* – ρ revela mais sobre instituições de governança corporativa, finanças, mercados de trabalho e de produtos, e também sobre mudanças gerais na organização econômica, do que a *s/g* mecânica e independente de instituições.

A política de construção institucional como principal determinante de W/Y

Se, como já se disse, a riqueza é determinada pelas regras subjacentes ao jogo, então ela potencializa o papel da política enquanto determinante de W/Y.

Para o "Piketty domesticado", a política entra apenas na determinação das alíquotas, redistribuindo depois de o mercado ter feito seu trabalho marginal de atribuição de preço, e por isso reduz *s* em:

$$W/Y = s/g$$

Mas a visão da economia política monetária institucional nos dá pistas que nos ajudam a explicar por que os donos da riqueza lutam tanto para transformar riqueza recém-adquirida em prerrogativas políticas e influência: eles entendem que a continuidade da acumulação depende do prometido fluxo de renda, tarefa que exige políticas de caráter duradouro — isto é, instituições. Se α e ρ forem fixados por instituições de dentro das instâncias de distribuição de poder político, então a política está intimamente ligada à preservação e à defesa da riqueza. As estruturas de mercado e regulamentações que asseguram um retorno estável para títulos de propriedade, assim como a manutenção de mercados maciços, líquidos e sujeitos a baixa carga tributária sobre esses títulos não são garantidas. Em vez disso, precisam ser mantidas por meio de atos do governo e pelo regime jurídico.

Uma gama mais ampla de instrumentos de política pública para promover a distribuição de riqueza

Caso se deseje limitar a riqueza privada relativa à renda, as ferramentas básicas são:

- Reduzir a participação na renda paga a títulos de propriedade.
- Regulamentar os mercados financeiros que precificam esses títulos.

Isso inclui a típica lista de políticas igualitárias da esquerda: ações enérgicas antitruste, eliminação de barreira para entrada e mobilidade, e um movimento operário mais combativo no setor privado, exigindo mais dos acionistas na mesa de negociação, direitos de propriedade intelectual mais reduzidos, política de banco central e fontes públicas de investimento (como no setor de habitação, por exemplo) e emprego. No entanto, além da via do poder de barganha, a regulamentação de W/Y também significa impor limites à capacidade de assegurar dinheiro do futuro através de contratos financeiros — por exemplo, aumentando as exigências de capital e restringindo o espaço para inovações financeiras —, assim como potenciais alterações na microestrutura do mercado de ações ou na taxa sobre transações financeiras. Com efeito, o próprio Kuznets escreve sobre a miríade de opções.

> Uma série de fatores para neutralizar o efeito cumulativo da concentração de poupanças em participações nas rendas mais altas constitui interferência legislativa e decisões "políticas". Pode-se visar a isso limitando a acumulação de propriedade diretamente através de impostos sobre heranças e outros impostos sobre capital. É possível obter efeitos semelhantes de forma indireta, por exemplo, através de inflação permitida ou induzida pelo governo, que reduz o valor econômico da riqueza acumulada em títulos a preço fixo ou outros bens cuja demanda não é

> de todo afetada por mudanças de preço; ou ainda pela restrição legal do rendimento sobre bens acumulados, como aconteceu recentemente na forma de controle de aluguéis ou taxas de juros de longo prazo mantidas artificialmente baixas pelo governo para favorecer seus próprios títulos no âmbito do mercado.[5]

Confronte-se essa panóplia de opções com a visão estreita, na obra de Piketty, sobre tributação. A mais importante ideia de Piketty em termos de política é taxar o capital de forma direta e global. O argumento mais convincente em favor dessa política é afirmar que a maior parte do retorno do capital não é paga, mas acumulada e somada ao estoque de capitais. Assim sendo, taxar o estoque diretamente é uma maneira de alcançar a massa da renda do capital. Considerando-se o sistema de mensuração referido, na verdade não se leva em conta a participação na renda que vai para os capitalistas. Isso é significativamente diferente da taxação de dividendos ou ganhos de capital. É uma taxa progressiva sobre a riqueza total, não apenas sobre o montante pago aos detentores de riqueza ou sobre a venda de um ativo. Com efeito, a taxa sobre a riqueza reduz imediatamente α, isto é, depois de deduzidos os impostos, pois diminui a reivindicação sobre a renda postulada pelos detentores de riqueza. Mas a consequência mais importante é que a implementação da taxa exigiria partilhar informação bancária transfronteiras, o que implicaria desativar paraísos fiscais e fazer aflorar informações confiáveis sobre quem detém a riqueza. A ideia é claramente foucaultiana: os impostos revelam a questão de interesse público da riqueza e a tornam passível de ser conhecida, entendida e regulamentada. Os dados, por si só, como os recentes *Panama Papers* mostram, podem ser usados para aperfeiçoar o sistema tributário e também documentar a distribuição de riqueza para que possa ser objeto de debate público.

Piketty também discute os diversos sistemas fiscais, salientando que, em relação ao custo, os bens públicos universais são mais efetivos do que transferências com o objetivo de equalizar renda. Piketty argumenta que, pelo menos na Europa, o Estado transfere cerca de 25% a 35% de renda em forma de benefícios previdenciários e rendas de substituição, e por isso é improvável que haja um grande crescimento da dimensão econômica do Estado, algo comparável ao

5. S. Kuznets, "Economic Growth and Income Inequality", *American Economic Review* 45, n. 1, 1955, pp. 1-28, cit. p. 9.

crescimento de meados do século XX. Acho que isso é basicamente correto, e as inovações no Estado de bem-estar social não se darão na forma de dispêndio de porcentagens mais altas do PIB.

A aversão de Piketty à política macroeconômica como instrumento para promover a distribuição de riqueza

É significativo que Piketty se posicione francamente *contra* dois instrumentos fiscais: dívida pública e inflação. Ele argumenta que a dívida pública é, em larga medida, uma forma de transferir valores de contribuintes para (ricos) acionistas, e que a inflação não afetará a grande massa de riqueza, que é composta de ativos. Acho que haverá quem argumente que essa aversão à dívida pública se deve a que Piketty se concentra na oferta, ignorando os determinantes mais "keynesianos" de riqueza, aos quais o parâmetro ρ daria mais destaque. Em paralelo, uma coisa que Piketty ignora é a política monetária em geral. Se a política monetária pode afetar o crescimento real, afeta também a desigualdade real, e constitui uma força que α-r salienta, mas s-g, não.

Por exemplo, Kopczuk mostra que muito do aumento da participação do 1% do topo na riqueza, pós-2000, é motivado por títulos de renda fixa, que são capitalizados a taxas altas quando os juros do Banco Central americano estão baixos.[6] A política monetária pode contribuir para explicar posses de riqueza.

O outro lado da economia política: a influência da riqueza sobre a política

Dado o rico menu institucional de políticas disponíveis para gerenciar a distribuição de renda e tornar mais evidente a riqueza dos ricos, por que não adotamos políticas redistributivas?

A visão expressa por Piketty em seu livro torna a desigualdade de riqueza um problema para o planejador social, não para a democracia. W/Y é um

6. W. Kopczuk, "What Do We Know about the Evolution of Top Wealth Shares in the United States?", *Journal of Economic Perspectives* 29, n. 1, 2015, pp. 47-66, em que se discute a estimativa de capitalização da desigualdade de riqueza concebida por E. Saez; G. Zucman, "Who Benefits from Tax Expenditures on Capital? Evidence on Capital Income and Wealth Concentration", *IRS Statistics of Income Working Paper Series*, 2014.

resultado automático de *s/g*. Existe alguma indicação de como os sistemas políticos podem mudar a desigualdade, mas pouco se fala em *O capital no século XXI* sobre como a desigualdade muda o sistema político. Essa é uma grande e notória lacuna no livro de Piketty. Permitam-me, em poucas palavras, tentar preenchê-la — mostrando os vários mecanismos pelos quais o domínio econômico distorce também a política de governo.

Novos instrumentos que os super-ricos podem usar para controlar a política

Em certos aspectos, a política mercantilizada do século XX oferece instrumentos totalmente novos que permitem aos super-ricos manipularem o sistema político:

"O mercado está em toda parte." Os ricos podem comprar reforma educacional, a instituição de caridade de sua escolha, *think tanks*, linguagem legislativa e uma ampla divulgação pública de suas ideias. Doações para campanhas eleitorais podem ser um bom ponto de partida, sendo em geral aceito que: a) elas são um bem normal[7]; e b) elas têm, no topo, uma elasticidade de riqueza perto de 1.[8] Isso leva a crer que, na medida que a distribuição de renda se torna mais distorcida, a distribuição das doações para campanhas eleitorais sofre a mesma distorção. Com efeito, Lee Drutman registra uma crescente soma de contribuições individuais rastreáveis (perto de 25%), advindas do "1% do 1%", que corresponde a cerca de trinta mil pessoas.[9] Mas, do Brasil a Bruxelas, e de Washington a Pequim, o dinheiro e suas promessas lubrificam as engrenagens da política, às vezes descobertas, às vezes provocando uma breve onda de indignação, às vezes não. É difícil comemorar o fato de "o mercado estar em toda parte" e não esperar que isso gere uma corrupção generalizada. Quando o próprio discurso e a mídia estão a soldo dos mercados, e os meios para contestar

7. F. R. Campante, "Redistribution in a Model of Voting and Campaign Contributions", *Journal of Public Economics* 95, ago. 2011, pp. 646-656, disponível em: http://scholar.harvard.edu/files/campante/files/campanteredistribution.pdf.

8. A. Bonica; H. Rosenthal, "The Wealth Elasticity of Political Contributions by the Forbes 400", 2015, disponível em: https://papers.ssrn.com/sol3/papers.cfm?abstract_id=2668780.

9. L. Drutman, *The Business of America Is Lobbying: How Corporations Became Politicized and Politics Became More Corporate*, Oxford, Oxford University Press, 2015.

eleições estão na dependência do nexo do dinheiro, se está a um passo de ver a política ser cotada pelo dólar mediano.

Mas não devemos exagerar nessa linha. É certo que todas as despesas se anulam umas às outras? Bilionários podem estar gastando seu dinheiro, aumentando a remuneração de consultores políticos e empresas publicitárias no processo, como em uma clássica disputa descrita por Tullock. Partidos, grupos de interesse e candidatos torram recursos para vencer uns aos outros. Assim, toda vantagem conseguida por um lado aumenta os retornos dos investimentos no outro lado. Mas isso não é tudo. A necessidade de financiamento de campanhas eleitorais determina a quem os políticos darão ouvidos. Um trabalho recente sobre ciência política, por exemplo, constata que os doadores de campanha notórios têm muito mais chance de conseguir uma reunião com um político ou um assessor-chefe.[10] O retorno marginal de doações para campanha é muito alto.

Em um confronto, o aumento dos aportes para financiamento de campanhas é mais alto (dada a maior desigualdade, por exemplo), o que pode aumentar o retorno marginal para ambos os lados em disputa. Há também o fato de que a tecnologia para transformar dinheiro em operações de produção de dados e obtenção de votos e influência política se aperfeiçoou, aumentando a "demanda" por doações para campanhas eleitorais. Em parte, isso é um aspecto de mudanças na organização dos partidos, por meio das quais sua liderança passou a ter um controle mais efetivo, e por isso os fundos gerais manejados por líderes partidários se tornaram mais importantes. Mas não devemos descartar a influência das mudanças tecnológicas e organizacionais no financiamento das campanhas eleitorais. Um exemplo é o PAC [Comitê de Ação Política] instituído por congressistas americanos para financiar outros membros do Congresso, criando um portfólio de campanhas para pessoas ansiosas por fazer doações.

Velhos instrumentos que os super-ricos podem usar para manipular a política

Por outro lado, porém, os instrumentos usados pelos detentores da riqueza para manipular o sistema político existem há muito tempo. Além de comprar

10. J. Kalla; D. Broockman, "Congressional Officials Grant Access to Individuals Because They Have Contributed to Campaigns: A Randomized Field Experiment", *American Journal of Political Science* 33, n. 1, 2014, pp. 1-24.

opiniões, os ricos podem também ameaçar retirar seu capital. Um instrumento político clássico é a greve do capital, como Piketty aponta em sua breve discussão sobre o governo Mitterrand. Como os detentores de bens podem converter seus ativos em obrigações invisíveis no exterior, a força de pressão da fuga de capitais é muito grande quando se trata de uma pequena economia aberta. Paraísos fiscais, como notícias recentes e o trabalho de Gabriel Zucman apontaram[11], tornam essa ameaça ainda mais evidente, e um texto de Ellman e Wantchekon[12] mostrou que, por si só, a expectativa de fuga de capitais pode alterar o resultado de eleições. Um marxismo mais antigo gastou tempo e energia, por exemplo, no famoso debate Poulantzas-Miliband, na *New Left Review*[13], cujo tema era justamente a forma como os detentores de capital controlavam o Estado democrático. Eles conseguiam isso guindando seus aliados a cargos administrativos? Eles o faziam ameaçando com uma greve do capital? Miliband argumentou que o Estado fora sequestrado pelos ricos em virtude da origem de classe da grande maioria dos governantes — e a resistência de seus filhos a apoiarem publicamente políticas igualitárias de pleno emprego, quando se encontravam à frente do Partido Trabalhista britânico, parecia indicar que ele estava próximo de uma importante descoberta. Poulanzas replicou dizendo que isso não importava, visto que eles eram partidários dos trabalhadores; o fato de o Estado precisar de investimento privado para manter a economia funcionando bastava para mantê-lo trabalhando no interesse dos detentores do capital — uma posição que corrobora os argumentos dos muitos que desejam o que se chama a "fada da confiança". Com efeito, a fuga de capitais provavelmente entravou muito a redistribuição que poderia se seguir à democratização em países como, por exemplo, a África do Sul.

O aumento da riqueza imobiliária tem um interesse muito especial, pois habitação e terra são intrinsecamente ligados a políticas particulares e à política local. O estoque de riqueza imobiliária capitaliza não apenas as condições de

11. G. Zucman, "Taxing across Borders: Tracking Personal Wealth and Corporate Profits", *Journal of Economic Perspectives* 28, n. 4, 2014, pp. 121-148; e "What Are the Panama Papers?", *New York Times*, 4 abr. 2016, disponível em: http://www.nytimes.com/2016/04/05/world/panama-papers-explainer.html?_r=0.

12. M. Ellman; L. Wantchekon, "Electoral Competition under the Threat of Political Unrest", *Quarterly Journal of Economics*, maio 2000, pp. 499-531.

13. N. Poulantzas, "The Problem of the Capitalist State", *New Left Review*, nov.-dez. 1969, p. 67; R. Miliband, "Poulantzas and the Capitalist State", *New Left Review*, nov.-dez. 1973, p. 83.

conforto e aglomerados urbanos, mas também a política local.[14] Dado que o que importa é a percepção da segurança nas promessas de renda futura encerradas em ativos, as leis e políticas visando modificar essas percepções se tornam demandas políticas. Políticas de tolerância zero ao crime e regulamentação do uso da terra podem ter sido artifícios exigidos pelos pequenos rentistas tipo NIMBY ["não em meu quintal"] para inflar o valor de casas e imóveis comerciais. No mundo de política descentralizada dos Estados Unidos, os mercados imobiliários restringem de forma drástica o grau de redistribuição factível. Por exemplo, na verdade não existe um sistema educacional público nos Estados Unidos: existe um sistema de ensino privado e o mercado imobiliário. Da mesma forma, em nível mundial, a propriedade imobiliária permite que os ricos ponham seu dinheiro (e suas famílias) em países com direitos de propriedade garantidos e condições de conforto. A acumulação de riqueza imobiliária pode ser um reflexo da arbitragem política intra e interpaíses.

Uma questão que merece mais estudo é a de como a desigualdade afeta não apenas a mecânica das eleições e do lobby, mas também muda o espaço da concepção de políticas e a ideologia política. Talvez isso se deva ao fato de o conhecimento técnico sobre o fazer político ser muitas vezes parco no governo, e por isso o mercado para capital humano regulatório permite a acumulação do saber pelo setor privado. Regulamentadores com conhecimento suficiente para desempenhar sua função estão também sendo muito requisitados como empregados e consultores por aqueles que precisam de seus serviços. Isso leva ao conhecido problema da porta giratória. A regulamentação financeira, com sua intimidante complexidade, pode se mostrar particularmente suscetível a isso. Com efeito, porém, a complexidade pode servir de instrumento para a política: ergue a barreira cognitiva na entrada para o debate e cuida para que os determinantes políticos de ρ sejam postos atrás dos bastidores por iniciados bem pagos e bem informados.

Como outro exemplo, a falta de recursos para a elaboração de uma política interna dá margem à atuação de entidades como o ALEC [Conselho de Intercâmbio Legislativo], que elaboram a legislação-modelo. Alex Hertel-Fernandez, em um estudo recente[15], mostra que, em estados onde os legis-

14. Há muito se pensa que a atitude dos donos de escravos em relação a seus bens se assemelha à das donas de casa, para as quais a conservação dos bens é um valor supremo. Daí o furor da lei sobre escravos fugidos, apesar do número relativamente pequeno de fugas.

15. A. Hertel-Fernandez, "Who Passes Business's 'Model Bills'? Policy Capacity and Corporate Influence in US State Politics", *Perspectives on Politics* 12, n. 3, 2014, pp. 582-602.

ladores gastam menos tempo em atividades de formulação de políticas, e o governo é menos profissionalizado, é maior a chance de a legislação da ALEC ser aprovada. Da mesma forma, *think tanks* como Heritage, Hoover e AEI conseguiram negociar doações em pacotes de políticas sobre temas que vão de tributação e reforma educacional a política externa.

Um corolário disso é a influência que a desigualdade de riqueza tem sobre estudos acadêmicos, em especial nos campos da economia e das finanças. Os economistas de maior destaque são procurados para fazer consultoria, palestras e discussões com bancos. O controle da organização industrial pelo setor privado pode derivar, em parte, da necessidade de utilizar os instrumentos de *market design*, mas é também uma maneira de aliciar especialistas que poderiam dar depoimentos antitruste dignos de crédito em audiências regulatórias ou interrogatórios judiciais na Europa ou nos Estados Unidos. A ascensão das faculdades de administração e economia financeira deve muito ao aumento da riqueza na economia, que necessita de credenciamento e dotações em dinheiro. As universidades dependem mais do dinheiro privado do que do dinheiro público, e os interesses dos ricos também aqui estabelecem a pauta intelectual. Fourcade e seus coautores mostram um grande aumento de referências financeiras no campo da economia.[16] E acrescentam que:

> Como a área acadêmica da economia migrou para a Faculdade de Administração — afastando-se do governo —, os economistas se defrontaram com maior complexidade de ordem prática, intelectual e política: níveis salariais mais altos, novas oportunidades de estabelecer vínculos e de conseguir consultorias e também, muitas vezes, políticas diferentes (Jelveh; Kogut; Naidu, 2014). Na década de 1980, a suspeita de uma ação governamental cresceu acentuadamente dentro desse campo, e os economistas talvez tenham fornecido a base intelectual para o movimento de desregulamentação na política pública e para o uso mais amplo de mecanismos de preço e de mercado na educação, no transporte, na saúde, no meio ambiente e em outros campos (Blyth, 2002). Os economistas financeiros argumentaram veementemente que o objetivo das empresas era maximizar os ganhos dos acionistas, e forneceram uma justificativa

16. M. Fourcade; E. Ollion; Y. Algan, "The Superiority of Economists", *Journal of Economic Perspectives* 29, n. 1, 2015, pp. 89-114.

> científica para práticas de gerenciamento bem ao gosto de uma nova geração de saqueadores empresariais: aquisições alavancadas, fusões e aquisições, premiação de executivos empresariais com opção de compra de ações. Em um recente processo contra a disseminação da cooptação de economistas por interesses corporativos, Zingales (2013) descobriu que, quando nenhum de seus autores trabalhava em uma faculdade de Administração, os artigos econômicos eram significativamente "menos propensos a aprovar o nível salarial dos executivos, e muito mais propensos a desaprovar".[17]

Áreas de injustiça motivada pela riqueza

Finalmente, existem efeitos menos tangíveis, mas não menos nocivos, da desigualdade de riqueza na alocação de praticamente tudo.

Quando temos uma série completa de mercados, no modelo Arrow-Debreu, os ricos (os com maior dotação) têm um peso maior na função de bem-estar social implícita implementada pelo mercado.[18] Com efeito, uma das coisas mais nocivas nessa combinação de fantástica desigualdade de riqueza e "mercado em toda parte" é que os caprichos arbitrários do 0,1% podem mudar totalmente as prioridades sociais e as opções com que o restante das pessoas se defronta. Isso é bastante claro nas alocações do mercado, de forma que os espaços de produto e as estruturas de preço se orientam para as partes da curva de demanda onde os ricos se encontram.

É também potencialmente ainda mais desafiador quando se considera a filantropia e a provisão privada de bens públicos. Podemos ter benfeitores tecnocráticos como Bill Gates. Podemos ter um portfólio de políticos e *think tanks* patrocinados por Sheldon Adelson ou George Soros (ou os Koch e os Sandler). Porém, independentemente dos méritos do trabalho de qualquer desses megadoadores, o fato de a grande desigualdade de riqueza permitir que as prioridades da sociedade sejam adaptadas aos gostos de uns poucos é profundamente antidemocrático — ainda que isso seja melhor do que os ricos simplesmente entesourarem sua riqueza. Os doadores tomam decisões

---

17. Ibidem, p. 17.

18. B. DeLong, "The Market's Social Welfare Function", *Semi-Daily Journal* (blog), 9 out. 2003, disponível em: http://www.j-bradford-delong.net/movable_type/2003archives/002449.html.

quanto a iniciativas relativas a política de desenvolvimento, prioridades de pesquisa e reforma social. Seus caprichos determinam a alocação de bilhões. Yale cultiva boas relações com seus leais e endinheirados alunos para que engordem suas dotações, ao passo que universidades de baixo custo e de alta qualidade ficam à míngua de fundos, em função de legislaturas sem dinheiro. O mundo de mercados extensivos e enorme desigualdade permite que a alocação de recursos seja muito mais influenciada pelos ricos. O capitalista do século XXI mantém seu poder social, sua ligação com a sociedade, com seu gerente de patrimônio.

O poder privado, exercido por meio de mercados competitivos para contratos incompletos sobre terra, trabalho e mercados de crédito, também pode solapar normas igualitárias básicas. Uma república democrática deveria ser capaz de passar nos testes do "olho no olho" e do "mau perdedor", do filósofo Phillip Pettit. O primeiro teste de uma sociedade igualitária é saber se os cidadãos, individualmente, conseguem se olhar olho no olho. O segundo é saber se os indivíduos sentem como se o sistema estivesse contra eles. As políticas deviam tender a criar uma sociedade capaz de passar nos dois testes.

A desigualdade de riqueza e contratos de trabalho com tempo determinado criam uma sociedade que falha no primeiro teste. Nessas sociedades, temos um número maior de empregados com salários baixos que têm de rir das piadas de seus patrões. Temos mais trabalhadoras obrigadas a tolerar o assédio de gerentes de nível médio, sob ameaça de demissão ou perda de promoção. Uma democracia econômica minimiza a possibilidade de as oportunidades e o bem-estar cotidiano serem drasticamente alterados pelo gosto idiossincrático de relativamente poucos. O contato que a maioria das pessoas tem cotidianamente com a riqueza acumulada não se dá nos preços de mercado de sapatos nem nas colunas sociais. Ele se dá nas indignidades, no controle e nas ameaças que lhes são infligidas por seus patrões, senhorios e banqueiros.

Os senhores feudais eram abastados, mas a ausência de determinados tipos de mercados tornava seu poder social menos do que uma simples função do valor da terra sobre a qual eles exerciam seu direito de propriedade. Homens armados leais e devidamente treinados e montados constituíam uma base independente de status. Eles não eram algo que se pudesse comprar.

Pouco desse privilégio medieval existe no capitalismo moderno. Há uma importante e perversa complementaridade entre um mundo "totalmente subsidiado" e a maciça desigualdade de renda e riqueza. Quando pode se atribuir um preço a qualquer ação, e toda fonte de bem-estar pode ser avaliada exatamente pelo valor que uma pessoa está disposta a pagar, o poder social dos ricos se amplia de uma forma que é difícil perceber quando se compara um dólar em 1920 com um dólar nos dias de hoje. O crescente uso de mercados não apenas gera desigualdade econômica, mas também permite que ela gere desigualdade política, o que antes podia ser evitado em alguma esfera de justiça distributiva walzeriana isolada, em que havia proteção contra as forças do mercado.

O velho mote hayekiano era que somente grande acumulação de propriedade privada poderia possibilitar a liberdade. Não havendo riqueza privada, quem poderia incrementar políticas que contrariassem o desejo daqueles que estão no comando do Estado todo-poderoso? A ideia, ainda mais antiga, esta de Tocqueville, era que as liberdades — no plural — de diferentes domínios eram barreiras essenciais à tirania absolutista e à potencial tirania de alguma futura aristocracia de produtores industriais unidos em seu próprio interesse material e isentos de qualquer compromisso de amparar seus subordinados, em troca de vassalagem, limitando-se a lhes pagar um salário. Talvez estejamos nos aproximando do sonho hayekiano e descobrindo que na verdade se trata do pesadelo de Tocqueville.

Conclusão

Agora podemos explicitar bem o total equilíbrio da economia política:

O "ponto de vista do dinheiro" nos permite ver os determinantes da relação riqueza/renda como sendo antes uma questão de barganha, monopólio e finanças do que de poupança e taxas de crescimento. O "ponto de vista do dinheiro" nos leva a examinar teorias de distribuição não competitivas e não agregadoras. Elas trazem as instituições para o primeiro plano, explicando a divisão de renda capital/trabalho, e a capitalização da esperada renda futura do capital em riqueza, à taxa atual de lucro. Já não tentamos fazer derivar a distribuição de riqueza de princípios intemporais de mercados competitivos e das duas fórmulas de Euler: o teorema aplicado às funções de produção CRS [rendimentos crescentes de escala] e uma equação para consumo. Em vez disso, porém, terminamos por ter de investigar os detalhes da economia — suas idiossincráticas regras, estruturas de mercado e normas que regem a distribuição.

A vantagem desse ponto de vista é permitir reinterpretar e refinar as previsões baseadas na curva de Kuznets.

Regulamentações, políticas e "instituições" determinam o parâmetro da participação do capital α e a taxa de lucro r, que por sua vez determinam o nível de W/Y. A distribuição e o nível de riqueza podem então gerar influências políticas que alteram essas mesmas regulamentações, normas e políticas. Podemos imaginar múltiplos caminhos dependentes da trajetória de Kuznets. Todos eles começam com alguma desigualdade inicial de riqueza tecnologicamente induzida (talvez incluindo capital humano). Esse nível então se reproduz, gerando uma série de instituições e políticas que ampliam e asseguram os retornos para os que detêm a riqueza. Essa trajetória pode levar a um "platô de Kuznets", cujo desmonte exigiria um tremendo impacto.

Mas podem existir outras trajetórias.

Nessas outras trajetórias, a desigualdade inicial não altera instituições de forma a permitir que ela se reproduza por si mesma. Nelas, as transições de Kuznets seriam breves e insignificantes — mais próximas dos ganhadores transitórios de Schumpeter do que dos oligarcas permanentes de Pareto.

Dada a curva de crescente desigualdade no Ocidente, talvez estejamos fadados a nos dirigir para a primeira, longa e dolorosa variante da transição de Kuznets.

CAPÍTULO 6

A natureza ubíqua do capital escravo

DAINA RAMEY BERRY

A historiadora Daina Ramey Berry se contrapõe à caracterização que *O capital no século XXI* faz de escravos e escravidão como apenas mais uma parte do estoque do capital, parte esta que desapareceu na época da abolição, sendo logo substituída por outras variantes. Com efeito, Berry argumenta que a escravidão permeou toda a economia, e não apenas a agricultura das *plantations*. Ela mostra que os escravos eram propriedade de corporações e municípios, que eles construíram infraestrutura pública e constituíram o patrimônio de grandes instituições não lucrativas. Além disso, em sua condição de propriedade negociável, eles sustentaram o sistema financeiro, que, por sua vez, permitiu a edificação do capitalismo sobre essa base. Em suma, afirma Berry, não podemos entender o capital nos séculos XIX, XX e XXI sem levar na devida conta a escravidão, o que *O capital no século XXI* não faz.

Na primavera e no verão de 1848, a Southern Railroad Company comprou 82 escravos de proprietários da Virgínia para a construção de uma ferrovia que serviria de corredor de comércio entre as partes alta e baixa do Sul (Gráfico 6.1). De maio a julho, a companhia gastou 46.398 dólares na compra de 82 escravos, sendo 66 homens (80,5%) e dezesseis mulheres (19,5%). Em 25 de maio, Juliet E. Washington, proprietária de escravos de Richmond, Virgínia, vendeu Phil, de 26 anos de idade, para a companhia, por seiscentos dólares, garantindo nada haver que o desabonasse e que ele "gozava de boa saúde". Além de seu valor e de sua idade, Washington informou que sua cor era "negra ou morena", que "media 1,60 metro" e tinha uma cicatriz na "mão direita, entre o polegar e o indicador". Outro escravo, chamado Scipio, se juntou a Phil no mesmo dia, vendido pelo mesmo preço, embora fosse um pouco mais novo —

FIGURA 6.1: Uma página do livro-razão registra que escravos como Phil e Scipio foram comprados para trabalhar na ferrovia

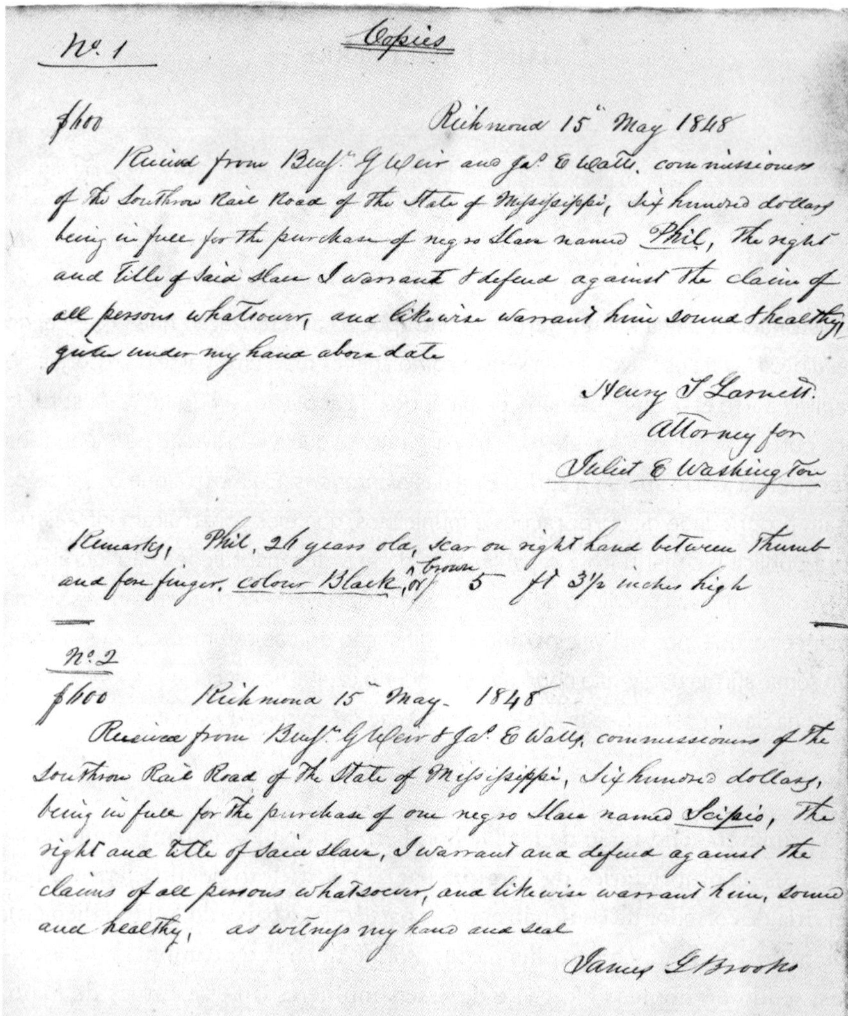

No. 1 Copies

$600 Richmond 15th May 1848

Received from Benjn. G Weir and Jas. E Watts, commissioners of the Southern Rail Road of the State of Mississippi, Six hundred dollars being in full for the purchase of negro Slave named Phil, the right and title of said Slave I warrant & defend against the claim of all persons whatsoever, and likewise warrant him sound & healthy given under my hand above date

Henry T Garnett
Attorney for
Juliet E Washington

Remarks, Phil, 24 years old, scar on right hand between thumb and fore finger, colour Black, or brown 5 ft 3½ inches high

No. 2

$600 Richmond 15th May 1848

Received from Benjn. G Weir & Jas. E Watts, commissioners of the Southern Rail Road of the State of Mississippi, Six hundred dollars, being in full for the purchase of one negro Slave named Scipio, the right and title of said slave, I warrant and defend against the claims of all persons whatsoever, and likewise warrant him, sound and healthy, as witness my hand and seal

James G Brooks

Remarks, Scipio 22 years old Bacon colour no marks 5 ft. 2½ inches high

Fonte: Livro-razão da Southern Railroad, Compras de 1848, Natchez Trace Slaves and Slavery Collection, #2E775, Dolph Briscoe Center for American History, Universidade do Texas, em Austin.

22 anos — "sem sinais particulares" e com 1,60 metro de altura. Outras escravas, como Nancy, Adaline, Lucy Ann, Jane e Eliza, também foram vendidas à Southern Railroad Company. Alguns eram vendidos aos pares, como Carolina e Harriett, ou Juliet Ann e Henry, que eram mãe e filho.[1] Por três meses, donos de escravos da Virgínia venderam escravos selecionados para a companhia para limpar o terreno, nivelar, assentar trilhos, cozinhar, lavar e servir à florescente indústria ferroviária. Esse comércio de trabalhadores continuou durante a Guerra Civil e também depois, quando os libertos continuaram a procurar trabalho remunerado.[2]

Por que interessa saber que as empresas ferroviárias americanas eram donas de escravos? E, mais importante, o que isso tem a ver com *O capital no século XXI*, de Thomas Piketty? As respostas a essas perguntas se fundamentam em definições.

Definindo o capital

A definição de Piketty de capital é ao mesmo tempo inclusiva e exclusiva. Embora identifique três formas — bens imóveis, financeiros e profissionais —, ele também menciona capital humano e escravo sem definir este último. A definição inclusiva de capital "como a soma total de bens não humanos que podem ser possuídos e comercializados em algum mercado" omite literalmente os escravos. Piketty deixa-os de lado e diz ao leitor que a propriedade de seres humanos é um caso especial, de que ele tratará mais adiante no livro.

---

1. Livro-razão da Southern Railroad Ledger, compras de 1848, Natchez Trace Slaves and Slavery Collection, n. 2E775, Dolph Briscoe Center for American History, Universidade do Texas em Austin.
2. R. S. Starobin, *Industrial Slavery in the Old South*, Nova York, Oxford University Press, 1970, pp. 221-223; W. G. Thomas, "Been Workin' on the Railroad", *Disunion: New York Times*, 10 fev. 2012. Historiadores da economia e economistas têm publicado estudos sobre trabalho em ferrovias e escravidão e vêm escrevendo sobre esse tópico desde princípios da década de 1960 até os dias atuais. Veja R. Evans Jr., "The Economics of Negro Slavery, 1830-1860", *Aspects of Labor Economics*, Universities-National Bureau for Economic Research, Princeton, NJ, Princeton University Press, 1962, pp. 185-256; R. Fogel, *Railroads and Economic Growth: Essays in Econometric History*, Baltimore, Johns Hopkins University Press, 1964; M. A. Yanochik, B. T. Ewing, M. Thornton, "A New Perspective on Antebellum Slavery: Public Policy and Slave Prices", *Atlantic Economic Journal*, fev. 2006, pp. 330-340.

A discussão sobre escravidão é relegada a sete páginas do trabalho de Piketty. Em sua opinião, o capital escravo era um componente do capital privado e, por conseguinte, é impossível fazer uma discussão abrangente sobre ele. Além disso, ele deixa de explicar o uso público do trabalho escravo.

Por meio de uma série de questões, Piketty leva o leitor a um conjunto de definições que abrangem "formas" de capital e também a maneira como o capital "mudou ao longo do tempo".[3] A primeira forma, o capital humano — definido como "uma força de trabalho, capacidade e talento individuais" —, Piketty afirma claramente que "sempre a exclui" de seu livro, com exceção de uma breve discussão na subseção "Novo Mundo e Velho Mundo: o peso da escravidão".[4] A segunda forma de capital definida por Piketty, a propriedade imobiliária, engloba edifícios residenciais e terra. As duas modalidades seguintes, capital financeiro e capital profissional, incluem "fábricas, infraestrutura, maquinaria, patentes, etc." e são "usadas por empresas e órgãos do governo".[5] Dadas essas definições, Piketty elimina de seu texto os termos escravidão e capital escravo. Não obstante, essa visão superficial da instituição como um todo, e dos escravos em particular, constitui uma grande lacuna em sua tese. Os escravos produziram capital financeiro que circulou em mercados transnacionais através de empresas e órgãos governamentais que utilizaram seu trabalho.

O livro de Piketty é o mais extraordinário estudo do capitalismo deste milênio. Ele é denso, mas escrito em uma linguagem acessível. Sua tese fundamental pode ser sintetizada em uma frase curta: o capital investido aumentará mais rápido do que a renda, tornando os ricos mais ricos. Explorando a história da desigualdade de renda na Grã-Bretanha, na França e nos Estados Unidos, ele observa importantes mudanças ao longo do tempo, que na maioria dos casos são atribuídas a guerras, avanços tecnológicos, investimentos, e assim por diante. O apêndice técnico on-line do livro oferece uma análise mais sofisticada para economistas, cientistas políticos ou interlocutores interessados em tabelas, gráficos e interpretações mais completas desse material. Dando a notícia de que o 1% do ápice da pirâmide está em uma trajetória ascendente que aumentará o fosso entre eles e os restantes 99%, Piketty anuncia também que ainda há

3. T. Piketty, *Capital in the Twenty-First Century*, trad. Arthur Goldhammer, Cambridge, MA, Belknap Press of Harvard University Press, 2014, p. 46.

4. Ibidem, citação da p. 46, discussão nas pp. 158-163.

5. Ibidem, p. 46.

esperança para aqueles que seguem o movimento Occupy Wall Street. Ele apresenta um plano de redistribuição para diminuir a distância entre a elite endinheirada, a classe média e os pobres.

Este capítulo focaliza os escravos como um capital humano literal que se infiltrou nos próprios espaços dos quais Piketty os exclui. Dando destaque especial às duas últimas categorias do capital profissional e financeiro através de uma exploração por parte de governos e de empresas privadas, afirmo que Piketty subestima enormemente aspectos fundamentais da economia mundial. Em termos mais simples, ele escreveu um livro sobre a economia usando definições de capital que excluem a escravidão da equação, e ignora o fato de que o tráfico de escravos e o trabalho escravo estiveram na base das economias ocidentais desde o século XV até o século XIX. Os países mais importantes da Europa participaram da compra e venda de mercadoria humana. O 1% do período colonial e do pré-guerra se tornou rico pela exploração do trabalho escravo — uma dinâmica de acumulação de capital muito diferente dos modelos anódinos de Piketty, nos quais poupança e acumulação passivas simplesmente aumentam mais rápido do que a renda obtida pelo trabalho. As provas que temos de que empresas públicas e privadas foram construídas e mantidas *com base* no trabalho escravo nos impedem de contar a história do capital sem levá-lo em consideração. Primeiro, porém, devemos começar com uma definição funcional do capital escravo.

Como especialista no tema da escravidão, minha tendência é definir capital escravo como o valor total (em dólares) que qualquer proprietário de escravos (grande ou pequeno) atribuiu aos corpos dos escravos. Ele podia se refletir no montante de dinheiro inventariado em avaliação de propriedades fundiárias, tornado acessível através da legitimação de testamento quando da morte de um proprietário de escravos, coletado anualmente em forma de tributos, calculado periodicamente em hipotecas, às vezes transferido por escritura à guisa de presentes, assegurado estrategicamente em determinadas políticas, ou determinado postumamente em autópsias. Por meio dessas formas de documentação enumerativa, os valores eram definidos com base em uma vasta gama de variáveis (inclusive idade, sexo, habilidade e temperamento). Cada escravo tinha um valor passível de ser calculado e totalizado para determinar o patrimônio líquido em mercadoria humana. Da mesma forma, o capital escravo é também representado no lucro que os proprietários de escravos obtinham dos bens produzidos pelos escravos, menos o custo de manutenção deles.

$$\text{Capital escravo} = \text{valor em corpos} + \text{rendimento produtivo de corpos} - \text{custo (de manutenção dos corpos)}$$

Nas sociedades do Novo Mundo baseadas em *plantations*, o trabalho escravo e os escravos construíam a riqueza pública e privada de uma população composta por uma certa elite. Algumas dessas famílias de elite foram identificadas e desmascaradas por movimentos de sua época e pela legislação, para revelar vínculos de empresas públicas e privadas com a escravidão. No verão de 2015, a University College London e a BBC transmitiram um documentário em duas partes intitulado *Britain's Forgotten Slave-Owners* e lançaram um website, "Legacies of British Slave-Ownership", que traz um levantamento dos vinte milhões de libras transferidos pelo governo britânico para indenizar proprietários de escravos pela perda de capital escravo depois da abolição.[6] Essa denúncia dá prosseguimento aos esforços que estão sendo feitos pela Caribbean Community, formalmente conhecida como Comunidade Caribenha e Mercado Comum (Caricom), que se empenha em promover conversações entre nações europeias outrora escravagistas, visando negociar compensações para "os efeitos, ainda hoje remanescentes, desses crimes".[7] Uma pesquisa sobre as consequências econômicas de longo prazo do capital escravo também se fez em escalas menores e mais individuais. Alguns estados e governos municipais dos Estados Unidos começaram a combater políticas de seguros da época da escravidão que ainda hoje têm um peso fiscal. Por exemplo, em 2000, o poder legislativo da Califórnia aprovou a Lei 2.199, "Apólices de Seguros da Época da Escravidão", exigindo que as empresas revelem registros de seus arquivos relativos a seguros de escravos. Documentar essa história de acordo com a lei fornece "a primeira prova de lucros ilícitos provindos da escravidão, lucros esses

---

6. Veja a base de dados Legacies of British Slave-Ownership, disponível em: http://www.ucl.ac.uk/lbs/; e "Britain's Forgotten Slave Owners," BBC Media Centre, disponível em: http://www.bbc.co.uk/mediacentre/proginfo/2015/28/britains-forgotten-slave-owners/.

7. Sir Hilary Beckles, historiador da escravidão no Caribe, dirige esse trabalho nas Antilhas. Veja Beckles, *Britain's Black Debt: Reparations for Caribbean Slavery and Native Genocide*, Kingston, University of West Indies Press, 2013. Veja também "Caricom Reparations Commission Press Statement", disponível em: http://caricom.org/jsp/pressreleases/press_releases_2013/pres285_13.jsp.

que proveem dos seguradores cujos sucessores ainda existem nos dias de hoje".[8] São precisamente essas iniciativas — que denunciam as disparidades de riqueza ou que investigam as consequências econômicas da posse de escravos nas finanças públicas e privadas — que motivam políticas no sentido de mudá-las.

Não obstante, quando um grupo de elite de proprietários de apólices de seguros se beneficia de políticas tanto históricas como atuais e as controla, é difícil obrigá-los a fazer mudanças. Piketty prevê que o 1% do topo continuará a aumentar sua riqueza, com pouca motivação para redistribuição. Isso também é válido para a história da escravidão, que tem consequências detectáveis na riqueza individual e institucional. Entender essa história documentada cria uma oportunidade para mudanças políticas a fim de combater a desigualdade.

Os historiadores afirmam que em meados do século XIX "menos de 25% dos sulistas brancos eram donos de escravos".[9] Eles pertenciam à elite da sociedade, muitos dos quais líderes políticos, juízes, médicos e advogados — indivíduos que influenciavam a legislação e mantinham suas posições de poder. Em termos de disparidades e legados históricos, essa estrutura produziu riqueza geracional que prejudicou enormemente as nações envolvidas no tráfico de escravos. Se Piketty tem razão em afirmar que "o retorno para todas as formas de capital é de 5% ao ano" e que o valor do capital escravo nos Estados Unidos de 1770 a 1810 correspondia a um ano e meio da renda nacional, então as estimativas estavam bem abaixo dos valores reais, porque suas definições deixavam de considerar todas as formas de capital escravo que se encontravam em instituições e em empresas.[10] O capital humano na forma de trabalhadores escravos contribuiu para a prosperidade dos negócios públicos e privados, inclusive a da Southern Railroad e da Companhia de Seguros de Vida de Baltimore; universidades públicas e privadas, inclusive a Universidade da Carolina do Norte e a Dartmouth College; além de governos estaduais e municipais. Isso significa que

8. California Department of Insurance, "Slavery Era Insurance Registry", Relatório para a Legislatura da Califórnia, maio 2002. A cidade de Chicago e outros estados, como Maryland, implementaram legislação semelhante.

9. J. Bourne, "Slavery in the United States", EH-Net, disponível em: https://eh.net/encyclopedia/slavery-in-the-united-states/. Veja também R. W. Fogel, S. L. Engerman, *Time on the Cross: The Economics of American Negro Slavery*, 1971; reed. Nova York, W. W. Norton, 1989; S. L. Engerman, R. Sutch, G. Wright, eds., *Slavery: For Historical Statistics of the United Sates Millennial Edition*, Riverside, CA, Center for Social and Economic Policy, 2003, pp. 1-15; e I. Berlin, P. Morgan, *Cultivation and Culture: Labor and the Shaping of the Americas*, Richmond, University Press of Virginia, 1993.

10. T. Piketty, op. cit., p. 162.

a afirmativa de Piketty de que ele "sempre exclui o capital humano" é incorreta. Na verdade, ele (in)diretamente *inclui* o capital humano através de cálculos de riqueza pública gerada a partir de negócios (companhias de seguros), indústrias (ferrovia), patentes (máquina de descaroçar algodão) e governos municipais (barragens, canais, pontes). A omissão do capital escravo gerado nas *plantations* em mãos privadas também me parece problemática; porém, mais do que discutir o capital escravo nas *plantations*, vou contestar diretamente a omissão de Piketty, explorando o valor do capital escravo nos contextos industrial e municipal. Os escravos eram considerados mercadoria, uma forma móvel de verdadeira propriedade. Isso significa que eles eram simultaneamente pessoas e produtos, ou, como o historiador Walter Johnson observa, "uma pessoa com um preço".[11] O capital escravo representava a riqueza gerada por escravos, não obstante o fato de o termo capital humano, segundo Piketty, não se aplicar necessariamente a propriedades pessoais humanas.[12] Para Piketty, o capital escravo e o capital humano nem sempre são intercambiáveis. Entender esse fenômeno é um dos desafios da história, e um desafio ainda maior para aqueles que estão interessados na economia da escravidão.

Historiografia

Desde a virada do século XX, os estudiosos interessados na interseção entre escravidão e economia abordaram esse tópico de diversas maneiras. Alguns se concentraram apenas na rentabilidade, na produtividade dos escravos ou no avanço tecnológico, enquanto outros se preocuparam mais com culturas agrícolas de determinadas áreas, mudanças de mercado ao longo do tempo ou padrões de tráfico de escravos. Essa breve lista não cobre de modo algum todos os interesses temáticos de estudiosos que escrevem sobre a economia escravista, mas dá uma ideia da gama de abordagens analíticas adotadas por economistas interessados na economia da escravidão.

E. B. Du Bois foi um dos primeiros a abrir a discussão sobre escravidão e desenvolvimento econômico. Publicado em 1896, durante um período que

11. W. Johnson, *Soul by Soul: Life in an Antebellum Slave Market*, Cambridge, MA, Harvard University Press, 1999.

12. T. Piketty, op. cit., p. 46.

pode ser considerado um ponto baixo nos estudos de história afro-americana, o trabalho de Du Bois *Suppression of the African Slave Trade to the United States of America* [Supressão do tráfico de escravos africanos para os Estados Unidos da América] era, em grande medida, um estudo de história econômica. Na década de 1890, os afro-americanos sofriam a ação de "justiça pelas próprias mãos", na forma de linchamentos generalizados e discriminação extrema. Du Bois, o primeiro afro-americano a obter um doutorado em História na Universidade Harvard, pesquisou e escreveu sobre a extinção do tráfico de escravos, tópico que ele acreditava estar "tão estreitamente ligado ao [...] sistema escravista americano e a toda a política colonial", que ninguém podia ignorá-lo.[13] Com base em inúmeras fontes, inclusive regulamentos nacionais, estaduais e coloniais, documentos do Congresso, relatórios de associações, relatos pessoais, Du Bois mostrava confiança em suas descobertas, mas reconhecia humildemente a dificuldade que tivera de achar fontes que levassem em conta o "aspecto econômico do estudo".[14] Ainda assim, ele descobriu que por volta de 1700 o tráfico de mercadoria humana se tornara um "axioma inquestionável na verdadeira economia britânica".[15] Concentrando a atenção na transformação dos Estados Unidos, que, de um grupo de colônias, se tornou uma verdadeira nação, Du Bois se apercebeu do momento histórico em que os debates sobre o tráfico podiam levar à sua abolição e à abolição da escravatura. Não obstante, ele conclui, os colonos americanos "preferiram se enriquecer com os lucros dela derivados".[16]

Quase duas décadas depois, o historiador U. B. Phillips publicou o primeiro livro sobre a escravidão nos Estados Unidos. Eivado da linguagem e da terminologia próprias de princípios do século XX, uma época de relações raciais turbulentas, com abundantes linchamentos, segregação e ideais de eugenia, Phillips afirmava claramente que "os escravos eram ao mesmo tempo pessoas e propriedade, e, enquanto mercadoria, constituíam investimentos".[17] Nas páginas seguintes, ele apresentava uma análise econômica da escravidão e da posse de escravos nos Estados Unidos, valendo-se de arquivos de *plantations*, livros de

13. W. E. B. Du Bois, *The Suppression of the African Slave Trade to the United States of America*, Nova York, Longmans, Green and Co., 1896, prefácio.

14. Ibidem.

15. Ibidem, p. 12.

16. Ibidem, p. 196.

17. U. B. Phillips, *American Negro Slavery*, Nova York, D. Appleton e Co., 1918, p. xxiii.

contabilidade, diários, dados censitários e inúmeras outras fontes. Ele explorou temas como gerenciamento de *plantations*, preços de escravos, seguro e escravos que trabalhavam na indústria ferroviária. Phillips criticou também os economistas pelo fato de praticamente passarem ao largo do tema da escravidão — crítica que não é válida nos dias atuais, mas que alguns aplicariam a Piketty.

Como os pesquisadores passaram a se interessar mais pela economia da escravidão, a conversa mudou para capitalismo e escravidão. Em 1944, o historiador caribenho Eric Williams publicou um estudo ainda fundamental para entender a interseção entre escravidão e capitalismo. Como Du Bois, Williams salientou a relação entre o tráfico transatlântico de escravos, a escravidão, o surgimento do capitalismo britânico, a emancipação — mas se concentrou no Caribe.[18] Ele usou arquivos britânicos para resgatar a história da escravidão, afirmando que "a maioria dos autores desse período ignorou" os escravos.[19] Em vez de apagá-los da história, Williams lhes dedicou seu capítulo final, no qual discute as reformas da Índia Ocidental britânica referentes a punição, mobilidade, ensino religioso e regulamentação do trabalho. Esse trabalho fundamental inaugurou o florescente campo de estudos sobre escravidão e capitalismo, o qual se reflete nas discussões históricas atuais.

Até o presente momento, poucos estudos motivaram o mesmo grau de discussão e crítica que *Time on the Cross* [Tempo na cruz], de Robert Fogel e Stanley Engerman. Escrevendo em 1974, quase trinta anos depois de Williams, os dois economistas introduzem a história em bases econométricas para examinar os aspectos quantitativos da escravidão. Valendo-se de fórmulas matemáticas e estatísticas, essa nova abordagem metodológica se popularizou na esteira dos avanços na tecnologia de processamento de dados, na segunda metade da década de 1940. Seguindo os passos dos pesquisadores Alfred Conrad e John Meyer, da Universidade Harvard, Fogel e Engerman procuraram reinterpretar a história da escravidão e fizeram dez proposições cruciais e polêmicas.[20] Eles afirmaram que os escravocratas tomaram decisões eficientes sobre um negócio "altamente lucrativo"; que a escravidão estava florescente às vésperas da Guerra Civil; que a mão de obra do campo fazia um trabalho duro; que se exagerava ao

18. E. Williams, *Capitalism & Slavery*, 1944; reed. Chapel Hill, University of North Carolina Press, 1994, p. xi.

19. Ibidem, p. 197.

20. A. H. Conrad, J. R. Meyer, "The Economics of Slavery in the Antebellum South", *Journal of Political Economy* 66, abr. 1958, pp. 95-130.

falar da procriação dos escravos e da separação das famílias; e que os escravos eram comparáveis aos trabalhadores da indústria em outras partes do mundo. Afirmaram também que os escravos raramente eram chicoteados e eram bem tratados por seus donos. Eles discutiram as taxas de retorno dos investimentos (escravos), calcularam preços e a especulação regional. O uso de quadros e gráficos criou representações eficazes de seu trabalho, ao mesmo tempo que provocou um debate acalorado que continua ainda hoje. A série de dados por eles compilados em sua pesquisa ainda está em circulação e, com efeito, é citada por Piketty em sua apressada discussão sobre a escravidão.

Pesquisas anteriores feitas por Fogel e Engerman constataram que "os escravos estavam envolvidos em praticamente todos os aspectos da vida econômica do Sul".[21] Seu trabalho inaugurou um novo campo de estudos. Alguns poderiam argumentar que o clamor com que o público saudou o trabalho motivou, entre outras coisas, um grande número de estudantes a ir trabalhar com eles na Universidade de Rochester e, mais tarde (Fogel), na Universidade de Chicago. Graças a seu importante trabalho, o campo da história econômica referente à escravidão motivou, nos últimos quarenta anos, centenas de publicações de informações sobre saúde e altura, reprodução, peso das crianças ao nascerem, comércio de escravos domésticos, especialização de culturas agrícolas e escravidão na indústria.[22]

A mudança mais importante nesse campo é o surgimento recente de estudos sobre capitalismo e escravidão. Nos últimos anos, os historiadores vêm escrevendo sobre o impacto da escravidão na economia americana. Para alguns, essa mudança sinaliza uma guinada no estudo da cultura do algodão e da expansão da escravidão no vale do baixo Mississippi. Walter Johnson, da Universidade Harvard, está à frente desses últimos debates. Em *River of Dark Dreams* [Rio

21. Fogel, Engerman, op. cit., p. 39. A literatura sobre a história da África tem vários estudos sobre a economia da escravidão, mas estão fora do escopo deste ensaio. Veja D. Eltis, *The Rise of African Slavery in the Americas*, Cambridge, Cambridge University Press, 2000.

22. Eis alguns dos textos-chave: C. Goldin, *Urban Slavery in the Antebellum South*, Chicago, University of Chicago Press, 1976; R. Ransom, R. Sutch, "Capitalists without Capital: The Burden of Slavery and the Impact of Emancipation", *Agricultural History* 62, verão 1988, pp. 133-160; L. J. Kotlikoff, "The Structure of Slave Prices in New Orleans, 1804 to 1862", *Economic Inquiry* 17, 1979, pp. 496-517; R. Steckel, "Birth Weights and Infant Mortality among American Slaves", *Explorations in Economic History* 23, abr. 1986, pp. 173-198; R. Margo, G. Wright, *The Political Economy of the Cotton South*, Nova York, W. W. Norton, 1978; e J. Pritchett, "Quantitative Estimates of the United States Interregional Slave Trade, 1820-1860", *Journal of Economic History* 61, jun. 2001, pp. 467-475.

de sonhos negros] (2013), ele defende uma tese convincente, em que se levam em conta a escravidão e os escravos, segundo a qual "a história da escravidão, do capitalismo e do imperialismo no vale do Mississippi no século XIX evoluiu a partir da visão de Thomas Jefferson de um 'império da liberdade'".[23] Em vez de atentar para a crescente tendência separatista entre o Norte e o Sul, ele percebeu que os escravocratas do vale do Mississippi entendiam que "a escravidão era fundamental para o futuro econômico do Sul". Portanto, na década de 1850, eles apoiaram as invasões de Cuba e da Nicarágua e insistiram para que se reabrisse o tráfico de escravos às vésperas da Guerra Civil. A visão deles era muito mais global do que os estudiosos precedentes admitiram, o que torna os primeiros trabalhos de Du Bois e Williams ainda mais relevantes.

Johnson se doutorou em Princeton em meados da década de 1990, quando os estudos sobre escravidão proliferavam na forma de microestudos de regiões e das experiências de vida das pessoas. Eterno defensor de meticulosa pesquisa em arquivos, Johnson usa narrativas de escravos (publicadas), discursos políticos, informes sobre rebeliões, legislação, cultura popular e correspondência particular, para contar a história do "capitalismo racial da escravidão", no reino do algodão.

Um punhado de estudiosos interessados em temas correlatos — como a expansão da escravidão no vale do baixo Mississippi, a história do algodão na economia mundial e as nuances do tráfico interno de escravos — também publicou nos últimos anos trabalhos relacionados com imperialismo, escravidão e capitalismo. Dentre eles estão Joshua Rothman, Edward Baptist, Sven Beckert, Calvin Shermerhorn e muitos outros.[24] A tendência a olhar para além das fronteiras dos Estados Unidos é expressa de forma mais clara e impressionante na história do algodão na Ásia, na China, na União Soviética, na Índia, nos Estados Unidos e na Europa, de autoria de Beckert, que recebeu o Prêmio Bancroft da Associação Histórica Americana e foi finalista do Pulitzer. Esse trabalho se seguiu a um congresso, realizado em 2011, organizado por Beckert

23. W. Johnson, *River of Dark Dreams: Slavery and Empire in the Cotton Kingdom*, Cambridge, MA, Harvard University Press, 2013.

24. J. Rothman, *Flush Times and Fever Dreams: The Story of Capitalism and Freedom in the Age of Jackson*, Athens, University of Georgia Press, 2012; E. Baptist, *The Half Has Never Been Told: Slavery and the Making of Modern Capitalism*, Nova York, Basic Books, 2014; S. Beckert, *Empire of Cotton: A Global History*, Nova York, Knopf, 2014; e C. Shermerhorn, *The Business of Slavery and the Rise of American Capitalism, 1815-1860*, New Haven, CT, Yale University Press, 2015.

e Seth Rockman, com o tema "O capitalismo da escravidão", promovido pelas universidades Brown e Harvard. Todos esses estudiosos participaram do congresso, e posteriormente muitos de nós tivemos ensaios publicados na coleção de mesmo título.

O trabalho de Baptist, *A metade que nunca foi contada* [lançado no Brasil em 2019 pela Paz e Terra], causou impacto graças à sua linguagem ousada, uso de narrativas de escravos e denúncia de um sistema que ele afirma ter usado violência para tornar a mercadoria humana mais produtiva. Em uma resenha negativa publicada pela revista *The Economist*, um resenhista anônimo criticou Baptist por não ter escrito "uma história objetiva da escravidão", visto que "quase todos os negros de seu livro são vítimas, e quase todos os brancos, canalhas".[25] A resenha, por si só, e o fato de ter sido publicada sob anonimato, fizeram que muitos questionassem a ética dessa revista tão respeitada. Depois de uma rodada de críticas e de uma resposta mordaz de Baptist, o editor publicou um pedido de desculpas.[26]

Mas por que tantos se sentiram ofendidos com esse livro? Em que ele era diferente dos outros? Primeiro, Baptist fez afirmações ousadas baseadas nas vozes dos escravos. Ele afirmou que "migração forçada e tortura" eram as armas usadas para aumentar a produtividade dos escravos nos "campos de trabalho" (termo que ele usava em lugar de "*plantations*"), e não avanços tecnológicos e diversificação das culturas agrícolas.[27] Ele se baseou na coletânea de entrevistas da Works Progress Administration com ex-escravos, a que muitos não dão crédito, devido ao método de seleção. Essas entrevistas foram realizadas na década de 1930, principalmente por entrevistadores brancos, e os críticos afirmam que elas apresentam lembranças muito tendenciosas e questionáveis, expressas em um dialeto difícil de entender. Mas aqueles que as usam (eu inclusive) reconhecem o valor de fontes que dão o ponto de vista dos escravos, mesmo admitindo ser necessário contextualizá-las. Não se trata

25. "Blood Cotton", *The Economist*, 4 set. 2014.

26. Veja nota do editor, "Our Withdrawn Review 'Blood Cotton'", *The Economist*, 4 set. 2014; E. Baptist, "What *The Economist* Doesn't Get About Slavery — and My Book", *Politico*, 7 set. 2014.

27. Alan Olmstead e Paul Rhode estudaram a produtividade do algodão e afirmam que a colheita do algodão mudou, da mesma forma que a inovação tecnológica representada pela máquina de descaroçar e por outros instrumentos usados na produção. Veja A. L. Olmstead, e P. W. Rhode, "Biological Innovation and Productivity Growth in the Antebellum Cotton Economy", *Journal of Economic History* 68, dez. 2008, pp. 1123-1171.

de uma polêmica inédita, e não deve ser abordada de um ponto de vista racial. Essa outra metade da história, a visão dos escravos em suas próprias palavras, em seus próprios testemunhos, não foi apresentada na mesma medida em que foi a história da escravidão do ponto de vista privilegiado dos escravocratas, por meio de correspondências, registros contábeis, inventários — documentos raramente questionados e quase sempre aceitos por seu valor de face.

Além do uso de narrativas de escravos, Baptist obriga os leitores a olhar para os seus corpos. O livro se organiza em torno de partes do corpo: pés, cabeça, mão direita, mão esquerda, língua, respiração, sêmen, sangue, costas e braços. Ele cobre uma vasta história com uma prosa narrativa que os economistas criticaram em uma rodada de debates promovida pelo *Journal of Economic History*. Essas críticas são muito mais específicas do que a referida antes, e muitas refutam sua interpretação do aumento da cota de colheita de algodão por escravo. Alain Olmstead afirma que Baptist tem uma "atitude hostil à economia e aos economistas". Outro participante alega que Baptist não apresenta seus dados de forma transparente. A opinião geral dos quatro críticos é a de que o livro não atinge seus objetivos. Exatamente como na polêmica em torno do estudo controverso de Fogel e Engerman na década de 1970, a obra de Baptist continuará a gerar debates sobre escravidão e o desenvolvimento do capitalismo americano.

Os economistas têm escrito sobre a economia da escravidão desde fins da década de 1950. Seu estudo minucioso com base em uma série de dados lhes permite analisar aspectos específicos de trabalho, produção, mercados e precificação. Muitos desses pesquisadores escrevem sobre preços de escravos seguindo os passos de Phillips. Eles elaboram índices de preços e estimam valores ao longo do tempo e no espaço. Todo o trabalho deles é sobre homens jovens.[28]

Apesar dos novos trabalhos de historiadores e da vasta literatura de economistas, as mulheres estão ausentes ou são vitimizadas em excesso nos estudos sobre economia da escravidão e capitalismo. Trata-se de um padrão de omissão bastante revelador, dado que a lei colonial definia a escravidão através dos corpos das mulheres, isto é, os filhos das escravas herdavam seu status.

28. H. Freudenberger, J. B. Pritchett, "The Domestic United States Slave Trade: New Evidence", *Journal of Interdisciplinary History* 21, n. 3, 1991, pp. 447-477; Freudenberger, Pritchett, "A Peculiar Sample: The Selection of Slaves for the New Orleans Market", *Journal of Economic History* 52, mar. 1992, pp. 109-127; Kotlikoff, op. cit.; B. Greenwald, R. Glasspiegel, "Adverse Selection in the Market for Slaves: New Orleans, 1830-1860", *Quarterly Journal of Economics*, 98, n. 3, 1989.

Os africanistas e alguns economistas notaram mudanças demográficas no número de mulheres importadas, e um pesquisador observou mudanças nos preços à época da proibição do tráfico transatlântico de escravos, mas o papel das mulheres e as experiências com capitalismo e comodificação merecem mais atenção. Piketty só fala das mulheres em uma frase parentética sobre o crescimento natural. Johnson e Baptist analisam sua vitimização, mas nenhum dos pesquisadores citados trata do papel das mulheres em uma economia de mercado como vendedoras ambulantes, donas de tabernas, proprietárias de escravos, lavadeiras e cafetinas. Sabemos que as escravas sofreram exploração sexual, pelo que se vê em suas narrativas e pelo trabalho de historiadoras como Deborah Gray White, Darlene Clark Hine, Brenda E. Stevenson, Wilma King e Thelma Jennings. Apesar disso, desde o momento da captura, as escravas passavam a ter um papel ativo nos mercados de escravos como bens comodificados e como atores trazendo seu contributo como ser humano. Sabemos, pelo trabalho de Stephanie Smallwood, Marcus Rediker e Sowande Mustakeem, que as escravas a bordo de navios negreiros lideravam e participavam de rebeliões, davam à luz, manipulavam membros da tripulação, conseguiam se demorar no convés e assumiam as próprias vidas como atos de desafio a sua escravização.[29]

O livro de Jennifer L. Morgan *Accounting for Women in Slavery: Race and Numeracy in the Early English Atlantic* [Contabilizando mulheres na escravidão: raça e numeracia no antigo Atlântico inglês], ainda no prelo, promete mostrar que as mulheres não apenas estavam presentes, mas também que suas experiências e conhecimentos contribuíram para a história da escravidão e do capitalismo. Partindo da costa da África Ocidental, Morgan recupera o destino das mulheres como protagonistas dessa história e não as relega a um papel de vítimas. Tomando como base experiências nos navios na Passagem do Meio, Morgan reescreve a história do tráfico de escravos de uma maneira que haverá de mudar a concepção que os pesquisadores têm de gênero e economia no Novo Mundo.

Meu livro *The Price for Their Pound of Flesh: The Value of the Enslaved, from Womb to the Grave, in the Building of a Nation* [O preço por sua libra de carne:

29. Sowande' Mustakeem, "'She Must Go Overboard & Shall Go Overboard': Diseased Bodies and the Spectacle of Murder at Sea", *Atlantic Studies* 8, n. 3, outono 2011, pp. 301-316; Mustakeem, "'I Never Have Such a Sickly Ship Before': Diet, Disease, and Mortality in 18th-Century Atlantic Slaving Voyages", *Journal of African American History* 93, outono 2008, pp. 474-496; M. Rediker, *The Slave Ship: A Human History*, Nova York, Viking Books, 2007; e S. Smallwood, *Saltwater Slavery: A Middle Passage from Africa to American Diaspora*, Cambridge, MA, Harvard University Press, 2007.

o valor do escravizado, do ventre ao túmulo, na construção de uma nação], trata dos aspectos de gênero do capital escravo nos Estados Unidos e do nascimento à morte. Como Morgan e Smallwood, reconheço as particularidades da comodificação sofrida pelas mulheres como únicas provedoras de "fontes adicionais de trabalho". Eu, da mesma forma que Baptist, sou favorável ao uso das narrativas de escravos e dos documentos dos escravagistas. Não obstante, as considerações que se seguem, isto é, o que penso de Piketty, se concentram apenas nas formas públicas de capital — uma perspectiva diferente da dos estudos publicados atualmente sobre economias baseadas na monocultura do algodão.

Até recentemente, parecia haver uma barreira disciplinar entre os historiadores e os economistas e, do meu ponto de vista, não fizemos grande coisa para promover esse diálogo. Sempre chegamos a conclusões divergentes no que tange à metodologia e à razão do crescimento econômico ao longo do tempo. Ainda assim, nos últimos vinte anos mais ou menos, os economistas e os historiadores partilharam a mesa de debates em painéis promovidos por suas respectivas áreas. Participamos de encontros anuais que reuniam pesquisadores de ambas as disciplinas, comentamos e discutimos os trabalhos uns dos outros em jornais e livros. Considerando os primeiros estudos sobre a economia da escravidão e o crescente número de trabalhos sobre escravidão e capitalismo que se fazem atualmente, fica claro que estamos em uma nova era de discussões interdisciplinares; já não era sem tempo.

A escravidão no capital profissional e financeiro

Com frequência, encontravam-se escravas e escravos trabalhando em áreas urbanas em todo o Sul, inclusive Baltimore; Charleston, Carolina do Sul; Mobile, Alabama; Natchez, Mississippi; e Nova Orleans.[30] Eles trabalhavam

30. Veja S. Rothman, *Scraping By: Wage Labor, Slavery and Survival in Early Baltimore*, Filadélfia, University of Pennsylvania Press, 2009; J. Millward, *Finding Charity's Folk: Enslaved and Free Black Women in Maryland*, Athens, University of Georgia Press, 2015; W. King, *The Essence of Liberty: Free Black Women during the Era of Slavery*, Columbia, University of Missouri Press, 2006; A. C. Myers, *Forging Freedom: Black Women and the Pursuit of Liberty in Antebellum Charleston*, Chapel Hill, University of North Carolina Press, 2011; J. Schafer, *Slavery, the Civil Law, and the Supreme Court of Louisiana*, Baton Rouge, Louisiana State University Press, 1997; e L. Harris, D. R. Berry, *Slavery and Freedom in Savannah*, Athens, University of Georgia Press, 2014.

em estaleiros, fábricas de tijolos e açougues, e negociavam produtos nos mercados municipais (Figura 6.2). As mulheres trabalhavam como lavadeiras e como atendentes em tabernas, cuidavam da limpeza de edifícios públicos, universidades, centros médicos, juntamente com escravos "faxineiros". Os escravos também "faziam trabalhos de nivelamento de terrenos, pavimentação, limpeza de ruas, construção de pontes, coleta de lixo, abertura de canais e vazadouros", constituindo a coluna dorsal das obras municipais.[31] Os jornais da época da colônia e do período pré-guerra dão muitas provas de trabalho de escravos em espaços urbanos. Publicavam-se anúncios oferecendo às mulheres empregos de babás, lavadeiras, costureiras e oleiras.

Usando-se a definição de capital escravo esboçada anteriormente, vê-se que Piketty não se deu conta de que o capital humano permeava os ambientes profissionais e financeiros, sobretudo as obras públicas de municípios e estados. Nós sabemos que, assim como os 82 escravos comprados pela Southern Railroad na primavera e no verão de 1848, muito antes disso os escravos trabalhavam em fábricas, estaleiros, cemitérios e outros espaços públicos. Seu trabalho contribuiu para uma série de obras públicas, principalmente pontes, barragens, canais e inúmeras empresas industriais.

Figura 6.2: Anúncios para trabalho em ferrovias e outras modalidades de trabalho aparecem em jornais do pré-guerra, como este que promete salários compensadores e bom tratamento

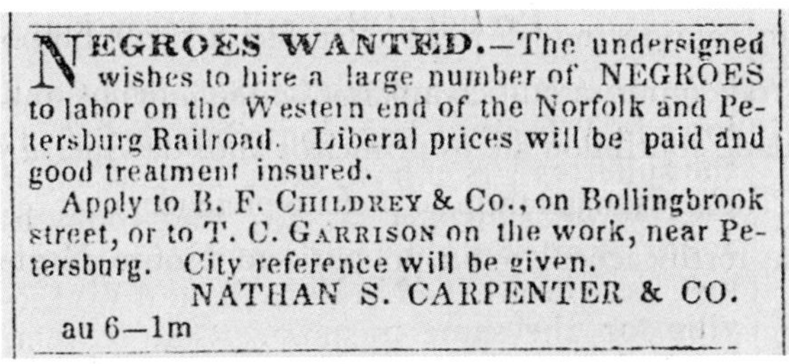

NEGROES WANTED.—The undersigned wishes to hire a large number of NEGROES to labor on the Western end of the Norfolk and Petersburg Railroad. Liberal prices will be paid and good treatment insured.
Apply to B. F. Childrey & Co., on Bollingbrook street, or to T. C. Garrison on the work, near Petersburg. City reference will be given.
NATHAN S. CARPENTER & CO.
au 6—1m

Tradução: PROCURAM-SE NEGROS — O abaixo-assinado deseja contratar grande número de NEGROS para trabalharem no extremo oeste da Norfolk and Petersburg Railroad. Garantimos bons salários e bom tratamento. Os interessados devem procurar B.F. CHILDEY & CO., na rua Bolliongbrook, ou T.C. GARRISON no trabalho, próximo a Petersburg. Serão fornecidas referências da cidade. NATHAN S. CARPENTER & CO., 6 de agosto, 13 horas.

Fonte: *Petersburg Daily Express*, 3 set. 1855, p.3.

31. R. Wade, *Slavery in the Cities: The South, 1820-1860*, Nova York, Oxford University Press, 1964, p. 44.

Em 19 de março de 1815, o juiz Andrews, do condado de Concórdia, na Louisiana, deu ordens para que a cidade requisitasse todos "os negros aptos [...] para a barragem do distrito", para auxiliar no trabalho de "completar as bordas o mais rápido possível", visando enfrentar a "rápida cheia do rio" (Figura 6.3).[32] É evidente que os escravos trabalhavam na construção e no reforço da barragem. Mandá-los para ajudar em um momento de crise indica que eles tinham experiência nesse tipo de trabalho. Indica também que não era incomum "negros aptos" trabalharem para governos municipais. O fato de os negros trabalharem nessa empreitada confirma que o capital profissional e financeiro se constituía também de mercadoria humana, indivíduos que Piketty não leva em conta em seus cálculos. Não obstante, essas são formas de capital que ele incorpora, sem reconhecê-las.

Alguns governos municipais também se valiam do capital escravo. O município de Savannah usava escravos em muitos departamentos. Já no verão de 1790, por exemplo, a Câmara Municipal de Savannah determinou que "todos os escravos com idade entre dezesseis e sessenta anos, pertencentes ou não ao município", são chamados a "trabalhar & limpar as ruas [...] de ervas daninhas e outros estorvos [*sic*]".[33] Delegados e chefes de polícia da cidade atuavam como feitores improvisados, supervisionando esse grupo de trabalhadores. Vinte anos depois, os registros indicam que havia 51 homens nascidos na África, "saudáveis e atléticos", que o prefeito requisitou para trabalhar sob as ordens do sr. William Richardson. É provável que se tratasse de escravos africanos trazidos ilegalmente, considerando-se a época (agosto de 1820). Embora fosse ilegal participar do tráfico transatlântico a partir de 1808, temos muitas provas de que essa atividade continuou até os primeiros anos da Guerra Civil.[34] É evidente que o sr. Richardson garantiu ao prefeito pretender usar "esses africanos" para "nivelar as fortificações", o que pouparia ao tesouro do município cerca

32. "Request for Slaves to Build Levee during Flood", Concordia Parish, LA, mar. 1815, Slaves and Slavery Collection, Mss. 2E777, n. 3, Dolph Briscoe Center for American History, University of Texas at Austin.

33. Atas da Câmara Municipal de Savannah, "Municipal Slavery", website do município de Savannah, disponível em: http://savannahga.gov/slavery.

34. Ibid., 14 ago. 1820, disponível em: http://savannahga.gov/slavery. Para o fim do tráfico de escravos, veja Du Bois, *Suppression*, e também E. Calonis, *The Wanderer: The Last American Slave Ship and the Conspiracy That Set Its Sails*, Nova York, St. Martin's Press, 2006; S. Diouf, *Dreams of Africa in Alabama: The Slave Ship Clotilda and the Story of the Last Africans Brought to America*, Nova York, Oxford University Press, 2007; e Ernest O. Starks, *Footbooters and Smugglers: The Foreign Slave Trade in the United States after 1808*, Fayetteville, University of Arkansas Press, 2007.

Figura 6.3: Ordem do tribunal para trabalho na barragem de Concórdia Parish, Louisiana, 1815

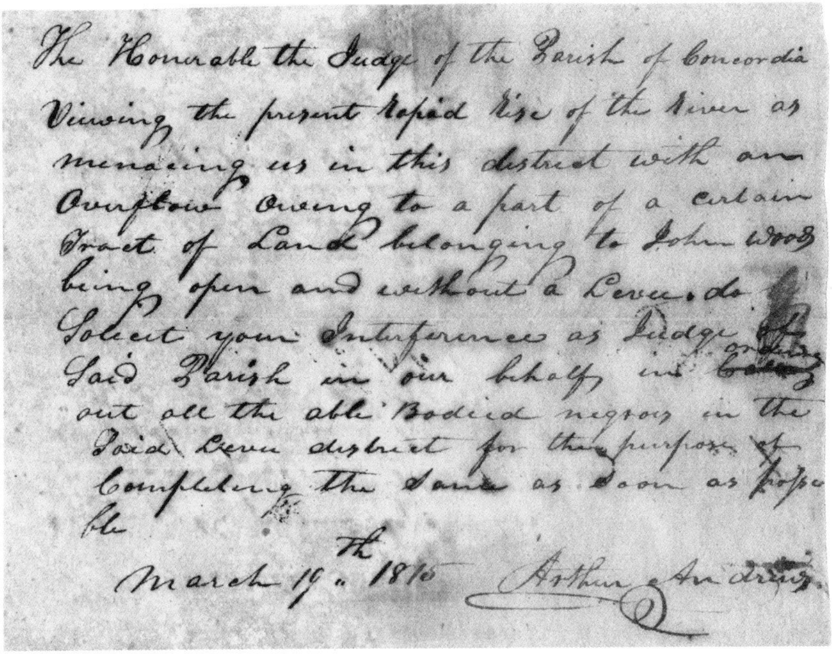
The Honorable the Judge of the Parish of Concordia
Viewing the present Rapid Rise of the River as
menacing us in this district with an
Overflow Owing to a part of a certain
Tract of Land belonging to John Woods
being open and without a Levee do
Solicit your Interference as Judge of
Said Parish in our behalf in ordering
out all the able Bodied negros in the
Said Levee district for the purpose of
Completing the Same as soon as possi-
ble
March 19th 1815 Arthur Andrews

Fonte: Natchez Trace Slaves and Slavery Collection, MS #2E77, Dolph Briscoe Center for American History, Universidade do Texas, Austin.

de quatro mil dólares. O custo-benefício superava os riscos de usar escravos africanos legais ou ilegais, e a Câmara Municipal concedia aprovação provisória, à condição de que o prefeito "supervisionasse o trabalho".[35] Essas práticas confirmam que os órgãos do governo em cidades como Savannah (Figura 6.4) com frequência utilizavam o capital escravo, ainda que tivessem proibido a escravidão nos vinte primeiros anos da colonização.

Além de contribuírem para o capital público, os escravos eram também adquiridos pelos governos municipais. Em fevereiro de 1831, um vereador recebeu permissão, em nome do Comitê de Ruas e Estradas, de autorizar "a compra de dois negros saudáveis para uso do município". Eles iriam trabalhar em estradas e pontes no "extremo oeste do município". Quem quer que tenha dúvidas sobre essa prática de comprar escravos para trabalharem para o município pode

35. Atas da Câmara Municipal de Savannah, 14 ago. 1820, disponível em: http://savannahga.gov/slavery.

FIGURA 6.4: "Vista de Savannah tal como era em 29 de março de 1734", de Peter Gordon

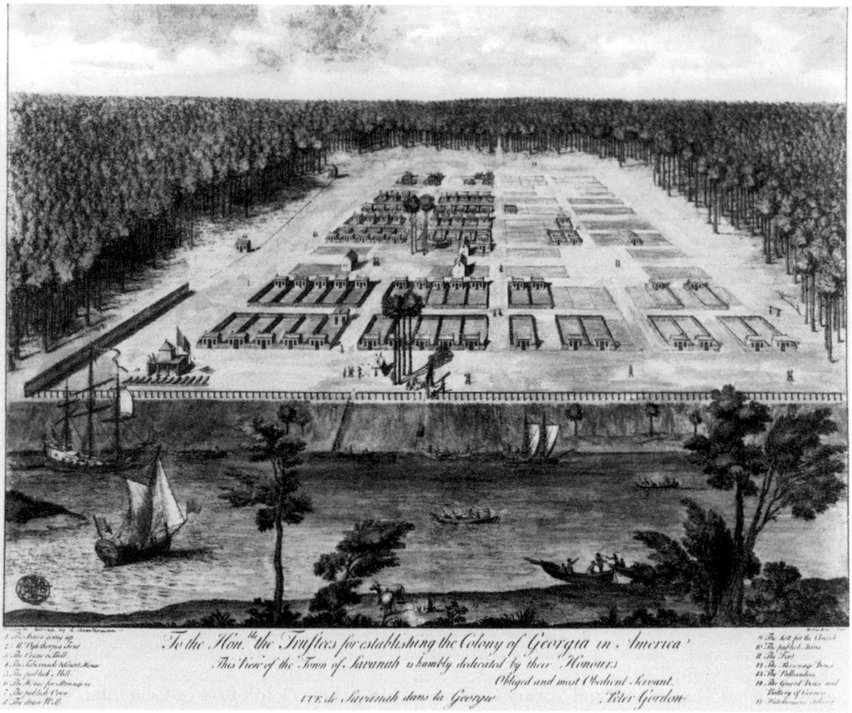

Fonte: Cortesia da Georgia Historical Society, MS—1361— MP—001.

encontrar provas nas justificativas financeiras apresentadas. Era "do interesse do município" que "se usasse toda economia e se explorassem todos os meios".[36] Onze anos depois, a prática continuava. Dessa vez, o município concordou em "comprar um número suficiente de negros aptos", desde que não tivesse de pagar mais de 250 dólares "por cada negro". É de se perguntar a razão do preço máximo, principalmente se se considera que o valor de escravos àquela época seria muito mais alto do que 250 dólares, ainda mais que o município queria homens na força da idade, dos quinze aos trinta anos.[37]

Usar trabalho escravo representava uma economia para os municípios. Algumas cidades, como Nova Orleans, alugavam escravos por uma diária

36. Ibidem, 24 fev. 1831.

37. Ibidem, 1 jun. 1842. Para o valor dos trabalhadores escravos, veja D. R. Berry, *The Price for Their Pound of Flesh: The Value of the Enslaved from the Womb to the Grave in the Building of a Nation*, Boston, Beacon Press, 2017.

modesta de 25 a 50 centavos. Muitos escravos presidiários eram postos para trabalhar durante o cumprimento da pena. Essas práticas funcionavam tão bem que a cidade de Crescent pagava mais de trinta mil dólares anualmente por esse tipo de trabalho.[38] Escravos mecânicos trabalhavam em "indústrias do setor secundário, inclusive em fábricas de máquinas descaroçadoras de algodão, indústria de calçados, curtumes e máquinas impressoras dos jornais da cidade". Uma fábrica de tijolos de Nova Orleans tinha cem escravos, e outra similar em Biloxi Bay tinha "116 escravos e 37 escravas" que produziam "dez milhões de tijolos por ano".[39] Esses números indicam que o rendimento do capital escravo usado pelo poder público superava em muito o custo, e que os funcionários do governo mantinham acurados lançamentos contábeis para certificar a produção lucrativa.

Na década de 1850, um membro do Legislativo do condado de Adams, Mississippi, requisitou escravas e escravos para trabalharem na construção de uma estrada. A família Ashford, por exemplo, enviou entre doze e 64 homens e mulheres, a cada verão, entre 1850 e 1856, para trabalharem na estrada (Figura 6.5). J. P. Ashford assinou um documento declarando que todos os cativos "aptos" contribuíram:

> Juro solenemente por tudo que me é mais sagrado que a relação acima é uma lista verdadeira e acurada dos nomes e do número de escravos que possuo em minha propriedade J. P. Ashford, responsável pela construção da estrada de acordo com a lei do condado de Adams, Mississippi.[40]

Em 6 de maio de 1850, Ashford enviou um grupo de homens e mulheres, em número ligeiramente desproporcional (29 mulheres e 35 homens). É possível que alguns fossem marido e mulher, mãe e filho ou ainda pai e filha, como indicam sobrenomes como Mary e John Jackson, Bob e Mary Smith. No curso de seis anos, as pessoas que trabalhavam para o condado eram praticamente as mesmas, mas a cada ano os números flutuavam, e às vezes se reduziam de

38. Wade, op. cit., p. 45.

39. R. S. Starobin, *Industrial Slavery in the Old South*, Nova York, Oxford University Press, 1970, pp. 18-19.

40. "Slaves Subject to Road Duty", Slaves and Slavery Records, Mss. 2E777, Natchez Trace Collection, Dolph Briscoe Center for American History, University of Texas em Austin, Ashford Family, pp. 5, 407, 410, 480 e 481.

modo drástico. Nos verões de 1855 e 1856, apenas doze dos escravos de Ashford trabalharam nas estradas, e entre estes havia mulheres: quatro em 1855 e três em 1856. Martha, Phillis, Ellen e Louise começaram a trabalhar em 13 de junho, e todas, exceto Martha, voltaram um ano depois, em 18 de julho. Esses padrões de trabalho indicam um ciclo rotineiro de escravos em obras públicas. Eles indicam, também, o equívoco que é associar sempre o capital escravo ao trabalho nas *plantations*. O trabalho temporário para um governo local, realizado por escravos, é mais uma prova de que o capital humano contribuiu para várias economias.

Como já se disse, além de comprarem escravos, os municípios também os contratavam (outro termo para alugar). Alugar escravos representava uma forma econômica de usar trabalho escravo por contratos com prazo determinado.[41] Em agosto de 1842, o Departamento de Ruas e Estradas de Savannah alugou "onze negros", três dos quais de propriedade do município, "ao custo de 125 dólares por ano". Mas eles solicitaram permissão para vender um dos que pertenciam ao município porque ele "vinha se comportando tão mal nas duas últimas semanas" que se temia que fosse fugir. Eles o puseram na cadeia e recomendaram à Câmara Municipal a venda "desse rapaz tão logo se consiga a soma correspondente ao preço pago por ele". Aqueles funcionários públicos estavam visivelmente preocupados com o impacto fiscal desse caso, e garantiram aos membros da Câmara Municipal que só iriam proceder à venda quando fosse possível devolver ao erário o preço pago pelo trabalhador recalcitrante. Cinco dias depois, o delegado de polícia da cidade relatou "a venda, na terça-feira passada, do negro London, propriedade da Empresa, por 252,50 dólares".[42] Não há como confirmar se London era o indivíduo referido no apontamento anterior, mas a data dessa anotação torna a hipótese plausível.

Negros escravos (e libertos) tinham de usar crachás que indicassem sua condição de trabalhadores legais, na cidade de Savannah, como "açougueiros, carpinteiros, pedreiros, tanoeiros e carregadores". Em meados do século XIX, outras povoações e cidades usaram trabalhadores da área sanitária para formar

---

41. Veja J. Martin, *Divided Mastery: Slave Hiring in the American South*, Cambridge, MA, Harvard University Press, 2004; J. J. Zaborney, *Slaves for Hire: Renting Enslaved Laborers in Antebellum Virginia*, Baton Rouge, Louisiana State University Press, 2012. Para o trabalho de negros recém-alforriados em espaços urbanos, J. H. Dorsey, *Hirelings: African American Workers and Free Labor in Maryland*, Ithaca, NY, Cornell University Press, 2011.

42. Atas da Câmara Municipal de Savannah, 25 e 30 ago. 1842.

FIGURA 6.5: Uma página do livro-razão com a relação de escravos enviados para o trabalho de construção de rodovia no Mississippi

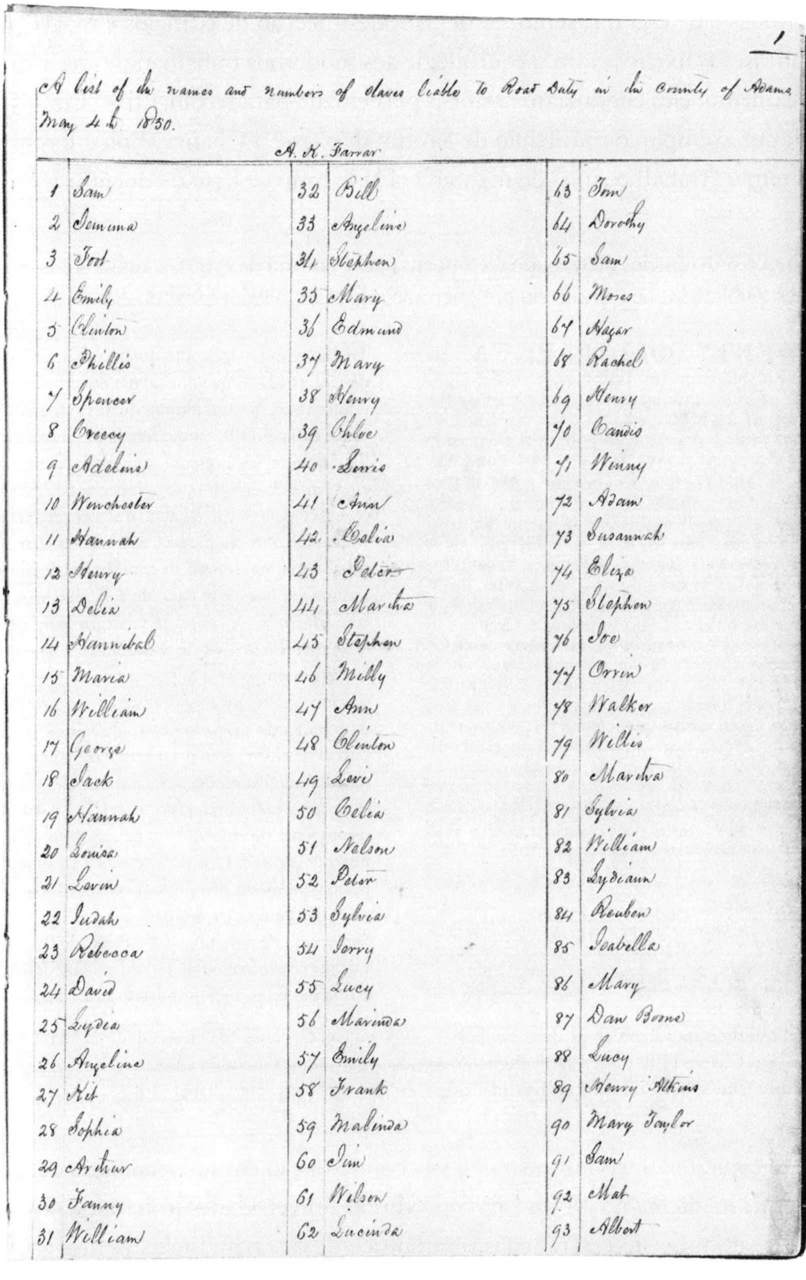

1

A list of the names and numbers of slaves liable to Road duty in the County of Adams May 4th 1850.

A. K. Farrar

1	Sam	32	Bill	63	Tom
2	Jemima	33	Angeline	64	Dorothy
3	Toot	34	Stephen	65	Sam
4	Emily	35	Mary	66	Moses
5	Clinton	36	Edmund	67	Hagar
6	Phillis	37	Mary	68	Rachel
7	Spencer	38	Henry	69	Henry
8	Creecy	39	Chloe	70	Candis
9	Adeline	40	Lewis	71	Winny
10	Winchester	41	Ann	72	Adam
11	Hannah	42	Celia	73	Susannah
12	Henry	43	Peter	74	Eliza
13	Delia	44	Martha	75	Stephen
14	Hannibal	45	Stephen	76	Joe
15	Maria	46	Milly	77	Orrin
16	William	47	Ann	78	Walker
17	George	48	Clinton	79	Willis
18	Jack	49	Levi	80	Martha
19	Hannah	50	Celia	81	Sylvia
20	Louisa	51	Nelson	82	William
21	Levin	52	Peter	83	Lydiann
22	Judah	53	Sylvia	84	Reuben
23	Rebecca	54	Jerry	85	Isabella
24	David	55	Lucy	86	Mary
25	Lydia	56	Marinda	87	Dan Boone
26	Angeline	57	Emily	88	Lucy
27	Kit	58	Frank	89	Henry Atkins
28	Sophia	59	Malinda	90	Mary Taylor
29	Arthur	60	Jim	91	Sam
30	Fanny	61	Wilson	92	Mat
31	William	62	Lucinda	93	Albert

Fonte: Slave and Slavery Records MSS #2E777, Natchez Trace Collection, Dolph Briscoe Center for American History, Universidade do Texas, em Austin.

uma equipe de "lixeiros" que mantivesse os espaços urbanos limpos, evitando, assim, a propagação de doenças. Algumas de suas tarefas eram limpeza de chaminés e de esgotos, remoção de lixo, desinfecção de edifícios e repartições públicas. Os lixeiros eram o equivalente aos modernos trabalhadores na área de saneamento; eles conduziam carroças pela cidade para recolher lixo. Em 1830 e 1831, por exemplo, o município de Savannah pagou a Chance, Bob e Ben para fazerem o "trabalho sujo" de manter a cidade limpa e livre de doenças.

FIGURA 6.6: Anúncios oferecendo recompensa pela captura de escravos fugidos como James, publicados nos jornais do pré-guerra, confirmam o valor fiscal do capital escravo

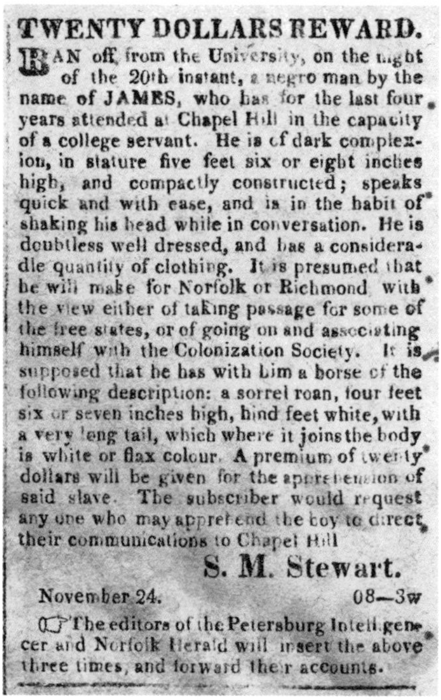

TWENTY DOLLARS REWARD.

RAN off from the University, on the night of the 20th instant, a negro man by the name of JAMES, who has for the last four years attended at Chapel Hill in the capacity of a college servant. He is of dark complexion, in stature five feet six or eight inches high, and compactly constructed; speaks quick and with ease, and is in the habit of shaking his head while in conversation. He is doubtless well dressed, and has a considerable quantity of clothing. It is presumed that he will make for Norfolk or Richmond with the view either of taking passage for some of the free states, or of going on and associating himself with the Colonization Society. It is supposed that he has with him a horse of the following description: a sorrel roan, four feet six or seven inches high, hind feet white, with a very long tail, which where it joins the body is white or flax colour. A premium of twenty dollars will be given for the apprehension of said slave. The subscriber would request any one who may apprehend the boy to direct their communications to Chapel Hill

S. M. Stewart.

November 24. 08—3w

☞The editors of the Petersburg Intelligencer and Norfolk Herald will insert the above three times, and forward their accounts.

Tradução: RECOMPENSA DE VINTE DÓLARES. Fugiu da Universidade, na noite do dia 20, um negro de nome JAMES, que nos últimos quatro anos frequentou a Chapel Hill, na qualidade de funcionário. Ele é de compleição escura, com estatura entre 1,68 e 1,72 m, e de constituição compacta; fala rápido e com facilidade, e tem o hábito de balançar a cabeça enquanto conversa. Ele está, sem dúvida, bem vestido e tem uma quantidade considerável de roupas. Presume-se que ele vá para Norfolk ou Richmond com a intenção de conseguir passagem para algum dos estados livres, ou de continuar e se associar a Colonization Society. Supõe-se que ele tenha consigo um cavalo com a seguinte descrição: um animal de tonalidade castanha, com aproximadamente 1,40 m de altura, com patas traseiras brancas, com uma cauda muito longa, cuja parte que se junta ao corpo é branca ou de cor bege. Será dada uma recompensa de vinte dólares pela apresentação do referido escravo. O assinante solicita a qualquer pessoa que possa prender o menino que encaminhe suas comunicações para Chapel Hill. S.M. Stewart. 24 de novembro. Os editores do Petesburg Intelligencer e do Norfolk Herald irão inserir o texto acima três vezes, e encaminharão suas despesas.

Fonte: Hillsborough Reorder, Hillsborough, NC, 29 nov. 1829, Cortesia da Universidade da Carolina do Norte, em Chapel Hill, Image Collection #P0004, Arquivos fotográficos da Universidade da Carolina do Norte, The Wilson Library, Universidade da Carolina do Norte, em Chapel Hill.

O capital escravo também deu sua contribuição em universidades e faculdades de medicina no Norte e no Sul. Muitas universidades tinham escravos e/ou tiravam proveito do tráfico transatlântico de escravos, inclusive universidades públicas como a da Carolina do Norte, a Universidade da Geórgia, assim como instituições privadas como a Universidade da Virgínia, o Dartmouth

College, a Universidade Harvard e a Universidade Brown. "As academias americanas", segundo o historiador Craig Wilder, "tinham suas bases em economias escravistas do mundo colonial." [43] Os escravos eram tão valorizados que, em novembro de 1829, quando James sumiu da Universidade da Carolina do Norte, em Chapel Hill, a instituição pôs um anúncio no jornal local oferecendo uma recompensa para quem o apreendesse (Figura 6.6). James "teria" fugido da universidade depois de lá ter trabalhado como servente por quatro anos. O anúncio diz que ele tem entre 1,68 e 1,72 metro, pele escura e "facilidade para falar". Talvez por causa de seu status privilegiado de "servente de universidade", James "estava sem dúvida bem vestido e leva consigo boa quantidade de roupas". Quando ele fugiu, levou um cavalo que lhe facilitou a fuga.[44]

Wilson Caldwell também trabalhou na Universidade da Carolina do Norte, em Chapel Hill. Ele e sua mãe serviram de criados para o diretor da universidade. Seu pai foi criado particular do governador Tod Caldwell, da Carolina do Norte. A fotografia da Figura 6.7 é uma excelente representação visual do tipo de roupa que o servente dessa universidade usava, talvez artigos semelhantes aos que James levou consigo quando de sua fuga.

FIGURA 6.7: Foto de Wilson Caldwell (1841-1898), escravo pertencente ao diretor da Universidade da Carolina do Norte em Chapel Hill

Fonte: Cortesia da Universidade da Carolina do Norte em Chapel Hill, Image Collection #P0002, North Carolina Collection Photographic Archives, The Wilson Library, Universidade da Carolina do Norte, em Chapel Hill.

43. C. S. Wilder, *Ebony & Ivy: Race, Slavery, and the Troubled History of America's Universities*, Nova York, Bloomsbury Press, 2013, p. 9.

44. *Hillsborough Recorder*, Hillsborough, NC, Dennis Heartt, 1820-1879, 29 nov. 1829, disponível em: http://dc.lib.unc.edu/cdm/singleitem/collection/vir_museum/id/421.

Usando trajes formais, Wallace foi fotografado com colete, gravata, casaco informal e chapéu. A corrente que se vê em sua cintura parece indicar que ele tinha um relógio, artigo que os escravos das *plantations* não costumavam usar. Wallace e escravas como Kitty, pertencente à Emory University, só recentemente passaram a figurar na história mais abrangente da escravidão e capitalismo, fruto do simpósio nacional sobre esse tema.[45]

Em vez de destacar a escravidão nas *plantations*, eu me concentro na escravidão em espaços públicos, pois ela se enquadra nas definições de capital financeiro e profissional de que fala Piketty. Essa constatação indica as muitas maneiras pelas quais a descrição de Piketty negligencia ou avalia mal os fatores capital e escravidão nos Estados Unidos. A forma como aborda os fatos no tempo constitui outra limitação. Muitos de seus exemplos vêm de 1770-1810, no que ele chama imprecisamente de Estados Unidos. Entretanto, as colônias americanas só se tornaram os Estados Unidos em 1783, depois da Revolução Americana. Essa periodização abrange os anos da guerra, a transição de colônias para estados, a proibição do tráfico transatlântico de escravos (1808) e as vésperas da guerra de 1812 — momentos de grandes guinadas na história econômica americana, que revelam uma nação em processo de mudança e com todos os tipos de desigualdades.

A escravidão e a presidência dos Estados Unidos

Talvez nenhum tema exemplifique melhor a ambígua discussão do capital escravo do que as histórias de escravos pertencentes a presidentes dos Estados Unidos — e cabe dizer aqui algumas palavras sobre a escravidão e a presidência norte-americanas. Afinal de contas, Piketty inicia sua discussão com Thomas Jefferson. Doze dos dezoito primeiros presidentes dos Estados Unidos eram donos de escravos. Piketty tem razão em destacar o caso de Jefferson,

---

45. Para a conferência promovida pelas universidades de Brown e Harvard na primavera de 2011, veja *Slavery's Capitalism: A New History of America's Economic Development*, Filadélfia, University of Pennsylvania Press, 2016. Também em 2011, Emory University promoveu a conferência "Slavery and the University", disponível em: http://shared.web.emory.edu/emory/news/releases/2011/01/slavery-and-the-university-focus-of-emory-conference.html#.VhVKvUVrUvg, cujos relatórios serão publicados em breve. Para mais informações sobre Kitty, veja M. Aslunder, *The Accidental Slaveholder: Revisiting a Myth of Race and Finding an American Family*, Athens, University of Georgia Press, 2011.

observando que ele "tinha mais do que apenas terras [...] ele também tinha mais de seiscentos escravos"; não obstante, Piketty perde uma oportunidade de calcular o valor representado pelo capital humano de Jefferson. E, se ele não está interessado em capital humano, por que incluir Jefferson nessa discussão? Confiram abaixo a lista dos doze presidentes americanos e o número de escravos que tinham[46]:

> George Washington, primeiro presidente, Virgínia (250-300)
> Thomas Jefferson, terceiro presidente, Virgínia (200)
> James Madison, quarto presidente, Virgínia (mais de 100)
> James Monroe, quinto presidente, Virgínia (cerca de 75)
> Andrew Jackson, sétimo presidente, Carolina do Sul/Tennessee (menos de 200)
> Martin Van Buren, oitavo presidente, Nova York (1)
> William Henry Harrison, nono presidente, Virgínia (11)
> John Tyler, décimo presidente, Virgínia (cerca de 70)
> James K. Polk, décimo primeiro presidente, Carolina do Norte (cerca de 25)
> Zachary Taylor, décimo segundo presidente, Virgínia (menos de 150)
> Andrew Johnson, décimo sétimo presidente, Carolina do Norte (8)
> Ulysses S. Grant, décimo oitavo presidente, Ohio (5)

Piketty usa o fato de Jefferson ser dono de escravos para abrir uma discussão sobre a importância do capital escravo. Ele também atribui a Jefferson a abolição do tráfico de escravos em 1808. Não está muito claro se Du Bois concordaria com essa afirmação. Em suas considerações, Piketty trata de toda a escravidão americana em uns poucos parágrafos, afirmando, em suma, que "a economia escravista crescia rapidamente quando a Guerra Civil estourou em 1861, levando à abolição da escravidão em 1865".[47] Apesar dessa exposição tão apressada, ele junta estatísticas de três séries de dados para elaborar seus gráficos 4.10 e 4.11.[48]

Mais uma vez, Piketty perde uma oportunidade de tratar do capital escravo dos presidentes americanos. Que significado tem o fato de os pais fundadores

---

46. Veja o documentário (em vários segmentos) *The Ultimate Guide to the Presidents* no History channel, disponível em: http://www.history.com/shows/the-ultimate-guide-to-the-presidents; e o site editado pela Grand Valley State University: http://hauensteincenter.org/slaveholding/.

47. T. Piketty, op. cit., p. 159.

48. Seu site não indica as fontes que serviram de base para a compilação dessas cifras.

terem escravos? Como pode uma nação cujas bases são "vida, liberdade e busca da felicidade" escravizar e tirar proveito de trabalhadores? Essa ironia histórica contribui para o estado atual da disparidade econômica. O capital humano é uma forma de trabalho não remunerado, e os países, empresas e municípios do Ocidente geraram sua riqueza explorando o trabalho escravo.

A riqueza gerada pela instituição da escravidão não foi apenas um fenômeno do Sul. O Norte é igualmente culpado. Empresas que faziam o tráfico, investidores e corretores viviam no Norte e se beneficiavam da produção do Sul. As roupas e os calçados dos escravos procediam de fábricas do Norte, e os comerciantes da Nova Inglaterra tinham navios que traziam os escravos para este país. Esses mesmos navios transportavam bens produzidos pelos escravos para os mercados de todo o mundo.[49]

Levando em conta os fatos apontados, parece-nos que "1,5 da renda nacional" corresponderia a uma cifra muito maior e, sem a menor dúvida, estatisticamente considerável e importante o bastante para não "ser excluída". Como Piketty poderia discordar da inclusão da escravidão em todos os níveis de análise, desde registros públicos até escravos que trabalhavam para os que estavam à frente de nosso governo, ou seja, os presidentes americanos? Temos uma grande variedade de documentos remanescentes para escrever a história da escravidão; não é preciso tirar conclusões sobre os preços de escravos do filme *Django livre*, de Quentin Tarantino! A prova da existência de grandes proprietários de escravos é apenas mais um exemplo de comparações mais adequadas.

Conclusão

Os escravos contribuíram para o capital em instituições públicas do Novo Mundo. Nos Estados Unidos, eles contribuíram na construção de barragens e

49. Veja, por exemplo, I. Berlin, *Many Thousands Gone: The First Two Centuries of Slavery in North America*, Cambridge, MA, Harvard University Press, 1998; L. M. Harris, *In the Shadow of Slavery: African Americans in New York City, 1626-1863*, Chicago, University of Chicago Press, 2003; G. R. Hodges, *Root and Branch: African Americans in New York and East Jersey, 1613-1863*, Chapel Hill, University of North Carolina Press, 1999; L. Litwack, *North of Slavery: The Negro in the Free States, 1790-1860*, Chicago, University of Chicago Press, 1961; J. P. Melish, *Disowning Slavery: Gradual Emancipation and "Race" in New England, 1780-1860*, Ithaca, NY, Cornell University Press, 1998; Wade, op. cit.; e S. White, *Somewhat More Independent: The End of Slavery in New York City, 1770-1810*, Athens, University of Georgia Press, 1991.

pontes no Sul Profundo e com seu trabalho em estaleiros, fábricas e escolas de medicina, no Norte. Como capital humano, seus corpos e os produtos de seu trabalho contribuíram para uma economia nacional, local e global. Eles não eram pagos por seu trabalho, e os municípios o usavam, economizando grandes somas de dinheiro. Piketty perdeu uma oportunidade importante de dar continuidade às discussões atuais sobre a riqueza gerada pelo capital escravo. Elas estão presentes em muitos dos debates contemporâneos, inclusive os liderados por historiadores como Sir Hilary Beckles e Mary Frances Berry, e também Ta-Nehisi Coates, bolsista da Fundação MacArthur e colunista, cujo ensaio premiado começa na era pós-escravidão.[50] Piketty ignorou a própria presença do capital escravo integrado nos bens imóveis que ele explorou. Sua tentativa superficial de reconhecer a escravidão consiste em uns poucos exemplos apressados. Parece-me conveniente concluir com uma frase de advertência de Du Bois: "Por enquanto, o enigma da esfinge pode ser adiado, pode ser respondido de forma evasiva; mas algum dia será necessário dar uma resposta completa".[51]

50. Beckles, op. cit.; M. F. Berry, *My Face Is Black Is True: Callie House and the Struggle for Ex-Slave Reparations*, Nova York, Vintage Books, 2006; T. Coates, "The Case for Reparations", *The Atlantic*, jun. 2014, pp. 1-65.

51. Du Bois, op. cit., p. 197.

CAPÍTULO 7

Capital humano e riqueza antes e depois de O capital no século XXI

ERIC R. NIELSEN*

O economista Eric Nielsen aponta para uma das principais premissas do livro de Piketty: o que os economistas chamam de "capital humano" não é capital e não faz parte da história da crescente desigualdade ou calcificação social. Na verdade, afirma Nielsen, o capital humano deve ser considerado capital na maneira como Piketty define o valor de máquinas, fábricas e terras agrícolas. Além disso, Nielsen afirma que a tradição da pesquisa quanto ao capital humano inserido na economia é necessária para explicar a crescente desigualdade que existe até hoje, e também no futuro, algo que Piketty rejeita de modo explícito. Nielsen resume um grande conjunto de pesquisas recentes, observando a importância do capital humano ao longo do tempo e, em especial, a transmissão de riqueza entre gerações e a mobilidade social. Ele conclui que a devida consideração em relação ao capital humano traria implicações políticas muito diferentes daquelas que Piketty oferece.

Em seu livro *O capital no século XXI*, Thomas Piketty apresenta dados novos, meticulosamente coletados, relevantes para se entender a divisão da renda nacional entre capital e trabalho, o grau de desigualdade na propriedade do capital e a evolução da desigualdade na renda do trabalho e do capital. Com

* Gostaria de dedicar este texto à memória de Gary Becker, um mentor maravilhoso que melhorou de maneira significativa minha compreensão quanto aos conceitos discutidos aqui. Agradeço a Michael Palumbo, Marshall Steinbaum, Devesh Raval e outros colaboradores deste volume pelas considerações úteis sobre este capítulo. As opiniões e os pontos de vista expressos aqui são apenas meus, e não refletem, de forma alguma, as opiniões ou políticas do Board of Governors or the Federal Reserve System, nos Estados Unidos.

base nesses dados históricos notáveis e fascinantes, Piketty desenvolve uma estrutura analítica na qual o capitalismo pode, sob certas condições, produzir uma concentração descontrolada de riqueza nas mãos de alguns herdeiros. O livro argumenta que economias avançadas, como os Estados Unidos e a França, podem estar caminhando para um futuro extremamente desigual, dominado pela riqueza herdada.

Embora esteja claro que a desigualdade de renda aumentou de forma acentuada dentro de países ricos e desenvolvidos, sua causa ainda é uma questão em aberto. A desigualdade de renda pode aumentar através de alguma combinação entre a desigualdade crescente na renda do trabalho, o aumento da desigualdade na renda do capital, o aumento da participação da renda nacional advinda do capital (uma vez que o capital é detido de maneira desigual) e o aumento da covariância entre renda do capital e renda do trabalho. Piketty enfatiza as explicações baseadas no capital ao longo de *O capital no século XXI*, enquanto sua teoria em relação à renda do trabalho é bastante especulativa e pouco ortodoxa. Em particular, ele rejeita explicitamente a teoria do capital humano, a qual é o paradigma dominante que os economistas usam para entender a renda do trabalho e a desigualdade no nível individual.

A desigualdade da renda do trabalho também aumentou de modo drástico ao longo das últimas décadas, e os rendimentos do trabalho continuam a ser a fonte de renda principal para a maioria das famílias que estão fora do topo da distribuição de renda. A principal pesquisa microeconômica tem a tendência de explicar os padrões de desigualdade de rendimentos usando a teoria do capital humano, em que a oferta e a demanda por diferentes tipos de habilidades geram diferenças de lucros. A ideia básica da teoria do capital humano é a de que o estoque de atributos e habilidades duráveis que uma pessoa detém age como um estoque de capital. Os salários são então conceituados como um "retorno" do estoque de capital humano, de modo que o capital humano tanto explica as diferenças salariais quanto opera como uma reserva de riqueza, semelhante ao capital físico. O capital humano provou ser uma estrutura conceitual extremamente útil para compreender uma ampla gama de fenômenos econômicos, incluindo ganhos do trabalho e desigualdade, escolhas educacionais, classificação conjugal, fertilidade, investimentos dos pais nos filhos e correlações intergeracionais nos resultados econômicos.

O capital no século XXI descarta, claramente, o capital humano como útil para entender a desigualdade. O livro define "capital" e "riqueza" de forma equivalente ao valor de mercado dos bens comercializáveis. Essa definição exclui o capital humano como uma fonte de riqueza *a priori*, pois o capital humano não pode ser totalmente comprado ou vendido em uma sociedade que proíbe a escravidão. Argumento neste capítulo que a omissão quanto ao capital humano é uma circunstância que gera fragilidade tanto para os dados como para a teoria apresentada por Piketty. O capital humano é uma fonte importante de riqueza para cada geração e desempenha um papel relevante na transmissão da vantagem econômica através das gerações. *O capital no século* XXI, portanto, apresenta apenas uma imagem parcial, embora ainda nova e importante, da desigualdade e sua evolução ao longo do tempo.

Concentrando-se exclusivamente nos legados de capital dos pais para os filhos, Piketty erra tanto assumindo demais os motivos de tais legados dos ricos quanto negligenciando a riqueza significativa passada dos pais para os filhos na forma de capital humano. Além disso, a literatura sobre mobilidade intergeracional, ainda que não conclusiva, não dá base aos temores de Piketty de que a alta desigualdade de renda e de riqueza leve a uma menor mobilidade e menos igualdade de oportunidades. Também argumento, no entanto, que "oportunidade" e "mobilidade" não são termos bem definidos em *O capital no século* XXI, assim como na economia de forma geral, e que trabalhos futuros sobre mobilidade precisam incorporar ideias provenientes da extensa literatura existente sobre os meios de produção de capital humano em crianças, a fim de que se possa discutir de forma significativa os referidos conceitos.

O restante deste capítulo prossegue da seguinte maneira. Primeiro, discuto detalhadamente as diferenças e semelhanças entre capital humano e capital físico, formando a base para a segunda seção, a qual mostra que os argumentos de Piketty contra a inclusão do capital humano como riqueza acabam fracassando. A terceira seção discute a relação entre capital humano, legados dos pais e mobilidade intergeracional, já que a herança dinástica é um mecanismo-chave que impulsiona a concentração de riqueza em *O capital no século* XXI. Depois, volto-me a algumas explicações "não competitivas" de Piketty para a desigualdade de renda do trabalho. Independentemente do fato de que suas alegações específicas estejam certas, defendo que a economia faria bem em diferenciar entre variedades do capital humano e as fontes de renda do trabalho que têm consequências sociais muito diferentes. Uma maior quantidade de capital humano não é necessariamente boa, se tal capital humano é pago para fazer algo socialmente destrutivo. Concluo tratando de uma política que é fácil de justificar em bases igualitárias e não igualitárias, ao contrário da tributação sobre a riqueza como tratada em *O capital no século XXI*, ou seja, a educação infantil. Investir no capital humano de crianças pequenas pode ter retornos sociais muito grandes e, ao mesmo tempo, diminuir a lacuna de riqueza entre crianças nascidas de famílias de alta e baixa renda.

Uma nota rápida com relação à nomenclatura: vou me referir ao conceito de capital/riqueza de Piketty como "capital" ao longo deste capítulo. Usarei "riqueza" como um termo mais geral, descrevendo tanto o conceito de Piketty (no qual a riqueza e o capital são equivalentes) quanto o capital humano (que mostrarei também como sendo uma forma de riqueza).

O que é capital humano?

O capital humano é a estrutura dominante usada pelos economistas para entender a desigualdade individual na renda, na riqueza, na saúde e em uma série de outros resultados econômicos. A ideia central na teoria do capital humano é que os indivíduos têm uma gama de habilidades e atributos que lhes geram um retorno no mercado de trabalho. As habilidades são duráveis, dependentes do contexto e responsivas ao investimento, que são algumas das principais propriedades do capital físico tradicional. A teoria do capital humano leva essa analogia a sério ao conceituar as habilidades incorporadas de uma pessoa como um estoque de capital "humano". As diferenças nos salários e em outros resultados são, portanto, explicadas pelas diferenças no capital humano. Os ganhos de um determinado trabalhador podem aumentar porque seu estoque de capital humano aumenta (por meio da educação ou da aprendizagem no trabalho), ou porque as habilidades que ele já possui se tornam mais valiosas no mercado de trabalho, talvez devido a mudanças tecnológicas.

O termo "capital humano" pode ser confuso, pois sugere uma falsa equivalência entre a renda do trabalho e a renda do capital. Embora eu continue com a terminologia-padrão neste capítulo, pode-se usar a expressão "habilidades incorporadas e duráveis" no lugar de "capital humano" sem qualquer perda de significado. Para ser claro: o capital humano é um conceito distinto do capital físico, e as diferenças entre os dois podem ser muito importantes, dependendo do contexto. Vale a pena verificar essas diferenças com mais detalhes agora, uma vez que argumentarei mais tarde que nenhuma delas tem relevância para o argumento de Piketty, em seu livro.

Uma primeira diferença fundamental é que o capital humano não pode ser totalmente comprado ou vendido, ao contrário do físico. Isso tem a importante implicação de que o capital humano não pode ser usado como garantia para obter acesso ao crédito. Os proprietários de imóveis podem contrair empréstimos garantidos pelo valor de suas casas, mas os estudantes que fazem empréstimos para financiar os custos de seus estudos na faculdade não podem prometer ceder o controle de seu capital humano aos credores, caso não consigam pagar pelo empréstimo. Além disso, como apenas a taxa de aluguel, e não o preço, do capital humano é observada, é difícil avaliar a riqueza incorporada no capital humano.[1]

Uma segunda diferença fundamental é que o capital humano está intrinsecamente ligado à pessoa particular que o possui, e não pode ser utilizado sem que seu dono forneça trabalho. As preferências dos trabalhadores, e não apenas a capacidade produtiva de seu capital humano, são, portanto, importantes condições de como seu capital humano é usado e compensado. Um trator não se importa se é utilizado para trabalhar em um ambiente hostil, mas um trabalhador se importará. Entre outras coisas, isso acarreta que a renda obtida por meio do capital humano é menos valiosa, em termos de bem-estar, do que a renda proveniente do capital físico, desde que haja alguma desutilidade do fornecimento de mão de obra no mercado. É claro que o oposto também pode ser verdade, ou seja, os benefícios não pecuniários de alguns empregos podem compensar os trabalhadores por salários relativamente baixos.

Argumentos gerais contra o capital humano

Antes de discutir as implicações dos dados e da teoria para a pesquisa microeconômica sobre a desigualdade apresentada em *O capital no século XXI*, vale a pena avaliar os principais argumentos indicados no livro contra a inclusão do capital humano nas análises nele apresentadas. Todos esses argumentos

---

1. A escravidão revelava os preços do capital humano. E os escravos, historicamente, funcionavam como outras formas de riqueza; os escravos eram comercializados, investidos e usados como garantia. No Capítulo 6 deste volume, Daina Berry discute a questão histórica dos escravos como forma de capital.

falham em atingir seus objetivos. O capital humano é uma importante fonte de riqueza e um fator crítico para entender a desigualdade, tanto de maneira transversal quanto intergeracional. Piketty está errado em excluí-lo.

Piketty equaciona riqueza com capital, que ele define como sendo todas as coisas — e apenas elas — que podem ser compradas e vendidas. Essa definição desqualifica imediatamente o capital humano como riqueza. No entanto, em nenhum lugar Piketty fornece uma explicação clara quanto ao motivo pelo qual a inalienabilidade do capital humano é relevante para seu argumento em termos gerais.[2] As características importantes do capital em *O capital no século XXI* são que ele é durável, produz um retorno sem esforço adicional e pode ser repassado aos herdeiros. Essas características do capital físico não dependem de sua alienabilidade e são claramente compartilhadas pelo capital humano. As habilidades são duráveis, embora possam desaparecer com o tempo ou se tornar obsoletas. O possuidor de uma habilidade recebe a contraprestação salarial associada a ela para cada hora adicional de trabalho, sem nenhum esforço a mais. Ainda que esse trabalhador deva sofrer a desutilidade do fornecimento de mão de obra para receber o prêmio do capital humano respectivo, o ponto-chave é que essa desutilidade não precisa aumentar à medida que o estoque de capital humano de um trabalhador aumenta. De fato, empregos com altos salários podem ser menos desagradáveis de exercer do que empregos com baixos salários. Por fim, as habilidades são passadas de pais para filhos, seja por herança, seja por meio de investimentos deliberados dos pais.

O capital humano é, portanto, uma fonte de riqueza por qualquer critério razoável. Quanto mais capital humano alguém tiver, maiores são as oportunidades de ele comandar recursos econômicos. Como um exemplo simples, considere dois rapazes: o herdeiro de um fundo fiduciário no valor de meio milhão de dólares e um atleta sem dinheiro, mas muito talentoso, com ganhos esperados para a vida inteira de centenas de milhões de dólares. É óbvio que o mais rico desses dois homens é o atleta, mas a definição de Piketty implica exatamente o oposto.

Como discutido na seção anterior, existem algumas sutilezas interessantes na comparação da renda oriunda do capital humano e da renda proveniente do capital físico, porque a primeira envolve, necessariamente, o fornecimento (potencialmente desagradável) de mão de obra. A impossibilidade de usar o

2. T. Piketty, *O capital no século XXI*, Rio de Janeiro, Intrínseca, 2014.

capital humano como garantia também diminui seu valor em relação ao capital físico. No entanto, sempre será verdade que, entre duas pessoas idênticas, aquela com mais capital humano é mais rica, como se conclui da essência da obra de Piketty. A inalienabilidade do capital humano e as complicações decorrentes da oferta de trabalho simplesmente significam que medir a riqueza do capital humano é difícil, mas não que o capital humano em si não represente uma riqueza.

Um segundo argumento abrangente em *O capital no século XXI* é que as explicações baseadas no capital humano são ingênuas e incompletas porque não podem explicar totalmente a desigualdade no nível individual.[3] É verdade que as diferenças de capital humano podem explicar apenas algumas das variações individuais observadas nos resultados econômicos. Contudo, isso não é realmente uma crítica, porque a teoria do capital humano nunca afirmou ser capaz de explicar todos os aspectos da desigualdade. Nenhuma teoria econômica, incluindo a de Piketty, nunca se enquadrou perfeitamente nos dados. O capital humano pode explicar muitas diferenças sistemáticas nos resultados entre os indivíduos, e os economistas estão continuamente empenhados em tentar entender o que o capital humano não explica e o porquê disso. A esse respeito, o capital humano não é diferente de outras teorias econômicas.

Em *O capital no século XXI* também se argumenta que as explicações baseadas no capital humano com relação à desigualdade salarial são vazias ou tautológicas, pois apenas rotulam a renda do trabalho como o retorno do estoque de capital humano.[4] Os microeconomistas costumam se valer das diferenças observadas nos resultados como uma evidência *prima facie* das diferenças de capital humano na formulação de novas hipóteses de pesquisa, porque essa abordagem se mostrou útil no passado. Mas os economistas não deduzem apenas as diferenças subjacentes do capital humano a partir das observadas nos resultados, o que realmente seria tautológico. Ao contrário, o capital humano é considerado como algo que tem uma relação estimável entre características observáveis e não salariais — tais como anos de escolaridade —, o que implica, portanto, uma relação testável entre o correlato observável do capital humano e os resultados econômicos. Esse modelo pode facilmente falhar na explicação quanto às diferenças nos resultados econômicos. É um fato empírico

3. Ibidem.

4. Ibidem.

contingente, e não uma tautologia, que as pessoas que obtêm alta pontuação nos testes de QI ganham mais, em média, do que aquelas que obtêm uma pontuação baixa.

Por fim, Piketty argumenta que o capital humano não é substancialmente mais importante agora do que no passado, pois a participação do trabalho na renda nacional aumentou apenas modestamente ao longo do último século, com o capital ainda recebendo uma parcela considerável da renda nacional. Piketty observa corretamente que a teoria econômica não implica que essa participação aumente ainda mais, mesmo que a tecnologia se desenvolva de maneira favorável ao trabalho. No entanto, esse argumento não leva em conta o fato de que a parcela de renda do capital humano não é igual à da renda do trabalho. A evidência de que o capital humano se tornou mais importante nas últimas décadas é que as pessoas investem mais em habilidades e ganham mais por hora como resultado de tais investimentos. O capital humano pode ganhar importância, mesmo em um mundo com uma parcela crescente da renda nacional destinada ao capital.[5]

Na verdade, há evidências razoavelmente fortes de que a importância relativa do capital humano na determinação da renda do trabalho aumentou nas últimas décadas. Katz e Murphy, por exemplo, mostram que o bônus salarial recebido por trabalhadores qualificados cresceu dramaticamente, mesmo com o aumento da oferta de trabalho por parte deles.[6] Esse padrão sugere que os tipos de habilidades que exigem investimento e educação tenham se tornado mais valiosos ao longo do tempo, embora essa explicação possa fazer menos sentido com relação às últimas mudanças na desigualdade de ganhos.

Outra maneira simples de ver a crescente importância do capital humano é dividir a parcela da renda do trabalho em dois componentes: a renda gerada em razão da educação e da experiência no mercado de trabalho (capital humano); e a renda gerada pelo trabalho "bruto", que é um trabalho inculto, menos qualificado, que prescinde de experiência e que poderia ser realizado por qualquer adulto fisicamente habilitado. Um simples exercício contábil tomando como base dados dos Estados Unidos mostra que a participação da mão de obra menos

5. Ibidem. A parte da renda do capital traçou uma forma de "U" no último século. Atualmente, a parcela representa de 25% a 30% da renda nacional, ainda abaixo dos 35% a 40% que prevaleciam há um século.

6. L. Katz e K. M. Murphy, "Changes in Relative Wages, 1963-1987: Supply and Demand Factors", *Quarterly Journal of Economics* 107, 1992, pp. 35-78.

qualificada na renda nacional diminuiu de forma constante, desde meados do século XX, enquanto a parcela de renda do capital humano aumentou.[7]

Herança dos pais e mobilidade intergeracional antes e depois de Piketty

A herança e a mobilidade estão intimamente relacionadas com o bem social fundamental da igualdade de oportunidades. Parece que muita gente considera profundamente injusto o fato de algumas pessoas, em virtude das condições sob as quais nasceram, estarem condenadas a viver na pobreza, enquanto outras herdam grande riqueza. A hereditariedade e as vantagens obtidas em razão das condições do nascimento são eticamente suspeitas, e a desigualdade gerada por tais fontes está em tensão com os ideais de igualdade e justiça. Por outro lado, a desigualdade gerada por diferenças no esforço de trabalho, produtividade e habilidade são substancialmente menos controversas, e são tidas por muitos como justificadas. Uma vez que mecanismos tão diferentes podem dar origem à mesma distribuição de renda e riqueza, é crucial distinguir os fatores que criam desigualdade para que se verifique se as políticas igualitárias são justificadas.

Uma extensa literatura na economia procura entender a relação entre os recursos dos pais e os recursos das crianças, como adultos. Algumas das pesquisas enfocam os efeitos diretos dos recursos dos pais e os investimentos em resultados da infância, isto é, na tecnologia de produção de capital humano. Outras pesquisas estudam a mobilidade intergeracional, ou o grau diante do qual a posição econômica relativa em uma sociedade é passada de uma geração para outra. Os argumentos de Piketty seguem mais de perto essa segunda literatura, que, em meu entendimento, não dispõe de estimativas convincentes e interpretáveis. Essa crítica também se aplica a Piketty. Seu livro falha ao deixar de incorporar ideias importantes, obtidas a partir de pesquisas sobre a produção de capital humano, em suas considerações acerca da transmissão intergeracional da riqueza.

---

7. A. Krueger, "Measuring Labor's Share", *AEA Papers and Proceedings* 89, n. 2, 1999, pp. 45-51. Krueger estima que a participação da mão de obra bruta na renda nacional tenha aumentado de 0,1 para 0,13 entre 1939 e 1959, antes de cair para 0,049 em 1996, com a maior parte do declínio ocorrendo depois de 1979. Por outro lado, a participação do capital humano na renda nacional segue um padrão em forma de "U" ao longo do século XX, passando de um nadir de 0,63 em 1959 para 0,72 em 1996.

A discussão sobre mobilidade em *O capital no século XXI* está focada, de maneira quase exclusiva, no capital, enquanto pesquisas anteriores analisaram muito mais a mobilidade sob a perspectiva da educação e da renda do trabalho, duas das circunstâncias que estão mais intimamente ligadas ao capital humano. Embora ambas as abordagens sejam interessantes por si mesmas, elas devem ser consideradas em conjunto para se entender completamente a transmissão intergeracional da vantagem econômica. A renda do trabalho e a desigualdade na educação correspondem a diferenças na riqueza que não são capturadas por medidas baseadas no capital. Ao mesmo tempo, a herança de capital é potencialmente um canal muito importante de transmissão de riqueza, em especial para os mais abastados, e completamente desconsiderada em critérios de quantificação de renda e de mobilidade educacional.

O capital no século XXI e fluxos de herança: um começo interessante

No livro de Piketty, o fato de que os retornos de capital são geralmente maiores do que a taxa de crescimento econômico garante que a riqueza de capital cresça em relação ao tamanho total da economia. Se esse capital acumulado for passado de uma geração para outra, intacto, um número muito pequeno de herdeiros sortudos pode acabar controlando grande parte do capital de um país. Em *O capital no século XXI*, argumenta-se que essa concentração de capital herdado, por sua vez, diminuirá a mobilidade, pois as rendas disponíveis para aqueles que herdam o capital irão dominar a renda em potencial disponível através do trabalho. Herança e casamento, em vez de trabalho produtivo, se tornarão os principais caminhos para a segurança e o sucesso econômicos.

Para apoiar essa hipótese, *O capital no século XXI* apresenta dados históricos sobre fluxos de herança, que são variáveis de nível nacional que mostram a importância relativa do capital herdado em uma economia. Um país terá grandes fluxos de herança quando o estoque de capital for grande, quando a taxa de mortalidade for alta e quando aqueles que morrerem possuírem substancialmente mais capital do que aqueles que ainda vivem. Piketty documenta que os fluxos de herança na França eram bastante altos no passado, mas que diminuíram substancialmente em meados do século XX, tendo, desde então, começado a aumentar de novo. Esse ressurgimento é impulsionado em grande parte por aumentos na relação capital/renda e entre o capital médio dos mortos e o capital médio dos vivos. Padrões semelhantes parecem se manter em outras partes da Europa, ao passo que o ressurgimento do capital herdado parece ser mais moderado nos Estados Unidos. Em *O capital no século* XXI, o aumento dos fluxos de herança é uma evidência importante de que a riqueza herdada é cada vez mais relevante e pode vir a dominar nosso futuro.

Infelizmente, os fluxos de herança não rastreiam os legados de capital dos pais para seus filhos. Esses fluxos serão altos desde que a média do capital pertencente àqueles que morrem também seja alto, independentemente de como suas propriedades sejam divididas entre seus descendentes e outras pessoas ou entidades. Em *O capital no século* XXI, pressupõe-se de modo implícito que os pais deixam legados quase exclusivamente para seus filhos; mas se, ao invés disso, os ricos deixarem frações consideráveis de suas propriedades para instituições de caridade e afins, a importância dos fluxos de herança agregada na explicação da mobilidade intergeracional da riqueza se torna muito menos clara. Além disso, se a parcela da riqueza que os pais deixam para seus filhos mudar ao longo do tempo, as séries temporais de fluxo de herança podem ser bem diferentes das séries temporais de capital herdado diretamente dos pais. Uma questão à parte é sobre o papel que a fertilidade pode desempenhar na mitigação ou na exacerbação da acumulação dinástica de riqueza. A maior fertilidade tenderá a dissipar grandes fortunas mais rápido, já que as heranças devem ser divididas entre mais herdeiros. No próprio *O capital no século* XXI se observa a importância da fertilidade, mas Piketty não deixa claro o quão sensíveis são suas conclusões diante das diferentes situações plausíveis envolvendo a relação entre fertilidade e riqueza.

Relativamente, pouco se sabe sobre por que e para quem os ricos deixam seus legados, uma vez que os economistas não têm um consenso razoável quanto à razão pela qual as pessoas ricas economizam em níveis tão elevados. Motivos usuais de poupança, como o desejo de diminuir o consumo ao longo do tempo, ou mesmo em razão de precaução contra riscos, servem para explicar o comportamento determinante para poupança em relação a pessoas comuns, mas funcionam bem menos para os muito ricos. Os ricos já podem se proteger contra a má sorte e, portanto, devem economizar menos (em termos percentuais) do que os não ricos. De fato, exatamente o oposto acontece: os ricos não apenas economizam em níveis mais elevados, como diminuem apenas lentamente sua riqueza na aposentadoria em relação aos não ricos. Warren Buffett, o famoso e frugal bilionário octogenário, já deveria estar rapidamente consumindo sua grande fortuna, embora tenha uma taxa de poupança próxima de 100%.[8]

Entender os elevados níveis de poupança dos ricos requer o acréscimo de alguns elementos adicionais à lista usual de motivos para a poupança. Uma abordagem com pouco potencial explicativo é simplesmente supor que algumas pessoas têm uma forte preferência para deixar heranças.[9] De modo surpreendente, verifica-se que as diferenças de intensidade dos motivos de se deixar uma herança, entre os membros da família, não são facilmente explicadas pelas diferenças em suas características observáveis. Pode-se supor, por exemplo, que o motivo da herança é impulsionado pelo desejo de se deixar a riqueza para os filhos, mas os dados sugerem que a presença de descendentes está longe de ser o único fator importante na previsão de quem morrerá com uma propriedade considerável.[10] Muitas pessoas sem filhos morrem com grandes propriedades e algumas pessoas com descendentes falecem com pouco patrimônio. Há até mesmo algumas evidências empíricas de que a herança se tornou menos importante na formação de grandes fortunas, no mesmo período em que a desigualdade de renda começou a aumentar dramaticamente nos Estados Unidos.[11] Há razões substanciais para duvidar das fortes previsões de Piketty sobre o futuro da herança.

---

8. M. De Nardi; E. French; J. Jones, "Saving after Retirement: A Survey", *NBER Working Paper* n. 21268, 2015. Veja também K. Dynan; J. Skinner; S. Zeldes, "Do the Rich Save More?", *Journal of Political Economy* 112, n. 2, 2004, pp. 397-444.

9. M. De Nardi, "Quantitative Models of Wealth Inequality: A Survey", *NBER Working Paper* n. 21106, 2015.

10. M. Hurd, "Savings of the Elderly and Desired Bequests", *American Economic Review* 77, n. 3, 1987, pp. 298-312. Veja também W. Kopczuk; J. Lupton, "To Leave or Not to Leave: The Distribution of Bequest Motives", *Review of Economic Studies* 74, n. 1, 2007, pp. 207-235. Hurd constata que as pessoas com filhos acabam com sua riqueza mais rápido do que aquelas sem filhos. Kopczuk e Lupton estimam uma heterogeneidade substancial quanto aos motivos da herança e argumentam que as crianças não parecem ser o principal determinante de quem deixa uma herança. Dynan et al., em "Do the Rich Save More?", da mesma forma, não encontram evidências de que as famílias com filhos economizem mais, ou tenham um gradiente mais acentuado de economia em relação à renda, do que as famílias sem filhos.

11. L. Edlund; W. Kopczuk, em "Women, Wealth, and Inequality", *American Economic Review* 99, n. 1, 2009, pp. 146-178, argumentam que a riqueza herdada se tornou menos importante nos últimos anos porque a parcela de mulheres entre os muito ricos, uma *proxy* da riqueza herdada, caiu 40% desde 1960. Piketty indica que a destruição das grandes fortunas na primeira metade do século XX explica o declínio relativo na importância do capital herdado, e que os mecanismos econômicos fundamentais no ambiente de trabalho não são diferentes, agora, em relação àqueles do passado. O argumento de Piketty se baseia na suposição, não testada, de que indivíduos de alta renda adotarão comportamentos de poupança, e quanto à herança, semelhantes aos que prevaleciam antes da Primeira Guerra Mundial.

Um melhor entendimento quanto ao comportamento em relação a poupanças e heranças de famílias de alta renda deve ser uma prioridade para a pesquisa econômica daqui para a frente. Se o aumento da desigualdade na renda do trabalho se solidificar em maior desigualdade de capital, então o comportamento diferencial quanto à herança de famílias ricas em relação àquelas que não são ricas pode se tornar uma força cada vez mais importante que faz aumentar a riqueza e a desigualdade de renda. Se as heranças de capital, de fato, se tornam mais importantes, isso dependerá de quanto e a quem as famílias abastadas dão, mas é precisamente a respeito do comportamento dessas famílias que sabemos muito pouco. Para progredir na compreensão do comportamento no que se refere à poupança e à herança daqueles que estão no topo das distribuições de renda e riqueza, os economistas devem coletar dados em nível nacional que rastreiem especificamente como as propriedades são alocadas entre os descendentes e outras organizações. Com dados melhores, eles serão capazes de formular e testar modelos mais realistas que expliquem as diferenças nos motivos pertinentes à transmissão hereditária entre as famílias.

Capital humano e mobilidade intergeracional

Em *O capital no século XXI*, não se considera o capital humano como um mecanismo através do qual os pais podem repassar riqueza para seus filhos. No entanto, os economistas aprenderam que o capital humano é, de fato, transmitido através das gerações, tanto de maneira automática — através de herança — quanto por meio de investimentos dos pais em seus filhos. Os legados de capital humano através dos pais constituem um importante canal de transmissão de riqueza à parte, para além do canal de herança do capital enfatizado por Piketty.

Em tese, as heranças obtidas através dos pais quanto ao capital humano podem aumentar ou diminuir a mobilidade. Pais de todas as origens socioeconômicas investem pesado no capital humano de seus filhos, enquanto apenas pais muito ricos geralmente deixam heranças de capital. Muitos tipos diferentes de atividades e despesas podem ser vistos como investimentos dos pais em capital humano. Por exemplo, os pais despendem tempo ajudando seus filhos com as lições de casa e gastam dinheiro no mercado imobiliário a fim de que possam morar em um bairro seguro com acesso a boas escolas públicas. Os dados sobre legados de capital subestimam significativamente o tamanho dos legados reais deixados pelas famílias situadas na extremidade inferior do espectro socioeconômico, e podem exagerar bastante o nível geral de desigualdade nos legados dos pais. Os meios de mensuração-padrão das heranças deixam de fora todo o tempo, esforço e dinheiro que os pais de todos os antecedentes gastam melhorando as habilidades de seus filhos, bem como o valor do capital humano que é passado automaticamente de pais para filhos por herança genética, inclusive as características que já fazem parte do ambiente vivido pela criança (e, portanto, não são escolhidas). Os investimentos dos pais em capital humano podem aumentar a mobilidade, pois o verdadeiro gradiente entre os recursos dos pais e os legados para os filhos pode ser menos acentuado do que indicariam as dimensões baseadas na herança de capital. Por outro lado, pais ricos investem substancialmente mais tempo e dinheiro em seus filhos do que pais com menos recursos, e essa lacuna aumentou nas últimas décadas.[12]

Gastos desiguais de investimentos realizados pelos pais, por nível de renda, devem consistir em uma força que diminui a mobilidade, mas há evidências relativamente escassas de que a renda dos pais tenha um grande efeito causal nos resultados da infância, uma vez que todos os fatores que tendem a estar relacionados à renda dos pais, como sua educação, idade, estado civil, o local da moradia e outros fatores socioeconômicos, são contabilizados. O problema empírico fundamental na difícil verificação do efeito da renda dos pais é que ela está fortemente correlacionada com a maioria das outras variáveis que poderiam possivelmente afetar os resultados da infância. É difícil isolar o efeito da renda dos pais de todos esses outros fatores, e a maioria

12. G. Duncan; R. Murnane, "Figure 1.6: Enrichment Expenditures on Children, 1972-2006", Russell Sage Foundation, 2011, disponível em: http://www.russellsage.org/research/chartbook/enrichment-expenditures-children-1972-to-2006. Para tendências na alocação de tempo dos pais, veja J. Guryan; E.Hurst; M. Kearney, "Parental Education and Parental Time with Children", *Journal of Economic Perspectives* 22, 2008, pp. 23-46. Veja também A. Gauthier; T. Smeedeng; F. Furstenberg Jr., "Are Parents Investing Less Time in Children? Trends in Selected Industrialized Countries", *Population and Development Review* 30, 2004, pp. 647-671; M. Aguiar; E. Hurst, "Measuring Trends in Leisure: The Allocation of Time over Five Decades", *Quarterly Journal of Economics* 122, 2007, pp. 969-1006.

das estimativas acerca do efeito direto da renda dos pais é insignificante.[13] Igualmente, não está claro o quão fortemente os gastos dos pais afetam os resultados da infância dos filhos. Uma questão em destaque: os pesquisadores não estabeleceram uma relação clara entre as mudanças nos recursos e gastos dos pais e as mudanças nos resultados acadêmicos medidos na infância.[14] Os obstáculos metodológicos que precisam ser superados nesse tipo de trabalho empírico são muito grandes.

Da mesma forma, os mais convincentes e avançados estudos, sob o ponto de vista técnico, que tratam da aquisição de capital humano pelas crianças, não costumam encontrar um grande papel independente para a renda dos pais, em tal aquisição. Em vez disso, esses estudos sugerem que a primeira infância de uma criança, incluindo o pré-natal, é extremamente importante para o desenvolvimento do capital humano.[15] Tais estudos apoiam a ideia de que certas habilidades têm "períodos críticos", depois dos quais os investimentos são muito menos eficazes. Além disso, concluiu-se que a capacidade de adquirir novas habilidades depende de investimentos passados, de modo que as habilidades geram habilidades, em um ciclo virtuoso.[16] Ao invés de se considerar a renda dos pais, por si só, o que parece ser importante para o desenvolvimento do capital humano é que as crianças tenham mães

---

13. S. Mayer, *What Money Can't Buy: Family Income and Children's Life Chances*, Cambridge, MA, Harvard University Press, 1997. Veja também D. Blau, "The Effect of Income on Child Development", *Review of Economics and Statistics* 81, n. 2, 1999, pp. 261-276, assim como G. Dahl; L. Lochner, "The Impact of Family Income on Child Achievement: Evidence from the Earned Income Tax Credit", *American Economic Review* 102, n. 5, 2012, pp. 1927-1956.

14. Veja Reardon, "The Widening Academic Achievement Gap between the Rich and the Poor: New Evidence and Possible Explanations", em *Whither Opportunity? Rising Inequality, Schools, and Children's Life Chances*, ed. G. J. Duncan; R. J. Murmane, Nova York, Russell Sage Foundation, 2011, pp. 91-116. Para um ponto de vista diferente, veja E. Nielsen, "The Income-Achievement Gap and Adult Outcome Inequality", *Finance and Economics Discussion Series, Board of Governors of the Federal Reserve System*, 2015.

15. D. Almond; J. Currie, "Killing Me Softly: The Fetal Origins Hypothesis", *Journal of Economic Perspectives* 25, n. 3, 2011, pp. 153-172. Veja também, entre muitos outros, S. Black; P. Devereaux; K. Salvanes, "From the Cradle to the Labor Market? The Effect of Birth Weight on Adult Outcomes", *Quarterly Journal of Economics* 122, n. 1, 2007, pp. 409-439.

16. Parte dessa literatura é pesquisada por J. Heckman; S. Mosso, "The Economics of Human Development and Social Mobility", *Annual Review of Economics* 6, 2014, pp. 689-733. Veja também F. Cunha; J. J. Heckman; S. Schennach, "Estimating the Technology of Cognitive and Noncognitive Skill Formation", *Econometrica* 78, 2010, pp. 883-931.

saudáveis e seguras, nutrindo ambientes domésticos e escolares, sobretudo durante seus primeiros anos. Os pais de baixa renda podem ter dificuldades em satisfazer essas pretensões com os meios limitados disponíveis, mas os bilionários provavelmente não terão uma grande vantagem sobre os pais da classe média alta, uma vez que os insumos, digamos, simplesmente não são tão caros assim.

Em resumo, as evidências empíricas que temos sobre a produção direta de capital humano, na infância, não sugerem que o aumento rápido da desigualdade quanto ao capital e à renda levará automaticamente a uma desigualdade muito maior de capital humano nas gerações subsequentes.

A análise de Piketty está mais fortemente ligada à literatura empírica sobre mobilidade intergeracional, mas essa literatura também não mostra uma imagem clara ou consistente de quão fortemente a capacidade do pai ou da mãe é passada para as crianças. As estimativas de mobilidade para renda — a questão mais estudada nessa literatura — diferem drasticamente, dependendo do país, do período de tempo e do método empírico usado. Alguns trabalhos empíricos iniciais sugeriram que fatores positivos dos pais desaparecem quase por completo dentro de uma ou duas gerações, enquanto estimativas mais recentes tendem a sugerir que tais fatores persistem significativamente por cinco ou mais gerações (embora trabalhos recentes não sejam unânimes nesse ponto). Essa falta de consenso não é surpreendente. Estimar a mobilidade de renda é um grande desafio empírico. A principal dificuldade consiste no fato de que é difícil mensurar com precisão a renda, tanto porque ela tende a ser bastante volátil de ano para ano, quanto porque diferentes tipos de empregos têm progressões distintas na carreira relativamente aos ganhos.[17] Dados que vinculam os ganhos obtidos em muitos anos, entre várias gerações, são bastante raros.

17. G. Becker; N. Tomes, "Human Capital and the Rise and Fall of Families", *Journal of Labor Economics* 4, 1986, pp. S1-S39. Veja também B. Mazumder, "Fortunate Sons: New Estimates of Intergenerational Mobility in the United States Using Social Security", *Review of Economic and Statistics* 87, 2005, pp. 235-255; M. Corak; M. Lindquist; B. Mazumder, "A Comparison of Upward and Downward Intergenerational Mobility in Canada, Sweden, and the United States", *Labour Economics* 30(C), 2014, pp. 185-200. Através da verificação de dados de renda obtidos durante muitos anos, Mazumder encontra estimativas de mobilidade muito mais baixas do que aquelas indicadas em artigos anteriores, como o Becker e Tomes, que usavam um único ano de ganhos por adulto para cada geração. No entanto, Corak et al. obtiveram estimativas de mobilidade apenas ligeiramente inferiores às de Becker e Tomes, mesmo depois do controle da variabilidade transitória da renda.

Portanto, a literatura empírica sobre mobilidade teve de confiar em abordagens estatísticas inteligentes para lidar com tais problemas de medição.

A pesquisa que estima a mobilidade intergeracional em relação a outros resultados que não a renda também é imprópria. Há pouco consenso sobre o que está direcionando as correlações intergeracionais na educação, que parecem variar substancialmente de acordo com o tempo e a geografia. Os vários trabalhos que tentam enfatizar a importância das heranças genéticas em contraposição a outros fatores nessas correlações muitas vezes são conflitantes entre si. O consumo desempenha um papel central nos modelos econômicos de bem-estar, mas há muito pouca evidência sobre a mobilidade intergeracional no consumo, em grande parte devido a restrições de dados. Da mesma forma, existem comparativamente poucas evidências sobre mobilidade na riqueza de capital, porque são escassos os dados de alta qualidade sobre as posses de capital vinculadas às gerações. (Esse é exatamente o problema articulado na seção anterior). De modo curioso, as evidências disponíveis sugerem que uma parcela substancial da correlação intergeracional da riqueza de capital é percebida bem antes de as heranças entrarem em jogo. Além disso, os estudos existentes geralmente não concluem que a renda dos pais tenha um forte efeito independente sobre a mobilidade.[18]

O aumento dramático na desigualdade de capital e renda destacado em *O capital no século XXI* levou a alguma preocupação de que a mobilidade possa estar em declínio. Esse medo é intuitivamente plausível: se a riqueza pode ser usada para garantir várias vantagens para as crianças, um aumento na

18. Para uma excelente visão geral das várias literaturas intergeracionais sobre mobilidade, consulte S. Black; P. Devereux, "Recent Developments in Intergenerational Mobility", em *Handbook of Labor Economics* 4, pt. B. 2011, pp. 1487-1541. As estimativas quanto à importância relativa da herança genética na explicação de correlações intergeracionais são variadas; alguns trabalhos indicam que há um papel muito grande dos genes, enquanto outros sugerem que seus efeitos são menores. As tentativas de medir os efeitos causais da educação dos pais na mobilidade também produzem estimativas amplamente variadas. Por fim, estimativas de mobilidade de riqueza, que estão mais diretamente relacionadas às preocupações de *O capital no século XXI*, também estão por todo lado, com vários autores discordando sobre a importância das heranças, das influências ambientais e da herança genética. Veja C. Mulligan, *Parental Priorities and Economic Inequality*, Chicago, University of Chicago Press, 1997; K. Charles; E. Hurst, "The Correlation of Wealth across Generations", *Journal of Political Economy* 111, n. 6, 2003, pp. 1155-1182; e S. Black et al., "Poor Little Rich Kids? The Determinants of the Intergenerational Transmission of Wealth", *NBER Working Paper* n. 21409, 2015.

desigualdade de riqueza pode diminuir a mobilidade. De fato, há poucas evidências de que a mobilidade de renda tenha diminuído nos últimos anos e, realmente, há evidências bastante fortes de que a mobilidade permaneceu quase inalterada por muitas décadas.[19] A aparente indiferença da mobilidade de renda a mudanças na desigualdade pode parecer surpreendente, mas, de fato, é consistente com os efeitos estimados quanto à renda dos pais, em geral pequenos, no que diz respeito à conclusão do ensino escolar e outras formas de mensuração do capital humano. É claro que, dependendo do comportamento com relação à poupança e à herança, a mobilidade do consumo e da riqueza pode parecer substancialmente diferente da mobilidade da renda, sobretudo para aquelas famílias que estão no topo da distribuição da riqueza. No entanto, há pouca evidência positiva que dê base às preocupações sobre mobilidade e oportunidade articuladas por Piketty. Como argumentarei na próxima seção, as próprias estimativas de mobilidade são difíceis de interpretar de maneira significativa, porque processos muito diferentes podem dar origem ao mesmo nível de mobilidade observado. A relativa constância da mobilidade de renda ao longo do tempo pode mascarar mudanças importantes na relação entre os recursos dos pais e os resultados na próxima geração.

---

19. S. Mayer; L. Lopoo, "Has the Intergenerational Transmission of Economic Status Changed?", *Journal of Human Resources* 40, n. 1, 2005, pp. 169-185. Veja também D. Aaronson; B. Mazumder, "Intergenerational Economic Mobility in the United States, 1940-2000", *Journal of Human Resources* 43, n. 1, 2008, pp. 139-172; C. Lee; G. Solon, "Trends in Intergenerational Income Mobility", *Review of Economics and Statistics* 91, 2009, pp. 766-772. Mayer e Lopoo estimam que a mobilidade provavelmente aumentaria para as coortes nascidas entre 1949 e 1956, e provavelmente diminuiria até as coortes nascidas em 1965. Aaronson e Mazumdar argumentam que a mobilidade aumentou nos Estados Unidos, de 1950 a 1980, e declinou acentuadamente a partir de então. Em contraste, Lee e Solon não encontram uma tendência temporal significativa. Uma importante contribuição a essa literatura é R. Chetty et al., "Where Is the Land of Opportunity? The Geography of Intergenerational Mobility in the United States", *Quarterly Journal of Economics* 129, n. 4, 2014, pp. 1553-1623. Chetty e seus coautores descobriram que a mobilidade era praticamente constante para os americanos nascidos entre 1971 e 1993, embora também encontrem heterogeneidade geográfica substancial em diferentes regiões. A mobilidade em horizontes de tempo muito mais longos é estudada por J. Ferrie, "The End of American Exceptionalism? Mobility in the U.S. since 1850", *Journal of Economic Perspectives* 19, 2005, pp. 199-215; e G. Clark, *The Son Also Rises: Surnames and the History of Social Mobility*, Princeton, NJ, Princeton University Press, 2014. Ferrie descobre que a mobilidade ocupacional nos Estados Unidos era muito alta na segunda metade do século XIX, antes de diminuir acentuadamente depois de 1920. Clark usa sobrenomes incomuns para rastrear o status social ao longo de muitas gerações e argumentar que a persistência intergeracional é muito maior do que outros estimaram e também muito mais estável ao longo do tempo e em diferentes regiões.

O que vem depois com relação à pesquisa sobre mobilidade?

Embora seja bastante desafiador realizar a análise da importância relativa de cada um dos vários determinantes do capital humano (genética, qualidade da escola e investimentos dos pais, dentre outros), é claro que, coletivamente, esses fatores correspondem a determinantes muito significativos para a mobilidade intergeracional. A renda dos pais, por outro lado, pode não ter um forte efeito causal nos resultados das crianças. Também não há boas evidências de que a mobilidade econômica tenha declinado nas últimas décadas, à medida que a desigualdade de renda aumentou. Piketty pode estar certo quanto à queda da mobilidade da riqueza nos próximos anos, desde que seu modelo implícito do comportamento em relação à poupança e à herança, para os novos ricos, esteja correto. Mas há pouco embasamento para o argumento de que o aumento da desigualdade da riqueza e da renda prejudicará a renda do trabalho e a mobilidade educacional. Ao mesmo tempo, os dados e análises em *O capital no século XXI* e a discussão neste capítulo sugerem uma série de novas direções para a pesquisa microeconômica sobre a desigualdade. Nesta seção, descreverei várias áreas em que pesquisas futuras podem ser proveitosas.

A abordagem-padrão para o entendimento da desigualdade nos dados microeconômicos não distingue entre atividades que aumentam a riqueza agregada e aquelas que a diminuem, nem apresenta diferenças entre as fontes do capital humano herdado, algumas das quais muitos observadores considerariam como justas, enquanto outros as entenderiam como duvidosas, sob o ponto de vista ético. Direcionar a discussão da desigualdade para esse tipo de distinção é uma importante contribuição de *O capital no século XXI*. Piketty faz algumas perguntas perspicazes que os microeconomistas bem que poderiam levar a sério. De fato, ele reconhece que "a questão principal é a justificação das desigualdades, ao invés de sua magnitude como tal". Nem todos os mercados são competitivos e nem todos os usos competitivos do capital humano são bons.

Como exemplo, considere a questão da alta e crescente parcela da renda auferida pelos gerentes seniores nas empresas. Piketty atribui o aumento dessa parcela a gerentes que negociam de maneira mais dura seus salários, uma vez que impostos menores tornam essas negociações mais vantajosas. Outros atribuíram esse rápido aumento aos efeitos de "superestrela", em que pequenas diferenças na habilidade gerencial (capital humano) podem ser recompensadas de maneiras muito diferentes, mesmo em um mercado de trabalho competitivo e eficiente. Apenas para fins de argumentação, suponha que a explicação quanto ao efeito "superestrela" se ajuste melhor aos dados, de modo que altos ganhos dos executivos reflitam medidas competitivas de produtividade gerencial com base no mercado. Mesmo nesse caso, um aumento nas participações de renda mais alta pode ser questionável se as próprias empresas estiverem envolvidas em atividades destrutivas. Em um mercado que funciona bem, os lucros da empresa são um sinal de que seus serviços são altamente valorizados em relação ao custo de fornecê-los. Portanto, recompensar os executivos pelo aumento dos lucros faz sentido tanto para a empresa quanto para a sociedade como um todo. Contudo, se uma empresa obtém lucros através de práticas de concorrência desleal ou violando leis que protegem o público consumidor, recompensar seus executivos só terá o efeito de incentivar comportamentos socialmente destrutivos. As explicações sobre a desigualdade de ganhos com base no capital humano não fornecem elementos suficientes para a diferenciação entre essas duas possibilidades.

O problema, em suma, é que o crime às vezes compensa.

Como outro exemplo, considere a herança do capital humano nos modelos intergeracionais clássicos, como no modelo canônico de Becker e Tomes.[20] Nesses modelos, o capital humano total de uma criança é uma função de dois componentes: o capital humano que é herdado automaticamente dos pais e o capital humano adicional gerado pelos investimentos dos pais e da sociedade. Esse enquadramento da questão pode levar a pensar que o componente herdado do capital humano tem alguma base genética ou natural. Becker e Tomes, no entanto, são bastante claros ao afirmar que os atributos herdados representam qualquer coisa em relação à qual os pais não tenham que gastar, deliberadamente, recursos para concedê-los. Em outras palavras, os atributos são apenas aqueles componentes do investimento em capital humano que não respondem aos preços. Os atributos herdados podem, assim, incluir ambientes sociais, atitudes culturais e muito mais.

Modelos intergeracionais, na forma-padrão, portanto, eliminam distinções que são ética e economicamente relevantes. Que o descendente de uma família

---

20. Becker; Tomes, em "Human Capital". Veja também id., "An Equilibrium Theory of the Distribution of Income and Intergenerational Mobility", *Journal of Political Economy* 87, 1979, pp. 1153-1189.

bem relacionada possa gerar uma alta renda, como resultado da agenda de contatos de seu pai, parece bastante injusto. Além disso, esse tipo de vantagem pode reduzir a riqueza global na medida em que tal nepotismo resulte em uma alocação incorreta de talentos em toda a economia. Por outro lado, se alguém herda alta inteligência, seja de forma genética ou através do ambiente doméstico, não parece injusto nem indesejável, para muitos, que essa pessoa receba uma alta renda.

Essa distinção importa não apenas pelo modo como nos sentimos sobre as desigualdades que observamos, mas também para os tipos de políticas que podem ser eficazes para a redução da desigualdade. Se os ricos usam seus recursos e conexões para manipular o jogo em favor dos próprios filhos, então as políticas que explicitamente geram dificuldades para que eles atinjam o sucesso podem ser um remédio sensato e eficaz. Se, em vez disso, os ricos garantem o sucesso de seus filhos através da transmissão a eles de inteligência, boa saúde e normas sobre comportamento, a solução natural não é desencorajar esse tipo de transmissão de riqueza para quem se encontra no topo, mas incentivá-la e subsidiá-la para aqueles que estão em posição inferior. Nesse segundo caso, as políticas voltadas para a melhoria da qualidade da escola, do ambiente familiar inicial e até em relação à saúde e nutrição pré-natal são claramente superiores do que as políticas voltadas à redução da transmissão e acumulação de capital humano entre os ricos. (Na próxima seção, discutirei os ganhos potencialmente enormes com o aumento do investimento público na educação infantil.) Da mesma forma, se executivos renomados obtiverem enormes pacotes de pagamento, como consequência de práticas de *rent-seeking**, a solução mais óbvia para combatê-las seria por meio da redução dos retornos delas decorrentes, mediante a alteração da regulamentação da indústria em que atuam referidos profissionais. Como sempre, a política deve se esforçar, sempre que possível, para criar regras e instituições que alinhem os interesses públicos e privados.

* Práticas (ou comportamentos) de *rent-seeking* são aquelas em que profissionais ou empresas empreendem esforços a fim de manipular o ambiente social, político ou institucional em que desenvolvem suas atividades econômicas, com vistas a auferir maiores lucros ou controlar as condições do mercado em seu favor. De maneira bem simplista, normalmente o que se busca através do *rent-seeking* é a obtenção de vantagens econômicas em geral, visando ao aumento ou manutenção da própria riqueza, direta ou indiretamente, sem que se proporcione, no entanto, a criação de novas riquezas perante a sociedade ou o mercado. [N.T.]

A literatura sobre mobilidade intergeracional apresenta lacunas em razão da falta de teorias que possam ser testadas. Vários artigos desenvolvem modelos que vinculam a mobilidade intergeracional a fundamentos econômicos, tais como genética, meio ambiente ou investimentos públicos e privados em capital humano. De modo geral, essas teorias indicam que a maioria dos fatores afeta a mobilidade da maneira que se esperaria. Por exemplo, o investimento progressivo em capital humano pelo Estado pode compensar a desigualdade dos pais nos investimentos em capital humano e, assim, aumentar a mobilidade.[21] Idealmente, poder-se-ia levar essas teorias para ser confrontadas com os dados, a fim de testar a importância relativa de vários fatores na determinação da mobilidade intergeracional.

Infelizmente, testes empíricos desses modelos também se baseiam em fortes premissas que não são bem motivadas pela teoria econômica. Vários artigos, por exemplo, comparam os resultados de crianças adotadas relativamente às biológicas, a fim de ressaltar a importância relativa da genética e do ambiente doméstico. Normalmente, tais artigos indicam, sem nenhuma justificativa biológica ou econômica, que genes e ambiente não interagem.[22] Como as habilidades e os investimentos parecem interagir de maneira complicada e recursiva, não existe uma maneira conceitualmente clara de separar as contribuições da "natureza" e da "nutrição". Além disso, o dilema na relação equidade vs. eficiência — através do qual se verifica a tensão entre investir para equalizar resultados entre indivíduos e investir para equalizar retornos marginais entre indivíduos — pode realmente fazer sentido apenas em algumas idades e para

21. G. Solon, "A Model of Intergenerational Mobility Variation over Time and Place", em *Generational Income Mobility in North America and Europe*, ed. Miles Corak, Cambridge, Cambridge University Press, 2004. Solon desenvolve um modelo no qual os pais escolhem o quanto investir no capital humano de seus filhos. O capital humano de uma criança depende também de investimentos governamentais e da herança por ela recebida. Solon mostra, neste modelo, que a mobilidade é menor quando: (1) o investimento do governo é menos progressivo; (2) os investimentos em capital humano (do governo ou dos pais) são mais eficientes; (3) o retorno dos lucros ao capital humano é maior; ou (4) a habilidade é mais facilmente transmitida às outras gerações. Em termos ideais, podem-se confrontar tais teorias com os dados, a fim de se testar a importância relativa dos vários fatores na determinação da mobilidade intergeracional.

22. A. Bjorklund; M. Lindahl; E. Plug, "The Origins of Intergenerational Association: Lessons from Swedish Adoption Data", *Quarterly Journal of Economics* 121, 2006, pp. 999-1028. Esses autores usam dados de pais biológicos e de pais adotivos para argumentar que o ambiente do pré-parto parece interagir positivamente com os fatores pós-parto.

alguns tipos de habilidades. Se realizados cedo, investimentos intensivos em jovens (com alguma carência em particular) podem promover tanto a equidade como a eficiência; enquanto os mesmos investimentos nesses jovens, realizados mais tarde, podem ser bastante ineficientes.

Sem uma compreensão muito mais rica e detalhada de como o capital humano é criado e como é recompensado no mercado de trabalho, não é possível definir "mobilidade" e "oportunidade" de maneira significativa. Seria bom se a correlação intergeracional com os ganhos diminuísse? A resposta a essa pergunta depende de quão forte será a correlação que esperaríamos em um mundo ideal. Por exemplo, suponha que nosso padrão de excelência seja um mundo sem ineficiências no investimento em capital humano (ou seja, um mundo em que o retorno marginal à sociedade como um todo do investimento em capital humano seja igual para todas as pessoas). Nesse caso, a correlação intergeracional esperada na renda seria maior do que zero porque algumas características são parcialmente determinadas pela genética, mas, para além disso, é muito difícil dizer algo concreto. A resposta também depende de como o capital humano é recompensado pelo mercado de trabalho. Se a associação do fator intergeracional com os ganhos aumenta, é pelo fato de os pais que dispõem de alta renda terem sido melhores na manipulação do jogo em favor dos filhos? Ou em razão do fato de os traços herdados terem, mais fortemente, se tornado mais valiosos, de maneira diferente? É muito difícil definir os contrafactuais relevantes para responder a essas perguntas; mas, sem esses contrafactuais, as estimativas empíricas de mobilidade acabam não sendo informativas.

A complexidade das forças econômicas que geram desigualdades transversais e intergeracionais significa que quase qualquer conjunto de explicações pode ser encaixado aos dados. Sem dados e modelos substancialmente mais ricos, a seleção entre essas várias possibilidades é essencialmente impossível. Acredito que um caminho promissor seria incorporar alguns dos avanços metodológicos, indicados de forma pioneira por Heckman e vários coautores, sobre a tecnologia da formação do capital humano. Esses modelos são dinâmicos e flexíveis. Eles permitem muitos tipos diferentes de habilidades, dons herdados, interações entre dons, investimentos dos pais e investimentos sociais.

Compreender como o capital humano é criado é um primeiro passo necessário para a interpretação confiável das correlações intergeracionais nos resultados econômicos. Além disso, essa interpretação também exige que entendamos que tipos de habilidades são valorizadas no mercado de trabalho, como as avaliações do mercado em relação a elas mudaram ao longo do tempo, assim como a forma pela qual essas habilidades promovem ou prejudicam o bem-estar social.

Educação infantil: uma vitória para os igualitários e para os não igualitários também?

A proposta de Piketty para combater a crescente desigualdade — uma tributação global sobre a riqueza — parece ter o objetivo de atrair apenas aqueles que acreditam que a igualdade é um bem intrínseco. Teorias-padrão econômicas sugerem que tributar a riqueza reduzirá o seu estoque a longo prazo, o que, por sua vez, reduzirá os salários. Um possível efeito do plano de Piketty, portanto, seria o empobrecimento de todos para que se alcance uma redução na desigualdade e, de fato, alguns apoiadores de Piketty adotaram abertamente esse dilema. Embora seja possível que um imposto sobre a riqueza, de fato, aumente a renda (talvez por meio de uma redução do contraproducente comportamento de *rent-seeking*), a mensagem central do livro *O capital no século XXI* sugere fortemente que Piketty preferiria desistir de alguns outros bens, a fim de diminuir a desigualdade de renda e de riqueza. A visão de que a igualdade é intrinsecamente desejável não é de modo algum universal entre os formuladores de políticas, cientistas sociais e filósofos políticos, razão pela qual *O capital no século XXI* estaria mal posicionado para atrair aqueles que valorizam a igualdade apenas por razões instrumentais.[23]

O foco de *O capital no século XXI* em um programa político controverso e que gera divisões é frustrante, pois há várias políticas viáveis que seriam fáceis de ser apoiadas em bases igualitárias e não igualitárias. Tais políticas são menos dependentes de uma específica filosofia política, que eventualmente possa ser contestada e, portanto, têm maior probabilidade de obter ampla aceitação democrática. Nesta seção, descreverei brevemente uma dessas políticas

23. H. Frankfurt, "Equality as a Moral Ideal", *Ethics* 98, n. 1, 1987, pp. 21-43. Frankfurt argumenta que o que importa moralmente não é a igualdade em si, mas que os pobres "tenham o suficiente".

decorrentes da literatura já discutida sobre a tecnologia aplicada na criação de capital humano: a educação infantil. Os benefícios potenciais para a educação infantil são enormes e, se implementados de maneira adequada, podem aumentar a equidade e a eficiência da economia.

A possibilidade de que os investimentos na primeira infância pudessem melhorar os resultados a longo prazo das crianças foi demonstrada em várias intervenções nos Estados Unidos nas décadas de 1960 e 1970. Esses programas continham apoio intensivo e de alta qualidade para crianças de origens minoritárias e de baixa renda. Os estudos de acompanhamento, que ocorreram anos depois das primeiras medidas, encontraram significativos efeitos em uma ampla gama de resultados nos adultos, incluindo conclusão do ensino escolar, renda, criminalidade e saúde. Embora esses programas fossem bastante caros, a magnitude das melhorias que eles geraram foi tão grande que justificou seus custos.[24] Esses programas mostram que enormes melhorias são possíveis se crianças desfavorecidas recebem os investimentos certos nos momentos certos.

Programas em nível nacional, como o Head Start* nos Estados Unidos, parecem gerar efeitos menores e mais diversos. Muitos estudantes desses programas, por exemplo, experimentam ganhos iniciais com relação às notas dos testes que, depois, desaparecem com o tempo. Os efeitos estimados nos resultados — como conclusão do ensino escolar, obtenção de ganhos e redução da criminalidade — parecem ser mais persistentes, entretanto ainda são tipicamente menores em magnitude do que os efeitos encontrados nas primeiras e intensas intervenções já discutidas. A menor eficácia desses programas em larga escala não é surpreendente, pois eles tendem a ser mais baratos e de menor qualidade (as crianças passam menos tempo nesses programas, e a qualidade dos insumos recebidos é provavelmente menor). No entanto, mesmo esses programas muito maiores e muito menos dispendiosos parecem gerar benefícios consideráveis, e esses ganhos podem ser ampliados ainda mais pela realocação

24. Veja, dentre muitos outros, J. Heckman et al., "The Rate of Return to the High/Scope Perry Preschool Program", *Journal of Public Economics* 94, ns. 1 e 2, 2010, pp. 114-128; F. Campbell et al., "Early Childhood Investments Substantially Boost Adult Health", *Science* 343, 2014, pp. 1478-1485. O site do professor Heckman, http://heckmanequation.org/, é uma excelente fonte de evidências sobre a efetividade da educação infantil.

* "Head Start" é um programa do Departamento de Saúde e Serviços Humanos dos Estados Unidos, criado em 1965, que oferece educação e outros serviços relacionados à saúde e à nutrição de crianças de baixa renda e suas famílias. [N.T.]

de recursos dentro de um programa para atividades com a maior taxa de retorno demonstrada.[25]

O ponto principal aqui é que, mesmo que a política se mostre incapaz de replicar o tremendo sucesso dos programas mais eficazes (e caros), o potencial de ganhos substanciais, a um custo relativamente baixo, mais do que justifica a pesquisa e o investimento continuados em programas voltados para as crianças pequenas. Além disso, os maiores benefícios parecem resultar para as crianças mais carentes, sugerindo que a educação infantil pode promover tanto a equidade quanto a eficiência, de uma forma que outras medidas positivas, como o subsídio a um curso de faculdade, não podem. A educação infantil é uma política fácil de apoiar, sob praticamente qualquer ponto de vista normativo. Por fim, a educação infantil tem a vantagem considerável de que a expansão dos programas atuais, ou a introdução de novos programas, está bem sob a égide dos atuais governos nacionais, ao contrário do imposto global sobre a riqueza.

Conclusão

O livro *O capital no século XXI* apresenta dados históricos intrigantes e avança uma tese ousada sobre as causas e consequências da desigualdade. No entanto, os dados e as análises sofrem com a omissão de capital humano. O capital físico e humano são importantes fontes de riqueza, e nenhuma descrição geral da

25. J. Currie; D. Thomas, "Does Head Start Make a Difference?", *American Economic Review* 85, 1995, pp. 341-364. Veja também E. Garces; D. Thomas; J. Currie, "Longer-Term Effects of Head Start", *American Economic Review* 92, 2002, pp. 999-1012. Currie e Thomas verificaram que o Head Start leva a ganhos persistentes nas notas dos testes e na conclusão das séries para estudantes brancos, enquanto os negros experimentam ganhos menores e mais fugazes. Garces, Thomas e Currie encontram grandes efeitos do Head Start na conclusão do ensino médio, no ingresso nas faculdades, nos ganhos e na redução da atividade criminosa, embora os efeitos apresentem diferenças substanciais de acordo com a raça. Para pesquisas que analisam diferenças nos efeitos do tratamento entre crianças pouco ou muito carentes, consulte M. Bitler; H. Hoynes; T. Domina, "Experimental Evidence on Distributional Effects of Head Start", *NBER Working Paper* n. 20434, 2014; D. Deming, "Early Childhood Intervention and Life-Cycle Skill Development: Evidence from Head Start", *American Economic Journal: Applied Economics* 1. 2009, pp. 111-134. Bitler et al. argumentam que os ganhos no Head Start são altamente heterogêneos, com os maiores efeitos do programa acumulados entre os destinatários mais carentes, uma constatação que vai ao encontro das conclusões de Deming.

desigualdade e sua evolução é completa sem considerá-los em conjunto. Embora a inclusão de capital humano certamente altere os contornos básicos da tese de *O capital no século XXI*, os dados e análises no livro também sugerem vários caminhos a seguir para o estudo microeconômico da desigualdade.

Para que se analise o aumento da participação da renda mais alta, é preciso que haja a verificação de dados mais consistentes e de melhores modelos de comportamento em relação à poupança e à herança nas famílias com grande riqueza. Os argumentos que indicam as práticas de *rent-seeking* como uma explicação para o aumento da desigualdade sugerem que precisamos entender melhor como o capital humano e tais práticas interagem; e que precisamos pensar mais criticamente sobre que tipos de fatores conduzem os "dons" (um termo de significado neutro) nos modelos de capital humano intergeracional, assim como no trabalho empírico. Por fim, a aparente estabilidade da mobilidade relativa (de renda), em um período de crescente desigualdade de renda, destaca a necessidade para melhores dados e modelos mais fecundos para a análise da mobilidade econômica, que tornariam interpretáveis as estimativas-padrão, sob o ponto de vista econômico.

CAPÍTULO 8

Explorando os efeitos da tecnologia sobre desigualdade de renda e riqueza

LAURA TYSON E MICHAEL SPENCE

Os economistas Laura Tyson e Michael Spence argumentam que a verdadeira força motriz por trás da crescente desigualdade, em especial nas décadas futuras, está na mudança tecnológica e na globalização que desloca os trabalhadores das tarefas repetitivas que podem ser cada vez mais realizadas por máquinas programáveis. Assim, eles veem o livro *A segunda era das máquinas: trabalho, progresso e prosperidade em uma época de tecnologias brilhantes*, de Brynjolfsson e McAfee, como sendo igual à obra *O capital no século XXI*, ou seja, como uma contribuição ao debate sobre a desigualdade. Nas próximas décadas, afirmam eles, uma parcela crescente de empregos estará vulnerável à substituição por máquinas inteligentes, e isso provavelmente causará desigualdade de ganhos entre aqueles cujo trabalho se torna mais produtivo na "segunda era das máquinas" e aqueles cujo trabalho não é mais necessário.

Introdução

A crescente desigualdade de renda e riqueza — sobretudo o aumento dramático da parcela do 1% mais rico nos Estados Unidos e em outros países desenvolvidos — provocou um acalorado debate sobre as causas da desigualdade e sobre as respostas políticas apropriadas. A desigualdade é uma característica inerente aos sistemas capitalistas? O período de desigualdade menos pronunciada depois da Segunda Guerra Mundial indicou o início de uma nova era de capitalismo mais inclusivo? Ou foi um desvio transitório do *status quo* de longo prazo, muito provavelmente outra Belle Époque ou Idade de Ouro, algo como um caminho de volta a uma forma moderna de "capitalismo patrimonial" nos países desenvolvidos? O que os responsáveis pelas políticas públicas podem fazer para mitigar a desigualdade e seus custos sociais e políticos, sem comprometer a inovação e o crescimento? Nesse ambiente de debate sobre a desigualdade e a natureza do capitalismo, o livro de Thomas Piketty, com seus ricos dados históricos, clareza de exposição e análise econômica penetrante, rapidamente se tornou um best-seller. E de forma merecida.

Com paixão e rigor, Piketty explora o que ele entende como sendo as principais forças por trás do aumento da desigualdade de renda e riqueza nas economias capitalistas desenvolvidas, durante o último meio século. Embora concordemos com grande parte de sua análise, acreditamos que ela sofre de uma falha séria: não há uma atenção adequada às mudanças tecnológicas, assim como à globalização decorrente da tecnologia, como propulsores da desigualdade nas últimas décadas. Acreditamos que esses fatores são tão significativos para entender a desigualdade no passado recente e no futuro quanto os fatores centrais da análise de Piketty. Sem rodeios, acreditamos que o livro de Erik Brynjolfsson e Andrew McAfee, *A segunda era das máquinas*, é tão importante quanto *O capital no século XXI*, de Thomas Piketty, para entender as tendências na distribuição de renda e de riqueza durante as últimas décadas, bem como para prever tendências ao longo das próximas décadas.[1]

Neste capítulo, iremos nos concentrar no papel da tecnologia na pesquisa de Piketty, tanto em sua teoria da desigualdade de riqueza quanto em sua análise da desigualdade de renda, em particular nos Estados Unidos. Acreditamos que tanto a tecnologia quanto a globalização, esta última possibilitada pela própria tecnologia, tiveram um grande impacto na participação do capital na renda nacional — uma variável-chave na teoria de Piketty sobre a desigualdade de riqueza — e na crescente desigualdade na renda do trabalho, assim como na renda em geral, nos Estados Unidos, nos últimos trinta anos. Em contraste com Piketty, acreditamos que essas grandes forças estruturais tenham desempenhado um papel significativo na explosão da renda, mesmo no grupo do 1%

---

1. E. Brynjolfsson; A. McAfee, *A segunda era das máquinas: Trabalho, progresso e prosperidade em uma época de tecnologias brilhantes*, São Paulo, 2015, Alta Books.

mais rico, embora concordemos com ele que a mudança de normas sociais, de práticas de remuneração e de política tributária também tenham contribuído para esse resultado.

A tecnologia é um dos principais impulsionadores da produtividade e do crescimento econômico. Ela cria prosperidade. Mas a revolução computacional/digital também é um importante fator de desigualdade, sob várias maneiras: favorece os mais qualificados em prejuízo dos menos qualificados; aumenta o retorno aos proprietários de capital em relação ao trabalho; possibilita ou "turbina" a globalização, reduzindo o emprego e restringindo o crescimento salarial dos trabalhadores de renda média, em especial no setor de fabricação e nos serviços comercializáveis; aumenta as vantagens para a obtenção de renda por parte das "superestrelas" e dos "supersortudos"; e gera rendimentos em mercados altamente imperfeitos.

Até engenheiros e cientistas que trabalham com a inteligência de máquinas são surpreendidos pelos rápidos avanços na capacidade que elas têm em substituir trabalhadores humanos, em uma ampla gama das chamadas tarefas de "colarinho azul" e de "colarinho branco"*, em toda a distribuição de renda.

Esses avanços são devidos a vários fatores. Na robótica, o progresso na tecnologia de sensores permite que as máquinas detectem e respondam ao seu ambiente, expandindo assim o escopo de atividades que podem realizar. A manufatura aditiva também desloca a mão de obra, reduzindo o desperdício de materiais, diminuindo os custos de customização e permitindo a produção sob demanda (em oposição à demanda prevista). Mas talvez os avanços mais surpreendentes tenham sido na inteligência artificial (IA). Agora, as máquinas podem usar algoritmos de aprendizado e acessar bancos de dados massivos, através de redes de alta velocidade, para adquirir a capacidade de executar tarefas complexas, sem que haja a necessidade de algoritmos que lhes digam exatamente o que fazer.

Em seu livro, Brynjolfsson e McAfee mencionam o progresso da inteligência artificial, a qual permite que computadores conectados a redes de alta velocidade e grandes bancos de dados excedam o que eram capazes de fazer

* Nos Estados Unidos, diz-se que um trabalhador de "colarinho azul" é aquele que normalmente realiza trabalhos manuais. Por sua vez, "colarinho branco" é outro termo informal que se refere ao empregado que realiza tarefas administrativas, burocráticas ou de gerenciamento, opondo-se às do "colarinho azul", cujo trabalho, como dito, é primordialmente exercido através de mão de obra física. [N.T.]

apenas alguns anos atrás. Os saltos na inteligência das máquinas, juntamente com a conexão de seres humanos em todo o mundo em uma rede digital comum, permitirão o desenvolvimento de novas tecnologias, bens e serviços.

Os autores são otimistas quanto às "recompensas" ou benefícios de produtividade em toda a economia por meio das "máquinas brilhantes". Mas eles alertam que a distribuição ou "disseminação" desses benefícios será desigual, o que continuará por um longo período de tempo.

À medida que as máquinas inteligentes se tornam mais poderosas e difundidas, elas irão desafiar uma característica fundamental dos sistemas de mercado: nesses sistemas, a maioria das pessoas ganha a renda vendendo sua mão de obra. Então, o que acontece quando o trabalho de uma grande parte da população em idade ativa, independentemente de sua educação, se torna tecnologicamente redundante ou não mais justifica uma renda adequada ao trabalhador, de maneira a lhe fornecer um padrão de vida minimamente decente ou socialmente aceitável?

Tentar antecipar onde a vantagem comparativa do trabalho humano estará daqui a quinze anos — e, acima de tudo, em cinquenta anos — é um exercício perigoso. Mas devemos tentar detectar as tendências e projetar as consequências das mudanças na estrutura das economias, na natureza dos mercados de trabalho e na distribuição de renda e riqueza. Precisamos de políticas que antecipem essas mudanças e facilitem os deslocamentos resultantes delas. Em particular, precisaremos de políticas para modificar as consequências distributivas da operação desses poderosos vetores tecnológicos à medida que são traduzidos em resultados de mercado.

Em nossa discussão sobre o trabalho de Piketty, focamos no papel da mudança tecnológica na explicação das tendências recentes e na previsão de tendências futuras nas desigualdades de riqueza e renda nos Estados Unidos. Estamos convencidos de que é essencial entender a revolução digital em andamento e o surgimento de máquinas inteligentes para prever tendências futuras e desenvolver políticas para lidar com seus custos econômicos, sociais e políticos.

Piketty e a tecnologia

O papel da tecnologia na análise de Piketty quanto à desigualdade de riqueza

Ao longo de seu livro e em seus escritos subsequentes, Piketty enfatiza que seu trabalho é principalmente sobre a história das distribuições de riqueza e renda, e não sobre simples teorias determinísticas do que leva a elas ao longo do tempo. De fato, grande parte de seu livro se concentra em como instituições, normas, poder e escolhas políticas afetam a desigualdade. Apesar das advertências de Piketty, no entanto, grande parte dos comentários e críticas com relação ao seu trabalho, por parte dos economistas, se concentrou em sua teoria simples, porém incompleta, quanto às forças que estão por trás da desigualdade de riqueza no capitalismo.

Levando em conta as tradições de Kaldor, Kuznets e Solow, a teoria de Piketty se baseia em uma função-padrão de produção na qual o resultado depende de capital, trabalho e tecnologia. Partindo de seu rico e exclusivo conjunto de dados, que abrange um período de mais de três séculos (da Revolução Industrial até o presente), ele indica duas premissas principais. Primeiro, a taxa de retorno do capital (*r*) normalmente excede a taxa de crescimento (*g*) nas economias capitalistas. Segundo, a propriedade do capital e, portanto, a distribuição da renda do capital são altamente concentradas. Sob essas condições, a participação do capital na renda geral aumenta com o crescimento econômico, resultando em aumento da desigualdade da riqueza e da renda. A premissa de que os proprietários de capital poupam uma parcela muito maior de suas rendas do que o trabalho faria — uma premissa também apoiada por séculos de dados — amplia essas tendências ao longo do tempo.

A tecnologia aparece na teoria de Piketty de várias maneiras. Ela está incorporada em sua função de produção de dois fatores. Quando a tecnologia é imutável, os aumentos de capital — como os aumentos de trabalho — têm retornos decrescentes. Com o tempo, no entanto, o progresso tecnológico aumenta a produção que pode ser obtida a partir de determinadas quantidades de insumos. A relativa estabilidade do retorno sobre o capital ao longo de muitos séculos, mesmo quando o estoque de capital aumentou, reflete o fato de que os efeitos positivos do progresso tecnológico no retorno do capital compensam os efeitos negativos da diminuição dos retornos. A tecnologia impulsiona o crescimento através de melhorias de produtividade, e o equilíbrio entre retornos decrescentes de capital e progresso tecnológico gera um retorno relativamente estável de capital que excede a taxa geral de crescimento.

A parcela da renda do capital — um dos principais determinantes da desigualdade de riqueza — depende da taxa de retorno do capital e da relação entre capital e produto, uma relação que está incorporada na tecnologia. Na função-padrão de produção à qual Piketty alude, uma participação crescente do capital na renda é consistente com uma proporção crescente da produção de capital apenas se a elasticidade da substituição do capital pelo trabalho for maior do que 1 — ou seja, só se for relativamente fácil substituí-lo pelo trabalho em resposta às mudanças em seus preços relativos. Piketty acredita que as evidências históricas satisfazem essa condição e até especula que a elasticidade na substituição entre capital e trabalho será maior no século XXI, como resultado do progresso tecnológico que tornará mais fácil para o capital a execução de tarefas historicamente realizadas pelo trabalho. O crescimento mais lento, devido às mudanças demográficas, e talvez também em razão da desaceleração da produtividade, combinado com desenvolvimentos tecnológicos que geram aumento de capital e redução de trabalho, sugere a Piketty que a diferença entre *r* e *g* pode se tornar ainda maior no século XXI, alimentando uma maior desigualdade.

Como muitos economistas observaram, no entanto, a evidência empírica indica que historicamente a elasticidade da substituição do capital pelo trabalho tem sido bem menor do que 1. Se for esse o caso, a teoria de Piketty não pode explicar de modo adequado o aumento da participação de renda do capital e a queda da parcela de mão de obra em todos os setores e países desde 1980. De acordo com estudos recentes, outros fatores, como o aumento de capital e o desenvolvimento de habilidades através do progresso tecnológico; a prática de instalar empresas em outros países a fim de se obter alguma vantagem ou redução de custos (sendo essa própria prática possibilitada por tecnologias digitais e computacionais), assim como a mudança da composição da base industrial, são fatores importantes para esses desenvolvimentos globais.[2] No máximo, a diminuição do preço relativo do capital, muitas vezes atribuído, ele

2. E. Oberfield; D. Raval, "Micro Data and Macro Technology", *NBER Working Paper* n. 20452, set. 2014; L. Karabarbounis; B. Neiman, "The Global Decline of the Labor Share", *NBER Working Paper* n. 19136, jun. 2013.

próprio, aos avanços na computação e no poder da tecnologia da informação, explica cerca de metade do declínio na participação do trabalho na renda.

Em geral, o acalorado debate entre economistas sobre a elasticidade da substituição entre capital e trabalho confirma que o progresso tecnológico desempenha um papel fundamental na evolução das participações do capital e do trabalho na renda nacional. Essas participações, por sua vez, são os principais determinantes da desigualdade de riqueza e renda. Além disso, à medida que a tecnologia se tornou mais apta para o aumento de capital ou para se relacionar com as habilidades para o trabalho, sua influência na desigualdade se fortaleceu.

A função-padrão de produção de Piketty inclui apenas uma forma de capital. Brynjolfsson e McAfee fazem a distinção entre "capital digital" e capital físico, e argumentam que os retornos ao primeiro são diferentes e mais altos do que os retornos ao segundo. A crescente participação nos lucros é causada, em parte, por rápidos aumentos na renda daqueles que têm reivindicações sobre os retornos do capital digital. Esses retornos tendem a seguir uma distribuição conforme leis de potência, ou seja, com números relativamente pequenos acumulando parcelas enormes dos retornos. Isso está de acordo com as propriedades conhecidas da economia das redes, em especial as plataformas que se tornaram os "mercados" econômicos e sociais dominantes, ganhando considerável poder de mercado com os retornos correspondentes da arena digital (ou seja, retornos superiores aos das condições competitivas de mercado).

Para o que pretendemos, observamos que a mensuração do capital digital é desafiadora e até agora limitada em escopo. Além disso, é difícil separar os retornos ao capital digital tanto dos retornos ao capital humano de seus criadores quanto dos retornos ao capital humano dos trabalhadores cujas habilidades são complementares àquele. De fato, é bem provável que uma parcela significativa da renda tida como renda do trabalho (remunerações e salários recebidos pelo grupo do 1% mais rico) corresponda, realmente, à renda gerada pelo capital digital compartilhado com certos tipos complementares de capital humano, dentre os quais o de inovadores, empreendedores, investidores e altos executivos.

Vale a pena notar que, inseridas nesses retornos ao capital digital, conforme distribuição em leis de potência, estão os retornos muito altos para poucas empresas. Grande parte delas é formada por plataformas que integram mercados digitais de informação, facilitando transações de bens e serviços e permitindo uma economia de compartilhamento entre indivíduos e para milhões de pessoas em todo o mundo. Plataformas bem-sucedidas geram retornos desproporcionais por dois motivos. Um é o conhecido efeito de rede que ocorre quando o valor de uma plataforma aumenta à medida que seu número de usuários aumenta. O outro é menos conhecido. A maioria dos mercados é caracterizada por lacunas de informação nos dois lados. Compradores e vendedores estão perdendo as principais informações, uns em relação aos outros. Às vezes, esse fenômeno é chamado de "questão de confiança". As plataformas se tornam o local de transações repetidas que geram informações que, por sua vez, promovem o crescimento de transações futuras. Usando grandes (e cada vez maiores) bancos de dados sobre compradores e vendedores, as plataformas são capazes de fornecer sistemas de avaliação bidirecional, mais e mais sofisticados, para fechar as lacunas de informação e de confiança, que são impedimentos-padrão do mercado, em especial para pequenos compradores e vendedores que não possuem reputação estabelecida. Os sistemas de avaliação bidirecional também mudam os incentivos e o comportamento de maneira positiva. O Airbnb e o Uber são bons exemplos. Ambas as plataformas vinculam compradores e vendedores individuais e permitem que eles se avaliem posteriormente. A combinação do efeito de rede com a utilização de "*big data*" (objetivando a redução de lacunas e assimetrias de informação) fornece às plataformas de sucesso um grande poder de mercado, gerando retornos e dividendos substanciais aos seus proprietários, os quais são, geralmente, uma combinação de fundadores, investidores e funcionários.

Embora as empresas com uso intensivo de capital digital possam gerar — e de fato gerem — altas concentrações de renda e riqueza, elas também fornecem uma gama de serviços baseados de forma digital que estão amplamente disponíveis a um custo muito baixo. É difícil obter dados sobre o excedente do consumidor gerado por esses serviços, mas há todas as razões para se acreditar que a proporção do excedente do consumidor em relação à receita ou ao custo da prestação desses serviços é atipicamente alta. Isso significa que a distribuição de "benefícios" de tais serviços pode ser muito mais igual do que a distribuição de riqueza para os proprietários do capital digital que fornecem esses serviços.

O acesso aos benefícios das plataformas digitais é cada vez mais global. A penetração da internet móvel ultrapassou os 50% em todo o mundo a partir de 2015, e se projeta um aumento para 65% em 2020. Pesquisas junto a consumidores, sobretudo os jovens, feitas pela Boston Consulting Group e outros, sugerem não apenas que o valor dos serviços de internet exceda os custos em grandes proporções, mas também que os consumidores estariam dispostos a abrir mão de 15% a 20% da renda para manter esses serviços.[3]

Em poucas palavras, as empresas com intenso capital digital estão gerando grandes concentrações de riqueza. Elas também estão fornecendo serviços com amplos benefícios a um custo muito baixo, uma parte muito mais igualitária do quadro geral da distribuição. É possível que o capital digital esteja tornando a distribuição de riqueza e de renda mais desigual, ao mesmo tempo que torna a distribuição de sua utilidade mais igualitária.

O papel da tecnologia na análise de Piketty quanto à desigualdade de renda

A teoria de Piketty quanto à desigualdade de riqueza se concentra na evolução e distribuição da renda do capital e sua participação na renda nacional. A renda do capital representa apenas 30% da nacional, e a crescente desigualdade na renda do trabalho é a principal causa da crescente desigualdade da renda nos Estados Unidos e em outros países desenvolvidos.

Piketty afirma claramente que os fatores que impulsionam a desigualdade de riqueza e de renda são diferentes, e que a relação entre r e g, que ele acredita ser uma força importante por trás das mudanças na desigualdade de riqueza, não é um instrumento relevante para entender as mudanças na desigualdade de renda no trabalho.[4] Então, como ele esclarece a crescente desigualdade na renda do trabalho e qual é o papel da tecnologia em sua explicação?

Como muitos economistas, Piketty acredita que a corrida entre tecnologia e educação tem sido um importante fator de desigualdade de renda no trabalho, pelo menos para os 99% dos assalariados que se encontram na base, ao longo dos últimos trinta anos nos Estados Unidos e em outros países desenvolvidos. As pesquisas de Goldin e Katz, citadas por Piketty, e as correspondentes pesquisas de David Autor e colaboradores sobre as mudanças de habilidades influenciadas pela tecnologia, fornecem evidências empíricas convincentes para

3. D. Michael; A. Varas; P. Engardio, "How Adding More Mobile Subscribers Will Drive Inclusive Growth", uma proposta de discussão submetida ao Simpósio sobre Crescimento Inclusivo, na Universidade Harvard, no dia 2 out. 2015.

4. T. Piketty, "Putting Distribution Back at the Center of Economics: Reflections on *Capital in the Twenty-First Century*", *Journal of Economic Perspectives* 29, n. 1, 2015, pp. 67-88.

esse ponto de vista.[5] Como consequência do grande declínio relativo ao custo do poder computacional, as máquinas controladas por computador transformaram a composição dos empregos e a distribuição dos rendimentos do trabalho. Essas máquinas substituíram os trabalhadores em grande número e em uma variedade crescente de empregos (sejam eles os chamados de colarinho azul ou branco, sejam aqueles manuais ou cognitivos) que envolvam tarefas repetitivas ou que sejam codificáveis, enquanto ampliam a produtividade e aumentam a demanda por trabalhadores em dois tipos de empregos: aqueles que demandam muito tarefas abstratas, exigindo habilidades de resolução de problemas, adaptabilidade e criatividade; e os que demandam muito tarefas manuais e de serviço que exigem trabalho humano.

O resultado foi a polarização do mercado de trabalho: o crescimento simultâneo de empregos de alta educação e altos salários em uma extremidade do espectro ocupacional, e empregos de baixa educação e baixos salários na outra extremidade, ambos à custa de empregos com remuneração mediana e daqueles que exigem uma formação média. Um grande conjunto de evidências confirma a polarização do emprego no nível das indústrias, localidades e mercados de trabalho nacionais, ao longo dos últimos vinte a trinta anos.[6]

Estudos recentes concluíram que a polarização do mercado de trabalho dos Estados Unidos continuou durante a recuperação da recessão nos anos de 2007 e 2008.[7] De acordo com pesquisas recentes do McKinsey Global Institute, entre os anos de 2000 e 2014, a economia dos Estados Unidos criou oito milhões de novas posições em tempo integral; dois terços delas estavam em trabalho de baixa qualificação, enquanto 2,5 milhões de postos de trabalho nas áreas de produção e administrativa foram eliminados, pois tarefas repetitivas eram automatizadas

5. C. Goldin; L. Katz, *The Race between Education and Technology: The Evolution of U.S. Educational Wage Differentials, 1890-2005*, Cambridge, MA, Belknap Press of Harvard University Press, 2010; D. Autor; L. Katz; M. Kearney, "The Polarization of the U.S. Labor Market", *American Economic Review* 96, n. 2, 2006, pp. 189-194; e D. Autor, "Polanyi's Paradox and the Shape of Employment Growth", *NBER Working Paper*, n. 20485, set. 2014.

6. M. Goos; A. Manning cunharam o uso do termo "polarização" no artigo que escreveram: "Lousy and Lovely Jobs: The Rising Polarization of Work in Britain", *Review of Economics and Statistics* 89, n. 1, 2007, pp. 118-133. Para um resumo quanto às recentes pesquisas sobre polarização, veja D. Autor, "Why Are There Still So Many Jobs? The History and Future of Workplace Automation", *Journal of Economic Perspectives* 29, n. 3, 2015, pp. 3-30.

7. *Hard Times Reports*, Center on Education and the Workforce, Universidade de Georgetown, Estados Unidos, 2014 e 2015.

nas linhas de montagem por meio de robôs e nos escritórios através de utilização de software.[8]

Nas últimas décadas, a educação da força de trabalho não acompanhou os requisitos de habilidade para o uso da tecnologia nos Estados Unidos e em várias economias desenvolvidas. Como resultado, os ganhos extras em decorrência da educação aumentaram de forma acentuada, e isso contribuiu de forma significativa para o crescimento da desigualdade nos ganhos de trabalho. Nos Estados Unidos, por exemplo, cerca de dois terços do aumento considerável da dispersão da renda do trabalho entre 1980 e 2005 é o resultado do aumento do ganho extra, associado à escolaridade em geral e à educação pós-secundária em particular.[9] Os bônus para uma educação universitária começaram a aumentar significativamente na década de 1980. O crescimento da oferta de formandos universitários começou a desacelerar assim que a demanda alimentada pela tecnologia por aqueles com as habilidades associadas a uma educação universitária começou a aumentar, o que corresponde a uma evidência clara da corrida entre educação e tecnologia. Nos últimos três anos, a diferença de ganhos entre trabalhadores com ensino médio e superior nos Estados Unidos mais do que dobrou.

Embora Piketty acredite que as regras institucionais do mercado de trabalho — tais como salário mínimo, negociação coletiva e normas de remuneração do CEO — influenciem o nível e a forma de remuneração pelo trabalho realizado ao longo do tempo, ele também reconhece que a corrida entre educação e tecnologia tem sido a principal explicação para o aumento da desigualdade de renda no trabalho, pelo menos no grupo dos 99% inferiores. Sua análise se baseia em uma abordagem-padrão de produtividade marginal (na qual os salários dependem da oferta e demanda de habilidades), moldada em razão das mudanças técnicas com base em habilidades e para o aumento de capital, assim como pela desigualdade no acesso à educação. Diante de tal circunstância, ele afirma que "a melhor maneira de reduzir as desigualdades de renda em relação ao trabalho, bem como de aumentar a produtividade média da força de trabalho e o crescimento geral da economia, é investir em educação". Essa é a mesma conclusão adotada pela maioria dos economistas que analisaram as

8. James Manyika et al., "Digital America: A Tale of the Haves and the Have-Mores", McKinsey Global Institute, dez. 2015.

9. D. Autor, "Skills, Education and the Rise of Earnings Inequality among the Other 99%", *Science*, maio 2014, pp. 843-851.

causas (e soluções) quanto ao aumento da desigualdade de renda no trabalho nos Estados Unidos nos últimos trinta anos. Contudo, será que o acesso à educação corresponderá a uma solução no futuro se a digitalização e as máquinas inteligentes deslocarem mesmo os trabalhadores com alto nível de instrução, limitando suas oportunidades de emprego e diminuindo seus salários? Piketty não aborda esse dilema, que é uma questão central para aqueles preocupados com o fato de como os trabalhadores se comportarão na era das máquinas e dos robôs inteligentes.

Em vez disso, ele se concentra no que diz ser "o mais impressionante fracasso" da explicação da desigualdade da renda do trabalho diante da relação entre educação e tecnologia: "sua incapacidade de explicar de maneira adequada a explosão das rendas do trabalho muito altas nos Estados Unidos", em comparação com outros países que estão sujeitos às mesmas forças estruturais e tecnológicas. Na visão de Piketty, essa é uma lacuna importante na teoria quanto à tecnologia e à educação, porque o aumento da participação da renda do trabalho que chega ao 1% superior explica o dramático aumento de cerca de dois termos de sua participação da renda nacional ao longo dos últimos trinta anos, com o restante explicado pela renda proveniente do capital.

Mas, se a teoria quanto à educação e à tecnologia, bem como a abordagem da produtividade marginal em que se baseia, não pode explicar a razão pela qual os salários daqueles que se encontram no conjunto do 1% superior subiram em alguns países desenvolvidos, em particular nos Estados Unidos, mas não em outros, qual seria a explicação para isso? Por que os salários explodiram nos Estados Unidos (e, em menor escala, no Reino Unido, no Canadá e na Austrália), para os principais executivos dos setores financeiro e não financeiro (um grupo que Piketty chama de "superexecutivos"), que compõem a maioria dos que estão no grupo do 1% mais rico e no grupo do 0,1% da distribuição de renda? Piketty diz que as respostas são práticas institucionais em áreas como remuneração gerencial e governança corporativa, normas sociais e política tributária.

Uma das muitas virtudes do trabalho de Piketty é que ele abrange uma ampla gama de países e economias, permitindo comparações e, portanto, fornecendo alavancagem na avaliação de diferentes fatores explicativos na geração de desigualdade de renda. Embora todos os países desenvolvidos apresentem a mesma tendência de crescente desigualdade de renda nos últimos trinta anos, existem diferenças consideráveis entre eles. Essas diferenças aparecem não apenas no grupo do 1% e no grupo do 0,1%, mas também em outros critérios de medição da desigualdade de renda. Por exemplo, a proporção da renda média entre o grupo dos 20% mais ricos e o grupo dos 20% mais pobres nos Estados Unidos é de cerca de 8,4, enquanto a mesma proporção na Alemanha é de 4,3, aproximadamente a metade. E os Estados Unidos têm uma das distribuições salariais mais desiguais entre os países desenvolvidos como resultado de salários relativamente baixos na parte inferior e salários extremamente altos na parte superior.[10] Todos esses países desenvolvidos têm economias abertas e estão expostos às mesmas forças globais de mercado e mudanças tecnológicas, por isso é difícil ver como essas características comuns podem explicar grandes diferenças nacionais na desigualdade de renda. Portanto, é mais do que plausível que outros fatores institucionais e políticos, como poder de barganha sindical, política tributária, normas sociais e estruturas de governança, tenham desempenhado papéis significativos em diferentes resultados distributivos.

Piketty apresenta explicações convincentes com relação aos efeitos de tais fatores nos Estados Unidos. Ele argumenta que, embora a corrida pela educação e tecnologia tenha sido um fator importante por trás da crescente desigualdade nos 99% inferiores da distribuição salarial dos Estados Unidos, ela não pode explicar as "descontinuidades" no crescimento dos salários entre o 1% superior e os 99% inferiores (ou mesmo dentro do próprio 1% superior). O salário dos 10% superiores cresceu muito mais rápido do que o salário da média dos trabalhadores, mas nem tanto quanto o salário do 1% superior; e o pagamento dos "superexecutivos" ou executivos de topo, que representam 60% a 70% do 0,1% superior, disparou em comparação com os do 99º percentil. Outros indicadores de desigualdade salarial, como a relação entre os salários dos trabalhadores com ensino médio e daqueles com ensino superior, e a proporção dos salários no nonagésimo decil da distribuição de salários em relação aos salários daqueles no quinquagésimo e no décimo decis, também aumentaram; mas não tanto quanto a proporção entre os salários do 1% superior e os do 0,1% superior,

10. Coeficientes de Gini calculados a partir de dados do Banco Mundial e relatados na Wikipedia. Veja em https://en.wikipedia.org/wiki/List_of_countries_by_income_equality. Comparações da desigualdade salarial nos Estados Unidos e em outros países desenvolvidos relatadas em J. Gornick; B. Milanovic, "Income Inequality in the United States in Cross-National Perspective: Redistribution Revisited", Resumo da pesquisa, Luxembourg Income Study Center, Centro de Graduação, Universidade Municipal de Nova York, maio 2015.

nem quanto a proporção entre os salários dos 99% "inferiores" e aqueles do trabalhador mediano.[11]

Piketty ressalta que essas acentuadas descontinuidades no crescimento salarial daqueles que estão bem no topo da hierarquia de renda não podem ser explicadas por descontinuidades nos anos de ensino, na seletividade das instituições de ensino ou nos anos de experiência profissional. Talvez esses executivos tenham habilidades incomparáveis e aprimoradas pela tecnologia, aumentando sua produtividade e, portanto, seus salários. Mas Piketty acha que não.

Ele afirma que o salário deles tem pouco a ver com a produtividade marginal individual, porque é impossível atribuir o desempenho de uma empresa, medido por indicadores tradicionais como crescimento de vendas ou lucros, às decisões de seus executivos. Em sua opinião, as explicações mais convincentes para o crescimento dramático da renda dos "superexecutivos" nos Estados Unidos são as práticas que determinam sua remuneração, controladas pelos próprios executivos e por comitês de remuneração, cuja maioria dos membros é formada por executivos de outras grandes empresas e que ganham salários comparáveis. Piketty descreve as decisões tomadas dessa maneira como "amplamente arbitrárias", refletindo tanto as relações hierárquicas quanto o relativo poder de barganha dos indivíduos envolvidos, quanto as normas sociais e crenças predominantes sobre a contribuição dos principais executivos para o desempenho da empresa.

Nas empresas listadas em bolsas de valores, essas decisões, em princípio, estão sujeitas à supervisão dos conselhos de administração que representam acionistas, mas Piketty acredita que os freios e contrapesos da governança corporativa sobre os principais salários dos executivos são ambíguos e fracos. Como prova das lacunas na governança corporativa e da ausência de uma justificativa de produtividade para o pagamento salarial dos altos executivos nos Estados Unidos, ele cita evidências de que o pagamento deles depende de variáveis como vendas e lucros, que, por sua vez, dependem em parte das condições macroeconômicas externas, em relação às quais eles têm pouca influência.

Por fim, Piketty observa que grandes reduções nas maiores alíquotas marginais do imposto de renda nos Estados Unidos, no Reino Unido e em outros

---

11. J. Bivens et al., "Raising America's Pay: Why It's Our Central Economic Policy Challenge", *Briefing Paper* n. 378m, Economic Policy Institute, 4 jun. 2014.

países desenvolvidos de língua inglesa, a partir de 1980, incentivaram os altos executivos, ainda mais, a buscar expressivos aumentos salariais, desencadeando a decolagem dos salários dos principais executivos nesses países, por volta da mesma época. Uma interpretação dessa evidência é que a redução nas alíquotas marginais de impostos aumentou o esforço executivo, resultando em uma majoração em seus salários. Esse é o argumento-padrão da elasticidade da renda tributável, aplicável aos principais executivos: as pessoas trabalham mais quando se diminuem as alíquotas marginais de imposto de renda que lhes são aplicadas. Esta, no entanto, não é a interpretação de Piketty. Em vez disso, ele afirma que os cortes de impostos reforçaram o incentivo a práticas bem-sucedidas de *rent-seeking* por parte dos executivos de alto escalão, a fim de redistribuir, entre eles mesmos, a receita comercial proveniente dos acionistas, dos trabalhadores e de outras partes interessadas.

O crescimento dramático da remuneração dos CEOs nos Estados Unidos, depois de 1994, também mostra evidências dos efeitos de outra alteração tributária, que permitiu às empresas deduzirem os altos salários dos executivos, acima de um milhão de dólares, apenas se estivessem vinculados ao desempenho.[12] Em consonância com o entendimento predominante nos Estados Unidos — de que os executivos representam acionistas e que os acionistas são motivados por retornos financeiros —, as empresas resolveram medir o desempenho, primariamente, por indicadores de lucratividade, como lucro por ação ou retorno total dos acionistas. (Uma pesquisa recente sobre as mudanças nas práticas de remuneração de CEOs nos Estados Unidos destaca o papel das alterações de política tributária, incluindo a alteração de 1994, como impulsionadoras das tendências na remuneração de CEOs no último século).[13]

Embora existam evidências claras de que a remuneração dos executivos tenha aumentado significativamente, de maneira absoluta e relativa quanto ao salário dos 99% inferiores, há um debate considerável sobre o motivo pelo qual isso acontece. Alguns estudiosos, como Joseph Stiglitz, Paul Krugman, Robert Reich, Lawrence Mishel e Lucian Bebchuk, compartilham a visão de Piketty de que os altos e crescentes salários dos executivos refletem falhas nas práticas de

12. L. Mishel; A. Davis, "Top CEOs Make 300 Times More than Typical Workers", *Issue Brief* n. 399, Economic Policy Institute, 21 jun. 2015.

13. K. Murphy, "Executive Compensation: Where We Are and How We Got There", em *Handbook of the Economics of Finance*, ed. G. Constantinides; M. Harris; R. Stulz, Amsterdã, Elsevier Science North-Holland, 2012.

governança corporativa nas empresas e mudanças nas normas sociais, as quais possibilitam que executivos consigam êxito na busca por renda.

Outros, como Kevin Murphy e Steven Kaplan, argumentam que as tendências salariais dos executivos refletem uma compensação eficiente e necessária para alinhar os incentivos dos executivos àqueles dos acionistas. Do ponto de vista dos acionistas, recompensar os altos executivos com base no desempenho das ações resolve o problema do "agenciamento", e explica por que existe uma forte relação entre a remuneração dos executivos e o valor das ações, sobretudo nas grandes empresas. Nessa interpretação, é o aumento dramático no valor da empresa — em parte devido às mudanças tecnológicas e à globalização, que reduziram os custos de mão de obra e aumentaram o tamanho do mercado — que explica o aumento dramático dos salários dos executivos.

Um artigo recente de Brynjolfsson, Kim e Saint-Jacques também vincula o aumento do salário dos CEOs à mudança tecnológica, mas de outra maneira. Com base em dados de mais de 2.500 empresas de capital aberto ao longo de quinze anos, e controlando uma variedade de fatores, incluindo tamanho da empresa, capitalização de mercado, salários médios e setor, eles concluíram que a "intensidade da tecnologia da informação" de uma empresa — tal como medido pela proporção entre seu estoque de capital de TI e o de seu capital total — "prediz fortemente" a remuneração de seus principais executivos ao longo do tempo e explica as diferenças de remuneração dos CEOs em todos os setores do mercado. De fato, os autores verificaram que a intensidade da TI geralmente é a variável mais significativa que explica, conforme suas pesquisas, o pagamento do CEO. Os autores apontam a hipótese de que a tecnologia da informação aprimora a "produtividade marginal" dos altos executivos, melhorando sua capacidade de monitorar e aplicar as decisões estratégicas de uma empresa — aumentando assim o "tamanho efetivo" e o valor de mercado das empresas que lideram. Em um "mercado eficiente" para talentos executivos, essa produtividade marginal mais alta resulta em níveis mais altos de remuneração dos executivos.[14]

A análise de Brynjolfsson, Kim e Saint-Jacques se concentra nos efeitos do capital digital — por meio de informações dispostas em rede e em sistemas

---

14. E. Brynjolfsson; H. Kim; G. Saint-Jacques, "CEO Pay and Information Technology", *MIT Initiative on the Digital Economy Working Paper*, fev. 2016. Projeto preliminar relatado no ICIS 2009 Proceedings, AIS Electronic Library (AISeL), disponível em: http://aisel.aisnet.org.

de tecnologia de comunicação —, em relação às habilidades dos executivos de ponta para monitorar e impulsionar o desempenho das empresas. É altamente plausível que, ao fornecer acesso imediato e análise dos dados atualizados de toda a empresa, esses sistemas aumentam o alcance do controle dos principais executivos e CEOs. O resultado desses sistemas é a desintermediação: uma redução nas camadas verticais dos gerentes de nível médio envolvidos na supervisão, e um aumento na eficiência e na qualidade da supervisão gerencial. Esses efeitos de desintermediação estão bem presentes em sistemas bancários, de varejo e em sistemas de informação automatizada dentro das empresas, mesmo havendo a necessidade de pessoal para o apoio administrativo e o secretariado. Os ganhos ou retornos obtidos através de uma supervisão gerencial mais eficaz e da redução de níveis médios de gerência graças à tecnologia da informação vão para algum lugar: para Brynjolfsson, Kim e Saint-Jacques, eles aparecem na remuneração do CEO. No entanto, por que isso acontece? Outras pesquisas são necessárias, a fim de determinar se e em quais contextos esses ganhos decorrentes da desintermediação e eficiência vão para os consumidores (na forma de preços menores ou de melhorias na qualidade de bens e serviços), para CEOs e alta gerência, assim como para os trabalhadores ou acionistas.

Os efeitos da tecnologia da informação na melhoria da produtividade também são um fator por trás do aumento dramático dos salários dos principais profissionais do setor de serviços financeiros nos Estados Unidos e sua crescente participação no grupo do 1% e do 0,1% daqueles com os maiores salários. A tecnologia da informação permitiu as inovações financeiras que impulsionaram a explosão no tamanho do setor de serviços financeiros — inovações como *swaps* de inadimplência de crédito, obrigações de dívida colateralizada e negociação em alta velocidade, para citar alguns. Essas inovações tiveram um efeito dramático na produtividade do setor de serviços financeiros, medido por indicadores como transações processadas, volume de negócios e introdução de novos produtos e serviços. Tais indicadores não avaliam se a produtividade e os resultados do setor financeiro foram uma fonte de valor agregado para a economia em geral. Mas os executivos e prestadores de serviços desse setor são recompensados com base nesses indicadores. Eles também são recompensados com fundamento nos preços dos ativos do mercado financeiro, sobre os quais têm pouco controle direto, dependendo, ainda, das condições macroeconômicas gerais, incluindo a política do banco central. Como já observamos, Piketty argumenta que a remuneração dos altos executivos não deve depender de tais condições "externas" de mercado.

Por fim, é importante observar que grande parte da discussão de Piketty se concentra em práticas de remuneração e regras de governança corporativa aplicáveis às grandes corporações norte-americanas, não às chamadas "S-corporations"* e parcerias — incluindo *private equity*, fundos de *hedge* e *venture capital* —, onde uma grande e crescente porcentagem da receita comercial é obtida, e onde uma parcela significativa dos "superexecutivos", aqueles nos grupos do 1% e do 0,1% com os maiores salários, obtêm sua renda. A tecnologia da informação pode ser um fator significativo por trás do aumento dessas rendas, tanto no setor de serviços financeiros quanto nas empresas de serviços jurídicos e outros profissionais que o atendem.

Tecnologia, efeitos do "vencedor-leva-tudo" e renda: lacunas na análise de Piketty

Em sua análise dos fatores que afetam o pagamento dos superexecutivos, Piketty não discute o efeito do "vencedor-leva-tudo" ou das superestrelas quanto à tecnologia. De acordo com a teoria do "vencedor-leva-tudo", a tecnologia eleva a remuneração dos "melhores desempenhos" em relação à remuneração de outras pessoas, permitindo que os melhores, em qualquer campo, vendam suas habilidades para um mercado mais amplo ao longo do tempo, substituindo a demanda daqueles que são menos do que o melhor. Os efeitos do "vencedor-leva-tudo" dependem das economias de escala na produção (as melhores em determinados setores podem atingir um grande número de consumidores) e das economias de escala no consumo (grande parte desses consumidores prefere as melhores alternativas já disponíveis, em vez das possíveis melhores alternativas no futuro). As comunicações digitais e as tecnologias de plataforma e redes sociais geram os dois tipos de economias de escala. A globalização, possibilitada pela tecnologia, fortalece a ocorrência dos efeitos do "vencedor-leva-tudo".

Na maioria das vezes, o modelo de superestrela é aplicado às artes, ao entretenimento e ao esporte — que representaram menos de 2% dos contribuintes de

* Uma "S-corporation", para a legislação relativa ao imposto de renda federal dos Estados Unidos, é uma empresa de capital fechado (ou, em alguns casos, uma sociedade de responsabilidade limitada (LLC) ou uma parceria) que faz uma eleição válida para ser tributada de acordo com o Subcapítulo S do Capítulo 1 do "Internal Revenue Code". Em geral, as "empresas S" não pagam imposto de renda. Em vez disso, as receitas e perdas da corporação são divididas entre os acionistas e a eles repassadas. Os acionistas devem então relatar o resultado em suas próprias declarações de imposto de renda individuais. [N.T.]

tributos no grupo do 1% superior, e cerca de 3% no grupo do 0,1% superior nos Estados Unidos, em 2005. Mas esse modelo é mais aplicável, de forma geral, a indivíduos que ganham a reputação de estarem entre os "melhores" em suas profissões, nas áreas, por exemplo, de direito, medicina, imóveis, consultoria de gestão e pesquisa acadêmica. Juntas, essas profissões representaram mais de 35% do grupo do 1% superior e cerca de 25% do grupo do 0,1% superior nos Estados Unidos em 2005.[15] As regras de governança corporativa, que são o foco da análise de remuneração de executivos por Piketty, não se aplicam a essas profissões, embora mudanças nas condições de mercado, normas sociais e taxas marginais de imposto de renda o façam. Um estudo recente aplica a teoria das superestrelas aos "CEOs superestrelas", que ganham reputação global em razão do forte desempenho das empresas sob sua liderança.[16]

Supostamente, as rendas das superestrelas resultam em parte do fato de elas venderem algo (chame-o de serviço) que é — ou é percebido como sendo — diferenciado (e até altamente diferenciado). A natureza exata da diferenciação e a forma pela qual ela é adquirida dependem da categoria e desafia respostas fáceis. As estrelas do esporte surgem através de algum tipo de sistema competitivo que define e fornece medidas de "melhor desempenho". No caso de artistas, a diferenciação de estrelas estabelecidas é clara, mas tanto o processo pelo qual as estrelas são descobertas quanto a possibilidade de esse processo ser um tanto aleatório são menos claros. Para aqueles CEOs que já sejam estrelas estabelecidas, existem dados de desempenho acessíveis para as empresas, embora o processo para se tornar um executivo superestrela provavelmente não passe em um teste de "experimento controlado", e haja um elemento de aleatoriedade ou sorte no processo.[17]

Uma questão relacionada é a razão pela qual os "rendimentos" associados à remuneração de superestrelas não são descartados. Ou, talvez melhor, por que eles não se afastam mais rápido do que o que observamos? Em alguns casos, é possível que haja apenas uma oferta limitada de certos tipos de talentos

15. J. Bakija; A. Cole; B. Heim, "Jobs and Income Growth of Top Earners and the Causes of Changing Income Inequality: Evidence from U.S. Tax Returns, William College", abr. 2012, disponível em: https://web.williams.edu/Economics/wp/BakijaColeHeimJobsIncomeGrowthTopEarners.pdf.

16. U. Malmendier; G. Tate, "Superstar CEOs", *NBER Working Paper* n. 14140, jun. 2008.

17. M. Bertrand; S. Mullainathan, "Are CEOs Rewarded for Luck? The Ones without Principals Are", *Quarterly Journal of Economics* 116, n. 3, 2001, pp. 901-932.

incomuns. Esse seria o argumento-padrão em um mundo de informações completas e simétricas. No entanto, suspeita-se que essa não seja a história toda e que existam barreiras de entrada dependentes do tempo e de processos paralelos de difusão de informações, associados ao processo de diferenciação. Talvez a tecnologia da informação reduza algumas dessas barreiras ao longo do tempo, diminuindo os custos do processo de descoberta de grandes estrelas. Mas essas questões nos levam muito além do atual conjunto da teoria econômica.

A teoria da superestrela quanto às grandes rendas está intimamente relacionada ao conceito de renda econômica dos livros didáticos, ou seja, pagamentos acima do mínimo necessário para proporcionar um fator de produção. Como resultado da globalização e da tecnologia digital, os vencedores em condições de "vencedor-leva-tudo" podem ganhar uma renda econômica considerável. Esse é outro canal através do qual a tecnologia e a globalização promovem o crescimento das maiores rendas e agravam a desigualdade de renda. Piketty volta sua atenção para esse canal.

A tecnologia também desempenha um papel na renda definida como um retorno a um fator de produção, que excede o que ocorreria em condições de mercado "perfeitamente competitivas". Piketty evita essa definição de renda, definindo-a, por outro lado, como a renda auferida pelo capital, independentemente da forma dessa renda. Ele afirma que sua teoria da renda obtida pelo capital "não tem absolutamente nada a ver" com a concorrência imperfeita. Nossa abordagem é diferente e reflete nossa visão de que a tecnologia e a globalização na maioria das vezes criam imperfeições de mercado que geram renda considerável. A distribuição dessa renda entre os proprietários de capital e trabalho, e entre vários tipos de trabalho, depende de políticas, práticas institucionais e normas.

Achamos que é melhor pensar no retorno ao capital como um resíduo ou como tendo um componente que é residual. Há um custo de capital, ajustado ao risco, que os fornecedores de capital financeiro exigem *ex ante* para que possam colocar fundos em uma empresa. Em termos teóricos, em um mundo perfeitamente competitivo, o mercado de trabalho estabeleceria as remunerações para diferentes tipos de trabalhadores, os proprietários de capital receberiam o retorno ajustado ao risco exigido, o governo receberia sua parte através de impostos e o resto dos benefícios da mudança tecnológica fluiria para os consumidores, através do efeito da concorrência nos preços do produto. Mas essas condições raramente são realizadas.

A mudança tecnológica gera renda de várias maneiras. O poder de mercado de economias de escala e escopo, assim como as vantagens daqueles que atuam de forma pioneira quando as barreiras de entrada são altas, gera rendas. A concorrência schumpeteriana gera poder de mercado e rendas que fluem para inovadores e empreendedores, os quais também podem ser proprietários substanciais de capital. Esses lucros podem ser transitórios a longo prazo, mas costumam ser mais do que suficientes para compensar os inovadores pelo investimento de tempo, de esforço e pelos consideráveis riscos assumidos. Os efeitos de rede e a utilização das tecnologias digitais de forma pioneira, assim como a proteção à propriedade intelectual recebida, podem produzir rendas muito grandes aos empreendedores, por longos períodos de tempo. Tais efeitos ajudam a explicar o fato de que os retornos ao capital digital e seus proprietários exemplificam uma distribuição altamente concentrada de lei de potência. Também é muito difícil separar esses retornos dos retornos para os criadores desse capital, bem como dos retornos para aqueles cujas habilidades são aprimoradas através dele. E, na tentativa de resolver o problema de "agência" na governança da empresa, os proprietários de capital provavelmente compartilharão os rendimentos de seu capital digital com os principais executivos e os principais talentos.

Um crescente conjunto de pesquisas indica que, pelo menos nos Estados Unidos, os rendimentos provenientes do poder de mercado, alimentado por uma forte proteção de marcas e patentes para aqueles que atuam no mercado de forma pioneira, são substanciais e se destinam, principalmente, aos executivos em um nível mais elevado e aos proprietários de capital, incluindo o capital digital e o capital humano complementar.[18] Muitas vezes, a renda dos superexecutivos é registrada como renda do trabalho, mas é realmente uma combinação de renda do capital e renda proveniente de mercados imperfeitamente competitivos. Em sua excelente revisão do livro de Piketty, Robert Solow, ganhador

---

18. Dentre os trabalhos recentes sobre o papel dos rendimentos em relação à desigualdade de renda e de riqueza nos Estados Unidos e os vínculos entre rendimentos, tecnologia e proteção à propriedade intelectual, incluem-se os seguintes: J. Stiglitz, *The Price of Inequality*, Nova York, W. W. Norton, 2012; R. Reich, *Saving Capitalism: For the Many, Not the Few*, Nova York, Knopf, 2015; P. Krugman, "Challenging the Oligarchy", *New York Review of Books*, dez. 2015; J. Furman; P. Orzsag, "A Firm-Level Perspective on the Role of Rents in the Rise of Income Inequality", *White House Council of Economic Advisers*, out. 2015; e D. Baker, "The Upward Redistribution of Income: Are Rents the Story?", *Working Paper*, Center for Economic and Policy Research, dez. 2015.

do Nobel, sugere que grande parte do que é registrado como renda do trabalho para o 1% superior, nos Estados Unidos, é realmente renda de capital, com o capital definido para incluir ativos intangíveis.[19] E defendemos que uma fração significativa dessa renda de capital reflete os retornos da tecnologia.

Na próxima seção, focaremos na tecnologia e na globalização proporcionada pela tecnologia, porque acreditamos que essas forças provavelmente se tornem fatores ainda mais importantes da desigualdade de renda no futuro. Para entender melhor a interação entre tecnologia e renda, distinguimos entre diferentes tipos de trabalho e capital. Há trabalho complementar à tecnologia e também para o qual a tecnologia é um substituto. Essas distinções entre tipos de capital e tipos de trabalho se tornarão ainda mais importantes no futuro, com digitalização ainda maior e a disseminação de robôs inteligentes e inteligência artificial.

Tecnologia, globalização e distribuição

Acreditamos que os movimentos na distribuição de renda e riqueza nas economias desenvolvidas durante os últimos trinta anos estão relacionados às mudanças bastante dramáticas na estrutura e composição de suas economias e mercados de trabalho, causadas por uma combinação de poderosas forças tecnológicas e de mercado global. Quanto às tecnológicas, elas estão intimamente associadas a um conjunto crescente de tecnologias intensivas em capital digital, que reduzem trabalho e são baseadas em habilidades; por sua vez, as forças do mercado global são proporcionadas através da globalização das cadeias de suprimentos, possibilitada pela tecnologia e pela chegada das economias emergentes, em particular da China, como principais participantes de uma economia global cada vez mais interconectada e competitiva. Essas duas forças são separadas, mas relacionadas, sendo uma o apoio da outra. A tecnologia da informação baseada em rede e a inovação em gestão expandiram as ferramentas para gerenciar complexas cadeias de suprimentos globais, permitindo que as empresas adquiram, monitorem e coordenem os processos de produção em locais diferentes de maneira rápida e barata. Isso tornou os pólos

19. R. M. Solow, "Thomas Piketty Is Right", *New Republic*, 22 abr. 2014 (neste volume, Capítulo 2).

de trabalho e capital humano mais acessíveis em todo o mundo e, por sua vez, aumentou as pressões competitivas sobre as empresas e seus trabalhadores nos países desenvolvidos.

Um princípio-chave de organização para a expansão das cadeias de suprimentos globais tem sido a arbitragem trabalhista*, reduzindo-se os custos de produção através da terceirização ou da transferência da produção para locais com mão de obra barata. Tanto a tecnologia quanto a maior abertura ao comércio e o fluxo de capital nas economias de mercado emergentes permitiram a expansão de complexas cadeias de suprimentos e aumentaram a pressão quanto à redução dos salários nos Estados Unidos e nos outros países desenvolvidos, devido à mão de obra mais barata nas referidas economias emergentes.

Essas mudanças e transições estruturais não são capturadas nos macromodelos de crescimento que são a base do trabalho de Piketty. Mas elas nos parecem elementos essenciais para aprofundar nossa compreensão quanto às tendências da desigualdade de renda e riqueza durante os últimos trinta anos, e talvez continuem a ser circunstâncias importantes no futuro.

Os macromodelos de Piketty não fazem distinção entre os tipos de trabalho, mas para entender as forças que impulsionam a desigualdade salarial é essencial fazê-lo. Os efeitos das mudanças tecnológicas relativas às habilidades e que reduzem a quantidade de trabalho são evidentes nas tendências quanto à composição dos empregos. Os economistas do trabalho distinguem os empregos em duas dimensões: a) manual e cognitivo; ou b) repetitivo e não repetitivo. A distinção entre trabalhos cognitivos e manuais é direta, caracterizada pelas diferenças na extensão das tarefas intelectuais e físicas. Se as tarefas envolvidas puderem ser resumidas como um conjunto de atividades específicas, realizadas por meio de instruções e procedimentos bem definidos, esse trabalho é classificado como repetitivo. Por sua vez, existem os trabalhos repetitivos manuais (em grande parte aqueles de colarinho azul) e os repetitivos cognitivos (em geral, aqueles

* Aqui, o termo "arbitragem trabalhista" se refere à prática empresarial de procurar e usar a força de trabalho de menor custo para a produção de produtos ou mercadorias. O uso do termo é limitado em seu uso diário. É mais provável que seja usado em trabalhos acadêmicos e relatórios gerenciais do que nas discussões cotidianas de negócios, embora a prática em si seja comum e generalizada. [N.T.]

de colarinho branco). Ambos tendem a ser de habilidades intermediárias. Trabalhos cognitivos que não são repetitivos tendem a ser de alta qualificação, ao passo que os manuais que não são repetitivos tendem a ser aqueles de baixa qualificação.[20]

As mudanças tecnológicas que reduzem a quantidade de trabalho e que têm reflexos nas habilidades substituem a mão de obra em tarefas repetitivas — tanto as de colarinho azul quanto as de colarinho branco —, que são "codificáveis" e, portanto, podem ser executadas por máquinas.[21] Por outro lado, trabalhos cognitivos que não são repetitivos envolvem "tarefas abstratas" que não são "codificáveis" e, por isso, não podem ser realizados por máquinas (pelo menos até o momento). A mudança tecnológica, com influência nas habilidades humanas, complementa-as, aumentando a demanda por trabalhadores em empregos que tenham necessidade delas.

Como observado antes, nos Estados Unidos e em outros países desenvolvidos, o deslocamento dos empregos que envolvem tarefas repetitivas por meio das tecnologias que reduzem a quantidade de trabalho e influenciam as habilidades resultou na polarização do mercado de trabalho, o que se deu com o crescimento simultâneo de ocupações não repetitivas, de alta habilidade e de altos salários, e de ocupações não repetitivas, de baixa habilidade e de baixos salários; em detrimento de ocupações repetitivas, de habilidades intermediárias e de salário médio. Esse resultado de polarização está bem delineado na literatura empírica, considerando-se os setores das indústrias, as localidades e os mercados de trabalho de cada país. Nos Estados Unidos, a participação das ocupações de renda média caiu de cerca de 60%, em 1979, para 46% em 2012.[22] Tendências semelhantes são evidentes em outros países desenvolvidos.

Ainda de acordo com a tese de polarização, o emprego nos Estados Unidos se expandiu rapidamente nas categorias "não repetitivo-manual" e "não repetitivo-cognitiva", entre 1967 e 2000; enquanto os empregos que envolvem

20. D. Acemoglu; D. Autor, "Skills, Tasks and Technologies: Implications for Employment and Earnings", *Handbook of Labor Economics*, 2011.

21. D. Autor, "Polanyi's Paradox"; Manyika et al., "Digital America"; e C. Frey; M. Osborne, "The Future of Employment: How Susceptible Are Jobs to Computerization?", Oxford Martin School, set. 2013.

22. D. Autor, "Why Are There Still So Many Jobs?".

trabalho repetitivo caíram e estagnaram na década de 1990. Depois de 2000, os empregos com trabalhos repetitivos despencaram, ao passo que aqueles com trabalho manual e não repetitivo continuaram a crescer; à diferença daqueles com trabalho cognitivo e não repetitivo, que estagnaram.[23]

Forças macroeconômicas — duas recessões, recuperações lentas e fraca demanda agregada — são fatores relevantes por trás das poucas melhorias na quantidade de emprego e no valor dos salários, atingindo inclusive os mais qualificados, desde 2000. A ascensão da China como exportadora global depois de sua entrada na Organização Mundial do Comércio, em 2001, também contribuiu para o fraco aumento de postos de trabalho e salários, em particular para empregos de renda média, e de habilidades medianas, na indústria manufatureira dos Estados Unidos. Os efeitos da fraca macrodemanda e da concorrência global são claramente aparentes no dramático declínio no emprego com tarefas repetitivas depois de 2001.[24]

Mas também parece provável que a tecnologia tenha desempenhado um papel no lento crescimento das ocupações que envolvem trabalho cognitivo e não repetitivo durante a última década. À medida que as máquinas melhoraram em sua capacidade de executar tarefas abstratas e não repetitivas, a elasticidade da substituição de capital por trabalhadores, ainda mais bem qualificados e instruídos, provavelmente aumentou. De acordo com uma pesquisa recente do McKinsey Global Institute, 45% das tarefas que as pessoas atualmente são pagas para executar já podem ser tecnicamente automatizadas, adaptando-se a tecnologia disponível no momento. Mesmo as ocupações para as quais se exigem as maiores habilidades, e que são as mais bem pagas da economia, incluindo médicos, advogados, CEOs e executivos do mercado financeiro, contêm uma parcela significativa de atividades que já podem ser automatizadas. Pelas razões mencionadas a seguir, acreditamos que, à medida que as máquinas se tornam cada vez mais inteligentes, é provável que essa tendência ganhe impulso no futuro. De acordo com McKinsey, quase onze milhões de

23. N. Jaimovich; H. E. Siu, "The Trend Is the Cycle: Job Polarization and Jobless Recoveries", National Bureau of Economic Research, *Working Paper* n. 18334, 2012.

24. D. Acemoglu et al., "Import Competition and the Great US Employment Sag of the 2000s", *Journal of Labor Economics* 34, 2016, pp. S141-S198; e D. Autor; D. Dorn; G. Hanson, "Untangling Trade and Technology: Evidence from Local Labor Markets", *Economic Journal* 125, n. 584, 2015, pp. 641-646.

empregos, de diferentes habilidades, poderiam ser deslocados pela automação durante a próxima década, o que representa quase o dobro da taxa histórica de deslocamento.[25]

A polarização do emprego impulsionada pela tecnologia no mercado de trabalho tem sido uma força poderosa por trás do padrão de crescimento dos salários para diferentes empregos e habilidades. No geral, aqueles cujas habilidades foram complementadas ou aprimoradas pela tecnologia obtiveram consistentemente os maiores ganhos salariais, mesmo durante períodos em que o crescimento geral dos salários foi lento. Nos últimos trinta anos, a diferença real de ganhos entre o trabalhador mediano com ensino superior e o trabalhador mediano com ensino médio entre os homens americanos que trabalham em período integral em empregos, durante todo o ano, quase dobrou. Durante o mesmo período, os salários aumentaram muito mais rápido para aqueles que já tinham os maiores salários, em relação àqueles que ganhavam os menores salários, enquanto o salário médio estagnou. Entre 1980 e 2013, o salário anual para aqueles que se encontram no grupo 1% superior cresceu 138%, ao passo que o salário daqueles que estão no patamar dos 90% inferiores cresceu apenas 15%.[26] Durante o mesmo período, a renda real de homens com ensino médio ou inferior decresceu de modo significativo, diminuindo 22% entre os que abandonaram o ensino médio, e 11% entre os que o concluíram; enquanto a taxa de desigualdade de ganhos — medida como a proporção dos ganhos de homens com trabalho em tempo integral no 90º percentil, e de homens no 10º percentil — aumentou mais de cem pontos percentuais.[27]

A mudança tecnológica que reduz o trabalho e influencia as habilidades, e que substitui o maquinário intensivo em computadores por trabalhadores que executam tarefas repetitivas de colarinho azul e de colarinho branco, tem contribuído muito para a estagnação dos salários reais do trabalhador mediano, assim como para a grande queda nos ganhos reais dos trabalhadores sem formação superior nos Estados Unidos. O declínio no poder de penetração e de barganha dos sindicatos também contribuiu: a fração de trabalhadores do setor privado pertencentes a sindicatos caiu de cerca de 24%,

25. Manyika et al., "Digital America".

26. L. Mishel; E. Gould; J. Bivens, "Wage Stagnation in Nine Charts", Report, Economic Policy Institute, 6 jan. 2015.

27. D. Autor, "Skills, Education".

em 1973, para menos de 7%, em 2016. Há um bônus salarial significativo para os trabalhadores sindicais, que é mais pronunciado para trabalhadores menos qualificados, e que vai além ao beneficiar trabalhadores não sindicalizados.[28] Um estudo recente do FMI descobriu que o declínio da sindicalização tem sido enfaticamente vinculado a um aumento de renda na parcela dos 10% mais ricos dos Estados Unidos e de outros países desenvolvidos.[29] O estudo também constatou que as reduções no valor real do salário mínimo são outra fonte poderosa de aumento da desigualdade de salário e renda. Nos Estados Unidos, o salário mínimo real em 2015 estava 24% menor do que seu valor máximo em 1968.[30]

Além de uma mudança tecnológica que gera polarização, da sindicalização em declínio e de um salário mínimo em erosão, a globalização viabilizada pela tecnologia e seus efeitos na estrutura industrial da economia também foram forças poderosas por trás da crescente desigualdade de renda.[31] Por estrutura, entendemos o tamanho e o crescimento das indústrias e setores, vistos em termos de valor agregado e emprego. Através dessa lente, podemos ver com mais precisão o impacto da integração da tecnologia às cadeias de suprimentos globais na composição da produção, do emprego e da produtividade na economia dos Estados Unidos.

Como estamos lidando com economias abertas, é importante distinguir entre setores ou subsetores expostos ao comércio e sujeitos à concorrência externa, e aqueles que não o são. Vamos nos referir àqueles que são expostos ao comércio como comercializáveis e aos demais como não comercializáveis. A parte comercializável de uma economia é o conjunto de setores (ou, em alguns casos, de partes de setores) que produzem bens e serviços que podem ser produzidos em um ou vários países e consumidos em quaisquer lugares.

---

28. L. Mishel, "Unions, Inequality and Faltering Middle-Class Wages", *Economic Policy Institute, Issue Brief* n. 342, ago. 2012.

29. F. Jaumotte; C. O. Buitron, "Inequality and Labor Market Institutions", *International Monetary Fund Staff Discussion Note*, jul. 2015.

30. D. Cooper, "Raising the Minimum Wage to $12 by 2020 Would Lift Wages for 35 Million American Workers", Economic Policy Institute, *EPI Briefing Paper n.* 405, jul. 2015, disponível em: http://www.epi.org/files/2015/raising-the-minimum-wage-to-12-dollars-by-2020-would-lift-wages-for-35-million-american-workers.pdf.

31. M. Spence; S. Hlatshwayo, "The Evolving Structure of the American Economy and the Employment Challenge", *Working Paper*, Council on Foreign Relations, 2011; M. Spence, "The Impact of Globalization on Income and Employment", Foreign Affairs, jul.-ago. 2011.

Exemplos seriam a maioria dos produtos manufaturados e serviços como consultoria, grande parte de serviços voltados a finanças, design de produtos como computadores, vários serviços de marketing, de gerenciamento remoto de sistemas de tecnologia da informação e desenvolvimento de software. Em contraste com bens e serviços comercializáveis, estão os bens e serviços não comercializáveis, que são aqueles produzidos no próprio país em que são consumidos. O setor não comercializável inclui governo, educação, construção civil, hotéis, restaurantes, serviço de alimentação, varejo tradicional, logística doméstica, uma série de funções de reparo e manutenção, hospitais, casas de repouso e uma variedade de serviços locais.

Com o tempo, o setor comercializável vem se expandindo, em grande parte como resultado dos desenvolvimentos tecnológicos em transporte, comunicações e digitalização, expondo uma fração crescente dos Estados Unidos e de outros países desenvolvidos à concorrência externa, proporcionando maior acesso à demanda externa.

O setor comercializável representa cerca de 35% a 40% da economia total nos países desenvolvidos, e um pouco menos quando se leva em conta o emprego. Tal como as figuras 8.1 e 8.2 indicam, nos Estados Unidos, o setor não comercializável é muito grande, representando cerca de dois terços do valor agregado. Sua participação, sob a perspectiva do emprego, é ainda maior, estando atualmente acima de 70% e subindo, em ritmo constante, para 80%.

FIGURA 8.1: Divisão de valor agregado no setor não comercializável/comercializável nos Estados Unidos (% do total), entre os anos 1990-2012

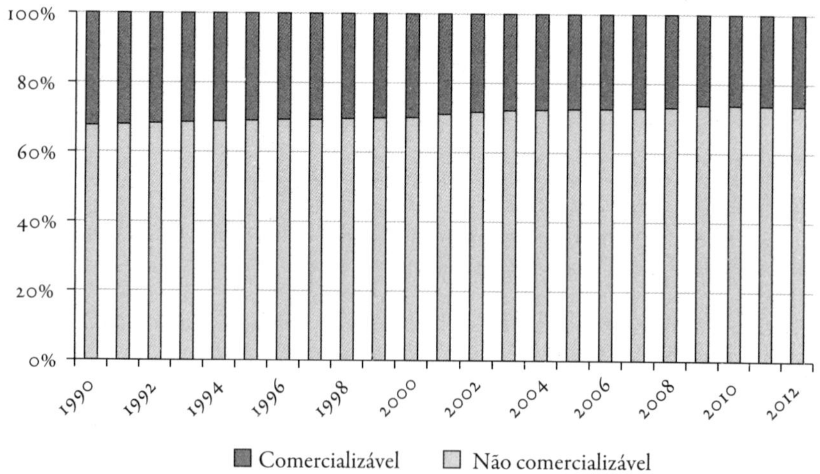

FIGURA 8.2: Divisão de empregos no setor não comercializável/comercializável nos Estados Unidos (% do total), entre os anos 1990-2012

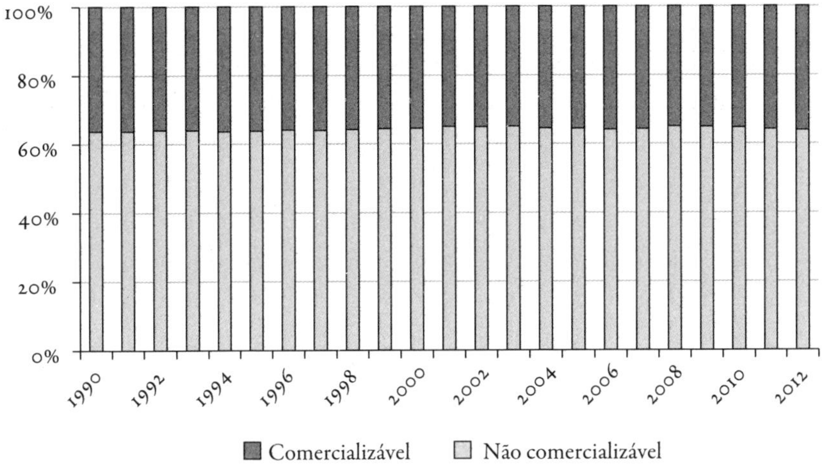

A similaridade nas participações dos setores comercializáveis e não comercializáveis nos países desenvolvidos reflete a similaridade na composição da demanda final entre eles. Por definição, o setor não comercializável do lado da oferta deve corresponder à demanda doméstica. Assim, se a demanda doméstica por bens e serviços não comercializáveis nas economias desenvolvidas for semelhante, o tamanho e a composição, pelo lado da oferta, do setor não comercializável serão semelhantes. Os dados confirmam isso.

Os lados da demanda comercializável dos países com economia desenvolvida também são semelhantes. Portanto, o tamanho do setor comercializável, ajustado pelo tamanho dos superávits ou déficits comerciais, é semelhante. Apesar disso, existem diferenças significativas entre esses países na composição do lado da oferta comercializável. Por exemplo, os países pequenos são mais altamente especializados no lado comercializável por razões de eficiência e competitividade. Eles tendem a exportar mais da produção do setor comercializável e importam inversamente uma fração maior de bens comercializáveis e serviços para satisfazer sua demanda doméstica. Uma economia maior como os Estados Unidos é um pouco menos especializada no lado comercializável e consome mais de sua produção comercializável no mercado interno. Por medidas convencionais, é menos exposta ao comércio.

Mesmo isso pode ser um pouco enganador na área da manufatura. É melhor pensar em termos de cadeias de suprimentos, as quais, no setor comercializável, são cada vez mais globais. Cadeias de suprimentos têm componentes. O que se move através das fronteiras nacionais na economia global (ou mais precisamente, a parte comercializável da economia global) são os componentes de cadeias de suprimentos, não as indústrias ou os setores inteiros. Essas cadeias globais cada vez mais não se encaixam no modelo do tipo "produzido no país A e consumido no país B". Mesmo uma grande economia como os Estados Unidos, quando examinada desse ponto de vista, terá uma gama maior de indústrias comercializáveis do que uma pequena economia mais especializada. O valor agregado da manufatura é substancial na economia norte-americana, mas uma parcela grande e crescente do valor agregado da manufatura é criada nos componentes de serviço de alto valor agregado das cadeias de suprimentos de manufatura. O resultado é uma grande divergência nos padrões de valor agregado e no emprego do setor comercializável.

A Figura 8.3 mostra que na economia dos Estados Unidos, nas duas décadas anteriores à crise de 2008, os setores comercializáveis e não comercializáveis cresceram em valor agregado a taxas semelhantes. O setor comercializável, embora menor, na verdade cresceu um pouco mais rápido, mas não de forma dramática.

Figura 8.3: Valor agregado no setor não comercializável/comercializável nos Estados Unidos, entre os anos 1990-2012 (bilhões em "*chained 2005 dollars*")

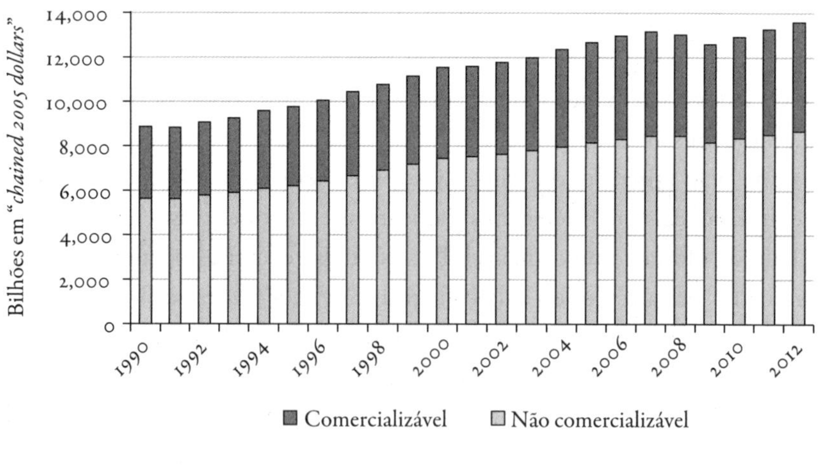

Mas, como mostram as figuras 8.4 e 8.5, a imagem é bastante diferente quando se olha para o emprego. A criação de emprego líquido no setor comercializável nos Estados Unidos foi insignificante. Praticamente todo o crescimento do emprego — cerca de 98% — ocorreu no setor não comercializável.

Figura 8.4: Emprego no setor não comercializável/comercializável nos Estados Unidos, entre os anos 1990-2012 (em milhões)

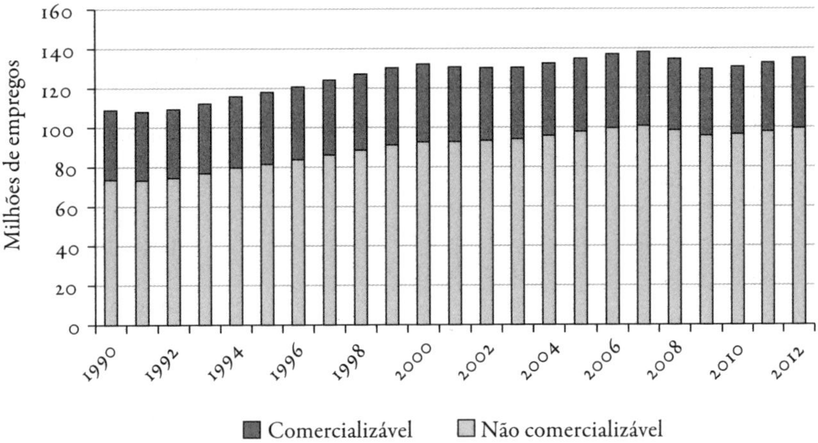

Figura 8.5: Mudança no emprego, entre os anos 1990-2012 (em milhões)

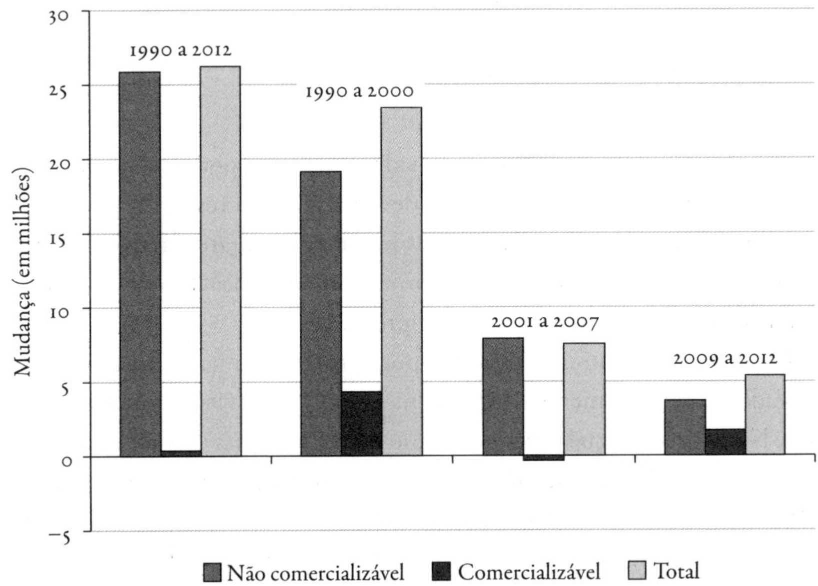

Como pode ser visto na Figura 8.6, os serviços de saúde e do governo respondem por 37% do crescimento do emprego nos Estados Unidos no setor não comercializável, durante o período nela indicado. O acréscimo de serviços de hotelaria e de alimentação, varejo e construção civil eleva esse número para mais de 60%.

FIGURA 8.6: Emprego no setor não comercializável, nos dez principais setores, entre os anos 1990-2010 (em milhões)

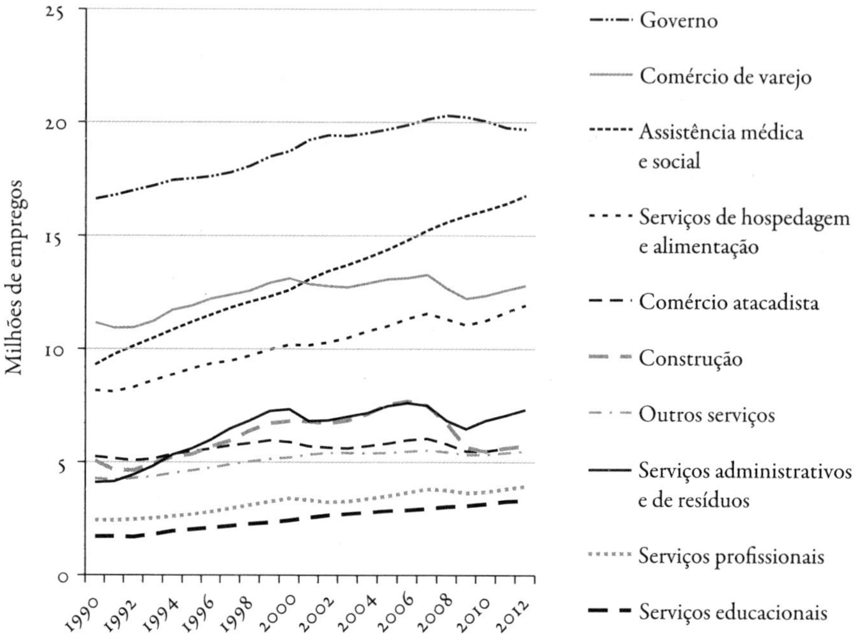

A produtividade é medida pelo valor agregado por pessoa empregada (VAP), ou, algumas vezes, por hora de trabalho. O crescimento da produtividade agregada nos Estados Unidos foi afetado negativamente pelo baixo crescimento da produtividade no setor não comercializável, combinado com sua alta e crescente participação no emprego.[32]

O setor manufatureiro responde por aproximadamente metade do valor agregado no setor comercializável, com o setor de serviços compondo o restante. No setor comercializável, o declínio do emprego nas duas últimas décadas ocorreu sobretudo nas indústrias de transformação, com um claro ponto de inflexão por volta de 2001, quando a China entrou na Organização Mundial do Comércio, enquanto os ganhos de emprego ocorreram nas indústrias de serviços

32. O crescimento da produtividade em toda a economia, medido pelas mudanças no valor agregado por pessoa ao longo do tempo, é uma média ponderada da mudança no valor agregado por pessoa nos setores comercializáveis e não comercializáveis (em que os pesos são as participações iniciais de emprego) menos a diferença entre o valor agregado comercializável e o valor agregado não comercializável, por pessoa, multiplicado pelo aumento da participação do emprego no setor não comercializável.

comercializáveis, muitas das quais prestam serviços nas cadeias de suprimentos das indústrias de transformação.[33] No geral, o balanço entre ganhos e perdas de emprego no setor comercializável chegou a quase zero.

Mas o valor agregado por pessoa se comportou de maneira muito diferente nos setores comercializável e não comercializável. Como mostra a Figura 8.7, o crescimento do VAP no setor não comercializável (no qual todo o emprego incremental ocorreu), ao longo do período indicado, foi lento; enquanto o VAP no setor comercializável aumentou muito mais rápido, com um claro ponto de inflexão ascendente por volta de 2000. Em 1990, o valor agregado por pessoa nos setores comercializáveis e não comercializáveis foi semelhante, sendo cerca de 10% maior no lado comercializável. Em 2008, o VAP era 50% maior no setor comercializável do que no setor não comercializável.

FIGURA 8.7: Valor adicionado real por emprego, nos setores não comercializáveis e comercializável, entre os anos 1990-2010 (médias ponderadas em "*chained 2005 dollars*")

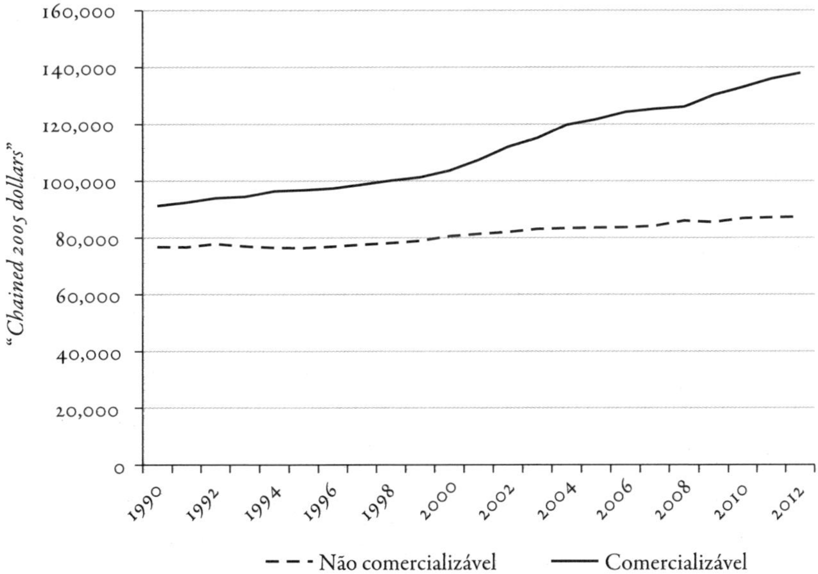

O valor agregado total — não apenas o valor agregado por pessoa empregada — aumentou na maioria das indústrias manufatureiras muito rápido ao

33. D. Autor; D. Dorn; G. Hanson, "The China Syndrome: Local Labor Market Effects of Import Competition in the United States", *American Economic Review* 103, n. 6, 2013, pp. 2121-2168.

longo do período. Não é verdade que essas indústrias tenham diminuído de tamanho ou não tenham crescido, mesmo com o declínio do emprego. O valor agregado da manufatura não diminuiu, ao contrário do emprego na manufatura, que diminuiu, uma vez que trabalhos repetitivos foram substituídos por tecnologia, bem como pelo fato de partes da cadeia de valor agregado da manufatura, associadas ao valor agregado de nível baixo ou médio, terem se deslocado para o exterior. Embora o valor agregado doméstico total na manufatura tenha sido reduzido em razão da própria transferência para o exterior, ele continuou a crescer à medida que a tecnologia foi substituindo a mão de obra, assim como em razão de os componentes dos serviços domésticos relativos à cadeia global de suprimentos da manufatura (dentre os quais os serviços de alto valor agregado, como design, patentes, marketing e logística) terem mais do que compensado a redução do valor agregado doméstico na produção industrial (como resultado da transferência para o exterior).

Para os componentes de serviço e de não serviço da cadeia de suprimentos da manufatura que permaneceram nos Estados Unidos, a mudança para tecnologias digitais voltadas para as habilidades reduziu a quantidade de empregos, mas aumentou a produtividade do trabalho e, portanto, a produção industrial em si. Essas mudanças no trabalho e no emprego, impulsionadas pela tecnologia, foram reforçadas pelo movimento, permitido pela tecnologia, de componentes e de postos de trabalho com menor valor agregado na cadeia de suprimentos, tanto na China quanto em outras economias em desenvolvimento.

Embora seja difícil de atestar com os dados disponíveis, é provável que o movimento do emprego do setor comercializável para o setor não comercializável tenha precipitado o movimento de indivíduos com empregos que exigiam habilidades medianas, com remuneração mediana, na indústria manufatureira, para empregos que necessitavam de menor qualificação, menor remuneração e para serviços menos produtivos no setor não comercializável.

As tecnologias digitais voltadas às habilidades no trabalho e que reduzem a mão de obra afetam os setores comercializáveis e não comercializáveis. Pode-se então perguntar como a economia dos Estados Unidos conseguiu criar quase 27 milhões de empregos no setor não comercializável nos dezenove anos até a crise de 2008. Parte da resposta foi um crescimento insustentável da demanda com base na alavancagem. Mas, como já observado e refletido através da Figura 8.6, os principais contribuintes para a expansão do emprego foram as grandes indústrias, com mão de obra intensiva, baixos salários, e no setor de não comercializáveis: assistência à saúde, governo, hotéis, restaurantes e varejo. Algumas dessas indústrias, como a da construção civil, com salários relativamente altos, e o setor governamental, estavam sem dúvida em caminhos de expansão que não poderiam persistir indefinitivamente. Por fim, a capacidade de gerar um grande número de emprego incremental nos setores de serviços não comercializáveis foi indubitavelmente aumentada pela pressão descendente sobre os salários causada pela grande mudança de mão de obra do setor comercializável para o setor não comercializável.

O que tudo isso tem a ver com a crescente desigualdade de renda? Muita coisa, pensamos. O valor agregado por pessoa se transforma em renda para alguém: trabalhadores, detentores de capital ou governo. E esse valor é maior e cresceu mais rápido no setor comercializável da economia (no qual o emprego líquido estagnou) do que no setor não comercializável (em que o emprego aumentou de forma absoluta e como parte do total de empregos).

Não há evidências de que a participação do governo no valor agregado total da economia tenha aumentado. Ao mesmo tempo, a partir dos dados sabemos que a participação do capital na renda nacional aumentou gradualmente nos anos 1990, e acentuadamente depois de 2000, enquanto a participação do trabalho caiu para níveis nunca vistos desde os anos 1950. Essas tendências foram principalmente vistas no setor comercializável, de forma especial na produção manufatureira tradicional e em tecnologia da informação.[34]

Basicamente, as evidências mostram que o setor comercializável passou dos trabalhos de produção industrial para os serviços de maior valor agregado, incluindo os componentes de serviço das cadeias de suprimentos industriais. Essas mudanças na estrutura do setor comercializável desencadearam uma queda vertiginosa no emprego na indústria manufatureira, contribuindo diretamente tanto para a perda de empregos de renda média quanto para o aumento da demanda de trabalhadores com a educação e as habilidades necessárias para proporcionar serviços de maior valor agregado.

O aumento salarial em razão da educação também é consistente com essas tendências: a mudança para tarefas não repetitivas de colarinho branco e de colarinho azul, intensivas em capital digital, em que a educação é complementar

---

34. R. Lawrence, "Recent Declines in Labor's Share in US Income: A Preliminary Neoclassical Account", *Working Paper* n. 15-10, Peterson Institute for International Economics, jun. 2015, disponível em: http://hks.harvard.edu/fs/rlawrence/wp15-10PIIE.pdf.

à mudança tecnológica voltada às habilidades; assim como a mudança na composição do setor comercializável em direção a serviços de maior valor agregado.

A mudança de emprego para o setor não comercializável reforçou um equilíbrio de oferta/demanda de mão de obra que favorecia empregadores e trabalhadores desfavorecidos. Combinado com salários mínimos reais baixos e decrescentes, além do pequeno, e cada vez menor, nível de sindicalização, o poder da mão de obra dos trabalhadores de habilidades e nível salarial médio e baixo, para resistir a essas pressões tecnológicas e de globalização, era limitado. A mudança de empregos da produção manufatureira sindicalizada, no setor comercializável, para os serviços não sindicalizados, tanto no setor comercializável quanto no não comercializável, corroeu ainda mais a atuação sindical e seu poder.

No geral, como resultado dessas forças estruturais, os benefícios ou dividendos gerados pela globalização e tecnologia foram desproporcionais entre os detentores de capital, incluindo o capital humano de alto nível. A distribuição desigual dos benefícios apareceu no bem delineado espaço entre o crescimento da produtividade do trabalho e o crescimento do salário mediano e do salário médio real.[35]

Nos setores negociáveis, tanto a tecnologia quanto a globalização foram, e ainda são, vetores para a redução da mão de obra em trabalhos repetitivos de baixa a média habilidade. Mas elas também são ferramentas para a capacitação em trabalhos cognitivos, não repetitivos e de maior valor agregado. A extremidade superior do espectro educacional e salarial, portanto, se saiu muito melhor. No geral, na maioria dos casos, os empregos não repetitivos foram mantidos nos setores comercializáveis e não comercializáveis.

As forças tecnológicas e globais e as mudanças setoriais resultantes identificadas aqui não operam exatamente da mesma maneira em todos os países desenvolvidos, mas seus impactos na estrutura industrial, na composição do mercado de trabalho e na desigualdade de renda são semelhantes. No entanto, é difícil argumentar que essas forças forneçam uma explicação adequada quanto às tendências no topo da distribuição de renda, onde, como observa Piketty, as diferenças entre países são significativas e os Estados Unidos representam um

35. J. Bivens; L. Mishel, "Understanding the Historic Divergence between Productivity and a Typical Worker's Pay", Economic Policy Institute, *EPI Briefing Paper* n. 406, set. 2015, disponível em: http://www.epi.org/files/2015/understanding-productivity-pay-divergence-final.pdf.

ponto fora da curva. Estruturas de governança e normas de remuneração, sindicatos, salários mínimos e outras instituições do mercado de trabalho, além de impostos e políticas que apoiam mercados não competitivos, geram dividendos significativos; e promover um comportamento de busca de dividendos é um fator por trás dessas diferenças, sendo um assunto de interesse legítimo da política. Essas não são explicações concorrentes, mas complementares: capturam os múltiplos fatores por trás da crescente desigualdade de renda e riqueza que atormentou os Estados Unidos e os outros países desenvolvidos nos últimos trinta anos.

A tecnologia digital e o avanço da globalização

Brynjolfsson e McAfee indicam várias tendências aceleradas no poder das tecnologias digitais que provavelmente afetam a composição dos postos de trabalho e do emprego, os retornos a vários tipos de capital humano e a distribuição de renda no futuro.[36]

A robótica está avançando a fronteira do que as máquinas podem fazer, incluindo tarefas que exigem uma percepção situacional sofisticada e uma capacidade de reação que parece exigir julgamentos relativamente complexos. Os avanços na tecnologia de sensores são em parte responsáveis por isso.

Muito do que as máquinas digitais inteligentes podem fazer agora teria sido pensado como sendo além de sua capacidade, mesmo de forma relativa, nos últimos tempos. O efeito é expandir o escopo de tarefas e trabalhos suscetíveis à substituição de máquinas por mão de obra. Dito de outra forma, o subconjunto de tarefas que poderia ser classificado como de rotina (manual, cognitivo e algo entre essas duas categorias) está se expandindo de modo rápido. Por exemplo, as máquinas agora podem montar alguns produtos eletrônicos, combinando recursos (como a destreza e a "visão") desenvolvidos recentemente.

Uma segunda área de avanço surpreendente é a inteligência artificial, ou "IA". A pergunta é o que as máquinas com "cérebro" digital podem aprender

---

36. Para uma discussão mais detalhada das tendências em robótica, inteligência artificial, impressão em 3D, além de outras inovações tecnológicas e seu impacto sobre empregos e salários, consulte o artigo de C. B. Frey; M. Osborne, "Technology at Work: The Future of Innovation and Employment", Oxford Martin School e Citi GPS, fev. 2015, disponível em: http://www.oxfordmartin.ox.ac.uk/downloads/reports/Citi_GPS_Technology_Work.pdf.

a fazer e com que rapidez o aprendizado ocorrerá. Até alguns anos atrás, os especialistas pensavam que as máquinas podiam ser programadas para executar uma série de tarefas (mesmo tarefas intelectuais complexas), por meio de um software que informava às máquinas como executá-las. Em outras palavras, os cientistas e programadores descobririam como os humanos executam certas funções, depois codificariam esses processos e os incorporariam em código de computador que permitiria às máquinas replicar o que os humanos fazem.

Nesse paradigma, as máquinas podem executar tarefas e realizar trabalhos em áreas nas quais conhecemos as regras e processos e podem incorporá-las ao software. Em resumo, as máquinas podem realizar atividades repetitivas que são codificáveis, às vezes de forma muito mais rápida e precisa do que os humanos, que elas substituem, fariam.

Mas há limites para isso, porque não sabemos como os humanos fazem muitas coisas: reconhecer uma cadeira, compreender uma frase dita com sotaque, entender e traduzir entre idiomas. Tentativas de resolver esses tipos de desafios, desenvolvendo regras e lógicas novas ou mais complexas, incorporadas ao software, não produziram os resultados esperados. Efetivamente, há alguns anos, parecia que a IA estava se confrontando com uma série de becos sem saída.

Os cientistas e tecnólogos então se voltaram para o que eles chamam de "força bruta" e aprendizado da máquina (ou *machine learning*). As redes se constituem em enormes bancos de dados, com a inclusão de imagens, gravações, filmes, dentre outras informações acessíveis. As redes estão ficando mais rápidas, o que também acontece com o próprio acesso a elas, e a capacidade de armazenamento está ainda maior. As máquinas podem aprender pelo próprio acesso e classificação através de pilhas enormes de informações e dados, nunca imaginados antes. Esse fenômeno parece estar funcionando mais rápido do que o previsto. Chama-se a isso de aprendizado da máquina (*machine learning*), e muito disso é aprendido pelo exemplo, ou, mais precisamente, por muitos exemplos. Uma parte importante desse aprendizado é o reconhecimento de padrões. Isso é, em parte, possibilitado pelo alcance, enorme poder e velocidade das redes e suas partes componentes, incluindo imensos bancos de dados.

O resultado é que as máquinas estão começando a aprender a fazer coisas que os seres humanos sabem como fazer coletivamente, mas não sabem como codificar por completo. Os avanços nas capacidades das máquinas surpreenderam até tecnólogos e cientistas experientes no campo da inteligência artificial.

Os conceitos de "rotina" e "codificável" nos ajudam a entender as mudanças nos mercados de trabalho, a estrutura econômica e alguns dos efeitos distributivos nos últimos trinta anos. Os avanços na inteligência artificial sugerem que a relação entre pessoa e máquina pode ir muito além do "codificável" e mais para tarefas que podem ser aprendidas, com consequências muito difíceis de ser previstas. As primeiras tendências de aceleração sugerem que as máquinas inteligentes poderão em breve executar tarefas cognitivas, não repetitivas e relativamente complexas.

Um desenvolvimento relacionado é o crescimento do *big data* ou, mais precisamente, de análise do *big data*. O *big data*, simplesmente, se refere a bancos de dados maciços que são estabelecidos como um subproduto do funcionamento dos processos e das plataformas digitais existentes. Pense nos dados que são acumulados no Google, Facebook, Amazon ou Airbnb. A análise de *big data* abrange o poder de processamento e a capacidade de fazer o reconhecimento de padrões em tempo razoável e com baixo custo. Para nossos propósitos, o *big data* pode ser em parte um substituto para certas funções humanas, no entanto é mais provável que seja um complemento para funções que envolvam análise e julgamento humano.

Uma terceira tecnologia que merece destaque é a impressão 3D ou manufatura aditiva. É o que parece: uma impressora a jato de tinta tridimensional que usa uma ampla gama de "tintas" que variam de plásticos a titânio. O que uma impressora 3D produz é uma função de um arquivo de dados que descreve o objeto. A impressão 3D é uma tecnologia que chamou a atenção porque é personalizável ao extremo e gera muito pouco desperdício. Seus custos estão caindo cada vez mais e a gama de materiais que podem ser usados na "impressão" está aumentando. Para as cadeias de suprimentos e para quem as gerencia, a manufatura aditiva é uma tecnologia que permite que a produção atenda à demanda real e não à demanda prevista. Isso tem implicações potenciais enormes para a extensão, eficiência e localização das cadeias de suprimentos e dos canais de varejo. A impressão 3D é altamente móvel e, claro, em relação à nossa discussão aqui, ela é intensiva em termos de capital digital, voltada para as habilidades, além de ser um meio de reduzir a quantidade de mão de obra.

A robótica e a impressão 3D parecem estar expandindo a finalidade do ingresso de tecnologias digitais em atividades e setores de trabalho intensivo.

Isso tem implicações para o investimento em capital humano e outras políticas nos países desenvolvidos. Também gera consequências no modelo de "crescimento" dos países com desenvolvimento em estágio inicial, nos quais setores com grande utilização de mão de obra têm sido, historicamente, uma fonte de vantagem comparativa na indústria manufatureira, um importante motor de crescimento por um período de tempo. Se as tecnologias digitais ultrapassarem as intensivas em mão de obra em termos de custo e qualidade em montagem e manufatura orientada por processos, esse caminho para o desenvolvimento se estreitará e eventualmente se fechará.

Durante o último meio século, os países que tiveram um estágio inicial de desenvolvimento bem-sucedido, em particular aqueles que não são "abençoados" com a riqueza de recursos naturais, confiaram na conectividade com a economia global e na vantagem comparativa da utilização de mão de obra intensiva na produção, a fim de impulsionar o crescimento e a transição para o status de renda média. Novas tecnologias digitais e de inteligência artificial, de robótica e de impressão 3D podem suplantar as tecnologias de trabalho intensivo, tanto em custo quanto em qualidade, de forma quase independente do custo da mão de obra e em um futuro relativamente próximo. Isso não acontecerá em todos os setores na mesma proporção. Mas há evidências de que essa tendência já começou e se move rápido.

Isso levanta questões sobre modelos de crescimento para chegadas tardias no processo de desenvolvimento. Onde estarão seus potenciais nichos de vantagem comparativa, e quais padrões de investimento em ativos fixos, infraestrutura e capital humano serão necessários para alcançá-los?

Durante a maior parte das últimas décadas, a lógica organizadora da economia global foi a de que a atividade econômica (pense nela como componentes das cadeias de suprimentos globais) se movia em direção a polos de trabalho valiosos e com preços atrativos, porque o trabalho era menos móvel do que o capital e o conhecimento. Agora, porém, as tecnologias com intenso capital digital estão substituindo os seres humanos nas partes das cadeias de suprimentos industriais, nos quais o trabalho de rotina é preponderante, e onde uma grande quantidade de pessoas é empregada em todo o mundo. Quando isso acontece, à medida que as tecnologias digitais tornam a manufatura flexível, com pouco ou nenhum ônus, a atividade física da manufatura se moverá em direção à demanda do mercado, e não para a mão de obra, porque existem eficiências a ser obtidas a partir da proximidade com o mercado.

De fato, já existem evidências de que, como resultado de mudanças impulsionadas pela tecnologia nas cadeias de suprimentos globais, muitos países em desenvolvimento estão ficando sem oportunidades de industrialização mais cedo, e estão em níveis de desenvolvimento muito menores do que aqueles que se industrializaram primeiro.[37] Um estudo recente descobriu que os países em desenvolvimento têm uma parcela muito maior de empregos em risco pela automação do que os países desenvolvidos, uma vez que as inovações tecnológicas eliminam as vantagens tradicionais do custo de mão de obra dos países em desenvolvimento nos setores comercializáveis, e incentivam a remodelação de atividades comercializáveis para os países desenvolvidos.[38] Como resultado do rápido avanço das tecnologias, os velhos padrões da globalização podem ter continuado, embora isso não seja explicitado no meio político, sobretudo diante do viés protecionista e isolacionista nos países desenvolvidos. O desafio da política agora é o de como se adaptar às novas tecnologias que reduzem a demanda de mão de obra e fomentam as habilidades, que podem substituir tanto a mão de obra repetitiva quanto a não repetitiva, seja nos países em desenvolvimento, seja nos avançados. Se a adaptação será boa ou má, isso dependerá da identificação correta do desafio e do desenvolvimento das respostas políticas apropriadas.

Tecnologia, desigualdade e respostas políticas

As mudanças tecnológicas fomentadoras de habilidades e que reduzem a demanda por mão de obra, assim como a globalização possibilitada pela tecnologia foram forças poderosas por trás da crescente desigualdade de riqueza e de renda nos Estados Unidos e em outros países desenvolvidos, durante os últimos trinta anos, e provavelmente se tornarão ainda mais importantes no futuro. A tecnologia está seguindo uma trajetória inesperadamente rápida para substituir o trabalho humano e fazê-lo de maneiras desiguais, levando-se em conta as habilidades. A desigualdade de riqueza e de renda com base no mercado provavelmente aumentará ao longo das próximas décadas, não por causa

37. D. Rodrik, "Premature Industrialization", *NBER Working Paper* n. 20935, fev. 2015, disponível em: http://www.nber.org/papers/w20.935.

38. C. B. Frey; M. Osborne, "Technology at Work v.2.0: The Future Is Not What It Used to Be", Oxford Martin School e Citi GPS, jan. 2016, disponível em: http://www.oxfordmartin.ox.ac.uk/downloads/reports/Citi_GPS_Technology_Work_2.pdf.

das características inerentes ao sistema capitalista, mas sim pelos efeitos da revolução digital sobre o número e a composição dos empregos, dos retornos do conhecimento e do capital intangível, dos dividendos oriundos da concorrência imperfeita, das vantagens obtidas pelos empreendedores pioneiros em determinado nicho, do poder de mercado em sistemas em rede, e dos salários e meios de subsistência de trabalhadores que realizam tarefas e têm empregos que podem ser mais bem executados por máquinas, a um custo menor.

Concluir, no entanto, que as "forças impessoais" da mudança tecnológica serão os principais impulsionadores da desigualdade baseada no mercado não significa que as políticas públicas não tenham um papel a desempenhar na distribuição, de maneira mais equitativa, dos ganhos provenientes do progresso tecnológico. Infelizmente, muitas políticas nos Estados Unidos e em alguns outros países desenvolvidos exacerbaram, em vez de melhorar, a desigualdade impulsionada por essas forças durante os últimos anos. Ao longo de seu livro, Piketty explora como as diferentes escolhas políticas, e os diferentes valores sociais que elas refletem, ajudam a explicar por que tendências tecnológicas semelhantes foram associadas a diferentes níveis de desigualdade entre os países desenvolvidos.

Mesmo em um período de mudança tecnológica sem paralelo, as sociedades podem buscar o nível de igualdade que desejam, usando uma variedade de alavancas políticas para promover uma distribuição mais igualitária da renda disponível (depois de impostos e transferências), e não apenas a distribuição produzida pelas forças do mercado. De fato, existem diferenças bem evidenciadas entre os países desenvolvidos, na medida em que as políticas tributárias e de distribuição foram efetivamente usadas para reduzir a desigualdade de renda disponível em comparação com a desigualdade de renda de mercado. O desafio é elaborar políticas que possam tanto promover o progresso tecnológico (tentativas de bloqueá-lo, como ocorria com o ludismo*, estão fadadas

* Ludismo ou luddismo foi um movimento de trabalhadores ingleses do ramo de fiação e tecelagem, que ocorreu no início do século XIX (no início da Revolução Industrial) e se notabilizou pela destruição de máquinas como forma de protesto. Os ludistas entendiam que as máquinas eram usadas, de maneira fraudulenta, para contornar práticas laborais consolidadas pela tradição. A princípio, os ataques ludistas foram reprimidos pelos proprietários das máquinas. Em seguida, o movimento foi atacado por forças militares, e o endurecimento da legislação britânica resultou em penas severas para seus participantes. Ao longo do tempo, prevaleceu o entendimento do termo "ludismo" como um movimento de reação ao progresso técnico, à industrialização, à automação, à informatização ou a novas tecnologias em geral. [N.T.]

ao fracasso), quanto distribuir suas "recompensas" ou benefícios, de forma mais equitativa, de acordo com as normas sociais.

Inúmeros artigos e livros foram escritos sobre medidas políticas para conter a desigualdade de renda e riqueza. Como nossa atenção neste capítulo é voltada à tecnologia e seus efeitos sobre a desigualdade, não forneceremos recomendações políticas detalhadas. Em vez disso, consideramos brevemente três áreas de política abordadas no livro de Piketty, bem como no livro de Brynjolfsson e McAfee, quais sejam: educação; tributação progressiva da renda; e benefícios sociais e programas de apoio à renda.

Educação

Um campo político em relação ao qual Piketty, Brynjolfsson, McAfee e a maioria dos economistas que estudam a desigualdade concordam é a educação. Piketty reconhece que a corrida entre educação e habilidades tem sido o principal fator por trás do aumento da desigualdade na renda do trabalho, o que, por sua vez, é o principal fator por trás do aumento da desigualdade de renda em geral, mesmo para a parcela do 1% mais rico. Ele também observa que a desigualdade de renda é menos pronunciada nos países nórdicos, em parte por causa de seus sistemas educacionais de alta qualidade, igualitários e inclusivos. Por outro lado, nos Estados Unidos, a crescente desigualdade de renda resultou no aumento da desigualdade nas oportunidades educacionais e nos níveis de resultado, por nível de renda.[39]

Pelo menos no futuro próximo, as políticas mais eficazes para reduzir a desigualdade a longo prazo, ao mesmo tempo que se aumenta a prosperidade em geral, continuarão a ser aquelas que fomentam as habilidades de gerações sucessivas, através da ampla disponibilização a todos de oportunidades de educação e de treinamento, independentemente da renda.

Existe um amplo consenso entre os especialistas de que essas políticas devem começar com a educação infantil e se estender por meio da educação pós-secundária, aprendizado vitalício e oportunidades de reformulação que aumentam a flexibilidade dos trabalhadores para mudar de emprego em

39. M. Greenstone et al., "Thirteen Economic Facts about Social Mobility and the Role of Education", The Hamilton Project, jun. 2013, disponível em: http://www.hamiltonproject.org/assets/legacy/files/downloads_and_links/THP_13EconFacts_FINAL6.pdf.

emprego. Mas há um desacordo considerável sobre os tipos de educação e habilidades — as capacidades cognitivas e não cognitivas — que serão necessárias no futuro. A discordância reflete a incerteza sobre como a tecnologia mudará a composição dos empregos e as habilidades necessárias, assim como o ritmo em que o fará. Com os surpreendentes avanços da tecnologia digital, é difícil prever como será o lado da demanda nos mercados de trabalho daqui a dez ou quinze anos.

Poucos questionam a necessidade de mais educação nas áreas "STEM" (ciência, tecnologia, educação e matemática, na sigla em inglês). As tecnologias digitais continuarão a complementar a demanda por trabalhadores nesses campos, e o aumento de sua oferta moderará o prêmio pelas habilidades e reduzirá a desigualdade. Talvez nas próximas décadas, como prevê David Autor, a mudança tecnológica contínua dê suporte a um número significativo de empregos de habilidades intermediárias, que combinem "habilidades vocacionais específicas com níveis básicos de habilidades intermediárias, como alfabetização, conhecimento de operações aritméticas, adaptabilidade, solução de problemas e senso comum".[40]

Nessa visão otimista, muitos trabalhos de habilidades intermediárias permanecerão, combinando tarefas técnicas de rotina, que podem ser executadas com a ajuda de máquinas inteligentes, e um conjunto de tarefas não repetitivas nas quais os humanos continuam a ter uma vantagem comparativa sobre essas máquinas. Trabalhos de suporte médico são um exemplo. Muitos desses empregos exigem dois anos de treinamento vocacional pós-secundário e, em alguns casos, um diploma universitário de quatro anos. Isso também se aplica a numerosas ocupações qualificadas de comércio, de reparo e trabalhos de escritório. Nesse cenário, o investimento em capital humano deve estar no centro de uma estratégia de longo prazo, para aumentar a oferta de habilidades humanas pelas quais as máquinas inteligentes são complementadas e reduzir a oferta de habilidades humanas das quais elas são substitutas.

A experiência histórica indica que, como a tecnologia aumentou a produtividade humana, o resultado foi a criação líquida de empregos, e não a destruição líquida de empregos. No passado, com um atraso e com custos de ajuste dolorosos para trabalhadores deslocados cujos empregos desapareceram, o progresso tecnológico promoveu o crescimento da demanda por novos bens e

40.D. Autor, "Why Are There Still So Many Jobs?".

serviços, e isso aumentou a demanda por trabalho e mais do que compensou os efeitos de substituição de mão de obra em razão de tal progresso. A perspectiva futura, no entanto, é incerta: talvez, como Brynjolfsson e McAfee acreditam, haverá uma demanda crescente por empregos em áreas como saúde e segurança, apesar dos rápidos ganhos em tecnologias que reduzem a mão de obra. No entanto, há a preocupação de que o futuro seja diferente da experiência histórica. De acordo com estudos recentes, nas próximas décadas metade de todos os empregos nos países desenvolvidos — e ainda mais nas economias emergentes — serão vítimas potenciais de deslocamento, em razão das tecnologias que reduzem a mão de obra. E o ritmo da mudança é mais rápido do que o esperado. Como Martin Ford observa em seu recente livro premiado, robôs, algoritmos de máquina e outras formas de automação já estão consumindo uma parcela considerável de empregos nos níveis médio e baixo da pirâmide de habilidades, e estão prontos para consumir uma parcela crescente de tarefas e ocupações, mesmo aquelas realizadas por indivíduos com nível superior e pós-graduações.[41]

Tributação

Um sistema progressivo de tributação da renda, com incidência de alíquotas maiores nos rendimentos mais altos, encabeça a lista de propostas de políticas para combater a desigualdade de renda. A maioria dos países desenvolvidos, incluindo os Estados Unidos, já possui esse sistema. De fato, como observa Piketty, a criação de um sistema progressivo de imposto de renda foi uma inovação importante na tributação no século XX, e teve um papel fundamental na moderação da desigualdade de renda. Os debates políticos atuais se concentram em saber se a taxa marginal de imposto sobre as maiores rendas deve ser aumentada, e em quanto. Tanto Piketty quanto Brynjolfsson-McAfee recomendam uma considerável alta na maior tributação dos Estados Unidos, embora por razões um pouco diferentes. Brynjolfsson e McAfee postulam que as condições de mercado promovidas pelas tecnologias digitais — efeitos da rede, retornos crescentes e efeitos de "vencedor-leva-tudo" — resultam em distribuições da lei de potência quanto aos retornos aos proprietários de capital digital e ao trabalho cujos talentos são complementados por isso. Eles

41. M. Ford, *Os robôs e o futuro do emprego*, Rio de Janeiro, Best Business, 2019.

também postulam que os dividendos econômicos são uma "grande parte" dos ganhos muito altos e concentrados de capital e trabalho nessas condições. Portanto, eles não preveem que taxas marginais de imposto mais altas sobre esses ganhos nos Estados Unidos, pelo menos em comparação com as taxas atuais que são baixas pelos padrões históricos, reduziriam os incentivos dos que recebem altos salários para fornecer capital e trabalho em detrimento do crescimento.

Piketty postula que a taxa ideal de imposto de renda — para a parcela do 1% mais rico nos Estados Unidos e em outros países desenvolvidos — seja de "provavelmente acima de 80%", e afirma que essa taxa não apenas não reduziria o crescimento econômico, mas também distribuiria os frutos do crescimento mais amplamente, reduzindo o risco de uma tendência contínua à oligarquia e a outra Idade de Ouro. Em sua opinião, as rendas de capital e de trabalho obtidas por aqueles que mais ganham não são o resultado do poder de distribuição impulsionada pela tecnologia de tais rendas ou dos rendimentos que elas abrangem em condições imperfeitas de mercado. Em vez disso, em sua análise, os aumentos na renda de capital que fluem principalmente para aqueles que mais ganham são uma característica inexorável dos sistemas capitalistas nos quais a taxa de retorno do capital excede a taxa de crescimento. E as rendas do trabalho daqueles que mais ganham são o resultado de normas sociais, das práticas de governança corporativa, do poder desgastante dos sindicatos e do *lobby* político desses que mais ganham para influenciar a política a servir seus interesses.

Acreditamos que as forças institucionais identificadas por Piketty, bem como o correspondente comportamento de *rent-seeking*, em todas as suas várias formas, contribuíram para o aumento da desigualdade de renda. Mas julgamos que as forças tecnológicas e as imperfeições de mercado a elas atreladas, como identificadas por Brynjolfsson e McAfee, também tiveram um papel importante. Embora sejam necessárias mais pesquisas para avaliar e quantificar a importância relativa desses fatores institucionais e tecnológicos, as explicações de Piketty e Brynjolfsson-McAfee fornecem uma forte justificativa para que se aumente a taxa marginal do imposto de renda em relação àqueles que mais ganham, no combate à desigualdade de renda.

Benefícios sociais e suporte à renda

Além dos sistemas progressivos de imposto de renda, e no lugar das transferências diretas de renda dos ricos para os pobres, os países desenvolvidos oferecem programas de transferência social e seguro para reduzir a desigualdade de renda disponível e fornecer acesso a serviços sociais críticos como saúde, educação e aposentadoria para seus cidadãos, independentemente de sua renda de mercado. Mesmo nos Estados Unidos, onde esses programas são significativamente menos generosos e menos redistributivos do que aqueles na Europa continental, em particular nos países escandinavos, a distribuição de renda, depois da incidência de impostos e transferências, é muito mais igualitária do que a distribuição de renda do mercado.

Piketty reconhece a importância do que ele chama de programas de "Estado social" para lidar com a desigualdade de renda nas economias capitalistas, e sugere reformas para reorganizá-los, modernizá-los e consolidá-los. Brynjolfsson e McAfee compartilham o apoio de Piketty a esses programas, mas temem que eles sejam amplamente financiados por impostos sobre o trabalho. Essa preocupação é justificada. Quanto melhores as máquinas se tornam para a substituição do trabalho humano, maiores serão os efeitos negativos desses impostos sobre o emprego e a renda dos trabalhadores. Eles recomendam a consideração de um imposto sobre o carbono e um imposto sobre valor agregado, em vez de impostos sobre o trabalho, para financiar benefícios sociais no futuro. Piketty também propõe um novo imposto global progressivo sobre o capital para conter a desigualdade da riqueza. Algumas das receitas geradas por esse novo imposto poderiam substituir os impostos sobre o trabalho para financiar benefícios sociais.

Os mercados de trabalho de hoje estão passando por mudanças drásticas à medida que as plataformas digitais transformam a maneira como operam e revolucionam a natureza das funções desempenhadas. De muitas maneiras descritas por Brynjolfsson e McAfee, essas mudanças têm o potencial de melhorar a eficiência do mercado de trabalho e aumentar as oportunidades de empregos flexíveis. Porém, a crescente digitalização do mercado de trabalho e a ascensão da economia sob demanda (ou *gig economy*) têm uma desvantagem importante: ela está substituindo as relações tradicionais entre empregador e empregado, que foram o principal canal através do qual os benefícios e proteções sociais foram fornecidos aos cidadãos dos Estados Unidos e de outras economias desenvolvidas. À medida que mais e mais trabalhadores se encontram em relações de trabalho fora do padrão, os sistemas tradicionais de financiamento e provisão de benefícios sociais terão de ser modificados.[42]

Conforme as máquinas inteligentes se tornam mais poderosas e difundidas, elas representam um desafio crescente para uma característica definidora de uma economia de mercado — o fato de que a maioria das pessoas nessa economia obtém sua renda vendendo seu trabalho. O que acontece se e quando as máquinas inteligentes substituem o trabalho de uma grande parte da população em idade ativa, tornando-as incapazes de obter uma renda que ofereça um padrão de vida digno, independentemente de sua educação e habilidades? Brynjolfsson e McAfee levantam essa questão e pedem a avaliação de soluções "prontas para uso", incluindo um imposto de renda negativo ou uma renda básica para fornecer um padrão mínimo de vida garantido aos cidadãos, seja qual for o tipo do emprego e a remuneração que receberem por seu trabalho.

Por fim, se os benefícios da mudança tecnológica são amplamente distribuídos ou se eles se acumulam em uma pequena porcentagem da população mundial, isso dependerá não do tipo das máquinas inteligentes, mas do tipo das políticas inteligentes apropriadas para a nova era da máquina.

42. L. Tyson, "Intelligent Machines and Displaced Workers", Project Syndicate, 7 mar. 2014.

CAPÍTULO 9

Desigualdade de renda, determinação de salários e o local de trabalho fissurado

DAVID WEIL*

O economista David Weil, que atuou como gestor da "Divisão de Salários e Horas" do Departamento do Trabalho dos Estados Unidos, escreve aqui sobre o conceito que ele apelidou de "local de trabalho fissurado", significando a crescente estratificação do mercado de trabalho fora dos muros de empresas individuais. Em vez do modelo antigo de grandes corporações que empregam trabalhadores de todos os níveis — profissionais qualificados, administradores de nível médio e trabalhadores manuais, sob um único teto, como ocorria no passado —, cada vez mais os empregos são terceirizados por função, e trabalhadores que uma vez teriam sido empregados (e, portanto, beneficiários de privilégios de fato e de direito) agora são forçados a recuar. Este capítulo analisa a extensão e a motivação desse fenômeno e suas implicações para os padrões observados de desigualdade, bem como para futuras pesquisas sobre o funcionamento do mercado de trabalho, concluindo que é hora de os economistas voltarem ao conceito antiquado de determinação de salário como um fenômeno *sui generis* digno de estudo. Tudo isso importa para *O capital no século XXI*, porque torna mais complexa a imagem da desigualdade futura como resultante de uma divisão direta entre trabalho e capital.

* As opiniões expressas neste artigo não refletem necessariamente as opiniões do Departamento do Trabalho dos Estados Unidos da América. Nenhum recurso governamental foi gasto na redação ou pesquisa deste capítulo.

A era pós-Segunda Guerra Mundial foi um período notável na redução da desigualdade de ganhos, durante uma prolongada expansão econômica. Os salários e os benefícios da força de trabalho empregada dentro das instalações de grandes empresas, como General Motors, Hilton, GE e Westing House, se moviam aproximadamente na mesma direção que o aumento da produtividade. De 1947 a 1979, a produtividade aumentou 119%, enquanto os salários médios por hora aumentaram 72%, e a remuneração média por hora (salários mais benefícios), em 100%.[1] Na indústria automobilística, exemplo da era do pós-guerra, a expansão da demanda do consumo levou aos lucros crescentes e ao aumento da remuneração dos executivos; e os salários dos trabalhadores nas linhas de montagem de automóveis também cresceram. A mesma situação aconteceu com o pagamento de zeladores, do pessoal de manutenção, dos funcionários de escritório e até dos jardineiros também empregados pelas montadoras.

Esses movimentos paralelos começaram a mudar na década de 1970. O crescimento da produtividade ao longo das três décadas seguintes, que começou no final da década de 1970, continuou a aumentar, crescendo cerca de 80%. No entanto, durante o mesmo período, os salários médios por hora aumentaram escassos 7%; e a remuneração média por hora (salários mais benefícios), em apenas 8%. A crescente desigualdade tornou-se, com razão, uma preocupação central para os estudos acadêmicos e os formuladores de políticas e, é claro, um motivo central para o intenso interesse no livro de Thomas Piketty, *O capital no século XXI*.

Existe uma enorme literatura teórica e empírica que tenta explicar como os ganhos da expansão econômica, com tais mudanças dramáticas, foram compartilhados nos Estados Unidos e em outras nações industrializadas. Essa produção literária examina as causas que levam à diminuição de parte da renda nacional destinada ao capital. Ela verifica o aumento da desigualdade decorrente das características observáveis dos trabalhadores (os retornos do trabalho), bem como as mudanças na composição das empresas. Os estudos mergulharam profundamente no impacto das mudanças tecnológicas com influência nas

1. Veja L. Mishel et al., *The State of Working America*, 12. ed., Ithaca, NY, Cornell University Press, 2013.

habilidades, nos impactos da globalização e no declínio secular dos sindicatos, entre outras fontes que impulsionam a desigualdade.[2]

Este capítulo apresenta uma lente alternativa através da qual se pode realizar uma análise da desigualdade. Argumentarei que um importante impulsionador dessa mudança ao longo das últimas três décadas foi uma evolução da organização empresarial que alterou de maneira fundamental a relação de emprego e, por sua vez, a maneira como os salários são estabelecidos para os trabalhadores em uma crescente gama de indústrias. Meu foco aqui é a evolução particular da fixação de salários através das definições variáveis dos limites do emprego ocasionadas pelo que chamei de "local de trabalho fissurado".

Como as atividades foram transferidas por empresas líderes em muitos setores da economia para outras entidades empresariais, a fixação de salários foi alterada de maneira fundamental. As motivações para uma série de práticas de negócios que tiveram mudanças, relacionadas com a substituição do emprego por outras formas de trabalho — por exemplo, terceirização, subcontratação e classificação incorreta de trabalhadores como contratados autônomos —, geralmente são mal interpretadas apenas como táticas instituídas para evitar obrigações legais ou como um conjunto de ajustes necessários feitos por organizações empresariais modernas e flexíveis. Ambas as hipóteses falham em explicar as fontes de um realinhamento mais fundamental do emprego, hoje comum em muitos setores da economia.

A consequência dessas mudanças foi que, através de um número cada vez maior de mercados de trabalho, processos de fixação de salários que antes levavam a um compartilhamento superior de renda nos locais de trabalho (tanto aqueles sindicalizados quanto os não sindicalizados) agora são voltados à produtividade marginal do trabalho, em relação àqueles trabalhadores cujos empregos foram eliminados das principais empresas. Embora as empresas líderes (aqui consideradas aquelas que continuam empregando diretamente os trabalhadores que fornecem os bens e serviços da economia, tal como reconhecidos pelos consumidores) permaneçam altamente lucrativas e possam continuar a

---

2. Juntamente com o livro de T. Piketty, *O capital no século XXI*, para uma visão geral quanto aos dados e demais trabalhos teóricos na área, veja D. Autor; L. Katz; M. Kearney, "Trends in U.S. Wage Inequality: Revising the Revisionists", *Review of Economics and Statistics* 90, n. 2, 2008, pp. 300-323; e D. Acemoglu; D. Autor, "Skills, Tasks and Technologies: Implications for Employment and Earnings", *Handbook of Labor Economics*, vol. 4, pt. B, ed. D. Card; O. Ashenfelter, Amsterdam, Elsevier, 2011, pp. 1043-1166.

fornecer salários generosos por sua força de trabalho, os trabalhadores cujos empregos foram eliminados para outros negócios subordinados enfrentam condições de mercado muito mais competitivas. Margens mais baixas nesses mercados subordinados — que muitas vezes são mais "fissuradas" para outras redes — criam condições para a fixação de salários mais consistentes com os modelos competitivos do mercado de trabalho, onde os salários se movem em direção à produtividade marginal.

A hipótese do local de trabalho fissurado explica como as normas de fixação de salários são alteradas quando os trabalhadores são dispensados dos principais empregadores, sendo recepcionados por empresas externas, transformando, efetivamente, um problema de fixação de salário em um de precificação. Tal hipótese também fornece diretrizes com relação não apenas ao crescente nível de desigualdade de ganhos, mas também sobre a razão pela qual essa desigualdade pode estar particularmente associada ao desvio crescente nos ganhos *entre* empresas e não *dentro* das empresas. Como consequência, defendo que pesquisas futuras devam se concentrar, de novo, na antiga questão da determinação dos salários (um termo de uma era anterior à economia do trabalho) e em seus impactos na parcela da renda do trabalho.

A hipótese do local de trabalho fissurado

Quando entramos em uma conhecida cadeia de hotéis, supomos que as pessoas que nos cumprimentam na recepção ou as que limpam nossos quartos todos os dias, ou ainda aquelas que realizam as entregas daquilo que solicitamos sejam empregadas desse hotel (como seus uniformes e crachás nos levam a crer). Este, no entanto, não é nosso local de trabalho no século XXI. Muitos daqueles que trabalham nos hotéis são contratados por empresas de administração, de zeladoria, de serviços de garçom ou de mão de obra temporária. Em alguns casos, os trabalhadores são contratados em conjunto pelo hotel e pelas referidas empresas, mas muitas vezes nem sabem para quem trabalham.

Em meu livro *The Fissured Workplace: Why Work Became So Bad for So Many and What Can Be Done to Improve It* [O local de trabalho fissurado: por que o trabalho se tornou tão mau para muitos e o que pode ser feito para melhorá-lo], argumento que os mercados de capitais impulsionaram a evolução do local de trabalho fissurado.[3] Nos últimos anos, as principais empresas enfrentaram, e continuam enfrentando, uma pressão no sentido de melhorar seu desempenho financeiro para investidores privados e públicos. Elas responderam focando seus negócios nas principais competências, ou seja, o que oferece maior valor para seus consumidores e investidores. Um complemento natural dessa abordagem foi "abandonar" as atividades que não são essenciais para a competência central da organização. Em geral, isso começou com atividades como folha de pagamento, publicações, contabilidade e funções de recursos humanos. E se espalhou para atividades de terceirização, como zeladoria e manutenção de instalações e segurança. Depois, isso passou a acontecer de maneira mais abrangente: em muitos casos, ocorreu em atividades de emprego que seriam consideradas essenciais para a empresa.

Como resultado, a relação de emprego "fissurou". E, como na geologia, quando a fissura é iniciada, ela se aprofunda: uma vez que uma atividade como a de zeladoria ou a de manutenção era abandonada, os negócios secundários que realizavam esse trabalho aprofundavam ainda mais as fissuras, muitas vezes transferindo essas atividades para outros negócios. Quanto mais fundo as fissuras forem, menores serão as margens de lucro e maiores serão os incentivos para cortar custos. Os custos de mão de obra costumam ser o primeiro lugar em que os empregadores buscam reduzir as despesas para permanecerem competitivos, mesmo ao custo de normas de *compliance*. Normalmente, quanto mais longe o trabalhador estiver do beneficiário final desse trabalho, maior a chance de violação ou exploração. E as violações tendem a ser maiores quando as margens são mais reduzidas.

Mas as empresas líderes ainda precisam monitorar e policiar o comportamento das empresas subordinadas que fornecem atividades-chave, para que não prejudiquem as competências essenciais, como identidades de marca ou desenvolvimento de novos produtos. Portanto, a fissuração é realizada por meio de uma variedade de estruturas de negócios que permitem: arranjos de subcontratação e contratos de agência de pessoal, que são formulados com base em padrões de resultados explícitos e frequentemente detalhados, além de sistemas de gerenciamento de franquias, licenças e terceiros com requisitos

3. Veja D. Weil, *The Fissured Workplace: Why Work Became So Bad for So Many and What Can Be Done to Improve It*, Cambridge, MA, Harvard University Press, 2014.

de desempenho igualmente extensos.[4] Embora uma parte do local de trabalho fissurado resulte de um esforço para frustrar suas políticas, a conta acima mencionada indica a razão pela qual está errado ver isso como sua única força motriz, sobretudo em sua origem nas principais organizações empresariais. Entretanto, independentemente de o local de trabalho fissurado estar associado a práticas legítimas ou ilegítimas, as relações de emprego se tornam mais tênues, a responsabilidade pelo cumprimento das leis é transferida para outros negócios e tornada obscura, e a força de trabalho fica vulnerável a violações até mesmo das proteções mais básicas de nossas leis.

Fatores da determinação do salário

Em praticamente qualquer situação de mercado, as empresas enfrentam desafios para reduzir custos. Quanto mais intensa a competição, maior é essa pressão. Ainda que as mudanças nos mercados de capitais tenham aliviado essa pressão, seria tolice esquecer sua presença contínua nos mercados em geral. Portanto, é axiomático que as empresas busquem métodos para reduzir custos de mão de obra. Os custos unitários do trabalho são conduzidos por dois fatores: o preço do trabalho (também conhecido como salários e benefícios) e a quantidade de produção decorrente de cada unidade de insumo do trabalho (também conhecida como produtividade). Na medida em que mudar o emprego para outras empresas por meio de práticas como terceirização reduz os custos de mão de obra sem comprometer a integridade do produto ou serviço, seria de se esperar um movimento nessa direção.

Muitas discussões sobre elementos de fissuras — o uso crescente de contratos, terceirizações e acordos de trabalho contingente — se concentram em motivações direcionadas para a redução dos custos de mão de obra. Um exemplo importante é o esforço de longo prazo das empresas para evitar a sindicalização. Os sindicatos sobem os salários, aumentam os benefícios, reduzem a autoridade administrativa para despedir unilateralmente os trabalhadores e aumentam a fiscalização para a verificação de conformidade das empresas com

4. O desenvolvimento desses padrões — a "cola" que mantém unidos os mecanismos do local de trabalho fissurado — tornou-se mais disponível à medida que as tecnologias digitais diminuíram os custos do monitoramento. Veja ibid., Capítulo 3.

os regulamentos do local de trabalho. A Lei Nacional de Relações Trabalhistas* impede os empregadores de simplesmente fechar os locais de trabalho apenas devido à presença de sindicatos, ou ameaçar fazê-lo se um sindicato for eleito. Mas a redução do emprego pode fornecer maneiras mais sutis de se afastar de uma força de trabalho muito sindicalizada, ou transferir o trabalho para formas de emprego que são legais, porém estrategicamente difíceis para os sindicatos organizarem, pelo menos é o que acontece em termos históricos.

Uma segunda explicação é o desejo de transferir para outras partes uma ampla gama de benefícios de seguro social exigidos, como seguro-desemprego e prêmios de remuneração dos trabalhadores, além de benefícios privados como seguro e aposentadoria. Benefícios socialmente exigidos e fornecidos pelo setor privado tornam o custo para os empregadores de contratar trabalhadores muito maior do que os salários ou ordenados. Salários e ordenados representam 69,4% dos custos do empregador por hora trabalhada nos Estados Unidos, para todos os trabalhadores. Um adicional de 7,8% dos custos do empregador está relacionado a benefícios exigidos pelo governo federal (seguro social, Medicare e seguro-desemprego federal), além de benefícios estatais (seguro-desemprego e remuneração dos trabalhadores). Os benefícios privados fornecidos por seguros (saúde, vida, invalidez) e aposentadoria representam em média 13,5% adicionais.[5]

Na medida em que instituições como agências de recrutamento de mão de obra (ou, ainda, empresas menores que prestam serviços como subcontratadas para uma empresa maior) cumprem a lei, os valores correspondentes aos pagamentos de seus encargos sociais devem ser obtidos do preço que as empresas fornecedoras de mão de obra cobram. Há evidências abundantes de extensiva ilegalidade nas cadeias de subcontratação, agências de recursos

* A Lei Nacional de Relações Trabalhistas é do ano de 1935 e corresponde a um estatuto fundamental da lei trabalhista dos Estados Unidos, que garante o direito dos empregados do setor privado de se organizarem em sindicatos, de se envolver em negociações coletivas e de tomarem ações coletivas, como greves, por exemplo. [N.T.]

5. Essas estimativas são provenientes de K. Hallock ("Job Loss and the Fraying of the Implicit Employment Contract", *Journal of Economic Perspectives* 23, n. 4, 2009, pp. 40-43). Elas são baseadas em dados da "National Compensation Survey", de 2011. As médias ocultam as diferenças nos componentes dos custos horários a cargo do empregador em razão dos trabalhadores, suas ocupações e indústrias em que atuam. Por exemplo, os salários dos trabalhadores na área de serviços respondem por 71% dos custos horários que o empregador tem, representando os benefícios exigidos por lei o equivalente a 9,3% deles, porque os empregados do setor de serviços, geralmente, recebem benefícios de seguro e de aposentadoria muito mais baixos do que aqueles dos trabalhadores de outros setores.

humanos e outras empresas em redes de locais de trabalho fissurados, decorrentes de classificação incorreta dos trabalhadores, além de práticas salariais (como pagamento por produção) que levam a violações do salário mínimo e horas extras.

Mesmo com o pagamento de benefícios legalmente exigidos, as empresas com estruturas fissuradas podem oferecer menos — ou não oferecerem — benefícios na área de seguro ou aposentadoria, reduzindo os custos para as empresas maiores que possam recorrer a elas. Por exemplo, as leis federais que regulam os benefícios dos empregados exigem que, se um benefício como assistência médica for oferecido a um trabalhador, ele deve ser oferecido a todos os trabalhadores. Ao transferir o emprego para outra empresa (como uma agência temporária que não oferece benefícios de saúde à sua força de trabalho), a empresa pode reduzir o custo pela contratação de trabalhadores adicionais.

Um terceiro incentivo para a perda de emprego decorre do desejo de minimizar a responsabilidade. Com o emprego, vem a responsabilidade em decorrência de lesões no trabalho, de doenças e fatalidades, bem como por discriminação, assédio e demissão injusta. Uma vez que a transferência do emprego acaba, também, por transferir os respectivos ônus para outras partes, reduzem-se os custos previstos para as empresas que contratam mão de obra em tais condições.

Todas as razões mencionadas podem apontar para reduções nos custos trabalhistas e nos riscos associados ao emprego. Mas a pretensão de se atribuir o aumento dramático na perda de emprego exclusivamente em função delas não explica, de forma adequada, como as empresas líderes conduzem o equilíbrio entre os benefícios de custos menores, em razão da eliminação de emprego, com os benefícios de continuar usando trabalhadores de dentro de sua empresa; como também não há explicação adequada, por meio das referidas razões, quanto aos motivos de os locais de trabalho fissurados terem se espalhado, e com fissuras mais profundas. Há algo bem sutil em andamento. É preciso que se reflita sobre a forma de determinação dos salários nas grandes empresas.

Poder de monopsônio e determinação de salário

> O empregador mais autocrático e livre adota, espontaneamente, valores-padrão para classes de trabalhadores, assim como o grande comerciante fixa seus preços, não de acordo com a capacidade de barganha de determinados clientes, mas conforme uma porcentagem definida sobre o custo.
>
> Sidney Webb e Beatrice Webb[6]

Os grandes empregadores que dominaram os negócios em grande parte do século XX estavam em uma posição diferente daquela dos empregadores em geral nos modelos tradicionais do mercado de trabalho. O caso extremo ocorre nas chamadas "cidades operárias" (ou vilas operárias)*, onde um único empregador oferece, essencialmente, os únicos empregos no mercado de trabalho. Como único comprador de mão de obra, esse empregador (ou monopsonista) enfrenta efetivamente toda a oferta de mão de obra e deve pagar salários mais altos se desejar aumentar o número de pessoas empregadas.[7] Para um único empregador que pague o mesmo salário aos empregados por um trabalho semelhante, o custo de um trabalhador contratado adicional reflete não apenas o salário para esse trabalhador, mas também os custos adicionais para todos os funcionários que já foram contratados para esse trabalho, porque a empresa paga a todos os trabalhadores o mesmo valor do salário que o pago para o último trabalhador contratado. Como resultado, o empregador contrata menos trabalhadores e paga um salário menor, em comparação ao que ocorreria em um mercado de trabalho competitivo com vários empregadores.

6. S. Webb; B. Webb, *Industrial Democracy*, Londres, Macmillan, 1897, p. 281.

* Cidade operária (também chamada de cidade corporativa ou vila operária) é uma localidade onde, em sua totalidade ou parcialmente, todas as habitações e espaços comuns são de propriedade de uma empresa, que é a única entidade patronal. A empresa fornece infraestrutura (habitação, igrejas, escolas, hospitais, lojas, transporte, esgoto e água) para permitir que os trabalhadores residam em um local relativamente salubre e próximo ao seu canteiro de obras ou local de trabalho. [N.T.]

7. Isso pressupõe que a oferta de mão de obra é inclinada para cima — ou seja, para induzir mais pessoas a entrar no mercado de trabalho, os empregadores devem pagar uma taxa salarial cada vez mais alta à medida que aumentam o emprego. A rapidez com que o salário precisa aumentar para atrair mais pessoas no mercado (medida como a elasticidade da oferta de trabalho) altera o grau em que um mercado de trabalho é afetado por um empregador monopsonístico. Para uma discussão completa, consulte A. Manning, *Monopsony in Motion: Imperfect Competition in Labor Markets*, Princeton, NJ, Princeton University Press, 2003, Capítulo 4.

As "cidades operárias" são raras, mas um empregador não precisa dominar uma "cidade do carvão"* para exercer algum nível de poder de monopsonia. Uma fonte comum de poder do empregador no mercado de trabalho surge de problemas de informação. Um mercado de trabalho funciona através da combinação das preferências de trabalho dos empregados com a demanda dos empregadores por trabalhadores. Isso faz da informação um lubrificante crítico para a operação de um mercado de trabalho. Os modelos de mercado de trabalho puro** pressupõem que esses custos de informação sejam mínimos. Os pretendentes dos empregadores encontram rapidamente seus colegas de trabalho.

Mas a informação não é gratuita nem disposta da mesma forma por todas as partes no mercado de trabalho. Na prática, a busca do trabalhador por um emprego é limitada pelo tempo, pelo conhecimento e pelas preferências geográficas. Os grandes empregadores têm informações mais robustas devido ao seu tamanho, sofisticação e economia de escala ao adquiri-las. Os trabalhadores, no entanto, enfrentam "atritos de busca" no mercado de trabalho por causa de informações limitadas sobre as opções de emprego, bem como laços familiares, sociais e demais elementos geográficos que restringem sua disposição de ir a outro lugar. As assimetrias de informação e os atritos de busca criam algum grau de poder de monopsonia, o que significa que grandes empregadores estabelecem salários em vez de simplesmente aceitar aquele existente no mercado de trabalho. Isso lhes dá maior amplitude no estabelecimento de políticas de remuneração, embora as práticas do empregador ainda devam refletir a oferta de trabalhadores e sua contribuição para a produção da empresa.[8]

---

* Uma cidade de carvão, também conhecida como campo ou região de carvão, fica tipicamente em um local remoto e fornece residências para uma população de mineiros morar perto de uma mina de carvão. [N.T.]

** Entende-se o mercado de trabalho puro como aquele sem regulamentação política. [N.T.]

8. Em um mercado de trabalho competitivo, a oferta de mão de obra enfrentada por uma empresa é totalmente elástica, o que significa que a empresa pode comprar tanta mão de obra em um determinado nível de habilidade quanto desejar, ao preço de mercado. Mas os "atritos na busca" reduzem a disposição dos trabalhadores de se mudarem, o que significa que a oferta de mão de obra se inclina para cima e as empresas têm a capacidade de definir os salários (W. Boal; M. Ransom, "Monopsony in the Labor Market", *Journal of Economic Literature* 35, n. 1, 1997, pp. 86-112). Ransom e Oaxaca estimam a elasticidade da oferta de mão de obra para homens e mulheres no setor de mercearias e mostram que essa oferta para mulheres é menos elástica do que para homens, e como resultado, seus salários são mais afetados pela posição de monopsonia dos empregadores desse setor, especificamente, em que o salário relativo das mulheres é menor. Veja M. Ransom; R. Oaxaca, "New Market Power Models and Sex Differences in Pay", *Journal of Labor Economics* 28, n. 2, 2010, pp. 267-315.

Algum nível de controle e critério da monopsonia no estabelecimento do valor dos salários está subjacente às políticas de remuneração e de recursos humanos determinadas pelas principais empresas na economia em geral. Como os cientistas sociais Beatrice e Sidney Webb apontaram na virada do século XX, os grandes empregadores que dominavam a economia e o mercado de trabalho exigiam políticas unificadas de recursos humanos e de pagamento, além de mercados de trabalho internos, por algumas razões: para tirar proveito das eficiências administrativas; para criar consistência nas políticas corporativas; e para reduzir os riscos legais.

Assim como Sidney Webb e Beatrice Webb, os primeiros economistas do trabalho norte-americanos conceberam a fixação de salários nas empresas como o resultado de uma negociação específica, mas concentraram a atenção nos papéis desempenhados pelas limitadas opções externas enfrentadas pelos trabalhadores, e em seu impacto no poder de negociação relativo. Richard Ely e seus discípulos acadêmicos na escola "institucionalista" da economia do trabalho destacaram o papel que a sindicalização e a ação coletiva desempenham no estabelecimento de salários, ou, mais especificamente, eles argumentaram que, na ausência de sindicatos, os empregadores mantinham uma posição de negociação superior, em razão da demanda inelástica de mão de obra decorrente das barreiras à mobilidade enfrentadas pelos trabalhadores, bem como da necessidade premente deles de alimentar suas famílias.[9]

Uma geração posterior de economistas institucionais, como Sumner Slichter, John T. Dunlop, James Healy e outros que estudam a negociação coletiva na era pós-Segunda Guerra Mundial, encontrou comportamento gerencial semelhante nas principais empresas que estabelecem políticas de salários e preços em setores críticos da economia.[10] A definição de políticas salariais por meio de sistemas internos complexos quanto ao mercado de trabalho,

9. Outra razão para o poder do lado do empregador, como eles indicam, era a de que o lazer é um bem normal no ambiente familiar e, portanto, em resposta aos cortes salariais, os trabalhadores do sexo masculino "forneceriam" suas esposas e seus filhos ao mercado de trabalho. Por essa razão — e sustentando uma alta taxa de salário para os homens —, os institucionalistas apoiaram os limites legais do trabalho infantil e da jornada de trabalho para as mulheres, assim como defenderam o conceito nascente quanto aos salários mínimos. Veja R. Ely, *The Labor Movement in America*, Nova York, Thomas Y. Crowell and Co., 1886.

10. Veja S. Slichter, "Notes on the Structure of Wages", *Review of Economics and Statistics* 32, n. 1, 1950, pp. 80-91; S. Slichter; J. Healy; R. Livernash, *The Impact of Collective Bargaining on Management*, Washington, DC, Brookings Institution, 1960.

com salários consistentes entre grupos de trabalhadores, surgiu não apenas em ambientes sindicalizados. Fred Foulkes, por exemplo, documentou com minúcia práticas similares de definição de salários em relação a grandes empresas não sindicalizadas.[11]

A literatura contemporânea procura relacionar a existência em geral de mercados de trabalho internos elaborados, e as constatações como prêmios salariais em grandes empresas, com a operação dos mercados de trabalho competitivos. Um ponto de vista é o de que esses fenômenos não são incompatíveis com o funcionamento dos mercados competitivos, mas que simplesmente refletem a complexidade do trabalho como insumo na produção — insumo cuja produtividade muda ao longo do emprego.[12] Outro conjunto de teorias explica os mercados internos de trabalho conforme a teoria do "contrato implícito", em que empregadores neutros em relação a riscos fazem acordos com trabalhadores avessos a riscos, o que suaviza os salários ao longo do tempo, acomodando ambas as partes no processo. Esses acordos têm algumas das características dos mercados de trabalho internos, mas surgem de características subjacentes da oferta e demanda. Uma terceira visão explica os mercados de trabalho internos como os métodos pelos quais as empresas superam os problemas do dia a dia, uma vez que o contrato de trabalho entre trabalhadores e empregadores é eminentemente incompleto — ou seja, ele não pode prever de forma adequada a natureza complicada e mutável daquilo que o empregador deseja que o trabalhador faça. Como resultado, surge uma combinação de dispositivos

11. F. Foulkes, *Personnel Policies in Large Non-Union Workplaces*, Englewood Cliffs, NJ, Prentice Hall, 1980.

12. G. Becker e W. Oi propuseram modelos para ajudar a explicar por que, como John Dunlop frequentemente comentava, "os mercados de trabalho não são uma bolsa" e os salários instantâneos não alocam mão de obra de maneira eficiente por si sós. A presença de custos quase fixos de mão de obra ou a necessidade de fornecer treinamento específico (isto é, treinamento que beneficie um trabalhador em um específico empregador) cria um problema de compensação que as empresas precisam resolver, agindo como se, no modelo de Oi, apenas uma parte dos custos de remuneração fosse variável ou, como no modelo de Becker, a política de remuneração representasse uma parte de um investimento em capital humano que a empresa deve recuperar ao longo do tempo. Veja G. Becker, *Human Capital: A Theoretical and Empirical Analysis with Special Reference to Education*, Nova York: Columbia University Press, 1964; e W. Oi, "The Fixed Employment Costs of Specialized Labor", *The Measurement of Labor Costs*, ed. J. Triplett, Chicago, University Chicago Press, 1983, pp. 63-122.

contratuais explícitos e implícitos para impedir que uma das partes trapaceie a outra.[13]

Nenhuma dessas explicações, no entanto, reconhece um aspecto básico do local de trabalho: ele reúne grandes grupos de pessoas, e as pessoas, por natureza, são seres profundamente sociais. Os trabalhadores que operam sob o mesmo teto se comunicam e descobrem rapidamente muita coisa sobre seus colegas de trabalho. Isso inclui se a pessoa sentada no cubículo seguinte está sendo mais bem paga por fazer o mesmo trabalho. Pagar às pessoas que fazem trabalhos semelhantes com salários diferentes pode ter consequências deletérias sobre a produtividade, aumentar a rotatividade ou até inspirar uma movimentação sindical. A unificação de políticas de recursos humanos com estruturas simplificadas de remuneração, para trabalhadores com níveis variados de produtividade, desempenha um papel fundamental na redução dos atritos entre os trabalhadores.

Equidade e determinação salarial

A justiça é importante. Em contraste com as premissas da economia tradicional de que os indivíduos maximizam os ganhos exclusivamente para si mesmos, uma grande literatura empírica sobre psicologia, teoria da decisão e, mais recentemente, sobre economia comportamental revela que as pessoas se preocupam não apenas com seus próprios ganhos, mas também com os de outros. De fato, elas frequentemente avaliam a magnitude de seus próprios benefícios em relação aos de outros. E muitas vezes estão dispostas a sacrificar alguns de seus próprios ganhos devido a crenças igualmente importantes sobre justiça.

O "jogo do ultimato" é uma das melhores demonstrações da importância da justiça nas interações humanas, e foi bastante testado, tanto experimentalmente

13. Nessa visão, as relações de emprego em geral criam um valor frente ao qual as partes devem descobrir uma maneira de compartilhar no emprego em curso. Esses contratos refletem tanto as condições nos mercados de trabalho externos quanto o poder de negociação relativo dentro da empresa. Tal entendimento é desenvolvido em P. Milgrom, "Employment Contracts, Influence Activities, and Efficient Organization Design", *Journal of Political Economy* 96, n. 1, 1988, pp. 42-60. Para uma visão geral da teoria do contrato implícito no emprego, veja S. Rosen, "Implicit Contracts: A Survey", *Journal of Economic Literature* 25, n. 4, 1988, pp. 1144-1175.

quanto em campo. O jogo é simples: duas pessoas são informadas de que há um pote de dinheiro (digamos, com dez dólares) a ser dividido entre elas. Um jogador tem o direito de decidir como dividi-lo. O segundo jogador pode aceitar ou rejeitar a decisão do primeiro jogador. Se o segundo jogador rejeitar, ninguém recebe nada. Se as pessoas se interessassem apenas em si mesmas, o resultado esperado seria claro: o primeiro jogador manteria quase tudo e deixaria algumas migalhas (moedas) para o segundo. Como este ainda está melhor com um pouco (por exemplo, cinquenta centavos) do que antes do início do jogo, ele ou ela deve aceitar qualquer oferta diferente de zero.

Mas não é assim que o jogo acaba. A pessoa típica na posição de segundo jogador rejeitará ofertas subestimadas (de acordo com estudos, ofertas abaixo de 20% da quantia no pote de dinheiro geralmente são rejeitadas) — mesmo à custa de sair sem nada. Também importante é o fato de que os primeiros jogadores parecem entender isso com antecedência, porque geralmente oferecem ao segundo jogador a quantia correspondente a 40% a 50% do pote.[14] Os resultados, que foram replicados muitas vezes de muitas formas diferentes, atestam a importância da justiça, porque são baseados em jogos de uma rodada (sem repetição), nos quais os incentivos são altos para o proponente levar o máximo possível e para o respondente aceitar qualquer oferta. Quando jogos de ultimato são jogados em cenários de múltiplas rodadas, os incentivos para compartilhar o pote só se tornam mais altos.

As percepções de justiça afetam todos os tipos de interações e relacionamentos do mundo real. Os relacionamentos são uma parte intrínseca do local de trabalho e, portanto, as percepções de justiça são básicas para a forma como

14. O jogo do ultimato e uma ampla gama de variantes (por exemplo, o "jogo do ditador", no qual a divisão do proponente é imposta sem o consentimento do segundo jogador) foram executados tanto como experimentos, em que as pessoas jogam com dinheiro real, mas em um laboratório de decisão, quanto em campo, onde os experimentadores tentam criar condições semelhantes, porém com configurações mais realistas. Eles também foram replicados em diferentes níveis de recompensa — isto é, com potes de dinheiro muito maiores em jogo. Em geral, os mesmos resultados se mantêm. Discussões detalhadas e referências extensivas sobre esses resultados podem ser encontradas em E. Fehr; K. Schmidt, "A Theory of Fairness, Competition, and Cooperation", *American Economic Review* 114, n. 3, 1999, pp. 177-181; id., "Theories of Fairness and Reciprocity", *Advances in Economics and Econometrics*, ed. M. Dewatripont; I. Hansen; S. Turnovsly, Nova York, Cambridge University Press, 2002, pp. 208-257; id., "A Theory of Fairness, Competition, and Cooperation", *Quarterly Journal of Economics* 97, n. 2, 2007, pp. 817-868; e C. Camerer, *Behavioral Game Theory*, Princeton, NJ, Princeton University Press, 2003.

as decisões são tomadas dentro dele. Os fatores que determinam a fixação dos salários surgem não apenas da consideração do empregador da produção adicional que um trabalhador pode fornecer se receber um salário mais alto, mas também das percepções do trabalhador quanto à justiça desse salário. Por exemplo, Daniel Kahneman, um dos pioneiros da economia comportamental, mostrou que a percepção das pessoas sobre a justiça de um corte salarial depende de por que elas acham que isso foi feito: cortes decorrentes de aumentos no desemprego (e, portanto, mais pessoas procurando por trabalho) são vistos como injustos; uma empresa que corta os salários porque está à beira da falência é julgada de forma mais favorável. Tal como o proponente no jogo do ultimato, os gerentes parecem entender isso e quase nunca cortam salários nominais na prática.

Da mesma forma, considerações de justiça sobre remuneração dependem não apenas do quanto eu acho que mereço ser pago de forma absoluta (dada minha experiência, educação, habilidades), mas também do que sou pago em relação aos outros. Quais são os grupos de comparação relevantes? Depende da condição em que estou ao fazer a avaliação. Se estou procurando emprego, minha avaliação é baseada no que vejo no mercado de trabalho — como previsto pela teoria econômica tradicional. Minhas fontes de informação podem estar incompletas, mas procurarei trabalhos comparáveis em minha pesquisa. A aceitabilidade de uma oferta salarial aumentará ou diminuirá com as condições gerais do mercado de trabalho.

Uma vez dentro de uma organização, no entanto, o nível salarial que se torna relevante para mim se concentra no dos outros trabalhadores de minha empresa. Da mesma maneira que, como nos experimentos, a forma pela qual duas pessoas dividem seus ganhos conjuntos importa tanto quanto seus ganhos absolutos (ou até mais que eles), uma vez dentro da empresa, eu me preocupo mais com o quanto a pessoa no próximo cubículo está sendo paga do que com o quanto alguém que atravessou a rua está recebendo, fazendo o mesmo tipo de trabalho que o meu, junto a um empregador diferente.[15] Além disso, os "salários de referência" são importantes não apenas relativamente aos outros que

15. A grande maioria (87%) dos gerentes indicados no estudo sobre políticas de remuneração realizado por Bewley concordou com a afirmação "A maioria ou todos os funcionários sabem do salário um do outro". Veja T. Bewley, *Why Wages Don't Fall during a Recession*, Cambridge, MA, Harvard University Press, 1999, Tabela 6.6, p. 80.

fazem um trabalho semelhante ao meu, mas também em relação àqueles que eu percebo nos níveis mais altos e mais baixos da organização.[16]

Os grandes empregadores adotaram o salário e os mercados de trabalho interno que existiam em décadas anteriores, por causa de dois tipos de equidade aplicáveis aos salários: a equidade horizontal, que diz respeito ao modo como as pessoas pensam sobre diferentes taxas salariais para trabalhos semelhantes; e a equidade vertical, que se refere à forma como pensam sobre diferentes taxas salariais para diferentes tipos de trabalho.

Os grandes empregadores historicamente manipularam os problemas de remuneração horizontal, estipulando pagamentos consistentes para as pessoas em posições comparáveis em uma empresa, mesmo que seus desempenhos variassem. A grande maioria das empresas (78%) verificadas no estudo de Truman Bewley sobre políticas de remuneração citou "harmonia interna e moral" como a principal razão pela qual a igualdade salarial interna era importante.[17] Os estudos do mercado de trabalho mostram que os salários dentro das empresas variam muito menos do que se esperaria, dada a existência de diferenças consideráveis na produtividade entre os trabalhadores. As empresas adotam uma política de "salário único" para trabalhadores com habilidades e capacidades que são observáveis de forma isonômica, devido às consequências negativas decorrentes de salários diversos para trabalhadores que, de outro modo, parecem semelhantes.

O contentamento dos trabalhadores com seus salários também é afetado por princípios de equidade vertical. Em particular, evidências experimentais e empíricas apontam para o fato de que as pessoas olham "para cima" a fim de julgar seus salários, perguntando-se: qual é meu salário em relação aos

16. Discuto dois tipos de noções de equidade — justiça horizontal vs. justiça vertical — com maior profundidade, em "The Fissured Workplace", Capítulo 4.

17. Pouco menos de 50% citou "desempenho no trabalho", e apenas 7% citou "evitar processos por discriminação", como a principal razão para a equidade salarial interna. Bewley cita um gerente de recursos humanos, em uma empresa sindicalizada com 27 mil funcionários, que comentou: "A injustiça pode causar transtornos em uma organização e levar a atividades disfuncionais. As pessoas querem ser tratadas com justiça e ver que suas contribuições são reconhecidas e que isso é feito de forma consistente, de um local para outro e de uma profissão para outra". Veja Bewley, "Why Wages Don't Fall", p. 79 e 81. Para um modelo formal relacionado de como as preocupações com a justiça se desenvolvem nos locais de trabalho, veja O. Stark; W. Hyll, "On the Economic Architecture of the Workplace: Repercussions of Social Comparisons among Heterogeneous Workers", *Journal of Labor Economics* 29, n. 2, 2011, pp. 349-375.

empregos no próximo degrau de minha organização?[18] Se o salário daqueles que se encontram logo acima de mim é muito alto — ou se a diferença aumenta com o tempo —, posso ficar cada vez menos feliz com o pagamento que recebo, independentemente de seu nível absoluto.

Em uma organização grande, questões de equidade vertical como essas podem ser particularmente irritantes. Os locais de trabalho sindicalizados, na indústria de manufatura tradicional, resolveram esse problema por meio de acordos coletivamente negociados que vinculavam esses graus — em geral fornecendo aumentos ascendentes de todo o sistema salarial (mantendo intactos os salários relativos) ao longo do tempo. O contrato negociado coletivamente cria um conjunto transparente de expectativas do que é justo (em parte porque reflete as preferências da força de trabalho, pelo menos como representado pelo comitê de negociação do sindicato). Grandes locais de trabalho não sindicalizados também devem acomodar as demandas de equidade vertical com o estabelecimento de políticas de remuneração, mesmo sem restrições pelas negociações coletivas. Os salários mais altos refletem, em parte, um esforço para impossibilitar a sindicalização, mas também um esforço para evitar os tipos de atritos internos descritos anteriormente. Estudos sobre determinação de salários constataram que executivos de grandes empresas não sindicalizadas com frequência justificavam as estruturas formais de remuneração interna com base na equidade.[19]

18. Veja E. Fehr; L. Goette; C. Zehnder, "A Behavioral Account of the Labor Market: The Role of Fairness Concerns", *Annual Review of Economics* 1, 2009, pp. 355-384, cit. na p. 378. A literatura sobre aversão à perda e "enquadramento" em psicologia é extensa. Kahneman fornece uma visão geral da extensa pesquisa em campo nas décadas seguintes ao seu trabalho de referência com Amos Tversky. Veja D. Kahneman, *Rápido e devagar: duas formas de pensar*, São Paulo, Objetiva, 2012.

19. F. Foulkes, em seu estudo sobre grandes locais de trabalho não sindicalizados na década de 1970, constatou que "as políticas salariais das empresas [grandes empregadores não sindicalizados] são projetadas para fornecer e demonstrar equidade" (Foulkes, *Personnel Policies in Large Non-Union Workplaces*, Englewood Cliffs, NJ, Prentice Hall, 1980, p. 185). Bewley também descobriu que, embora os executivos reconhecessem que as diferenças de remuneração entre os graus se mostravam úteis como incentivos, 69% das empresas entrevistadas citaram "patrimônio interno, harmonia interna, justiça e bom moral" como a principal justificativa. Veja Bewley, "Why Wages Don't Fall", Tabela 6.4 e análise nas pp. 75-79.

Por que empresas líderes perdem trabalhadores?

Juntar as preocupações quanto às equidades horizontal e vertical leva a uma previsão de que grandes empresas podem acabar pagando mais por empregos em diferentes níveis da organização para resolver esses problemas do que ocorreria fora delas. Essa questão da determinação salarial explica os bônus salariais dos grandes empregadores prevalecentes na segunda metade do século XX. Grande parte da literatura procura explicar os efeitos do tamanho da empresa com base nos diferenciais de produtividade subjacentes e nos comportamentos correspondentes entre trabalhadores e empregadores.[20] A hipótese do local de trabalho fissurado coloca o procedimento de determinação de salários pelas empresas como central para a análise do problema. Na era pós-Segunda Guerra Mundial, as empresas líderes que exerciam algum nível de poder de mercado, mas que enfrentavam a necessidade de acomodar princípios de equidade entre sua força de trabalho, foram levadas a selecionar políticas que resultassem em bônus salariais para um grupo específico de trabalhadores em empresas maiores. Nas últimas décadas, no entanto, as empresas ficaram menos limitadas por essas percepções de equidade na determinação de salários, alterando os limites do emprego por meio da supressão de atividades, transferindo-as para outras empresas.

O modelo básico de monopsonia pressupõe que um empregador definirá uma única taxa salarial para trabalhadores de um tipo específico (isto é, com habilidade ou ocupação específica), em vez de seguir, o que ocorre em uma situação monopolística, uma política de discriminação de preços (ou seja,

---

20. Para uma visão geral dessa literatura, veja W. Oi; T. Idson, "Firm Size and Wages", *Handbook of Labor Economics*, vol. 13, ed. O. Ashenfelter; D. Card, Nova York, Elsevier, 1999, pp. 2165-2214. Dois estudos inovadores dos efeitos estão em C. Brown; J. Medoff, "The Employer Size-Wage Effect", *Journal of Political Economy* 97, n. 5, 1989, pp. 1027-1059; e C. Brown; J. Hamilton; J. Medoff, *Employers Large and Small*, Cambridge, MA, Harvard University Press, 1990. Veja também E. Groshen, "Five Reasons Why Wages Vary across Employers", *Industrial Relations 30*, n. 1, 1991, pp. 350-381. Um estudo mais recente constata que o grande efeito da empresa sobre os salários diminuiu cerca de um terço entre 1988 e 2003; veja M. Hollister, "Does Firm Size Matter Anymore? The New Economy and Firm Size Wage Effect", *American Sociological Review* 69, n. 5, 2004, pp. 659-676. Binnur Balkan e Semih Tumen encontram efeitos maiores no tamanho da empresa em empregos informais do que em empregos formais na economia turca, levantando questões organizacionais interessantes sobre diferenças de fixação de salários nas empresas. Veja B. Balkan; S. Tumen, "Firm-Size Wage Gaps along the Formal-Informal Divide: Theory and Evidence", *Industrial Relations* 55, n. 2, 2016, pp. 235-266.

cobrar preços diferentes para diferentes consumidores). A necessidade de definir um salário único para um local de trabalho tem o efeito de aumentar o custo para o empregador, uma vez que terá de contratar mais trabalhadores de um determinado tipo, considerando-se que o custo adicional de mais um trabalhador exige que ele pague mais e mais para todos os que já estão empregados nesse tipo de trabalho.[21]

Em princípio, um empregador com poder de monopsonia poderia compensar os trabalhadores de acordo com sua contribuição individual à produção (ou o "produto marginal", a produção adicional por trabalhador) se ele adotasse uma política salarial variada. Mas isso vai contra a equidade e, como vimos, nunca foi uma forma comum de remuneração. A discriminação salarial (como a discriminação de preços) raramente é vista em grandes empresas, apesar dos benefícios que ela poderia conferir. Enquanto os trabalhadores estiverem sob o mesmo teto, os problemas apresentados pelas equidades horizontal e vertical permanecem.

Mas e se grandes empregadores pudessem discriminar os salários mudando as fronteiras da própria empresa? E se, em vez de enfrentar um problema de determinação de salários para uma força de trabalho grande e variada, fosse criada uma situação de fixação de preços do trabalho, a ser realizado por outras partes externas à empresa? Se várias empresas competirem vigorosamente, umas com as outras, para obter os negócios daquela empresa, cada pequena empresa ofereceria a seus trabalhadores salários para realizar trabalhos para a empresa líder. Sob essa configuração, o grande empregador (ou, agora, ex-empregador) recebe um preço pelos serviços ou produção dos contratados, não sendo obrigado a definir e pagar salários diretamente aos trabalhadores individuais que de fato realizam o trabalho.

Como tal, o empregador maior cria concorrência pelo trabalho entre diferentes fornecedores, e os remunera com base na avaliação de sua contribuição. Produtores menos eficientes poderiam receber menos do que os mais eficientes. Dessa forma, a organização líder enfrenta um cronograma de *preços por serviços*, em vez de *salários por trabalho*, deixando a tarefa de remuneração para os provedores individuais do serviço ou produto. Com efeito, a empresa líder

21. Um conjunto recente de artigos empíricos que estimam o grau de poder da monopsonia fornece evidências interessantes. Os artigos estão resumidos em O. Ashenfelter; H. Farber; M. Ransom, "Labor Market Monopsony", *Journal of Labor Economics* 28, n. 2, 2010, pp. 203-210.

transfere sua atribuição de gerar empregos a uma rede de fornecedores menores. Ao fazê-lo, cria um mecanismo — ou seja, um mercado competitivo para serviços que antes eram administrados internamente por meio de emprego direto — na forma de uma rede de prestadores de serviços.

Ao transferir a geração de empregos para organizações subordinadas externas e que operam em mercados competitivos, a empresa líder cria um mecanismo pelo qual os trabalhadores receberão um salário próximo ao valor adicional que criarem. Ao mesmo tempo, isso evita o problema de ter trabalhadores com salários muito diferentes operando sob o mesmo teto. A empresa líder captura a diferença entre a produtividade adicional individual de cada trabalhador e aquilo que seria a taxa única de salário prevalecente se ela estabelecesse uma.

Como resultado, dois trabalhadores no mesmo projeto podem efetivamente receber salários muito diferentes, e mais próximos de algo que reflete sua produtividade marginal individual, do que seria o caso se estivessem empregados diretamente na organização-mãe. Esse mecanismo beneficiaria o empregador na hipótese de definir uma única taxa salarial para trabalhadores com cargos similares, mas com variação de produtividade, ou nos casos em que a política salarial de um empregador afeta o mercado como um todo. Outro argumento para a mudança de trabalho para fora da empresa surge dos problemas criados pelas expectativas de equidade vertical nos mercados de trabalho internos. Mesmo que os trabalhadores possuam diferentes níveis de qualificação e atribuições de emprego, os padrões de equidade vertical podem levar grandes empregadores a pagar salários mais altos aos trabalhadores menos qualificados, devido à presença neles de trabalhadores mais bem pagos, cuja remuneração se torna um salário de referência no mercado de trabalho interno.[22] Transferir esses empregos menos qualificados para fora da empresa pode resolver esse problema.

22. Jim Rebitzer e Lowell Taylor resumem a literatura sobre problemas decorrentes de uma agência/monitoramento mais complexa, em que os trabalhadores têm vários aspectos de esforço para monitorar. Se existem dois aspectos do esforço, por exemplo, e eles são complementares, mas um aspecto não é observável, o empregador enfrenta um problema difícil na criação de um modelo de remuneração. Transferir esse trabalho para um terceiro independente é desejável nesses casos, pois o pagamento se torna mais diretamente relacionado à produção do provedor do serviço do que à contribuição do trabalhador. Veja J. Rebitzer; L. Taylor, "Extrinsic Rewards and Intrinsic Motives: Standard and Behavioral Approaches to Agency and Labor Markets", *Card and Ashenfelter Handbook of Labor Economics*, vol. 4, pt. B.

Fixando salários pela fixação de preços

Imagine que um hotel contratou diretamente todos os seus empregados — paisagistas, camareiras, manobristas, recepcionistas, dentre outros. A equidade horizontal exigiria uma remuneração comparável àqueles de uma mesma categoria — e talvez, até mesmo, nos demais hotéis de uma mesma área metropolitana (sobretudo se a força de trabalho se movimentasse entre os hotéis). A equidade vertical exigiria a consideração do pagamento de camareiras e manobristas na quantificação do pagamento dos paisagistas, e a consideração dos salários dos gerentes na quantificação do pagamento do pessoal da recepção. O hotel, portanto, seria obrigado a criar e administrar uma política abrangente de remuneração e de recursos humanos.

Mas e se o hotel concentrasse a atenção em sua reputação (que é sua principal competência) e não enxergasse mais a real administração dos hotéis como algo central para sua estratégia de negócios? Isso permitiria eliminar o processo confuso das operações do hotel, repassando-o para outras organizações — mais especificamente para outras empresas que poderiam concorrer umas contra as outras pelo direito de realizar tal atividade. Agora, o hotel poderia transformar a produção dos serviços hoteleiros em um mercado, com diferentes entidades competindo por partes do negócio. Cada uma delas ofereceria seus serviços, que antes seriam realizados diretamente pelo próprio hotel, por um preço.

Como resultado, o hotel criaria concorrência pelo trabalho entre diferentes fornecedores e pagaria a eles um preço com base na avaliação de sua contribuição. Produtores menos eficientes poderiam receber menos do que os mais eficientes. Dessa forma, a empresa enfrenta um cronograma de *preços por serviços* (por exemplo, gerenciamento de sua força de trabalho) em vez de *salários por trabalho*, deixando a complexa tarefa de remuneração para os fornecedores individuais do serviço ou produto. Com efeito, a empresa líder transfere sua atribuição de gerar empregos a uma rede de fornecedores menores. Ao fazê-lo, cria um mecanismo — ou seja, um mercado competitivo para serviços que antes eram administrados internamente por meio de emprego direto — na forma de uma rede de prestadores de serviços.

Ao transferir a criação de emprego para organizações menores e que operam em mercados competitivos, um grande empregador cria um mecanismo para remunerar os trabalhadores de forma mais compatível com o valor adicional que eles criam, e evita o problema de ter trabalhadores com salários muito diferentes atuando sob o mesmo teto. Ao fazê-lo, o empregador captura a diferença entre a produtividade adicional individual de cada trabalhador vis-à-vis a taxa única de salário prevalecente, se ela for fixada.[23]

As empresas no topo das cadeias de suprimentos dividem os empregos, para que possam concentrar sua atenção em atividades mais lucrativas, ligadas ao lado da receita na demonstração de resultados, deixando a fabricação de produtos ou a prestação serem fissuradas. Isso tem implicações importantes sobre como a lucratividade dessas empresas é compartilhada entre diferentes partes. Lembre-se de que, no primeiro modelo integrado de grandes empregadores, as empresas acabaram compartilhando parte de seus ganhos com a força de trabalho na forma de remuneração mais alta, para lidar com as percepções internas de equidade. Isso significava menos para compartilhar com os consumidores na forma de preços mais baixos e com os investidores na forma de retornos mais altos.

Com a fissura, os problemas de equidade são menos agudos e os salários podem ser empurrados para baixo. Isso significa mais ganhos a ser repassados aos consumidores como preços reduzidos ou melhores retornos para os investidores. Nas estruturas fissuradas — em que a competência principal de uma empresa atraiu uma base de clientes particularmente dedicada por meio da marca ou da introdução contínua de novos produtos interessantes —, os custos salariais reduzidos fluirão particularmente para os investidores.[24] A mudança do trabalho para fora permite a redistribuição dos ganhos para cima.

23. De modo irônico, isso também removeria a distorção de recursos introduzida pela monopsonia, porque, nessas circunstâncias, o empregador acabaria contratando trabalhadores adicionais ao ponto que seria encontrado em um mercado competitivo. No entanto, ao contrário da situação em um mercado competitivo, o monopsonista capturaria o "bônus" recebido pelos trabalhadores cuja taxa salarial excedia sua contribuição marginal à produção (ou seja, os rendimentos dos trabalhadores inframarginais).

24. Mais tecnicamente, a competência principal de sucesso no desenvolvimento de marca ou produto significa uma demanda menos elástica para tais empresas (e, portanto, uma maior capacidade de precificar em níveis mais altos para um determinado nível de custos). Nesses casos, a redução dos custos de mão de obra decorrentes da fissura pode ir principalmente para os investidores. Nas áreas de coordenação das principais competências (pense no varejo) ou com economias de escala, as empresas líderes ainda podem enfrentar mais concorrência nos mercados em que atuam. A economia de custos com mão de obra tem maior probabilidade de resultar em preços reduzidos para os consumidores (bem como em retornos mais altos para os investidores).

Maior desigualdade e as hipóteses do local de trabalho fissurado

A hipótese do local de trabalho fissurado prevê uma fonte distinta de desigualdade de ganhos. Primeiro, tal hipótese prevê que os ganhos dos trabalhadores que realizam o mesmo trabalho dentro das empresas passam a ser menores quando tal trabalho é transferido para outros profissionais ou outras empresas fora daquele local. As evidências empíricas sobre as ocupações específicas que são deslocadas de "dentro" para "fora" de uma empresa confirmam essa previsão.

Zeladores e vigilantes estavam na vanguarda da fissura. Em 2000, cerca de 45% dos zeladores trabalhavam como terceirizados; e mais de 70% dos guardas trabalhavam nessa mesma condição.[25] Como previsto pela lógica mencionada, a mudança de zeladores e vigilantes de dentro para fora dos muros das empresas tomadoras de serviço realmente afetou de forma significativa o pagamento aos trabalhadores nessas profissões.[26] Um estudo de Samuel Berlinski constatou que os zeladores que trabalhavam como terceirizados ganhavam 15% menos do que aqueles que trabalhavam como empregados da empresa contratante; e os seguranças terceirizados ganhavam 17% menos do que seus colegas empregados da empresa tomadora do serviço.[27] Da mesma forma, Arandajit Dube e Ethan Kaplan também encontraram impactos da terceirização, com uma "multa salarial", por atuarem como tomadores de mão de obra, de 4% a 7% para zeladores; e 8% a 24%, para guardas de segurança.[28]

25. Veja M. Dey; S. Houseman; A. Polivka, "What Do We Know about Contracting Out in the United States? Evidence from Household and Establishment Surveys", *Essays in Labor in the New Economy*, ed. K. Abraham; J. Spletzer; M. Harper, Chicago, University of Chicago Press, 2010, pp. 267-304.

26. Abraham e Taylor demonstram que, quanto maior o salário típico da força de trabalho em um estabelecimento, maior a probabilidade de o estabelecimento terceirizar o trabalho de zeladoria. Eles também mostram que os estabelecimentos que realizam terceirização do trabalho de zeladoria tendem a mudar completamente a função. Veja K. Abraham; S. Taylor, "Firms' Use of Outside Contractors: Theory and Evidence", *Journal of Labor Economics* 14, n. 3, 1996, pp. 394-424 (especialmente as tabelas 4 e 5 e as pp. 407-410).

27. S. Berlinski, "Wages and Contracting Out: Does the Law of One Price Hold?", *British Journal of Industrial Relations* 46, n. 1, 2008, pp. 59-75.

28. A. Dube; Ethan Kaplan, "Does Outsourcing Reduce Wages in the Low-Wage Service Occupations? Evidence from Janitors and Guards", *Industrial and Labor Relations Review* 63, n. 2, 2010, pp. 287-306. As diferenças citadas controlam uma variedade de fatores que podem estar associados a diferenças na força de trabalho, bem como nos locais onde o trabalho é realizado. O estudo de Dube e Kaplan fornece um conjunto particularmente rico de estimativas que permitem aos autores descartar várias características potencialmente "não medidas" do contrato vs. trabalhadores internos.

Mais recentemente, Deborah Goldschmidt e Johannes Schmieder fornecem evidências convincentes de efeitos similares nas estruturas salariais na Alemanha. Eles mostram um crescimento significativo na terceirização de serviços em uma variedade de atividades a partir dos anos de 1990. Usando uma amostra cuidadosamente elaborada, que permite comparar salários em serviços de alimentação, limpeza, segurança e logística, eles examinam o impacto de transferir os mesmos trabalhos de "dentro" para "fora", por meio das empresas envolvidas na terceirização. Seus resultados, usando uma estrutura de estudo de casos, mostram reduções nos salários que variam de 10% a 15% dos empregos terceirizados em relação aos que não eram. Além disso, devido à capacidade de combinar trabalhadores que experimentaram a terceirização para controlar características não observáveis do capital humano, eles argumentam que as reduções surgem da perda dos prêmios salariais obtidos pelos trabalhadores, quando eles se deslocam de dentro para fora da empresa de terceirização.[29]

A hipótese do local de trabalho fissurado, no entanto, tem implicações mais amplas sobre os fatores que aumentam a dispersão de ganhos e a desigualdade de renda ao longo do tempo. O aumento da desigualdade de ganhos pode surgir da crescente desigualdade dentro das empresas (cada vez mais dispersão dos ganhos dos trabalhadores "dentro" da empresa) vs. a crescente desigualdade entre as empresas (mais dispersão nos ganhos "fora" de uma determinada empresa). A hipótese do local de trabalho fissurado previa desigualdade crescente a partir dos últimos efeitos (ou seja, aumento da variação dos ganhos entre as empresas). As empresas maiores continuariam a obter dividendos decorrentes de sua competência principal. Pelas razões de equidade discutidas antes, elas continuariam compartilhando alguns desses ganhos com os trabalhadores que permaneceram "dentro de suas quatro paredes". Ao mesmo tempo, outras empresas que competiam para fornecer as atividades dispensadas pelas empresas maiores teriam dividendos mais baixos (pelas razões tradicionais previstas

---

29. Veja D. Goldschmidt; J. Schmieder, "The Rise of Domestic Outsourcing and the Evolution of the German Wage Structure", *Working Paper*, Boston University, 2015. Os autores também mostram que os trabalhadores nos setores de alimentação, limpeza, segurança e zeladoria recebem prêmios salariais comparáveis aos de toda a força de trabalho antes da terceirização. Esse resultado, como o estudo anterior de Abraham e Taylor ("Firms' Use of Outside Contractors: Theory and Evidence"), demonstra incentivos significativos para a terceirização de trabalhos que não correspondam às atividades-fim (essenciais) da empresa, particularmente nas situações em que podem ser encontrados outros métodos para monitorar os resultados decorrentes dos serviços prestados pelos fornecedores contratados.

em mercados de trabalho competitivos), e, portanto, menos para compartilhar com sua força de trabalho. Na base dos locais de trabalho fissurados, onde as empresas competem para fornecer produtos e serviços mais homogêneos para as empresas maiores, em mercados mais competitivos e com menores barreiras de entrada, encontrar-se-ão empresas com menor lucratividade, pagando salários mais próximos da produtividade marginal.

A hipótese do local de trabalho fissurado descreve heuristicamente os processos de fabricação que passaram por uma terceirização significativa, em que as empresas, no final das cadeias de suprimentos (por exemplo, empresas como a Apple, que desenvolvem, divulgam e comercializam dispositivos digitais), são algumas das mais lucrativas da economia, enquanto os ganhos dos fornecedores que realizam etapas específicas do processo de fabricação, bem mais abaixo na cadeia de suprimentos, apresentam taxas de retorno muito menores.

Logo, a hipótese do local de trabalho fissurado é consistente com as evidências recentes sobre a crescente dispersão de ganhos em setores que dependem cada vez mais da franquia como forma de organização comercial. A marca dos produtos para os consumidores é um fator essencial em setores como alimentação, bebida e hotelaria, e estudos que comparam os salários auferidos por trabalhadores em empresas que detêm uma marca constatam que esses trabalhadores ganham, em média, mais do que aqueles que trabalham em empresas similares, mas que não apresentam uma marca, no mesmo setor.[30] A franquia permite que uma empresa divida os ganhos de desenvolvimento e de divulgação da marca, a partir da entrega do produto real, com o franqueador capturando uma parcela significativa dos dividendos, em razão de sua propriedade da marca, com o valor residual sendo destinado para as entidades comerciais que dispõem do direito de uso dessa marca (os franqueados).[31] Na década de 1980, muitas redes de marcas nas indústrias de *fast-food* e hotelaria venderam uma alta porcentagem de seus respectivos estabelecimentos para franqueados. Isso mudou as estruturas salariais entre os estabelecimentos daqueles setores,

30. Veja P. Cappelli; M. Hamori, "Are Franchises Bad Employers?", *Industrial and Labor Relations Review* 61, n. 2, 2008, pp. 146-162.

31. Os franqueados (empresas independentes que pagam royalties para fazer parte de um sistema franqueado) têm taxas de retorno significativamente mais baixas do que os franqueadores (os donos da marca — o principal ativo — e que às vezes operam com um número limitado dos próprios pontos de venda). Veja P. J. Kaufmann; F. Lafontaine, "Costs of Control: The Source of Economic Rents for McDonald's Franchisees", *Journal of Law and Economics* 37, n. 2, 1994, pp. 417-453; e Weil, *The Fissured Workplace*, Capítulo 6.

para um percentual mais alto de empresas (as franqueadas) com uma estrutura salarial mais baixa do que as unidades que continuavam sendo mantidas pelo franqueador. Isso resultou em maior dispersão geral dos ganhos nos setores em que a franquia se tornou mais comum, impulsionado pela crescente divergência de ganhos entre franqueados e franqueadores.[32]

Vários estudos recentes que se concentraram expressamente nas fontes das desigualdades de ganhos fornecem evidências convincentes em relação à hipótese do local de trabalho fissurado. Pesquisas de Erling Barth, Alex Bryson, James Davis e Richard Freeman constatam que a grande maioria dos aumentos na dispersão dos ganhos entre 1992 e 2007 decorre de aumentos na variação de ganhos entre empresas, e não dentro delas. No conjunto de dados correspondentes, os autores descobriram que cerca de 80% da desigualdade de ganhos aumentada para os trabalhadores que permaneceram no mesmo estabelecimento, de um ano para o outro, surgiu da crescente divergência nos ganhos de diferentes estabelecimentos, em vez de surgir de crescentes divergências na estrutura salarial das empresas onde eles permaneceram.[33]

Argumentando que seus resultados mostram que quase nada da progressiva dispersão de ganhos decorre de um fosso crescente entre o salário dos CEOs e o da força de trabalho em geral, Jae Song e colaboradores descobrem que praticamente toda a dispersão de ganhos entre 1978 e 2012, para empresas com menos de dez mil trabalhadores, surgiu do aumento da variação entre elas, e não dentro

---

32. Alan Krueger constatou que os gerentes de franqueados ganhavam significativamente menos do que os gerentes de estabelecimentos comparáveis de fast-food pertencentes à empresa [franqueadora] (A. Krueger, "Owner ship, Agency, and Wages: An Examination of Franchising in the Fast Food Industry", *Quarterly Journal of Economics* 106, n. 1, 1991, pp. 75-101). MinWoong Ji e eu constatamos em uma dada situação muito mais violações aos padrões trabalhistas, com mais frequência e gravidade, entre franqueados do que nas unidades de propriedade da empresa dos franqueadores (M. Ji; D. Weil, "The Impact of Franchising on Labor Standards Compliance", *Industrial and Labor Relations Review* 68, n. 5, 2015, pp. 977-1006). Para obter evidências consistentes quanto aos impactos da fissura nos ganhos gerais do setor hoteleiro, veja R. Freeman, "The Subcontracted Labor Market", *Perspectives on Work* 18, 2014, pp. 38-42.

33. Os autores usam um conjunto de dados combinados do "March Current Population Survey", do "Census Longitudinal Business Data Base" e do "Longitudinal Employer-Household Dynamics". Isso fornece dados detalhados sobre os trabalhadores e as empresas para as quais eles trabalham. Como a maioria dos trabalhadores permanece no mesmo estabelecimento em um determinado ano, a observação das fontes da crescente desigualdade "ao redor" dos que nele permanecem fornece um ponto de ancoragem útil para que se possa explorar as causas da crescente dispersão de ganhos ao seu redor. Veja E. Barth et al., "It's Where You Work: Increases in Earnings Dispersion across Establishments and Individuals in the U.S.", *Journal of Labor Economics* 34, n. 2, 2016, pp. S67-S97.

delas. Na amostra deles, a grande diferença salarial entre CEOs e demais executivos de alto nível e os trabalhadores médios empregados pela empresa aumentou apenas uma pequena quantia durante o período do estudo. Empresas muito grandes (aquelas com mais de dez mil trabalhadores) são as mais afetadas pela crescente desigualdade em suas fileiras, como discutirei a seguir.[34]

David Card, Jörg Heining e Patrick Kline encontraram evidências de fatores "internos" e "intermediários" que impulsionam a crescente desigualdade de salários na Alemanha. Em seu estudo, os autores descobriram que a desigualdade foi explicada igualmente por aumentos na heterogeneidade dos trabalhadores (dentro da empresa), na heterogeneidade das empresas (entre empresas) e na correspondência entre trabalhadores e empresas.[35]

Essas descobertas indicam que os trabalhadores experimentaram relativamente menos mudanças na desigualdade de seus colegas de trabalho que *permanecem com eles em suas empresas* do que as considerações anteriores sugerem. Em vez disso, a crescente dispersão de ganhos pode ser vista como um "*big bang*", levando as empresas a se afastarem umas das outras, com as líderes e seu conjunto de trabalhadores se movendo para cima, e as subordinadas, com sua respectiva distribuição de ganhos, se movendo para baixo. Isso é consistente com a hipótese do local de trabalho fissurado, na medida em que a distribuição não mais inclui trabalhadores cujas atividades e empregos foram descartados para outros empregadores externos à empresa.

A hipótese fissurada, contudo, também não exclui o aumento da dispersão dentro das empresas, se nelas houver mudanças nas normas de equidade de

34. Os autores usam dados administrativos do arquivo confidencial "Master Earnings File" (MEF), compilado e mantido pela U.S. Social Security Administration, para sua análise. O MEF contém dados sobre ganhos de mão de obra, os quais, diferentemente de outras fontes de dados de ganhos, não são limitados e também incluem formas não salariais de remuneração, como bônus, opções de ações exercidas e valores estimados em dólar relativos às concessões restritas de ações fornecidas aos funcionários (executivos, na maioria dos casos). Veja J. Song et al., "Firming Up Inequality", *NBER Working Paper* n. 21199, 2015.

35. Veja D. Card, J. Heining, P. Kline, "Workplace Heterogeneity and the Rise of West German Wage Inequality", *Quarterly Journal of Economics* 128, n. 3, 2013, pp. 967-1015. Um artigo mais recente dessa equipe (junto com Cardoso) constrói um modelo em que as empresas exercem algum poder de monopsia decorrente da heterogeneidade nas preferências dos trabalhadores por diferentes empregadores (sem um modelo específico da fonte dessa heterogeneidade). O modelo deles impede a discriminação de preços com base nas preferências idiossincráticas dos trabalhadores, mas ainda permite que as empresas "estabeleçam um salário comum para cada grupo de habilidades reduzido do produto marginal na proporção inversa à elasticidade da oferta de trabalho à empresa". Veja D. Card et al., "Firms and Labor Market Inequality: Evidence and Some Theory", *Working Paper*, University of California, Berkeley, 2016.

comportamento. Por exemplo, CEOs de empresas líderes com competências essenciais valiosas podem obter mais ganhos e se impulsionar a níveis cada vez mais altos de remuneração — o que Piketty chama, apropriadamente, de "decolagem dos superexecutivos". Evidências anedóticas das práticas de remuneração de empresas altamente lucrativas nos setores financeiro e digital com certeza se encaixam nessa visão. Os CEOs de empresas nos universos fissurados subordinados podem ser menos capazes de obter tais ganhos, embora as evidências ainda mostrem que eles ganham muitas e muitas vezes aquilo que os trabalhadores médios ganham. Isso aumenta ainda mais a extensão geral da desigualdade, apesar das mudanças nas normas, da captura da governança corporativa e de outros fatores que impulsionam o crescimento excessivo da remuneração dos executivos.

Em suma, estudos recentes oferecem evidências convincentes com relação à hipótese do local de trabalho fissurado, o qual levou a uma separação de atividades entre as empresas líderes e as redes subordinadas de outras empresas que as apoiam. Isso permitiu que as empresas líderes da economia resolvessem a questão salarial sugerida por Sidney Webb e Beatrice Webb, transformando seus problemas de determinação de salários em um problema convencional de preços. Para os trabalhadores cujos empregos não se beneficiam mais do efeito penumbra da equidade quando do estabelecimento dos salários, os impactos foram significativos.

Fronteiras da pesquisa: determinação de salários, o local de trabalho fissurado e a desigualdade

> O principal problema com a teoria da produtividade marginal é simplesmente que ela não explica a diversidade de distribuições salariais que observamos em diferentes países, em diferentes momentos. Para entender a dinâmica da desigualdade salarial, precisamos introduzir outros fatores, como as instituições e regras que governam o funcionamento do mercado de trabalho em cada sociedade.
>
> Piketty, *O capital no século XXI*

A geração de estudiosos que moldaram o estudo dos mercados de trabalho dos Estados Unidos depois da Segunda Guerra Mundial — John Dunlop,

Frederick Meyers, Clark Kerr e Lloyd Reynolds, para citar os mais destacados — foi profundamente influenciada por suas próprias experiências na determinação de salários, porque muitos desempenharam o papel de mediadores e árbitros no mundo emergente da negociação coletiva, atuando em painéis do governo (incluindo o National War Labor Board) encarregados de controles de salários e preços e participando da resolução de disputas em grandes indústrias como carvão, aço e construção. Sua formação acadêmica refletia uma preocupação com as instituições que moldavam salários, benefícios e condições do local de trabalho.[36]

Uma nova geração de economistas do trabalho, na década de 1960, aproveitando o casamento da estrutura econômica neoclássica com uma abordagem matemática dos problemas de enquadramento verificados, de forma pioneira, por Paul Samuelson, substituiu a abordagem institucional, a partir da década de 1960, transformando os resultados sobre os estudos de salário e de produção no local de trabalho em uma estrutura impulsionada pela oferta e demanda de mão de obra como fator de produção.[37] Estudiosos nessa área, como Gary Becker, H. Gregg Lewis, Jacob Mincer e Sherwin Rosen, abordaram o estudo dos resultados no local de trabalho, enraizados em modelos teóricos e cingidos pela matemática, aproveitando a riqueza relativa de dados disponíveis para estudar os mercados de trabalho, e auxiliados pelos custos decrescentes das análises com o desenvolvimento de computadores e softwares estatísticos iniciais. O papel das instituições na fixação de salários foi aos poucos visto como incidental aos resultados finais do mercado de trabalho, tanto com a sofisticação crescente de ferramentas estatísticas para analisar dados quanto com modelos

36. John Dunlop articulou essa visão — e de várias maneiras fundou uma nova área que buscava unir os princípios econômicos às realidades da determinação dos salários — em seu livro *Industrial Relations Systems*, publicado pela primeira vez em 1957. A obra estabeleceu uma estrutura teórica para avaliar o mercado, forças institucionais, tecnológicas e sociais que levam os atores nos sistemas de relações industriais (sindicalizados e não sindicalizados) aos resultados observados no mercado de trabalho. Veja J. Dunlop, *Industrial Relations Systems*, Cambridge, MA, Harvard Business School Press Classic, 1993.

37. Indicativo do casamento da teoria econômica e da matemática, o livro inovador de Paul Samuelson, *Foundations of Economic Analysis*, começa com a seguinte declaração: "A existência de analogias entre características centrais de várias teorias implica a existência de uma teoria geral que subjaz às teorias particulares e as unifica com relação a essas características centrais. Esse princípio fundamental de generalização por abstração foi enunciado pelo eminente matemático americano E. H. Moore, há mais de trinta anos. O objetivo das páginas a seguir é o de descobrir suas implicações para a economia teórica e aplicada." Veja P. Samuelson, *Foundations of Economic Analysis*, Cambridge, MA, Harvard University Press, 1947.

matemáticos para moldar a teoria.[38] Gerações subsequentes de economistas renomados como David Card, Richard Freeman, Daniel Hamermesh, Larry Katz e Alan Krueger, nas décadas de 1980 e 1990, reintroduziram considerações institucionais na economia moderna do trabalho. No entanto, a atenção aos processos de fixação dos salários *per se* manteve um legado de uma era anterior.

Como a citação de Thomas Piketty deixa claro, examinar a estrutura da desigualdade oferece um desafio para os acadêmicos colocarem as instituições e os processos de fixação de salários em um foco mais nítido e central, de novo. Isso é particularmente crítico para entender a natureza mutável de como os ganhos são compartilhados entre trabalho e capital no estabelecimento de salários. Aqui, descrevo brevemente quatro grandes grupos de questões acadêmicas, em que a hipótese do local de trabalho fissurado e os fatores mais amplos de desigualdade são abordados pelo livro *O capital no século XXI*:

I.

Precisamos expandir nossa compreensão sobre como as normas de equidade são observadas em diferentes tipos de empresas e setores da economia. Por exemplo, como a relação entre os salários dos CEOs e os salários da média dos empregados difere entre as empresas que estão crescendo rápido, tidas como as principais, e aquelas empresas que se encontram estacionadas nas posições central ou inferior em relação a elas? Será que vemos um aumento de diferenças salariais nessas empresas situadas no topo, o que poderia enquadrar as opiniões de Piketty (e de outros) — no que diz respeito aos impactos dos superexecutivos — nas conclusões anteriormente citadas de Barth, Bryson, Davis e Freeman, e de Song e colaboradores? Estes últimos, por exemplo, estimam que o crescimento mais rápido da renda da parcela do 0,2% dos principais assalariados nas empresas com mais de dez mil funcionários, em relação aos trabalhadores médios em suas respectivas empresas, poderia ser um indicativo do duplo efeito de um *big bang* na distribuição de ganhos, entre as empresas, combinado com os impactos de um *big bang* secundário da distribuição de ganhos, dentro delas, nesse subconjunto de empresas selecionadas.

38. Ronald Coase comentou sobre a ascensão das abordagens neoclássicas sobre os institucionalistas: "Sem uma teoria, eles não teriam nada a transmitir, exceto uma massa de material descritivo aguardando uma teoria ou um incêndio". Coase citado em R. Posner, "Nobel Laureate: Ronald Coase and Methodology", *Journal of Economic Perspectives* 7, n. 4, 1993, pp. 195-210, cit. na p. 206.

O estudo das normas de fixação de salários, conforme discutido na seção anterior, requer um conjunto mais amplo de ferramentas metodológicas. Embora noções de equidade e motivações comportamentais tenham entrado no *mainstream* da economia, uma lente analítica mais ampla é importante. Como observa Piketty, "o problema agora é explicar de onde vêm essas normas sociais e como elas evoluem, o que é obviamente uma questão para a sociologia, a psicologia, a história cultural e política e o estudo de crenças e percepções, tanto quanto, no mínimo, para economia *per se*".[39]

2.

Da mesma forma, qual é o papel das normas sociais na maneira como os salários são fixados nos níveis mais baixos das indústrias fissuradas (inclusive no nível geográfico)? Como o estabelecimento de salários para as empresas que foram substituídas se comporta em relação às previsões tradicionais da teoria econômica, dada sua natureza mais competitiva, em vez de ainda serem afetadas por pressões normativas sobre o empregador, bem como nos mercados de trabalho em que os trabalhadores são recrutados? Por exemplo, existe uma crescente literatura empírica sobre o impacto das redes sociais nas expectativas de remuneração.[40] Como as redes sociais afetam as práticas salariais das empresas que pagam baixos salários? Como os salários e os resultados relacionados se propagam nos mercados de trabalho locais e regionais, e como são afetados pelos salários-chave de referência (como salários mínimos legais ou referentes a salários definidos socialmente como no movimento da "Luta pelos quinze dólares")?* As respostas a essas perguntas têm implicações acadêmicas em relação ao funcionamento dos mercados de trabalho, assim como implicações

39. T. Piketty, *O capital no século XXI*.

40. Veja, por exemplo, P. Bayer, S. Ross, G. Topa, "Place of Work and Place of Residence: Informal Hiring Networks and Labor Market Outcomes", *Journal of Political Economy* 116, n. 6, 2008, pp. 1150-1196; J. Hellerstein, M. McInerney, D. Neumark, "Neighbors and Coworkers: The Importance of Residential Labor Market Networks", *Journal of Labor Economics* 29, n. 4, 2011, pp. 659-695; e Y. Zenou, "A Dynamic Model of Weak and Strong Ties in the Labor Market", *Journal of Labor Economics* 33, n. 4, 2015, pp. 891-932.

* A "Luta pelos quinze dólares" ("Fight for $15") é um movimento nos Estados Unidos que defende que o salário mínimo federal seja aumentado para quinze dólares por hora. O salário mínimo federal foi fixado em 7,25 dólares por hora em 2009. O movimento começou em 2012, sob o argumento da incapacidade dos trabalhadores norte-americanos de cobrir seus custos com um salário baixo, bem como em razão de condições estressantes de trabalho de muitos empregos que remuneram pelo valor do salário mínimo. [N.T.]

políticas pelas quais os problemas trabalhistas podem ser encontrados, e como as ferramentas políticas podem ser usadas para afetá-los.

3.

Na mesma linha, as decisões de fissurar atividades foram gradualmente subindo para cargos cada vez mais qualificados, incluindo aqueles em planejamento de recursos humanos, em direito, em engenharia e em jornalismo. Como está evoluindo a fixação de salários nessas áreas em que os trabalhadores posicionados dentro das empresas líderes historicamente tinham algum poder de barganha, porque a habilidade lhes proporcionava opções externas decorrentes de seu capital humano? Como a criação de mercados de trabalho mais permeáveis para esses trabalhadores, devido à fissura, altera a estrutura dos salários, e a determinação deles, em relação a tais trabalhadores?

4.

Se a hipótese do local de trabalho fissurado for promissora, precisamos construir modelos mais claros e realizar pesquisas mais profundas sobre seus mecanismos. Richard Freeman escreveu:

> A economia da fissura é um problema difícil [...] [O] modelo básico de mercado prevê que a concorrência reduzirá a variação de ganhos entre trabalhadores com as mesmas características, conforme o local de trabalho. Nossos modelos deturpam como funciona um mercado de trabalho relativamente irrestrito, ou estamos perdendo forças importantes do mercado ao aplicá-lo. De qualquer perspectiva, a evidência de fissuras cria um quebra-cabeça para a economia do trabalho e para as ciências sociais, de maneira mais ampla. Precisamos de um novo modelo de mercado fissurado que vá além da análise-padrão, novas medidas de determinação salarial na estrutura existente ou alguma mistura criteriosa das duas.[41]

41. Veja Freeman, "The Subcontracted Labor Market", p. 42. Do mesmo modo, David Card e coautores observam: "Finalmente, a ideia de que até os mercados de trabalho altamente avançados, como o dos Estados Unidos, possam ser mais bem caracterizados como imperfeitamente competitivos abre uma série de perguntas sobre as implicações de bem-estar, conforme as políticas industriais, e as instituições do mercado de trabalho, como salário mínimo, seguro-desemprego e proteção ao emprego." (D. Card et al., "Firms and Labor Market Inequality", p. 24).

O trabalho empírico discutido na seção anterior demonstra que os economistas estão mergulhando na questão central do que está causando a crescente desigualdade nos Estados Unidos e nas economias do mundo.[42] É evidente a necessidade de mais trabalho sobre a contribuição dos fatores discutidos aqui, bem como de teorias conflitantes sobre as evidências. Nesse aspecto, eu ecoaria o que Freeman observa no trecho citado, assim como Piketty, que escreve: "O problema da desigualdade é um problema para as ciências sociais em geral, não apenas para uma de suas disciplinas."[43]

Tenho a oportunidade única de pensar nas questões da desigualdade de renda, como acadêmico que estuda essa questão há muitos anos e, mais recentemente, como chefe da agência federal mais responsável pela aplicação das normas básicas do trabalho. Minha experiência nos dois papéis me faz enfaticamente sentir que existem algumas questões mais fundamentais que devemos explorar, dadas as consequências da crescente desigualdade em uma economia política democrática.

---

42. O fenômeno do local de trabalho fissurado também está sendo documentado em países ao redor do mundo. Alguns dos estudos mencionados se concentraram no impacto sobre os ganhos para ocupações específicas e tipos de trabalho na Alemanha e na Turquia. Outro conjunto de estudos discutidos por David Card e coautores examina o crescimento da desigualdade de ganhos na Alemanha, Portugal, Reino Unido, Itália e outros países. Para um resumo dos estudos, veja D. Card et al., "Firms and Labor Market Inequality", apêndice Tabela 1. *The Comparative Labor Law and Policy Journal*, volume 27, que fornece artigos sobre o crescimento e o impacto do local de trabalho fissurado em nove países, incluindo França, Reino Unido, Israel, Brasil e Japão.

43. T. Piketty, op. cit.

PARTE III
Dimensões da desigualdade

CAPÍTULO 10

Aumento da renda decorrente do capital e seu efeito sobre a desigualdade de renda pessoal

BRANKO MILANOVIC*

Tendemos a aceitar que aqueles com altas rendas provenientes do capital são também, em geral, os mais ricos. Ou seja, que a associação entre ser rico em capital e ser rico em rendas em geral é muito próxima. Isso está implícito na análise de Piketty. Ele argumenta que, à medida que a parcela da renda nacional aumenta, também aumentará a desigualdade interpessoal. Em nosso primeiro capítulo abordando as dimensões da desigualdade, o economista Branko Milanovic pergunta em que condições isso pode ser verdade.

Milanovic imagina três espécies de sociedade: a socialista, na qual há uma distribuição igualitária per capita de ativos de capital; a capitalista clássica, na qual os trabalhadores obtêm toda a sua renda a partir do trabalho e os capitalistas obtêm toda a sua renda através do capital; e a "nova" capitalista, na qual cada um obtém sua renda a partir tanto do capital quanto do trabalho. Ele se vale desses três arquétipos para examinar o que acontece em relação à desigualdade (como indicado pelo coeficiente de Gini, que mede a desigualdade interpessoal de renda) se o α de Piketty (a participação do capital na renda líquida) subir. Não é novidade que ele entende que a configuração institucional é importante. A forma como a crescente participação da renda proveniente do capital é transmitida para uma maior desigualdade interpessoal varia de

* Sou grato pelos comentários de Healther Boushey, Brad DeLong, Christoph Lakner, Salvatore Morelli, Eric Nielsen, Marshall Steinbaum e de outros participantes da conferência em Bellagio, em dezembro de 2015.

acordo com os sistemas sociais, em função da distribuição subjacente de ativos. No novo capitalismo, a crescente participação da renda proveniente do capital quase condiz diretamente com um maior coeficiente de Gini, enquanto, no capitalismo clássico, isso seria verdade acaso a participação dos capitalistas se tornasse suficientemente alta. Em um mundo socialista, entretanto, uma participação crescente do capital não implica uma crescente desigualdade interpessoal nos moldes do coeficiente de Gini.

Contribuições metodológicas na obra *O capital no século XXI* de Piketty

Ao tratarmos da obra *O capital no século XXI*, precisamos fazer uma distinção entre suas análises e sua metodologia, entre suas recomendações e suas previsões. Pode-se concordar com uma análise sua sem que se concorde com suas recomendações, e vice-versa. A metodologia apresentada em *O capital no século XXI* — uma vez que parece se encaixar muito bem na presumível evolução do mundo rico nas próximas décadas e, o que é mais importante, porque ela fornece uma nova forma de se olhar para os fenômenos econômicos — é provavelmente a mais significativa contribuição do livro. Ela afetará não apenas como pensamos a respeito da distribuição de renda e do capitalismo no futuro, mas também como pensamos sobre a história econômica, desde a antiga Roma até a França pré-revolucionária.

A contribuição metodológica mais importante no livro de Piketty é sua tentativa de unir os campos do crescimento econômico, da distribuição funcional da renda e da distribuição pessoal da renda.[1] No sistema-padrão walrasiano, os três são formalmente relacionados. Mas, em trabalhos concretos em economia, eles eram geralmente tratados em separado, ou alguns eram deixados de fora. A distribuição de renda funcional foi estudada muito mais pelos economistas marxistas. Economistas neoclássicos tinham a tendência de assumir que as parcelas de capital e trabalho foram amplamente estabelecidas. Esse entendimento mudou apenas em tempos recentes, e agora testemunhamos um aumento de

1. Os termos distribuição de renda "pessoal" e "interpessoal" serão usados de forma intercambiável.

interesse nessa questão.[2] A ênfase de Piketty quanto à crescente participação da renda oriunda do capital contribuiu para essa eflorescência.

A distribuição pessoal de renda tendia a ser estudada de maneira quase divorciada do resto da economia, porque, em um mundo walrasiano, os agentes chegam ao mercado com suas doações de capital e trabalho já dadas. Uma vez que a distribuição original de tais doações não é assunto de economia (no sentido estrito), a distribuição de renda pessoal passou a ser entendida como qualquer coisa que o mercado criasse. Mas, em *O capital no século* XXI, as movimentações na relação entre capital e renda, impulsionadas pela "desigualdade fundamental" ou "contradição central do capitalismo" — ou seja, $r > g$ (retorno sobre o capital maior que a taxa de crescimento da renda total) —, levam a uma crescente parcela da renda oriunda do capital no produto líquido. Isso, por sua vez, leva a uma maior desigualdade interpessoal.

Este capítulo se concentra nesse último ponto, que normalmente, e de forma implícita, é entendido como certo: uma parcela maior de capital está associada, o que se deduz quase de maneira implícita, com uma crescente desigualdade interpessoal. Essa visão é compreensível, pois, durante a maior parte da história da economia, as pessoas com alta renda de capital eram também aquelas com alta renda em geral. Portanto, uma parcela maior do produto líquido que vai para os capitalistas passou a ser associada com uma maior desigualdade interpessoal.

Em um artigo recente que investigou a associação entre maiores participações de capital e desigualdade de renda a longo prazo (em alguns casos até meados do século XIX), Erik Bengtsson e Daniel Waldenström descobriram, em um cenário de efeito fixo no país, que a correlação tem sido tipicamente positiva e razoavelmente forte. Para toda a amostra de quinze economias avançadas, eles descobriram que, em média, cada aumento percentual na participação de capital estava associado a um aumento de 0,89 ponto na maior participação de renda de 1%. Quando outros controles são introduzidos, o tamanho do

2. L. Karabarbounis, B. Neiman, "The Global Decline of the Labor Share", *Quarterly Journal of Economics* 129, n. 1, 24 out. 2013, pp. 61-103; M. Elsby, B. Hobijn, A. Şahin, "The Decline of the U.S. Labor Share", *Brookings Papers on Economic Activity*, Brookings Institution, outono 2013, disponível em: http://www.brookings.edu/~/media/Projects/BPEA/Fall%20 2013/2013b_elsby_labor_share.pdf.

coeficiente é reduzido, mas permanece positivo e estatisticamente significativo.[3] Margaret Jacobson e Filippo Occhino observaram, de forma similar, que, para os Estados Unidos, um aumento de 1% na participação de capital tendia a aumentar o coeficiente de Gini entre 0,15% e 0,33%.[4]

Maura Francese e Carlos Mulas-Granados usam microdados mais recentes de 43 países, obtidos do Estudo de Renda de Luxemburgo de 1970 a 2010, e decompõem a mudança global no rendimento disponível, conforme o coeficiente de Gini, em seus componentes contábeis: coeficientes de concentração de trabalho e capital, trabalho e ações de capital, e mudanças na tributação e transferências sociais.[5] Ao contrário de Bengtsson e Waldenström, eles encontram um impacto insignificante de maior participação de capital e concluem que a maior parte do aumento da renda disponível, de acordo com o coeficiente de Gini, foi impulsionada pela crescente concentração de salários. Eles complementam a análise de decomposição por uma regressão em uma amostra de noventa e três países, para o período de 1970 a 2013, da participação de capital (trabalho), segundo o coeficiente de Gini. Uma vez que os controles são introduzidos, a participação de trabalho (capital) é insignificante.[6]

Portanto, a ligação entre maior participação de capital e aumento da desigualdade interpessoal não é tão simples e inequívoca quanto parece. Mesmo quando existe uma relação positiva entre os dois, a força dessa relação varia.

O capítulo está organizado da seguinte maneira. Na próxima seção, discuto em geral a ligação entre a crescente participação do capital no lucro líquido (α de Piketty) e o coeficiente de Gini de renda interpessoal em igualdade. A seguir, analiso essa relação em três sociedades idealistas típicas: socialista, clássica capitalista e "nova" capitalista. (Os termos são definidos aqui.) Na

3. E. Bengtsson, D. Waldenström, "Capital Shares and Income Inequality: Evidence from the Long Run", *Discussion Paper Series*, Institute for the Study of Labor, Bonn, Alemanha, dez. 2015, Tabela 5, disponível em: http://ftp.iza.org/dp9581.pdf.

4. M. Jacobson, F. Occhino, "Labor's Declining Share of Income and Rising Inequality", comentário econômico, Federal Reserve Bank of Cleveland, Ohio, 25 set. 2013, disponível em: https://www.clevelandfed.org/newsroom–and–events/publications/economic-commentary/2012-economic-commentaries/ec-201213-labors-declining-share-of-income-and-rising-inequality.aspx.

5. M. Francese, C. Mulas-Granados, "Functional Income Distribution and Its Role in Explaining Inequality", *IMF Working Paper* WP / 15/244, nov. 2015, disponível em: https://www.imf.org/external/pubs/ft/wp/2015/wp15244.pdf.

6. Ibidem., p. 15.

penúltima seção, apresento a análise empírica do relacionamento usando 138 levantamentos de pesquisas domiciliares de dezessete economias avançadas. Na última seção, discuto as implicações políticas.

Pode ser útil, mesmo antes de iniciarmos o estudo da relação entre α e Gini, a indicação da razão pela qual isso é importante. O aumento da participação de capital não é, por si só, um "problema" da igualdade; ou seja, ele não leva, necessariamente, a um aumento da desigualdade interpessoal. Por exemplo, quando a subjacente distribuição do capital é igualitária, um aumento em α pode causar uma diminuição na desigualdade interpessoal ou deixá-la inalterada. Assim, mesmo para os proponentes do forte igualitarismo, o aumento da participação de capital não pode ser um problema como tal. Torna-se um "problema" apenas porque, na maioria das situações do mundo real, a distribuição subjacente dos ativos de capital é extremamente distorcida. A constatação desse fato me leva, na parte prescritiva, a argumentar a favor da equalização do proprietário dos ativos entre os indivíduos. Isso fornece uma agenda realista para o combate à igualdade e é especialmente relevante para as sociedades ricas, nas quais um aumento na relação riqueza/renda implica que, a menos que o retorno sobre o capital diminua suficientemente, uma parcela maior do produto líquido nacional será recebida pelo titulares de ativos. Assim, temos uma escolha entre concordar com o aumento da desigualdade interpessoal, tentar reduzi-lo por meio da tributação ou trabalhar na desconcentração da titularidade de ativos.

Concentrar-se na distribuição de ativos é, em minha opinião, uma política mais promissora do que a ênfase de Piketty na tributação do capital. Mas, independentemente de uma ferramenta ser melhor do que a outra, elas são duas formas complementares de lidar com a crescente desigualdade nas sociedades cada vez mais afluentes (isto é, nas sociedades com uma relação K/Y crescente).

Indo da distribuição de renda funcional para a pessoal

A principal ligação entre a distribuição de renda funcional e a pessoal é fornecida pela relação $r > g$. Mas, para levar a uma crescente desigualdade interpessoal, ela precisa satisfazer os três requisitos a seguir.[7]

Primeiro, r deve ser esmagadoramente usado para investimento e não para consumo. É claro que, se todos os r fossem consumidos pelos capitalistas, a razão K/Y no próximo ciclo permaneceria inalterada e, em termos dinâmicos, não haveria aumento em β = K/Y ou na parcela da renda total derivada pelo capital α. Este é o ponto em que Debraj Ray, em sua crítica à obra *O capital no século XXI*, insistiu fortemente.[8] Yew-Kwang Ng tem a mesma posição.[9] Isto é, de fato, um argumento formalmente correto, mas é desprovido de todo o sentido quanto ao que o capitalismo e os capitalistas são. Se os capitalistas estivessem interessados apenas no consumo, ao gastar a maior parte de sua renda naquilo que Adam Smith denominou, de forma simpática, como "bugigangas e quinquilharias", o processo se desenrolaria como Ray imagina. Mas os capitalistas são precisamente capitalistas porque não consomem todo o excedente e estão interessados em expandir o escopo de suas operações e, assim, em investir todos ou a maioria de r. A suposição de que a taxa de poupança de r seja próxima

7. Uma abordagem ligeiramente diferente para essa questão é adotada por A. Atkinson, "Factor Shares: The Principal Problem of Political Economy?", *Oxford Review of Economic Policy* 25, n. 1, 2009, pp. 3-16, esp. pp. 10-11. Suponho aqui um modelo de capital homogêneo. Provavelmente reagindo às críticas (por exemplo, J. Stiglitz, "New Theoretical Perspectives on the Distribution of Income and Wealth among Individuals: Parte 1. The Wealth Residua", *NBER Working Paper* n. 21189, mai. 2015, disponível em: http://www.nber.org/papers/ w21189.pdf, e vários outros documentos de acompanhamento) que apontaram que é a natureza heterogênea do capital, mais particularmente o papel da habitação, responsável pelo aumento da relação capital/renda, Thomas Piketty (conforme "Capital, Predistribution and Redistribution", *Crooked Timber*, 4 jan. 2016, disponível em: http://crookedtimber.org/2016/01/04/capital-predistribution-and-redistribution/) agora prefere modelos multissetoriais de acumulação de capital. Tais modelos permitem que os preços relativos de vários bens de capital variem de maneira diferente e, como no caso do aumento dos preços dos imóveis, conduzam à razão K/Y observada. Eles também não dependem da elasticidade de substituição maior do que a unitária entre capital e trabalho para gerar uma participação de capital crescente. Embora essa abordagem certamente tenha a vantagem de ser mais realista, ela falha em fornecer a simplicidade poderosa e focada do modelo de um setor.

8. D. Ray, "Nit-Piketty: A Comment on Thomas Piketty's Capital in the Twenty-First Century", *Chhota Pegs*, 25 maio 2014, disponível em: http://debrajray.blogspot.co.uk/2014/05/nit-piketty.html; Ray, "Ray on Milanovic on Ray on Piketty", *Chhota Pegs*, 3 jun. 2014, disponível em: http://debrajray.blogspot.com/2014/06/ray-on-milanovic-on-ray-on-piketty.html.

9. Y. Ng, "Is an Increasing Capital Share under Capitalism Inevitable?" (artigo para discussão), Nanyang Technological University, Cingapura, 13 ago. 2014.

de 1 não é apenas bem fundamentada nos precedentes da economia teórica (nos tempos modernos, de Kalecki, Solow e Kaldor e, obviamente, até Ricardo e Marx), mas também está bem fundamentada no comportamento empírico dos ricos e naquilo que representa as características centrais do capitalismo como sistema.[10]

Mas o β ascendente e até um α crescente não garantem, por si mesmos, uma maior desigualdade interpessoal. Para que isso aconteça, a concentração da renda do capital tem de ser muito alta. Trabalhando com apenas dois fatores de renda — os de trabalho e capital —, para que a desigualdade geral de renda pessoal aumente, a exigência é que a fonte distribuída de forma mais desigual tenha de crescer em relação à menos desigual. Com a renda do capital, essa condição é relativamente satisfeita de modo fácil, porque em todos os casos conhecidos a concentração da renda do capital é maior que a concentração da renda do trabalho. Nos Estados Unidos, por exemplo, o Gini de renda do capital (calculado entre os rendimentos domiciliares per capita) é superior a 80, enquanto o Gini de renda do trabalho é calculado em torno de 40. A situação é idêntica em outros países. Isso é simplesmente um reflexo da conhecida e forte concentração de ativos de capital e do fato de cerca de um terço dos americanos não ter ativos de capital líquido e, portanto, não obter nenhuma renda em razão da titularidade.

O terceiro requisito é que a associação entre as pessoas ricas em capital e aquelas ricas em rendas em geral seja alta. Uma alta concentração simples de

---

10. M. Kalecki, "A Theory of Profits", *Economic Journal* 52, ns. 206/207, 1942, pp. 258-267; R. Solow, "A Contribution to the Theory of Economic Growth", *Quarterly Journal of Economics* 70, n. 1, fev. 1956, pp. 65-94; B. Milanovic, "Where I Disagree and Agree with Debraj Ray's Critique of Piketty's Capital in the 21st Century", *Globalinequality*, 2 jun. 2014, disponível em: http://glineq.blogspot.com/2014/06/where-i-disagree-and-agree-with-debraj.html. Em seus dois recentes artigos (T. Piketty, G. Zucman, "Wealth and Inheritance in the Long Run", *Handbook of Income Distribution*, ed. A. Atkinson, B. François, vol. 2B, Amsterdã, North-Holland, 2015, pp. 1303-1368; e Piketty, "Capital, Predistribution and Redistribution"), Piketty aborda esse ponto explicitamente. Ele permite o consumo dos capitalistas fora de r, mas observa que uma família precisa apenas "reinvestir uma fração g/r de sua receita de capital [...] para garantir que seu estoque de capital cresça na mesma taxa [...] como a [...] economia" (Piketty, "Capital, Predistribution, and Redistribution", p. 3). Obviamente, qualquer poupança maior aumentará o estoque de capital e aumentará a participação da renda do capital no produto líquido. Ambos os trabalhos também enfatizam, em comparação com o livro, a importância do relacionamento $r > g$ na explicação do aumento da desigualdade de renda, mas enxergam seu papel como tendo principalmente a ver com o nível da desigualdade de riqueza a longo prazo: "Especificamente, uma maior diferença de $r - g$ tenderá a amplificar bastante o estado estacionário da desigualdade na distribuição da riqueza." (ibid., p. 3).

uma determinada fonte de renda não garante que essa fonte contribua para a desigualdade. Os subsídios em razão de desemprego têm um Gini que é geralmente superior a 90 (porque a maioria das pessoas não recebe subsídio de desemprego durante um determinado ano), mas, como os beneficiários dos subsídios de desemprego são geralmente pobres, um aumento da parte desses benefícios no rendimento total reduz a desigualdade de renda. Em termos técnicos, o terceiro requisito é (no caso do coeficiente de Gini, com o qual trabalhamos aqui) expresso na forma de uma alta correlação entre rankings de acordo com a renda do capital e rankings de acordo com a renda total. Simplificando, esse requisito significa que as pessoas que recebem grandes rendas de capital também devem ser ricas. Falando de modo empírico, ele é facilmente satisfatório na maioria dos países.

Temos a tendência a considerar a transmissão de uma parcela crescente da renda do capital para uma crescente desigualdade interpessoal como algo evidente, precisamente porque temos a tendência a tomar como certo:

1. Que a alta poupança decorre da renda do capital;
2. Que há alta concentração de ativos;
3. Que há uma alta correlação entre obter uma grande renda de capital e ser rico.

Mas nem sempre é assim, ou pelo menos a intensidade dessa transmissão é variável. Passamos para uma derivação mais formal do relacionamento.

Sabemos que o Gini da renda total pode ser decomposto em desigualdades decorrentes de cada fonte de renda, em nosso caso capital *c* e trabalho *l*, como em abaixo:

$$G = s_l R_l G_l + s_c R_c G_c \quad (1)$$

onde s_l = parte de uma determinada fonte de renda (elevada a enésima), R_l = razão de correlação entre a fonte e a renda total, G_l = coeficiente de Gini de uma fonte de renda, e G = renda total Gini. R_l, por sua vez, é igual à razão de dois coeficientes de correlação (ρ's), ou seja, entre a fonte de renda e os destinatários *r* (dos mais pobres para os mais ricos) de acordo com a renda total; e entre a fonte de renda e os destinatários de acordo com a fonte da renda em si. Para a renda do capital, a razão de correlação pode ser indicada da seguinte forma:

$$R_c = \frac{covar(r(y),c)}{covar(r(c),c)} = \frac{\rho(r(y),c)\sigma_{r(y)}\sigma_c}{\rho(r(c),c)\sigma_{r(c)}\sigma_c} = \frac{\rho(r(y),c)}{\rho(r(c),c)} \qquad (2)$$

Observe que, se as classificações das pessoas de acordo com a renda total e com a renda derivada do capital coincidirem, $R_c = 1$. Em todos os outros casos, $\rho(r(y),c) < \rho(r(c),c)$ e $R_c < 1$. Quanto ao benefício do seguro-desemprego acima mencionado, $R_l < 0$.

Para a crescente participação da renda do capital (s_c)[11], a fim de se aumentar o coeficiente de Gini da renda total, precisamos, portanto, ter duas ferramentas de "transmissão": coeficiente de Gini da renda do capital (G_c) e R_c, positiva e alta.[12]

O restante do capítulo lidará com essas duas ferramentas de "transmissão". A equação (2) dá a definição de R_c, que também chamo de "elasticidade de transmissão" entre a mudança na participação de capital e a mudança na desigualdade de renda pessoal. A definição de G_c é padrão, com o coeficiente de Gini calculado em toda a distribuição, mas com os indivíduos classificados por sua quantidade de renda de capital (e não pela renda total, como fazemos nos cálculos do Gini da renda total). Perceba que o aumento de cada ponto do Gini na concentração de renda do capital será convertido em aumento de um ponto Gini $R_c s_c$ no Gini da renda total. Da mesma forma, à medida que a participação do capital na renda total aumenta em um ponto percentual, o Gini aumentará em $R_c G_c - R_l G_l$.

Transmissão de maior participação da renda do capital para a desigualdade pessoal: três sistemas sociais

É útil considerar três típicos sistemas sociais ideais e observar como eles "transmitem" uma maior parcela de renda proveniente do capital para uma distribuição de renda pessoal.

SOCIALISMO. Nós entendemos que, no socialismo, os retornos do capital são distribuídos igualmente per capita. Isso pode acontecer de duas maneiras: todo o capital pode ser estatal e os retornos a partir dele podem ser distribuídos igualmente entre os membros de uma comunidade, ou cada membro pode ter

11. s_c é o mesmo que o alfa de Piketty.

12. A condição é $R_c G_c > R_l G_l$.

a mesma quantia de capital (de propriedade privada) sobre a qual ela ou ele recebe o mesmo retorno.[13] Uma variante disso é um "dividendo social" proposto por James Meade nas décadas de 1970 e 1980, e, mais recentemente, a ideia de "herança mínima" proposta por Tony Atkinson.[14] Eles diferem, no entanto, de nosso socialismo típico ideal, pois, nessa hipótese, toda a renda do capital é distribuída igualmente per capita, enquanto, nas propostas de Meade e Atkinson, apenas uma parte da renda nacional de capital seria assim distribuída.

Agora, $r > g$ não será "transmitido" para uma maior desigualdade interpessoal porque $G_c = 0$. Em uma sociedade em tal condição, podemos indicar a renda de um indivíduo $i(y_i)$ como $y_i = l_i + \bar{c}$, onde a renda do trabalho (ou, de forma mais realista, o log da renda do trabalho) l é distribuída normalmente com a média $\bar{l}$ e o desvio-padrão σl l : $N(l, \sigma_l)$, sendo a renda do capital uma constante c. R_c será igual a zero porque a correlação entre as classificações de acordo com a renda total e os valores da renda do capital serão zero e o numerador de (2), ρ $(r(y), c)$ será igual a zero.

Figura 10.1: Transmissão da crescente participação de capital na desigualdade interpessoal

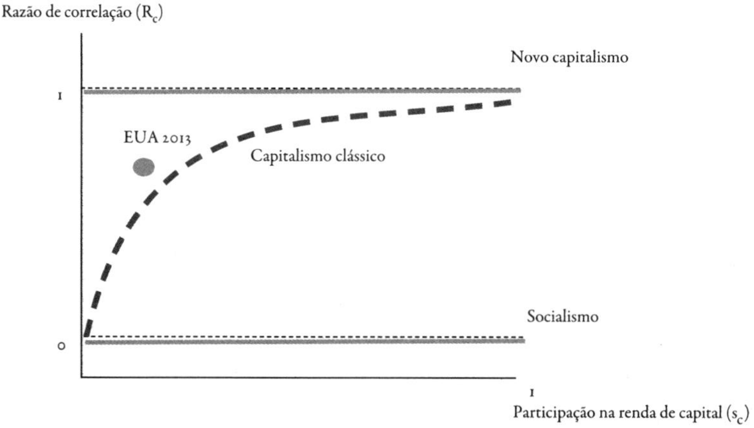

Nota: Três típicos sistemas sociais ideais e como eles "transmitem" uma participação maior de renda proveniente do capital para a distribuição de renda pessoal.

13. Em suas implicações, isso é semelhante à situação em que o capital é de propriedade privada, mas o retorno sobre o capital é avaliado com alíquotas confiscatórias (de 100%), e os rendimentos são distribuídos igualmente per capita. Obviamente, as doações de capital não serão equalizadas, mas a renda do capital seria. Devo essa ideia a Christoph Lakner.

14. J. Meade, *Different Forms of Share Economy*, Londres, Public Policy Centre, 1986; A. Atkinson, *Inequality: What Can Be Done?*, Cambridge, MA, Harvard University Press, 2015.

O mesmo resultado ocorre se distribuirmos capital aleatoriamente entre indivíduos, não importa qual seja sua renda do trabalho. Nesse caso, G_c será positivo, e a renda individual se tornará $y_i = l_i + c_i$, onde agora tanto a renda do trabalho (ou o log da renda do trabalho) quanto a renda do capital são normalmente distribuídas com l: $N(\bar{l}, \sigma_l)$ e c: $N(\bar{c}, \sigma_c)$, mas basicamente não estão correlacionadas. A "transmissão" voltará a falhar porque não haveria uma associação clara entre ser um capitalista e ter uma renda total maior. O R_c pode ser positivo ou negativo (dependerá apenas de como a "loteria" das rendas do capital se correlaciona com a distribuição das rendas do trabalho), mas seria muito pequeno em valor absoluto.[15]

Em qualquer caso, a transmissão a partir da maior participação de capital para distribuição de renda interpessoal será fraca, ou seja, nula ou quase nula qualquer que seja o valor de s_c. Isso é mostrado na Figura 10.1 pela linha denotada de "socialismo", que desenhamos de forma que ficasse quase indistinguível de $R_c = 0$ para todos os valores de s_c. Basicamente — e isso é fundamental —, temos total independência da distribuição de renda pessoal em relação à crescente participação do capital na produção líquida. O primeiro é "isolado" do segundo.

CAPITALISMO CLÁSSICO. No capitalismo clássico, a propriedade do capital e o trabalho são totalmente separados, no sentido de que os trabalhadores retiram toda a renda do trabalho, e não têm renda da propriedade dos bens, enquanto a situação dos detentores do capital é inversa. Além disso, vamos partir do pressuposto de que todos os trabalhadores são mais pobres do que todos os capitalistas. Essa é uma suposição simplificadora importante porque nos dá, como mostrado na Figura 10.2, dois grupos sociais que não são sobrepostos por nível de renda. Quando os grupos não são sobrepostos, o Gini é decomposto exatamente entre os destinatários (veja a equação 3), e isso simplifica o relacionamento entre o Gini calculado entre as fontes de renda e o Gini calculado entre os destinatários.

---

15. Assumimos de forma implícita que a quantia de renda de capital distribuída aleatoriamente é igual à parcela usual da renda de capital na renda líquida total (digamos, até 30%). Obviamente, se o capital distribuído aleatoriamente diminui a renda do trabalho, pode acontecer que as pessoas que "sortearam" aleatoriamente uma grande parcela da renda do capital também se tornem ricas, considerando-se a renda total. Nesse caso bastante extravagante, Rc poderia ser alto e até mesmo se aproximar de 1.

FIGURA 10.2: Estrutura social do capitalismo clássico (simplificado)

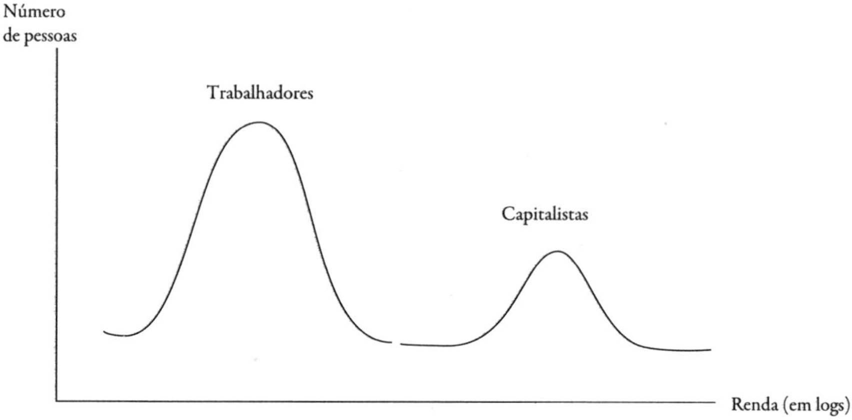

Nota: A estrutura social do capitalismo pode ser descrita como dois grupos sociais que diferem em seus tamanhos e níveis de renda.

Em geral, o Gini calculado entre os destinatários pertencentes aos grupos i (1, 2, … r) é igual a

$$G=\frac{1}{\mu}\sum_{i=1}^{r}\sum_{j>i}^{r}\left(\bar{y}_j-\bar{y}_i\right)p_i p_j+\sum_{i=1}^{r}p_i s_i G_i+L$$

onde μ = rendimento médio geral, $\bar{y}_i$ = rendimento médio do i-ésimo grupo, p_i = participação da população do i-ésimo grupo, s_i = participação do i-ésimo grupo no rendimento total, e L = o termo de sobreposição que é geralmente calculado como um resíduo e é positivo quando há destinatários do grupo médio-pobre que são mais ricos do que (se sobrepõem a) alguns destinatários de um grupo médio-rico. Dado que, no contexto indicado, todos os trabalhadores são mais pobres do que todos os capitalistas, L desaparece e a expressão para o Gini simplifica:

$$\begin{aligned}G&=\frac{1}{\mu}\left(\bar{y}_k-\bar{y}_w\right)p_k p_w+p_k s_k G_k+p_w s_w G_w\\&=s_k p_w-s_w p_k+p_k s_k G_k+p_w s_w G_w=s_k\left(p_w+p_k G_k\right)+s_w\left(-p_k+p_w G_w\right)\end{aligned}\qquad(3)$$

onde usamos os subscritos w para trabalhadores e k para os capitalistas.

A desigualdade geral, seja ela calculada entre fontes de renda ou entre destinatários, deve ser a mesma. Assim, (3) deve ser igual a (1) e, portanto:

$$\begin{aligned} s_c\left(p_w+p_kG_c\right)+s_l\left(-p_k+p_wG_l\right)&=s_lR_lG_l+s_cR_cG_c \\ s_c\left(p_w+p_kG_c-R_cG_c\right)+s_l\left(-p_k+p_wG_l-R_lG_l\right)&=0 \end{aligned} \qquad (4)$$

onde se admite que parte da renda do trabalho (s_l) é exatamente igual à parcela da renda recebida pelos trabalhadores (s_w), e a parcela da renda do capital é igual à parcela da renda recebida pelos capitalistas, $s_c = s_k$. Da mesma forma, $G_k = G_c$ e $G_l = G_w$. O Anexo 1 mostra outras variáveis do relacionamento. No final, obtemos uma relação positiva e côncava entre s_c e R_c (como mostrado na Figura 10.1 pela curva denotada como "capitalismo clássico"). A transmissão a partir de uma participação de capital maior para uma desigualdade interpessoal mais alta aumenta em s_c, mas na taxa decrescente. E isso é assintoticamente inclinado a 1 quando s_c se aproxima da unidade.

Alguma intuição ajudará a explicar o resultado. Suponha-se que o capitalismo clássico seja tal que exista apenas um número infinitamente pequeno de capitalistas (no extremo, apenas uma pessoa), e que todos os outros indivíduos sejam trabalhadores, de modo que s_k e s_c sejam baixos.[16] Supondo-se que haja um único capitalista, também supomos que ele é a pessoa mais rica da comunidade (mas não tão extravagantemente rica para tornar s_c muito alto). O coeficiente de correlação no numerador de R_c, cov(r (y),c) será baixo porque as classificações de acordo com a renda total, de 1 a 100, não serão correlacionadas com a quantidade de renda do capital. Teremos dois vetores, o de classificações [1, 2, 3 e daí por diante] e o da renda do capital [0,000 ... K], onde K = rendimento total do capital (recebido por apenas uma pessoa). Agora, o denominador de R_c será obtido a partir de uma correlação entre um vetor onde as classificações para todos os destinatários, exceto os do topo, serão as mesmas (porque todos eles têm a mesma quantidade de renda do capital, que é nenhuma), ou seja, entre um vetor como $\left[\frac{n}{2}\frac{n}{2}\frac{n}{2}\ldots.n\right]$ e o vetor [0,000 ... K]. Tal correlação será muito maior (na verdade, igual a 1) e a razão entre os dois

16. É óbvio, ter apenas um capitalista (baixo s_k) não garante que o s_c também seja baixo: pode ser que esse único capitalista seja tão rico que a participação de capital seja alta. No restante da discussão, presumo, no entanto, que s_k e s_c se movam juntos amplamente.

coeficientes de correlação será, portanto, baixa. Podemos ilustrá-la com um exemplo numérico. Digamos que n = 100 e que K é qualquer número aleatório, mas que escolhemos como sendo 100. A correlação no numerador é 0,17, a do denominador é 1. Por isso, R_c = cov(r(y),c) = 0,17.

Consideremos agora o outro extremo, em que a sociedade capitalista clássica é composta principalmente de capitalistas e um número infinitamente pequeno de trabalhadores, de modo que s_c se aproxima da unidade. É claro que a classificação de uma pessoa de acordo com a renda do capital coincidirá inteiramente (ou quase inteiramente) com sua classificação de acordo com a renda total, e cov(r(y),c) ≈ cov(r(c),c) e assim $R_c \approx 1$. Em outras palavras, praticamente não haveria diferença entre a renda total e a do capital, porque, no limite, elas são as mesmas. Isso torna os dois coeficientes de correlação quase iguais e a razão delas $R_c \approx 1$.

NOVO CAPITALISMO. Entendemos que o novo capitalismo difere do capitalismo clássico, na medida em que todos os indivíduos recebem renda do capital e do trabalho. Assim, em vez de dois grupos acentuadamente delineados, trabalhadores com renda (li, 0) e capitalistas com renda (0, c_i), temos para todos os indivíduos renda positiva de trabalho e de capital (l_i, c_i). Entendemos ainda que as quantias de renda de trabalho e de capital recebidas aumentam monotonicamente à medida que avançamos em direção aos indivíduos mais ricos (considerando-se a renda total). A renda de uma pessoa pobre seria, por exemplo, (2,1), uma pessoa de renda média seria (7,3), e a renda de uma pessoa rica (24,53).

Aumentos monotônicos de trabalho, capital e renda total (de modo que, se $y_j > y_i$, então devemos ter $l_j > l_i$ e $k_j > k_i$) asseguram que as classificações de acordo com capital, trabalho e renda total sejam as mesmas. Assim, $R_c = R_l = 1$. É por isso que na Figura 10.1 indicamos a função de "transmissão" para o novo capitalismo em $R_c = 1$.

Duas hipóteses dessa situação, no entanto, são possíveis. Podemos ter uma situação ilustrada na Figura 10.3 pela linha da *renda do trabalho* e pela linha *renda do capital* 2, por exemplo. As proporções de trabalho e renda do capital permanecem constantes ao longo da distribuição, ou seja, tanto a quantidade de capital quanto a de trabalho aumentam na mesma porcentagem em que passamos de destinatários mais pobres para mais ricos. A renda de uma pessoa pode ser indicada como $y_i = \varsigma i\ (\bar{l} + \bar{c})$, onde ς_i aumenta em *i*, indicando que cada um recebe uma porção específica da renda total do trabalho e do capital. Em outras palavras, à medida que avançamos ao longo da distribuição

FIGURA 10.3: Renda do trabalho e de capital entre destinatários no novo capitalismo (simplificado)

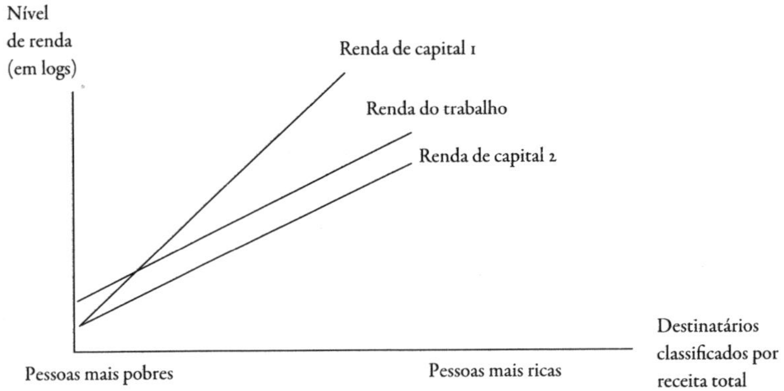

Nota: Existem duas possibilidades. Tanto as proporções de renda do trabalho e do capital permanecem constantes durante toda a distribuição quanto a participação da renda do capital aumenta com a renda total.

de renda, passamos da renda que pode ser descrita como (2,1) para (10,5) e (200,100), e assim por diante, em que cada indivíduo recebe o dobro da renda do trabalho como renda de capital, mas os valores absolutos de ambos diferem. Obviamente, pessoas mais ricas recebem mais de ambos. Nesse caso (vamos chamá-lo de "novo capitalismo 2"), os Ginis de trabalho e capital serão os mesmos e o coeficiente de Gini da renda total pode ser indicado como

$$G = s_l\bar{G} + s_c G = G \qquad (5)$$

Quando $r > g$ e a participação da renda do capital sobe, a desigualdade geral não é afetada. Assim, no "novo capitalismo 2", em que todos (pobres e ricos indistintamente) têm a mesma composição de renda total (por exemplo, a renda total de todos é composta de 70% de renda do trabalho e 30% da renda do capital), o aumento de parte da renda do capital não leva a uma maior desigualdade interpessoal. Perceba que isso acontece porque a crescente participação de capital deixa o Gini de renda do capital inalterada (e o Gini de renda do capital é o mesmo que o Gini de renda do trabalho). No socialismo, isso acontece porque $G_c = 0$.

Uma versão mais realista do novo capitalismo (denominada "novo capitalismo 1") é aquela em que a proporção da renda do capital aumenta à medida que a pessoa se torna mais rica (renda total). Isso pode ser indicado (em um caso contínuo) como $\frac{d\left(\frac{c}{l}\right)}{dy} > 0$ com $\frac{dc}{dy} > 0$ e $\frac{dl}{dy} > 0$ assegurando que as rendas absolutas, tanto do capital, quanto do trabalho, sejam maiores para indivíduos mais ricos.[17] A relação cov(r(y),c) = cov(r(c),c) ainda se mantém, porque as classificações de acordo com a renda total e as classificações de acordo com a renda do capital coincidem e, portanto, $R_c = 1$. Mas, agora, um aumento na participação do capital empurra o Gini total para cima. Isso acontece porque a renda do capital (representada pela linha de *receita de capital* 1 na Figura 10.3) tem um Gini maior do que a renda do trabalho e, à medida que a participação de uma fonte de distribuição mais desigual aumenta, o mesmo acontece com o Gini total. O aumento real em Gini será $G_c - G_l$.

O novo capitalismo representa um forte afastamento do modelo clássico do capitalismo.[18] Todo indivíduo recebe tanto uma renda do trabalho quanto uma renda do capital e, em princípio (se as participações de ambas fossem as mesmas em toda a distribuição), poderíamos obter o mesmo resultado que temos no socialismo, ou seja, a plena ortogonalidade da distribuição de renda pessoal a partir da crescente participação da renda do capital. Isso parece improvável, no entanto, já que os países ricos estão hoje mais próximos do "novo capitalismo 1", em que a parcela da renda do capital é maior para as famílias ricas.

Sob o "novo capitalismo 1", a transmissão de maior participação do capital em maior desigualdade interpessoal pode ser tão forte quanto no capitalismo clássico. Suponha que $s_c = 0.3$ e que aumente para 0.35. Sob o capitalismo clássico com o R_c (digamos) em torno de 0,6, esses 5 pontos percentuais adicionais de renda líquida recebidos pelos capitalistas aumentarão o Gini global em cerca de 3 pontos. Sob o "novo capitalismo 1", o aumento será (G_c-G_l) vezes 5. O intervalo G_c-G_l é empiricamente cerca de 0,3 — 0,5 (0,8 — 0,9 menos 0,4 — 0,5), então o aumento do Gini pode ser 1,5 — 2,5 pontos. O novo capitalismo pode ser apenas um pouco mais bem-sucedido do que o capitalismo

17. Para a evidência do novo capitalismo, veja A. Atkinson, C. Lakner, "Wages, Capital and Top Incomes: The Factor Income Composition of Top Incomes in the USA, 1960–2005", artigo apresentado no Sexto Encontro ECINEQ em Luxemburgo, jul. 2015, disponível em: http://www.ecineq.org/ecineqlux15/FILESx2015/CR2/p196.pdf, que mostra uma associação crescente de alta renda de trabalho e de capital, nos Estados Unidos, durante o último meio século. Essa sociedade também é evocada por Piketty *O capital no século XXI*, Capítulo 7 (p. 416 da edição francesa do livro).

18. Essas características do "novo capitalismo" são semelhantes ao argumento repetido por Piketty de que o período pós-guerra se distingue pelo surgimento de uma classe média detentora de patrimônio, mesmo que sua participação na propriedade do capital tenha permanecido relativamente pequena; veja T. Piketty, *O capital no século XXI*, Rio de Janeiro, Intrínseca, 2014.

clássico em verificar o transbordamento da crescente participação do capital em uma maior desigualdade interpessoal.

Transmissão de maior participação da renda do capital na desigualdade pessoal: resultados empíricos

Como a transmissão de uma maior renda de capital para a desigualdade pessoal, resumida no parâmetro da elasticidade, aparece empiricamente nas economias capitalistas avançadas? Utilizo uma amostra de 138 pesquisas domiciliares padronizadas produzidas pelo Luxembourg Income Study (ou LIS), abrangendo dezessete economias capitalistas no período de 1969 a 2013, e calculo todas as estatísticas relevantes (coeficientes de Gini, coeficientes de concentração, índices de correlação entre a renda do capital e a do trabalho). O número de pesquisas por país varia de doze para o Canadá e de onze para os Estados Unidos até cinco para a Suíça e Grécia. Para quase todos os países, as pesquisas mais recentes são de 2010 ou 2013. A lista de pesquisas é apresentada no Anexo 2.

Deve-se ter em mente, contudo, que, apesar dos melhores esforços de harmonização conduzidos pelo Luxembourg Income Study, o volume de renda do capital é provavelmente subestimado em muitos casos. Isso se deve ao fato de que os levantamentos originais, a partir dos quais os dados do LIS são obtidos, subestimam a renda do capital, tanto porque os ricos (que recebem uma alta parcela de renda do capital) se recusam a participar de pesquisas quanto porque, quando participam, subestimam sua renda do capital. Os dados do LIS para os Estados Unidos, por exemplo, dão uma participação média de renda do capital (excluindo-se ganhos de capital) na renda total do mercado de 7%, que é cerca de dois terços do valor obtido de fontes fiscais.[19] Apesar disso, as comparações dos dados dos Estados Unidos obtidos no Luxembourg Income Study e de fontes fiscais mostram uma correspondência muito próxima entre os valores do coeficiente de Gini para a renda do capital e os coeficientes de correlação (R_c), os dois fatores que determinam a transmissão. Por conseguinte, é provável que esta última seja muito semelhante, quer seja calculada a partir das pesquisas domiciliares, quer seja a partir de fontes fiscais (veja a Tabela 10.1).

19. Comunicação pessoal de Christoph Lakner.

Tabela 10.1: Comparação dos dados da pesquisa LIS com os dados obtidos de fontes fiscais, nos Estados Unidos

	2000		2004	
	Pesquisas	**Fiscal**	**Pesquisas**	**Fiscal**
Desigualdade de renda de mercado sem ganhos de capital (em pontos Gini)	53	55	54	55
Participação da renda de capital na renda de mercado (em %)	7	11	6	10
Gini da renda de capital (em pontos Gini)	90	92	92	94
Índice de correlação de capital, R_c	0.63	0.76	0.64	0.78

Nota: Os cálculos obtidos através de pesquisas domiciliares se baseiam na renda domiciliar per capita; os cálculos dos dados fiscais se baseiam em unidades fiscais (que estão muito próximas das famílias). A série fiscal termina em 2005. Para comparação, escolho os dois anos mais recentes em relação aos quais tive levantamento de dados fiscais.

Fonte: Pesquisas domiciliares do LIS baseadas em pesquisas populacionais atuais dos Estados Unidos: meus próprios cálculos. Dados fiscais: comunicação pessoal de Christoph Lakner.

A Figura 10.4 mostra os dados sobre a elasticidade de transmissão (R_c) ao longo do tempo para quatro economias avançadas. Além dos Estados Unidos, selecionei a Alemanha, como exemplo de um Estado de bem-estar corporativista continental; a Suécia, como um protótipo de um Estado de bem-estar escandinavo; e a Espanha, como um Estado de bem-estar mediterrâneo avançado. Os resultados mostram os Estados Unidos com uma elasticidade bastante alta por toda parte. A elasticidade dos Estados Unidos aumenta constantemente, passando de 0,54 no final dos anos 1970 para 0,64 em 2013. No entanto, a mais interessante é a Suécia, onde a elasticidade era de 0,2 em meados da década de 1970, mas aumentou para 0,5 em 2000. Isso se assemelha ao conhecido aumento da desigualdade de renda e, especialmente, da desigualdade de riqueza no país.[20] A elasticidade alemã também aumentou significativamente: de 0,4, em meados da década de 1970, para 0,65, trinta anos depois. Por fim, a elasticidade espanhola também subiu, de menos de 0,3, na década de 1980, para pouco menos de 0,5, em 2010. Nesses quatro

20. "In It Together: Why Less Inequality Benefits All", OECD, 21 maio 2015, disponível em: http://www.oecd.org/social/in-it-together-why-less-inequality-benefits-all-9789264235120-en.htm; T. Piketty, *O capital no século XXI*.

casos, houve uma clara tendência de alta nos últimos trinta anos. Além disso, as lacunas entre as elasticidades dos países no início de 2010 são menores do que eram na década de 1970. Encontraremos resultados muito semelhantes para toda a amostra de dezessete países.

FIGURA 10.4: Elasticidade do Gini da renda pessoal em mudanças na participação na renda do capital, em cinco economias avançadas, 1967-2013

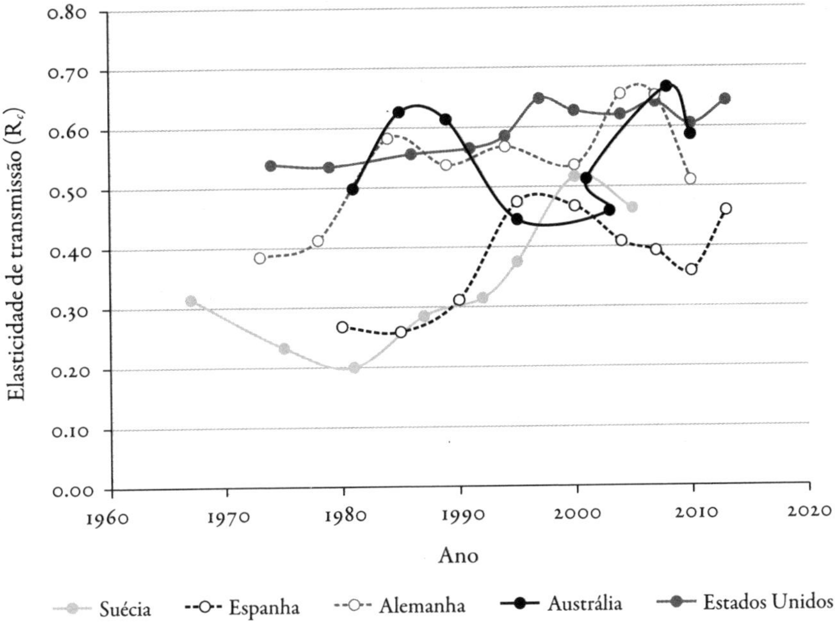

Nota: Em todos os cinco países, com exceção da Austrália, a elasticidade apresentou uma tendência clara de crescimento nas últimas três décadas. E as diferenças entre as elasticidades dos países se tornaram menores.

Fonte: Calculado a partir de dados obtidos em pesquisas domiciliares disponíveis no Luxembourg Income Study (veja o Anexo 2). Todas as variáveis subjacentes são normalizadas pelo tamanho das famílias, expresso em termos per capita.

A Figura 10.5 mostra a elasticidade média por país, classificada em ordem crescente. Itália, Estados Unidos e Finlândia têm as maiores elasticidades, em torno de 0,6; no outro extremo estão Bélgica, Suécia e Suíça, com elasticidades médias de pouco menos de 0,35. Observe que o período no qual essas elasticidades são calculadas não é idêntico entre os países (o primeiro dado quanto aos Estados Unidos remonta a 1979, e, para a Grécia, apenas a 1995), nem o número de observações por país é o mesmo.

FIGURA 10.5: Elasticidade média nos últimos quarenta anos, por país

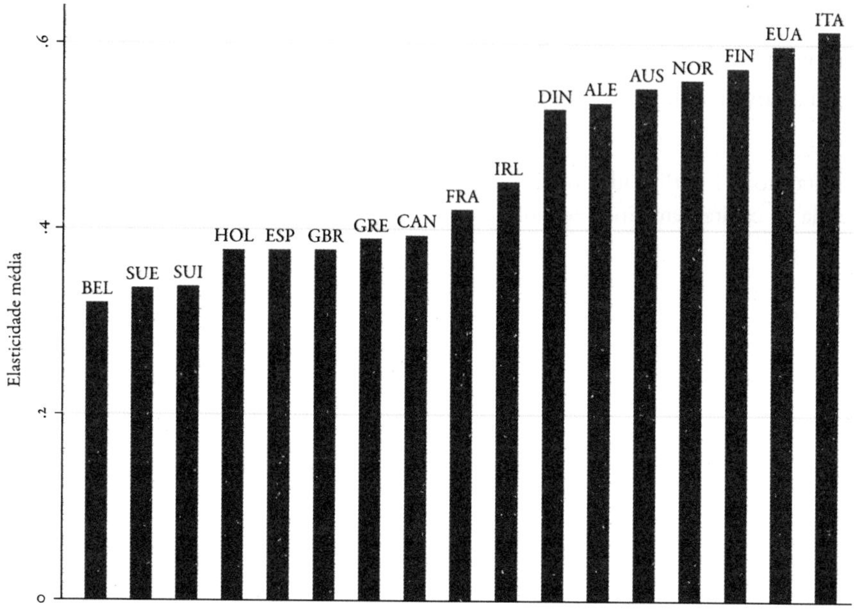

Nota: Itália, Estados Unidos e Finlândia têm as elasticidades mais altas, em torno de 0,6; no outro extremo estão Bélgica, Suécia e Suíça, com elasticidades médias de pouco menos de 0,35.

Fonte: Veja o Anexo 2.

A Figura 10.6 mostra o gráfico de dispersão de elasticidades obtido a partir de 138 pesquisas em relação às participações de capital calculadas com base nas mesmas pesquisas. Como está implícito em nossa derivação na seção anterior, uma maior participação de capital está associada a maior elasticidade, mas o gráfico de dispersão mostra que a relação é côncava e que, depois de a participação de capital atingir cerca de 0,12, a elasticidade aumenta muito pouco ou fica estável. Isso significa que qualquer aumento na participação de capital (digamos, em 1 ponto percentual) estará associado a um aumento maior no Gini interpessoal em níveis mais altos de participação de capital. Mas, uma vez que esse nível seja razoavelmente alto, aumentos adicionais na participação de capital produzirão o mesmo efeito sobre a desigualdade interpessoal.

A maioria das elasticidades está entre 0,3 e 0,6, com a elasticidade média e mediana de 0,46 (implicando uma distribuição de elasticidades bastante simétrica). A distribuição das elasticidades é mostrada na Figura 10.7.

FIGURA 10.6: Elasticidade com a qual a participação de capital é "transmitida" para maior desigualdade interpessoal e participação de capital, em dezessete economias avançadas, entre os anos de 1967 a 2013

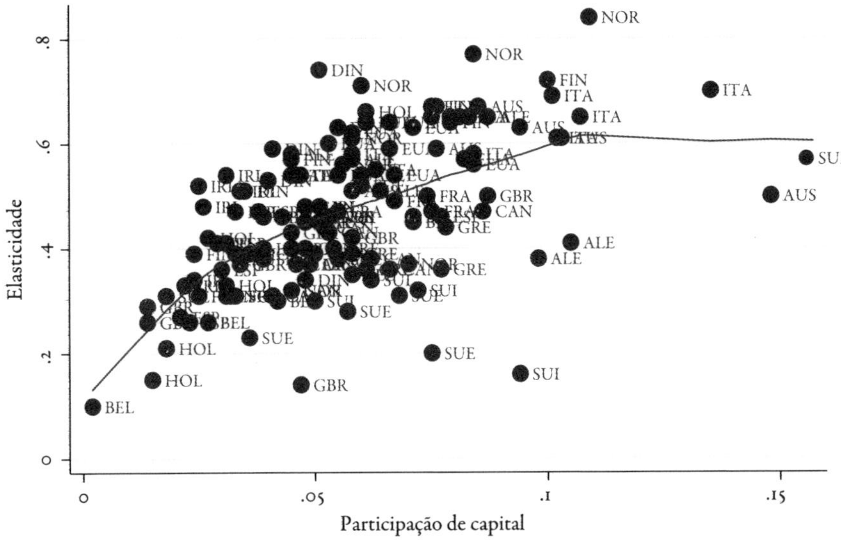

largura de banda = 0,8

Notas: Todas as variáveis subjacentes normalizadas pelo tamanho do agregado familiar, expresso em termos per capita. Função *lowess*, não paramétrica, do "Stata" [software de estatística usado geralmente para análise econométrica], com largura de banda padrão mostrada. A participação de capital é expressa como uma relação (0,05 = 5%). Uma única abreviação do país aparece para todos os anos para os quais pesquisas para esse país estão disponíveis.

Fonte: Calculado a partir dos dados ao nível das famílias disponíveis no Luxembourg Income Study (veja o Anexo 2).

Como a elasticidade está relacionada à participação de capital? Em outras palavras, podemos estimar a relação mostrada na Figura 10.6 de forma paramétrica? A Tabela 10.2 mostra os resultados da regressão para várias especificações. Na mais simples especificação linear, em que a elasticidade é regredida apenas na participação de capital e no tempo, encontramos um declive acentuado na participação de capital em cerca de 3, e um coeficiente positivo estatisticamente significativo no tempo. Quer dizer que, em média, cada aumento percentual na participação de capital está associado a um aumento de elasticidade de quase três pontos. Por exemplo, se a participação de capital aumentar de 0,05 para 0,06 (de 5% para 6%), a elasticidade aumenta de 0,4 para 0,43. O sinal positivo na variável *tempo* implica que a função de transmissão recentemente se tornou mais forte. Talvez mais realista (à luz do padrão na Figura 10.6) seja

FIGURA 10.7: Distribuição de elasticidades (R_c) em economias capitalistas avançadas

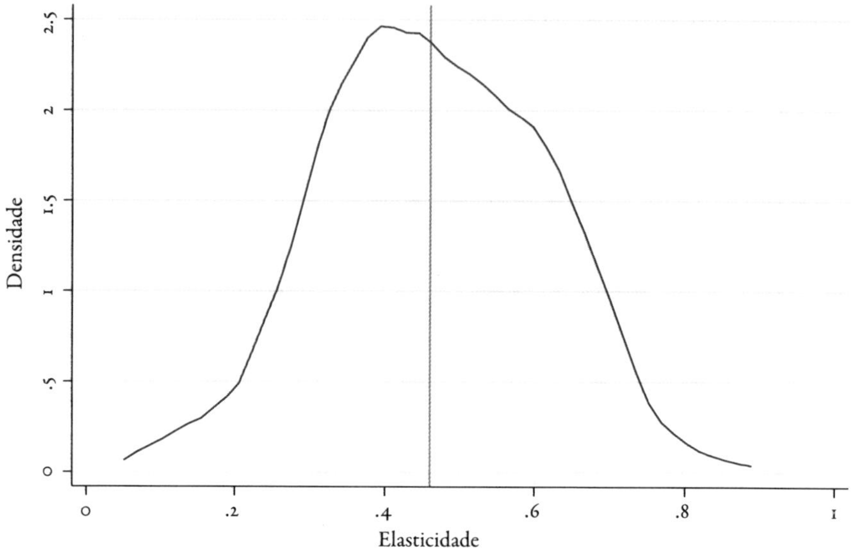

Nota: A maioria das elasticidades está entre 0,3 e 0,6. A linha reta é desenhada com a elasticidade média e mediana de 0,46 (implicando uma distribuição de elasticidades bastante simétrica).

Fonte: Calculado a partir de dados dos conjuntos familiares disponíveis no Luxembourg Income Study (veja o Anexo 2).

uma formulação quadrática, e, de fato, encontramos um termo quadrático significativo na regressão 2. Outra alternativa é uma regressão de efeito fixo no país, que permite a heterogeneidade entre os países (refletida nas interceptações específicas do país). O coeficiente da participação de capital é bastante semelhante (2,68) ao que obtivemos na regressão simples agrupada. O coeficiente no tempo permanece fortemente positivo. Por fim, a especificação (4) repete a formulação da participação de capital ao quadrado, agora em efeitos fixos por país, com resultados basicamente inalterados. Podemos tirar duas conclusões deste exercício: primeiro, uma crescente participação de capital está associada à crescente (mas côncava) transmissão da desigualdade pessoal e, segundo, a relação se tornou recentemente mais forte.

Podemos agora comparar as elasticidades da vida real com as que obtivemos anteriormente de nossos quatro sistemas sociais típicos ideais (Tabela 10.3). Isso nos permite ver melhor onde, em comparação com tipos ideais diferentes, as economias capitalistas modernas se encontram. A Grã-Bretanha em 1969,

Tabela 10.2: Resultados da regressão: elasticidade de transmissão e participação no capital
Variável dependente: elasticidade

	Regressões agrupadas		Efeitos fixos de país (painel não balanceado)	
	1	2	3	4
Participação no capital	2.95 (0.00)	5.81 (0.00)	2.68 (0.00)	4.99 (0.00)
Participação de capital ao quadrado		−20.69 (0.01)		−15.81 (0.03)
Tempo	0.005 (0.00)	0.004 (0.00)	0.004 (0.00)	0.004 (0.00)
Constante	−9.19 (0.00)	−8.45 (0.00)	−7.84 (0.00)	−7.17 (0.00)
Ajustado (ou dentro de) R^2 (valor F)	0.41 (48)	0.43 (36)	0.43 (45)	0.45 (32)
Número de observações	138	138	138	138
Número de países			17	17

Nota: valores de p entre parênteses. O tempo é medido pelo ano em que a pesquisa foi realizada (ver Anexo 2).

a Holanda em 1987, a Suíça em 1982 e a Suécia em 1981 tinham elasticidades menores ou iguais a 0,2, e estavam muito próximas do modelo socialista. Metade de todas as elasticidades observadas está entre os valores de 0,36 e 0,57 (com a mediana, como vimos, de 0,46). Esse nível de elasticidade corresponde, em nosso mundo ideal típico, a uma posição intermediária entre o socialismo e o clássico ou o "novo capitalismo 1". Países com as maiores elasticidades, que são os países nórdicos nos anos posteriores a 2000 e Itália em 1998 e 2000, têm valores acima de 0,7 e estão, portanto, mais próximos do clássico ou do "novo capitalismo 1", e mais distante do socialismo.[21] Os Estados Unidos estão próximos desses países com seu maior valor de elasticidade de 0,65, alcançado em 1997, e seu mais recente, de 2013, em 0,64, apenas ligeiramente abaixo do pico anterior.

21. Observe que não podemos julgar o quão perto eles estão do "novo capitalismo 2" porque, nele, R_c ainda seria igual a 1, embora o elo de transmissão entre uma maior participação na renda do capital e a desigualdade interpessoal seja cortado.

O quanto o Gini irá aumentar dependerá não apenas da elasticidade, mas também de outros parâmetros como o Gini de renda do trabalho e do capital, assim como a razão de correlação do trabalho (R_l). No entanto, esses parâmetros — e especialmente os Ginis para a renda do trabalho e do capital —, não diferem muito entre os países, e podemos fazer uma aproximação fácil: o Gini médio para renda do trabalho em nossa amostra é de 0,5, já o para renda de capital é 0,9; tomando-se esses valores e a razão de correlação média para o trabalho, chegaremos a um aumento estimado de 0,16 ponto de Gini para cada aumento de ponto na participação do capital (veja a Tabela 10.3). Um aumento de 5% na participação do capital nos Estados Unidos (sem qualquer alteração na distribuição subjacente de ativos), conforme relatado por Karabarbounis e Neiman[22], para o período 1975-2012, pode então ser associado a um aumento de aproximadamente 0,8 no Gini de desigualdade pessoal.

Tabela 10.3: Elasticidade da transmissão da participação crescente da renda do capital em relação à desigualdade de renda pessoal

Sistema econômico	Elasticidade	Mudança de Gini
"Novo capitalismo 1" (com $G_c > G_l$)	Por volta de 1	$G_c - G_l$
Capitalismo clássico	< 1	$R_cG_c - R_lG_l$
"Novo capitalismo 2" (com $G_c = C_l$)*	1	0
Países ricos hoje	0.46	$R_cG_c - R_lG_l = (0.51)(0.9) - (0.6)(0.5) = 0.16$*
Socialismo	Por volta de 0	Por volta de 0 ou negativo**

* A média R_c no período após 2000 é 0,51. Toma-se também tomo os valores médios para outras variáveis.
** Desde que Gini da renda do trabalho seja positivo ($G_l > G_c = 0$).

Implicações políticas

A implicação dessa análise é que a maneira pela qual a crescente participação da renda do capital é transmitida para uma maior desigualdade interpessoal

22. Karabarbounis, Neiman, "Global Decline of the Labor Share", Figura 2.

varia entre diferentes sistemas sociais em função da distribuição subjacente de ativos. Estamos acostumados a implicitamente supor que as rendas de capital são muito concentradas e que a associação entre ser rico em capital e rico em renda é muito próxima. Ambas as suposições são razoáveis, dada a evidência empírica. De fato, como vemos no mundo ideal típico do novo capitalismo, o aumento em s_c quase se traduz diretamente em um Gini mais alto (porque o Gini de renda de capital é muito maior do que o Gini de renda do trabalho). No capitalismo clássico, isso também é verdade quando a participação dos capitalistas se torna suficientemente alta. Mas em um mundo socialista, a ascensão s_c não implica aumento do Gini interpessoal. Com efeito, considerando-se nossa premissa de distribuição igualitária per capita dos ativos de capital, conclui-se pela redução da desigualdade de renda. Da mesma forma, no "novo capitalismo 2", em que cada indivíduo recebe uma parte igual de sua renda em razão da propriedade de ativos, uma participação de capital crescente não afeta a distribuição de renda interpessoal.

Isso leva, penso eu, a lições claras, em particular para as sociedades ricas. A definição de sociedades ricas é que elas têm altos índices K/Y (β). Como as sociedades atualmente avançadas se tornam ainda mais ricas, a dinâmica do $r > g$ levará a um aumento de beta e alfa. Uma maneira de garantir que isso não se transforme em aumento da desigualdade de renda é através da taxação, como defendido por Piketty, mas outra forma — talvez uma mais promissora ou, pelo menos, complementar — é reduzir a concentração da propriedade do capital e, portanto, da renda do capital.

Na estrutura discutida aqui, a redução do G_c também reduzirá a associação entre (alta) renda de capital e (altas) rendas em geral. Assim, ambos, G_c e R_c, seriam reduzidos, e um aumento na participação de capital teria um efeito pequeno, ou mínimo, sobre a distribuição de renda pessoal. Em última análise, se $G_c = G_l$, isso pode não ter efeito algum sobre o Gini da renda total.

Por sua vez, isso significa que uma atenção muito maior deve ser dada às políticas que redistribuem a propriedade do capital e o tornam menos concentrado. Em princípio, existem dois tipos de política nesse sentido.

Uma delas daria maior importância aos Planos de Propriedade de Ações do Empregado, dentre outros planos semelhantes, que ofertariam uma participação de capital aos trabalhadores que atualmente não dispõem de nenhum. Um plano sindical sueco bem conhecido, por exemplo, segundo o qual as empresas emitiriam ações especiais para entrar em um fundo que apoiaria as pensões dos trabalhadores, foi recentemente "ressuscitado".[23] Essa abordagem, porém, esbarra no conhecido problema da não diversificação do risco, em que a renda dos indivíduos depende por completo do trabalho em uma determinada empresa. Este é, de fato, o caso para a maioria das pessoas que hoje têm apenas rendimentos do trabalho, de modo que se pode argumentar que tanto a mão de obra quanto a renda do capital, proveniente da mesma empresa, não as expõem a mais riscos do que aqueles que atualmente vivenciam. Embora isso possa ser verdade, levanta-se a questão de por que esse elemento em benefício do detentor da mão de obra seria introduzido se não há uma melhora significativa na situação daqueles que atualmente não possuem ativos de capital. Parece-me, portanto, que essa abordagem, embora valiosa, pode apresentar alguns limites.

Uma abordagem mais promissora pode ser o foco em uma maior participação acionária, divorciada do local de trabalho. Isso poderia ser feito por meio de vários incentivos que encorajariam pequenas participações e penalizariam a grande concentração de ativos. Decerto, a sugestão de Piketty de um tributo progressivo sobre a riqueza poderia ser combinada com subsídios implícitos e explícitos para aqueles que detêm pequenas quantidades de riqueza.[24]

Em sociedades ricas, cuja razão capital/produção tende a aumentar, pode-se esperar que a participação da renda do capital na renda líquida também aumente.[25] Se for assim, os esforços devem ser direcionados para assegurar que esse inevitável movimento ascendente na relação K/Y não produza níveis insustentáveis de desigualdade de renda. Uma maneira de conseguir isso é por meio da equalização, tanto quanto possível, da posição dos indivíduos no estágio de pré-distribuição — ou colocá-la nos termos apresentados neste texto —, para se afastar do "novo capitalismo 1", que é, em muitos aspectos, similar ao

23. L. Taylor, Ö. Ömer, A. Rezai, "Wealth Concentration, Income Distribution, and Alternatives for the USA", *Working Paper* n. 17, Institute for New Economic Thinking, set. 2015, disponível em: https://ineteconomics.org/uploads/papers/WP17-Lance-Taylor-Income-dist-wealth-concentration-0915.pdf.

24. Piketty observa a necessidade de complementaridade entre as políticas de tributação e de redistribuição em geral, e a necessidade de mudar as formas de governança do capital privado. Ele encerra o último capítulo de seu livro afirmando que "sem direitos concretos de intervenção nas decisões corporativas (com a inclusão de empregados nos conselhos de administração), a transparência [financeira] (provocada pela tributação da riqueza) é de pouca utilidade" (em *O capital no século XXI*).

25. Assumindo alguma rigidez na taxa de retorno.

capitalismo atualmente existente, e se aproximar do "novo capitalismo 2". Isso envolve sobretudo menor concentração de bens de capital, mas também (um tópico que não discuti aqui) acesso mais igualitário à educação e desconcentração quanto aos retornos das habilidades.

Anexos

Anexo 1. Derivação da função de transmissão no caso do capitalismo clássico (com duas classes de renda não sobrepostas)

$$s_c\left(p_w + p_k G_c - R_c G_c\right) = -s_l\left(-p_k + p_w G_l - R_l G_l\right)$$

$$s_c\left(p_w + p_k G_c - R_c G_c\right) = -\left(1 - s_c\right)\left(-p_k + p_w G_l - R_l G_l\right)$$

$$s_c\left(p_w + p_k G_c - R_c G_c\right) = -\left(1 - s_c\right)(A)$$

$$s_c\left(p_w + p_k G_c - R_c G_c - A\right) = -A$$

$$-s_c R_c G_c = -s_c\left(p_w + p_k G_c - A\right) - A$$

$$s_c R_c G_c = s_c\left(p_w + p_k G_c - A\right) + A$$

$$R_c G_c = \left(p_w + p_k G_c - A\right) + \frac{A}{s_c}$$

$$R_c = \left(\frac{p_w - A}{G_c} + p_k\right) + \frac{A}{s_c G_c}$$

$$\frac{dR_c}{ds_c} = -\frac{A}{s_c}\frac{1}{G_c^2} > 0$$

Uma vez que $A = -p_k + p_w G_l - R_l G_l = -(1 - p_w) + p_w G_l - R_l G_l = p_w(1 + G_l) — 1 - R_l G_l$ tenderá a ser negativo. Em um caso extremo, quando $p_k \rightarrow 1$, esse seria claramente o caso. No outro caso extremo, quando $p_k \rightarrow 0$, $A = G_l\,(1 — R_l) \rightarrow 0$.

Esse último caso é claramente irrelevante, porque implica que não existem capitalistas. Mas para todas as situações sensíveis em que $0 < p_k < 1$, $A < 0$.

A segunda derivada é

$$\frac{d^2R_c}{ds_c^2}=\frac{2A}{s_c}\frac{1}{G_c^3}<0$$

Todos os símbolos são como explicados no texto.

Anexo 2. Lista de Luxembourg Income Study Surveys utilizados

Países	**Anos**
Alemanha	1973 1978 1984 1989 1994 2000 2004 2007 2010
Austrália	1981 1985 1989 1995 2001 2003 2006 2010
Bélgica	1985 1988 1992 1995 1997 2000
Canadá	1971 1975 1981 1987 1991 1994 1997 1998 2000 2004 2007 2010
Dinamarca	1987 1992 1995 2000 2004 2007 2010
Espanha	1980 1985 1990 1995 2000 2004 2007 2010 2013
Estados Unidos	1974 1979 1988 1991 1994 1997 2000 2004 2007 2010 2013
Finlândia	1987 1991 1995 2000 2004 2007 2010
França	1978 1984 1989 1994 2000 2005 2010
Grã-Bretanha	1969 1974 1979 1986 1991 1994 1999 2004 2007 2010
Grécia	1995 2000 2004 2007 2010
Holanda	1983 1987 1990 1993 1999 2004 2007 2010
Irlanda	1987 1994 1995 1996 2000 2004 2007 2010
Itália	1986 1987 1989 1991 1993 1995 1998 2000 2004 2008 2010
Noruega	1979 1986 1991 1995 2000 2004 2007 2010
Suécia	1967 1975 1981 1987 1992 1995 2000 2005
Suíça	1982 1992 2000 2002 2005

CAPÍTULO 11

Desigualdade global

CHRISTOPH LAKNER*

No livro *O capital no século XXI*, Thomas Piketty analisa a desigualdade nos países desenvolvidos. Mas, com o aumento da globalização, outra maneira de pensar sobre a desigualdade é em termos de como ela se parece entre os países e entre as pessoas ao redor do mundo. Neste capítulo, Christoph Lakner mostra que estamos vivendo um período de queda da desigualdade global. Ele mediu a desigualdade entre as pessoas ao redor do mundo e descobriu que, nos anos 2000, pela primeira vez desde a Revolução Industrial, a desigualdade global caiu. Existem paralelos com o que Piketty encontrou nos países: depois de reunir todos os indivíduos em todo o mundo em relação aos quais ele tem dados, Lakner descobre que a renda cresceu mais para os indivíduos entre o 1% mais rico do mundo. Embora a desigualdade dentro do país tenha aumentado, considerando-se a média ponderada da população, para a média dos países em desenvolvimento médio, o aumento da desigualdade diminuiu na segunda metade da década de 2000. Lakner observa que essa análise é restringida pelos dados disponíveis, que provavelmente não contemplam as maiores rendas, e aponta para a necessidade de consistência com relação aos dados entre os países, a fim de entender o caminho da desigualdade em todo o mundo.

* Sou economista no Grupo de Pesquisa em Economia do Desenvolvimento do Banco Mundial. Sou muito grato a Espen Prydz e Matthew Wai-Poi pela ajuda com os dados, e a Heather Boushey, Francisco Ferreira, La-Bhus Fah Jirasavetakul, Branko Milanovic e Carmen Ye pelos comentários muito úteis. Os entendimentos, interpretações e conclusões expressos neste capítulo são inteiramente meus. Eles não representam, necessariamente, os pontos de vista do Banco Internacional de Reconstrução e Desenvolvimento/Banco Mundial, bem como de suas organizações afiliadas, ou, ainda, dos diretores executivos do Banco Mundial ou dos governos que representam.

Este capítulo tem como objetivo complementar a análise de Thomas Piketty em *O capital no século XXI*, oferecendo uma dupla perspectiva global sobre a desigualdade.[1] Primeiro, reviso as tendências da desigualdade global, definida como a desigualdade entre todas as pessoas no mundo, independentemente de seu país de residência. A análise de Piketty, assim como a maioria das perspectivas sobre a desigualdade, concentra-se na desigualdade entre indivíduos *dentro* de um país. A adoção de uma perspectiva global (ou cosmopolita) sobre a desigualdade lança luz sobre outro aspecto do mundo em que vivemos. Embora não exista um "governo mundial", as organizações internacionais desempenham um papel crescente, e a visão cosmopolita é a única consistente com suas atribuições. A globalização coincidiu com o rápido crescimento em alguns dos países mais pobres e com o aumento da desigualdade em muitos desses mesmos países. A desigualdade global captura o efeito geral dessas forças sobre as pessoas, independentemente de onde elas possam estar morando.

Em segundo lugar, sintetizo o crescimento da desigualdade dentro dos países em desenvolvimento. Isso decorre naturalmente de uma análise da distribuição global de renda, que pode ser dividida em diferenças entre países e dentro dos países. Uma análise da desigualdade global precisa fazer a separação entre o reconhecimento da desigualdade e a capacidade de reduzi-la, o que permanece amplamente no nível de cada país.[2] O livro *O capital no século XXI* documenta um aumento acentuado da desigualdade nas economias desenvolvidas da América do Norte e Europa Ocidental. As economias emergentes não aparecem com destaque nas pesquisas empíricas, nem têm um papel explícito no modelo de Piketty. Milanovic argumenta que, no modelo de Piketty, os países desenvolvidos hoje representam como serão, no futuro, as economias em desenvolvimento.[3] A China, por exemplo, é hoje uma jovem economia rica, semelhante aos Estados Unidos no século XIX, mas, dada a rápida transição demográfica da China, ela pode ser bastante semelhante à França atual, daqui a cinquenta anos. Portanto, o caminho da transição é praticamente o mesmo, só que em um ritmo muito mais rápido.

1. T. Piketty, *O capital no século XXI*, Rio de Janeiro, Intrínseca, 2014.
2. S. Anand, P. Segal, "The Global Distribution of Income", *Handbook of Income Distribution*, vol. 2, ed. A. B. Atkinson, F. Bourguignon, Amsterdã, Elsevier, 2015.
3. B. Milanovic, "The Return of 'Patrimonial Capitalism': A Review of Thomas Piketty's Capital in the Twenty-First Century", *Journal of Economic Literature* 52, n. 2, 2014, pp. 519-534.

Além disso, Milanovic observa que as economias emergentes também afetam a desigualdade, tal como indicado em *O capital no século XXI* (ou seja, $r > g$).[4] Se, por um lado, dado seu menor estoque de capital, os mercados emergentes continuam a oferecer retornos mais altos, pressionando r (o que Piketty reconhece como um dos mecanismos por trás da aparente estabilidade em r); por outro lado, suas taxas de crescimento mais altas aumentam g, atrasando, portanto, o ponto em que $r > g$ se materializa.

Embora o modelo de Piketty lide quase exclusivamente com países ocidentais desenvolvidos, isso não impediu o livro de alcançar um apelo global. O livro foi amplamente traduzido, inclusive para chinês, japonês e coreano, tendo sido objeto de reportagens na imprensa desses países.[5] De maneira mais geral, a preocupação com a desigualdade vai além dos países desenvolvidos. Em uma pesquisa com quinze países em desenvolvimento, 77% dos formuladores de políticas reconhecem que o nível atual de desigualdade ameaça o desenvolvimento a longo prazo, enquanto apenas 7% veem a desigualdade como propícia a ele.[6] Da mesma forma, em uma pesquisa com mais de quinhentos formuladores de políticas na Ásia, 70% sugerem que a preocupação com a desigualdade de renda aumentou nos últimos dez anos, tendo pouco mais da metade discordado que uma maior desigualdade de renda seja aceitável, enquanto a pobreza esteja a cair.[7]

Uma palavra de cautela é necessária desde o início. A expansão da análise para um nível global enfrenta imensas restrições quanto aos dados. Devido à indisponibilidade de dados administrativos relativamente aos países em desenvolvimento, a avaliação deste ensaio utilizará pesquisas realizadas em domicílio. É sabido que as pesquisas domiciliares fazem um trabalho ruim na verificação das maiores rendas, e não há razão para que esse problema seja menos grave nos países em desenvolvimento.

---

4. Ibidem.

5. P. Brasor, "The Economics Book Everyone Is Talking About, but Has Anyone Read It?", *Japan Times*, 14 fev. 2015, disponível em: http://www.japantimes.co.jp/news/2015/02/14/national/media-national/economics-book-everyone-talking-anyone-read; S. Denney, "Piketty in Seoul: Rising Income Inequality in South Korea", *The Diplomat*, 4 nov. 2014, disponível em: http://thediplomat.com/2014/11/south-koreas-shocking-inequality/.

6. United Nations Development Programme (UNDP), Bureau for Development Policy, "Humanity Divided: Confronting Inequality in Developing Countries", 2014.

7. R. Kanbur, J. Zhuang, "Confronting Rising Inequality in Asia", *Asian Development Outlook*, Washington, DC, Asian Development Bank, 2012.

Além disso, como discutirei em mais detalhes à frente, pesquisas domiciliares em países pobres tendem a se valer das informações quanto às despesas de consumo — não da renda —, o que subestima os padrões de vida no topo e, portanto, subestima os níveis (e possivelmente também as tendências) de desigualdade. Por fim, as economias emergentes que usam pesquisas de renda normalmente não verificam com precisão a renda do capital; e as informações sobre riqueza — o próprio tópico de *O capital no século XXI* — são praticamente inexistentes. Parafraseando Atkinson e Bourguignon, é importante ser muito claro sobre o que os dados podem ou não dizer, ao mesmo tempo que não se rejeitam todas as evidências com base em medições imperfeitas.[8]

As evidências disponíveis sugerem que o índice de Gini da distribuição global de renda caiu pela primeira vez desde a Revolução Industrial, um desenvolvimento que provavelmente continuará. Esse declínio foi causado pela queda na desigualdade entre os países, o que significa que a renda média convergiu entre eles. É provável que isso continue levando a novas quedas na desigualdade global. Mas essa redução foi neutralizada pelo aumento da desigualdade (ponderada pela população) dentro do país, de modo que a pessoa média vivia em um país onde a desigualdade estava aumentando. Observando apenas os países em desenvolvimento, a desigualdade nacional média aumentou durante as décadas de 1980 e 1990, enquanto diminuiu na década de 2000. Essa queda recente foi impulsionada pela América Latina, enquanto a China parece ter se estabilizado. As mudanças na desigualdade global e dentro do país coincidiram com a rápida globalização desde o final dos anos 1980, possibilitada pelas mudanças tecnológicas. Parece que a globalização teve importantes efeitos distributivos, dentro dos países e globalmente, entre mão de obra qualificada e não qualificada, assim como entre capital e trabalho.

Este ensaio está estruturado em seis seções principais. Começo com a descrição da distribuição global e das tendências da desigualdade global, recorrendo principalmente a Lakner e Milanovic.[9] A segunda seção passa da desigualdade global para a desigualdade dentro dos países, em especial nos países em desenvolvimento. Na terceira seção, discuto o papel da globalização e

8. A. B. Atkinson, F. Bourguignon, "Introduction: Income Distribution Today", Atkinson, Bourguignon, op. cit.

9. C. Lakner, B. Milanovic, "Global Income Distribution: From the Fall of the Berlin Wall to the Great Recession", *World Bank Economic Review* 30, n. 2, 2016, pp. 203-232.

da tecnologia na explicação de alguns desses padrões.[10] As implicações políticas são apresentadas na quarta seção. Na quinta seção, ofereço algumas previsões sobre a provável direção da desigualdade global daqui para a frente. A sexta seção descreve uma agenda para futuras pesquisas sobre desigualdade nos países em desenvolvimento. Finalizo com uma breve conclusão.

A distribuição global e as tendências da desigualdade global

A análise da distribuição global apresentada neste ensaio é baseada em uma pesquisa conjunta com Branko Milanovic.[11] Nela, estávamos interessados em medir a desigualdade de renda disponível entre todas as pessoas no mundo. A renda é medida no nível familiar, e cada membro da família recebe uma parcela igual. As rendas são comparadas entre países usando taxas de câmbio de paridade do poder de compra (ou "PPC"), para explicar diferenças nos níveis de preços. Nossos dados são baseados em pesquisas domiciliares que começaram a se tornar amplamente disponíveis no mundo em desenvolvimento apenas no final dos anos 1980. Logo, nossa análise começa em 1988, um período de tempo muito menor do que está sendo considerado em *O capital no século XXI*.

Considerando-se nossas fontes de dados, precisamos fazer duas aproximações adicionais: primeiro, uma vez que alguns dados são agrupados (sobretudo os da China), usamos dez grupos de decil para cada país-ano.[12] Ou seja, todo indivíduo recebe a renda média de seu decil (na distribuição dentro do país). Segundo, como a renda é difícil de medir em uma economia na qual o consumo próprio é amplo, os países em desenvolvimento tendem a usar as despesas de consumo em vez da renda.[13] Embora esse seja um problema sério, como

10. No Capítulo 8 deste livro, Tyson e Spence discutem em mais detalhes o papel da tecnologia na explicação da desigualdade de renda nos Estados Unidos.

11. Lakner, Milanovic, op. cit.

12. Como resultado, nossas conclusões tenderiam a subestimar a desigualdade dentro do país e, portanto, global. No entanto, Anand e Segal, em "The Global Distribution of Income", argumentam que as diferenças são muito pequenas. Concluímos que a mudança de grupos de percentis para decis em uma distribuição global ligeiramente diferente reduz o índice global de Gini em meio ponto percentual.

13. A diferença entre receita e despesa é a poupança líquida; A. Deaton, S. Zaidi, "Guidelines for Constructing Consumption Aggregates for Welfare Analysis", World Bank, 2002, disponível em: http://documents.worldbank.org/curated/en/206561468781153320/Guidelines-for-constructing-consumption-aggregates-for-welfare-analysis.

escrevem Anand e Segal, "simplesmente é preciso conviver com a incompatibilidade" porque "não há maneira confiável de inferir uma distribuição de renda a partir de uma distribuição de despesas".[14]

Uma ressalva importante é que provavelmente subestimamos as maiores rendas, por várias razões distintas. Primeiro, usamos pesquisas domiciliares, nas quais são feitos trabalhos de má qualidade para a verificação das famílias mais ricas.[15] Segundo, mesmo que a pesquisa consiga entrevistar as famílias mais ricas, sua renda ainda pode ser subestimada. Em particular, as pesquisas domiciliares nesses países geralmente falham em verificar as rendas empresariais e a de capital, que continuam sendo as principais fontes de renda dos ricos nesses países, de acordo com as poucas fontes de dados disponíveis.[16] Terceiro, as pesquisas de consumo — que são usadas na maioria dos países em desenvolvimento fora da América Latina — subestimam os verdadeiros padrões de vida daqueles que estão no topo, porque os ricos economizam uma proporção maior de sua renda do que os pobres. As despesas reais de consumo dos que se encontram no topo também podem ser subestimadas, porque as pesquisas de despesas verificam mal os gastos com bens duráveis.[17]

Isso sugere que pesquisas domiciliares provavelmente subestimam o nível de desigualdade. No entanto, se os rendimentos mais altos aumentarem mais rápido do que os demais, as pesquisas também subestimarão a *tendência* da desigualdade. Há alguma evidência sugestiva apontando nessa direção. Primeiro, embora as evidências dos dados administrativos permaneçam muito limitadas, em alguns dos países disponíveis (por exemplo, Colômbia e Malásia) as principais participações de renda estão subindo, ao contrário das medidas de desigualdade baseadas em pesquisas domiciliares.[18] Segundo, muito foi escrito sobre o declí-

---

14. Anand, Segal, op. cit.

15. A. B. Atkinson, T. Piketty, E. Saez, "Top Incomes in the Long Run of History", *Journal of Economic Literature* 49, n. 1, 2011, pp. 3-71; F. Alvaredo, J. Londoño Vélez, "High incomes and personal taxation in a developing economy: Colombia 1993-2013", *Commitment to Equity Working Paper*, n. 12, mar. 2013, disponível em: http://www.commitmentoequity.org/publicationsfiles/CEQWPNo12%20HighTaxationDevEconColombia1993-201019March2013.pdf.

16. F. Alvaredo, L. Gasparini, "Recent Trends in Inequality and Poverty in Developing Countries", in: Atkinson, Bourguignon, op. cit.

17. M. Aguiar, M. Bils, "Has Consumption In equality Mirrored Income Inequality?", *American Economic Review* 105, n. 9, 2015, pp. 2725-2756.

18. Alvaredo, Gasparini, op. cit.

nio da participação do trabalho em muitos países do mundo.[19] Na China, por exemplo, essa participação estava caindo ao mesmo tempo que as poupanças domésticas registradas nas contas nacionais cresciam mais rapidamente do que o PIB.[20] Isso sugere que a desigualdade de renda aumentou mais rápido do que a desigualdade nas despesas de consumo, que usamos para estimar a desigualdade na China. Terceiro, várias fontes de dados alternativas também apontam para o aumento da renda mais alta. Em muitas regiões em desenvolvimento do mundo, a riqueza bilionária (de acordo com a "lista dos ricos" publicada pela revista *Forbes*) aumentou mais rapidamente do que a renda nacional.[21] Entre 2012 e 2015, um período de apenas três anos, o número de bilionários na China dobrou de 251 a 513.[22] Finalmente, as contas vazadas de vários paraísos fiscais mostram uma riqueza considerável nos países em desenvolvimento.[23]

De acordo com nossa análise, a desigualdade global, tal como medida pelo índice de Gini, diminuiu muito ligeiramente entre 1988 e 2008. Como mostra a linha sólida na Figura 11.1, o índice de Gini global caiu de 72,2%, em 1988, para 70,5%, em 2008, queda de quase dois pontos percentuais, particularmente forte desde 2003. Não é de surpreender que a desigualdade global seja muito maior do que a encontrada em países individualmente considerados. Em 2008, o índice de Gini da África do Sul, um dos países mais desiguais, era de 63%. Os resultados são robustos ao usar os mesmos países, como mostra a linha tracejada na Figura 11.1.[24] Mas, uma vez que há inúmeras margens de erros envolvidas nesses cálculos, tanto na amostragem quanto na não amostragem (por exemplo, taxas de câmbio da paridade do poder de compra), seria

---

19. L. Karabarbounis, B. Neiman, "The Global Decline of the Labor Share", *Quarterly Journal of Economics* 129, n. 1, 2014, pp. 61-103.

20. A poupança das famílias, como porcentagem do PIB, aumentou de 17,5, em 2000, para 23,4 em 2008 (G. Ma, W. Yi, "China's High Saving Rate: Myth and Reality", *Bank for International Settlements Working Papers*, n. 312, 2010).

21. C. Lakner, C. Ruggeri Laderchi, "Top Incomes in East Asia: What We Know, Why It Matters and What to Do About It", World Bank (a ser publicado).

22. H. Report, "The Richest People in China", disponível em: http://www.hurun.net/en/HuList.aspx, acesso em: 16 nov. 2015.

23. Consórcio Internacional de Jornalistas Investigativos, "Giant Leak of Offshore Financial Records Exposes Global Array of Crime and Corruption", 3 abr. 2016, disponível em: https://panamapapers.icij.org/20160403-panama-papers-global-overview.html.

24. Os resultados da linha de base usam a maior amostra possível de países em todos os anos. Uma questão intimamente conectada, que não pode ser tratada, é a indisponibilidade de pesquisas para alguns países. Esse problema é mais agudo para o Oriente Médio e para a África. Os países afetados representam cerca de 5% do PIB global e 10% da população global.

prematuro afirmar que a desigualdade global declinou de forma robusta.[25] Além disso, ao tentarmos imputar as maiores rendas (Figura 11.1, linha pontilhada), a desigualdade global permaneceu quase inalterada ao longo dos vinte anos, embora o declínio nos últimos cinco anos permaneça.[26]

FIGURA 11.1: Índice de Gini global (1988-2008)

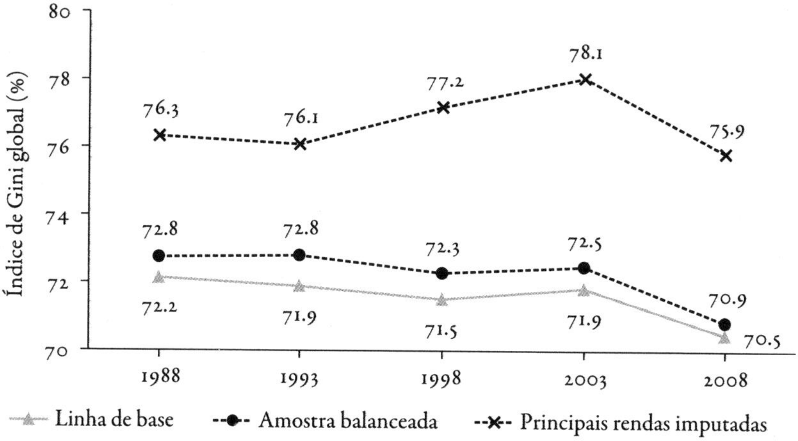

Fonte: Lakner e Milanovic, "Global Income Distribution: From the Fall of the Berlin Wall to the Great Recession".

Nota: A linha sólida mostra os resultados de base. A linha tracejada usa o mesmo conjunto de países. A linha pontilhada imputa as maiores rendas que faltam, usando o hiato das contas nacionais das pesquisas domésticas e uma distribuição de Pareto, conforme explicado com mais detalhes em Lakner e Milanovic, "Distribuição global de renda".

Tomados em conjunto, esses dados sugerem que, pelo menos, não há evidências apontando para o *aumento* da desigualdade no nível global. Apesar de

25. Anand, Segal, op. cit.

26. Anand e Segal, op. cit., utilizam uma abordagem diferente para levar em consideração as principais rendas ausentes, o que resulta em um ajuste ascendente ao nível do índice global de Gini que é aproximadamente metade da diferença apresentada na Figura 11.1. Eles assumem que a pesquisa domiciliar falha em capturar o 1% principal. Em seguida, anexam a parte superior da receita de 1% diretamente dos dados do registro fiscal ou a preveem a partir de uma regressão entre países que usa a parte superior dos 10% baseada na pesquisa e a renda média da pesquisa. Ainda que o procedimento deles também aumente a média de um país, esse efeito é menor do que o ajuste baseado nas contas nacionais, como asseverado em Lakner e Milanovic, "Global Income Distribution" (indicado na Figura 11.1). Em relação à tendência temporal, Anand e Segal ("The Global Distribution of Income") também registraram queda no período mais recente (entre 2002 e 2005 conforme seus dados), embora o nível permaneça marginalmente mais alto em 2005 do que em 1988 (72,7% e 72,6%, respectivamente).

diferentes métodos e medidas de desigualdade discordarem quanto ao tempo e tamanho do declínio, a queda desde meados da década de 2000 é robusta em várias fontes.[27] Visto a longo prazo, esse é um desenvolvimento notável. Bourguignon e Morrisson descobriram que a desigualdade global aumentou de maneira constante entre 1820 e 1990, em cerca de quinze pontos percentuais.[28] Portanto, como Bourguignon e Milanovic apontam, a desigualdade global se estabilizou, ou até declinou, pela primeira vez, desde a Revolução Industrial.[29] Dados mais recentes, relativos a 2011 e 2013, indicam que a tendência de queda acelerou.[30]

O declínio da desigualdade foi impulsionado pela queda da desigualdade entre países. A Figura 11.2 decompõe a desigualdade global em diferenças dentro e entre países. A altura total das barras mostra a desigualdade global total medida pelo índice de desigualdade GE(0) (ou desvio médio logarítmico, Theil-L).[31] As barras escuras representam a parte da desigualdade total que é devida às diferenças dentro de cada país. As barras claras capturam a contribuição das diferenças de renda média entre os países. É claro que a lacuna na renda média entre países caiu, enquanto a desigualdade dentro do país aumentou em uma extensão mais limitada, embora essa conclusão não seja mais válida quando se olha para as regiões.[32] No nível global, o declínio no componente entre países foi claramente impulsionado pelo rápido crescimento da renda média na China — a contribuição de outros países além da China, da

27. De acordo com a análise de Anand e Segal, as metodologias diferem principalmente no (1) uso do PIB per capita ou na renda média das pesquisas domiciliares; (2) ajustes nas diferenças entre pesquisas de renda e de consumo; e (3) taxas de câmbio de PPP. F. Bourguignon, *The Globalization of Inequality*, Princeton, NJ, Princeton University Press, 2015, que redimensiona a renda da pesquisa para o PIB per capita, encontra um declínio mais rápido do que o apresentado na Figura 11.1, a partir do início dos anos 1990.

28. F. Bourguignon, C. Morrisson, "Inequality among World Citizens: 1820-1992", *American Economic Review* 92, n. 4, 2002, pp. 727-744.

29. F. Bourguignon, op. cit.; B. Milanovic, *Global Inequality: A New Approach for the Age of Globalization*, Cambridge, MA, Belknap Press of Harvard University Press, 2016.

30. B. Milanovic, op. cit., p. 120; World Bank, *Poverty and Shared Prosperity 2016: Taking on Inequality*, Washington, DC, World Bank, 2016.

31. Uso uma medida alternativa de desigualdade, porque o índice de Gini não pode ser decomposto dessa maneira.

32. Na África subsaariana e no Leste Asiático, a desigualdade regional aumentou. Mas, enquanto na África esse aumento foi impulsionado pelo aumento da desigualdade entre países, no Leste Asiático foi impulsionado pelo aumento da desigualdade dentro dos países (L. F. Jirasavetakul, C. Lakner, "The Distribution of Consumption Expenditure in Sub-Saharan Africa: The Inequality among All Africans", *Policy Research Working Paper Series* 7557, World Bank, 2016).

Índia e dos Estados Unidos para a desigualdade entre países quase dobrou.[33] A decomposição também mostra que a maioria da população mundial vivia em países onde a desigualdade estava aumentando, o que, obviamente, não implica que a desigualdade estava aumentando em todos os lugares, como discutirei na próxima seção.

FIGURA II.2: Decomposição por país da desigualdade global

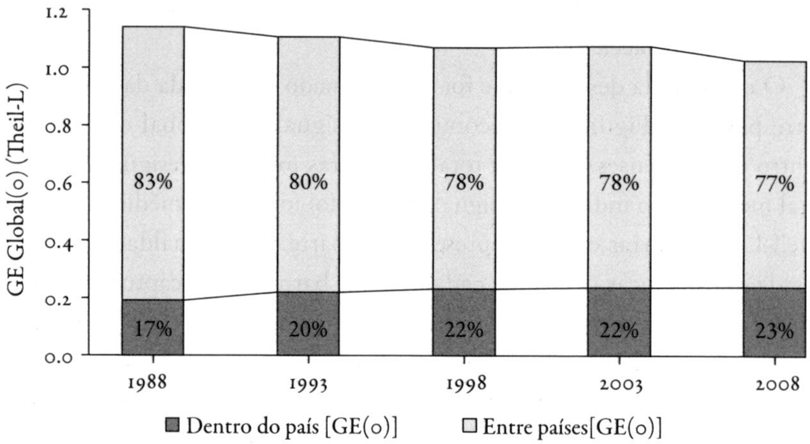

Fonte: Lakner, Milanovic, "Global Income Distribution: From the Fall of the Berlin Wall to the Great Recession".

Nota: A altura das barras é o nível de desigualdade (medido pelo índice Theil-L). Há a indicação da desigualdade dentro dos países. A desigualdade entre os países consiste em diferenças da renda média entre eles. Os números no gráfico de barras se referem às contribuições das diferenças entre países, e dentro dos países, para a desigualdade total.

A desigualdade entre países também pode explicar a tendência da desigualdade global a longo prazo. No século XIX, a desigualdade global se devia principalmente às diferenças dentro dos países.[34] Durante a Revolução Industrial, os países desenvolvidos de hoje estavam se afastando da média global, aumentando assim a desigualdade entre países e, por sua vez, a desigualdade global.

33. Obviamente, os dois aspectos não são independentes. A contribuição entre países é calculada como a diferença entre a média do país e a média global, que o rápido crescimento da China também tenderia a aumentar. Um país pobre que está crescendo mais lentamente do que a média global tenderia a aumentar a desigualdade entre países, desde que sua média esteja abaixo da média global.

34. F. Bourguignon, Morrisson, op. cit.

Nas duas últimas décadas, as lacunas entre os países caíram pela primeira vez.[35] Ao mesmo tempo, o aumento da desigualdade dentro dos países neutralizou parte da queda no componente entre países. Como discutem Bourguignon e Milanovic, esses dois desenvolvimentos podem levar a uma substituição das diferenças entre países por diferenças dentro deles ou a uma "internalização" da desigualdade global dentro dos países, que se pareceria mais com a situação no século XIX.[36] É importante ressaltar que as diferenças entre países ainda são responsáveis pela maior parte da desigualdade global (veja a Figura 11.2), portanto esse desenvolvimento ainda levaria algum tempo.

Em vez de analisar o nível geral de desigualdade, também podemos estar interessados em saber como diferentes partes da distribuição global se saíram ao longo do tempo. A Figura 11.3 traz a curva de incidência de crescimento global, que mostra a taxa de crescimento de diferentes grupos percentuais ao longo da distribuição.[37] Essa figura captura três desenvolvimentos na distribuição global. Primeiro, o rápido crescimento na China, especialmente nas partes superiores de sua distribuição, criando o pico em torno da mediana global.[38] Em segundo lugar, a estagnação da renda nas partes inferiores dos países ricos, em torno do 85º percentil global. Terceiro, o rápido crescimento dos muito ricos, dando origem ao segundo pico no topo da distribuição global. Isso parece assemelhar-se à narrativa dos efeitos distributivos da globalização e das mudanças tecnológicas, diante dos quais os trabalhadores com salários mais baixos nos países ricos estão sendo pressionados, assim como os chineses (urbanos) se beneficiam do crescimento liderado pelas exportações, e os que estão bem no topo dos países ricos têm visto suas participações na renda aumentarem. Isto será discutido em mais detalhes a seguir.

---

35. B. Milanovic, op. cit.

36. F. Bourguignon, op. cit.; B. Milanovic, op. cit.

37. O padrão permanece muito semelhante aos dados depois da crise financeira global (B. Milanovic, op. cit.). O padrão também é muito semelhante ao usar uma "curva de incidência de crescimento não anônimo" (não mostrada). Na Figura 11.3, em que se indica uma "curva de incidência de crescimento anônimo", a composição dos percentis globais com diferentes grupos de países pode mudar ao longo do tempo. Em outras palavras, não acompanhamos a evolução de países em um grupo específico (por exemplo, os 10% inferiores nos Estados Unidos) ao longo do tempo, embora isso às vezes esteja implícito na interpretação. No entanto, como se vê, os dois gráficos são muito semelhantes (veja Lakner, Milanovic, op. cit.).

38. B. Milanovic, op. cit.

FIGURA 11.3: Curva de incidência global de crescimento, 1988-2008

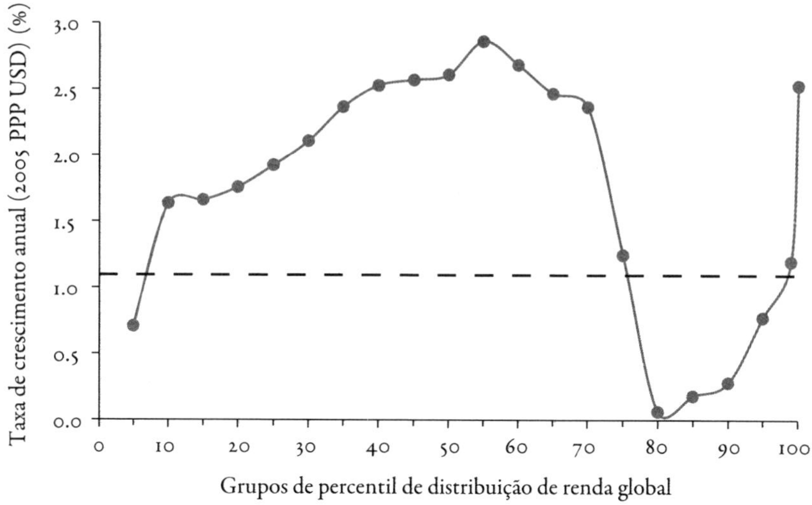

Fonte: Lakner, Milanovic, "Global Income Distribution: From the Fall of the Berlin Wall to the Great Recession".

Nota: O eixo vertical mostra a taxa de crescimento anualizada da renda média do grupo fractil (PPP USD em 2005). Incidência de crescimento avaliada em grupos ventis (por exemplo, 5% inferior). O grupo ventil superior se dividiu em 1% e 4% entre P95 e P99. A linha horizontal mostra a taxa de crescimento na média de 1,1% ao ano.

A partir das evidências apresentadas até agora, a conclusão foi de que a desigualdade global em geral parou de aumentar, e pode até ter caído, enquanto os ganhos foram os mais altos em torno da mediana global e no topo da distribuição. Mas é importante ter em mente que essa avaliação se baseou na comparação de ganhos relativos. O índice de Gini permanece inalterado quando todas as rendas crescem na mesma taxa (ou quando a Figura 11.3 é uma linha plana). Mas isso implica ganhos absolutos muito diferentes, precisamente porque a distribuição global subjacente é muito desigual. Ainda que as taxas de crescimento da mediana global e do 1% mais rico sejam aproximadamente semelhantes, o primeiro adicionou quatrocentos dólares (paridade do poder de compra em 2005) durante esse período de vinte anos, em comparação com 25 mil dólares (paridade do poder de compra em 2005) para o segundo (a renda média inicial per capita foi de seiscentos dólares e de 39 mil dólares, respectivamente). Em outras palavras, os 5% mais ricos da população do mundo receberam 44% do aumento da renda global nesse período. Em consequência, enquanto as medidas-padrão de desigualdade mostram um pequeno declínio entre 1988 e 2008, as diferenças absolutas entre ricos e pobres aumentaram fortemente.[39]

Desigualdade dentro do país, ao redor do mundo

A presente análise até agora tratou o mundo inteiro como uma unidade. Por outro lado, a maioria dos estudos sobre desigualdade se concentra na que ocorre dentro de um país, que continua sendo o nível no qual a maioria das políticas operam para combatê-la. Há outro motivo para enfatizar a desigualdade interna: alguns estudiosos usaram as evidências da queda da desigualdade global para descartar as preocupações sobre o aumento da desigualdade dentro de um país, como nos Estados Unidos. No entanto, os países continuam sendo o nível relevante para a maioria das preocupações com a desigualdade. De fato, estudos mostram que o bem-estar pode ser afetado por desigualdades muito localizadas.[40]

Como a decomposição do país na Figura 11.2 mostrou, entre 1988 e 2008, a maioria da população do mundo vivia em um país onde a desigualdade estava aumentando. Nessa análise, cada país é ponderado por sua população. Portanto, essa conclusão não implica que a desigualdade tenha aumentado no país médio.

---

39. As medidas relativas da desigualdade obedecem ao axioma da invariância da escala, o qual diz que uma medida de desigualdade deve ser independente de qualquer transformação que multiplique todas as rendas pela mesma constante, como um simples redimensionamento do euro para o dólar norte-americano. Por um lado, as percepções sobre as disparidades crescentes de renda geralmente carregam conotações absolutas, e experimentos com estudantes universitários na Alemanha, em Israel, no Reino Unido e nos Estados Unidos mostram uma divisão aproximadamente igual entre as inquietações absolutas e relativas (M. Ravallion, *The Economics of Poverty: History, Measurement, and Policy*, Oxford, Oxford University Press, 2016). Por outro lado, Milanovic, em "Global Inequality", argumenta fortemente por manter as medidas de desigualdade relativas, ao passo que reconhece que uma análise das diferenças absolutas fornece uma perspectiva complementar. Atkinson e Brandolini também argumentam que uma análise global precisa considerar especialmente as diferenças absolutas e relativas. (A. B. Atkinson, A. Brandolini, "On Analyzing the World Distribution of Income", *World Bank Economic Review* 24, n. 1, 2010, pp. 1-37).

40. Nos Estados Unidos, Luttmer descobre que um aumento nos ganhos dos vizinhos reduz a felicidade relatada depois de controlar a renda individual, onde a unidade espacial tem 150 mil habitantes em média. (E. Luttmer, "Neighbors as Negatives: Relative Earnings and Well-Being", *Quarterly Journal of Economics* 120, n. 3, 2005, pp. 963-1002). Por outro lado, para Malawi, essas diferenças relativas não são a preocupação dominante, exceto para aqueles que estão em melhores condições financeiras. (M. Ravallion, M. Lokshin, "Who Cares about Relative Deprivation?", *Journal of Economic Behavior & Organization* 73, n. 2, fev. 2010, pp. 171-185).

É importante esclarecer isso porque as tendências podem ser diferentes, independentemente de os pesos populacionais serem ou não usados. Analisarei brevemente as tendências da desigualdade interna ao redor do mundo, antes de discutir as tendências na América Latina, no Extremo Oriente e na África Subsaariana com mais detalhes. No final, apresento os números mais recentes sobre os desenvolvimentos desde o início da Grande Recessão. Nesta seção, concentro-me na desigualdade dentro dos países (normalmente medida pelo índice de Gini), sem usar pesos populacionais. Vou me basear, sobretudo, nos trabalhos de Alvaredo e Gasparini, e de Morelli e colaboradores, bem como em novos cálculos atualizados com base em dados do Banco Mundial.[41]

No *país em desenvolvimento médio*, a desigualdade nacional aumentou nas décadas de 1980 e 1990, e declinou na década de 2000 (em grande parte impulsionada por países da América Latina). Por outro lado, a *pessoa média* no mundo em desenvolvimento (usando, assim, pesos populacionais) vivia em um país com desigualdade cada vez maior entre meados da década de 1980 e 2010 (impulsionada pelo aumento na China e, nos últimos tempos, na Índia). Apesar da recente queda, a desigualdade permanece em um nível mais alto do que durante os anos 1980, e é substancialmente maior nos países em desenvolvimento do que nos países desenvolvidos. A esmagadora maioria dos países desenvolvidos experimentou um aumento na desigualdade desde a década de 1970.

O declínio da desigualdade média entre os países em desenvolvimento nos anos 2000 foi impulsionado em grande parte pelos desenvolvimentos encorajadores da América Latina, amplamente documentados.[42] Isso pode ser explicado

41. Existem diferenças notáveis entre essas três fontes e, portanto, elas precisam ser comparadas com cuidado. Os dados do Banco Mundial também são usados por Alvaredo e Gasparini. Contudo, os autores cobrem apenas países em desenvolvimento e se ajustam às diferenças entre pesquisas de renda e de consumo. Morelli e colaboradores abrangem apenas países ricos e (alguns) de renda média, e tendem a usar escalas de equivalência e uma mistura de dados primários e fontes secundárias. Os cálculos atualizados com base nos dados do Banco Mundial (veja Figura 11.4) cobrem todos os grupos de renda e misturam renda ou consumo per capita sem nenhum ajuste. Alvaredo, Gasparini, op. cit.; S. Morelli, T. Smeeding, J. Thompson, "Post-1970 Trends in Within-Country Inequality and Poverty: Rich and Middle-Income Countries", in: Atkinson, Bourguignon, op. cit.; "PovcalNet: The On-Line Tool for Poverty Measurement Developed by the Development Research Group", disponível em: http://iresearch.worldbank.org/PovcalNet, acesso em: 16 abr. 2016.

42. Por exemplo, L. F. Lopez-Calva, N. Lustig, eds., *Declining Inequality in Latin America: A Decade of Progress?*, Washington, DC, Brookings Institution and UNDP, 2010; N. Lustig, L. F. Lopez- Calva, E. Ortiz-Juarez, "Declining Inequality in Latin America in the 2000s: The Cases of Argentina, Brazil, and Mexico", *World Development* 44, 2013, pp. 129-141.

por um grande número de fatores, que incluem macroeconomia mais estável, crescimento de salários para trabalhadores com baixa qualificação e intervenção política propositiva de forma mais ampla, como transferências condicionadas de dinheiro, muitas vezes tornadas possíveis graças às crescentes receitas de commodities.[43] Mas, para evitar retratar uma imagem excessivamente otimista da desigualdade na América Latina, dois fatos adicionais precisam ser levados em consideração. Primeiro, a desigualdade seguiu uma forma inversa de U, de tal maneira que a queda nos anos 2000 ocorreu depois de um aumento prolongado nas décadas de 1980 e 1990. Em 2012, o índice médio de Gini havia retornado ao nível do início dos anos 1980, ou seja, visto a partir dessa perspectiva de longo prazo, o progresso foi limitado.[44] Em segundo lugar, mesmo depois do forte declínio, a América Latina continua sendo uma das regiões mais desiguais no mundo (sendo a África Subsaariana uma das outras).

O Leste Asiático mostra um padrão diferente do da América Latina, com a desigualdade aumentando na década de 2000, em média, embora com muita heterogeneidade no nível do país. A desigualdade aumentou nos dois países mais populosos da região, China e Indonésia, mas em momentos diferentes. Na China, a desigualdade aumentou nos anos 1990, porém se estabilizou nos anos 2000, enquanto a desigualdade aumentou na Indonésia durante os anos 2000. Ao longo da década de 1980, Coreia do Sul e Taiwan passaram por uma transformação estrutural para se tornarem economias industrializadas sem grandes aumentos na desigualdade.[45] Por outro lado, a desigualdade na China aumentou fortemente durante sua transição, não muito diferente do forte aumento da desigualdade em muitos países do Leste Europeu, depois da queda do Muro de Berlim.[46] Embora os dados continuem seriamente limitados,

---

43. L. Cord et al., "Inequality Stagnation in Latin America in the Aftermath of the Global Financial Crisis", *Policy Research Working Paper Series* 7146, World Bank, 2014; R. Kanbur, "Poverty and Distribution: Thirty Years Ago and Now", *Inequality and Fiscal Policy*, ed. B. Clements et al., Washington, DC, International Monetary Fund, 2015.

44. M. Székely, P. Mendoza, "Is the Decline in Inequality in Latin America Here to Stay?", *Inequality and Human Development in Latin America: A Long-Run Perspective* (edição especial), *Journal of Human Development and Capabilities* 16, n. 3, 2015, pp. 397-419; veja também a introdução para a edição especial, L. F. Lopez- Calva, N. Lustig, E. Ortiz- Juarez, "A Long-Term Perspective on Inequality and Human Development in Latin America", nas pp. 319-323.

45. R. Kanbur, "Globalization and Inequality", in: Atkinson, Bourguignon, op. cit.

46. B. Milanovic, L. Ersado, "Reform and Inequality during the Transition: An Analysis Using Panel Household Survey Data, 1990-2006", *Working Paper Series* wp2010-62, World Institute for Development Economic Research, 2010.

as fontes disponíveis sugerem uma estabilização da desigualdade na China desde o início até meados dos anos 2000, de modo que o pico pode ter sido alcançado.[47] Novamente, existem paralelos com a Europa Oriental, onde a desigualdade tem diminuído ultimamente.

A disponibilidade de dados apresenta desafios em muitos países em desenvolvimento, mas coloca problemas específicos na África Subsaariana. Nas duas últimas décadas, a disponibilidade e a qualidade dos dados melhoraram de forma significativa, mas os pesquisadores ficam invariavelmente limitados ao analisar as tendências de longo prazo. Os níveis de desigualdade são altos na região, em especial nos países do Sul. Sete dos dez países mais desiguais do mundo estão na África.[48] Isso é notável, tendo em vista que todos os outros países com alta desigualdade usam pesquisas de renda, enquanto os da África Subsaariana usam pesquisas de despesas, que tenderiam a demonstrar níveis menores de desigualdade. Além disso, as desigualdades na região são altas, uma vez que a terra é compartilhada* de forma relativamente ampla.[49] Considerando-se as tendências, um conjunto de países da África Subsaariana — de acordo com pelo menos duas pesquisas estritamente comparáveis e recentes (relativas sobretudo aos anos 2000) — é dividido igualmente entre países que tiveram aumento e aqueles que tiveram diminuição da desigualdade.[50] Os países com aumento da desigualdade são ligeiramente em maior quantidade. Portanto, cerca de 57% da população vive em um país onde a desigualdade aumentou.

Os níveis e as tendências de desigualdade dentro de cada país revistos até agora cobriram uma variedade de diferentes períodos de tempo. Esta seção termina examinando o passado mais recente, que abrange a Grande Recessão, entre os anos de 2007 a 2009. Trata-se de um período bastante especial, de

---

47. B. Milanovic, op. cit.

48. K. Beegle et al., *Poverty in a Rising Africa: Africa Poverty Report*, Washington, DC, World Bank, 2016.

* Em partes da África, a terra é compartilhada e pertence à comunidade local como um todo, não sendo de propriedade específica de alguém. [N.T.]

49. B. Milanovic, "Is Inequality in Africa Really Different?", *World Bank Policy Research Working Paper* Series 3169, 2003.

50. K. Beegle et al., op. cit. Alterações no design da pesquisa (como cobertura urbana ou nacional), implementação (como efeitos da sazonalidade) ou questionários (como períodos de *recall* para gastos de consumo) podem dificultar a comparação entre as pesquisas. Esse padrão de tendências de desigualdade dentro do país é confirmado por um período mais longo, como indica G. A. Cornia, "Income Inequality Levels, Trends and Determinants in Sub-Saharan Africa: An Overview of the Main Changes", Università degli Studi di Firenze, Florença, 2014.

forma que qualquer mudança na tendência precisa ser interpretada com cautela. A Figura 11.4 representa para cada país o coeficiente de Gini por volta de 2012 em relação ao Gini por volta de 2007. Apenas os países com duas pesquisas comparáveis nesses anos estão incluídos. A maioria dos países parece estar

FIGURA 11.4: Índice de Gini durante a Grande Recessão

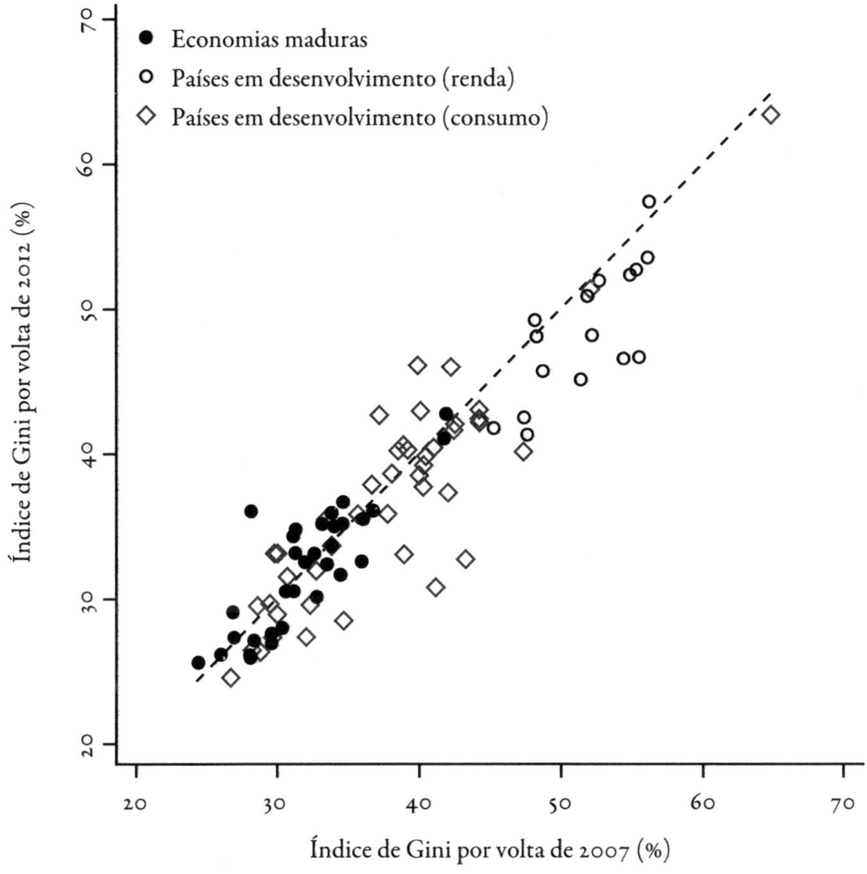

Fontes: "Indonesia's Rising Divide: Why In equality Is Rising, Why It Matters and What Can Be Done", *World Bank Working Paper* 106070, 2016; "ECAPOV: Expost Harmonized Dataset Created by ECA Team for Statistical Development. Countries: Romania/2008, Romania/2013. As of April, 27 2016", Banco Mundial, 2016; "PovcalNet: the On-Line Tool for Poverty Measure ment Developed by the Development Research Group", disponível em: http://iresearch.worldbank.org/PovcalNet.

Nota: Mostrando os índices de Gini, por volta de 2007 e de 2012, para 93 países em relação aos quais existem pesquisas comparáveis nos dois anos ("Global Database of Shared Prosperity", resumo do Banco Mundial, 6 out. 2015, disponível em: http://www.worldbank.org/en/topic/poverty/brief/global-database-of-shared-prosperity). Ano inicial: 2003-2011; ano final: 2009-2014; duração: de três a oito anos, cinco anos em média. Os países ao longo da linha tracejada não experimentaram nenhuma mudança na desigualdade. Para os países abaixo (acima) da linha, a desigualdade caiu (aumentou).

abaixo da linha, sugerindo uma queda na desigualdade. Em média, o índice de Gini caiu aproximadamente 1 ponto percentual, de 38,1 para 37,1. Dois terços dos países (59 dos 93 países incluídos) experimentaram uma queda na desigualdade. A moderação nas tendências da desigualdade vem de ambos os lados: a desigualdade parece ter se estabilizado na China e nos países desenvolvidos, regiões em que aumentava anteriormente de forma significativa.[51] Em contraste, a América Latina viu uma estagnação nas tendências da desigualdade nos últimos anos, depois do forte declínio anterior.[52]

O que isso significa para a desigualdade global? O declínio na desigualdade, observado na Figura 11.4, foi menor para os países maiores. Logo, o índice de Gini ponderado pela população caiu apenas marginalmente de 39,4, em 2007, para 39,2, em 2012. Assim, o componente da desigualdade global nos países permaneceu praticamente estável.[53] Ao mesmo tempo, a renda média continuou a crescer mais rapidamente nos países mais pobres, razão pela qual as forças da convergência econômica permaneceram ativas. Em suma, isso sugere que a desigualdade global continuou a cair depois de 2008, o que é confirmado pelos resultados de 2011 apresentados por Milanovic.[54]

O papel da globalização e da tecnologia

Essas mudanças na desigualdade global e na desigualdade dentro dos países ao redor do mundo coincidiram com um período de rápida globalização — definido aqui vagamente como um aumento no comércio internacional e do movimento de capitais e pessoas —, bem como com mudanças tecnológicas, as quais permitiram grande parte do aumento da integração global e da distribuição geográfica dos processos de produção. As evidências já apresentadas são consistentes com o seguinte argumento: a China e outras partes da Ásia

51. B. Milanovic, op. cit.; Morelli, Smeeding, Thompson, op. cit.

52. Cord et al., op. cit.; L. Gasparini, G. Cruces, L. Tornarolli, "Chronicle of a Deceleration Foretold: Income Inequality in Latin America in the 2010s", *CEDLAS Working Paper* n. 198, 2016.

53. A Figura 11.4 inclui apenas períodos comparáveis e, portanto, abrange um conjunto menor de países do que uma análise transversal pura. A amostra comparável abrange 84% do PIB e da população global, menor do que a cobertura indicada por Lakner, Milanovic, op. cit. (93% do PIB global e 91% da população global em 2008).

54. B. Milanovic, op. cit.

cresceram rapidamente nesse período, aproveitando o aumento da integração global e reduzindo a desigualdade entre países. Em simultâneo, a desigualdade dentro do país aumentou tanto nos países desenvolvidos quanto naqueles em desenvolvimento. Tomados em conjunto, os vencedores da globalização parecem ter sido as classes média e alta na China, enquanto as camadas inferiores da distribuição nos países ricos ficaram para trás. (Veja a Figura 11.3.)

O restante desta seção esboçará um modelo de mudança tecnológica que tenta explicar algumas dessas variações, ou seja, entre trabalho qualificado e não qualificado e entre trabalho e capital. Estabelecer uma relação causal estrita entre globalização ou mudança tecnológica e desigualdade, contudo, permanece impróprio, porque as distribuições de renda são o resultado de uma infinidade de fatores. Portanto, talvez seja melhor considerar minha discussão como uma "especulação bem informada".[55] Em um nível básico, as principais conclusões são que os efeitos do comércio sobre a distribuição de renda são mais complicados do que um simples efeito Stolper-Samuelson, e, ao mesmo tempo que a globalização trouxe enormes benefícios, alguns se beneficiaram mais do que outros.[56]

Em um artigo recente, Basu faz a distinção entre duas espécies de mudança técnica: aquela que proporciona a redução do trabalho e aquela que permite a vinculação ao trabalho.[57] A categoria relativa às tecnologias que proporcionam a redução do trabalho também inclui mudanças técnicas com base

---

55. F. H. G. Ferreira, "Kuznets Waves and the Great Epistemological Challenge to Inequality Analysis", World Bank Development Impact Blog, 27 abr. 2016), disponível em: http://blogs.worldbank.org/impactevaluations/kuznets-waves-and-great-epistemological-challenge-inequality-analysis.

56. Segundo a teoria de Stolper-Samuelson, o comércio aumentará o retorno relativo do fator abundante — trabalho não qualificado nos países em desenvolvimento. A experiência das economias do Leste Asiático (Coreia do Sul e Taiwan), que buscaram a liberalização do comércio depois da Segunda Guerra Mundial e conseguiram criar crescimento com equidade, é consistente com essa teoria (A. Wood, "Openness and Wage Inequality in Developing Countries: The Latin American Challenge to East Asian Conventional Wisdom", *World Bank Economic Review* 11, n. 1, 1997, pp. 33-57). Mas essa teoria foi desafiada pela crescente desigualdade nas décadas de 1980 e 1990, tanto em países com trabalho abundante quanto em países com escassez de mão de obra que liberalizaram. Além disso, a experiência do Leste Asiático coincidiu com condições iniciais favoráveis, como reformas agrárias e educação básica generalizada, que podem ser pelo menos tão importantes quanto a liberalização do comércio por si só (Kanbur, op. cit.).

57. K. Basu, "Globalization of Labor Markets and the Growth Prospects of Nations", *World Bank Policy Research Working Paper Series* 7590, 2016.

em habilidades, em razão do fato de a demanda por mão de obra qualificada ter crescido mais rapidamente do que a oferta. Isso aumentou os bônus para os trabalhadores instruídos e, em consequência, a desigualdade na renda do trabalho, como indicado no modelo original de Tinbergen.[58] No entanto, é preciso também reconhecer o papel do capital, que chega ao cerne da questão no que tange à tecnologia que permite uma redução da quantidade de trabalho. Como Atkinson e Bourguignon argumentam, o capital pode ser complementar à mão de obra de alta qualificação, mas um substituto para a mão de obra de baixa qualificação.[59] Essa não é uma ideia nova: Meade já argumentou que a automação aumentaria a desigualdade.[60]

A mudança tecnológica vinculada ao trabalho captura a forma pela qual o trabalho se liga à demanda em lugares distantes. Isso pode acontecer por meio de vários canais, como comércio, terceirização ou investimento estrangeiro direto. Maskin argumenta que os avanços na tecnologia da comunicação levaram a uma internacionalização do processo de produção, de modo que uma empresa hoje pode empregar trabalhadores do outro lado do mundo, criando assim um mercado de trabalho global.[61] A mudança tecnológica vinculada ao trabalho afetou diferentes partes da distribuição, de várias maneiras. Nos países desenvolvidos, trabalhadores pouco qualificados da parte inferior da distribuição de salários foram prejudicados pela concorrência do exterior, visto que tiveram seus "salários fixados em Pequim", para parafrasear o título do artigo de Freeman.[62] Ao mesmo tempo, esse progresso tecnológico aumentou o alcance global dos indivíduos mais bem pagos, aumentando assim os salários das superestrelas em um mercado em que o "vencedor-leva-tudo".[63] Como Bourguignon aponta, a mesma situação está acontecendo nos países em desenvolvimento, onde estrelas do críquete da Índia ou bilionários chineses estão lucrando com seu alcance global.[64] Além disso, alguns dos funcionários

58. J. Tinbergen, *Income Distribution: Analysis and Policies*, Amsterdã, North-Holland, 1975.

59. Atkinson, Bourguignon, op. cit.

60. J. E. Meade, *Efficiency, Equality and the Ownership of Property*, Londres, Allen and Unwin, 1964.

61. E. Maskin, "Why Haven't Global Markets Reduced Inequality in Emerging Economies?", *World Bank Economic Review* 29, suplemento 1, 2015, pp. S48-S52.

62. R. B. Freeman, "Are Your Wages Set in Beijing?", *Journal of Economic Perspectives* 9, n. 3, 1995, pp. 15-32.

63. A. B. Atkinson, *The Changing Distribution of Earnings in OECD Countries*, Oxford, Oxford University Press, 2008.

64. F. Bourguignon, op. cit.

dos países em desenvolvimento que atendiam a clientes nos países ricos exigiam salários muito acima das taxas locais; logo, pode parecer que "os salários mais altos estão sendo estabelecidos em Nova York".[65]

O que tudo isso significa para a desigualdade nos países pobres e ricos? Trabalhadores com baixa qualificação nos países ricos estão sendo pressionados por mudanças tecnológicas que eliminam seus empregos, bem como pela concorrência de trabalhadores com salários mais baixos do exterior. Por outro lado, ao passo que trabalhadores de baixa e média qualificação em países pobres da Ásia viram seus salários subir, aumentos futuros serão limitados pela ameaça de substituição do capital. Um caso em questão: a maior fabricante em regime de terceirização (*contract manufacturer*) do mundo, a Foxconn Technology Group, planeja adicionar um milhão de robôs em um futuro próximo.[66] Os rendimentos mais altos dos países ricos, *bem como* dos pobres, estão se beneficiando de duas maneiras. Primeiro, seus salários estão aumentando com o tamanho do mercado global. Suas rendas estão sendo equalizadas devido à negociação internacional de mão de obra altamente qualificada.[67] Parece que esse efeito de escala é particularmente importante para as maiores rendas nos países pobres, onde o nível geral de salário é muito menor. Segundo, os principais destinatários de renda dos países ricos e pobres são os proprietários do capital, e a participação do capital aumentou durante esse período de mudança tecnológica global.[68]

Em resumo, embora o debate seja frequentemente apresentado como um conflito entre mão de obra não qualificada em países pobres e ricos, ou entre mão de obra qualificada e não qualificada em um ou outro conjunto de países, o conflito é muito mais entre acionistas e trabalhadores. Pode "ser que o capital tenha sido o principal beneficiário da globalização do comércio e da consequente aceleração do crescimento econômico [...] nas duas últimas décadas".[69]

65. K. Basu, op. cit.

66. W. H. Davidow, M. S. Malone, "What Happens to Society When Robots Replace Workers?", *Harvard Business Review*, 10 dez. 2014.

67. F. Bourguignon, op. cit.

68. Karabarbounis, Neiman, op. cit. Veja também Raval, no Capítulo 4 deste livro.

69. F. Bourguignon, op. cit.

Implicações políticas

Ao discutir propostas de políticas públicas, é importante enfatizar que não é desejável desfazer a globalização. Como Bourguignon aponta, não está claro que isso deixaria as pessoas em melhores condições nos países ricos, porque barreiras comerciais mais altas aumentariam os preços e, por consequência, reduziriam o poder de compra delas.[70] Entretanto, mais importante é destacar que uma contenção pode ser ruim para as pessoas mais pobres no planeta. Uma economia globalmente integrada, com movimentação mais fácil de capital e trabalho, dificulta a elaboração de políticas, porque aponta para uma corrida ao fundo do poço, um problema político que precisa ser levado a sério. No entanto, também está claro que os países não são desprovidos de poder, e que a formulação de políticas no nível do país é importante. Como indiquei acima, a desigualdade não aumentou em todos os lugares, embora todos os países estivessem sujeitos à mesma mudança tecnológica, pelo menos a uma primeira aproximação. Além disso, apesar de um mercado global para trabalhadores altamente qualificados, os salários dos executivos-chefes norte-americanos mais bem pagos correspondem a aproximadamente quatro vezes os salários de suas contrapartes na Alemanha.[71]

A crescente literatura sobre a desigualdade global não deixa a desejar em propostas de políticas para tratar da desigualdade. Em vez de oferecer uma revisão abrangente, descreverei algumas que receberam relativamente pouca atenção na literatura sobre desenvolvimento. As economias em desenvolvimento têm políticas fiscais subdesenvolvidas que dependem amplamente de tributos indiretos e retidos nos salários do setor formal. De acordo com Atkinson e Bourguignon, "nenhuma economia avançada alcançou um baixo nível de desigualdade [...] com um baixo nível de gasto social, independentemente de quão bem o país tenha se saído em outras dimensões com reflexos para a pobreza, principalmente quanto ao emprego".[72] Os gastos sociais nos países em desenvolvimento são limitados por baixas receitas fiscais. Ainda que a capacidade do estado continue limitada nos países mais pobres, os países de renda média ou

---

70. F. Bourguignon, "Inequality and Globalization: How the Rich Get Richer as the Poor Catch Up", *Foreign Affairs*, jan.-fev. 2016, pp. 11-15.

71. F. Bourguignon, "The Globalization of Inequality".

72. A. B. Atkinson, F. Bourguignon, op. cit.

emergentes estão cada vez mais aptos a expandir suas receitas. Nesses países, as famílias possuem contas bancárias e cartões de crédito, criando fluxos de informações que podem ser explorados para fins de tributação usando novas tecnologias. E isso é particularmente verdadeiro na Ásia, onde os sistemas tributários não são caracterizados pela progressividade.[73] Em toda a região, a progressividade efetiva é limitada por contornos fiscais muito altos, de modo que as taxas mais altas se aplicam a praticamente ninguém.[74]

A tributação da renda do capital é outro aspecto que eu gostaria de destacar. Primeiro, a renda do capital é tipicamente tributada a taxas mais baixas do que a renda do trabalho (não apenas nos países em desenvolvimento), o que cria uma desigualdade horizontal.[75] Ou seja, indivíduos com as mesmas rendas e ativos enfrentam tributações diferentes.[76] Em segundo lugar, a receita arrecadada com impostos prediais é insignificante, embora possam ser uma fonte de receita relativamente equitativa, eficiente e implementável.[77] Terceiro, a questão relativa aos paraísos fiscais precisa ser abordada. Estou escrevendo isso em um momento no qual os primeiros detalhes dos chamados *Panama Papers**

---

73. Kanbur, op. cit.

74. Lakner, R. Laderchi, op. cit.

75. Por exemplo, na Indonésia, os dividendos e a rendas de juros são tributados em 10% e 20%, respectivamente, o que é substancialmente menor do que a taxa de imposto marginal superior a 30% que muitos ganhadores de dividendos enfrentariam por sua renda obtida. Embora os ganhos de capital estejam sujeitos a impostos de renda da pessoa física, como padrão, não há retenção na fonte, portanto a conformidade é limitada (World Bank, "Indonesia's Rising Divide", Jakarta, World Bank, 2016). Como resultado, apenas 5% da receita do imposto de renda da pessoa física na Indonésia é proveniente da renda do capital, com o restante sendo proveniente da retenção nos salários.

76. Warren Buffett proferiu a famosa afirmação de que se submete a uma taxa de imposto mais baixa do que a de sua recepcionista (N. G. Mankiw, "Defending the One Percent", *Journal of Economic Perspectives* 27, n. 3, 2013, pp. 21-34), o que pode ser explicado pela maior parte de sua renda ser formada por dividendos e ganhos de capital.

77. J. Norregaard, "Taxing Immovable Property: Revenue Potential and Implementation Challenges", in: Clements et al., op. cit., pp. 191-222.

* Os chamados *Panama Papers* correspondem a um conjunto de 11,5 milhões de documentos confidenciais de autoria de uma sociedade de advogados panamenha, que fornecem informações detalhadas de mais de 214 mil empresas localizadas em paraísos fiscais (*offshore*), incluindo as identidades dos acionistas e administradores. Nos documentos, são mencionados chefes de Estado de cinco países, nomeadamente Argentina, Islândia, Arábia Saudita, Ucrânia e Emirados Árabes Unidos, dentre outros governantes, familiares e colaboradores próximos de vários chefes de governo de mais de outros quarenta países, incluindo África do Sul, Angola, Brasil, China, Coreia do Norte, França, Índia, Malásia, México, Paquistão, Reino Unido, Rússia e Síria, bem como de 29 multimilionários entre a lista das quinhentas pessoas mais ricas do mundo segundo a revista *Forbes*. [N.T.]

estão surgindo, com implicações junto a numerosos chefes de Estado pelo uso de contas *offshore*. É possível reprimir os paraísos fiscais, mas isso exige uma coordenação entre os países, incluindo os países ricos, que representam a maior parte dos depósitos nos paraísos fiscais.[78] Os países em desenvolvimento perdem uma parcela significativa de sua riqueza para os paraísos fiscais: os depósitos neles representam de 20% a 30% dos ativos financeiros em muitos países da África ou da América Latina.[79] Os países em desenvolvimento perdem, anualmente, cerca de cem bilhões de dólares em receitas que poderiam ter através da tributação aplicada às empresas.[80]

Porém, os Estados assistenciais estão sendo pressionados em uma economia global, de forma que não é factível a pretensão de alcançar objetivos redistributivos apenas através do sistema fiscal.[81] Em vez disso, a distribuição da renda de mercado (ou pré-fiscal) também requer atenção. Milanovic observa que, apesar de os níveis de desigualdade na renda disponível serem semelhantes entre a Europa Ocidental e as economias avançadas do Leste Asiático (Japão, Coreia do Sul e Taiwan), estas últimas têm uma redistribuição muito menor através do sistema fiscal, porque partem de uma distribuição menos desigual da renda do mercado. Também é surpreendente que os países do Leste Asiático que conseguiram criar "crescimento com equidade" durante a liberalização do comércio tenham começado a partir de uma distribuição de terras relativamente igualitária e de educação básica generalizada.[82] A renda do mercado é determinada pelas dotações de cada indivíduo com ativos (aqui definidos como trabalho e capital), e pelos retornos desses ativos (salários e rendimentos), o que discutirei a seguir.

A América Latina, que se destaca como a região que conseguiu reduzir a desigualdade, se valeu bastante das transferências condicionais de dinheiro, que são redistributivas e projetadas para construir capital humano, exatamente

78. G. Zucman, "Taxing across Borders: Tracking Personal Wealth and Corporate Profits", *Journal of Economic Perspectives* 28, n. 4, 2014, pp. 121-148.

79. Ibidem.

80. United Nations Conference on Trade and Development, "World Investment Report 2015: Performing International Investment Governance", disponível em: http://unctad.org/en/PublicationsLibrary/wir2015_ en.pdf.

81. B. Milanovic, op. cit.

82. Kanbur, op. cit.

em razão da sua condicionalidade.[83] A educação tem sido um elemento essencial do conjunto de ferramentas da economia para o desenvolvimento; as dotações de capital, por outro lado, não receberam muita atenção. No modelo simples de globalização que descrevi antes, as tecnologias que proporcionam a economia de trabalho podem ter consequências distributivas adversas precisamente porque o capital é distribuído de maneira desigual. Se Bourguignon estiver certo de que o capital tem sido um grande beneficiário da globalização, então uma distribuição de capital mais igualitária reduziria algumas das consequências adversas da globalização.[84]

As propostas de políticas nessa área se enquadram em três segmentos. Primeiro, as que permitem que trabalhadores (ou cidadãos de maneira mais geral) recebam alguns dos benefícios da automação, por meio de um acordo de participação nos lucros ou de um fundo de riqueza soberana.[85] Segundo, políticas que permitam aos pobres e à classe média o acúmulo de ativos financeiros, o que inclui a formalização de títulos de propriedade nos países em desenvolvimento. Terceiro, e mais importante, a tributação sobre herança e transferências *inter vivos*, que quase não têm papel nas receitas fiscais atuais. Além de superar as injustiças associadas à transmissão intergeracional de vantagens, os impostos sobre recebimento de capital são menos distorcidos do que outros impostos sobre a riqueza, porque não tributam o próprio esforço. Para abordar diretamente a questão das dotações de capital, Atkinson propõe usar parte da receita tributária para financiar uma herança mínima para cada jovem adulto, independentemente de seus antecessores familiares.[86]

Afetar os retornos dessas dotações é mais difícil, pois os retornos são o resultado direto do processo de mercado. Mas é importante reconhecer que os governos interferem no processo do mercado de várias maneiras, duas das quais quero mencionar nesse contexto. Primeiro, os governos afetam diretamente o

---

83. Ao mesmo tempo, é importante deixar claro que as transferências condicionadas de renda são pequenas demais para explicar a reversão da tendência na América Latina (ibid.). Em vez disso, o crescimento dos salários provenientes de trabalhos pouco qualificados parece explicar a maior parte do declínio (Lopez-Calva, Lustig, op. cit.; Lustig et al., op. cit.; Cord et al., op. cit.).

84. F. Bourguignon, op. cit.

85. K. Basu, op. cit.; B. Milanovic, op. cit.; A. B. Atkinson, "How to Spread the Wealth: Practical Policies for Reducing Inequality", *Foreign Affairs*, jan.-fev. 2016, pp. 29-33.

86. A. B. Atkinson, *Inequality: What Can Be Done?*, Cambridge, MA, Harvard University Press, 2015.

desenvolvimento de novas tecnologias — por exemplo, através de incentivos fiscais para pesquisa e desenvolvimento ou doações diretas para universidades e outras instituições de pesquisa.[87] Portanto, eles podem influenciar a direção da mudança tecnológica, tal como o uso de tecnologias que possibilitam a economia de mão de obra, assim como os retornos relativos da mão de obra qualificada, da não qualificada e do capital. Segundo, o rápido desenvolvimento de alguns países do Leste Asiático, dentre os quais a Coreia do Sul, tem sido frequentemente explicado por uma política industrial bem-sucedida. Embora ela não tenha funcionado em muitos países, onde enriqueceu uma pequena elite, ela precisa permanecer como parte do conjunto de políticas, sobretudo nos países mais pobres.[88] Freund resume os principais elementos de uma política industrial bem-sucedida, que inclui a concorrência entre várias empresas domésticas e monitoramento rigoroso do desempenho das exportações.[89]

A direção futura da desigualdade global

Considerando-se que *O capital no século XXI* lida com forças distributivas de longo prazo, é adequado especular sobre a evolução de longo prazo da desigualdade global. Segundo Milanovic, a tendência futura para a desigualdade global depende de três forças: diferenças na renda média *entre* os países (desigualdade entre países); diferenças de renda *dentro* dos países (desigualdade dentro do país); e diferenciais nas taxas de crescimento populacional.[90] Qualquer previsão tem uma margem de erro significativa, mas as taxas de

87. Ibidem.

88. F. Bourguignon, op. cit. O "chaebol" [termo coreano que define um conglomerado de empresas ao redor de uma empresa-mãe, normalmente controladas por famílias, tais como Samsung, LG e Hyundai] da Coreia do Sul também é um exemplo. Embora eles tenham desempenhado um papel importante no desenvolvimento durante a industrialização (T. Khanna, Y. Yafeh, "Business Groups in Emerging Markets: Paragons or Parasites?", *Journal of Economic Literature* 45, n. 2, 2007, pp. 331-372), costumam usar estruturas piramidais opacas, e os presidentes dos três maiores "chaebol" foram todos acusados de crimes ("To Those That Have: The Dark Side of Family Capitalism", [18 abr. 2015], disponível em: http://www.economist.com/news/special-report/21648178-dark-side-family-capitalism-those-have).

89. C. Freund, *Rich People Poor Countries: The Rise of Emerging-Market Tycoons and Their Mega Firms*, Washington, DC, Peterson Institute for International Economics, 2016.

90. B. Milanovic, op. cit.

crescimento populacional são substancialmente mais precisas do que as outras duas. A mudança dos padrões populacionais colocará uma pressão ascendente sobre a desigualdade global porque a população dos países mais pobres, notadamente na África, está crescendo mais rápido do que no resto do mundo.[91] Embora os dados mais recentes sobre desigualdade dentro dos países pareçam mostrar que ela alcançou um patamar, especialmente nos países maiores, como a China, seria prematuro interpretar isso como uma mudança de tendência. Isso ocorre porque o período abrange a Grande Recessão e, como sempre, existem problemas de medição. Milanovic propõe uma aplicação da teoria da curva de Kuznets, que capta a subida e descida da desigualdade dentro de um país a longo prazo.[92] A conclusão é que a desigualdade dentro de um país não é imutável, mas depende de escolhas políticas deliberadas; e, ao passo que a Grande Recessão e a globalização impõem algumas restrições, a política doméstica continua poderosa.

As maiores mudanças na desigualdade global provavelmente virão de mudanças no componente entre países. Apesar de seu declínio, a desigualdade entre países continua sendo a fonte dominante de desigualdade global. Além disso, nos dados entre países, as mudanças nas médias dos países tendem a ser maiores do que as mudanças nas distribuições dentro dos países.[93] A longo prazo, é provável que as forças poderosas da convergência econômica — ou seja, um crescimento mais rápido nos países mais pobres — continuem.[94] Mas há pelo menos três razões para sermos cautelosos. Primeiro, o crescimento na África Subsaariana é volátil e se beneficiou de termos comerciais favoráveis, sem reforma estrutural.[95] Segundo, o crescimento fora da China, especialmente na Índia, se tornará muito mais importante para a redução contínua da

91. F. Bourguignon, op. cit.

92. B. Milanovic, op. cit.

93. Uma literatura considerável discute a relação entre redução da pobreza, crescimento e desigualdade, conforme indicado em F. H. G. Ferreira, "Distributions in Motion: Economic Growth, Inequality, and Poverty Dynamics", *The Oxford Handbook of the Economics of Poverty*, ed. P. N. Jefferson, Oxford, Oxford University Press, 2012.

94. Uma das razões, embora indesejável, é que as perspectivas de crescimento da produtividade nos países desenvolvidos são sombrias; veja R. J. Gordon, *The Rise and Fall of American Growth: The U.S. Standard of Living since the Civil War*, Princeton, NJ, Princeton University Press, 2016.

95. Em 2015, diminuiu para 3,5%, o nível mais baixo nos últimos quinze anos (F. Bourguignon, op. cit.).

desigualdade global.[96] Terceiro, as mudanças climáticas colocam considerável incerteza em qualquer projeção de crescimento.

Em relação ao nível geral de desigualdade global, Hellebrandt e Mauro preveem uma queda no Gini global de quase quatro pontos percentuais até 2035, o que é substancial, mas ainda deixa a desigualdade global em um nível alto.[97] Seus resultados também mostram que o crescimento (em PIB per capita, *proxy* para a renda da pesquisa) será crucial: em um cenário no qual os países pobres crescem mais lentamente do que as projeções de base, o índice de Gini diminui apenas um ponto percentual. Por outro lado, a reversão do declínio da desigualdade global exigiria um aumento de cerca de seis pontos percentuais na desigualdade dentro do país, em todos os países, o que é substancial.[98]

Agenda de pesquisa

Mais e melhores dados devem ser a principal prioridade para futuras pesquisas sobre desigualdade nos países em desenvolvimento. Primeiro, ainda faltam dados de boa qualidade sobre os padrões de vida em vários países, sobretudo no Oriente Médio, no continente africano, no Caribe e no Pacífico. Recentemente, o Banco Mundial comprometeu-se a apoiar os países de modo que todos os países pobres façam uma pesquisa pelo menos a cada três anos.[99] Segundo, nos países de renda média, onde a agricultura e o consumo próprio estão se tornando menos importantes, mais atenção deve ser atribuída aos dados de renda, em oposição às despesas de consumo. Os níveis e tendências da desigualdade podem ser diferentes se forem medidos em termos de receita ou gasto de consumo, de maneira especial se o crescimento tiver sido concentrado

96. Grosso modo, quando a renda média na China exceder a média global, o crescimento nesse país terá um efeito "desequalizador" na distribuição global. É provável que isso aconteça muito em breve, como Milanovic, em "Global Income Distribution", explica em detalhes.

97. T. Hellebrandt, P. Mauro, "The Future of Worldwide Income Distribution", *Working Paper Series* WP15-7, Peterson Institute for International Economics, 2015.

98. Não é algo sem precedentes, para países especificamente considerados, durante um período de vinte anos, mas é improvável que isso aconteça em todos os países do mundo.

99. World Bank, "World Bank's New End-Poverty Tool: Surveys in Poorest Countries", comunicado de imprensa, 15 out. 2015, disponível em: http://www.worldbank.org/en/news/press-release/2015/10/15/world-bank-new-end-poverty-tool-surveys-in-poorest-countries.

no topo, onde a despesa pode ser uma medida ruim.[100] Terceiro, pouco se sabe sobre a renda de capital nos países em desenvolvimento, porque muitas pesquisas de renda nem tentam coletar essas informações.

Por fim, e um fator estreitamente relacionado: a medição das rendas mais altas precisa ser melhorada nos países em desenvolvimento. Os registros administrativos usados nos países desenvolvidos não estão disponíveis para o mundo em desenvolvimento. As abordagens mais inovadoras para a medição da desigualdade combinam informações de renda, obtidas de registros administrativos, com pesquisas domiciliares para outras questões.[101] A tributação da renda, em termos gerais, produzirá esses registros administrativos, de forma semelhante à proposta de Piketty de introduzir uma tributação sobre a riqueza, ainda muito modesto. Mas é preciso fazer mais para explorar essas oportunidades. O Banco Mundial e outras organizações internacionais, por exemplo, costumam fornecer empréstimos e assistência técnica para apoiar reformas tributárias nos países em desenvolvimento. Portanto, seria relativamente fácil exigir que os governos divulgassem estatísticas distributivas (de forma anônima) quanto a seus cidadãos.

Munidos de melhores dados, várias questões importantes de pesquisa podem ser abordadas, incluindo algumas muito básicas: qual é o nível "verdadeiro" e a tendência da desigualdade? As tendências indicadas nos microdados e nas contas nacionais podem ser conciliadas depois da contabilização das rendas

---

100. Isso não se aplica necessariamente à medição da pobreza absoluta, tal como a pobreza de um dólar por dia estimada pelo Banco Mundial. Embora a importância do setor agrícola esteja diminuindo nessas economias emergentes, muitos dos indivíduos mais pobres continuarão vivendo nas áreas rurais e trabalhando na agricultura. Além disso, transferências monetárias e não monetárias podem ser subnotificadas na parte inferior de uma pesquisa de renda. Por exemplo, a pesquisa de população atual dos Estados Unidos falha em capturar muitos pagamentos de transferência na parte inferior, quando comparado com os registros administrativos (B. D. Meyer, W. K. C. Mok, J. X. Sullivan, "Household Surveys in Crisis", *Journal of Economic Perspectives* 29, n. 4, 2015, pp. 199-226). Como resultado, o consumo é surpreendentemente alto para indivíduos com renda muito baixa ou sem nenhuma renda (veja M. Brewer, B. Etheridge, C. O'Dea, "Why Are Households That Report the Lowest Incomes So Well-Off?", *Economics Discussion Papers* 8993, Universidade de Essex, Departamento de Economia, 2013).

101. A França, por exemplo, começou recentemente a usar informações baseadas em registros (incluindo registros fiscais) para algumas perguntas em sua pesquisa EU-SILC; veja C. Burricand, "Transition from Survey Data to Registers in the French SILC Survey", *The Use of Registers in the Context of EU- SILC: Challenges and Opportunities*, ed. M. Jäntti, V. Törmälehto, E. Marlier, *Eurostat Statistical Working Papers* (2013), disponível em: http://ec.europa.eu/eurostat/documents/3888793/5856365/KS-TC-13-004-EN.PDF.

de capital e o topo da distribuição?[102] O que os dados sobre a tributação das empresas nos dizem sobre a verdadeira extensão da concentração econômica? Tais dados devem ser uma preocupação para as autoridades que cuidam da concorrência? Como a dinâmica da renda do capital se compara à dinâmica mais frequentemente analisada da renda do trabalho? Como o atual sistema de tributação e de transferências afeta a distribuição de renda? Esse sistema fiscal é ideal? Como as famílias em diferentes partes da distribuição de renda e habilidade interagem com a economia global — como consumidores, vendedores de mão de obra, proprietários de capital — e como isso é diferente nos países mais ricos e mais pobres?

Conclusão

Este ensaio forneceu uma perspectiva global sobre desigualdade, na tentativa de complementar a análise de Piketty em *O capital no século XXI*. Em contraste com os aumentos acentuados das maiores rendas nos países anglo-saxônicos observados por Piketty e coautores, a desigualdade vista de uma perspectiva global parece ter se estabilizado ou mesmo diminuído levemente, impulsionada pela convergência na renda média entre os países. Depois de um forte aumento nas décadas de 1980 e 1990, a desigualdade na média dos países em desenvolvimento caiu nos anos 2000. Esses resultados são baseados em pesquisas domiciliares, conhecidas por subestimar as maiores rendas, em particular a renda de capital. Além disso, essas pesquisas costumam usar gastos de consumo, que podem não capturar aumentos nos altos padrões de vida. Assim, embora muito mais evidências tenham sido disponibilizadas nos países pobres, esses resultados estão sujeitos a uma incerteza considerável. Portanto, melhores dados sobre os países em desenvolvimento continuam sendo uma prioridade para avançar a agenda de pesquisa sobre a desigualdade nesses países.

102. De forma similar, Saez (Capítulo 13 deste livro) solicita a integração de pesquisas com dados relativos ao imposto de renda de maneira consistente com as contas nacionais.

CAPÍTULO 12

As geografias de O capital no século XXI: *desigualdade, economia política e espaço*

GARETH A. JONES

O geógrafo Gareth Jones critica a ausência de "espaço" em *O capital no século XXI*, no qual a geografia serve apenas como um "contêiner de dados", em vez de um contexto para a desigualdade e a exploração. Jones discute a mobilidade e o sigilo de capitais e a competição internacional das cidades para atender a uma elite global sem raízes, como mecanismos pelos quais a geografia permite e propaga a desigualdade. Ele conclui que enfrentar a geografia da desigualdade exige confrontar sua ideologia *ex ante*, não *ex post*.

Quando a versão em inglês de *O capital no século XXI*, escrito por Piketty, foi publicada em 2014, sua mensagem principal de que a desigualdade de renda e de riqueza havia aumentado desde o início dos anos 1970 não era novidade para muitos economistas, banqueiros, gerentes de fundos de *hedge*, analistas políticos, ou para muitos cientistas sociais interessados no tema, redatores de opinião da mídia, *think tanks* ou ativistas.[1] Alguns consideraram a desigualdade como uma "coisa boa", refletindo recompensas para as empresas, e provavelmente benignas politicamente, desde que os padrões de vida, em geral, subissem ou fossem mantidos.[2] Outros

1. T. Piketty, *O capital no século XXI*, Rio de Janeiro, Intrínseca, 2014.
2. O colapso financeiro e a recessão subsequente desafiaram essa visão, levando o FMI a contemplar o controle de capital e uma regulamentação aprimorada. Veja Fundo Monetário Internacional, *The Liberalization and Management of Capital Flows: An Institutionalist View*, Washington, DC, IMF, 2012, disponível em: www.imf.org/external/np/pp/eng/2012/111412.pdf.

haviam levantado preocupações, por muitos anos, sobre a escala e as implicações do crescimento da desigualdade para a eficiência econômica, mobilidade social e democracia.[3]

No entanto, Piketty capturou o *Zeitgeist* e recebeu inúmeros elogios e convites para falar com uma variedade eclética de governos, agências internacionais de desenvolvimento e finanças, movimentos anticapitalistas e a imprensa popular.[4] Inevitavelmente, alguns críticos — dentre os quais alguns colaboradores deste volume — também se alinharam para identificar pontos fracos de sua análise, concentrando-se sobretudo na definição de capital de Piketty[5], nos pressupostos incorporados em sua fórmula matemática[6], em sua falta de atenção quanto ao gênero e ao trabalho[7] e em sua política conservadora (com "c" minúsculo).*[8] Neste capítulo, quero estender as contribuições que fiz anteriormente, limitadas ao tema deste capítulo, que tentaram questionar *O capital no século XXI* a partir da perspectiva da geografia.[9]

---

3. S. Armstrong, *The Super-Rich Shall Inherit the Earth: The New Global Oligarchs and How They're Taking Over Our World*, Londres, Constable and Robinson, 2010; A. Atkinson, "Income Distribution in Europe and the United States", *Oxford Review of Economic Policy* 12, n. 1, 1996, pp. 15-28; M. Davis, D. B. Monk, eds., *Evil Paradises: Dreamworlds of Neoliberalism*, Nova York, New Press, 2007; G. Irvin, *Super Rich: The Rise of Inequality in Britain and the United States*, Cambridge, Polity, 2008; J. Stiglitz, *Freefall: Free Markets and the Sinking of the Global Economy*, Londres, Allen Lane, 2010; Oxfam, *Working for the Few: Political Capture and Economic Inequality*, Oxford, Oxfam International, 2014.

4. T. Piketty, E. Saez, "Top Incomes and the Great Recession: Recent Evolutions and Policy Implications", *IMF Economic Review* 61, n. 3, 2013, pp. 456-478; T. Piketty, G. Zucman, "Capital Is Back: Wealth-Income Ratios in Rich Countries, 1700-2010", *Quarterly Journal of Economics* 129, n. 3, 2014, pp. 1255-1310.

5. Como Galbraith ressalta, a "medida de capital de Piketty não é física, mas financeira", o que permite a Piketty, embora de maneira inconsistente, incluir imóveis em sua definição e, assim, considerar o capital como produtivo (capital "real") e como reserva de valor. Veja J. K. Galbraith, "*Kapital* for the Twenty-First Century?", *Dissent*, Spring 2014, pp. 77-82, cit. na p. 77.

6. D. Soskice, "*Capital in the Twenty-First Century*: A Critique", *British Journal of Sociology* 65, n. 4, 2014, pp. 650-666.

7. D. Perrons, "Gendering Inequality: A Note on Piketty's *Capital in the Twenty-First Century*", *British Journal of Sociology* 65, 2014, pp. 667-677.

* Atribui-se a qualidade de "conservador com 'c' minúsculo" (ou "*small-c conservative*") a alguém que acredite na filosofia do conservadorismo, mas que não se identifique, necessariamente, com os ideais de um partido conservador oficial. [N.T.]

8. P. Lindner, "Problematising Inequality", *Geopolitics* 21, n. 3, 2016, pp. 742-749, disponível em: doi: 10.1080/14650045.2016.1139998.

9. G. A. Jones, "Where's the Capital? A Geographical Essay", *British Journal of Sociology* 65, n. 4, 2014, pp. 721-735.

Meu ponto de partida inicial é como — em um livro que afirma celebrar a interdisciplinaridade — uma preocupação mais atenta com a geografia ficou bastante ausente. Realize uma busca da palavra "espaço" e a primeira menção é a da p. 246 [da versão norte-americana do livro]. Em vez disso, como muitos outros observaram corretamente, Piketty oferece uma brilhante e longa descrição da distribuição de renda e riqueza ao longo do tempo. Ele é capaz de fazê-lo, no entanto, como observou Eric Sheppard, relegando a geografia a ser um contêiner de dados.[10] Piketty é explícito ao afirmar, através de sua definição, que capital se refere à riqueza e ao capital "nacionais" — isto é, o "valor total de mercado de todas as coisas pertencentes a residentes e ao governo de um determinado país, em um dado momento, desde que possam ser negociadas em algum mercado".[11]

Simplesmente, as variáveis são medidas na escala do Estado-nação, porque é assim que as contas e os registros fiscais (de renda, herança) são organizados.[12] Essa decisão prática está em conformidade com as normas da economia, mas trata o espaço como passivo e implica que a forma como medimos a atividade econômica é consistente com a forma como a própria economia é organizada e opera. Por conseguinte, a análise da desigualdade de Piketty é um exercício de mensuração — os "fatos básicos", como ele alegou várias vezes — que pode ser representado de acordo com os decis de renda na escala dos Estados-nação e explicado, em grande parte, pelo desempenho econômico de tais estados, independentemente de suas relações com a economia global.[13]

O ponto mais substantivo, entretanto, é que essa falta de atenção quanto ao espaço diz respeito a um problema fundamental com a abordagem de Piketty em relação à economia política e à política. Como David Soskice argumenta, ao longo das páginas de *O capital no século XXI*, Piketty promove a necessidade de uma análise política econômica, ainda que o livro seja quase "desprovido" de tal abordagem e "careça de fundamentos coerentes na economia política

10. E. Sheppard, "Piketty and Friends: Capitalism, Inequality, Development, Territorialism", *AAG Review of Books* 3, n. 1, 2015, pp. 36-42.

11. T. Piketty, *O capital no século XXI*.

12. Esse banco de dados restritivo significa que Piketty pouco tem a dizer sobre desigualdade na maior parte do mundo e, especialmente, no hemisfério Sul, onde a desigualdade é mais alta do que a do Norte, mas caiu, ainda que brevemente, em alguns países, principalmente na América Latina durante os anos 1990 e 2000. Ele faz um breve comentário sobre a China em relação aos controles de capital.

13. T. Piketty, E. Saez, "Inequality in the Long Run", *Science*, 23 maio 2014, pp. 838-843.

comparada" a fim de explicar o crescimento da desigualdade a partir da década de 1970.[14] O que Soskice chama de "argumento matemático parcimonioso" (o famoso $r > g$ que sustenta o argumento de Piketty relativo à "contradição central do capitalismo") se baseia em uma combinação de premissas, especialmente a de que a poupança é igual ao investimento, e de que poupadores (e não empresas) investirão, apesar da probabilidade de baixo crescimento. Como Soskice pondera, a análise de Piketty "ignora quase completamente as relações de interação entre política, história e mudança tecnológica", ou a mudança do fordismo para economias "sem peso" impulsionada pela internet e pelas tecnologias na comunicação, pelos serviços financeiros e pelo consumo, nos quais os interesses do capital ditam firmemente a tomada de decisões nas democracias avançadas, levando à privatização de alguns serviços públicos lucrativos e à desregulamentação.

A essa crítica, eu acrescentaria que Piketty ignora as mudanças na cultura da economia política contemporânea, a não menos importante liberalização financeira, que mudou os fundamentos através dos quais a remuneração é compreendida, e os meios pelos quais ela ocorre.[15] Estranhamente, para uma conta que ensejou uma controvérsia por sua inclusão de propriedade (imóveis) em sua definição de capital, e mantém tributação progressiva como parte de sua autoproclamada correção política "utópica" da desigualdade, há pouca atenção, interdisciplinar ou não, para o papel complexo das finanças e da propriedade, assim como para a evasão fiscal, como fatores determinantes da desigualdade contemporânea.

Então, meu argumento é que uma explicação da desigualdade no século XXI exige atenção à economia política espacial. Considere a interface da economia e do espaço político na narrativa a seguir, que descreve minhas ações nos sessenta minutos posteriores ao momento em que decidi escrever este capítulo. Para me inspirar, entrei em uma filial da Starbucks, pedi um café expresso, abri meu iPad, procurei no Google textos relevantes sobre desigualdade e pedi uma cópia impressa e uma versão digital para Kindle, através da Amazon, do livro *A riqueza oculta das nações*, de Gabriel Zucman.[16] Uma cópia chegou ao aplicativo Kindle e um e-mail de confirmação pingou em meu celular, que também me dizia que minha conta de

---

14. Soskice, op. cit., pp. 661 e 650.

15. K. Ho, *Liquidated: An Ethnography of Wall Street*, Durham, NC, Duke University Press, 2009.

16. G. Zucman, *The Hidden Wealth of Nations: The Scourge of Tax Havens*, Chicago, University of Chicago Press, 2015.

energia estava vencida e que uma amiga havia atualizado sua página no Facebook. Engoli meu café e fui para casa. Eu estava ansioso para continuar com o livro de Zucman antes que as crianças chegassem. Para ganhar tempo, peguei uma "Boris Bike", patrocinada pelo Banco Santander, e fui para a estação. Usando meu cartão Oyster "inteligente", peguei um trem a algumas centenas de metros da minha casa, comprei pães em uma padaria, e, minutos depois, estava na porta da frente de minha casa, pegando uma revista grátis de "estilo de vida" no tapete — com páginas cheias de artigos e anúncios de reformas de casas, escolas particulares, exposições de galerias e imóveis à venda — e me instalei no meu sofá da marca Ikea, na cozinha, para começar a ler.

A partir do momento em que entrei na Starbucks, eu havia viajado menos de oito quilômetros; mas, durante o processo, conduzi transações com várias empresas conhecidas, predominantemente prestadoras de serviços, cujas geografias eram altamente obscuras. A compra do livro de Zucman, por exemplo, foi realizada na Amazon.co.uk, mas a fatura indicaria mais tarde que o vendedor era a Amazon SVS Europe, uma subsidiária sediada em Luxemburgo, mesmo que o livro em si tenha sido entregue a partir do centro de atendimento em Swansea. Até onde sei, as transações que descrevi envolveram empresas que, para fins de gerenciamento e de regulamentação tributária, estão registradas em Luxemburgo, na Suíça, nas Ilhas Virgens Britânicas, nas Ilhas Cook e nas Bahamas. Apenas algumas das empresas mencionadas (ou algumas outras que possam estar implícitas) nessa descrição pagam muito tributo (se houver) no Reino Unido, apesar de movimentar bilhões de dólares em vendas. A exceção parece ser o Santander e, claro, a padaria.[17]

---

17. O *Daily Mail* informou que 47 das cem empresas da FTSE [Financial Times Stock Exchange, uma companhia independente de propriedade do The Financial Times e da London Stock Exchange] parecem pagar pouco ou nenhum imposto no Reino Unido; ao passo que doze delas declaram que não pagaram imposto; e seis receberam créditos tributários. Em alguns casos, existem razões legítimas para os valores baixos ou negativos, através de subsídios em pesquisa e desenvolvimento, investimento e, com mais ceticismo, perdas trazidas adiante. No entanto, as empresas estão registrando bilhões em vendas e até registrando bilhões em lucros no nível corporativo (global), sem pagar imposto sobre suas operações empresariais. A Amazon pagou impostos no valor total de 1,8 milhão de libras sobre as vendas no Reino Unido que atingiram 3,35 bilhões de libras em 2011 (e pagou impostos no valor de 11,9 milhões de libras, em relação a vendas no valor total de 5,3 bilhões, em 2014); o eBay pagou impostos no valor de um milhão de libras frente a vendas no valor de 800 milhões de libras no Reino Unido. E foi revelado que a Starbucks pagou apenas 8,6 milhões de libras em impostos corporativos, no período de catorze anos, entre 1998 e 2012, apesar de ter alcançado mais de três bilhões de libras em vendas no Reino Unido, no mesmo período.

Como Dani Rodrik argumenta, a capacidade das empresas e dos proprietários de capital de evitar o pagamento de impostos transfere a carga tributária dos serviços públicos (e da dívida) para o trabalho (salários) e, portanto, contribui para a desigualdade.[18] A OCDE constatou que o registro de empresas em jurisdições de baixa tributação custa ao tesouro dos países do G-20 até 240 bilhões de dólares por ano, o equivalente a 4% a 10% da receita global da tributação das empresas.[19] A tendência ao longo dos últimos quarenta anos tem sido um reajuste significativo na distribuição das atividades econômicas e das obrigações públicas.

O objetivo deste capítulo é mostrar que uma análise econômica-política da desigualdade deve examinar as geografias do capital. A geografia econômica do capitalismo global nos últimos quarenta anos mostra que o capital buscará uma correção espacial para as crises de sub/superacumulação.[20] Fundamental para o poder do capital é, portanto, sua mobilidade geográfica, a fim de que tenha a possibilidade de mudar sua condição de algo fixo para algo com um fluxo. A apoteose dessa transformação é o capital financeiro.

No entanto, como Karen Ho aponta em sua crítica a *O capital no século XXI*, Piketty mostra a financeirização da economia a fim de preservar a convenção de capital e (contra) trabalho.[21] Assim, embora ele descreva a mudança para a hiper-remuneração de "superexecutivos", como ele os chama, e identifique essa nova elite com o setor financeiro, não atende ao que Ho descreve como "mudanças sísmicas na própria natureza e propósito da corporação em relação a valores, modelos e práticas financeiras".[22] Em outras palavras, *O capital no século XXI* evita uma análise do que a desigualdade contemporânea nos diz sobre os processos (incluindo processos espaciais) de acumulação de capital que tornaram possível essa nova forma de desigualdade estendida.

O que espero mostrar é que o fundamental para a nova economia política é o poder do capital de aparecer, teoricamente, em locais distintos de um

18. D. Rodrik, *The Globalization Paradox: Why Global Markets, States, and Democracy Can't Coexist*, Oxford, Oxford University Press, 2011. Veja também R. Reich, *Saving Capitalism: For the Many, Not the Few*, Nova York, Knopf, 2015.

19. OECD/G20, *Base Erosion and Profit Shifting Project Final Report*, Paris, OECD, 2015.

20. D. Harvey, *The Enigma of Capital: And the Crises of Capitalism*, Londres, Profile Books, 2011.

21. K. Ho, "Supermanagers, Inequality, and Finance", *HAU: Journal of Ethnographic Theory* 5, n. 1, 2015, pp. 481-488.

22. Ibidem.

ativo físico, ou de se localizar em espaços extraoficiais que são obscuros ao alcance dos Estados e dos protocolos de governança internacional. O mais óbvio desses espaços são os paraísos fiscais, mas a esses podemos adicionar outras jurisdições *offshore* e *onshore*, incluindo zonas, corredores e muitas novas cidades de ciência/conhecimento/exposição.[23] Esses espaços operam através de formas de extralegalidade que servem para dissociar a economia da política democrática, além de capacitar corporações e plutocratas cujas obrigações morais e responsabilidades fiscais são minimizadas enquanto se maximiza a capacidade de garantir um retorno sobre o capital. Do ponto de vista da questão espacial, a extralegalidade e o sigilo trabalham para melhorar uma economia global desigual, na qual, como Nils Gilman sugeriu, "as regras abertas do neoliberalismo e orientadas para o mercado podem governar a globalização, mas o jogo é jogado em um campo moralmente irregular".[24] Para configurar essa nova economia política, por meio de uma característica típica de Piketty, indico que a minha proposta de "relator literário" para o capitalismo no século XXI seria J. G. Ballard.*[25]

Poder do capital: extralegalidade e sigilo

Piketty está clara e justamente zangado com a capacidade dos detentores de alta renda e riqueza de estender seu domínio sobre as pessoas nos decis de renda média e baixa. Mas, como uma relação puramente estatística, temos pouca noção de como a desigualdade é derivada de uma distribuição desigual de poder. Como Marx apontou, o capitalismo depende de relações sociais. Sua teoria da classe mostrou a capacidade do capital de dominar o trabalho (salários), ou o que se tornou uma noção do poder de classe. A desigualdade,

23. R. Palan, "Tax Havens and the Commercialization of State Sovereignty", *International Organization* 56, 2002, pp. 151-176; N. Shaxson, *Treasure Islands: Tax Havens and the Men Who Stole the World*, Nova York, Random House, 2012; J. Urry, *Offshoring*, Londres, Polity Press, 2014; Zucman, op. cit.

24. N. Gilman et al., eds., *Deviant Globalization: Black Market Economy in the 21st Century*, Nova York, Continuum Books, 2011, p. 5.

* James Graham Ballard nasceu em Xangai, na China, em 1930, tendo se mudado para a Inglaterra em 1946. Com uma vasta e premiada obra literária, J. G. Ballard morreu em abril de 2009. [N.T.]

25. Veja os livros *Vermillion Sands* (1971), *Cocaine Nights* (1996), *Super-Cannes* (2000), todos publicados pela HarperPerennial.

portanto, pode ser medida pelas porcentagens relativas de renda e capital mantidas por decis e quintis, mas essas distribuições são produzidas pelo poder relativo do capital para extrair valor do trabalho.

Os mecanismos precisos através dos quais o poder do capital opera, no entanto, mudam com o tempo e o espaço. Quando Jane Austen escrevia, a desigualdade era produzida através da extensão e da regulação da jornada de trabalho, da redistribuição dos bens comuns à propriedade privada, havendo o início da mecanização e a escravidão. Desde a década de 1970, o mecanismo tem sido um profundo empecilho à regulamentação política do capitalismo.[26] De uma perspectiva geográfica, a economia política global contemporânea reformulou suas dimensões espaciais de modo que, embora o Estado-nação esteja longe de morrer, segundo Saskia Sassen, a soberania se tornou descentralizada e o território, desnacionalizado.[27]

A organização política contemporânea do espaço consiste em cada vez mais organizações supranacionais e protocolos internacionais, através dos quais empresas, *trusts*, fundos, parcerias público-privadas e organizações da sociedade civil são capazes de operar com o que pode parecer compromissos negociados com o Estado-nação.[28] Em termos simples, as relações entre capital e trabalho, organizadas por meio de regras de comércio, condições de trabalho, governança corporativa e tributação, são intercaladas ou interligadas em rede em múltiplos espaços. Chamo os arranjos resultantes de espaços extraoficiais para capturar o sentido em que a atividade econômica existe de acordo com os arranjos legais através dos quais o poder do capital é exercido por meio de regras privadas e de acordos quasi-públicos. Existem regulamentos, códigos e normas em grande quantidade, só que em termos de estruturas que priorizam o lucro privado em detrimento do bem-estar social ou dos direitos públicos, e com o mínimo de transparência em relação às autoridades reguladoras, à mídia, aos sindicatos ou mesmo aos acionistas.

O primeiro e mais conhecido exemplo de extraoficialidade é a zona considerada por Neilson como o "espaço paradigmático" para a economia global

26. S. Gill, "Constitutionalizing Inequality and the Clash of Globalizations", *International Studies Review* 4, n. 2, 2002, pp. 47-65. Veja também Harvey, op. cit.

27. S. Sassen, *Territory, Authority, Rights: From Medieval to Global Assemblages*, Princeton, NJ, Princeton University Press, 2008.

28. B. Chalfont, "Global Customs Regimes and the Traffic in Sovereignty: Enlarging the Anthropology of the State", *Current Anthropology* 47, 2006, pp. 243-276; Sassen, op. cit.

contemporânea.[29] De um pequeno punhado na década de 1960, as zonas proliferaram, em quantidade, para possivelmente quatro mil, em 2006; e, em complexidade e tipo, passaram elas de zona de processamento de exportação e de livre comércio para corredores, enclaves, complexos e até novas cidades, empregando mais de 66 milhões de pessoas, segundo Keller Easterling.[30] Mais uma vez, segundo Neilson, as zonas formam uma "nova topografia política de território", ou seja, "formas excepcionais de governo nas zonas tendem a existir ao lado das leis civis domésticas, de aplicações oportunistas do direito internacional e de diversas normas e padrões estabelecidos pelos atores corporativos. As zonas podem ser, ao mesmo tempo, espaços de exceção e espaços saturados por normas e cálculos concorrentes".[31] Somente em casos raros as zonas são espaços "não estatais". Em vez disso, elas são criadas e operadas de acordo com o que Stephen Krasner chama de "soberania hipócrita", na qual as infraestruturas que são muitas vezes negadas ou indisponíveis fora da zona são fornecidas ou possibilitadas dentro dela.[32]

Mas o Estado, embora seja vital para o estabelecimento da zona, não está no comando dela.[33] Para Easterling, a zona é uma forma "descontraída" de "ofício extraestatal", com a governança devotada a relações de confiança ou agências frequentemente constituídas pelas próprias empresas nela estabelecidas, criando a possibilidade para que decisões tomadas a milhares de quilômetros de distância em escritórios regionais ou globais determinem o que

29. B. Neilson, "Zones: Beyond the Logic of Exception?", *Concentric: Literary and Cultural Studies* 40, n. 2, 2014, pp. 11-28.

30. K. Easterling, *Extrastatecraft: The Power of Infrastructure Space*, Londres, Verso, 2014. Embora as zonas pareçam ser "vagens" que competem umas com as outras em uma economia global, elas são conectadas em rede através de corporações, tecnologias da informação e agências de padrão internacional para formar o que Easterling considera analogicamente como um "sistema operacional espacial global" (p. 173).

31. B. Neilson, op. cit., pp. 18 e 11.

32. Citado em K. Easterling, op. cit., p. 49. E especialmente na África Subsaariana, as zonas costumam reunir vários Estados-nações em um espaço como forma de ampliar interesses econômicos e políticos por meio de parcerias. Veja D. Bräutigam, T. Xiaoyang, "African Shenzhen: China's Special Economic Zones in Africa", *Journal of Modern African Studies* 49, n. 1, 2011, pp. 27-54; L. Bremner, "Towards a Minor Global Architecture at Lamu, Kenya", *Social Dynamics* 39, n. 3, 2013, pp. 397-413.

33. Como Levien mostrou em relação à Índia, o Estado é um agente ativo na criação de zonas e corredores através da desapropriação de terras (na maioria, de camponeses) para o "interesse público". Veja M. Levien, "The Land Question: Special Economic Zones and the Political Economy of Dispossession in India", *Journal of Peasant Studies* 39, ns. 3 e 4, 2012, pp. 933-969.

acontece na zona com menos recursos (acaso existam) às condições esperadas pelas políticas nacionais ou locais, ou mesmo ao direito internacional. Sem o recurso à supervisão democrática, a criação de regras, e a observância a elas, na zona, podem ocorrer de acordo com as necessidades do capital. Leis e protocolos sobre trabalho, meio ambiente, saúde, segurança e direitos humanos, e, é claro, sobre tributação, podem ser modificados ou, ainda, criar isenções.[34] Efetivamente, a zona é governada pelo que Easterling chama de "sistemas dinâmicos de espaço, informação e poder [que] geram formas factuais de administração mais rapidamente do que as formas quasi-oficiais de governança podem legislar sobre elas".[35]

O truque realizado pela zona é se representar como um espaço normativo para a atividade econômica; ou seja, como um espaço de desenvolvimento.[36] Isso é alcançado através da ênfase a um *ethos* tecnocrático (trata-se de um espaço que funciona), e com uma fórmula que Bach resume como sendo as "fantasias e aspirações da modernidade".[37] Gerentes e campanhas de *marketing* promovem condições na zona como sendo as melhores do que as da economia em geral. Os pisos das fábricas são organizados e limpos, os trabalhadores são treinados e frequentemente pagos acima do salário mínimo e as condições de vida incluem creches fornecidas pela empresa, assistência médica e até moradias razoáveis. As zonas de última geração incluem instituições de lazer, de entretenimento e de alta cultura.[38]

Mas, embora uma zona possa ter a aparência de uma cidade e ser governada como um estado, seu *modus operandi* repousa no segredo e na ausência de democracia. Argumentam os críticos que o urbanismo rico em infraestrutura é uma "liberdade mascarada e uma abertura [que] se transforma muito facilmente em evasão, fechamento e quarentena".[39] A liberdade de expressão é monitorada

---

34. J. Bach, "Modernity and the Urban Imagination in Economic Zones", *Theory, Culture and Society* 28, n. 5, 2011, pp. 98-122; S. Opitz, U. Tellmann, "Global Territories: Zones of Economic and Legal Dis/Connectivity", *Distinktion: Scandinavian Journal of Social Theory* 13, n. 3, 2012, pp. 261-282.

35. K. Easterling, op. cit., p. 15.

36. Veja Bräutigam, Xiaoyang, op. cit.; Bremner, op. cit.; e I. Dey, G. Grappi, "Beyond Zoning: India's Corridors of Development and New Frontiers of Capital", *South Atlantic Quarterly* 114, n. 1, 2015, pp. 153-170.

37. Bach, op. cit., p. 99.

38. Veja Easterling, op. cit.; Davis, Monk, op. cit.

39. Easterling, op. cit., p. 67.

e as formas de representação coletiva — especialmente os sindicatos — são proibidas, embora a atividade laboral, muitas vezes migrante, seja contratada com direitos que não atingem a plena cidadania, segregada em campos e sujeita a longas horas, bem como a condições tóxicas de trabalho e predação sexual.[40] As regras são aplicadas pela segurança privada, ela própria parte de uma rede global que conecta zonas (enclaves/complexos/expocidades/microestados) entre si e fornece ao capital controle de qualidade, certeza e limites quanto ao envolvimento do Estado.[41] As zonas, segundo Davis e Monk, são "paraísos malignos" que, apesar das reivindicações para serem tidas como apolíticas, são exatamente o oposto: trata-se de espaços deliberadamente não democráticos e que trabalham duro para criar um status legal excepcional.[42]

Sob as condições de baixo crescimento — como descrito por Piketty e central ao seu argumento empírico, especialmente em combinação com austeridade —, a zona amplia o poder do capital. Ela fornece um território demarcado, muito menos confuso do que o Estado-nação, dentro do qual o capital é capaz de "marcar território" de maneira a manter uma capacidade de mobilidade. Os imóveis são arrendados, os edifícios e as máquinas são alugados e os serviços são contratados, enquanto a conectividade com fornecedores, intermediários e mercados é livre de regulamentações e de demandas políticas. Em termos gerais, coincide com a observação de Piketty quanto à crescente desigualdade, a partir da década de 1970, através da medição de "fatos", o surgimento de milhares de zonas em todo o mundo como dispositivos espaciais para a produção e reprodução da desigualdade.

Um segundo espaço extralegal no capitalismo contemporâneo é o *offshore*. Por mais sobrenatural que a zona possa parecer, ela corresponde a um espaço real, porque a zona está localizada em algum lugar. Por outro lado, como Nicholas Shaxson argumenta, "*offshore* corresponde, fundamentalmente, a algo que está em 'outro lugar'", uma vez que o *offshore* existe no espaço, mas apenas virtualmente no lugar.[43] Uma pessoa, empresa ou veículo de investimento como

40. S. Ali, *Dubai: Gilded Cage*, New Haven, CT, Yale University Press, 2010.

41. R. Abrahamsen, M. C. Williams, *Security beyond the State: Private Security in International Politics*, Cambridge, Cambridge University Press, 2010.

42. Easterling sugere que a zona é "perfeitamente apolítica" como um espaço tecnocrático "dissociado de sua realidade no terreno". Nesse sentido, ela está certa: a zona é percebida por aqueles que a administram como apolítica, mas não é "sem política".

43. Shaxson, op. cit., p. 8.

um *trust* pode estar registrado no exterior em um dos mais de setenta paraísos fiscais — o espaço *offshore* por excelência —, mas eles podem não ter quase nenhuma relação com esse espaço, talvez não mais do que um endereço postal (coloquialmente conhecido como "caixas postais"), que pode ser compartilhado com centenas de outros indivíduos, empresas ou *trusts*.

O sucesso do *offshore* é quase indiscutível. Como Shaxson argumenta, "*offshore* é sobre como o mundo do poder agora funciona"; e John Urry até sugere que estar *onshore* é a exceção à regra.[44] O indicado por Urry parece estar em consonância com a cuidadosa análise empírica de Gabriel Zucman, que sugere que cerca de 55% dos lucros obtidos no exterior por empresas norte-americanas são registrados em apenas seis paraísos fiscais, embora essas empresas possam ter relações econômicas muito limitadas com esses locais em termos de produção ou vendas.[45] É importante ressaltar que Zucman argumenta que a escala e a natureza dessas relações com os paraísos fiscais *offshore* agora são grandes o suficiente "para afetar significativamente as medidas da desigualdade de riqueza".[46]

Como revelado pelos chamados *Panama Papers*, a minimização ou evasão de impostos não é o único motivo ou efeito de se estar *offshore*.[47] De fato, como Gilman e colaboradores notaram (e os *Panama Papers* parecem confirmar), o *offshore* funde negócios legítimos com o que eles chamam de "globalização desviante", como o comércio informal ou ilegal de arte, energia, resíduos ambientais, armas, drogas, de pessoas, animais, e até com o cometimento de

44. Urry, op. cit.

45. Os seis são Holanda, Bermudas, Luxemburgo, Irlanda, Cingapura e Suíça. A situação pode ser pior na Europa, onde Urry calcula que 99 das cem maiores empresas usam subsidiárias no exterior para minimizar sua exposição fiscal.

46. G. Zucman, "Taxing across Borders: Tracking Personal Wealth and Corporate Profits", *Journal of Economic Perspectives* 28, n. 4, 2014, pp. 121-148, cit. na p. 140. Veja também D. Haberly, D. Wójcik, "Tax Havens and the Production of Offshore FDI: An Empirical Analysis", *Journal of Economic Geography* 15, n. 1, 2014, pp. 75-101.

47. Mais de 11,4 milhões de documentos vazaram do escritório de advocacia Mossack Fonseca em abril de 2016 para o jornal alemão *Süddeutsche Zeitung*. Os documentos pretendem mostrar como indivíduos, de políticos a celebridades, além de empresas, movimentaram ativos (do setor imobiliário a obras de arte) através de *trusts* e fundos pelo Panamá, com a assistência de bancos e escritórios de advocacia. Investigadores em mais de setenta países estão atualmente avaliando o valor dos ativos, a legalidade das transações e o potencial de perda de receita tributária. Veja o Consórcio Internacional de Jornalistas Investigativos, disponível em: https://panamapapers.icij.org.

crimes financeiros.[48] No entanto, os paraísos fiscais representam uma lente particularmente nítida através da qual pode se ver a relação da economia política contemporânea com a desigualdade como sendo a capacidade das maiores empresas do mundo e de indivíduos ricos de organizarem suas finanças para que possam conduzir uma quantidade desproporcional de negócios em jurisdições com baixa tributação (veja a Figura 12.1).[49] Além disso, a tendência é de uma maior prática *offshore* e de uma menor capacidade do Estado-nação de

FIGURA 12.1: A participação dos paraísos fiscais nos lucros das empresas dos Estados Unidos, realizados no exterior

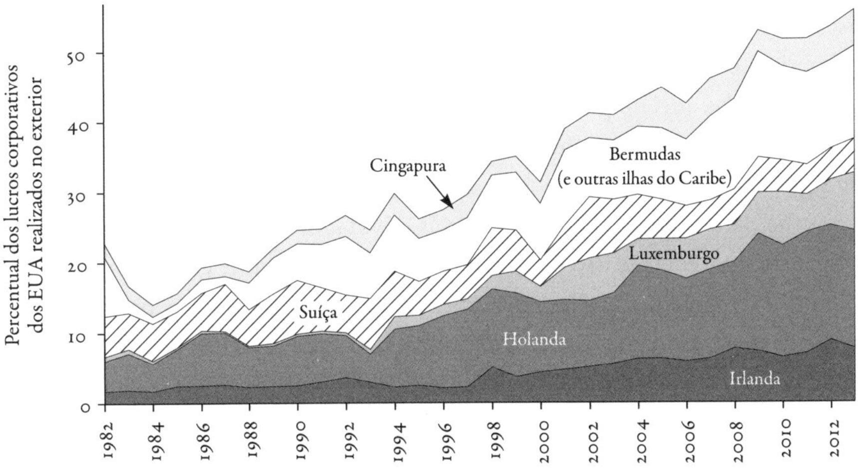

Fonte: Cálculos do autor usando dados da balança de pagamentos. Veja o Apêndice online disponível em: http://piketty.pse.ens.fr/files/capital21c/en/Piketty2014TechnicalAppendix.pdf.

Notas: Estes números mostram a participação da renda dos investimentos diretos dos Estados Unidos, no exterior, realizados nos principais paraísos fiscais. Em 2013, a renda total proveniente dos investimentos diretos dos Estados Unidos, no exterior, foi de cerca de quinhentos bilhões de dólares. Deste total, 17% foi proveniente da Holanda, e 8%, de Luxemburgo, etc.

48. Destacando o problema da dependência de impostos e contas nacionais, Piketty omite qualquer consideração quanto à informalidade ou à ilegalidade, apesar das estimativas, para muitas partes do mundo, de que grande parte da atividade econômica está "fora dos livros". No entanto, Gilman e colaboradores observam que a "globalização desviante" desafia as "noções tradicionais de riqueza, desenvolvimento e poder" por meio de indivíduos que "usam a infraestrutura técnica da globalização para explorar lacunas e diferenças na regulamentação e na aplicação da lei dos mercados em relação a bens e serviços repugnantes" ("Deviant Globalization", p. 3), [N.T.: tais como tráfico de drogas, seres humanos e animais silvestres].

49. Zucman identifica a Suíça como sendo o local *offsore* historicamente líder, seguido por Luxemburgo e pelas Ilhas Virgens, o que forma, segundo ele, o chamado "trio sinistro".

cobrar impostos sobre os lucros, bem como sobre a renda de quem recebe mais. Zucman descreve um aumento de dez vezes na porcentagem dos lucros registrados pelas empresas norte-americanas em paraísos fiscais, durante a década de 1980, para um número que, na década de 2010, representa em torno de 20%. O resultado é que a taxa efetiva de imposto paga pelas empresas norte-americanas caiu de 30% para 20% em cerca de quinze anos.[50]

Os paraísos fiscais no exterior operam por meio do que alguns observadores identificam como o *modus operandi* da economia política contemporânea: a capacidade das empresas de manterem seus negócios em segredo diante dos concorrentes e reguladores. Mais uma vez, as vantagens não são simplesmente fiscais. Como Zucman salienta, "no mundo real, aqueles que evadem impostos podem combinar inúmeras entidades situadas em diversos paraísos fiscais, gerando ativos que, do ponto de vista jurídico, não tenham um proprietário ou que efetivamente estejam desconectando de suas organizações".[51] A obtenção de sigilo combina o espaço e uma complexidade organizacional, que cria um caminho para se atribuir uma fachada às atividades em jurisdições que exigem pouca transparência, e isso é realizado de maneira bastante complexa para que agentes externos não possam desvendá-la rapidamente (ou até para que não se possa desvendá-la de maneira alguma). Um único veículo de investimento pode pertencer a centenas de outros, registrados em vários locais, e o veículo principal corresponderá a apenas uma entrada no portfólio de uma empresa de investimento que, por sua vez, pode ter mais de dois mil Veículos de Propósito Específico em seus livros. Compreender a composição específica desses veículos, bem como a identidade dos investidores (os quais, caso se valham de "ações ao portador", por exemplo, se tornam praticamente anônimos), está além do escopo de apenas uma autoridade reguladora.[52]

Um dispositivo clássico para "retirar" a aparência dos ativos e das transações *offshore* é a inversão. Em um exemplo típico, uma empresa-mãe estabelece uma subsidiária no exterior, em um local com uma tributação menor e/ou com menos regras de transparência. Essa subsidiária é, então, registrada como a sede oficial da empresa controladora (veja a Figura 12.2). Na prática, esse escritório

---

50. Zucman, op. cit., p. 121.

51. Ibidem., p. 144.

52. D. Wójcik, "Where Governance Fails: Advanced Business Services and the Offshore World", *Progress in Human Geography* 37, n. 3, 2013, pp. 330-347.

FIGURA 12.2: Ações de empresas dos Estados Unidos detidas por empresas e indivíduos em paraísos fiscais

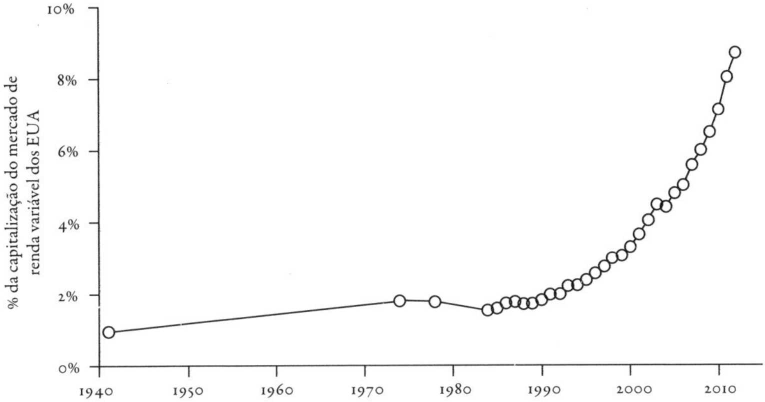

Fonte: Cálculos do autor usando dados relativos ao capital internacional, obtidos do Tesouro dos Estados Unidos. Veja o Apêndice on-line.

Nota: Em 2012, 9% da capitalização das ações listadas em bolsa, nos Estados Unidos, era mantida por investidores de paraísos fiscais (fundos de *hedge* nas Ilhas Cayman, bancos na Suíça, fundos mútuos em Luxemburgo, pessoas físicas em Mônaco, etc.).

pode não ser mais do que uma concha com o mínimo necessário para sediar reuniões do conselho, e nenhuma função corporativa significativa executada nesse local. O efeito, contudo, é que empresas e indivíduos podem se esconder, realizando investimentos ou gastos substanciais em um local, enquanto parecem ter menos ativos registrados naquela jurisdição do que efetivamente é o caso. As contas comerciais e os registros fiscais apresentam uma significativa submensuração da riqueza, das rendas e das receitas que realmente ocorrem em um espaço, e uma alta mensuração do que é registrado como ocorrendo em outro. O ponto importante aqui é que se permite o sigilo em razão do poder de manipulação quanto à configuração espacial do capital, às transações e à receita, bem como da forma pela qual elas são registradas.

Do ponto de vista do sigilo, a economia política contemporânea não é um simples binário entre o *onshore* transparente e o *offshore* obscuro. Pelo contrário, como Cobham e colaboradores argumentam, o sigilo deve ser entendido como um espectro que é fornecido em diferentes combinações, em diferentes locais.[53] Eles propõem um Financial Secrecy Index [Índice de Sigilo Financeiro], ou

53. A. Cobham, P. Janský, M. Meinzer, "The Financial Secrecy Index: Shedding New Light on the Geography of Secrecy", *Economic Geography* 91, n. 3, 2015, pp. 281-303.

FSI, para avaliar a intensidade do compromisso de uma jurisdição com o sigilo (ou a transparência). Os locais mais secretos incluem os paraísos fiscais normalmente esperados — Suíça, Luxemburgo, Hong Kong, Ilhas Cayman e Cingapura —, mas também os Estados Unidos (sexto) e Alemanha (oitavo) (veja a Tabela 12.1). Tão reveladora quanto, talvez seja a constatação de que, se a cidade de Londres fosse considerada uma entidade separada do Reino Unido, ela estaria no topo da lista como o fornecedor mais importante de sigilo financeiro do mundo (o Reino Unido, por sua vez, é relativamente transparente). (Veja a Figura 12.3.)

FIGURA 12.3: Queria que seu dinheiro estivesse aqui

Uma paródia de um pôster de viagem publicado pelo The Rules, uma rede de ativistas que tem como um de seus principais objetivos "ajudar a espalhar 'memes' radicais e progressistas na opinião publica dominante".

Tradução: "Visite a cidade de Londres: a capital mundial dos paraísos fiscais".

Fonte: AlJazeera.

O sucesso de Londres nas últimas décadas é parcialmente atribuído à sua capacidade de atender a um grande número de contadores, consultores de investimentos e advogados altamente qualificados e bem remunerados que, como Wójcik observa, se transformaram em cúmplices ao tornar as geografias do capital global tão opacas quanto possível.[54] Paradoxalmente, a evidência de que a cidade de Londres se especializou e prosperou na prestação desse serviço é de conhecimento público.[55] De fato, como observou um Comitê de Contas

54. Wójcik, "Where Governance Fails". Veja também J. V. Beaverstock, S. Hall, T. Wainwright, "Servicing the Super-Rich: New Financial Elites and the Rise of the Private Wealth Management Retail Ecology", *Regional Studies* 47, n. 6, 2013, pp. 834-849.

55. T. Wainwright, "Tax Doesn't Have to Be Taxing: London's 'Onshore' Finance Industry and the Fiscal Spaces of a Global Crisis", *Environment and Planning A* 43, n. 6, 2011, p. 1287.

Tabela 12.1 As dez principais jurisdições por FSI, componentes do FSI e outros índices

Classificação por	FSI	Pontuação de sigilo	GSW	BAMLI	CPI
1	Suíça	Samoa	Estados Unidos	Somália	Afeganistão
2	Luxemburgo	Vanuatu	Reino Unido	Afeganistão	Coreia do Norte
3	Hong Kong	Seicheles	Luxemburgo	Irã	Somália
4	Ilhas Cayman	Santa Lúcia	Suíça	Camboja	Sudão
5	Cingapura	Brunei	Ilhas Cayman	Tajiquistão	Mianmar
6	Estados Unidos	Libéria	Alemanha	Iraque	Turcomenistão
7	Líbano	Ilhas Marshall	Cingapura	Guiné-Bissau	Uzbequistão
8	Alemanha	Barbados	Hong Kong	Haiti	Iraque
9	Jersey	Belize	Irlanda	Eritreia	Venezuela
10	Japão	San Marino	França	Mianmar	Burundi
Pontuação média de sigilo	69.0	83.4	59.3	n/a	n/a
Soma do GSW	58.9%	0.07%	80.4%	0.023%	0.014%

Nota: Resultados do FSI e do BAMLI, em 2013, e resultados de CPI, em 2012. As pontuações de sigilo não foram calculadas para nenhum dos dez principais países por meio do BAMLI ou do CPI.

Fonte: Cobham et al.

Públicas do Parlamento do Reino Unido, quatro grandes empresas de contabilidade empregam nove mil pessoas em suas divisões de gestão tributária e cobram das empresas dois bilhões de libras em honorários.[56] A presidente do comitê, Margaret Hodge MP, em seus comentários, quando da apresentação do relatório, descreveu as atividades de uma empresa, a PriceWaterhouseCoopers, como a representante de "nada menos do que a promoção da elisão fiscal em escala industrial".

A combinação entre a mudança da aparência dos ativos físicos e das transações para o exterior (como é o caso de muitas zonas) e a contratação dos serviços das empresas, como aludido por Margaret Hodge, tem profundas consequências sobre como devemos entender a economia política espacial contemporânea. Significa, obviamente, que compreender a composição da atividade econômica por meio de registros fiscais oficiais (que não são confiáveis em nenhuma circunstância), e na escala do Estado-nação, é contrário ao modo como as economias contemporâneas realmente funcionam. As divisões de gerenciamento tributário das empresas de Londres não cobram dois bilhões de libras por ano para empresas e indivíduos registrarem transações, com seus ativos e passivos fiscais associados, nas reais localizações em que são efetivadas. Zucman estima que, no mínimo, os paraísos fiscais no exterior possam responder por cerca de 8% das participações financeiras das famílias em todo o mundo, embora seus dados excluam riquezas não financeiras (como arte, joias e imóveis), o que ele entende que pode elevar o número para até 11%, quase tudo com o impedimento da incidência de impostos.[57]

É provável que os balanços das empresas auditadas não ofereçam uma fonte de dados mais confiável e robusta. Os balanços registram o grau em que uma empresa é "sem peso", dando-lhe a possibilidade de realizar transferências internas, pagar por serviços intangíveis (aqueles que não são determinados pelas forças do mercado), sobretudo os relativos aos direitos de propriedade intelectual (marcas registradas, logos ou tecnologias) e os serviços de marketing; transferindo-se, portanto, as receitas e os lucros líquidos para jurisdições

56. House of Commons Committee of Public Accounts, "Tax Avoidance: The Role of Large Accountancy Firms (Follow- Up)" (2015), HC 860, disponível em: www.publications.parliament.uk/pa/cm201415/cmselect/cmpubacc/1057/1057.pdf.

57. Zucman, op. cit., pp. 44-45. Ele observa que, se a Suíça representa o "paraíso fiscal", pelo menos 80% da riqueza não é declarada para fins fiscais.

específicas.[58] Considerando-se a hipótese ao extremo, uma empresa que detém uma marca de alto reconhecimento, que aparenta estar em toda parte, pode parecer não realizar atividades econômicas em nenhum lugar.[59]

Um bom exemplo disso é o Apple Operations International. Ele reportou um lucro líquido, em três anos, de trinta bilhões de dólares, mas, através de uma complexa rede de afiliações e de procedimentos que eram essencialmente secretos, foi possível evitar a apresentação de declarações fiscais em qualquer lugar. Portanto, o sigilo não é uma característica específica do local — em um paraíso fiscal em si —, mas um espaço extralegal em rede que se vale da obscuridade dos sistemas legais e das imperfeições da fiscalização em várias jurisdições.[60]

Desigualdade, classe e cidadania no século XXI

Do ponto de vista geográfico, a economia política contemporânea e suas relações com o espaço rompem a conceitualização bastante clara de classe, retratada nas páginas de *O capital no século XXI*. Embora Piketty esteja atento à noção de classe e, até mesmo por consequência, à de guerra de classes (ainda que nunca mencione explicitamente a exploração), ele associa classe à distribuição de renda. Portanto, a classe trabalhadora corresponde ao grupo dos 50% inferiores na distribuição de renda, e a classe alta, ao grupo dos 10% superiores, com o meio... no meio, enfim. Apesar de admitir que essas distinções são arbitrárias, esquemáticas e contestáveis, ele também afirma que elas permitem análises comparativas que sejam rigorosas e objetivas.[61]

Essa alusão à renda como principal indicador de classe está de acordo com as normas da economia, e permite que ele, Piketty, mostre a crescente

58. O exemplo mais conhecido é a Starbucks, que parece comprar seu café da Suíça, apesar de os grãos realmente irem para a Holanda para torrefação e, em seguida, serem comprados por afiliadas nacionais, em valores altos, que também pagam taxas pelo uso da marca e do logotipo, e, assim, transferem lucros e obrigações fiscais para a Suíça.

59. Cobham et al., op. cit.

60. O acesso e a operação ideal dentro desse espaço parecem mais restritos do que o discurso de mercado aberto do início do século XXI implicaria. Um agora famoso estudo do Swiss Federal Institute of Technology, que analisou as relações entre 37 milhões de empresas e investidores em todo o mundo, descobriu uma "superentidade" de apenas 147 empresas altamente conectadas em rede que controlavam 40% da riqueza total.

61. T. Piketty, *O capital no século XXI*.

desigualdade em decorrência dos ganhos daqueles situados no grupo do 1% superior, ou mesmo do 0,1% superior, dos que auferem renda. Piketty ocasionalmente se refere à "elite", mas deixa de lado os conceitos mais comumente implantados pelo setor financeiro, bem como por muitas agências governamentais, por exemplo, "indivíduos com alto patrimônio líquido" (com a sigla em inglês HNWIs) ou "indivíduos com patrimônio líquido muito alto" (com a sigla em inglês U-HNWIs).[62] A confiança nos centis como *proxy* da classe significa que o conceito perde a compra analítica. O que faz a classe alta (10% superiores) ou aqueles no grupo dos 0,1%? Como eles vivem? Quais são suas relações ou suas atitudes quanto àqueles que não pertencem ao seu grupo de classe? E como os centis relativos às elites combinam suas atitudes de cidadania, e até mesmo sua identidade, com a mobilidade de seu capital financeiro?

Estudos de geografia (e de sociologia) pertinentes à classe no século XXI indicam que as elites operam por meio de vidas móveis; movendo-se, ou sendo capazes de fazê-lo, para lazer, mas também para evitar o assédio dos inimigos políticos, a fim de evitar a divulgação de acordos comerciais (e de conexões políticas) com governos, mídia e sociedades civis e, obviamente, para evitar impostos e processos judiciais.[63] À medida que as elites se tornaram hipermóveis, elas se separaram da nação e, assim, começaram a desafiar o que Ong chamou de "compromissos profundos exigidos pela cidadania clássica".[64] As elites, assim como seu capital (ou sua aparência), parecem cada vez mais desterritorializados.

Essas elites estão "se tornando uma comunidade transglobal de colegas que têm mais em comum um com o outro do que com seus compatriotas em casa", segundo Freeland. "Se eles mantêm residências primárias em Nova York ou Hong Kong, Moscou ou Mumbai, os super-ricos de hoje são

62. Os indivíduos de alto patrimônio líquido ("HNWIs"), pessoas com cerca de um milhão de dólares, ou mais, disponíveis para investir, são a categoria de ricos de maior e mais rápido crescimento — com cerca de onze milhões de pessoas em todo o mundo, em 2011 —, mas sua renda e riqueza total são superadas, em muito, pela estimativa dos cem mil indivíduos de patrimônio líquido muito alto ("UHNWIs"), com riqueza disponível superior a 42 trilhões de dólares. Como observam Beaverstock e Faulconbridge, os limites dessas categorizações de elite são arbitrários, com os U-HNWIs definidos como tendo entre quarenta milhões e dezenas de bilhões de dólares. Veja J. V. Beaverstock e J. R. Faulconbridge, "Wealth Segmentation and the Mobilities of the Super-Rich", *Elite Mobilities*, ed. T. Birtchnell, J. Caletrío, Nova York: Routledge, 2013, pp. 40-61.

63. Ibidem.; Urry, op. cit.

64. A. Ong, "Please Stay: Pied-a-Terre Subjects in the Megacity", *Citizenship Studies* 11, n. 1, 2007, pp. 83-93.

cada vez mais uma nação em si mesmos."[65] Ao contrário da maioria dos personagens de Jane Austen, cujos mundos sociais eram limitados a propriedades rurais, com incursões ocasionais a Londres e Portsmouth, e com relações econômicas aparentemente invisíveis (e não reveladas) com plantações no Caribe, os novos plutocratas são altamente móveis, com rede global e, no entanto, sem lugar definido. O vencedor icônico do capitalismo do século XXI é o que tem o status de "não domiciliado", ou que é ocupante do que parece ser um espaço imaginário.[66]

Essas elites parecem ser bastante indiferentes e economicamente independentes do espaço em que estão localizadas a qualquer momento. Elliott e Urry argumentam que essa condição é deliberadamente nutrida como uma insígnia do orgulho globalizado e uma tática contra sentimentos de aprisionamento.[67] Ong se refere a eles como sujeitos *pied-à-terre**, "uma forma social através da qual o capital global se insere na matriz do estado nacional, estabelecendo uma presença residencial nos principais nós urbanos dos sistemas globais".[68] O que quero dizer é que, para que se possa entender as elites — e talvez fazer algo a respeito da desigualdade —, é preciso que sejam rejeitadas as geografias econômicas convencionais que são incapazes de sintetizar o "poder do capital" a partir das porcentagens da renda nacional.

Como já mencionado, um poder crítico dos proprietários de capital é a capacidade de negociar seu envolvimento com espaços específicos. Eles tentam manter esses arranjos em segredo e construir ou tirar proveito da extralegalidade nas decisões de negócios. No entanto, embora as próprias elites possam registrar uma grande parte de seus ativos financeiros possivelmente em vários locais no exterior (*offshore*), elas precisam estar fisicamente presentes em algum lugar para o trabalho, o lazer, os cuidados com a saúde e para a educação dos

65. C. Freeland, "The Rise of the New Global Elite", *The Atlantic*, jan.-fev. 2011, p. 2.

66. Essa liminaridade é capturada de maneira um pouco divertida por Robert Frank, cuja tipologia das novas elites distingue entre aqueles que vivem em "Upper Richi$tan" e aqueles em "Lower Richi$tan", em seu livro *Richistan: A Journey Through the American Wealth Boom and the Lives of the New Rich*, Londres, Piatkus Books, 2007.

67. A. Elliott, J. Urry, *Mobile Lives*, Nova York, Routledge, 2010.

* Expressão em francês que denota uma pequena unidade residencial (como um apartamento ou condomínio), geralmente localizada em grandes cidades, mas distante de unidades residenciais dos habitantes em geral. O termo diz respeito a uso de imóveis como segunda residência temporária, por pessoas ricas, mas que não é utilizado para férias. [N.T.]

68. Ong, op. cit., p. 89.

seus filhos. Em resposta, um elemento central da política contemporânea e da nova economia política quanto à acumulação de capital tenta "capturar" as elites dentro de um espaço específico pelo maior tempo possível. A rede espacial que mais efetivamente captura as elites não é, no entanto, o Estado-nação, mas a cidade, ou mesmo a vantagem comparativa de municípios ou de códigos postais específicos. É nesse sentido que Cunningham e Savage descrevem Londres como um "vórtice metropolitano de elite" que reúne uma série de forças sociais e culturais exigidas pelas elites, que são vitais para a acumulação de capital por parte delas, e também por parte da cidade.[69]

As cidades fazem todo o possível para atrair o capital e o poder de consumo das elites. Os prefeitos da cidade — atores políticos que se tornaram empoderados nos últimos trinta anos — promovem suas cidades como locais de negócios, mas também de moradia. Uma série de tabelas de habitabilidade reflete seu sucesso, com índices compostos classificando as qualidades e os custos do espaço residencial, da educação, das atividades de lazer (ou seja, de tudo, desde restaurantes com estrelas Michelin, festivais de arte, galerias, balés e boates a prestigiados eventos de "esportes" como o Grand Prix), e até edifícios projetados por arquitetos famosos.[70] A revista de estilo de vida que peguei do tapete próximo à porta, com pressa para ler *A riqueza oculta das nações* de Zucman, mostra que a riqueza não está escondida em Londres! Os anúncios e artigos da revista sobre hotéis-butique, serviços de entrega em domicílio de produtos orgânicos e biografias de designers de moda dizem realmente que Londres é uma cidade com uma atitude de elite, uma cidade que trabalha duro e merece lazer, na qual o privilégio pode ser atribuído ao mérito, entendendo a combinação certa de capital social e cultural, e onde a necessária presença conjunta de trabalhadores mal remunerados pode ser "camuflada" a partir de um contato íntimo.[71]

---

69. N. Cunningham, M. Savage, "The Secret Garden? Elite Metropolitan Geographies in the Contemporary UK", *Sociological Review* 63, 2015, pp. 321-348.

70. Veja L. Sklair, L. Gherardi, "Iconic Architecture as a Hegemonic Project of the Transnational Capitalist Class", *City* 16, ns. 1 e 2, 2012, pp. 57-73; e também Cunningham, Savage, op. cit.

71. Para um estudo interessante das ideias da elite em relação ao privilégio e como ele pode ser mal reconhecido como mérito, ou o que Piketty pode chamar de "sorte" (T. Piketty, op. cit.), veja S. Khan, *Privilege: The Making of an Adolescent Elite at St. Paul's School*, Princeton, NJ, Princeton University Press, 2012. O uso da expressão "camuflagem", para descrever a presença oculta de uma economia de serviços da qual as elites dependem, é de R. Atkinson, "Limited Exposure: Social Concealment, Mobility and Engagement with Public Space by the Super-Rich in London", *Environment and Planning A* 48, n. 7, 2016, pp. 1302-1317, doi 10.1177/0308518X15598323.

Para atrair e nutrir as elites, um poder fundamental à disposição dos prefeitos e administradores da cidade, especialmente em uma como Londres, é uma discrição dentro do sistema de planejamento e construção. Uma variedade de prestadores de serviços negocia com as autoridades da cidade e toma as medidas legais para que as elites possam aumentar demais as proporções de área útil, instalar extensões subterrâneas sob ruas públicas[72], fechar direitos de passagem pública, instalar cercas elétricas e segurança privada, contornar restrições de conservação e incorporar acordos de autogovernança.[73] Como Webber e Burrows demonstraram recentemente, o retorno para atrair elites globais a Londres tem sido controverso.[74] Bairros historicamente ligados a uma elite mais antiga estão mudando com base no gosto de uma nova classe. Os estilos arquitetônicos são criticados como sinais de consumo ostentatório, tendo um impacto no sentimento de pertencimento (de identidade) de uma região.[75]

O resultado: não apenas a desigualdade nas grandes cidades globais é consideravelmente maior do que nos Estados-nação, mas também parece e é sentida como maior, e talvez até tenha desafiado a noção de como a classe opera na cidade contemporânea.[76] Escrevendo sobre Londres, por exemplo, Atkinson questionou se a intensa conexão social que atribuímos a uma cidade deu lugar a maiores distâncias sociais, de modo que o ar do cosmopolitismo seria realmente

72. O jornal *The Guardian* (24 jan. 2016) relatou que, em 2013, o distrito de Kensington e Chelsea concedeu permissão para 450 "grandes extensões de porão" (algumas de mais de um andar e outras com piscinas e cinemas domésticos), em comparação com apenas 46, em 2001.

73. Reich observou, no início dos anos 1990, que o "quinto afortunado" havia conseguido se separar da nação por meio de enclaves físicos e da falta de compromisso com os sentidos mais amplos da comunidade. Veja R. B. Reich, *The Work of Nations: Preparing Ourselves for 21st-Century Capitalism*, Nova York, Vintage Books, 1992; veja também Davis, Monk, op. cit.

74. R. Webber, R. Burrows, "Life in an Alpha Territory: Discontinuity and Conflict in an Elite London 'Village'", *Urban Studies* 53, n. 15, 2015, pp. 3139-3154.

75. Para Nova York, veja *Financial Times*, "Global Elite Buys Trophy Apartments", 29 set. 2015, disponível em: http://www.ft.com/cms/s/0/dd7ac2f2-472d-11e5-af2f-4d6e0e5eda22.html#axzz46kKTUoqH; para Londres, veja *The Guardian*, 22 jul. 2013, disponível em: www.theguardian.com/commentisfree/2013/jul/22/london-wealth-global-elite-home.

76. Os dados do censo dos Estados Unidos, de 2012, mostram que 31 de suas cinquenta maiores cidades são mais desiguais quanto à renda em comparação com os Estados Unidos em geral, e estão se tornando cada vez mais díspares com o passar do tempo. Os ricos nas cinquenta maiores cidades são mais ricos do que nas cidades em geral, e proporcionalmente melhores, do que os pobres, que são mais pobres nas cinquenta maiores cidades do que nas cidades em geral.

algo mais próximo de uma "nuvem plutocrática" que, na prática, oferece um "cosmopolitismo nulo".[77]

Uma parte importante da negociação da elite com o lugar diz respeito aos parâmetros de cidadania. Como observa Ong (como parte do que ela chama de "graduações" emergentes da cidadania), "direitos e títulos associados a todos os cidadãos estão se vinculando a critérios neoliberais, de modo que expatriados empreendedores passam a compartilhar dos direitos e benefícios, uma vez reivindicados exclusivamente pelos cidadãos".[78] As elites plutocráticas podem adquirir os direitos dos domiciliados, mesmo que reivindiquem o status de não domiciliados para fins fiscais. É importante ressaltar, no entanto, que as elites também estão bem posicionadas para reivindicar o que Sassen chama de cidadania pós-nacional (ou seja, uma cidadania determinada além dos requisitos limitados do Estado-nação, como o respeito aos direitos humanos internacionais). De fato, para as elites, o ideal é uma cidadania multilocal, indicada por nacionalidades duplas ou múltiplas, através das quais elas podem calcular a melhor combinação de direitos, benefícios e proteções em muitos locais, em grande parte em seus próprios termos e conforme a situação exigir.[79]

De forma bastante apropriada, esse ponto foi ilustrado por inúmeros anúncios na revista de bordo a caminho do seminário organizado pelo Washington Center for Equitable Growth para os autores deste livro, realizado em Bellagio, na Itália, no final de 2015. Um desses anúncios, descrevendo as vantagens da cidadania na Dominica, representou as "florestas exuberantes" e as "cachoeiras caindo" no país, atraentes para aventureiros, incluindo "aventureiros de negócios" que podem ser atraídos por uma força de trabalho instruída, mas também pelos "benefícios" da cidadania. Em seguida, são listados: o direito de residir na Dominica e em qualquer país da Comunidade do Caribe (Caricom); viagem sem visto para outros 110 países e territórios; participação na "Comunidade das Nações"; cidadania concedida no prazo de três meses a contar da aplicação; "nenhuma exigência de entrevista, residência, educação ou experiência em negócios"; e uma "vida em uma jurisdição favorável aos negócios".

77. Atkinson, op. cit., p. 1315.

78. A. Ong, "Mutations in Citizenship", *Theory, Culture & Society* 23, n. 2-3, 2006, pp. 499-505.

79. S. Sassen, "Towards Post-National and Denationalized Citizenship", *Handbook of Citizenship Studies*, ed. E. F. Isin, B. S. Turner, Londres, Sage, 2002.

Dois caminhos para a cidadania na Dominica são descritos na publicidade da revista, com preços para cada uma, e disponíveis para um indivíduo ou sua família inteira. O primeiro caminho é uma contribuição ao Fundo de Diversificação Econômica da Dominica, a qual indica que a cidadania individual provavelmente será fornecida por cem mil dólares e uma taxa de "diligência legal e processamento", no valor de 10,5 mil dólares. O segundo caminho é a aquisição de imóveis, que requer um investimento de duzentos mil dólares, além de uma "taxa de diligência legal, uma taxa de processamento e uma taxa governamental", no valor de 60,5 mil dólares. Passando-se alguns minutos na internet, é possível descobrir mais sobre os chamados Programas de Cidadania por Investimento, encontrando-se promotores imobiliários na América Central e no Caribe oferecendo cidadania como parte de pacotes de condomínios de luxo ou pacotes de instalações para grandes iates, serviços de assessoria em paraísos fiscais e intermediários que oferecem negócios sob medida para a obtenção de cidadania dupla ou múltipla. Uma vantagem explícita, segundo alguns sites, era a de que os países mencionados estavam sujeitos à legislação inglesa e alguns ofereciam "cidadania protegida pelos britânicos".

Os negócios que permitem que as elites disponham de múltiplas cidadanias, e possam firmar em um local a aparência de riqueza no exterior, e ainda incentivam a residência, o investimento e o gasto em locais específicos, principalmente nas cidades, são coproduzidos. Inúmeros Veículos de Investimento Especial fornecem o fio de conexão e, novamente, o sigilo é um componente vital. A análise de mercado realizada pela London Central Portfolio, uma empresa de administração de ativos, sugere que quatro mil casas ocupadas pelos proprietários na Inglaterra e no País de Gales (na verdade, quase todas estão em Londres) são mantidas em "envelopes corporativos" que permitem a compra de propriedades de modo anônimo.[80] Mesmo antes de as divulgações dos documentos integrantes dos *Panama Papers* aparecerem, já estava claro que esses números eram subestimados significativamente. Em Londres, nos chamados "territórios alfa", onde se concentram propriedades de alto valor, mais de 85% das propriedades com preços de pelo menos cinco milhões de libras foram adquiridas por compradores estrangeiros; entre 2011 e 2013, o valor da comercialização de casas que

80. Citado em K. Jefford, "Homes Owned through Companies Falls Below 4,000, HMRC Figures show", *City AM*, 15 fev. 2016.

custavam mais de cinco milhões de libras totalizou 5,2 bilhões de libras. E o *The Guardian*, citando relatórios de empresas imobiliárias, alegou que cerca de 50% dos compradores estrangeiros das propriedades no território alfa não são residentes no Reino Unido.

Mas o que significa o exterior no contexto das elites que se mudam? O que impede alguém de fazer o que chamamos, em tom de brincadeira, de "bate e volta"? Eles trabalham em Londres, registram suas participações financeiras *offshore* e investem em cidadania no exterior, depois montam uma empresa que faz aquisições no mercado imobiliário londrino. A empresa pagará imposto do selo* ao governo britânico e impostos sobre a propriedade à autoridade do local do imóvel, mas os impostos das empresas (sobre o lucro) podem ser reduzidos, e a identidade dos investidores individuais, mantida em segredo.

Em *O capital no século XXI*, não está claro se Piketty está propondo que a crescente desigualdade tenha produzido novas relações de classe. No entanto, essa é a sugestão da maioria das análises sociológicas da economia política contemporânea. Usando um vocabulário antigo a respeito da classe, a desigualdade costumava ser discutida como uma divisão de classe. Os estudos sociológicos, sobretudo a partir da década de 1960, se preocupavam com o fato de um grande grupo de pessoas terem saído da classe trabalhadora, sem que se tornassem, no entanto, um lumpemproletariado**, mas (eufemisticamente falando) uma "classe inferior". Na década de 1990, a preocupação era que esse grupo pudesse ser mais bem definido como "párias", excluídos, ou mais ameaçadamente desconectados da economia, do estado de bem-estar social e — em particular nos Estados Unidos, onde a classe era mais claramente combinada com a raça — do processo político. A sugestão era que o desempenho econômico das elites estivesse relacionado ao aumento da pobreza e ao sofrimento de outras pessoas. Atender às geografias da desigualdade demonstra como essa relação de classe pode ter se tornado ainda mais pronunciada no século XXI.

* O imposto do selo é um tributo cobrado no Reino Unido com base nos documentos. Historicamente, isso incluía a maioria dos documentos legais, como cheques, recibos, licenças de casamento e transações imobiliárias. [N.T.]

** O termo lumpemproletariado (do alemão *Lumpenproletariat*), ou ainda subproletariado, designa, no vocabulário marxista, a população situada socialmente abaixo do proletariado, do ponto de vista das condições de vida e de trabalho, não apenas destituídas de recursos econômicos, mas também desprovidas de consciência política e de classe, sendo, portanto, suscetíveis de servir aos interesses da burguesia. [N.T.]

A crise financeira nos anos de 2007 e 2008 mostrou a conexão entre o que Saskia Sassen chamou de "classificação selvagem de vencedores e perdedores".[81] Sassen oferece uma análise convincente, argumentando que a crise foi criada por um aprofundamento financeiro com origens que remontam pelo menos até a década de 1980, para criar uma nova fronteira ou "espaço operacional para o capitalismo avançado". Uma parte crucial desse aprofundamento foi a concessão de empréstimos a grupos de baixa renda. Em um sistema bem regulado e transparente, isso não seria ruim. Afinal, Piketty mostra que "em todos os momentos, a metade menos rica da população não possui praticamente nada (e pouco mais de 5% da riqueza total)".[82] De fato, Sassen sugere que os sistemas financeiros nas economias mais avançadas não estavam vulneráveis a problemas convencionais dos empréstimos hipotecários, apesar de aquilo que ficou conhecido como "hipotecas subprime" representar 20% de todas as hipotecas nos Estados Unidos em 2006. O que não ficou evidente foi a complexidade e a opacidade causadas, principalmente de maneira legal, pelo que Sassen se refere como "sistema bancário paralelo", que reembalou, empacotou, codificou e conectou instrumentos financeiros simples, como apólices de seguro hipotecário, a derivativos (não garantidos). Quando o mercado hipotecário tropeçou, a repercussão nos padrões de troca de crédito se traduziu em um colapso quase sistêmico.

A nuance que eu daria ao argumento de Sassen é que instrumentos como títulos hipotecários residenciais (ou RMBSs, na sigla em inglês), que faziam parte das complexas manobras dos bancos paralelos, conectaram as elites e os pobres através do espaço. Assim, o setor financeiro usou instrumentos *offshore* (e *onshore*) para reduzir passivos fiscais e proteger ativos, elevar retornos ao capital e pagar altos salários e bônus, às vezes como custos do patrimônio líquido, beneficiando-se ainda mais dos aumentos nos valores patrimoniais e nos preços dos imóveis nas principais cidades do mundo.[83] O desempenho das elites no setor financeiro estava relacionado, em certa medida, à abertura de novos "espaços operacionais", como o mercado subprime, sendo protegido

81. S. Sassen, "A Savage Sorting of Winners and Losers: Contemporary Versions of Primitive Accumulation", *Globalizations* 7, n. 1, 2010, pp. 23-50.

82. Piketty, op. cit.

83. Esse é o cenário do supergerente descrito por Piketty, mas também a cultura do capitalismo financeiro analisada por Ho, op. cit.

dos riscos da quebra por meio das mobilidades de seu capital. O contraponto analítico às mobilidades da elite que caracterizam a desigualdade no século XXI é como os perdedores foram "presos". Bairros com longas histórias de pobreza e de discriminação voltaram a possuir "praticamente nada", para mencionar a expressão de Piketty, mas, agora, parcialmente pela prática de inclusão financeira (não da exclusão).[84] Esses bairros passaram a se encontrar em uma situação mais difícil de se recuperar depois que o crescimento voltou, tendo incorporado as desigualdades raciais, de renda e de riqueza.[85]

Conclusão

Piketty fornece um relato importante sobre como os detentores de capital no século XXI chegaram a prosperar muito mais do que em qualquer outro momento desde 1913, com aqueles que estão no extremo mais alto do topo se saindo especialmente bem. O capital é muito concentrado, e aqueles com as maiores quantidades obtêm retornos (rendimentos) desproporcionalmente mais altos do que aqueles com valores mais baixos.[86] Sem controle, os mercados de trabalho e de capitais não encontrarão um novo equilíbrio, levando Piketty, nas páginas finais de *O capital no século XXI*, a delinear uma série de abordagens para que se possa afastar ainda mais a desigualdade, tais como um conjunto coerente de estruturas de relatórios com o objetivo de se construir um banco de dados global relativamente ao capital e um imposto global progressivo sobre a riqueza (capital).

Piketty admite que essas são "propostas utópicas", mas muito alinhadas com as propostas de outros economistas, e foram quase sempre ignoradas.[87] Um artigo recente escrito pelo *Le Monde*, e reproduzido no *The Observer*, foi intitulado "Por que os governos fizeram tão pouco desde 2008 para tratar da transparência

---

84. Veja M. Aalbers, ed., *Subprime Cities: The Political Economy of Mortgage Markets*, Chichester, U.K., Wiley, 2012; J. Crump et al., "Cities Destroyed (Again) for Cash: Forum on the U.S. Foreclosure Crisis", *Urban Geography* 29, n. 8, 2008, pp. 745-784.

85. E. Raymond, K. Wang, D. Immergluck, "Race and Uneven Recovery: Neighborhood Home Value Trajectories in Atlanta before and after the Housing Crisis", *Housing Studies* 31, n. 3, 2016, pp. 324-329.

86. Piketty, op. cit.

87. Também Stiglitz, op. cit.; Zucman, op. cit.

financeira?".[88] Pode-se acrescentar: por que os governos fizeram tão pouco para combater a desigualdade? Os corredores do poder, em Whitehall, Davos ou em Londres, não são meu mundo. Portanto, minhas conclusões refletem apenas o que posso ver como alguém de fora olhando para dentro. No entanto, com base no material apresentado neste capítulo, um ponto de vista focado no Reino Unido e algumas lições de Monty Python, parece haver alguns pontos de conclusão que valem a pena, alguns dos quais também são claramente utópicos.

Primeiro, as propostas de Piketty são soluções *ex post*, na medida em que são corretivas para a operação do capitalismo como está e não são reformas do próprio capitalismo. As discussões limitadas em torno de um registro global de títulos financeiros e uma maior compilação de dados sobre transações e detenção de patrimônio se concentraram em declarações voluntárias. A posição de consenso entre a maioria das agências financeiras internacionais e os ministérios dos governos sobre a forma pela qual os mercados podem funcionam melhor, com regulamentação limitada, não mudou muito. Não há nenhuma ação para tornar a tributação mais progressiva. Os limites antes do pagamento do imposto de renda aumentaram e as reduções de impostos quanto às aposentadorias foram reformadas, mas os impostos sobre vendas (principalmente regressivos) aumentaram, as taxas marginais de ponta do imposto de renda caíram, os impostos sobre a propriedade não acompanharam o aumento dos preços, os limiares de herança aumentaram e, no Reino Unido, pelo menos movimentos por superimpostos sobre propriedades de alto valor foram lançados na grama alta. Por outro lado, abordagens alternativas, como aumento de salários reais, transferências sociais e apoio a sindicatos, ganharam um espaço político modesto.[89]

O segundo ponto é que essa inércia é provavelmente uma avaliação realista da capacidade limitada das agências nacionais e internacionais de medir renda e riqueza no século XXI.[90] As propostas de Piketty, quando as li pela primeira

88. *The Observer*, 10 abr. 2016, p. 7.

89. Veja Galbraith, op. cit.; Lindner, op. cit.; Perrons, op. cit.

90. Zucman ressalta que restrições legais e regulatórias significam que os estatísticos do Departamento do Tesouro norte-americano não têm como saber quem é o dono das ações e dos títulos dos Estados Unidos mantidos em contas bancárias suíças (ou em outras). Eles precisam assumir que a riqueza nas contas bancárias de Genebra é um ativo da Suíça e, portanto, os dados "não revelam quem possui a riqueza do mundo, mas onde está sendo gerenciada — a geografia dos paraísos fiscais é mais do que a da riqueza real" (Zucman, op. cit., p. 21). A observação destaca como medidas objetivas de riqueza e geografia reais estão em combate umas com as outras quando a última é fundamental para a criação e manutenção da primeira.

vez, me fizeram lembrar o esboço de Monty Python que satirizou uma reunião imaginária do governo do Reino Unido, na qual, com o objetivo de equilibrar os livros contábeis, os funcionários admitem um imposto sobre a "coisinha" (sexo) antes de interromper para as sugestões do público, uma das quais é a de tributar os "estrangeiros que vivem no exterior".[91] As propostas de Piketty parecem tão práticas, mas, nas quatro décadas seguintes ao esboço de Python, o conceito de exterior — ou, melhor, de *offshore* — se tornou um espaço ainda maior e mais fundamental para a operação do capitalismo.

Uma abordagem político-econômica e espacial sugere que indivíduos e empresas possam determinar a localização da produção real, bem como fazer com que os serviços financeiros apareçam em locais que operem sob condições de extralegalidade e com grande velocidade, complexidade e sigilo. Tratados de compartilhamento de informações e maior escrutínio dos paraísos fiscais são uma coisa boa, mas são, obviamente, pesados e lentos. Um anúncio do HM Revenue and Customs (HMRC) do Reino Unido lista as "noventa jurisdições [que] em breve compartilharão informações financeiras conosco [...] [e depois irão listá-los] sobre residentes do Reino Unido com dinheiro, *trusts* ou ativos no exterior". Mas a imprensa está cheia de relatórios sobre como alguns cidadãos bem conhecidos do Reino Unido não são "residentes" para fins tributários, e como propriedades e conglomerados financeiros são embrulhados em envelopes que escondem identidades. Em um voo de noventa minutos de Londres para Milão, eu estava lendo ofertas de dupla cidadania de vários países do Caribe, sem entrevista, sem residência real e por um investimento cujo valor não me seria suficiente para comprar um apartamento de um quarto nos arredores de Londres.[92]

O terceiro ponto considera as alternativas, ou, pelo menos, as ações que podem impor o cumprimento das normas e dos regulamentos internacionais ou revelar onde o capital aparentemente esteja localizado. A questão foi um pouco antecipada pelo vazamento das denúncias dos chamados *Panama Papers*. Como Easterling sugere, paraísos fiscais organizados em torno de infraestruturas em rede e a zona deixam o capitalismo vulnerável a hackers. Seu argumento é que

91. Veja em https://www.youtube.com/watch?v=4S9AwO-rkJs.

92. Veja M. Everest- Phillips, "When Do Elites Pay Taxes? Tax Morale and State-Building in Developing Countries" artigo apresentado no WIDER Elites conference, 12 jun. 2009; também Wainwright, op. cit.

"o espaço está disponível para manipulação".[93] Não está claro como os espaços podem ser manipulados ou invadidos, nem que efeitos isso pode ter nas economias *offshore* ou nas estratégias das elites. No entanto, grupos de defesa de direitos como a Rede de Justiça Tributária e o Consórcio Internacional de Jornalistas Investigativos, bem como grupos como o Anonymous e as denúncias através de WikiLeaks, SwissLeaks e LuxLeaks, expuseram a extensão e as rotas das práticas obscuras de comércio, evasão explícita de impostos, além de vínculos com políticos, bancos e organizações criminosas.

FIGURA 12.4: A globalização da evasão fiscal

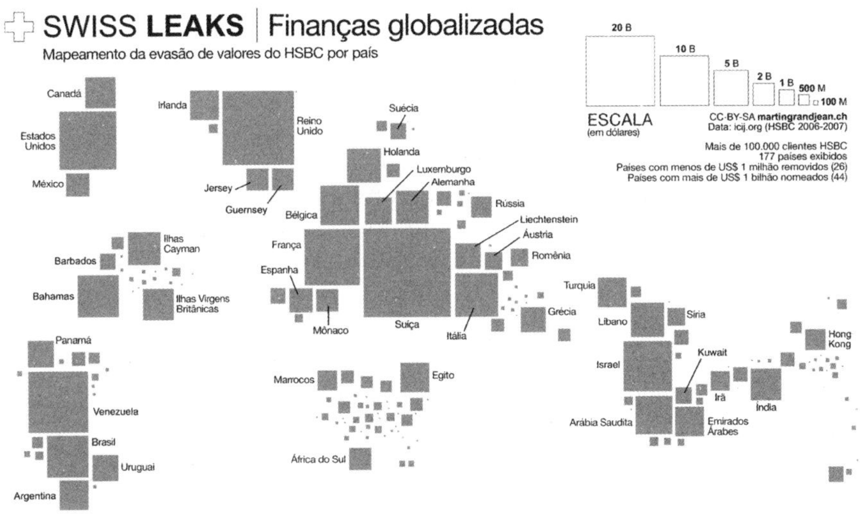

Fonte: Reproduzida de www.martingrandjean.ch/swissleaks-map/.

A resposta de Londres e de Wall Street pode ser o desenvolvimento de formas ainda mais complicadas de bancos paralelos, mas as exposições propuseram questões políticas e morais em um momento em que o setor financeiro foi socorrido e a austeridade minou os serviços públicos em muitos países. Eles também apontaram para a assimetria dos sistemas jurídicos que resulta na condenação dos denunciantes, mas não daqueles cujas ações os vazamentos expõem. Em 2015, Hervé Falciani, que vazou dados pessoais de 130 mil pessoas

93. Easterling, op. cit., p. 232.

envolvidas em sonegação de impostos através do HSBC Private Swiss Bank, para autoridades na Argentina, Índia, França, Alemanha e Reino Unido, foi condenado a seis anos de prisão por espionagem industrial qualificada, roubo de dados e violação das leis de sigilo bancário.[94] A denúncia traz consideráveis riscos pessoais, e mudanças na legislação devem ocorrer para garantir proteção àqueles que fornecem informações sobre atividades que violam leis e regulamentos públicos.

O quarto ponto é perguntar por que aqueles que estão no grupo dos 50% ou dos 99% inferiores da distribuição de renda não são mais ativos e inovadores na organização das geografias da acumulação de capital. Movimentos como o Occupy Wall Street atraíram um círculo eleitoral político pluralista que deu uma voz de oposição à austeridade e tentou encaminhar uma agenda de justiça social. Mas, parafraseando Easterling, e com um aceno de cabeça ao absurdo de Monty Python, outros espaços estão disponíveis para manipulação. Como os governos ou agências internacionais reagiriam se todos — ou, pelo menos, muitas pessoas — aparecessem em suas atividades econômicas no exterior? Jogariam nas mãos dos teocratas do hipermercado? Ou poderiam desafiar os parâmetros em relação aos quais os ministros de Finanças e economistas pensam sobre a economia, ainda relativamente contida?

Muitas pessoas no Reino Unido já estão atuando de maneira *offshore*, mesmo não sabendo disso, provavelmente através de seus fundos de pensão. Mas, e quanto a um movimento mais amplo que ameaçava mexer nos negócios para o exterior com o objetivo de reduzir impostos? De acordo com uma rápida pesquisa na internet, os escritórios de advocacia podem estabelecer uma empresa — como indicou o anúncio da Dominica — em uma "jurisdição favorável aos negócios", dentro de apenas algumas semanas. A ideia é um pouco ridícula. No entanto, em 10 de novembro de 2015, a cidade de Crickhowell, no sul de Gales, enviou uma proposta ao HMRC para alocar seus negócios com reflexos tributários para o exterior, citando o Google e a Starbucks como precedentes, e usando como modelo a inscrição do Caffé Nero, quando se registrou para alocar seu registo comercial para a Ilha de Man. Como um dos comerciantes da cidade explicou, sua pequena empresa familiar paga sete vezes mais impostos no Reino Unido do que o Facebook. A associação de comerciantes

94. *The Guardian*, 27 nov. 2015, disponível em: http://www.theguardian.com/news/2015/nov/27/hsbc-whistleblower-jailed-five-years-herve-falciani.

da cidade abriu uma campanha para fazer com que outras cidades fizessem inscrições semelhantes junto ao HMRC.

Os donos das lojas de Crickhowell, se pudessem fazer uma mudança para o exterior, provavelmente não conseguiriam se juntar, rapidamente, ao 0,1% superior indicado por Piketty, mas estão defendendo moralmente a igualdade na tributação, além de propor o tipo de perguntas que são embaraçosas sobre a nova economia política espacial que os governos precisam considerar, se levam a sério a luta contra a desigualdade social e econômica.

CAPÍTULO 13

A agenda de pesquisa após O capital no século XXI

EMMANUEL SAEZ

O economista Emmanuel Saez desempenha um papel único neste livro. Saez costuma ser coautor de Thomas Piketty e trabalhou com ele para analisar grande parte dos dados em *O capital no século XXI*. Ele também é, junto com os economistas Anthony Atkinson, Facundo Alvaredo e Gabriel Zucman, cogerente do World Top Incomes Database (WTID)*, onde esses dados estão guardados. Neste capítulo, Saez apresenta ideias de pesquisa para toda uma vida, muitas das quais objetivam avaliar, empiricamente, o aumento da desigualdade de renda e de riqueza que se encontra documentado, e o que isso significa para os resultados econômicos, com destaque para três temas de pesquisas futuras. Primeiro, ele argumenta que os pesquisadores ainda têm muito a fazer sobre a questão da medição. Ele entende que o próximo passo é desvincular nossos sistemas das Contas Nacionais de Renda, a fim de incluir medidas distributivas e dedicar mais recursos para medir a desigualdade de riqueza. Segundo, Saez aponta para a questão da justiça. Ele argumenta que, para julgar se os resultados atuais da distribuição são justos, precisamos entender como eles ocorrem. As riquezas de hoje são em sua maioria criadas ou herdadas? A renda reflete a produtividade ou o rendimento? Finalmente, Saez nos leva a considerar o papel da política na melhoria ou exacerbação da desigualdade. Ele aponta especificamente para a necessidade de se entender os efeitos da regulamentação e da tributação, os

* O Banco de Dados Mundial das Principais Rendas é um projeto coletivo que teve início com a pesquisa de Thomas Piketty sobre a distribuição de longo prazo das principais rendas na França e de outros países. Esses trabalhos geraram um grande volume de dados, que se destinam a ser um importante recurso para pesquisas posteriores, e que é continuamente atualizado. [N.T.]

quais parecem ter sido fundamentais para inaugurar uma era única, e infelizmente efêmera, de baixa desigualdade e alto crescimento em meados do século XX.

O sucesso fenomenal do livro *O capital no século XXI*, de Thomas Piketty, mostra que há um grande interesse na questão da desigualdade entre o público em geral. É um tema importante porque as pessoas têm um senso de justiça. Elas se preocupam não apenas com suas próprias situações econômicas, mas também sobre como elas se posicionam em relação aos outros em suas comunidades. Tais sentimentos vão muito além da "inveja", representando, em vez disso, o próprio fundamento das relações sociais. Nas democracias modernas, as pessoas decidiram coletivamente compartilhar uma grande fração de seus recursos econômicos através do governo. Nas economias avançadas, os governos tributam de um terço a metade da renda nacional total para financiar transferências e bens públicos. Portanto, a desigualdade é uma questão que diz respeito às pessoas, e é essencial levar ao público em geral as conclusões de pesquisas sobre suas causas e consequências — que é exatamente o que o livro de Piketty conseguiu fazer. Como as pesquisas relativas à economia e, de maneira mais ampla, às ciências sociais poderiam tirar proveito do sucesso do livro e abordar algumas das perguntas não respondidas que tanto fascinaram o público?

Para responder a essa pergunta, é útil primeiro entender por que um livro tão longo e acadêmico se tornou um sucesso de vendas. É claro que esse universo de leitores, com suas mais diversas origens e realidades, não é previsível, mas três elementos nos ajudam a entender essa questão, principalmente nos Estados Unidos.

Primeiro, os Estados Unidos experimentaram um aumento muito grande na desigualdade de renda desde a década de 1970, com uma parcela cada vez maior da renda chegando ao topo da distribuição. De fato, o próprio Piketty construiu as séries históricas sobre as participações das rendas mais elevadas que foram amplamente discutidas nos debates públicos do país.[1] Além disso, o lento crescimento econômico no século XXI — particularmente desde o início da Grande Recessão em 2007 —, combinado com o aumento ainda em

1. T. Piketty, E. Saez, "Income Inequality in the United States, 1913-1998", *Quarterly Journal of Economics* 118, n. 1, 2003, pp. 1-39. (séries atualizadas até 2014, em jun. 2015).

andamento da desigualdade de renda, faz com que o crescimento, excluindo-se os rendimentos mais altos, seja ainda mais lento. Em uma economia com crescimento lento, onde a desigualdade aumenta, os rendimentos mais altos capturam uma parcela desproporcional dos frutos do crescimento econômico. O crescimento desigual e prolongado suscita profundas preocupações com a justiça do sistema econômico dos Estados Unidos, que, ao longo do tempo, não se mostra sustentável para o público.

Segundo, o livro de Piketty nos alerta para o fato de que, na ausência de qualquer mudança de política, devemos esperar uma crescente concentração de riqueza nos Estados Unidos e em outras democracias avançadas, com os herdeiros ricos cada vez mais dominando o topo da escada econômica. Essa é uma espécie de "economia patrimonial" predominante nos países da Europa Ocidental antes da Primeira Guerra Mundial, algo que sabemos graças à coleta paciente de dados por Piketty ao lado de muitos colegas. Nos Estados Unidos, é claro, a meritocracia é um dos princípios fundantes da nação, então a previsão de Piketty naturalmente atingiu o público norte-americano.

Terceiro, o livro de Piketty oferece uma saída. Políticas progressivas drásticas implementadas em meio à Grande Depressão e à Segunda Guerra Mundial reduziram a desigualdade de riqueza e de renda de maneira duradoura, no período pós-Segunda Guerra Mundial, em praticamente todas as economias avançadas. Da mesma maneira, restaurar políticas progressistas de forma moderna poderia, novamente, impedir o retorno da "economia patrimonial" sobre a qual Piketty nos alerta.

Todos esses três aspectos do livro de Piketty dependem de fenômenos econômicos que podem ser pesquisados, analisados e mais bem compreendidos. De fato, o livro de Piketty foi possível graças a uma lenta, mas sistemática, coleta de dados acerca da desigualdade por um grande número de pesquisadores nos últimos vinte anos, o que, no caso da França, foi realizado de forma pioneira pelo próprio Piketty. Embora essa agenda de pesquisa tenha feito um progresso substancial, permanecem lacunas importantes. Precisamos melhorar nossas medidas de desigualdade e refinar nossa compreensão quanto aos seus mecanismos, assim como os remédios políticos necessários para resolvê-la. As inúmeras reações, discussões e críticas ao livro de Piketty nos últimos dois anos nos dão a oportunidade de identificar os principais problemas pendentes. O progresso em nosso entendimento deve vir de uma combinação de dados e pesquisa. O governo desempenha um papel fundamental na coleta de dados e no fornecimento deles aos pesquisadores. Portanto, da mesma maneira que o governo é fundamental para a implementação de políticas com o objetivo de remediar a desigualdade, também é fundamental para ajudar a construir a infraestrutura de dados necessária para estudá-la em primeiro lugar.

O tema deste capítulo seguirá as questões e controvérsias mais importantes que surgiram nos comentários do livro de Piketty. Primeiro, discuto as questões envolvidas na medição da desigualdade. Segundo, olho para seus mecanismos subjacentes. E, terceiro, examino as políticas que podem remediá-la. Nos três casos, destaco os caminhos mais promissores para pesquisas futuras, concentrando-me particularmente nos Estados Unidos, que fornecem as melhores evidências e são o marco zero para o ressurgimento da desigualdade.

Medindo a desigualdade

A espinha dorsal do livro de Piketty é um acervo longo e sistemático de estatísticas sobre desigualdade e crescimento. Através do livro anterior, longo e acadêmico, sobre a França[2], Piketty liderou o renascimento da análise das participações das rendas mais elevadas, que ficaram famosas e foram tratadas de forma pioneira no livro, também longo e acadêmico, de Kuznets.[3] Nenhum desses dois livros chegou às listas de best-sellers, cheios que estavam de longos detalhes metodológicos e conjuntos ainda mais longos de estatísticas tabuladas. A influência de tais obras, a longo prazo, no entanto, tem sido enorme. Kuznets ganhou o Prêmio Nobel, em grande parte devido à famosa "teoria do U invertido", por ele desenvolvida com base em suas estatísticas.[4] O livro mais antigo de Piketty reviveu a análise sistemática das participações das rendas mais elevadas. Desde então, um banco de dados com os maiores rendimentos mundiais foi montado por uma grande equipe de estudiosos. Ele abrange mais de trinta países por longos períodos de tempo, muitos por

2. T. Piketty, *Les hauts Revenus en France au 20ème siècle: Inégalités et redistributions, 1901-1998*, Paris, Grasset, 2001.

3. S. Kuznets, *Shares of Upper Income Groups in Income and Savings*, Nova York, National Bureau of Economic Research, 1953.

4. Idem, "Economic Growth and Economic Inequality", *American Economic Review* 45, 1955, pp. 1-28.

um século ou mais.[5] Como o livro de Piketty mostra com tanta eloquência, esse banco de dados nos ensinou muito sobre a desigualdade.[6] No entanto, ainda existem várias deficiências e lacunas, as quais deverão ser preenchidas pelos pesquisadores.

Desigualdade de renda e crescimento

Primeiro, existe uma lacuna entre o estudo do crescimento, que usa dados das contas nacionais, que se concentram exclusivamente em agregados econômicos, e a análise da desigualdade, que se concentra nas distribuições usando microdados, mas sem tentar ser consistente com os agregados em nível macro. Os economistas não possuem as ferramentas de medição para analisar a desigualdade, o crescimento e o papel do governo juntos em uma estrutura coerente. Historicamente, Kuznets estava interessado tanto na renda nacional quanto em sua distribuição, e fez avanços em ambas as frentes usando dados administrativos tabulados.[7] Mas com o advento dos dados de micropesquisas no período pós-guerra, a análise da desigualdade desde os anos 1960 perdeu a conexão com a contabilidade nacional e crescimento.

Isso cria dois blocos de questões. Primeiro, atualmente é impossível analisar em conjunto o crescimento econômico e a desigualdade, e responder a perguntas simples como esta: de que forma o crescimento macroeconômico é compartilhado entre os grupos de renda? Segundo, cria hipóteses de comparabilidade nas estatísticas de desigualdade calculadas com diferentes conjuntos de dados ou em diferentes países. Os dados da pesquisa, por exemplo, normalmente não capturam bem a renda do capital altamente concentrado, enquanto os dados fiscais individuais o capturam. Os dados fiscais individuais deixam de verificar algumas formas de renda que não são tributáveis, como benefícios adicionais, e não fornecem informações sistemáticas sobre transferências. A comparação da desigualdade entre países também é particularmente difícil, pois diferentes

5. Veja T. Piketty, E. Saez, "Top Incomes in the Long Run of History", *Journal of Economic Literature* 49, 2011, pp. 3-71, para uma pesquisa deste corpo de trabalho. As informações estão disponíveis em: http://www.wid.world/.

6. T. Piketty, *O capital no século XXI*, Rio de Janeiro, Intrínseca, 2014.

7. S. Kuznets, *National Income and Its Composition, 1919-1938*, Nova York, National Bureau of Economic Research, 1941; Kuznets, "Shares of Upper Income Groups".

países têm diferentes bases tributárias ou diferentes maneiras de verificar a renda nos dados da pesquisa.[8]

A contabilidade nacional desenvolveu um conjunto de diretrizes internacionais para tomar medidas padronizadas e comparáveis ao longo dos tempos e entre os países.[9] Da mesma forma, os pesquisadores da área econômica precisam desenvolver Contas Nacionais de Distribuição (com a sigla "Dina", em inglês) que usem uma base de renda nacional comum para analisar a desigualdade. Essa ferramenta pode fazer parte da análise do crescimento e da desigualdade, e permitirá comparações significativas entre os países.

Etapas preliminares estão sendo tomadas nessa direção. O World Top Income Database (WTID) está sendo transformado em um World Wealth and Income Database (WID) [Banco de Dados Mundial de Riqueza e Renda], que oferecerá estatísticas distributivas tanto sobre renda quanto riqueza (em vez de apenas sobre a renda), que cobrirão toda a população (em oposição apenas à renda mais alta), e serão totalmente consistentes com os agregados das contas nacionais. Alvaredo e outros estão definindo as diretrizes preliminares.[10] Estão sendo realizados estudos específicos, por país, em relação aos Estados Unidos[11], França[12] e Reino Unido.[13] O objetivo desses estudos é começar a construir, a partir dos microdados disponíveis sobre a tributação de renda individual e outros dados de pesquisa, conjuntos de microdados sintéticos anuais que sejam representativos de toda a população do país e consistentes com as contas nacionais.

---

8. O projeto "Luxembourg Income Study" (LIS) fez um esforço admirável na criação de microdados internacionais harmonizados usando os microsserviços existentes em todos os países (veja em: http://www.lisdatacenter.org/). Os dados do LIS são muito úteis, mas podem não capturar bem a parte superior da distribuição.

9. A versão mais recente do "System of National Accounts" é o SNA 2008; veja *System of National Accounts 2008*, Nova York: Comunidades Europeias, Fundo Monetário Internacional, Organização para a Cooperação e Desenvolvimento Econômico, Nações Unidas e Banco Mundial, 2009. As Contas Nacionais de Renda e Produto dos Estados Unidos ainda não incorporaram todas as diretrizes do SNA 2008, e estão se movendo lentamente nessa direção.

10. F. Alvaredo et al., "Distributional National Accounts (DINA) Guidelines: Concepts and Methods used in the W2ID", *Paris School of Economics Working Paper*, dez. 2016.

11. T. Piketty, E. Saez, G. Zucman, "Distributional National Accounts: Methods and Estimates for the U.S.", *NBER Working Paper* n. 22945, dez. 2016.

12. B. Garbinti, J. Goupille, T. Piketty, "Inequality Dynamics in France, 1900-2014: Evidence from Distributional National Accounts (DINA)", Paris School of Economics, 2016.

13. F. Alvaredo et al., op. cit.

Essa abordagem verifica a renda do trabalho e do capital. No lado da renda do trabalho, os salários e ordenados são aumentados por benefícios adicionais e impostos sobre a folha de pagamento do empregador, para aumentar a remuneração total dos empregados nas contas nacionais. Do lado da renda de capital, os lucros acumulados das empresas são imputados aos acionistas individuais, os retornos aos fundos de pensão são atribuídos aos proprietários de pensões individuais e os aluguéis são imputados aos proprietários de imóveis, exatamente como é feito no nível agregado da contabilidade nacional ao estimar a renda nacional. O objetivo é produzir medidas de todos os componentes-chave da renda (renda do trabalho e do capital), componentes da riqueza, tributos e transferências de contas nacionais em um banco de dados de nível micro.

Há esforços contínuos para introduzir medidas distributivas nas contas nacionais a partir das agências governamentais. O Bureau of Economic Analysis (BEA) dos Estados Unidos, por exemplo, tem um plano de longo prazo para introduzir informações distributivas nas contas nacionais. Fixler, Johnson e outros descrevem esse esforço e fazem uma primeira tentativa de aumentar proporcionalmente a renda a partir da Current Population Survey* para equiparar com a renda pessoal das contas nacionais.[14] A Organização para Cooperação e Desenvolvimento Econômico (OCDE) também está começando a decompor a renda nacional por quintis.[15] Portanto, o momento parece oportuno para que uma parceria acadêmica e governamental avance para a criação de dados contábeis nacionais de distribuição.

Com os conjuntos de dados contábeis nacionais de distribuição, é possível calcular estatísticas de desigualdade e crescimento para as receitas antes dos impostos, quanto para aquelas depois dos impostos, bem como para subgrupos demográficos específicos, como a população em idade ativa ou o sexo

---

* "Current Population Survey" é uma pesquisa mensal dos domicílios realizada pelo Bureau of Census do Bureau of Labor Statistics, nos Estados Unidos. Ela fornece um conjunto abrangente de dados sobre força de trabalho, emprego, desemprego, pessoas fora do mercado de trabalho, horas de trabalho, ganhos e outras características demográficas e da força de trabalho. [N.T.]

14. D. Fixler, D. S. Johnson, "Accounting for the Distribution of Income in the US National Accounts", in *Measuring Economic Stability and Progress*, ed. D. Jorgenson, J. S. Landefeld, P. Schreyer, Chicago, University of Chicago Press, 2014; D. Fixler et al., "A Consistent Data Series to Evaluate Growth and Inequality in the National Accounts", *Bureau of Economic Analysis Working Paper*, 2015.

15. M. Fesseau, M. L. Mattonetti, "Distributional Measures across Household Groups in a National Accounts Framework: Results from an Experimental Cross-Country Exercise on Household Income, Consumption and Saving", *OECD Statistics Working Papers*, 2013.

masculino vs. feminino. Estimativas preliminares de Piketty, Saez e Zucman mostram que, de 1946 a 1980, as taxas médias reais de crescimento anual da renda antes dos impostos, por adulto, para toda a população e para aqueles dentro dos 90% inferiores daqueles que auferiam renda, eram as mesmas, ou seja, 2,1% ao ano.[16] De 1980 a 2014, no entanto, a taxa de crescimento dos 90% inferiores é de 0,8%. Isso representa apenas metade da taxa de crescimento de todos os adultos, 1,4%, destacando-se o efeito da crescente desigualdade na distribuição do crescimento econômico. Os 90% inferiores capturaram 62% do crescimento econômico geral de 1946 a 1980, mas apenas 32% de 1980 a 2014. Isso mostra que as estatísticas gerais de crescimento macroeconômico podem ser muito enganosas ao se interpretar a experiência de crescimento econômico da grande maioria da população. Também sugere que o uso de modelos de agentes representativos em macroeconomia pode ser enganoso para a análise de muitas questões relacionadas ao crescimento econômico.

A comparação da renda antes dos tributos (antes da incidência de quaisquer impostos ou transferências do governo) e da renda depois dos tributos (ou seja, com a subtração de todos os impostos e a adição de todas as transferências do governo, incluindo gastos imputados em bens públicos) fornecerá o primeiro quadro geral e sistemático do efeito redistributivo direto do governo.[17] Nossos resultados preliminares mostram que, de fato, a desigualdade da renda depois dos impostos é menor do que a desigualdade antes dos impostos. No entanto, as tendências temporais da desigualdade antes e depois dos impostos são muito semelhantes. As transferências para famílias de baixa renda, como Food Stamps*,

---

16. Piketty, Saez, Zucman, op. cit.

17. A série das rendas mais altas dos Estados Unidos, indicada por Piketty e Saez, tem sido frequentemente criticada por ignorar transferências governamentais; veja, por exemplo, R. Berkhauser, J. Larrimore, Kosali Simon, "A Second Opinion on the Economic Health of the American Middle Class and Why It Matters in Gauging the Impact of Government Policy", *National Tax Journal* 65, mar. 2012, pp. 7-32. Na realidade, as distribuições antes e depois dos impostos são de grande valor. As Contas Nacionais de Distribuição são a maneira conceitual sólida de fazer isso completamente. Muitas estatísticas oficiais sobre renda, como as criadas pelo Census Bureau a partir da Pesquisa de População Atual, obscurecem os conceitos de antes da tributação e daqueles depois da tributação, através da adição de algumas (mas não de todas) transferências e subtraindo alguns (mas não todos) impostos de sua definição oficial de renda; veja C. DeNavas-Walt, B. D. Proctor, U.S. Census Bureau, *Income and Poverty in the United States: 2014*, Washington, DC, U.S. Government Printing Office, 2015.

* O programa "Food Stamp" fornece assistência na compra de alimentos para pessoas de baixa renda (e sem renda) que vivem nos Estados Unidos. Trata-se de um programa federal, administrado pelo Departamento de Agricultura dos Estados Unidos, embora os benefícios sejam distribuídos pela Divisão de Serviços Sociais de cada estado. [N.T.]

Medicare* e Medicaid**, cresceram ao longo do tempo, o que reduz as desigualdades depois dos impostos. Contudo, a progressividade tributária diminuiu ao longo do tempo, o que aumenta a desigualdade depois dos impostos. Em termos líquidos, esses dois fatores se cancelam aproximadamente.

É evidente que o governo também causa um impacto sobre a renda antes dos impostos através de regulamentações, como salário mínimo e incidência de impostos (como a tributação das empresas), que, a longo prazo, acabam afetando todos os proprietários de capital, e não apenas os proprietários de ações das empresas. Portanto, a definição adequada de renda antes dos impostos já exige uma estrutura conceitual. Este não é apenas um exercício puro de contabilidade e de medição, porque também envolve um raciocínio econômico e se baseia na literatura existente sobre os efeitos de impostos e transferências.

A longo prazo, é concebível que as contas nacionais de distribuição se baseiem em dados exaustivos em toda a população sobre ganhos, renda, riqueza e, possivelmente, até consumo. De fato, a administração dos tributos e transferências governamentais já cria dados quanto aos ganhos e à renda de toda a população, que há muito são utilizados nas pesquisas.[18] A tradicional contabilidade nacional também conta com esses dados, mas, geralmente, de forma agregada, como em setores industriais específicos. Em princípio, com a expansão do poder da computação, será possível ter um banco de dados totalmente integrado que inclua todos os indivíduos, empresas e entidades governamentais,

* "Medicare" é o nome do sistema de seguros de saúde administrado pelo governo dos Estados Unidos e destinado às pessoas de idade igual ou maior do que 65 anos, que tenham contribuído com o sistema durante pelo menos dez anos e que habitem permanentemente nos Estados Unidos; ou que estejam sob certos critérios de renda. As pessoas de menos de 65 anos podem se beneficiar da assistência do programa Medicare se forem portadoras de alguma deficiência ou estiverem com doenças renais graves. [N.T.]

** "Medicaid" é um programa de saúde social dos Estados Unidos para famílias e indivíduos de baixa renda e recursos limitados. É um programa do governo para pessoas de todas as idades com recursos insuficientes para pagar por um seguro de saúde. Para receber o Medicaid, é necessário que a pessoa seja um cidadão norte-americano ou com visto permanente de residência, e o benefício inclui os adultos de baixa renda, seus filhos e pessoas com alguma deficiência. [N.T.]

18. Além dos governos, várias instituições, como agências de crédito e instituições educacionais, produzem microdados administrativos que podem ser mesclados para complementar os microdados do governo. Os países escandinavos têm as agências estatísticas centrais mais avançadas, capazes de mesclar conjuntos de dados de várias fontes diferentes de pesquisa. Para uma discussão sobre como melhorar o acesso a dados administrativos dos Estados Unidos para pesquisa, veja D. Card et al., "Expanding Access to Administrative Data for Research in the United States", artigo para NSF 10-069, chamada de trabalhos sobre "Future Research in the Social, Behavioral, and Economic Sciences", 2010.

rastreando todos os fluxos de renda e pagamentos no nível micro, que podem ser atualizados em tempo real à medida que novos dados se tornam disponíveis. Tal ferramenta seria inestimável para a análise econômica.

Desigualdade de riqueza

O livro de Piketty se concentra principalmente na desigualdade de capital, em que o capital é definido como riqueza líquida ou a soma dos ativos menos as dívidas de cada indivíduo. Infelizmente, as estatísticas sobre a desigualdade de riqueza são muito mais fracas que as estatísticas sobre renda. Praticamente todas as economias avançadas têm tributos progressivos sobre a renda individual que geram informações detalhadas sobre a desigualdade de renda, mas muito poucas têm tributos progressivos e abrangentes em relação à riqueza individual. Como resultado, a qualidade e a amplitude dos dados sobre a riqueza são muito inferiores em comparação aos dados quanto à renda. Isso é particularmente verdadeiro nos Estados Unidos, onde as duas fontes mais usadas para medir a desigualdade de riqueza são os dados quanto ao imposto sobre a propriedade imobiliária, disponíveis desde 1916, e a Survey of Consumer Finances (SCF)*, disponível desde 1989 (mas apenas a cada três anos). As duas fontes geraram resultados muito diferentes. De acordo com dados através da tributação sobre a propriedade imobiliária, a desigualdade de riqueza nos Estados Unidos tem sido baixa e estável desde a década de 1980, com o 1% superior possuindo um pouco menos de 20% da riqueza total, o que representa um nível de desigualdade de riqueza muito baixo pelos padrões históricos e internacionais.[19] Por outro lado, de acordo com dados da SCF, a concentração de riqueza nos Estados Unidos é bastante alta, com o 1% superior possuindo 36% da riqueza total, e isso vem crescendo desde o final da década de 1980.[20]

* A "Survey of Consumer Finances (SCF)" corresponde a uma pesquisa transversal trienal a respeito das famílias dos Estados Unidos. Os dados da pesquisa incluem informações sobre balanços, pensões, renda e características demográficas das famílias. Os dados da pesquisa são amplamente utilizados, desde análises no Federal Reserve e outros ramos do governo até trabalhos acadêmicos nos principais centros de pesquisa econômica. [N.T.]

19. W. Kopczuk, E. Saez, "Top Wealth Shares in the United States, 1916-2000: Evidence from Estate Tax Returns", *National Tax Journal* 57, 2004, pp. 445-487.

20. A. Kennickell, "Tossed and Turned: Wealth Dynamics of US Households 2007-2009", *Finance and Economics Discussion Series Working Paper*, Board of Governors of the Federal Reserve System, 2011; E. Wolff, "Household Wealth Trends in the United States, 1962-2013: What Happened over the Great Recession?", *NBER Working Paper* n. 20733, 2014.

Piketty criou uma série para a concentração de riqueza nos Estados Unidos, reunindo essas duas fontes díspares (infelizmente, as únicas disponíveis na época), confiando nas estimativas dos dados relativos ao imposto sobre a propriedade imobiliária para o período anterior a 1980, e usando dados da SCF a partir da década de 1980.[21] Isso levou à controvérsia do *Financial Times*, porque o aumento da concentração de riqueza nos Estados Unidos é parcialmente um artefato da mudança de fontes.[22] Antes, o famoso livro de Edward Wolff, *Top Heavy: The Increasing Inequality of Wealth in America and What Can be Done about It* ["Top heavy": a crescente desigualdade de riqueza nos Estados Unidos e o que pode ser feito sobre isso], combinou, de maneira similar, dados quanto à tributação sobre a propriedade imobiliária e dados da SCF e, portanto, também obteve um nível crescente de concentração de riqueza nos Estados Unidos.[23] A questão mais profunda aqui é que os Estados Unidos não produzem dados administrativos em relação à riqueza de maneira sistemática, o que é uma lacuna evidente, dado o enorme interesse público que há nessa questão. Uma tarefa urgente é a de melhorar as estatísticas de riqueza norte-americana. Isso exige mais pesquisas explorando fontes alternativas, além de melhorias na coleta de dados administrativos quanto à riqueza no país.

À frente da pesquisa — e depois da publicação do livro de Piketty —, Saez e Zucman usaram dados sistemáticos sobre a renda de capital, que são muito bem medidos através de dados fiscais individuais, para inferir a riqueza decorrente da renda do capital (usando o chamado método de capitalização).[24] Eles descobriram um aumento muito grande da desigualdade de riqueza desde o final da década de 1970, com o 1% superior crescendo de 23%, em 1978, para 42%, em 2012. O aumento desde 1989 é ainda mais forte do que o encontrado na SCF. Isso significa que essas novas estimativas estão bastante próximas das estimativas anteriores da SCF, assim como indicado por Wolff e Piketty em seus respectivos livros.[25] De qualquer forma, o quadro resultante das estimativas

---

21. T. Piketty, op. cit.

22. C. Giles, "Data Problems with *Capital in the 21st Century*", *Financial Times*, 23 maio 2014.

23. E. Wolff, *Top Heavy: The Increasing Inequality of Wealth in America and What Can Be Done about It*, Nova York, New Press, 2002.

24. E. Saez, G. Zucman, "Wealth Inequality in the United States since 1913: Evidence from Capitalized Income Tax Data", *Quarterly Journal of Economics* 131, 2016, pp. 519-578.

25. Wolff, op. cit.

de Saez e Zucman representa um aumento ainda maior na desigualdade de riqueza, em relação ao indicado por Piketty.[26]

Considerando-se essas discrepâncias entre as estimativas e a possibilidade real de que a desigualdade de riqueza dos Estados Unidos esteja realmente explodindo, é importante progredir na coleta de dados de riqueza naquele país a fim de que se possa resolver o debate. Primeiro, deve-se disponibilizar o tesouro que são os dados tributários existentes (em especial os dados tributários internos, disponíveis apenas nas agências de administração tributária dos Estados Unidos, e que agora estão sendo usados por pesquisadores externos mediante acordos especiais), para melhorar ainda mais as estimativas de riqueza indicadas por Saez e Zucman.[27] Os endereços individuais contidos nos dados fiscais internos do país, por exemplo, podem ser combinados com dados de terceiros sobre os preços dos imóveis (tal como a Zillow*), para estimar com precisão o valor dos imóveis dos proprietários. Da mesma forma, os valores quanto às pensões podem ser estimados com mais precisão usando os saldos da Individual Retirement Account (IRA)**, sistematicamente relatados ao IRS***, juntamente com informações longitudinais sobre as contribuições anteriormente recolhidas para fins de aposentadoria, como as contribuições do 401(k).****

Segundo, os relatórios aprimorados através das informações podem, por sua vez, melhorar significativamente a qualidade dos dados quanto à riqueza nos Estados Unidos. O passo mais importante seria fazer com que as instituições financeiras reportassem os saldos patrimoniais, no final do ano, com as informações que elas atualmente enviam ao IRS, quando reportam os pagamentos de renda de capital. A mesma medida poderia ser estendida em relação aos

26. Saez, Zucman, op. cit.

27. Ibidem.

* A Zillow Group, Inc., ou simplesmente a Zillow, é uma empresa norte-americana de bancos de dados de imóveis on-line, fundada em 2006. [N.T.]

** IRA é uma conta de aposentadoria individual nos Estados Unidos. Trata-se de uma forma de "plano de aposentadoria individual", fornecido por muitas instituições financeiras, e que traz vantagens fiscais para a poupança de aposentadoria. [N.T.]

*** O Internal Revenue Service (IRS) é uma agência de receita do governo federal dos Estados Unidos. A agência faz parte do Departamento do Tesouro. [N.T.]

**** "401(k)" é um tipo de plano de aposentadoria adotado nos Estados Unidos que é custeado pelo empregador. O plano recebe esse nome em razão da seção do Código Tributário norte-americano em que ele está previsto. [N.T.]

empréstimos estudantis. O retorno de informações sobre pagamentos de juros e dividendos também poderia relatar saldos de contas pendentes. O relatório de saldo universal existente nas IRAs poderia ser estendido a todos os planos de contribuição definida, como o 401(k). O custo da coleta de todas essas informações extras seria baixo, porque as informações já são geradas pelas instituições financeiras quando gerenciam as contas de seus clientes. Em muitos casos, relatórios adicionais poderiam ajudar a aplicar melhor os tributos existentes e, portanto, não exigiriam necessariamente uma ação do Congresso.

Essa discussão mostra que as políticas governamentais, as pesquisas sobre desigualdade e a conscientização pública sobre o assunto caminham lado a lado. Sem uma política governamental — particularmente a política tributária — não há maneira sistemática de medir a desigualdade de renda, sobretudo no topo da distribuição. De fato, praticamente todas as questões de compartilhamento das principais rendas discutidas no livro de Piketty começam, precisamente, quando cada país implementa pela primeira vez um imposto de renda individual progressivo. Antes disso, era impossível medir com precisão a concentração de renda. As estatísticas quanto à desigualdade de renda usando dados administrativos sistemáticos podem, por sua vez, moldar, com eficiência, a conscientização pública sobre a desigualdade, tal como o livro de Piketty mostrou de maneira tão eloquente. É claro que, mesmo sem estatísticas sistemáticas, a desigualdade aparece de forma marcante na sociedade, refletida nos debates políticos e na literatura. Como se sabe, Piketty tratou das representações de desigualdade e de classes contidas nos romances de Balzac e Jane Austin. As estatísticas modernas ajudam a lançar luz sobre o assunto, mas não são suficientes para dissipar todos os conceitos errados sobre o assunto.

Entendendo a dinâmica da desigualdade: a desigualdade é justa?

O livro de Piketty não apenas apresenta estatísticas de desigualdade, mas também fornece uma estrutura para entender sua dinâmica. Isso é importante porque nem todas as desigualdades surgem da mesma forma. Algumas desigualdades são percebidas como justas. Quase todo mundo concorda que é justo que uma pessoa trabalhadora ganhe e consuma mais do que alguém que, com as mesmas habilidades, prefira trabalhar menos e desfrutar de lazer.

Outras formas de desigualdades são percebidas como injustas. Uma alta renda obtida de um empreendimento socialmente improdutivo (como ocorre através de práticas de *rent-seeking*) é vista como injusta. Muitas pessoas considerariam um rico e ocioso detentor de um fundo de investimentos como alguém indigno de sua riqueza herdada. Naturalmente, as percepções de desigualdade injusta são traduzidas em demandas por ação do governo através do processo político.

Renda de capital: herança vs. riqueza autocriada

Em termos quantitativos, a riqueza é muito importante, na ordem de quatro a cinco anos de renda nacional nos Estados Unidos, nos últimos anos, e gera renda de capital, que é cerca de 30% da renda nacional.[28] A riqueza também é altamente concentrada, de modo que a renda de capital desempenha um grande papel no topo da distribuição. A riqueza vem de duas fontes: economias passadas, caso em que ela é feita por si mesma, e através da herança. Essa distinção é crucial porque nossas sociedades meritocráticas modernas têm uma forte aversão aos privilégios decorrentes da herança, que se apresentam como oposição ao mérito individual.

A previsão central do livro de Piketty é a de que, na ausência de mudanças nas políticas públicas, a riqueza se tornará mais concentrada e virá principalmente da herança, de forma que os herdeiros que não a mereçam passem a dominar o topo da distribuição. Para testar sua previsão central, é necessário medir a parcela da riqueza herdada em relação à riqueza total e sua evolução. Conforme explicado em detalhes em *O capital no século XXI*, Piketty e seus coautores, com base em pesquisas subjacentes, conseguiram avançar nessa importante questão, no caso da França, ao digitalizarem os dados históricos relativos à tributação de imóveis, juntamente com a utilização dos respectivos dados administrativos atuais.[29]

---

28. Para estatísticas detalhadas, veja T. Piketty, G. Zucman, "Capital Is Back: Wealth-Income Ratios in Rich Countries, 1700-2010", *Quarterly Journal of Economics* 129, 2014, pp. 1255-1310; e Saez, Zucman, op. cit.

29. T. Piketty, G. Postel-Vinay, J.-L. Rosenthal, "Inherited *versus* Self-Made Wealth: Theory and Evidence from a Rentier Society (1872-1927)", *Explorations in Economic History* 51, 2013, pp. 21-40; T. Piketty, G. Zucman, "Wealth and Inheritance in the Long Run", *Handbook of Income Distribution*, vol. 2, ed. A. Atkinson, F. Bourguignon, Amsterdã, Elsevier, 2014, pp. 167-216.

Infelizmente, a pesquisa sobre essa questão em relação aos Estados Unidos é particularmente fraca, em parte devido à falta de dados administrativos adequados para medir as poupanças e as heranças (além das doações entre vivos). Essa questão gerou um debate controverso entre Modigliani e Kotlikoff e Summers.[30] Modigliani argumentou que a riqueza herdada era relativamente sem importância, enquanto Kotlikoff e Summers argumentaram que a riqueza herdada, por outro lado, era muito importante. Lamentavelmente, houve pouco progresso sobre essa questão nos Estados Unidos desde esse debate, devido à falta de dados administrativos sistemáticos. Portanto, a obtenção de uma forma mais eficaz de medição da riqueza herdada, nos Estados Unidos, deve ser uma alta prioridade.

Os dados fiscais de cada pessoa nos Estados Unidos rastreiam rendimentos, doações, investimentos e grandes heranças individuais em toda a população, oferecendo uma oportunidade única de fornecimento de melhores estimativas para os Estados Unidos. A análise, no entanto, seria desafiadora porque a tributação sobre imóveis é frequentemente evitada por meio de doações antecipadas ou subvalorizadas, implementadas através de fundos de investimentos. Os dados fiscais individuais dos norte-americanos também monitoram a frequência escolar das crianças e dos jovens, também no ensino superior, por meio das mensalidades efetivamente pagas por seus pais. Essa é uma importante fonte de dados complementares, pois as mensalidades da faculdade quase certamente se tornaram uma fração muito importante das transferências feitas pelos pais para os filhos adultos.[31]

Para medir com precisão a riqueza produzida por si mesma, é necessário verificar, sem erros, a poupança. Infelizmente, essa é outra área crítica em que a medição é ruim, em especial nos Estados Unidos. Os dados da poupança norte-americana, no nível micro, são muito limitados. Somente a Consumer

30. F. Modigliani, "The Role of Intergenerational Transfers and Lifecycle Savings in the Accumulation of Wealth", *Journal of Economic Perspectives* 2, 1988, pp. 15-40; L. Kotlikoff, L. Summers, "The Role of Intergenerational Transfers in Aggregate Capital Accumulation", *Journal of Political Economy* 89, 1981, pp. 706-732.

31. Chetty e colaboradores usam esses dados abrangentes para documentar, faculdade por faculdade, as distribuições de renda dos pais e os ganhos dos alunos mais tarde na vida (veja R. Chetty et al., "The Distribution of Student and Parent Income across Colleges in the United States", *Working Paper*, 2016). Seus resultados mostram que as escolas de elite atendem desproporcionalmente as famílias de alta renda, sugerindo que o ensino superior desempenha um papel decisivo na transmissão de privilégios econômicos nos Estados Unidos.

Expenditure Survey (CEX)* possui as informações diretas, no nível micro, sobre renda e consumo que são necessárias para estimar a poupança. A CEX não alcança com eficiência o topo da distribuição de renda, o que é um problema porque as poupanças também são altamente concentradas. Logo, até mesmo o fato mais básico de que a taxa de poupança (definida como a proporção entre a poupança e a renda) aumenta com a renda ou a riqueza é realmente difícil de se verificar, com precisão, nos Estados Unidos. A melhor tentativa é a de Dynan, Skinner e Zeldes, que, efetivamente, encontram taxas de poupança aumentando de forma acentuada com a renda.[32]

No nível agregado, uma imagem muito precisa das poupanças e dos investimentos agregados pode ser derivada do fluxo de fundos e das contas nacionais. Saez e Zucman estabelecem uma taxa de poupança por grupos de riqueza, definida como a taxa de poupança necessária para explicar a dinâmica das principais parcelas de riqueza, em razão da dinâmica da renda nos principais grupos de riqueza e os efeitos dos preços nos ativos (os quais podem ser bem mensurados).[33] Eles também verificaram que a taxa de poupança aumentou acentuadamente com a riqueza, ao lado da queda da poupança na classe média desde os anos 1980. Ou seja, a explosão que foi constatada em relação à concentração de riqueza é explicada tanto pelo aumento da desigualdade de renda quanto pelo aumento da desigualdade da poupança. As desigualdades da poupança ampliam as desigualdades iniciais de renda, gerando enormes desigualdades de riqueza: se a classe média não economizar nada, sua participação na riqueza total acabará eventualmente caindo para zero. Essa preocupação com a desigualdade de riqueza que explode em razão da desigualdade na taxa de poupança é antiga e já foi tratada por Kuznets.[34]

Portanto, em se tratando de coleta de dados, deve-se dar prioridade para os dados da poupança, de forma sistemática. Com as melhorias na coleta de dados relativos ao patrimônio, por meio da administração tributária, tal como proposto, apenas uma pequena etapa extra seria necessária para o cálculo da

---

* O Consumer Expenditure Survey (CEX) fornece dados sobre despesas, renda e características demográficas dos consumidores nos Estados Unidos. Os dados estão disponíveis através de banco de dados, boletins de notícias, relatórios e arquivos de uso público. [N.T.]

32. K. Dynan, J. Skinner, S. Zeldes, "Do the Rich Save More?", *Journal of Political Economy* 112, 2004, pp. 397-443.

33. Saez e Zucman, op. cit.

34. Kuznets, op. cit.

poupança. Ao observarmos os saldos de contas financeiras no final do ano, precisaríamos apenas verificar as compras e as vendas de ativos para calcular a poupança. A venda de um ativo já gera um formulário de retorno de informações para tributação dos ganhos de capital realizados. Assim, a compra (ou outra forma de aquisição, por meio de doação ou herança) de um ativo poderia gerar um retorno de informações semelhante. Ressalte-se que essas informações sobre compras de ativos já são mantidas por empresas financeiras, porque o relatório de informações é um requisito para administrar a tributação realizada sobre ganhos de capital. Os países escandinavos coletam informações abrangentes sobre riqueza em muitas classes de ativos, no nível micro, para que seja possível, também no nível micro, calcular taxas de poupança muito boas. Como resultado, as pesquisas mais inovadoras sobre poupança e riqueza estão sendo realizadas nos países escandinavos.[35]

Renda do trabalho: ganho justo vs. injusto

Em vários países, particularmente nos Estados Unidos e no Reino Unido, a desigualdade da renda no trabalho também aumentou muito desde a década de 1970. O que está impulsionando esse aumento? Existem duas visões amplas.

Sob a visão do mercado, o trabalho é um bem padrão negociado competitivamente no mercado. Nesse caso, o pagamento é determinado pela oferta e demanda de várias habilidades para o desemprenho do ofício, e reflete a produtividade marginal. O progresso tecnológico, por exemplo, pode aumentar a demanda por mão de obra com educação superior, proporcionando bônus salariais maiores para trabalhadores com a formação adequada. Por outro lado, um aumento na oferta de graduados em cursos superiores pode diminuir os bônus salariais para os trabalhadores instruídos. Sob a visão do mercado, enfim, em

35. Veja, por exemplo, R. Chetty et al., "Active vs. Passive Decisions and Crowd-Out in Retirement Savings Accounts: Evidence from Denmark", *Quarterly Journal of Economics* 129, 2014, pp. 1141-1219. Algumas pesquisas recentes nos Estados Unidos começaram a usar dados de instituições financeiras, como bancos, empresas de cartão de crédito ou outros provedores de serviços financeiros (veja, por exemplo, Michael Gelman et al., "Harnessing Naturally Occurring Data to Measure the Response of Spending to Income", *Science*, 11 jul. 2014, pp. 212-215). Embora esses dados possam ser valiosos para muitos questionamentos de pesquisa sobre o comportamento relativo à poupança, eles não são amostras representativas da população norte-americana e, portanto, não podem ser usados para fornecer uma imagem geral das distribuições de riqueza e de poupança dos Estados Unidos.

que o salário reflete a produtividade, a desigualdade salarial pode ser vista como uma consequência das diferenças na produtividade e, em consequência, como algo congruente com os ideais de meritocracia e de justiça.

Sob o ponto de vista das instituições, o trabalho não é um bem padrão. Em vez disso, a determinação salarial é resultado de um processo de negociação que pode ser afetado por vários fatores, dentre os quais as regulamentações do mercado de trabalho, os sindicatos, as políticas tributárias e de transferência e, de forma mais geral, as normas sociais relacionadas à desigualdade salarial. Como resultado, o salário pode se afastar significativamente da produtividade. Nesse cenário, se a remuneração for devida, em parte, em razão do poder de barganha, os ganhos de alguns grupos (como a alta gerência) podem surgir à custa de outros grupos (como os trabalhadores regulares). Por conseguinte, nada garante que a desigualdade salarial, resultante em parte do poder de barganha, seja sempre justa.

Como a pesquisa econômica pode lançar luz sobre o cenário que seria mais relevante na prática e, em particular, no topo da distribuição de renda?

Piketty e Saez mostram que, no topo da distribuição, uma fração significativa do aumento nas principais participações de renda se deve a grandes aumentos de salários e ordenados, bem como à renda proveniente das empresas (lucros de parcerias ou lucros das "S-corporations"*, de capital fechado).[36] Bakija, Cole e Heim, valendo-se de dados tributários, mostram que executivos, gerentes, supervisores e profissionais financeiros respondem por cerca de dois terços do aumento da renda entre aqueles no grupo do 0,1% mais rico, entre os anos de 1979 e 2005.[37]

O aumento de salários se deve ao aumento da remuneração em geral dos executivos, que tem sido amplamente discutida na literatura que trata de governança corporativa. A questão principal é saber se esse aumento na remuneração

* Uma S-corporation, de acordo com a legislação tributária dos Estados Unidos, é uma empresa de capital fechado (podendo, em alguns casos, ser uma sociedade de responsabilidade limitada), que opta em ser tributada de acordo com o Subcapítulo "S" do Capítulo I do Internal Revenue Code. Em geral, as S-corporations não pagam imposto de renda. Em vez disso, as receitas e perdas da corporação são divididas e repassadas aos seus sócios. Os sócios devem, então, relatar o resultado em suas próprias declarações de imposto de renda individuais. [N.T.]

36. Piketty, Saez, "Income Inequality".

37. J. Bakija, A. Cole, B. Heim, "Jobs and Income Growth of Top Earners and the Causes of Changing Income Inequality: Evidence from U.S. Tax Return Data" (artigo escrito em 2012 e não publicado).

dos executivos reflete o aumento do valor dos melhores talentos, como no cenário de visão de mercado indicado acima[38], ou se reflete a capacidade dos executivos de extrair mais remuneração, como no cenário de visão das instituições.[39]

Muito menos, porém, se sabe sobre o aumento das principais receitas dos negócios, que é quantitativamente ainda maior do que a renda salarial no topo da distribuição de renda nos Estados Unidos.[40] Várias empresas grandes de capital fechado, e altamente lucrativas, são organizadas como parcerias ou "S-corporation". As sociedades de responsabilidade limitada (as "LLCs", na sigla em inglês) também podem ser organizadas como parcerias. Às vezes, essas empresas podem ser grandes e muito lucrativas, mas em geral possuem um pequeno número de proprietários e, portanto, podem gerar grandes lucros para cada sócio proprietário. Tradicionalmente, médicos e advogados são organizados como parcerias. Em finanças, os fundos de *hedge* e as empresas de *private equity* também geralmente são organizados como parcerias. A maioria das empresas iniciantes no mercado também são tipicamente "LLCs" antes de ser negociadas publicamente (ou adquiridas por outras empresas maiores). Alguns deles já podem ser bem grandes, como o Uber hoje ou o Facebook antes de sua oferta pública inicial.

Se esses lucros são justos, isso vai depender da natureza dos negócios e do ambiente regulatório. Se, por um lado, quase todo mundo concorda que os fundos de *hedge* especializados em negociações de alta frequência não agregam valor, mas, ao invés disso, reduzem os ganhos à custa de outros, que normalmente são negociadores mais lentos; por outro lado, existe um certo consenso de que uma empresa de alta tecnologia que cria um novo produto que se torna amplamente utilizado (como um smartphone ou um mecanismo de pesquisa na internet), ou que oferece uma maneira mais eficiente de disponibilizar serviços existentes (como Uber, em relação aos táxis, ou Airbnb, para o aluguel de acomodações) agrega valor real à economia. Entretanto, muitas empresas de alta tecnologia que obtêm sucesso com o desenvolvimento de um novo produto

38. X. Gabaix, A. Landier, "Why Has CEO Pay Increased So Much?", *Quarterly Journal of Economics* 123, 2008, pp. 49-100.

39. M. Bertrand, S. Mullainathan, "Are CEOs Rewarded for Luck? The Ones without Principals Are", *Quarterly Journal of Economics* 116, 2001, pp. 901-932; L. Bebchuk, J. Fried, *Pay without Performance: The Unfulfilled Promise of Executive Compensation*, Cambridge, MA, Harvard University Press, 2006.

40. T. Piketty, E. Saez, op. cit.

acabam ganhando rendimentos em um regime de quasi-monopólio. Em princípio, rendimentos obtidos em regime de monopólio devem atrair concorrentes. Muitas das empresas de alta tecnologia de maior sucesso, como Microsoft, Google e Facebook, tornaram-se monopólios naturais por meio de efeitos de rede. O Facebook, por exemplo, é valioso precisamente porque sua enorme e incomparável base de clientes oferece uma vantagem decisiva contra os novos participantes no mercado. Os rendimentos do monopólio também podem ser protegidos por direitos de patente com duração excessivamente longa. É óbvio que os monopólios têm incentivos muito fortes para pressionar o governo a consolidar sua posição. Como é sabido, muitas das fortunas da Idade de Ouro se originaram de posições monopolíticas em ferrovias ou na produção de petróleo.

Naturalmente, seria muito valioso saber mais sobre a composição da receita das empresas no topo da distribuição de renda dos Estados Unidos, para ver se ela é dominada pelos lucros de empresas de tecnologia da informação ou de empresas financeiras na forma de "S-corporations" (ou "LLCs"), de práticas de pesquisa biomédica ou de escritórios de advocacia clássicos. Em princípio, ao mesclar dados tributários das pessoas físicas com dados tributários das empresas, seria possível rastrear a composição industrial das principais receitas comerciais e verificar se esses lucros provêm de situações de quasi-monopólio, de patentes ou de empresas de capital fechado. Essas informações são centrais para esclarecer o debate sobre a regulamentação recomendada ou a tributação adequada quanto aos lucros das principais empresas.

Remédios políticos: o que deve ser feito a respeito da desigualdade?

A questão da justiça e da desigualdade discutida anteriormente leva à próxima pergunta: como a desigualdade injusta deve ser tratada pela sociedade?

Uma lição importante que vem do livro de Piketty é que a política governamental desempenhou um papel fundamental na formação da desigualdade, como registrado em termos históricos. É impressionante a constatação de que, antes da Primeira Guerra Mundial, praticamente todos os países ocidentais tinham governos pequenos (em geral aumentando 10% ou menos da renda nacional em impostos), e níveis muito altos de concentração de renda e de riqueza. Na década de 1970, o tamanho do governo havia aumentado dramaticamente, de cerca de um terço para metade da renda nacional em quase todas as economias avançadas. As sociedades economicamente avançadas decidiram compartilhar uma fração muito maior de sua renda para financiar um estado de bem-estar social, fornecendo serviços de educação pública, previdência social, benefícios públicos em caso de invalidez, saúde pública e vários programas menores de proteção à renda, como seguro social e seguro-desemprego.

Esse novo e grande estado de bem-estar social foi financiado através da tributação, por meio da criação de impostos amplos e relativamente baixos (como contribuições para a previdência social e impostos sobre valor agregado), além de impostos progressivos (como os impostos sobre a renda individual; impostos relativos às empresas, que incidem acima de tudo sobre o capital; e impostos sucessórios). Curiosamente, os Estados Unidos e o Reino Unido foram os países que implementaram os sistemas tributários progressivos mais extremos, com alíquotas extremamente altas sobre renda da pessoa física e heranças.[41] À medida que o tamanho do governo aumentava (mensurado por impostos e gastos), havia também mudanças drásticas nas políticas de regulamentação, incluindo políticas antitruste, regulamentação financeira, proteção ao consumidor e uma vasta gama de normas trabalhistas e sindicais. O efeito líquido do grande estado de bem-estar social, dos impostos progressivos e das regulamentações progressivas tem sido uma redução drástica da concentração de renda e de riqueza em quase todas as economias avançadas, desde o início do século XX até o fim da Segunda Guerra Mundial. É importante ressaltar que os países apresentaram reduções drásticas na desigualdade, seja nos ganhos antes dos impostos, seja nos ganhos depois dos impostos e transferências.

Nas últimas décadas, no entanto, vimos um retorno da desigualdade em alguns países (mas não em todos). Os aumentos na desigualdade foram os maiores nos Estados Unidos e no Reino Unido, onde as revoluções de Reagan e Thatcher levaram a maiores reviravoltas políticas, em particular para a tributação progressiva, a regulamentação financeira e a regulamentação trabalhista. O fato de o retorno da desigualdade ocorrer em alguns países (mas não em todos), e de estar altamente correlacionado com as inversões políticas, sugere fortemente que a política desempenha um papel fundamental. Um fenômeno que fosse impulsionado apenas pela tecnologia e pela globalização teria afetado

41. T. Piketty, E. Saez, S. Stantcheva, "Optimal Taxation of Top Labor Incomes: A Tale of Three Elasticities", *American Economic Journal: Economic Policy* 6, 2014, pp. 230-271.

todas as economias avançadas da mesma forma. Atkinson trata dessas questões e faz propostas políticas ousadas em muitas dimensões para reduzir a desigualdade no Reino Unido.[42]

Há um grande trabalho através do qual se estuda separadamente esses vários aspectos da política, mas ainda não temos uma imagem suficientemente abrangente de como cada um desses elementos integrantes da caixa de ferramentas da política afeta a desigualdade e o crescimento.

Remédios para a desigualdade de renda

O que dizem as pesquisas recentes sobre o papel da política na formação da concentração de renda? Piketty, Saez e Stantcheva mostram que a parcela quanto ao 1% superior está altamente correlacionada entre os países e, ao longo do tempo, com uma alta taxa de tributação de renda individual, sem efeitos visíveis no crescimento.[43] Países que experimentaram as maiores reduções nas altas taxas de tributação marginal desde os anos 1960, dentre os quais os Estados Unidos e o Reino Unido, também são aqueles que experimentaram os maiores aumentos nas participações de renda mais alta. No entanto, não há evidências convincentes de que os países que mais reduziram suas altas taxas de tributação marginal, e que experimentaram grandes aumentos na concentração de renda, tiveram uma melhor experiência de crescimento a partir da década de 1960. Isso sugere que aqueles com alta renda respondem a menores taxas de tributação, não em razão do aumento do esforço de trabalho produtivo, como postulado pela história do lado da oferta-padrão, mas, ao invés disso, encontrando maneiras de obter uma fatia do "bolo econômico" à custa dos outros.

Philippon e Reshef mostram que o tamanho das finanças na economia dos Estados Unidos e a remuneração dos empregados no setor financeiro estão muito alta e negativamente correlacionados com o nível de regulamentação financeira: as finanças se tornam grandes e pagam muito bem quando as regulamentações são fracas.[44] No registro histórico dos Estados Unidos, o período

42. A. Atkinson, *Inequality: What Can Be Done?*, Cambridge, MA, Harvard University Press, 2015.

43. Piketty, Saez, Stantcheva, op. cit.

44. T. Philippon, A. Reshef, "Wages and Human Capital in the U.S. Finance Industry: 1909-2006", *Quarterly Journal of Economics* 127, 2012, pp. 1551-1609.

de rígida regulamentação financeira, de 1933 a 1980, está realmente associado a um crescimento econômico mais forte, o que mostra que o controle financeiro não parece ter efeitos negativos sobre o crescimento econômico.

No caso da remuneração de executivos, contudo, parece que os regulamentos sobre transparência de pagamento e sobre pagamento por desempenho falharam amplamente ou de fato foram contraproducentes. A lei tributária norte-americana de 1993, que limitava a um milhão de dólares a dedutibilidade da remuneração de executivos (para efeitos de tributos incidentes quanto à empresa), a menos que estivesse relacionada ao desempenho, parece ter alimentado a explosão da remuneração por meio de *stock-option*. As *stock-options*, que vinculam a remuneração ao valor das ações da empresa, são uma ferramenta muito bruta de remuneração, uma vez que os preços das ações flutuam por muitas razões não relacionadas ao desempenho dos executivos. Portanto, é provavelmente uma ferramenta muito ineficiente para remuneração. Seu sucesso ocorre, provavelmente, devido à aparência de estar relacionado ao desempenho e ao fato de não ser uma forma de remuneração tão transparente e visível como o salário normal.[45]

Embora exista uma grande literatura sobre as organizações industriais, no que tange, em especial, às regulamentações antitruste, bem como em relação às patentes e seus efeitos sobre lucros extraordinários e lucros decorrentes do monopólio, essa literatura não está relacionada à análise da desigualdade. Tais lucros seriam provenientes de rendimentos das empresas que atuam em regime de quasi-monopólio, alimentando assim o aumento da renda e da concentração de riqueza? Se sim, a política antitruste e de regulamentação de patentes deve levar em conta não apenas os efeitos clássicos quanto à eficiência do mercado, mas também os efeitos sobre a desigualdade.

Seria particularmente valioso ver mais trabalhos analisando, em específico, as vantagens quanto aos regulamentos em relação aos impostos e transferências, para tratar de questões de desigualdade.

45. B. Hall, K. Murphy, "The Trouble with Stock Options", *Journal of Economic Perspectives* 17, 2003, pp. 49-70.

Remédios para a desigualdade de riqueza

Como a disparidade de riqueza poderia ser reduzida sem prejudicar a poupança agregada e a acumulação de capital, que é um elemento-chave do crescimento econômico de longo prazo? Conforme proposto no livro de Piketty, um imposto progressivo sobre a riqueza parece ser o instrumento mais direto para conter a acumulação de grandes fortunas. A vantagem do imposto progressivo sobre a riqueza (em oposição ao imposto progressivo sobre a renda) é que ele tem como alvo, especificamente, a riqueza acumulada, em vez da renda atual. Em princípio, se a preocupação é com a riqueza herdada, a tributação sobre a herança seria a melhor ferramenta para impedir que fortunas criadas por si mesmas se tornem riqueza herdada.[46] Na prática, porém, a tributação sobre a herança pode ser evitada através do planejamento tributário e da subavaliação das doações e das transferências antes da morte. Seria muito mais difícil evitar um imposto anual sobre a riqueza, uma vez que ela é avaliada todos os anos.

Mas, como as poupanças dos Estados Unidos estão muito concentradas entre os principais detentores de riqueza, existe a preocupação de que a redução das principais riquezas, por meio da tributação progressiva sobre a riqueza ou a herança, possa impactar negativamente a poupança agregada e, portanto, a acumulação de capital. Como vimos, as taxas de poupança para a classe média norte-americana caíram desde os anos 1980. Logo, para manter a poupança agregada, é importante associar a tributação progressiva ao incentivo à poupança por parte da ampla classe média.

As melhores políticas para incentivar a poupança da classe média dependem dos motivos da queda observada na taxa de poupança dessa classe. A poupança da classe média pode ter caído devido ao crescimento pouco favorável da renda da classe média em relação à renda mais alta, alimentando a

46. O imposto sobre imóveis nos Estados Unidos não é popular e foi quase totalmente revogado durante as administrações dos dois presidentes Bush. O atual imposto imobiliário dos Estados Unidos afeta apenas cerca de um dentre mil dos falecidos mais ricos a cada ano. No entanto, a impopularidade do imposto sobre imóveis parece em grande parte ser devida à desinformação (e ao sucesso dos conservadores em enquadrá-lo como um imposto sobre a morte que afeta negativamente as empresas familiares). Kuziemko e colaboradores mostram que o apoio ao imposto sobre a propriedade dobra quando as pessoas são informadas de que é um imposto apenas para os falecidos muito ricos; veja I. Kuziemko et al., "How Elastic Are Preferences for Redistribution? Evidence from Randomized Survey Experiments", *American Economic Review* 105, 2015, pp. 1478-1508.

demanda por crédito para manter o consumo relativo.[47] Nesse caso, políticas para aumentar a renda da classe média provavelmente também aumentariam a poupança. A desregulamentação financeira pode ter ampliado as oportunidades de empréstimos (por meio de crédito ao consumidor, refinanciamento de hipotecas, empréstimos para compra de imóveis, hipotecas subprime) e, em alguns casos, pode ter deixado os consumidores insuficientemente protegidos contra algumas formas de empréstimos predatórios. Em tal situação, uma maior proteção ao consumidor e uma regulamentação financeira podem ajudar a aumentar a poupança da classe média.

Outro fator que provavelmente está inibindo a poupança da classe média é o aumento das mensalidades das faculdades, o que pode ter aumentado os empréstimos estudantis. Isso significa que o ensino superior financiado publicamente e a estipulação de limites quanto ao valor das mensalidades cobradas pelas universidades podem ter um papel a desempenhar no incentivo à poupança. Trabalhos recentes em economia comportamental mostram que as decisões individuais de poupança respondem muito mais a "*frames and nudges*"* (tal como se dá diante da opção padrão nos planos de aposentadoria do empregador 401(k)) do que a subsídios tributários.[48] Portanto, os novos e crescentes trabalhos em finanças comportamentais poderiam ser usados para desenvolver maneiras de promover a poupança da classe média e reduzir a desigualdade de riqueza a longo prazo.[49]

---

47. M. Bertrand, A. Morse, "Trickle-Down Consumption", *NBER Working Paper* n. 18.883, 2013.

* A expressão tem um sentido como "estímulos instintivos", "reações automáticas" ou "gatilhos psicológicos". Não há uma tradução apropriada dessa expressão para o português, que é abordada e amplamente tratada por Richard Thaler, especialista em economia comportamental e ganhador do Prêmio Nobel de Economia em 2017, em seus livros. [N.T.]

48. Chetty et al., op. cit.

49. R. Thaler, C. Sunstein, *Nudge: como tomar melhores decisões sobre saúde, dinheiro e felicidade*, São Paulo, Objetiva, 2019.

CAPÍTULO 14

Macromodelos de desigualdade de riqueza

MARIACRISTINA DE NARDI, GIULIO FELLA E FANG YANG

Os economistas Mariacristina De Nardi, Giulio Fella e Fang Yang voltam a atenção para a desigualdade de riqueza, o estado final da previsão para o futuro na obra *O capital no século XXI*. Mesmo depois do lançamento do livro, os mecanismos que causam a desigualdade de riqueza em geral e os resultados individuais dentro dessa distribuição de riqueza permanecem obscuros. Os autores se concentram, principalmente, em dois conjuntos de fatos e, portanto, em duas tradições de modelagem: nota-se a extrema assimetria da riqueza em dado momento (o que significa que uma grande porcentagem da riqueza total é mantida por alguns poucos mais ricos), bem como sua assimetria crescente ao longo do tempo. O outro conjunto busca explicar por que alguns ricos permanecem ricos (e ficam mais ricos), enquanto outros ficam mais pobres. Um recente corpo de pesquisa dá início ao processo de unificação dos dois conjuntos de teorias. Tomados em conjunto, os dados patrimoniais levantam questões importantes para a sabedoria recebida na economia, questões em relação às quais a pesquisa desses três autores está na vanguarda das respostas.

A obra *O capital no século XXI*, de Piketty, é, nas próprias palavras do autor, "principalmente um livro sobre a história da distribuição de renda e de riqueza". Ele demonstra a evolução dessas distribuições desde a Revolução Industrial em relação a um número significativo de países, e oferece uma estrutura para explicar os padrões comuns da evolução de longo prazo da desigualdade de riqueza, dentro de cada país, em várias economias desenvolvidas.

Este capítulo faz um balanço da literatura existente sobre os modelos de desigualdade de riqueza, através da lente dos fatos e das ideias contidas no livro de Piketty, destacando o que aprendemos até agora e o que ainda precisamos aprender a fim de chegar a conclusões mais definitivas sobre os mecanismos que moldam a concentração de riqueza. Diferentemente do Capítulo 4, escrito por Devesh Raval, em que se discutem os determinantes daquilo *entre* a desigualdade, relacionada à divisão da renda agregada entre capital e trabalho, este capítulo trata da distribuição da riqueza (ou seja, da desigualdade *dentro* da riqueza).

O capítulo começa apresentando alguns fatos estilizados* importantes sobre a distribuição da riqueza:

1. A riqueza é altamente concentrada. Sua distribuição é bastante enviesada com uma longa cauda direita;
2. No geral, há uma mobilidade significativa dentro da distribuição de riqueza, tanto durante a vida de um indivíduo quanto entre as gerações. A mobilidade da riqueza é substancialmente menor, no entanto, no topo e na base da distribuição;
3. A concentração de riqueza — a parcela da riqueza agregada nas mãos das pessoas mais ricas — exibe a forma de "U", tendendo para baixo na maior parte do século XX e aumentando a partir da década de 1980 em diante.

O capítulo então se volta para uma discussão dos principais mecanismos que afetam a desigualdade de riqueza, de acordo com o livro de Piketty. Mais especificamente, *O capital no século XXI* enfatiza a importância da diferença entre a taxa de retorno sobre o capital pós-impostos e a taxa de crescimento do produto agregado, como a força crucial que molda a concentração de riqueza.[1] Também discute, em menor grau, o papel da progressividade tributária, as maiores participações de renda e a heterogeneidade nas taxas de poupança e heranças.

* Um fato estilizado é uma aproximação teórica de um dado fenômeno observado de maneira empírica, podendo ter uma maior ou menor probabilidade de prever corretamente o comportamento de uma dada variável sob análise. [N.T.]

1. T. Piketty, *O capital no século XXI*, Rio de Janeiro, Intrínseca, 2014. Nesse sentido, Piketty escreveu: "De certa forma, isso resume a lógica geral de minhas conclusões."

Em seguida, apresentamos uma estrutura simples para melhor compreender e categorizar os vários mecanismos por trás da acumulação de riqueza individual que podem explicar a desigualdade de riqueza. A partir daí, passamos a pesquisar a literatura macroeconômica existente sobre a desigualdade de riqueza, com ênfase nas forças que mais prometem explicar o alto grau de concentração de riqueza observado nos dados. Mais especificamente, discutimos a literatura (sobretudo a analítica) com o objetivo de dar conta da observação de que a cauda direita da distribuição de riqueza é bem aproximada por uma distribuição de Pareto. Essa vertente da literatura fornece o principal suporte teórico para o mecanismo, tal como enfatizado no livro de Piketty, segundo o qual a concentração de riqueza aumenta com a diferença entre a taxa média de retorno líquido sobre a riqueza, *r*, e a tendência da taxa de crescimento da produção agregada, *g*. Choques aleatórios multiplicativos no processo de acumulação de riqueza são o principal mecanismo gerador de concentração de riqueza nessa classe de modelos. Piketty vê a taxa de crescimento do produto como uma redução inequívoca da concentração de riqueza, mas, de acordo com alguns desses modelos, o crescimento do produto devido ao aumento da produtividade total dos fatores (PTF) pode reduzir ou aumentar essa concentração, dependendo do ambiente.

Em razão da tratabilidade analítica — com exceção de artigos de Benhabib, Bisin e Zhu, e de Aoki e Nirei —, a literatura acerca dos modelos com choques multiplicativos abstrai da heterogeneidade *endógena* nas taxas de poupança e nas taxas *endógenas* de retorno, na forma de renda empresarial, como fonte de persistência nas taxas de poupança.[2] Além disso, ela não considera os aspectos do ciclo de vida e a não homoteticidade no comportamento de herança, que afetam a acumulação de riqueza ao longo das gerações e são importantes para explicar por que os ricos têm taxas de poupança mais altas durante a vida profissional e na aposentadoria.[3]

A heterogeneidade endógena na poupança para proteger contra choques de ganhos e despesas (incluindo, possivelmente, despesas médicas e de enfermagem durante a aposentadoria) está, em vez disso, no centro dos modelos quantitativos

2. J. Benhabib, A. Bisin, S. Zhu, "The Wealth Distribution in Bewley Models with Capital Income Risk", *Journal of Economic Theory* 159, 2015, pp. 459-515; S. Aoki, M. Nirei, *Pareto Distribution in Bewley Models with Capital Income Risk*, Hitotsubashi University, 2015.

3. K. E. Dynan, J. Skinner, S. P. Zeldes, "Do the Rich Save More?", *Journal of Political Economy* 112, 2004, pp. 397-444.

que discutiremos a seguir. A vantagem comparativa dessa literatura é sua ênfase na compreensão das forças que moldam as diferenças no comportamento de poupança e nas taxas de retorno e, também, na quantificação da importância de tal heterogeneidade na contabilização da desigualdade de riqueza em abundantes modelos quantitativos. Argumentamos que trabalhos anteriores enfatizaram, de maneira convincente, que a atividade empreendedora, as heranças voluntárias, a heterogeneidade nas preferências entre as famílias, além do risco de compensação para os que ganham mais podem ajudar a explicar o alto grau de concentração de riqueza. Não está claro, entretanto, em que medida cada uma dessas forças contribui quantitativamente para a desigualdade de riqueza, porque, pelo menos até agora, a maioria dessas forças foi estudada isoladamente. Também há muito trabalho a ser feito para determinar até que ponto essas estruturas quantitativas podem corresponder às grandes diferenças observadas na desigualdade de riqueza entre os países e ao longo do tempo.

Para ir da compreensão estática do que determina a desigualdade em um dado momento para a forma pela qual a desigualdade muda ao longo do tempo, estudaremos em seguida uma literatura mais específica que analisa a dinâmica de transição da distribuição da riqueza.

A fim de avaliar, do ponto de vista quantitativo, a hipótese abordada por Piketty de que mudanças na diferença entre a taxa de retorno sobre a riqueza pós-impostos e a taxa de crescimento da produção podem impulsionar a evolução da concentração de riqueza, realizamos a seguir algumas simulações numéricas, em um modelo quantitativo detalhado, que geram a desigualdade observada, tanto na riqueza quanto nos ganhos. Ele indica que o efeito da taxa de retorno sobre a concentração de riqueza é pequeno e que é essencial fazer a distinção entre PTF e população quando se consideram os efeitos da taxa de crescimento da produção. Enquanto o efeito da taxa de crescimento da PTF é simétrico ao da taxa de retorno — ambas têm um pequeno efeito sobre a desigualdade de riqueza —, as mudanças na taxa de crescimento da população têm um efeito muito grande sobre a concentração de riqueza. Assim, a taxa de retorno sobre o capital e a taxa de crescimento do produto não são substitutas perfeitas em seu efeito sobre a concentração da riqueza, quando o crescimento do produto é devido ao aumento da população.

Concluímos com uma discussão de áreas úteis para pesquisas futuras.

Fatos estilizados

Está bem estabelecido que a distribuição transversal da riqueza é inclinada para a direita, ao contrário da distribuição normal, e que sua cauda direita é bem aproximada por uma distribuição de Pareto. Esta implica uma relação linear entre o logaritmo da riqueza, *w*, e o logaritmo da quantidade de indivíduos, P(*w*), com riqueza acima de *w*.[4] A Figura 14.1 representa essa relação para os 10% superiores na distribuição de riqueza em uma determinada quantidade de países, com os círculos denotando as observações reais e as linhas tracejadas e sólidas denotando o modelo de Pareto ajustado para, respectivamente, os 10% superiores e o 1% superior da distribuição.

FIGURA 14.1: Caudas de Pareto para países específicos: valores reais (círculos) e inclinações médias para os 10% mais ricos (linha tracejada) e para o 1% mais rico (linha contínua) da distribuição

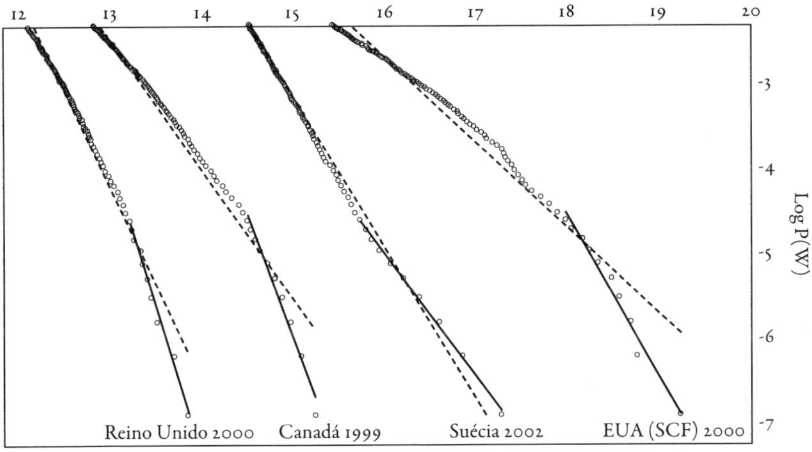

Fonte: F. K. Cowell, "Inequality among the wealthy", *CASE Working Paper* n. 150, 2011.

Existem inúmeras evidências de que a riqueza é muito mais concentrada do que a renda e os ganhos do trabalho. Wold e Whittle citam evidências iniciais

4. Foi essa mesma observação que levou Pareto a propor sua distribuição homônima. V. Pareto, *Cours d'économie politique*, vol. 2, Lausanne, F. Rouge, 1897.

em relação aos Estados Unidos. Esse fato também foi indicado em vários artigos mais recentes de muitos autores.[5]

A forma como a riqueza é distribuída em um determinado momento é importante, mas, igualmente importante é a quantidade de agitação existente na distribuição, tanto em nível individual/domiciliar quanto ao longo das gerações. Em nível individual, Hurst, Luoh e Stafford constataram uma mobilidade significativa entre o intervalo do vigésimo ao octogésimo percentil, nos Estados Unidos — e utilizam os dados do Panel Study of Income Dynamics (PSID)*, durante o período de 1984 a 1994 —, mas também uma persistência substancial nos decis superior e inferior.[6] Para esses dois grupos, a probabilidade de permanecer no mesmo decil variou entre 40% e 60%, dependendo dos subperíodos.[7] Essa última conclusão implica que 60% da riqueza total — a parcela pertencente ao decil superior mencionada por Hurst, Luoh e Stafford — é bastante persistente.

Com relação às evidências sobre a mobilidade intergeracional da riqueza, Mulligan estima uma elasticidade da riqueza dos filhos em relação à riqueza dos pais, para os Estados Unidos, entre 0,32 e 0,43.[8] Charles e Hurst encontram um valor de 0,37 no PSID, que cai para 0,17 quando se controla a idade

5. A. B. Atkinson, *The Economics of Inequality*, Oxford, Clarendon Press, 1983; J. Díaz-Giménez, V. Quadrini, J. Ríos-Rull, "Dimensions of Inequality: Facts on the U.S. Distributions of Earnings, Income and Wealth", *Federal Reserve Bank of Minneapolis Quarterly Review* 21, 1997, pp. 3-21; A. B. Kennickell, "A Rolling Tide: Changes in the Distribution of Wealth in the U.S., 1989-2001", 2003, disponível em: https://www.federalreserve.gov/pubs/feds/2003/200324/200324pap.pdf; S. Budria Rodriguez et al., "Updated Facts on the U.S. Distributions of Earnings, Income, and Wealth", *Federal Reserve Bank of Minneapolis Quarterly Review* 26, 2002, pp. 2-35; H. O. Wold, P. Whittle, "A Model Explaining the Pareto Distribution of Wealth", *Econometrica* 25, 1957, pp. 591-595; E. N. Wolff, "Changing Inequality of Wealth", *American Economic Review* 82, 1992, pp. 552-558; id., "Recent Trends in the Size Distribution of Household Wealth", *Journal of Economic Perspectives* 12, 1998, pp. 131-150.

* O Panel Study of Income Dynamics (ou "Painel de Estudo da Dinâmica de Renda") é uma pesquisa, conduzida pelo Survey Research Center da Universidade de Michigan, Estados Unidos, que mede fatores econômicos, sociais e de saúde durante a vida de famílias, ao longo de gerações. [N.T.]

6. E. Hurst, M. C. Luoh, F. P. Stafford, "The Wealth Dynamics of American Families, 1984-94", *Brookings Papers on Economic Activity* 29, 1998, pp. 267-338.

7. Klevmarken, Lupton e Stafford constataram que a mobilidade, *em geral*, por quintil de riqueza, mas não a desigualdade de riqueza, na Suécia, é comparável à dos Estados Unidos. Veja N. A. Klevmarken, J. P. Lupton, F. P. Stafford, "Wealth Dynamics in the 1980s and 1990s: Sweden and the United States", *Journal of Human Resources* 38, 2003, pp. 322-353.

8. C. B. Mulligan, *Parental Priorities and Economic Inequality*, Chicago, University of Chicago Press, 1997.

dos filhos, a educação e a renda.[9] Devido às limitações de dados, essas estimativas são para a elasticidade intergeracional de riqueza em relação a grupos de pais e filhos nos quais os pais ainda estão vivos — isto é, *antes* da transferência da herança.[10] Por essa razão, eles possivelmente subestimam o total do grau de persistência intergeracional da riqueza. Esse problema é abordado nos estudos de Adermon, Lindahl e Waldenström para a Suécia; de Boserup, Kopczuk e Kreiner, para a Dinamarca; e de Clark e Cummins, para a Inglaterra e o País de Gales — todos usando dados relativos ao patrimônio que abrangem mais de uma geração. Os primeiros dois estudos se valem de dados relativos ao imposto sobre fortunas; Adermon, Lindahl e Waldenström encontraram uma correlação de classificação pai-filho de 0,3 a 0,4; enquanto Boserup, Kopczuk e Kreiner estimam uma elasticidade de riqueza entre 0,4 e 0,5. Clark e Cummins, em vez disso, exploram uma ampla gama de famílias (no período de 1858 a 2012), com sobrenomes raros, cuja riqueza é observada na morte, e encontram uma elasticidade intergeracional de 0,4 a 0,5 para a subamostra, em que eles podem combinar pais e filhos; e de cerca de 0,7, quando agrupam indivíduos do mesmo sobrenome.[11]

No geral, a evidência de mobilidade significativa da riqueza sugere que choques nas circunstâncias econômicas são um determinante importante da dinâmica da riqueza. Essa característica está no cerne de uma ampla literatura, a qual examinaremos em uma seção mais à frente, que enfatiza a acumulação de riqueza como uma forma de suavizar o consumo em face de choques idiossincráticos na renda.

Uma terceira característica importante da distribuição de riqueza é sua evolução ao longo do tempo. Até recentemente, os estudos que documentavam a evolução da desigualdade de riqueza ao longo do tempo eram poucos,

---

9. K. K. Charles, E. Hurst, "The Correlation of Wealth across Generations", *Journal of Political Economy* 111, 2003, pp. 1155-1182.

10. A idade dos filhos, na amostragem de Mulligan, é menor do que 35 anos; e o número de grupos entre pais e filhos, nos quais ambos os pais faleceram, é muito pequeno na amostragem de Charles e Hurst. Veja K. K. Charles, E. Hurst, op. cit.; e C. B. Mulligan, op. cit.

11. A. Adermon, M. Lindahl, D. Waldenström, "Intergenerational Wealth Mobility and the Role of Inheritance: Evidence from Multiple Generations", *IZA Discussion Paper* n. 10126, 2015; S. H. Boserup, W. Kopczuk, C. T. Kreiner, "Stability and Persistence of Intergenerational Wealth Formation: Evidence from Danish Wealth Records of Three Generations", 2015, disponível em: http://eml.berkeley.edu/~saez/course131/WealthAcrossGen.pdf; G. Clark, N. Cummins, "Intergenerational Wealth Mobility in England, 1858-2012: Surnames and Social Mobility", *Economic Journal* 125, 2015, pp. 61-85.

e abrangiam períodos relativamente curtos.[12] Uma contribuição importante do livro de Piketty é a de reunir uma série de estudos recentes e de documentar a evolução da distribuição de riqueza, desde a Revolução Industrial, em um número significativo de países. A principal conclusão, comum aos vários países, é a de que a parcela da riqueza agregada nas mãos das pessoas mais ricas apresenta uma curva em forma de "U", a partir de níveis muito elevados no início do século XX, caindo drasticamente durante as duas guerras mundiais até atingir seu mínimo, entre a Segunda Guerra Mundial e a década de 1970, aumentando de novo a partir da década de 1980 (veja a Figura 14.2).

FIGURA 14.2: A evolução da desigualdade de riqueza na Europa e nos Estados Unidos

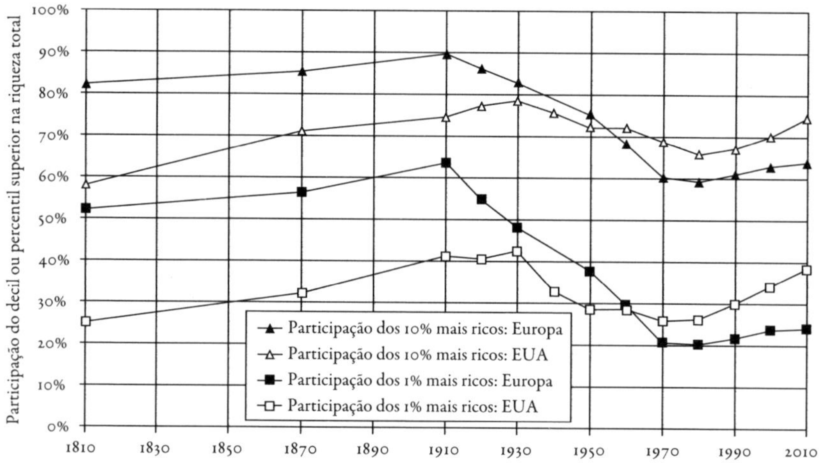

Fonte: T. Piketty, G. Zucman, "Wealth and Inheritance in the Long Run", ed. A. J Atkinson, F. Bourguignon, *Handbook of Income Distribution*, Elsevier BV, 2014, vol. 2B, cap. 15, pp. 1303-1368.

Há algum debate sobre a magnitude real do aumento na parcela da riqueza detida pelo 1% do topo da distribuição desde os anos 1980. A Figura 14.2 relata as estimativas de dados fiscais indicados por Saez e Zucman, que implicam que tal parcela aumentou cerca de 13%, revertendo efetivamente para seu pico de

12. Os primeiros esforços para documentar a evolução da distribuição de riqueza, no século XX, são de Lampman, para os Estados Unidos, e de Atkinson e Harrison, para o Reino Unido. Veja R. J. Lampman, *The Share of Top Wealth-Holders in National Wealth, 1922-1956*, Princeton, NJ, Princeton University Press, 1962; A. B. Atkinson, A. J. Harrison, *Distribution of Personal Wealth in Britain, 1923-1972*, Cambridge: Cambridge University Press, 1983.

1930.[13] As estimativas da Pesquisa de Finanças do Consumidor (SCF, na sigla em inglês) acarretam um aumento substancialmente menor, de cerca de 5%.[14] Apesar da incerteza em torno da magnitude real do aumento, a compreensão de suas causas e a provável evolução futura se tornou um importante tópico de pesquisa. Em uma seção posterior, discutiremos até que ponto os modelos alternativos de desigualdade de riqueza podem ser responsáveis pela evolução da sua alta concentração.

Mecanismos de Piketty

O livro de Piketty oferece uma estrutura — enraizada na literatura acerca da cauda de Pareto — para explicar a evolução da desigualdade de riqueza ao longo do século XX. De acordo com essa estrutura, a desigualdade de riqueza aumenta com a diferença entre a taxa média de retorno da riqueza líquida de impostos, r, e a taxa de tendência de crescimento do produto agregado, g. Esse mecanismo é consistente com a queda simultânea na concentração de riqueza $(r - g)$, ao longo do século XX. Entre 1914 e 1980, a taxa de retorno de capital depois dos impostos caiu, tanto como resultado das perdas de capital decorrentes da Grande Depressão e das duas guerras mundiais quanto como resultado das políticas fiscais progressivas, que têm suas raízes nos choques do período 1914-1945. Ao mesmo tempo, a taxa de crescimento do produto ao longo da segunda metade do século XX foi dramaticamente maior do que no início do século.

A intuição por trás desse mecanismo "$(r - g)$" é que uma maior taxa de retorno, r, aumenta a taxa na qual a riqueza existente é capitalizada, ampliando qualquer heterogeneidade inicial na distribuição da riqueza. Por outro lado, uma taxa de crescimento mais alta, g, aumenta a taxa de acumulação de "nova" riqueza por meio da poupança dos rendimentos do trabalho, o que tende a reduzir a desigualdade. Quer a riqueza existente tenha sido poupada

---

13. E. Saez, G. Zucman, "Wealth Inequality in the United States since 1913: Evidence from Capitalized Income Tax Data", 2015, disponível em: http://gabriel-zucman.eu/files/SaezZucman2015.pdf.

14. Kopczuk discute as diferenças entre as estimativas disponíveis e as possíveis explicações para sua divergência. Veja W. Kopczuk, "What Do We Know about the Evolution of Top Wealth Shares in the United States?", *Journal of Economic Perspectives* 29, 2015, pp. 47-66.

pelas gerações atuais ou herdada das anteriores, uma taxa de retorno mais alta aumenta a importância da riqueza em relação à renda do trabalho atual.

Embora esse mecanismo desempenhe um papel importante no livro de Piketty e tenha chamado muita atenção, a obra menciona outras forças importantes. A primeira força — relacionada à anterior porque afeta a taxa *intergeracional* de acumulação de riqueza — é a herança, tanto da riqueza financeira quanto humana, e sua interação com a demografia.

A segunda é a heterogeneidade das taxas de retorno e o fato de que pessoas ricas, que investem grandes quantias de capital, normalmente obtêm retornos mais elevados, uma vez que elas podem, por exemplo, assumir investimentos mais arriscados e menos líquidos, ou porque têm maiores incentivos para contratar gerentes financeiros e, de maneira mais geral, gastar tempo e dinheiro para obter retornos mais elevados. Além disso, também há heterogeneidade nas taxas de poupança, com pessoas com maior riqueza inicial poupando mais.

Outro aspecto importante discutido no livro é a ascensão dos "superexecutivos", gerentes de alto nível cuja participação nos lucros aumentou mais rápido do que a de qualquer outra pessoa, em especial nos Estados Unidos. Piketty argumenta que essa é uma fonte importante que sustenta o aumento observado na desigualdade na renda total. Deve-se observar que os Estados Unidos também são o país em que a desigualdade de riqueza aumentou mais rápido no mesmo período.

Por fim, o livro *O capital no século XXI* destaca a importância dos impostos, transferências e regulamentações governamentais, como o salário mínimo e a estrutura do mercado, como circunstâncias que afetam a desigualdade de renda e de riqueza entre os países, bem como ao longo do tempo para um determinado país.

Contabilização da concentração de riqueza

Apresentamos agora uma estrutura simples de contabilidade, originalmente atribuída a Meade, para organizar melhor nossa discussão, seja a partir da visão de Piketty ($r - g$), seja a partir da literatura sobre os elementos determinantes da desigualdade de riqueza.[15] Para esse fim, considere uma economia na qual

15. J. E. Meade, *Efficiency, Equality and the Ownership of Property*, Londres, Allen and Unwin, 1964.

o estoque de capital agregado cresce conforme a taxa exógena g. Ao nascer, os indivíduos são possivelmente dotados de uma fração individual específica do estoque de capital agregado e contemporâneo. A única fonte de renda da economia é uma taxa idiossincrática de retorno sobre a riqueza individual.

Em um determinado período, a riqueza individual, normalizada pelo estoque de capital médio, acumula a uma taxa exponencial $r_{it} - g + s_{it}$, em que r_{it} é a taxa de retorno realizada para o indivíduo i de idade atual t, e s_{it} é a razão entre o fluxo de (des)poupança individual e sua riqueza no início do período.[16] Nessa economia, existem três forças principais que moldam a distribuição da riqueza individual normalizada pelo estoque de capital médio:

1. O histórico individual de taxas de poupança, s_{it}, ou, de forma equivalente, a taxa média de poupança ao longo da vida de um indivíduo. *Ceteris paribus*, os indivíduos com uma maior taxa média de poupança ao longo da vida acumularam riqueza em um ritmo mais rápido.
2. O histórico individual da taxa de retorno ajustada pelo crescimento $r_{it} - g$, ou, de forma equivalente, a sua taxa média ao longo da vida do indivíduo. *Ceteris paribus*, indivíduos com maior retorno médio ao longo da vida — isto é, uma história de altos retornos intraperíodo — viram sua riqueza crescer mais rápido do que a de indivíduos com baixo retorno médio. Por outro lado, para uma dada distribuição transversal de retornos individuais, r_{it}, uma taxa maior de crescimento, g, reduz a taxa de crescimento da riqueza individual normalizada, reduzindo a taxa na qual a riqueza individual cresce em relação à economia agregada.
3. A distribuição da riqueza no nascimento. Mesmo abstraindo as diferenças individuais nas taxas de retorno e de poupança, o diferencial de riqueza entre dois indivíduos nascidos dentro das mesmas condições, com dotações de riqueza heterogêneas, aumenta com a idade a uma taxa comum de acumulação. Um aumento na diferença entre a taxa de retorno comum, r, e a taxa de crescimento, g, aumenta essa taxa de divergência.

---

16. Para ser preciso, o fluxo de poupança da "renda não capital" (*noncapital income*) é igual a menos o fluxo de consumo na configuração atual com "renda não capital zero" (*zero noncapital income*).

Este último efeito captura a essência do entendimento de Piketty $(r - g)$. Para determinadas taxas de poupança, o poder da composição exponencial sugere que as mudanças persistentes na diferença $(r - g)$ aumentam substancialmente a taxa de divergência na distribuição da riqueza. Portanto, os efeitos "de crescimento ou multiplicativos" são cruciais para explicar por que uma minoria de indivíduos detém uma parcela desproporcional da riqueza agregada. Esse mecanismo básico está no cerne da maior parte da literatura analítica sobre modelos multiplicativos de acumulação de riqueza, que examinaremos em uma seção posterior.

Modelos analíticos gerando caudas de Pareto na distribuição de riqueza

Desde Pareto, essa característica da distribuição da riqueza tem sido analisada e motivou uma série de estudos propondo mecanismos econômicos, gerando uma distribuição da riqueza com cauda de Pareto à direita.

Esses mecanismos requerem choques aleatórios multiplicativos no processo de acumulação de riqueza e se enquadram em duas categorias principais. O primeiro tipo requer que a riqueza individual cresça exponencialmente a alguma taxa média positiva, até um tempo de parada distribuído exponencialmente (por exemplo, a morte). Na ausência de transmissão intergeracional de riqueza, essa classe de modelos implica, em termos contrafactuais, que toda heterogeneidade de riqueza está entre — e não dentro de — grupos de indivíduos com a mesma idade.[17] Os indivíduos com maior riqueza são os sobreviventes dos conjuntos daqueles mais velhos, que acumularam riqueza em um horizonte mais longo. A permissão da transmissão estocástica intergeracional de riqueza, como indicado no artigo de Benhabib e Bisin, introduz uma heterogeneidade adicional: dentro de um mesmo conjunto de indivíduos com as mesmas características, aqueles pertencentes a uma dinastia com uma história mais

17. O artigo de Wold e Whittle é um dos primeiros exemplos que indicam uma taxa exógena de acumulação de riqueza. Este último é endogenizado nos modelos de otimização em artigos de Benhabib e Bisin, e em artigos de Jones. J. Benhabib, A. Bisin, "The Distribution of Wealth and Redistributive Policies", 2006, disponível em: http://www.econ.nyu.edu/user/benhabib/parvolt3.PDF; C. I. Jones, "Pareto and Piketty: The Macroeconomics of Top Income and Wealth Inequality", *Journal of Economic Perspectives* 29, 2015, pp. 29-46; H. O. Wold, P. Whittle, op. cit.

longa de herança são mais ricos.[18] Em suma, o mecanismo geral implica que o coeficiente de Pareto, que indica a espessura da cauda direita da distribuição da riqueza (em relação ao tamanho da economia), está aumentando de acordo com a taxa de crescimento da riqueza individual em relação à riqueza agregada, e diminuindo na probabilidade de morte, bem como diante daquelas forças, como a tributação imobiliária redistributiva, que comprimem a distribuição da riqueza no nascimento.

O segundo tipo de mecanismo que gera caudas de Pareto é, até certo ponto, conceitualmente oposto ao anterior e requer que a taxa exponencial de crescimento da riqueza individual siga um processo estocástico apropriado, com uma média negativa. A taxa de crescimento média negativa significa que, em termos gerais, a riqueza individual reverte para a média da distribuição. Ainda assim, os poucos sortudos com uma longa história de taxas positivas acima da média de crescimento da riqueza escapam dessa força de reversão média e acumulam grandes fortunas. Algum mecanismo de influxo — como transferências, choques positivos de renda adicional, poupança por precaução e/ou restrições de empréstimos — é necessário para fornecer uma barreira refletora que garanta que a média da distribuição de riqueza seja limitada a zero. Os modelos dessa classe geram desigualdade entre os grupos de coortes* (e entre os indivíduos que se encontram dentro dos grupos).[19] Eles implicam que o coeficiente de Pareto é maior, (1) quanto maior a variância dos choques, o que aumenta a probabilidade de longos históricos de choques positivos; ou (2) quanto mais fraco o mecanismo de influxo de compensação, o que aumenta a média da distribuição estacionária.

---

18. J. Benhabib, A. Bisin, op. cit.

* Em estatística, coorte é um termo técnico que indica um conjunto de indivíduos que tem em comum um dado evento que se deu no mesmo período de tempo. Exemplo: "coorte de indivíduos que ingressaram em universidades entre os anos de 2000 e 2010". [N.T.]

19. O artigo de Champernowne é uma contribuição inicial puramente estatística. Artigos de Benhabib, Bisin e Zhu; de Aoki e Nirei; de Piketty e Zucman; e de Gabaix, Lasry, Lions e Moll exploram a visão original no contexto de modelos econômicos com agentes otimizadores. D. G. Champernowne, "A Model of Income Distribution", *Economics Journal* 63, 1953, pp. 318-351; J. Benhabib, A. Bisin, S. Zhu, "The Distribution of Wealth and Fiscal Policy in Economies with Finitely Lived Agents", *Econometrica* 79, 2011, pp. 123-157; Benhabib, Bisin, Zhu, "The Wealth Distribution"; Aoki, Nirei, "Pareto Distribution"; T. Piketty, G. Zucman, "Wealth and Inheritance in the Long Run", *Handbook of Income Distribution*, ed. A. J. Atkinson e F. Bourguignon, vol. 2B, Amsterdã, Elsevier, 2014, pp. 1303-1368; X. Gabaix et al., "The Dynamics of Inequality", *NBER Working Paper* n. 21363, 2015.

Em comum com a primeira classe de modelos, estes significam que a concentração de riqueza, tal como medida pelo coeficiente de Pareto, está diminuindo na taxa de reversão da média da riqueza — isto é, está aumentando na taxa média de crescimento do indivíduo em relação à riqueza agregada. Essa taxa é igual à soma, por um lado, da diferença $(r - g)$ entre a taxa média de retorno pós-imposto, r, e a taxa de crescimento agregado, e, por outro lado, a razão média sw entre poupança de renda não capital e riqueza. A lógica do crescimento exponencial envolve que, em todos os modelos com choques multiplicativos, pequenas variações em $(r - g)$ ou em sw geram grandes mudanças no coeficiente de Pareto.

Em um artigo, Benhabib, Bisin e Zhu desenvolveram um equilíbrio parcial, um modelo de geração sobreposta com um motivo de legado homotético*, em que os indivíduos nascem com rendimentos e taxas de retorno de riqueza independentes e identicamente distribuídos (i.i.d.)**, os quais permanecem constantes durante a vida do indivíduo. Eles descobriram que, em sua estrutura, são os choques nas taxas de retorno, e não nos ganhos, entre os indivíduos, que afetam a forma da cauda direita da distribuição estacionária da riqueza. Isso é mais bem compreendido no caso em que os indivíduos têm preferências logarítmicas e a riqueza legada é igual a uma parte comum da riqueza no nascimento, mas capitalizada de acordo com taxas de retorno específicas do indivíduo. Dinastias ricas têm uma longa história de taxas de retorno acima da média. Esse mecanismo é isomórfico*** ao modelo presente no artigo de Piketty e Zucman, em que cada geração recebe uma parte do legado, e dinastias ricas têm uma longa história de valores ganhos acima da média. Por essa razão, as tributações sobre o capital e a herança podem reduzir significativamente a desigualdade de riqueza. A primeira, por meio de seu efeito sobre as taxas de retorno líquido; e, a segunda, por meio da parcela da riqueza que é transferida de uma geração para a outra. A propensão a deixar legados tem um efeito semelhante.[20]

Em dois artigos, um de Benhabib, Bisin e Zhu, e outro de Aoki e Nirei, mostra-se que um mecanismo semelhante gera uma distribuição de riqueza

* Termo técnico utilizado em matemática. [N.T.]

** Termo técnico utilizado em matemática. [N.T.]

*** Termo técnico utilizado em matemática. [N.T.]

20. Benhabib, Bisin, Zhu, "The Distribution of Wealth"; Piketty, Zucman, "Wealth and Inheritance".

com cauda direita de Pareto, de forma assintótica* no equilíbrio geral de um modelo de Bewley, em que, além do usual risco de ganhos (*earnings risk*) adicionais, os indivíduos enfrentam o risco multiplicativo idiossincrático da taxa de retorno, na forma de choques em sua forma de produção, e podem se autossegurar, emprestando e tomando emprestado até um dado limite, usando um ativo livre de risco.[21] A introdução do risco individual específico faz com que haja um motivo para uma poupança preventiva, que está ausente de todos os modelos discutidos anteriormente. No entanto, à medida que a riqueza aumenta o bastante, a razão para a poupança por precaução deixa de existir, já que os indivíduos podem perfeitamente se assegurar contra o risco de ganhos limitados, e a poupança é linear em riqueza. Assim, o choque multiplicativo da taxa de retorno tende a dominar a distribuição da riqueza em níveis elevados.

Como a presença de uma restrição de empréstimo torna difícil caracterizar o coeficiente de Pareto na forma fechada, Aoki e Nirei utilizam simulações numéricas para confirmar alguns dos entendimentos decorrentes do artigo escrito por Benhabib, Bisin e Zhu, em uma estrutura como essa, mas também para obter alguns novos resultados.[22] Em primeiro lugar, eles mostram que a presença de uma razão para poupar por precaução implica que um aumento no risco de ganhos adicionais reduz a espessura da cauda direita da distribuição de riqueza, aumentando a poupança por precaução por parte daqueles indivíduos de menor riqueza em relação àqueles de alta riqueza. Eles também constataram que, ao contrário da intuição a partir de modelos de equilíbrio parcial, um aumento na taxa de crescimento da PTF (que é zero nos artigos escritos por Benhabib, Bisin e Zhu) tem o efeito de *aumentar*, ao invés de reduzir, a desigualdade de riqueza.[23] Em equilíbrio geral, uma taxa mais alta de crescimento da PTF aumenta o estoque de capital em estado estacionário, reduzindo, assim, o retorno médio do "capital sem tendência" (*detrended capital*) e diminuindo a desigualdade. Por outro lado, o maior crescimento da PTF aumenta a variabilidade do retorno idiossincrático à "tecnologia de fundo" (*backyard technology*), aumentando a desigualdade. Este segundo efeito prevalece, significando que

* Termo técnico utilizado em matemática. [N.T.]

21. Benhabib, Bisin, Zhu, op. cit.; Aoki, Nirei, op. cit.

22. Ibidem; Ibidem.

23. Ibidem; Ibidem.

um maior crescimento da PTF aumenta a desigualdade, tal como medida pelo coeficiente de Pareto.

Uma reversão semelhante do entendimento quanto ao equilíbrio parcial sobre o efeito do crescimento da PTF com relação à desigualdade de riqueza também foi encontrada por Jones, que estuda uma versão do modelo de Blanchard-Yaari com preferências logarítmicas e legados acidentais distribuídos de modo uniforme para recém-nascidos.[24] O modelo gera uma distribuição de riqueza de Pareto entre coortes por meio de uma taxa de crescimento determinística e positiva da riqueza individual. Em equilíbrio geral, o coeficiente de Pareto é independente da taxa de crescimento da PTF e totalmente determinado pelos parâmetros demográficos.

Os resultados obtidos nos estudos realizados por Aoki e Nirei, bem como por Jones, sugerem que uma relação negativa entre a taxa de crescimento e a concentração de riqueza não é uma característica marcante dos modelos com choques multiplicativos em equilíbrio geral.[25]

Modelos Bewley

Nesse contexto, a poupança preventiva contra o risco de ganhos é a principal força motriz da concentração de riqueza. A intensidade da precaução para poupar, entretanto, diminui com a riqueza em relação aos rendimentos do trabalho; diminui com a capacidade de autosseguro contra riscos de ganhos. Conclui-se que, se os agentes estão impacientes — uma condição necessária para garantir a estacionariedade da distribuição da riqueza —, a taxa de poupança é positiva abaixo, e fica negativa acima, o valor alvo do patrimônio líquido em relação aos rendimentos do trabalho para o qual a razão da poupança preventiva é exatamente compensada pela impaciência. Por consequência, a taxa de poupança nesses modelos está diminuindo na riqueza.

Por outro lado, Saez e Zucman, entre outros, constataram que as taxas de poupança tendem a aumentar com a riqueza, com os 90% mais pobres dos detentores de riqueza economizando em média 3% de sua renda; em comparação com 15%, para os 9% seguintes; e com 20% a 25%, para o 1% mais rico entre os

---

24. Jones, op. cit.

25. Aoki, Nirei, op. cit.; Jones, op. cit.

detentores de riqueza.[26] A versão básica do modelo, assim, falha ao gerar a alta concentração de riqueza nas mãos dos poucos mais ricos — e, portanto, o surgimento e a manutenção de suas imensas propriedades — porque ela desconsidera o fato de que os ricos continuam poupando em altas taxas.

O comportamento tendente à poupança depende, de forma crucial, das taxas de retorno, da paciência e dos riscos de ganhos. Altas taxas de retorno tendem a aumentar a poupança. As taxas de retorno, entretanto, não são exógenas, o que levanta a questão sobre como são determinadas, em especial no topo da distribuição de riqueza. Para os empreendedores, elas são endógenas pela decisão de abrir um negócio e pela parcela de seu patrimônio investida em sua própria atividade de risco. Para os investidores, elas são endógenas como resultado da escolha do portfólio.

A paciência não é afetada apenas pela intensidade da redução de sua utilidade no consumo futuro, mas também pela hipótese de as famílias se preocuparem, ou não, em deixar legados para os outros depois da morte dos seus integrantes e, até mesmo, pelo tempo durante o qual esperam viver.

Tomados em conjunto, os dois pontos citados implicam que, se as pessoas diferirem em sua paciência e tolerância ao risco, elas também podem selecionar diferentes ocupações e composições de portfólio e, portanto, retornos diferentes, que serão correlacionados com sua paciência e atitude de risco. Como resultado, pessoas mais pacientes e menos avessas ao risco assumirão posições de maior risco. Enquanto alguns deles irão falhar, outros terão sucesso e retornos muito elevados. Isso significa que haverá uma fração maior de pessoas mais pacientes e menos avessas ao risco entre os ricos, em parte porque eles representam aqueles que tiveram sorte e também porque eles têm preferências diferentes, e seus retornos observados dependem de suas anteriores decisões ocupacionais e de poupança, assim como de suas preferências.

O terceiro elemento em nossa lista diz respeito ao risco de ganhos altos e heterogêneos. Choques de ganhos moderadamente persistentes e distorcidos têm o potencial de gerar taxas de poupança heterogêneas. Na verdade, Castañeda, Díaz-Giménez e Ríos-Rull mostram que uma forma específica de risco de ganhos para aqueles com maiores rendas pode gerar uma concentração de riqueza muito grande nas mãos dos poucos mais ricos. Isso se relaciona com a conclusão abordada por Piketty sobre a importância crescente

26. Saez, Zucman, op. cit.

dos "superexecutivos", especialmente nos Estados Unidos, e a volatilidade de sua remuneração total.[27]

No restante desta seção, discutiremos os mecanismos que parecem ser os mais promissores para compensar a queda da taxa de poupança em função da riqueza no modelo-padrão de Bewley e que, portanto, podem explicar melhor a parcela de riqueza mais alta observada.

Endogeneidade das taxas de retorno

Uma escolha importante que gera taxas de retorno endógenas é a atividade empresarial. Quadrini fornece um bom levantamento dos fatores que afetam a decisão de se tornar um empreendedor e as implicações agregadas e distributivas do empreendedorismo para a poupança e o investimento.[28] Além disso, Quadrini, Gentry e Hubbard; De Nardi, Doctor e Krane; e Buera argumentam de forma convincente que o empreendedorismo é um elemento-chave na compreensão da concentração de riqueza entre as famílias mais ricas.[29]

Cagetti e De Nardi mostram, através de dados, que os empresários constituem uma grande fração dos ricos. Na Pesquisa de Finanças do Consumidor de 1989, por exemplo, dentre aqueles que se encontravam no conjunto do 1% das pessoas mais ricas, em termos de patrimônio líquido, 63% eram empresários e detinham 68% da riqueza total nas mãos daqueles que se encontram no conjunto do 1% mais rico das pessoas. Os autores também constroem um modelo de empreendedorismo no qual os agentes altruístas se preocupam com seus filhos e enfrentam a incerteza sobre a hora da morte e, portanto, deixam legados "acidentais" e "voluntários". Em cada período, os agentes decidem se querem dirigir um negócio ou trabalhar por um salário; e as restrições aos

27. A. Castañeda, J. Díaz-Giménez, J. Ríos-Rull, "Accounting for U.S. Earnings and Wealth Inequality", *Journal of Political Economy* 111, 2003, pp. 818-857.

28. V. Quadrini, "Entrepreneurship in Macroeconomics", *Annals of Finance* 5, 2009, pp. 295-311.

29. F. Buera, "Persistency of Poverty, Financial Frictions, and Entrepreneurship", *Working Paper*, Universidade de Northwestern, 2008, disponível em: http://www.iadb.org/library/repository/paper120071217.pdf; M. De Nardi, P. Doctor, S. D. Krane, "Evidence on Entrepreneurs in the United States: Data from the 1989-2004 Survey of Consumer Finances", *Economic Perspectives* 4, 2007, pp. 18-36; W. M. Gentry, R. G. Hubbard, "Entrepreneurship and Household Savings", *Berkeley Economic Journal: Advances in Macroeconomics* 4, 2004; e V. Quadrini, "Entrepreneurship, Saving and Social Mobility", *Review of Economic Dynamics* 3, 2000, pp. 1-40.

empréstimos geram uma necessidade de garantias e, em consequência, aumentam a poupança enquanto o empresário estiver com restrições.[30]

Na calibração de Cagetti e De Nardi, o tamanho ideal da empresa é grande e o empresário tem restrições de empréstimos. Assim, mesmo os empresários ricos querem continuar economizando a fim de acumular garantias para fazer sua empresa crescer e obter retornos mais elevados do capital. É esse o mecanismo que, nesse quadro, mantém elevada a taxa de poupança dos ricos e gera uma elevada concentração de riqueza. Como resultado, seu modelo gera uma concentração que corresponde bem ao indicado nos dados, incluindo a cauda direita da distribuição. Além disso, o modelo envolve retornos plausíveis para o capital na faixa daqueles detectados por Moskowitz e Vissing-Jørgensen, bem como Kartashova. Finalmente, o modelo gera probabilidades de entrada no ramo empresarial, em função da riqueza de alguém, que são consistentes com as estimadas por Hurst e Lusardi em dados de micronível, e também implica que as heranças são um forte indicador de entrada de negócios.[31]

Kitao estuda o efeito da tributação na escolha para se tornar um empreendedor, em um modelo com vários níveis de capacidade empreendedora.[32]

Entre os modelos que estudam a escolha de portfólio e desigualdade de riqueza, Kacperczyk, Nosal e Stevens avaliam quantitativamente a escolha de portfólio na presença de aquisição de informação endógena e de heterogeneidade na sofisticação do investidor e do risco de ativos.[33] Eles mostram que um aumento na tecnologia da informação agregada pode explicar o aumento da concentração de riqueza observado entre os investidores desde 1990.

30. M. Cagetti, M. De Nardi, "Entrepreneurship, Frictions and Wealth", *Journal of Political Economy* 114, 2006, pp. 835-870.

31. Ibidem.; E. Hurst, A. Lusardi, "Liquidity Constraints, Wealth Accumulation and Entrepreneurship", *Journal of Political Economy* 112, 2004, pp. 319-347; K. Kartashova, "Private Equity Premium Puzzle Revisited", *American Economic Review* 104, 2014, pp. 3297-3394; e T. J. Moskowitz, A. Vissing-Jørgensen, "The Returns to Entrepreneurial Investment: A Private Equity Premium Puzzle?", *American Economic Review* 92, 2002, pp. 745-778.

32. S. Kitao, "Entrepreneurship, Taxation, and Capital Investment", *Review of Economic Dynamics* 11, 2008, pp. 44-69.

33. M. Kacperczyk, J. Nosal, L. Stevens, "Investor Sophistication and Capital Income Inequality", 2015, disponível em: http://econweb.umd.edu/~stevens/KNS_Sophistication.pdf.

Risco de ganhos e a ascensão dos "superexecutivos"

Existe uma vasta literatura que estuda a poupança preventiva como um mecanismo de autosseguro contra choques de rendimentos. Carroll mostra que a propensão marginal a consumir a partir de um choque de renda permanente é próxima, embora menor, em um modelo de poupança preventiva com choques de renda transitórios e permanentes.[34] Isso implica que a taxa de poupança de riqueza dificilmente é afetada por choques de ganhos permanentes. Em vez disso, no caso em que os choques de renda são puramente transitórios, a suavização do consumo significa que os indivíduos economizarão a maior parte da variação de renda. Por outro lado, a natureza transitória dos choques e, portanto, da resposta de poupança associada, implica que o efeito é médio. Portanto, essas forças não envolvem um efeito de crescimento persistente de primeira ordem sobre a poupança e não podem gerar uma concentração substancial de riqueza.

O comportamento de poupança por precaução, para fins de autosseguro contra o risco de ganhos, entretanto, pode gerar uma concentração de riqueza máxima (distorção à direita) se o processo estocástico para rendimentos do trabalho for apropriadamente distorcido e persistente. Castañeda, Díaz-Giménez e Ríos-Rull foram os primeiros a gerar numericamente esse resultado em um modelo de economia com agentes perfeitamente altruístas passando por um ciclo de vida estocástico de idade ativa para o trabalho, de aposentadoria e de morte.[35] A pesquisa deles calibra os parâmetros do processo de renda para combinar algumas características dos dados dos Estados Unidos, incluindo medidas de desigualdade de renda e de riqueza. A força-chave que gera grande riqueza nas mãos dos mais ricos é um processo de choque de produtividade, calibrado de forma que o maior nível de produtividade seja cem vezes maior do que o segundo mais alto. Assim, existe uma grande discrepância entre o maior nível de produtividade e todos os demais. Além disso, um agente no estado de maior produtividade tem aproximadamente 20% de chance de se tornar mais de cem vezes menos produtivo durante o próximo período. De modo intuitivo, as famílias de alta renda apresentam taxas de poupança por precaução muito altas por dois motivos. Em primeiro lugar, elas enfrentam um grande risco de

34. C. D. Carroll, "Precautionary Saving and the Marginal Propensity to Consume out of Permanent Income", *Journal of Monetary Economics* 56, 2007, pp. 780-790.

35. Castañeda, Díaz-Giménez, Ríos-Rull, "Accounting for U.S. Earnings".

perda de lucros e, portanto, acumulam uma grande reserva de riqueza para se autossegurar contra uma queda possivelmente muito grande em seus ganhos. Como resultado, elas têm uma grande meta de proporção de riqueza em relação à renda. Em segundo lugar, uma alta meta de riqueza em relação à renda corresponde a uma meta muita alta no *nível* de riqueza, para agentes com alta renda.

É importante observar que a fração do estado estacionário de pessoas de alta renda que impulsionam as principais riquezas, como indicado por Castañeda, Díaz-Giménez e Ríos-Rull, é extremamente pequena (na ordem de 0,04%). Essa característica é consistente com as seguintes conclusões de Saez e Zucman: primeiro, o grande aumento na desigualdade de riqueza nos Estados Unidos, nos últimos trinta anos, foi impulsionado, principalmente, pelo aumento de três vezes na riqueza daqueles que fazem parte do 0,1% dos detentores de riqueza. Em segundo lugar, o principal impulsionador do rápido aumento da riqueza no topo foi o grande aumento dos ganhos obtidos pelos principais detentores de riqueza.[36]

Do ponto de vista teórico, a "economia das superestrelas" (Rosen) racionaliza o surgimento de um pequeno número de indivíduos altamente remunerados e uma distribuição de rendimentos altamente distorcida, com recompensas muito grandes no topo. Gabaix e Landier propuseram um modelo para racionalizar o aumento da remuneração dos CEOs, entre 1980 e 2003, enquanto Lee desenvolveu um modelo de escolha ocupacional, para trabalhadores, empresários e gerentes, que, de maneira endógena, gera altos salários dos executivos.[37]

Uma série de artigos de Thomas Piketty e Emmanuel Saez, junto com outros autores, documentou a distorção dos ganhos e da distribuição de renda.[38] Recentemente, Guvenen, Karahan, Ozkan e Song exploraram uma grande quantidade de dados históricos de ganhos extraídos de registros administrativos dos Estados Unidos. Eles documentaram que os choques de rendimentos exibem uma significativa distorção negativa e que, para pessoas com renda

36. Ibidem.; Saez, Zucman, op. cit.

37. S. Rosen, "The Economics of Superstars", *American Economic Review* 71, 1981, pp. 845-858; X. Gabaix, A. Landier, "Why Has CEO Pay Increased So Much?", *Quarterly Journal of Economics* 123, 2008, pp. 49-100; e S. Y. (Tim) Lee, "Entrepreneurs, Managers and Inequality", 2015, disponível em: http://lee.vwl.uni-mannheim.de/materials/ent_mgr_ineq.pdf.

38. O conjunto completo de estudos é coletado em Atkinson, Piketty e Saez. O conjunto de dados está disponível em Alvaredo, Atkinson, Piketty e Saez. Veja A. B. Atkinson, T. Piketty, E. Saez, "Top Incomes in the Long Run of History", *Journal of Economic Literature* 49, 2010, pp. 3-71; F. Alvaredo et al., "The World Top Incomes Database", disponível em: http://topincomes.g-mond.parisschoolofeconomics.eu/, 2015; e T. Piketty, E. Saez, "Income Inequality in the United States, 1913-1998", *Quarterly Journal of Economics* 118, 2003, pp. 1-39.

muito elevada — ou seja, indivíduos no quinto percentil superior da distribuição de renda —, o aumento no valor absoluto da distorção ao longo da vida é inteiramente impulsionado por um aumento no risco de choques negativos, em vez de um menor risco daqueles positivos.[39] Parker e Vissing-Jørgensen forneceram mais suporte empírico para essa forma de modelagem e calibração, pois descobriram que as rendas no topo são altamente cíclicas em decorrência do componente de trabalho e dos bônus em particular.[40]

A importância da transmissão de riqueza entre gerações

O livro de Piketty também enfatiza a importância da riqueza herdada. As transferências intergeracionais respondem por pelo menos 50% a 60% da acumulação de riqueza total (Gale e Scholz), nos Estados Unidos, e representam potencialmente um relevante canal de transmissão da desigualdade de riqueza entre as gerações. Além disso, um padrão de herança de bens de luxo pode ajudar a explicar por que as famílias ricas economizam a taxas muito mais altas do que as demais (Dynan, Skinner e Zeldes; Carroll), bem como a razão pela qual os portfólios dos ricos são desviados para ativos de risco (Carroll), e, possivelmente em conjunto com as despesas médicas, as baixas taxas de poupança negativa dos idosos ricos (De Nardi, French e Jones).[41]

De Nardi apresenta dois tipos de vínculos intergeracionais no modelo de ciclo de vida de gerações sobrepostas usado por Huggett: legados voluntários e transmissão de capital humano. Ela modela a utilidade dos legados como sendo a de fornecer um "brilho caloroso". Nesse contexto, os pais e seus filhos estão, portanto, ligados por legados voluntários e acidentais, bem como pela transmissão

---

39. F. Guvenen et al., "What Do Data on Millions of U.S. Workers Reveal about Life-Cycle Earnings Risk?", *Federal Reserve Bank of New York Staff Report*, 2015, disponível em: https://www.newyorkfed.org/medialibrary/media/research/staffreports/sr710.pdf.

40. J. A. Parker, A. Vissing-Jørgensen, "Who Bears Aggregate Fluctuations and How?", *American Economic Review* 99, 2009, pp. 399-405.

41. W. G. Gale, J. K. Scholz, "Intergenerational Transfers and the Accumulation of Wealth", *Journal of Economic Perspectives* 8, 1994, pp. 145-160; Dynan, Skinner, Zeldes, "Do the Rich Save More?"; C. D. Carroll, "Why Do the Rich Save So Much?", *Does Atlas Shrug? The Economic Consequences of Taxing the Rich*, ed. J. B. Slemrod, Cambridge, MA, Harvard University Press, 2000; Carroll, "Portfolios of the Rich", *Household Portfolios: Theory and Evidence*, ed. L. Guiso, M. Haliassos, T. Jappelli, Cambridge, MA, MIT Press, 2002; e M. De Nardi, E. French, J. B. Jones, "Why Do the Elderly Save? The Role of Medical Expenses", *Journal of Political Economy* 118, 2010, pp. 39-75.

da capacidade de obter ganhos. As famílias, assim, economizam para se autossegurarem contra choques nos rendimentos do trabalho, contra os riscos ao longo da vida, para a aposentadoria e, possivelmente, para deixar legados para seus filhos. No modelo de Nardi, logo, legados voluntários e acidentais coexistem, e a importância e o tamanho relativos deles são determinados pela calibração. A calibração adotada significa que a herança é um bem de luxo, gera uma distribuição realista de propriedades e, também, é consistente, sob o ponto de vista quantitativo, com a elasticidade da poupança dos idosos em relação à renda permanente que foi estimada a partir de dados microeconômicos, conforme Altonji e Villanueva.[42]

O trabalho de Nardi mostra que os legados voluntários podem explicar o surgimento de grandes propriedades, que muitas vezes são acumuladas ao longo de mais de uma geração e caracterizam a cauda superior da distribuição de riqueza, conforme os dados. A calibração implica uma forte razão para deixar uma herança, fazendo com que famílias muito ricas poupem bastante, a fim de que, mesmo quando muito velhas, mantenham alguns bens para deixar aos filhos. Os ricos deixam mais riqueza para seus filhos, que por sua vez tendem a fazer o mesmo. Esse comportamento gera algumas grandes propriedades que são transmitidas através das gerações devido aos legados voluntários. A transmissão de habilidades entre pais e filhos também ajuda a gerar uma distribuição concentrada de riqueza. Pais mais produtivos acumulam propriedades maiores e deixam legados maiores para seus filhos, que, por sua vez, são mais produtivos do que a média no local de trabalho. A presença de um motivo de herança também gera perfis de poupança vitalícios que trazem uma desacumulação mais lenta da riqueza na velhice das pessoas mais ricas, de acordo com os fatos documentados por De Nardi, French e Jones, usando dados de micronível da Pesquisa de Saúde e Aposentadoria.[43] No entanto, embora a modelação de elos explicitamente intergeracionais ajude a explicar a poupança dos mais ricos, o modelo de Nardi

42. M. De Nardi, "Wealth Inequality and Intergenerational Links", *Review of Economic Studies* 71, 2004, pp. 734-768; J. G. Altonji, E. Villanueva, "The Effect of Parental Income on Wealth and Bequests", *NBER Working Paper* n. 9811, 2002; M. Huggett, "Wealth Distribution in Life-Cycle Economies", *Journal of Monetary Economics* 38, 1996, pp. 469-494.

43. De Nardi, French e Jones sugerem que as despesas médicas representam um outro mecanismo importante que pode proporcionar esse tipo de desacumulação lenta. Lockwood argumenta que tanto as despesas médicas quanto o motivo do legado de luxo (*luxury bequest motive*) são necessários para explicar a baixa taxa de desacumulação de ativos, *assim como* a baixa da taxa de seguro contra despesas médicas. De Nardi, French, Jones, "Why Do the Elderly Save?"; L. M. Lockwood, "Incidental Bequests: Bequest Motives and the Choice to Self-Insure Late-Life Risks", *NBER Working Paper* n. 20745, dez. 2014.

não é capaz de igualar a concentração de riqueza do 1% mais rico sem adicionar forças complementares, gerando uma alta concentração de riqueza para os ricos.[44]

Assim, De Nardi e Yang fundem uma versão do modelo com vínculos intergeracionais com o mecanismo de alto risco de ganhos para os mais ricos, como proposto por Castañeda, Díaz-Giménez e Ríos-Rull (discutido em uma seção posterior), e descobrem que essas duas forças juntas combinam bem as características importantes dos dados.[45] Curiosamente, eles fazem a distinção entre a contribuição para a desigualdade de riqueza do processo estocástico de rendimentos e a dos legados. Eles mostram que os legados respondem por cerca de dez pontos percentuais na parcela da riqueza detida por indivíduos nos vinte percentis mais altos.

Como Piketty aponta no livro *O capital no século XXI*, a desigualdade de riqueza também é grande em vários grupos etários e demográficos. Venti e Wise, e Bernheim, Skinner e Weimberg, por exemplo, mostram que a riqueza é altamente dispersa na aposentadoria, mesmo para pessoas com rendas vitalícias semelhantes, e argumentam que essas diferenças não podem ser explicadas apenas por eventos como condição familiar, saúde e heranças, nem por escolha de portfólio. Hendricks se concentra na capacidade de um modelo básico de gerações sobrepostas para corresponder à desigualdade transversal de riqueza na idade de aposentadoria. Ele mostra que o modelo superestima as diferenças de riqueza, na aposentadoria, entre ricos e pobres com rendimentos, ao mesmo tempo que subestima a quantidade de desigualdade de riqueza condicionada a rendimentos vitalícios semelhantes. Em vez disso, De Nardi e Yang mostram que um modelo de gerações sobrepostas aumentado com heranças voluntárias e transmissão intergeracional de rendimentos também corresponde muito bem às diferenças transversais observadas na riqueza, durante a aposentadoria, e sua correlação com a renda vitalícia.[46]

---

44. Nishiyama obtém resultados semelhantes em um modelo de geração sobreposta com legados e transferências entre vivos em que famílias da mesma linhagem se comportam estrategicamente. S. Nishiyama, "Bequests, Inter Vivos Transfers, and Wealth Distribution", *Review of Economic Dynamics* 5, 2002, pp. 892-931.

45. Castañeda, Díaz-Giménez, Ríos-Rull, "Accounting for U.S. Earnings"; M. De Nardi, F. Yang, "Wealth Inequality, Family Background, and Estate Taxation", *NBER Working Paper* n. 21047, 2015.

46. S. F. Venti, D. A. Wise, "The Cause of Wealth Dispersion at Retirement: Choice or Chance?", *American Economic Review* 88, 1988, pp. 185-191; B. D. Bernheim, J. Skinner, S. Weimberg, "What Accounts for the Variation in Retirement Wealth among U.S. Households?", *American Economic Review* 91, 2001, pp. 832-857; L. Hendricks, "Retirement Wealth and Lifetime Earnings", *International Economic Review* 48, 2007, pp. 421-456; M. De Nardi, F. Yang, "Bequests and Heterogeneity in Retirement Wealth", *European Economic Review* 72, 2014, pp. 182-196.

Heterogeneidade de preferência

Uma hipótese adicional plausível que pode ajudar a explicar as quantidades bastante diferentes de riqueza detidas pelos indivíduos é a heterogeneidade exógena no comportamento relativo ao ato de poupar. A origem de tal heterogeneidade nesse comportamento é uma questão importante. Há evidências empíricas suficientes, no nível micro da heterogeneidade de preferências, para sugerir que ela pode ser uma via plausível para ajudar a explicar as quantidades imensamente diferentes de riqueza detidas pelas pessoas. Lawrance e Cagetti, por exemplo, encontraram grande heterogeneidade nas preferências das pessoas.[47]

Krusell e Smith estudaram o impacto da heterogeneidade de preferência, na forma de choques persistentes (com a persistência média de uma geração) na taxa de preferência temporal, em um modelo de horizonte infinito com choques idiossincráticos de rendimentos transitórios.[48] Eles constataram que uma pequena quantidade de heterogeneidade de preferência melhora, de forma significativa, a capacidade do modelo de corresponder à variância da distribuição transversal da riqueza.[49] Embora capturando a variância da distribuição da riqueza, seu modelo e a calibração falham, no entanto, em corresponder ao grau extremo de concentração da riqueza nas mãos do 1% dos maiores detentores de riqueza.

Hendricks estudou os efeitos da heterogeneidade de preferência em uma estrutura de ciclo de vida com choques de ganhos persistentes e com heranças apenas acidentais.[50] Ele mostra que a heterogeneidade de preferência temporal dá uma contribuição modesta na contabilização da alta concentração de riqueza se a heterogeneidade em fatores de desconto for escolhida para gerar

47. M. Cagetti, "Wealth Accumulation over the Life Cycle and Precautionary Savings", *Journal of Business and Economic Statistics* 21, 2003, pp. 339-353; E. Lawrance, "Poverty and the Rate of Time Preference: Evidence from Panel Data", *Journal of Political Economy* 99, 1991, pp. 54-77.

48. Ainda que o modelo também permita choques agregados, eles não têm implicações quantitativamente importantes para a distribuição da riqueza. P. Krusell, A. Smith Jr., "Income and Wealth Heterogeneity in the Macroeconomy", *Journal of Political Economy* 106, 1998, pp. 867-896.

49. Eles também constataram que a heterogeneidade na aversão ao risco não afeta muito os resultados. No entanto, Cagetti mostra que esse resultado é sensível de acordo com os valores dos parâmetros de utilidade escolhidos. M. Cagetti, "Interest Elasticity in a Life-Cycle Model with Precautionary Savings", *American Economic Review* 91, 2001, pp. 418-421.

50. L. Hendricks, "How Important Is Preference Heterogeneity for Wealth Inequality?", *Journal of Economics Dynamics and Control* 31, 2007, pp. 3042-3068.

padrões realísticos de consumo e de desigualdade de riqueza, à medida que as coortes envelhecem.

Em suma, trabalhos anteriores indicam que a heterogeneidade de preferências, em especial a heterogeneidade de paciência, pode gerar maior dispersão de riqueza. Seria interessante aprofundar a análise anterior estudando processos mais detalhados quanto à paciência, e permitindo formulações também mais detalhadas da função da utilidade, na qual, por exemplo, a aversão ao risco e a substituição intertemporal não têm de coincidir (veja Wang, Wang e Yang para algumas conclusões interessantes sobre isso).[51]

Dinâmica de transição da distribuição de riqueza

Uma contribuição importante do livro de Piketty é a de retratar a evolução da desigualdade de riqueza durante um longo período de tempo.

Na ausência de grandes choques, pode-se esperar que o conceito de um estado estacionário forneça uma referência útil para descrever onde uma economia se estabelecerá no longo prazo. Na verdade, toda a linha de pesquisa discutida anteriormente estuda o impacto dos mecanismos alternativos na forma da distribuição *estacionária* da riqueza e, acima de tudo, desconsidera as mudanças estocásticas e determinísticas agregadas nos fundamentos da economia, na condução do estado estacionário estocástico ou na condução da transição da economia, à medida que alguma força, como a política governamental, mude ao longo do tempo.

Entretanto, uma questão que surge naturalmente ao observar, por exemplo, a evolução das principais parcelas de riqueza relativas à Europa e aos Estados Unidos, relatada na Figura 14.2, é até que ponto não houve grandes choques, nem outras mudanças determinísticas nos fundamentos que impulsionam a desigualdade, durante aquele longo período. Por exemplo, as principais participações de 1% e 10% da riqueza, na Figura 14.2, mostram uma tendência de alta até 1910, para a Europa, e até 1930, para os Estados Unidos, e uma tendência de alta para ambas as áreas depois de 1970. Além disso, durante o período até

51. C. Wang, N. Wang, J. Yang, "Optimal Consumption and Savings with Stochastic Income and Recursive Utility", *NBER Working Paper* n. 19319, 2013, disponível em: http://www.nber.org/papers/w19319.

1910, a dinâmica de transição parece ser bastante lenta, enquanto a experiência dos Estados Unidos, depois de 1970, aponta para mudanças rápidas na concentração da riqueza em sua cauda superior. Duas contribuições recentes abordam a questão da possibilidade de os modelos existentes serem responsáveis pelo rápido aumento na desigualdade de riqueza dos Estados Unidos, depois de 1970.

Gabaix, Lasry, Lions e Moll estudam essa questão em um modelo de equilíbrio parcial, com choques multiplicativos e idiossincráticos de taxa de retorno que dão origem a uma distribuição de riqueza com uma cauda direita de Pareto, do tipo que será abordado em uma seção posterior. Eles concluíram que, sem mecanismos de amplificação adicionais, o modelo implica uma dinâmica transitória de desigualdades de riqueza em resposta a um choque específico — por exemplo, uma mudança na tributação sobre o capital, que é bastante lenta em comparação com o aumento da desigualdade de riqueza dos Estados Unidos, depois de 1980, tal como documentado na Pesquisa de Finanças do Consumidor, menos ainda em comparação com a taxa de aumento bem mais rápida abordada por Saez e Zucman. Com base em suas pesquisas, Gabaix e outros levantam a hipótese de que uma correlação positiva entre riqueza e taxas de poupança, ou taxas de retorno, é necessária para explicar a velocidade da mudança observada na desigualdade de riqueza, em termos de um aumento nas taxas de retorno pós-impostos, ou de uma queda na taxa agregada de crescimento. Como vimos, modelos de empreendedorismo e de motivo de herança não homotética podem gerar esse tipo de correlação.[52]

Kaymak e Poschke estudam a dinâmica transicional associada às mudanças no sistema de impostos e transferências dos Estados Unidos, nos últimos cinquenta anos, dentro de uma economia de Bewley, com um processo de renda *à la* Castañeda, Díaz-Giménez e Ríos-Rull, calibrado para corresponder à distribuição de renda e de riqueza (incluindo a daqueles do topo da pirâmide) na década de 1960. Eles concluíram que o aumento da desigualdade de riqueza no período pode ser explicado pelo aumento da desigualdade salarial, pelas mudanças no sistema tributário e pela expansão da previdência social e do Medicare.* Mais especificamente, o aumento da desigualdade salarial é responsável por mais da metade do aumento da desigualdade de riqueza dos mais ricos, já que o aumento do risco de queda para os trabalhadores

52. Gabaix et al., op. cit.; Saez, Zucman, op. cit.

* No Capítulo 13 foi apresentada nota na qual se falou brevemente sobre o Medicare. [N.T.]

nos estados de alta renda aumenta substancialmente sua poupança por precaução. A parcela remanescente do aumento na desigualdade de riqueza é devida à queda dos impostos (o que aumenta o retorno líquido da poupança) e à expansão da previdência social e do Medicare (que reduz a poupança preventiva das famílias mais pobres). O último efeito aumenta a taxa de juros de equilíbrio e a acumulação de riqueza pelos ricos. Eles também mostram que, supondo-se que não houvesse mais choques depois de 2010, a parcela da riqueza correspondente ao 1% mais rico levaria cerca de cinco anos para aumentar em cerca de dez pontos percentuais, em direção ao seu novo valor de estado estacionário, de cerca de 50%.[53]

Uma lição a se extrair da comparação dos resultados de Kaymak e Poschke com os de Gabaix, Lasry, Lions e Moll, e de nossas constatações anteriores, é que uma vantagem importante de uma estrutura quantitativa é a capacidade de modelar, de forma mais realista, a evolução de determinantes importantes de desigualdade de riqueza. Do lado fiscal, por exemplo, *todo* o conjunto de mudanças na progressividade dos impostos e da previdência social, tal como modelado por Kaymak e Poschke, é responsável por uma mudança substancialmente maior na desigualdade de riqueza do que nossos experimentos estilizados, conduzidos em uma seção anterior e através de Gabaix, Lasry, Lions e Moll.[54]

Um exercício de simulação

Esta seção utiliza o modelo quantitativo de desigualdade de riqueza, proposto por De Nardi e Yang, para testar algumas das previsões na obra *O capital no século XXI*. O modelo é calibrado para a economia dos Estados Unidos (consulte o apêndice para uma descrição do modelo e uma discussão sobre as opções de calibração), e as características cruciais que permitem que ele corresponda à distribuição de riqueza dos Estados Unidos são a combinação entre um motivo

53. B. Kaymak, M. Poschke, "The Evolution of Wealth Inequality over Half a Century: The Role of Taxes, Transfers and Technology", *Journal of Monetary Economics*, 2015, disponível em: http://dx.doi.org/10.1016/j.jmoneco.2015.10.004i; Castañeda, Díaz-Giménez, Ríos-Rull, "Accounting for U.S. Earnings".

54. Gabaix et al., op. cit.; Kaymak, Poschke, "Evolution of Wealth Inequality".

de herança voluntária e um processo de ganhos estocásticos semelhante ao indicado por Castañeda, Díaz-Giménez e Ríos-Rull.[55]

A Tabela 14.1 relata a distribuição de rendimentos em percentis selecionados através dos dados do SCF indicados por Castañeda, Díaz-Giménez e Ríos--Rull e nos dados gerados pelo modelo.[56] A comparação entre as duas primeiras linhas na tabela revela que a calibração de referência corresponde muito bem à distribuição de ganhos.

Tabela 14.1: Porcentagem de ganhos nos percentis superiores

		Percentil (%)					
	Gini	1	5	20	40	60	80
Dados (SCF 1998)	0.63	14.8	31.1	61.4	84.7	97.2	100.00
Referência	0.62	14.7	31.3	63.0	85.0	93.4	100.00

Olhando adiante para a Tabela 14.3, veremos a distribuição da riqueza em percentis selecionados através dos dados do SCF e nas várias versões do modelo estudado. A comparação entre as duas primeiras linhas na tabela mostra que a calibração de referência corresponde bem à distribuição de riqueza no SCF. Isso é especialmente verdadeiro para a parcela da riqueza mantida pelo percentil superior. O modelo também corresponde, por construção, a uma proporção fluxo de herança/PIB de 2,8%[57] e o nonagésimo percentil da distribuição de herança normalizada pela renda. Assim, o modelo é capaz de dar conta de uma série de dados, em determinados momentos, que devem ser informativos sobre a contribuição dos diversos motivos de poupança para a acumulação de riqueza individual e para a distribuição transversal da riqueza.

Usamos o modelo para conduzir dois experimentos a fim de discutir o mecanismo $(r-g)$ destacado na obra *O capital no século XXI* — particularmente, a hipótese de que é apenas a diferença entre a taxa média de retorno líquido sobre a riqueza e a taxa de crescimento do PIB o que importa para a desigualdade de riqueza. Observe que a taxa de crescimento do PIB em estado estacionário é

55. Castañeda, Díaz-Giménez, Ríos-Rull, op. cit.; e De Nardi, Yang, op. cit.

56. Castañeda, Díaz-Giménez, Ríos-Rull, op. cit.

57. Nos dados, essa fração aumenta para 3,8% se as transferências entre vivos e as despesas com o ensino superior também forem incluídas.

a soma da taxa de crescimento da PTF e da taxa de crescimento populacional. É fácil verificar que uma mudança na taxa de crescimento da PTF é totalmente equivalente a uma mudança oposta na taxa de retorno da riqueza, pelo menos em equilíbrio parcial. O mesmo não pode ser dito de uma mudança na taxa de crescimento populacional, porque esta altera a composição demográfica. Para investigar a importância quantitativa dessa distinção, comparamos o efeito de um aumento na taxa de retorno do capital pós-impostos, r, e de uma queda na taxa de crescimento populacional, n, no mesmo montante.

Para simplificar, conduzimos nossos experimentos em equilíbrio parcial, mantendo os preços dos fatores constantes. Permitir o equilíbrio geral implica apenas pequenas diferenças quantitativas na resposta de equilíbrio da distribuição da riqueza. Em todos os experimentos, a taxa proporcional de contribuição para a previdência social se ajusta para equilibrar o orçamento da previdência social, enquanto o imposto proporcional sobre a renda do trabalho se ajusta para equilibrar o restante do orçamento do governo. O valor calibrado do coeficiente de aversão ao risco relativo é 1,5, enquanto o fator de desconto subjetivo $\beta = 0{,}945$. A Tabela 14.2 relata os valores do tributo para a previdência social τ_{SS}, a taxa de imposto proporcional do trabalho τ_l, o produto Y, as razões do estoque agregado de ativos A e o fluxo de legados B para o produto, bem como os preços dos fatores, nas referências e nos experimentos. Na sequência, r denota a taxa bruta (antes dos impostos) de retorno sobre o capital e $r = (1 - \tau_a)r$, a taxa de retorno líquido do imposto proporcional sobre a renda do capital $\tau_a = 0{,}2$. O valor de τ_a é 0,2 na calibração de referência.

Tabela 14.2: Efeitos agregados, ajuste do imposto de renda do trabalho. O trabalho geral é expresso como uma proporção do índice de referência. A produção agregada é expressa em relação ao índice de referência

	τ_{ss}	τ_l	Y	A/Y	B/Y	$r-g$	r
Referência	0.12	0.19	1.0	3.1	2.8%	3.3	4.5
(1) $\Delta n = -1.2\%$	0.17	0.18	—	4.1	4.5%	4.5	4.5
(2) $\Delta r = 1.2\%$	0.12	0.14	—	4.7	5.1%	4.5	5.7

Taxa mais baixa de crescimento populacional

No experimento (1), consideramos o efeito da redução da taxa de crescimento populacional n, de 1,2% ao ano para zero.

A comparação entre as duas primeiras linhas da Tabela 14.3 revela que uma queda na taxa de crescimento populacional aumenta marginalmente a desigualdade geral da riqueza, medida pelo coeficiente de Gini, e aumenta, de maneira substancial, a parcela da riqueza agregada, que chega ao vigésimo percentil superior da distribuição da riqueza. O efeito é particularmente pronunciado para o percentil superior, cuja participação aumenta em cerca de 5%. A queda na taxa de crescimento da população aumenta a idade média da força de trabalho, bem como as maiores parcelas dos rendimentos e a relação entre riqueza/PIB, uma vez que a parcela dos super-ricos aumenta com a idade. Além disso, a proporção mais alta de mortes por nascimentos aumenta o fluxo agregado de heranças em relação ao PIB (compare as duas primeiras linhas na Tabela 14.2) e ao tamanho médio da herança. Como a calibração implica que os legados são bens de luxo, esse último efeito aumenta a concentração de riqueza no topo.

Tabela 14.3: Porcentagem da riqueza total mantida pelas famílias nos percentis superiores

		Percentil (%)					
	Gini	1	5	20	40	60	80
Dados (SCF 1998)	0.80	34.7	57.8	69.1	81.7	93.9	98.9
Referência	0.80	35.7	52.0	65.9	82.8	95.4	99.5
(1) $\Delta n = -1.2\%$	0.81	40.3	54.8	67.4	83.3	95.7	99.4
(2) $\Delta r = 1.2\%$	0.79	35.9	51.2	64.1	80.2	94.1	98.9

Maior retorno sobre a riqueza

No experimento (2), aumentamos a taxa de retorno anual pós-impostos sobre a riqueza em 1,2%, de modo que a diferença entre a taxa de retorno anual pós-impostos sobre o capital e a taxa de crescimento populacional aumenta na mesma proporção que no experimento anterior. Dada a hipótese de equilíbrio parcial, o aumento na taxa de juros está, portanto, associado a uma maior razão entre riqueza/renda *e* participação do capital em relação à renda do trabalho. Esse é exatamente o tipo de cenário discutido na obra *O capital no século XXI.*

A comparação entre as linhas 2 e 3, na Tabela 14.2, revela que o aumento no retorno do capital tem um efeito ainda maior sobre o estoque agregado de riqueza e o fluxo de heranças, do que a queda no crescimento populacional. Por outro lado, e ao contrário da conjectura de que é a diferença entre as duas taxas que importa para a desigualdade, a taxa de juros mais alta aumenta a parcela da riqueza possuída pelo 1% do topo apenas marginalmente e, na verdade, *reduz* a concentração de riqueza no vigésimo percentil do topo.

Intuitivamente, o aumento da taxa de retorno sobre o capital reduz a impaciência ao aumentar $\beta(1 + r)$ e, assim, aumenta a poupança por precaução de indivíduos com baixa riqueza em relação aos rendimentos. O efeito riqueza negativo, associado a uma maior taxa de desconto dos rendimentos futuros, também aumenta a poupança desses indivíduos. Isso aumenta a posse média de riqueza e reduz a desigualdade. Por outro lado, no caso de poupadores ricos, para os quais o capital é a principal fonte de renda, os efeitos da poupança e riqueza por precaução são pequenos e os efeitos da renda e da substituição são praticamente compensadores. Como consequência, a relação entre consumo e riqueza não é muito afetada, e a taxa de juros mais alta se traduz em uma taxa mais alta de acumulação de capital.

O que aprendemos

Para resumir, nossos resultados confirmam a visão de Piketty de que, qualitativamente, um aumento na taxa de retorno sobre o capital, ou uma queda na taxa de crescimento da produção devido a uma mudança demográfica, aumenta a concentração de riqueza. Ao contrário de sua conjectura, porém, concluímos que a taxa de retorno sobre a riqueza e a taxa de crescimento populacional não são substitutos perfeitos em seus efeitos sobre a concentração de riqueza. Para a mesma mudança na diferença entre as duas taxas, um aumento na taxa de retorno tem um efeito muito menor sobre a concentração de riqueza do que uma queda na taxa de crescimento populacional, na mesma proporção. A intuição é que uma menor taxa de crescimento populacional está associada a uma maior proporção de óbitos por nascimentos e, como consequência, a um maior tamanho médio da herança. Na medida em que as heranças são formadas por bens de luxo, este último efeito tem um impacto significativo na concentração de riqueza entre os mais ricos.

Para onde vamos (em termos de modelagem) e de quais dados precisamos?

Além de fornecer muitos fatos e ideias importantes, o livro de Piketty revitalizou o interesse sobre o tema da desigualdade, em especial a desigualdade de riqueza, e a compreensão dos determinantes da poupança em todos os níveis de distribuição de riqueza e rendimentos. Isso levanta a questão sobre para onde iremos a partir daqui, tanto em termos de modelagem quanto em termos de dados necessários para disciplinar melhor esses modelos.

Como argumentamos, os modelos quantitativos de Bewley podem gerar uma desigualdade de riqueza realista, tanto no estado estacionário quanto ao longo do caminho de transição. Além disso, oferecem a possibilidade de explorar, em termos quantitativos, a contribuição de vários mecanismos concorrentes que moldam a dinâmica de acumulação de riqueza individual, bem como a possibilidade de modelar características detalhadas do ambiente institucional. Nesse contexto, o empreendedorismo, os vínculos intergeracionais, o risco de ganhos, as despesas médicas e as preferências heterogêneas têm se mostrado importantes para compreender o comportamento relativo à poupança e a desigualdade de riqueza. Devem ser estudados mais de perto para que possamos entender melhor como funcionam e, em conjunto, como interagem e a importância relativa deles.

Pensar mais sobre a modelagem da heterogeneidade empresarial é empiricamente razoável e potencialmente importante. Campbell e De Nardi constataram, por exemplo, que as aspirações sobre o tamanho da empresa que se gostaria de dirigir são diferentes para homens e mulheres, e que muitas pessoas que estão tentando abrir um negócio também trabalham para um empregador e, portanto, trabalham por muito tempo, durante várias horas.[58]

58. J. R. Campbell, M. De Nardi, "A Conversation with 590 Entrepreneurs", *Annals of Finance* 5, 2009, pp. 313-327.

Seria interessante generalizar o modelo para permitir, por exemplo, a heterogeneidade da produtividade total dos fatores empreendedores e o tamanho ideal da empresa (ou parâmetros de retornos decrescentes de escala) e, de forma convincente, levar o modelo aos dados para estimar esses parâmetros adicionais. Considerando-se os dados sobre a alocação de tempo, também seria interessante pensar mais sobre a decisão de alocação de tempo entre trabalhar para um empregador, abrir e administrar sua própria empresa, trabalhar na produção doméstica e desfrutar do lazer.[59]

Mais trabalho também é necessário para avaliar o papel dos vínculos intergeracionais. Como devemos modelar os legados? Qual a importância das transferências *inter vivos*? Elas fornecem uma dimensão relevante da heterogeneidade da riqueza no início da vida, que é então ampliada, mais tarde, por choques e pelo comportamento individual relativo à poupança?

De Nardi, French e Jones demonstraram que as despesas médicas têm muitos efeitos sobre a poupança na velhice, em toda a distribuição de renda.[60] Como o risco ao longo da vida e as despesas médicas do próprio bolso interagem, e em que medida a heterogeneidade entre as despesas médicas do próprio bolso — que aumentam rapidamente com a idade e a renda, durante a aposentadoria —, juntamente com riscos heterogêneos ao longo da vida, contribuem para a desigualdade de riqueza?

O tipo de risco de ganhos maiores é necessário para explicar o grau observado de concentração máxima de riqueza, com base no comportamento de precaução, levando-se em conta a evidência empírica dos dados de rendimentos em micronível? Essa questão tem sido significativamente difícil de abordar, visto que, nos conjuntos de dados usuais das pesquisas, os rendimentos individuais são codificados ora como altos, ora como insuficientes para superar aqueles dos ricos. Dados administrativos abrangentes sobre ganhos recentemente disponibilizados fornecem um meio para resolver esse problema. De Nardi, Fella e Paz Pardo indicaram uma primeira tentativa de resolver essa questão estudando as implicações, para a desigualdade de riqueza, de um processo de renda que é

59. Para trabalhos quantitativos que destacam a importância da produção doméstica nas configurações de ciclo de vida, consulte, por exemplo, M. Dotsey, W. Li, F. Yang, "Consumption and Time Use over the Life Cycle", *International Economic Review* 55, 2014, pp. 665-692; e M. Dotsey, W. Li, F. Yang, "Home Production and Social Security Reform", *European Economic Review* 73, 2015, pp. 131-150.

60. De Nardi, F. D. Jones, "Why Do the Elderly Save?".

consistente com a assimetria e curtose documentadas através de estudos recentes (Guvenen, Karahan, Ozkan e Song), confiando nos dados administrativos da previdência social dos Estados Unidos.[61]

Finalmente, em que medida a heterogeneidade de preferência se amplifica e interage com os mecanismos citados? Quanta heterogeneidade de preferência é necessária para compreender os dados, uma vez que outros fatores observáveis, como a escolha empresarial, são contabilizados e devidamente calibrados ou estimados?

Apêndice: O modelo usado para nossas simulações na seção anterior

O modelo corresponde ao de uma economia em tempo discreto, de mercados incompletos e de gerações sobrepostas, com um governo de duração infinita.

O governo

O governo tributa o capital à taxa τ_a; a renda do trabalho e os pagamentos da previdência social, à taxa τ_l; e a propriedade, à taxa τ_b, acima do limite de isenção x_b para o financiamento dos gastos do governo G. Os benefícios da previdência social, $P(\tilde{y})$, estão vinculados aos rendimentos médios anuais obtidos $\tilde{y}$, até um teto da previdência social $\tilde{y}_c$, e são financiados por meio de um imposto de renda do trabalho τ_s. As duas restrições orçamentárias do governo, uma para a previdência social e outra para os gastos do governo, são equilibradas durante cada período.

Empresa e tecnologia

Existe uma empresa representativa que produz bens de acordo com a função de produção agregada $F(K; L) = K^{\alpha}L^{1-\alpha}$, em que K é o estoque de capital agregado e L é o insumo agregado de trabalho. Os bens finais podem ser consumidos ou investidos em capital físico, que se deprecia à taxa δ.

61. M. De Nardi, G. Fella, G. P. Pardo, "Fat Tails in Life-Cycle Earnings and Wealth Inequality", 2015; Guvenen et al., "What Do Data on Millions".

Demografia e ganhos do trabalho

Cada período do modelo dura cinco anos. O agente inicia sua vida econômica aos 20 anos (t = 1). Aos 35 anos (t = 4), os filhos dos agentes nascem. Os agentes se aposentam aos 65 anos (t = 10). A partir desse período, cada família enfrenta uma probabilidade positiva de morrer, dada por $(1 - p_t)$, que depende apenas da idade.[62] A expectativa de vida máxima é de 90 anos ($T = 14$), e a população cresce a uma taxa constante n.

A produtividade total do trabalho do profissional i na idade t é dada por $y_t^i = e^{z_t^i + \varepsilon t}$, em que ε_t é o perfil determinístico de eficiência da idade. O processo para o choque estocástico dos lucros z_t^i é: $z_t^i = \rho_z z_{t-1}^i + \mu_t^i$, $\mu_t^i \sim N(0, \sigma_u^2)$.

Para capturar a correlação intergeracional dos rendimentos, assumimos que a produtividade do trabalhador i aos 55 anos é transmitida aos filhos j aos 20 anos de idade, da seguinte forma: $z_1^j = \rho_b z_8^i + v^j$, $v^j \sim N(0, \sigma_b^2)$, já que os pais são 35 anos (sete períodos-modelo) mais velhos que seus filhos.

Preferências

As preferências são separáveis no tempo, com um fator de desconto constante β. A função de utilidade de período a partir do consumo é dada por $U(c) = (c^{1-\gamma} - 1)/(1 - \gamma)$.

As pessoas derivam a utilidade na retenção de ativos porque eles se transformam em legados depois da morte. Essa forma de motivo de herança "impura" significa que um indivíduo se preocupa com o total de legados deixados para seus filhos, mas não com o consumo deles.

A utilidade dos legados b é denotada por

$$\phi(b) = \phi_1 \left[(b + \phi_2)^{1-\gamma} - 1\right].$$

O termo ϕ_1 mede a força dos motivos da herança, enquanto ϕ_2 reflete até que ponto os legados são bens de luxo. Se $\phi_2 > 0$, a utilidade marginal dos pequenos legados é limitada, enquanto a utilidade marginal dos grandes legados diminui mais lentamente do que a utilidade marginal do consumo. No modelo de

62. Para reduzir o tempo computacional, pressupomos que as pessoas não morrem antes dos 65 anos. Essa suposição não afeta os resultados, porque, nos Estados Unidos, o número de adultos que morrem antes dos 65 anos é pequeno.

referência, definimos b como legado líquido de imposto de propriedade, b_n. Também consideramos o caso em que legados brutos, b_g, entram na função de utilidade. Nesse caso, definimos $b = b_g$. Nossa formulação é, portanto, mais flexível do que a tratada nos artigos de Nardi e De Nardi e Yang, e Yang, porque permitimos dois tipos de motivos de herança.[63] No primeiro, os pais se preocupam com os legados líquidos de impostos. No segundo, os pais se preocupam com os legados isentos de impostos. Um pai mais altruísta levaria em consideração que parte da herança é tributada, mas os pais podem se preocupar apenas com quais bens eles deixam, e não com quanto seus filhos recebem.

O problema recursivo da família

Supomos que os filhos têm informações completas sobre as variáveis de estado de seus pais, e que eles inferem o tamanho dos legados que provavelmente receberão com base nessas informações. O conjunto potencial de variáveis de estado de uma família é dado por $x=(t, a, z, \tilde{y}, S_p)$, em que t é a idade da família (observe que, na presença de uma diferença de idade fixa, a idade de alguém também informa sobre a idade dos pais), a denota os ativos financeiros do agente que são transportados do período anterior, z é o choque de rendimentos corrente, e $\tilde{y}$ representa os rendimentos anuais acumulados, até um limite da previdência social $\tilde{y}_c$, que são usados para calcular os pagamentos da previdência social. O termo S_p corresponde às variáveis do estado parental (que não seja a idade) e, mais precisamente, é dado por $S_p = (a_p, z_p, \tilde{y}_p)$. Inclui, portanto, os ativos dos pais, rendimentos correntes e rendimentos acumulados. Quando um dos pais se aposenta, z_p ou os ganhos correntes dos pais se tornam irrelevantes, e eles são definidos como zero sem perda de generalidade.

Dos 20 aos 60 anos ($t = 1$ a $t = 9$), o agente trabalha e sobrevive com certeza até o próximo período. $V_w\ (t, a, z, \tilde{y}, S_p)$ e $V_w^F\ (t, a, z, \tilde{y})$ denotam as funções de valor de uma pessoa em idade produtiva, cujo pai está vivo ou morto, respectivamente, onde I representa "herdado". No primeiro caso, o pai da família ainda está vivo e pode morrer com probabilidade p_{t+7}, caso em que a função

63. De Nardi, "Wealth Inequality and Intergenerational Links"; De Nardi, Yang, "Bequests and Heterogeneity"; F. Yang, "Social Security Reform with Impure Intergenerational Altruism", *Journal of Economic Dynamics and Control* 37, 2013, pp. 52-67.

de valor para a família órfã se aplica, e os ativos são aumentados por heranças em termos per capita. Isso é,

$$\begin{aligned} V_w(t,a,z,\tilde{y},Sp) = \max_{c,a'} \Big\{ & U(c) + \beta p_{t+7} E\big[V_w\big(t+1, a', z', \tilde{y}', S'_p\big)\\ & + \beta\big(1 - p_{t+7}\big) E\big[V_w^I\big(t+1, a' + b_n / N, z', \tilde{y}'\big)\big]\Big\} \end{aligned} \tag{1}$$

Sujeito a

$$c + a' = (1 - t_l) wy = t_s \min(wy,\ 5\tilde{y}_c) + [1 + r(1 = t_a)]a, \tag{2}$$

$$a' \geq 0, \tag{3}$$

$$\tilde{y}' = [(t-1)\tilde{y} + \min(wy/5,\ \tilde{y}_c)]/t, \tag{4}$$

$$\tilde{y}'_p = \begin{cases} \big[\big(t+6\big)\tilde{y}_p + \min((wy_p/5, \tilde{y}_c)\big]/(t+7) & \text{se } t<3 \\ \tilde{y}_p & \text{por outro lado} \end{cases} \tag{5}$$

$$b_n = b_n(S_p), \tag{6}$$

onde N é o número médio de filhos determinado pela taxa de crescimento da população. Os valores esperados das funções de valor são considerados em relação a (z', z'_p) condicionado a (z, z_p). Os recursos do agente dependem da dotação de mão de obra y e ativos a.

O rendimento médio anual dos filhos e dos pais evolui de acordo com as equações (4) e (5), respectivamente. Como a renda atual y se refere a um período de cinco anos, a renda atual é dividida por cinco quando a renda média e anual do trabalho durante a vida ($\tilde{y}$) é atualizada. A equação (6) é a lei do movimento de herança para os pais, que usa sua regra de decisão ótima.

A função de valor de um agente que ainda está trabalhando, mas cujo pai está morto, é

$$V_w^I\big(t,a,z,\tilde{y}\big) = \max_{c,a'}\Big\{U(c) + \beta E\big[V_w^I\big(t+1, a'z'\tilde{y}'\big)\big]\Big\} \tag{7}$$

Sujeito a (2), (3) e (4).

De 65 a 85 anos (t = 10 a t = 14), o agente é aposentado e recebe benefícios da previdência social, e seus pais já faleceram. Ele enfrenta uma probabilidade positiva de morrer, caso em que deriva utilidade ao legar os bens restantes.

$$V_r\left(t,a,\tilde{y}\right)=\max_{c,a'}\left\{U(c)+\beta p_t V_r\left(t+1,a',\tilde{y}\right)+\left(1-p_t\right)\phi(b)\right\} \tag{8}$$

Sujeito a (3)

$$c+a' = [1+r\,(1-\tau_a)]a+(1-\tau_l)P(\tilde{y}), \tag{9}$$

$$b_n=\left\{\begin{array}{ll} a' & \text{se } a'<x_b, \\ (1-\tau_b)(a'-x_b)+x_b & \text{por outro lado,} \end{array}\right\} \tag{10}$$

e, no caso de motivos de herança líquidos,

$$b = b_n, \tag{11}$$

enquanto no caso de motivos de herança brutos,

$$b = b_g = a' \tag{12}$$

independentemente da forma da tributação sobre o patrimônio.

Nós nos concentramos em um conceito de equilíbrio estacionário, no qual os preços dos fatores e a distribuição de riqueza por idade são constantes ao longo do tempo. Devido às restrições de espaço, a definição de um equilíbrio estacionário para nossa economia está no apêndice on-line em De Nardi e Yang.[64]

Calibração

A Tabela 14.4 resume os parâmetros que são obtidos de outros estudos ou podem ser resolvidos independentemente dos resultados endógenos do modelo. Verifique o que dizem De Nardi e Yang para uma discussão sobre essas escolhas.[65]

Nossa calibração do processo de rendimentos do trabalho é baseada no fato de que o PSID fornece dados excelentes sobre a dinâmica dos rendimentos para grande

64. De Nardi, Yang, op. cit.

65. Ibidem.

parte da população, mas não para aqueles das famílias mais ricas.[66] Para combinar com a dinâmica dos rendimentos de toda a população, procedemos como segue.

Tabela 14.4: Parâmetros exógenos usados no modelo de referência

	Parâmetros		**Valor**
Demografia	n	crescimento anual da população	1,2%
	P_t	probabilidade de sobrevivência	veja texto
Preferências	γ	coeficiente de aversão ao risco	1,5
Rendimentos do trabalho	ε_t	perfil de eficiência por idade	veja texto
	ψ	níveis de rendimentos do trabalho	veja texto
	Q_y	matriz de transição de ganhos do trabalho	veja texto
	ρ_h	coef. AR(1) do proc. de herança de produção	0,50
	σ_h^2	processo de inovação de prod. herança	0,37
Produção	α	participação de renda de capital	0,36
	δ	depreciação	6,0%
Política governamental	τ_a	imposto de renda de capital	20%
	$P(\bar{y})$	benefício da previdência social	veja texto
	τ_s	tributo da previdência social	12,0%

Tabela 14.5: Calibração de parâmetro para o modelo de referência e o modelo sem legado voluntário

Momento	**Dado**	**Referência**	**Sem motivo de herança**
Razão riqueza-produção	3,10	3,10%	3,10%
Razão de legado para riqueza	0,88-1,18%	0,87%	0,56%
90º perc. distribuição de legados	4,34	4,36	4,53
Fração de imóveis com tributos	2,0%	1,85%	1,89%
Receita de imposto sobre patrimônio	0,33%	0,33	0,11%
Despesa pública/produção	18%	17,99%	17,76%

66. Veja, por exemplo, B. P. Bosworth, S. Anders, “Saving and Wealth Accumulation in the PSID, 1984-2005”, *NBER Working Paper* n. 17689, 2011.

Tabela 14.5 (cont.)

Parâmetros			
β	fator de desconto	0,9453	0,9513
ϕ_1	utilitário de herança	−5,3225	0,0000
ϕ_2	troca de utilidade de herança (em $ 2.000)	1116K	0,0000
τ_b	imposto sobre patrimônio	21,52%	21,52%
x_b	nível de isenção da propriedade (em $ 2.000)	782K	782K
τ_l	imposto sobre o rendimento do trabalho	19,19%	19,19%

1. Assumimos quatro estados de ganhos possíveis: baixo, médio, alto e superalto. Aceitamos o apoio dos choques de ganhos a partir do indicado por Castañeda, Díaz-Giménez e Ríos-Rull.[67] Os pontos de grade resultantes para ψ são [1, 3,15, 9,78, 1.061].
2. Consideramos a persistência ρ_h do processo de herança de rendimentos como sendo 0,5, e a variância σ_h^2, ambas conforme o artigo de Nardi. Em seguida, discretizamos o processo de herança de rendimentos, conforme proposto por Tauchen.[68]
3. Tomamos estimativas do PSID na persistência (0,92) e variância (0,38) ao longo de períodos de cinco anos, a partir da Tabela A.1 no Apêndice A do artigo de Nardi; e discretizamos esse processo para os três pontos mais baixos da grade usando o método indicado no artigo de Tauchen, para garantir que nosso processo represente com precisão a dinâmica de ganhos estimados para grande parte da população. Isso nos dá uma matriz de transição três por três.[69]
4. Escolhemos os seis elementos restantes de nossa matriz de transição quatro por quatro para combinar os seguintes aspectos da distribuição de ganhos: o coeficiente de Gini e a parcela total dos ganhos obtidos, respectivamente, pelos 1%, 5%, 20%, 40% e 60% mais ricos, e uma persistência de ganhos nos 80% mais ricos. Este último é consistente com

67. Castañeda, Díaz-Giménez, Ríos-Rull, op. cit.

68. De Nardi, "Wealth Inequality and Intergenerational Links"; G. Tauchen, "Finite State Markov-Chain Approximations to Univariate and Vector Autoregressions", *Economic Letters* 20, 1986, pp. 177-181.

69. De Nardi, op. cit.; Tauchen, op. cit.

o trabalho de DeBacker, Panousi e Ramnath, no qual se relata que a persistência da renda do trabalho e das empresas, no topo das distribuições de renda do trabalho e das empresas, é alta; e que, em particular, a probabilidade de permanecer lá, ambos depois de um ano e cinco anos (os últimos resultados estão disponíveis através dos autores, mediante solicitação), é de cerca de 80%.[70] Também impomos restrições de adição.

A matriz de transição para Q_y é:

$$\begin{bmatrix} 0.8239 & 0.1733 & 0.0027 & 0.000112 \\ 0.2171 & 0.6399 & 0.1428 & 0.000200 \\ 0.0067 & 0.2599 & 0.7334 & 0.000000 \\ 0.0720 & 0.0000 & 0.1252 & 0.802779 \end{bmatrix}$$

A matriz de transição para Q_{yh}, no modelo de referência, é

$$\begin{bmatrix} 0.8272 & 0.1704 & 0.0024 & 0.0000000000 \\ 0.5000 & 0.4696 & 0.0304 & 0.0000000000 \\ 0.1759 & 0.6513 & 0.1728 & 0.0000000051 \\ 0.0000 & 0.0018 & 0.9678 & 0.0304357624 \end{bmatrix}$$

As matrizes de transição induzem uma distribuição inicial de rendimentos, com massas de probabilidade sobre os respectivos níveis de rendimentos, conforme [59,89% 35,88% 4,24% 0,00154845%].

A Tabela 14.5 lista os parâmetros que usamos para calibrar o modelo; consulte De Nardi e Yang para um estudo sobre esses alvos, bem com sobre os valores de parâmetros implícitos.[71]

70.J. DeBacker, V. Panousi, S. Ramnath, "The Properties of Income Risk in Privately Held Businesses", *Federal Reserve Board Working Paper*, n. 2012-69, 2012.

71. De Nardi, Yang, op. cit.

CAPÍTULO 15

Uma interpretação feminista do capitalismo patrimonial

HEATHER BOUSHEY*

A economista Heather Boushey nos leva a uma dimensão diferente sobre a desigualdade. A tese de Piketty é que estamos vivendo em uma nova era do "capitalismo patrimonial", e Boushey pergunta o que a economia feminista pode nos dizer sobre como essa era se apresenta e a trajetória que está sendo construída. A visão otimista é que a inclusão promove o crescimento econômico e, portanto, dada a importância das contribuições das mulheres para a economia e a natureza igualitária dos padrões de herança de hoje, mesmo com o aumento da desigualdade, isso não deve necessariamente reduzir os direitos econômicos ou políticos das mulheres. No entanto, uma avaliação mais pessimista é que, ao lado da desigualdade voltando aos níveis do século XIX, haverá forças empurrando para a redução das opções econômicas e do poder político das mulheres.

O campo da economia acadêmica passou recentemente a reconhecer de que maneira as instituições importantes estão compreendendo os resultados econômicos. Thomas Piketty não é exceção. Em 2015, ele escreveu:

> Deve-se ter cuidado com qualquer determinismo econômico em relação às desigualdades de riqueza e de renda [...]. A história da distribuição da

* O conteúdo deste capítulo também foi apresentado em um seminário no Rockefeller Bellagio Retreat Center, que ocorreu entre os dias 1 a 4 de dezembro de 2015. Agradeço aos participantes do seminário, especialmente a Todd Tucker, Art Goldhammer, Brad DeLong e Branko Milanovich pelos comentários bastante úteis. Todos os erros permanecem sendo apenas meus.

> riqueza sempre foi profundamente política e não pode ser reduzida a mecanismos puramente econômicos [...]. É moldado pela maneira como os atores econômicos, sociais e políticos veem o que é justo e o que não é, bem como pelo poder relativo desses atores e pelas escolhas coletivas daí resultantes. É o produto conjunto de todos os atores relevantes combinados [...]. O desenrolar dessa história depende de como as sociedades veem as desigualdades e que tipos de políticas e instituições adotam para medi-las e transformá-las.[1]

No livro *O capital no século XXI*, Piketty destaca uma área para um exame particular: a herança. Na primeira parte do livro, Piketty mostra que, entre aqueles com as rendas mais altas, a maior parte dessa renda vem atualmente do trabalho. Mas ele argumenta que, com o tempo, isso se transformará no que chama de "capitalismo patrimonial", por meio do qual os mais ricos irão — como no século XIX, e antes dele — ganhar a maior parte de sua renda através do capital, não do trabalho. Como ele diz no início do Capítulo 11, "quase inevitavelmente, isso tende a dar importância duradoura e desproporcional às desigualdades criadas no passado e, portanto, à herança".[2] Portanto, ele dedica todo o capítulo a explicar como as heranças estão ganhando importância de novo.

No entanto, quais instituições importam para a herança? Como muitos outros trabalhos em economia, as instituições interessantes são jogadas em uma caixa preta, cujas bordas são um tanto determinadas de forma arbitrária. Quais microinstituições constituem a macroinstituição da herança? Como a herança está conectada a estruturas sociais mais amplas? Como as instituições de hoje afetarão os padrões de herança? Piketty argumenta que, pelo simples fato de a herança estar ganhando relevância de novo, não será exatamente da forma como era no século XIX,

> em parte porque a concentração de riqueza é menos extrema (provavelmente haverá mais rentistas pequenos e médios e menos rentistas extremamente ricos, pelo menos no curto prazo), em parte porque a hierarquia da renda auferida está se expandindo (com a ascensão do "superexecutivo") e, por fim, porque a riqueza e a renda estão mais fortemente

1. T. Piketty, "Putting Distribution Back at the Center of Economics: Reflections on *Capital in the Twenty-First Century*", *Journal of Economic Perspectives* 29, n. 1, inverno de 2015, p.69, citando a si mesmo em *O capital no século XXI*.

2. Idem, *O capital no século XXI*, Rio de Janeiro, Intrínseca, 2014.

> correlacionadas do que no passado. No século XXI, é possível ser "superexecutivo" e "rentista médio": a nova ordem meritocrática incentiva esse tipo de coisa, provavelmente em detrimento dos trabalhadores de salários baixos e médios, em especial aqueles que possuem apenas uma pequena quantidade de propriedade, se houver.[3]

Piketty também indica que as posições de "superexecutivos" de hoje estão sendo transmitidas de uma geração para a seguinte. Embora a herança da riqueza permaneça importante, as elites de hoje legam empregos bem remunerados ao colocar seus filhos nas escolas certas, dando-lhes as conexões certas. Desse modo, mesmo em nosso mercado de trabalho supostamente baseado no mérito, os pais podem garantir que seus filhos fiquem tão firmemente inseridos nos círculos da elite quanto os herdeiros e herdeiras do passado.

É aqui que a economia feminista pode servir como um complemento útil para a análise de Piketty. Desde seu início, esse campo tem se concentrado em estudar a questão de gênero (e raça) do sistema social e econômico.[4] Esse tipo de análise é fundamental para uma compreensão mais completa da precisão descritiva e preditiva dos pontos centrais da obra de Piketty. Isso nos permite verificar como a questão de gênero quanto às instituições e às normas sociais afeta os padrões de herança, e como a mudança para o capital — como fator que importa mais do que a renda do trabalho — entre aqueles que estão no topo pode muito bem minar as tendências recentes em direção à igualdade de gênero. No século XIX, a herança era regulada em função da primogenitura masculina.[5] No casamento, as mulheres tinham direito ao dote, mas, para além disso, não tinham autoridade, sob o ponto de vista legal, sobre suas finanças. Hoje temos leis e normas relativas à herança muito mais igualitárias quanto aos ativos financeiros e físicos, mas o que os pais transmitem é mais sobre capital humano e social. O caminho para se tornar um "superexecutivo" tem seu próprio conjunto de dinâmica de gênero que afeta os padrões de herança de hoje.

---

3. Ibidem.
4. Desde seu início, a economia feminista esteve propositadamente atenta às questões da interseccionalidade. Os padrões de herança diferem muito entre os grupos raciais, especialmente nos Estados Unidos, com sua história de escravidão de afro-americanos. Os capítulos 6 e 20 deste livro tratam, especificamente, de questões de equidade racial.
5. B. DeLong, "Bequests: An Historical Perspective", Universidade da California, Berkeley, 2003, disponível em: http://www.j-bradford-delong.net/econarticles/estates/delongestatesmunnell.pdf.

Este capítulo irá explorar a plausibilidade dos argumentos de Piketty sob uma perspectiva feminista. Na primeira seção, descrevo as visões neoclássicas otimistas que conectam o crescimento ao crescimento econômico inclusivo. Em seguida, volto ao desafio de Piketty sobre essa questão, ou seja, o de que as características estruturais do capitalismo levarão a uma divergência permanente no bem-estar dos grupos na sociedade, dependendo da herança. Em minha narrativa, observo as maneiras pelas quais as preocupações do autor aqui se sobrepõem às preocupações da economia feminista. Isso, naturalmente, leva a uma descrição das previsões de Piketty sobre o papel que a herança desempenhará no capitalismo do século XXI. Em seguida, avalio suas previsões através das lentes mais otimistas da teoria-padrão neoclássica, em que as tendências que ele descreve não são particularmente piores para as mulheres do que para os homens; e pelas lentes mais pessimistas da economia feminista, que prevê um futuro distópico da supremacia masculina. Em minha seção final, sugiro como essas tensões podem ser reconciliadas, bem como direções para pesquisas futuras.

A visão otimista: o crescimento é, por natureza, inclusivo

Em meados do século XX, os economistas estavam otimistas de que o crescimento reduziria a desigualdade e que seria bom para todos nós. Em 1955, em seu discurso presidencial na Associação Econômica Americana, Simon Kuznets, de forma notória, defendeu uma análise através da "curva de Kuznets", tomando como base seu meticuloso trabalho com dados, para indicar que a desigualdade diminuiria à medida que as economias se tornassem mais desenvolvidas. Ainda assim, constatou-se que as oportunidades educacionais e os padrões de casamento tiveram um impacto sobre resultados distributivos, que não foram previstos por Kuznets. Embora ele tenha dito que "o artigo talvez contenha 5% de informações empíricas e 95% de especulações, algumas delas possivelmente estão contaminadas por ilusões otimistas", suas conclusões ganharam ampla aceitação.[6] Thomas Piketty usa esse momento kuznetsiano do pensamento econômico — e a visão sobre a relação entre crescimento e desigualdade que tal momento produziu — como o florete intelectual para a obra *O capital no século XXI*. Ele

6. S. Kuznets, "Economic Growth and Income Inequality", *American Economic Review* 45, n. 1, mar. 1955, p. 26.

diz na Introdução: "A filosofia do momento foi resumida em uma única frase: 'O crescimento é uma maré que aumenta e que levanta todos os barcos'."[7]

O otimismo daquela época é profundo. A economia do século XX foi construída sobre um conjunto de teoremas que afirmam que as forças de mercado, deixadas à sua própria lógica, gerariam resultados que eram, em certo sentido, economicamente ótimos e, em certo grau, fundamentalmente justos. Na virada do século XX, John Bates Clark, homônimo de um dos prêmios mais cobiçados da economia, desenvolveu a teoria da distribuição da produtividade marginal. Isso deu aos economistas um modelo matematicamente belo, prevendo que, em uma economia competitiva (onde nenhum jogador individual tem poder sobre outros compradores ou vendedores), o salário de um indivíduo seria uma função de sua produtividade. Como ele disse, "o que uma classe social obtém é, segundo a lei natural, o que contribui para a produção geral da indústria".[8] A produtividade, tanto do indivíduo quanto dos ativos em relação aos quais ele ou ela detém justo título, ainda se mantém no cerne do pensamento econômico dominante. Presume-se que o capital humano de um indivíduo — ou seja, a educação e as habilidades que uma pessoa traz para o processo de produção — seja a principal causa das diferenças salariais entre indivíduos em ocupações e setores semelhantes. E aqueles que investem não em capital humano, mas físico, ganham um retorno com base na utilidade do que seus ativos trazem para o processo de produção.

A economia-padrão atinge seu auge glorioso e otimista com a unificação de uma teoria de preços, de distribuição e de crescimento. Como Piketty aponta, o modelo de crescimento de Solow-Swan mostrou uma "trajetória ao longo da qual todas as variáveis — produção, renda, lucros, salários, capital, preços de ativos e assim por diante — progrediriam no mesmo ritmo, de modo que todos os grupos sociais se beneficiarão do crescimento no mesmo grau, sem grandes desvios da norma".[9] Isso colocou o capital humano e o crescimento populacional, juntamente com a mudança tecnológica, como os principais impulsionadores do crescimento do resultado econômico. No modelo de crescimento de Solow-Swan, a economia cresce quando a população aumenta ou quando a produtividade aumenta.

---

7. T. Piketty, op. cit.
8. J. B. Clark, "Distribution as Determined by a Law of Rent", *Quarterly Journal of Economics* 5, n. 3, 1891, pp. 289-318, item 313.
9. T. Piketty, op. cit.

A pesquisa empírica, desde a década de 1950, apoia a teoria de que melhorar a oferta de trabalho e garantir uma educação de base ampla são bons para o crescimento. Em um artigo, agora famoso, escrito em 1992, Gregory Mankiw, David Romer e David Weil concluíram que o efeito do investimento em capital humano, nas taxas de crescimento econômico, era bastante equivalente, ou maior, do que o efeito do investimento em capital físico.[10]

Assim, melhorias no conhecimento e nas habilidades aumentam a produtividade. Isso significa que os investimentos educacionais da sociedade são essenciais para o crescimento, porque mais educação estimula a inovação e o dinamismo econômico.[11] A ideia de que criar oportunidades, amplamente compartilhadas, para a educação e o treinamento é benéfico para a economia decorre desse conjunto de estudos, realizado há décadas.

O desenvolvimento e a extensão da teoria do crescimento endógeno, de Paul Romer, estenderam ainda mais o modelo-padrão, mostrando que os investimentos educacionais criam benefícios que vão além da melhoria dos resultados para a pessoa que tenha um conjunto de habilidades mais elevado. Em sua abordagem, os principais determinantes do crescimento incluem não apenas o aumento da própria produtividade, gerado por melhorias em seu próprio capital humano, mas também as repercussões de suas inovações e ideias, à medida que aumentam o capital humano de outras pessoas. Romer, portanto, vai muito além de J. B. Clark, ao argumentar que a riqueza produzida pelo mercado, por meio de uma minoria geradora de ideias e inovações, é apenas uma pequena parte de como suas adições ao estoque humano de conhecimento aumentaram a produtividade econômica. A maior parte da renda e da produtividade que eles geram flui para os fornecedores de mão de obra, como carona no processo de crescimento da produtividade.[12]

A teoria microeconômica também fornece uma base sólida para a ideia de que a "igualdade de oportunidades" e uma economia forte andam de mãos

---

10. N. G. Mankiw, D. Romer, D. N. Weil, "A Contribution to the Empirics of Economic Growth", *Quarterly Journal of Economics* 107, n. 2, 1992, pp. 407-437.

11. J. B. DeLong, C. Goldin, L. Katz, "Sustaining U.S. Economic Growth", em *Agenda for the Nation*, coordenada por H. J. Aaron, J. M. Lindsay, P. S. Nivola, Washington, DC, Brookings Institution, 2003.

12. P. M. Romer, "Human Capital and Growth: Theory and Evidence", *Working Paper*, National Bureau of Economic Research, nov. 1989, disponível em: http://www.nber.org/papers/w3173; P. Romer, "Increasing Returns and Long-Run Growth", *Journal of Political Economy* 94, n. 5, out. 1986, pp. 1002-1037, disponível em: http://www.apec.umn.edu/grad/jdiaz/Romer%201986.pdf.

dadas, considerando-se que a combinação entre as habilidades e os empregos, bem como a recompensa pelo mérito, constituem uma circunstância economicamente ideal. As diferenças de remuneração em empregos semelhantes são decorrentes das diferenças no capital humano. O modelo salarial de Jacob Mincer, que continua sendo uma das ferramentas mais usadas na caixa de ferramentas dos economistas, projeta a regressão dos salários com base na educação e na experiência, levando em consideração as características do trabalho e a demografia, e conclui que o nível de capital humano — tanto a educação formal quanto a atual experiência no trabalho — pode explicar as diferenças de salários entre os indivíduos. A implicação é a de que, valendo-se da educação certa e de trabalho árduo, qualquer pessoa pode chegar mais perto do topo da escala de renda ao longo de sua vida.[13]

Uma segunda implicação do modelo Mincer é a de que a discriminação não é economicamente eficiente e, em consequência, não deve persistir em um mercado totalmente competitivo. Os ganhos de um indivíduo fluem de sua contribuição marginal para a produção e, portanto, distorções na remuneração em decorrência de características não relacionadas à produtividade serão eliminadas pelo mercado. Quando as pessoas — empregadores, clientes ou outros trabalhadores — conferem preferências a um grupo ou a uma pessoa em relação a outro com base em características que não estão vinculadas à contribuição econômica dessa pessoa ou grupo, isso diminuirá a produtividade e os lucros. Os empregadores bem-sucedidos contratariam a melhor e a mais produtiva pessoa para o trabalho.[14] As empresas que praticam a discriminação seriam expulsas do mercado, porque não estariam tomando decisões econômicas racionais. A única maneira pela qual a discriminação continua a existir é através da ação do Estado que bloqueia as trocas ganha-ganha entre os discriminados e aqueles que não compartilham os preconceitos da maioria. Kenneth Arrow, ganhador do Prêmio Nobel, chegou a dizer que, com a erosão das estruturas jurídicas que promovem a discriminação, a exclusão com base na raça e no gênero desapareceria.[15]

---

13. J. A. Mincer, *Schooling, Experience, and Earnings*, Nova York, Columbia University Press, 1974, disponível em: http://papers.nber.org/books/minc74-1; veja também T. Lemieux, "The 'Mincer Equation' Thirty Years after Schooling, Experience, and Earnings", *Jacob Mincer: A Pioneer of Modern Labor Economics*, Nova York, Springer Science and Business Media, 2006, pp. 127-145.

14. G. S. Becker, *The Economics of Discrimination*, 2. ed., Chicago, University of Chicago Press, 1971.

15. K. Arrow, "Some Mathematical Models of Race in the Labor Market", *Racial Discrimination in Economic Life*, coordenado por A. H. Pascal, Lexington, MA, Lexington Books, 1972.

Tudo isso leva à conclusão de que promover o crescimento significa reduzir a desigualdade, sobretudo se pensarmos que o talento segue algo semelhante a uma distribuição normal. A economia cresce quando as pessoas encontram uma combinação mais eficiente de habilidades com empregos e, portanto, os formuladores de políticas — e as empresas — devem ser encorajados naturalmente, não para excluir categoricamente as pessoas com base em fatores não relacionados à produtividade, mas, sim, para encontrar maneiras de aumentar o capital humano e sua disponibilidade para livremente encontrar saídas econômicas em toda a sociedade. Não deve ser surpresa que a disponibilização de empregos para mulheres e pessoas não brancas pode melhorar os resultados econômicos no nível macro. Uma pesquisa de Chang-Tai Hsieh e colaboradores concluiu que, entre 1960 e 2008, de 16% a 20% do crescimento na produção por trabalhador foram devidos tanto a uma diminuição na discriminação explícita quanto a um aumento subsequente na disposição das mulheres e das pessoas não brancas de fazer os investimentos de capital humano necessários para ingressar nas ocupações profissionais através das quais pudessem fazer o melhor uso de seus talentos.[16] E esse processo provavelmente está longe de seu fim.

No entanto, mesmo em face desse forte argumento teórico para a inclusão, a igualdade de gênero obviamente permanece um projeto inacabado, apesar das regulamentações legais que a promovem e de suas consequências para o crescimento econômico. Nos Estados Unidos, as mulheres continuam ganhando 79 centavos para cada dólar ganho pelos homens. Na medida em que as mulheres são desvalorizadas — assim como sua contribuição para a economia —, ocorrem efeitos generalizados e frequentemente subestimados. Um exemplo nos Estados Unidos é a consternação contínua sobre a "qualidade do professor", sem um compromisso concomitante de aumentar seu salário. Em uma economia na qual as mulheres tinham pouca ou nenhuma oportunidade de ingressar em profissões, muitas das melhores e mais brilhantes mulheres usavam seus talentos como mães ou, se trabalhassem, como professoras ou enfermeiras. Assim, nossa economia se beneficiou de uma classe de trabalhadoras com poucas outras opções. Agora, é claro, as mulheres têm mais opções, mas o pagamento dos professores é lamentavelmente

16. C. Hsieh et al., "The Allocation of Talent and U.S. Economic Growth", *NBER Working Paper* n. 18639, jan. 2013, disponível em: http://www.nber.org/papers/w18693.

inferior em relação ao de outras profissões comparáveis. Os alunos que tiram as melhores notas na escola não escolhem a profissão de professor, com base no pagamento (ou no respeito social), a menos que seja um chamado; mas, provavelmente, eles escolherão uma profissão que possa oferecer boa remuneração e estima social.

Mesmo deixando de lado a importância das melhorias no capital humano, o aumento da oferta de mão de obra por grupos que foram categoricamente excluídos com base em fatores de improdutividade deve aumentar o crescimento. Há ampla evidência econômica para isso. Nos Estados Unidos, entre 1948 e 2000, a participação das mulheres na força de trabalho cresceu de maneira acentuada, passando de 32% para 60,3%, caindo apenas ligeiramente nos últimos anos; em abril de 2016, era de 56,8%.[17] Observando o efeito do aumento da oferta de trabalho feminino sobre o crescimento, o Fundo Monetário Internacional apontou que, nos Estados Unidos, o aumento da taxa de participação da força de trabalho feminina em relação à masculina aumentaria a produção total da economia em 5%.[18] Em um artigo recente, em que fui coautora com Eileen Appelbaum e John Schmitt, estimamos os benefícios econômicos do emprego feminino e descobrimos que o produto interno bruto, ou PIB, teria sido cerca de 11% menor, em 2012, se as mulheres não tivessem aumentado suas horas de trabalho tal como o fizeram. Em valores de hoje, isso se traduz em mais de 1,7 trilhão de dólares a menos em produção — aproximadamente o equivalente aos gastos combinados dos Estados Unidos com previdência social, Medicare e Medicaid em 2012.[19] Claro, essa é apenas uma medida do PIB-padrão; não leva em consideração o valor do tempo e do estresse, já que as mulheres geralmente realizam o trabalho assalariado fora de casa e, ainda, a maior parte do trabalho doméstico. De acordo com a pesquisa de

---

17. Secretaria de Estatísticas Trabalhistas dos Estados Unidos, "Civilian Labor Force Participation Rate: Women" (LNS11300002), disponível: em https://research.stlouisfed.org/fred2/series/LNS11300002, acessado em: 16 maio 2016.

18. K. Elborgh-Woytek et al., "Women, Work, and the Economy: Macroeconomic Gains from Gender Equity", *IMF Staff Discussion Note*, set. 2013, disponível em: http://www.imf.org/external/pubs/ft/sdn/2013/sdn1310.pdf; D. Aguirre et al., "Empowering the Third Billion: Women and the World of Work in 2012", Booz & Company, 15 out. 2012, disponível em: http://www.strategyand.pwc.com/reports/empowering-third-billion-women-world-2.

19. E. Appelbaum, H. Boushey, J. Schmitt, "The Economic Importance of Women's Rising Hours of Work", Centro de Pesquisa Econômica e Política e Centro para o Progresso Norte-Americano, abr. 2014.

Benjamin Bridgman e outros, se a produção doméstica fosse levada em consideração, em 1965, o PIB teria sido 37% maior e, em 2014, 23% maior.[20]

Portanto, a teoria-padrão econômica conta uma história otimista sobre a razão pela qual a inclusão deve ser — e, de fato, tem sido — boa para o crescimento. À medida que a economia passou a dar mais ênfase ao trabalho do que à terra, ou outro capital fixo, isso criou uma pressão econômica para uma maior inclusão. Armada com a evidência empírica de que o capital humano impulsiona o crescimento econômico, a lógica econômica reforçou a ideia de promover a igualdade de acesso à educação, treinamento e empregos entre as pessoas, com base em suas aptidões e habilidades, e não apenas de acordo com o nome de sua família, sexo ou ordem de nascimento. Em uma economia impulsionada pelo capital humano, não é rentável permitir que o talento permaneça em repouso. É por isso que, se você perguntar a quase todos os economistas qual é a melhor política para melhorar a vida de alguém, eles darão uma resposta que inclui melhorar as habilidades.[21] Esse conjunto de ideias econômicas também incorpora facilmente as preocupações feministas. Alguns conhecidos teóricos demoraram a enxergar o valor agregado das mulheres fora de casa (veja a obra *Treatise on the Family* [Tratado sobre a família] de Gary Becker, publicada em 1956), mas a lógica levou à conclusão de que, se as mulheres ou pessoas não brancas têm aptidão ou talento que poderia ser economicamente útil, então há um incentivo para acessá-lo. Também apoiou o argumento de que o mérito é importante; se você melhorar suas habilidades, trabalhar muito e seguir as regras, poderá conseguir um emprego bem pago.

As implicações desse conjunto de ideias sobre o funcionamento da economia eram claras. Enquanto os formuladores de políticas se concentraram em promover o crescimento econômico e remover as barreiras legais à inclusão, a desigualdade de gênero e raça impulsionada pela discriminação cairia e,

---

20. B. Bridgman et al., "Accounting for Household Production in the National Accounts, 1965-2010", Secretaria de Análises Econômicas, maio 2012, disponível em: https://www.bea.gov/scb/pdf/2012/05%20May/0512household.pdf; Bridgman, "Accounting for Household Production in the National Accounts: An Update, 1965-2014", Secretaria de Análises Econômicas, fev. 2016, disponível em: https://www.bea.gov/scb/pdf/2016/2%20February/0216accountingforhouseholdproductioninthe_national accounts.pdf.

21. IGM Forum "Inequality and Skills", pesquisa dos painelistas, Universidade de Chicago, Booth School of Business, The Initiative on Global Markets, 24 jan. 2012, disponível em: http://www.igmchicago.org/igm-economic-experts-panel/poll-results?SurveyID=SV0IAlhdDH2FoRDrm.

por sua vez, isso fortaleceria a economia. A economia da época permitia que pensadores e executores de meados do século acreditassem na ideia de que o crescimento econômico resolveria de forma fácil, direta e natural os problemas sociais e políticos. Não deveria ser surpresa, então, que coincidiu com o otimismo sobre nossa capacidade de erradicar a pobreza e a exclusão nas linhas de gênero, raça e etnia. Se o crescimento pode reduzir a desigualdade — e se a redução da exclusão econômica promove o crescimento — então os formuladores de políticas poderiam acabar com a pobreza e deveriam abrir a economia para os tradicionalmente excluídos — mulheres, negros e imigrantes recentes.

Foi nessa era que Robert Kennedy pressionou por uma Guerra contra a Pobreza, o presidente Lyndon Johnson procurou estabelecer uma Grande Sociedade, o dr. Martin Luther King pediu "empregos e liberdade" e o feminismo de segunda onda buscou direitos civis e econômicos iguais para as mulheres. Tais convocações para agir ocorreram no contexto de uma estrutura econômica que sugeria que uma maior inclusão era não apenas possível, mas também economicamente ótima, com condições de promover a produtividade e o crescimento.

Mas, mesmo quando o argumento econômico-padrão criou pressão para expandir as oportunidades econômicas, ele também encorajou e legitimou o aumento dos salários no topo da distribuição de renda. Se a desigualdade continuar a persistir, deve ser porque é economicamente ideal. Se o pagamento está vinculado ao que uma pessoa contribui para o processo de produção, então cada um de nós deve receber o que merece, certo?

A visão pessimista: o crescimento não é (necessariamente) inclusivo

A visão otimista de que uma economia em crescimento caminhará sem problemas em direção a uma realidade com menos desigualdade social e econômica não se mostrou verdadeira. Aqui está o objetivo do livro *O capital no século XXI*: Piketty quer que entendamos que a economia não se impulsiona naturalmente em direção a uma maior equidade econômica. Ele analisa os dados e evita colocar nossas esperanças nas forças de mercado para consertar os problemas sociais e políticos da desigualdade.

O argumento de Piketty de que a fé otimista no mercado está mal colocada deriva de seus métodos (não tradicionais). Ele faz três rupturas relacionadas com a metodologia econômica-padrão. Como veremos, essas ideias se encaixam nas ideias desenvolvidas na economia feminista. Em primeiro lugar, Piketty constrói sua teoria a partir das regularidades empíricas de primeira ordem dos dados, a fim de se ajustar a eles, em vez de seguir a metodologia procrusteana* de cortar e esticar os dados até que eles se ajustassem à teoria. Em segundo lugar, Piketty evita um foco estreito na modelagem, excluindo dados e problemas históricos, assim como do mundo real. Terceiro, ele incorpora uma interação entre instituições e práticas, recusando-se a considerar como exógenos os direitos de propriedade e as configurações de poder de barganha, subjacentes ao mercado. Além disso, busca uma gama muito maior de engajamento com as demais ciências sociais, de uma maneira mais geral do que um economista normalmente o faz.[22]

Os dados que fundamentam *O capital no século XXI* já eram em sua maioria conhecidos, pelo menos dentro da comunidade econômica. Em 2003, Piketty e Emmanuel Saez publicaram um artigo pioneiro no *Quarterly Journal of Economics*, indicando que a desigualdade de renda aumentou mais do que se reconhecia anteriormente, e que o 1% do topo agora captura uma parcela maior da renda do que em qualquer outro momento desde o início da Idade de Ouro do século XX.[23] No livro *O capital no século XXI*, Piketty leva os dados ao que ele vê como a conclusão lógica: conforme as rendas se acumulam no capital e depois se calcificam em heranças, a riqueza dos mortos assume maior importância do que a dos vivos. Veremos desigualdades cada vez maiores enquanto a taxa de crescimento da economia estiver abaixo da taxa em que a riqueza dos

* De acordo com a mitologia grega, Procrustes era um ladrão que matava suas vítimas da maneira mais cruel e incomum. Ele os fazia deitar em uma cama de ferro e os forçava a ter o tamanho da cama, cortando as partes que pendiam das pontas ou esticando aquelas pessoas que eram muito baixas. Algo procusteano, portanto, não leva em conta as diferenças individuais, mas, de maneira cruel e impiedosa, torna tudo igual. E um "leito procusteano" é um esquema ou padrão ao qual alguém ou algo é arbitrariamente forçado. [N.T.]

22. Na introdução ao livro *O capital no século XXI*, em que ele descreve sua metodologia, Piketty não mede as palavras em sua crítica à economia moderna: "Para ser franco, a disciplina da economia ainda não superou sua paixão infantil pela matemática e pela pura especulação teórica, e muitas vezes altamente ideológica, à custa da pesquisa histórica e da colaboração com as outras ciências sociais." T. Piketty, *O capital no século XXI*.

23. T. Piketty, E. Saez, "Income Inequality in the United States, 1913-1998", *Quarterly Journal of Economics* 118, n. 1, fev. 2003, pp. 1-39.

ricos se compõe através da taxa de lucro. Piketty prevê que esse será o caso por muito tempo, porque o processo se autorreforça:

> Quando a taxa de retorno do capital excede a taxa de crescimento da produção e da renda, como aconteceu no século XIX e parece bastante provável que volte a acontecer no XXI, o capitalismo gera *automaticamente* desigualdades arbitrárias e insustentáveis que minam de forma radical os valores meritocráticos em que se baseiam as sociedades democráticas.[24]

Piketty rejeita a ideia de que economias altamente desenvolvidas podem fazer muito para melhorar o crescimento — e de que, mesmo se o pudessem, isso apenas começaria a reduzir, em vez de simplesmente desacelerar, o crescimento da desigualdade, na medida em que o crescimento se eleva acima da taxa de retorno do capital.[25] Ele termina *O capital no século XXI* com aquilo que considera como sendo a única conclusão política razoável: os formuladores de políticas devem implementar um imposto sobre a riqueza global, a fim de reduzir a taxa de retorno sobre o capital. Para descrever o sistema que identifica, Piketty cunha um novo termo: "O que estamos testemunhando é uma forte volta do capital privado nos países ricos desde 1970, ou, dito de outra forma, o surgimento de um *novo capitalismo patrimonial*."[26] Ele argumenta que esse sistema será baseado na riqueza herdada e, portanto, semelhante, em aspectos importantes, àquele das economias do noroeste europeu antes do século XX.

Mas a ideia de que estamos mudando para uma economia baseada na herança está em desacordo com as tendências nos dados, que mostram que os ricos de hoje recebem a maior parte de sua renda do trabalho, não do capital. Os otimistas podem apontar isso como sendo uma evidência de ainda haver esperança de que as previsões de Piketty não se concretizem. As figuras 15.1 e 15.2 reproduzem duas figuras do trabalho de Piketty e de seus coautores (todas mostradas apenas com relação aos Estados Unidos). Houve um aumento acentuado na desigualdade de renda desde os anos 1980. Nos Estados Unidos, a desigualdade é agora maior do que em qualquer momento desde antes da

24. T. Piketty, op. cit. Itálico adicionado.

25. Deixo para outros capítulos a consideração de se $r > g$ irá de fato descrever nossa economia.

26. T. Piketty, op. cit. Itálico adicionado. Esta foi a segunda menção ao termo no livro.

FIGURA 15.1: Decompondo os 10% mais ricos em três grupos, 1913-2014

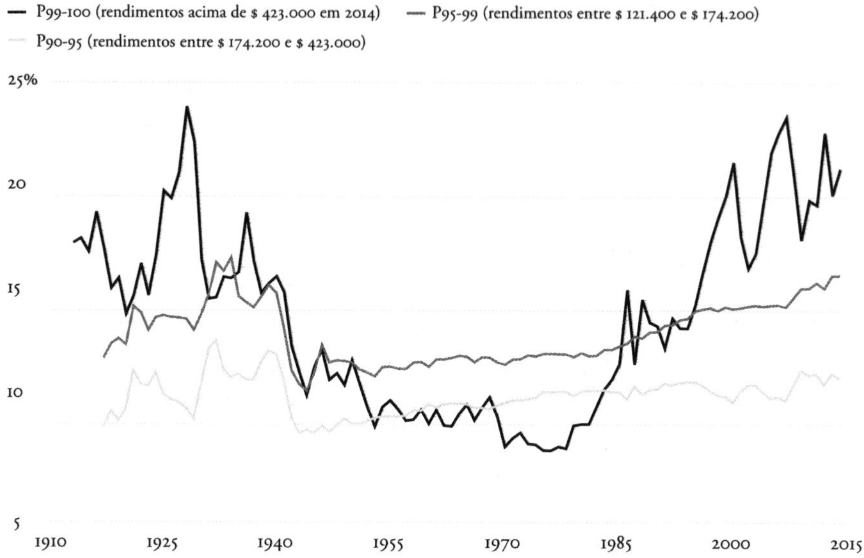

Fonte: T. Piketty, E. Saez, "Income Inequality in the United States, 1913-1998", *The Quarterly Journal of Economics* 118, n. 1, fev. 2003: fig. 2. Atualizado até 2014.

FIGURA 15.2: Participação e fonte de receita para o 0,1% mais rico

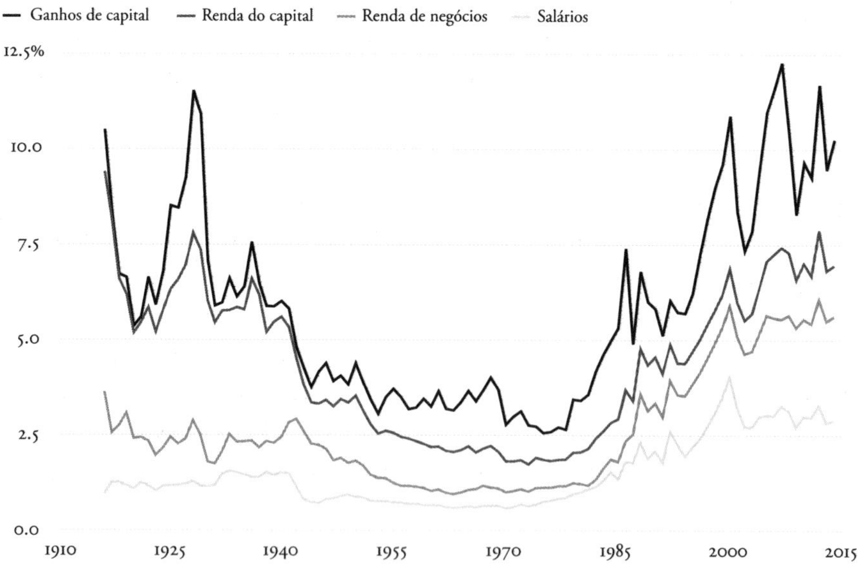

Fonte: T. Piketty, E. Saez, "Income Inequality in the United States, 1913-1998", *The Quarterly Journal of Economics* 118, n. 1, 1 fev. 2003. Tabelas A3, A7, e A8, col. P99.9-100. Atualizado até 2014.

Grande Depressão, na década de 1930 (Figura 15.1). No entanto, a composição da renda dos que estão no topo difere daquela do início do século XX. No início do século XX, a renda do capital era o maior componente da renda do 0,1% do topo; hoje, cerca de metade de toda a renda do 0,1% do topo é proveniente do trabalho. Mesmo quando a renda decorrente da riqueza aumentou de forma acentuada a partir de 1980, a proporção da renda proveniente dos salários também continuou a aumentar (Figura 15.2).

Só quando alcançamos o topo extremo — o 0,01% do topo — é que a renda do capital desempenha um papel tão importante hoje quanto os ganhos do trabalho. As figuras 15.3A e 15.3B mostram a parcela da receita oriunda de salários, negócios e capital para aqueles que estavam entre os 10% superiores em 1929 e 2007, um ano antes da crise financeira. A Figura 15.3A mostra que, em 1929, a renda dos salários representava uma parcela menor da renda total, dentre todos os que estavam no decil superior. Na Figura 15.3B, correspondente ao ano de 2007, aqueles que estão no topo mudaram significativamente suas fontes de renda. Os contribuintes dos 10% mais ricos ganham mais de 85% de sua renda através de empregos, como assalariados, incluindo opções de compra de ações (*stock options*) e outros tipos de remuneração não salarial, diretamente vinculados ao emprego. Isso significa que, para os que hoje ganham mais, seu trabalho é a fonte mais importante de alta renda, mesmo para os que estão no topo. E mesmo para os que ganham muito, cuja renda provém do capital, a maior parte disso é resultado de sua própria sorte ou de seu próprio trabalho anterior. É apenas com a sucessão da riqueza de Sam Walton* pelos seus herdeiros que começamos a ver no topo extremo o retorno do capitalismo patrimonial de Piketty.

É claro que isso é muito diferente de um ou dois séculos atrás; assim, se você cresceu em uma família super-rica no noroeste da Europa, provavelmente era filho de proprietários — possivelmente parte da pequena nobreza — ou vivia de investimentos comerciais feitos por seus ancestrais.

Colocando as figuras 15.1, 15.2, 15.3A e 15.3B juntas, para que o prognóstico pessimista de Piketty de que o "passado devora o futuro" seja verdadeiro, precisamos ver uma mudança na fonte de renda, para aqueles que estão no topo, do trabalho de volta ao capital. Piketty argumenta que isso acontecerá com o

* Sam Walton (ou Samuel Moore Walton) foi o fundador da maior rede de varejo de todo o mundo, o Wal-Mart. Fundou, também, outra rede de varejo, que igualmente se encontra entre as maiores: o Sam's Club. Ele é o patriarca da família Walton, a família mais rica do mundo. [N.T.]

FIGURA 15.3: Os salários são uma parcela muito maior da renda para os super-ricos de hoje: composição da renda dentro do decil superior, (A) 1929 e (B) 2007

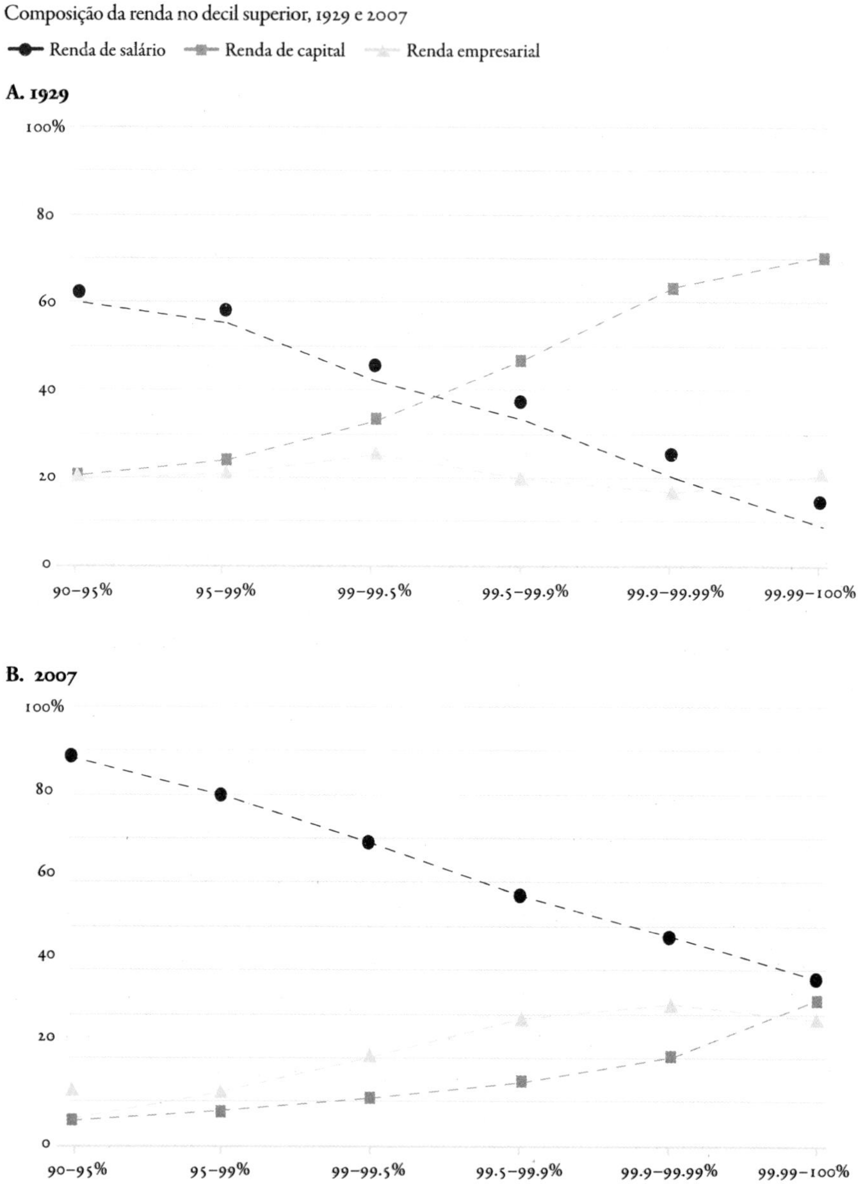

Nota: A renda de capital não inclui ganhos de capital.

Fonte: Tabela A4, linhas 1929 e 2007, T. Piketty, E. Saez, "Income Inequality in the United States, 1913-1998", *The Quarterly Journal of Economics* 118, n. 1, fev. 2003, pp. 1-39. Tabelas e figuras atualizadas até 2013 em formato Excel, jan. 2015, disponível em: http://eml.berkeley.edu/~saez/TabFig2013prel.xls.

tempo, por meio de heranças.[27] Os que recebem hoje maiores rendas pouparão mais do que aqueles com rendas menores e, portanto, ao longo do tempo e das gerações, as famílias de renda mais alta acumularão maiores estoques de riqueza e passarão para seus filhos, de modo que a renda do capital de um estoque crescente de riqueza supere a renda do trabalho. Assim, mesmo se o modelo-padrão estiver correto e toda a remuneração — inclusive no topo — for baseada no mérito, os legados irão, com o tempo, nos levar a um mundo onde a renda do capital — e não do trabalho — novamente representará a maior parte da renda daqueles que estão no topo extremo.

Piketty indica que a incorporação de instituições é importante para entender a dinâmica da economia que, inevitavelmente, levará a esse retorno ao capitalismo patrimonial. Ele incentiva os economistas a irem além das previsões teóricas do modelo-padrão, e tem como objetivo o desenvolvimento de um modelo que construa um sistema, identificando as interações dinâmicas entre os mercados de trabalho e de capital, algo que os economistas tradicionalmente veem como questões separadas. Ao incluir instituições no que ele chama de "sistema capitalista", Piketty sugere que qualquer teoria do crescimento que exclua o contexto institucional acabará se mostrando inadequada. Ele parece se arrepiar com a ideia de que sua análise seja "determinística", isto é, a ideia de que a desigualdade $r > g$ é gravada em pedra, em vez de uma descrição da realidade atual e das tendências futuras sem mudanças nas instituições, nas práticas sociais, nas estruturas familiares e nas normas que impulsionam a acumulação de capital ao longo do tempo. Em um artigo de 2015, no *Journal of Economic Perspectives*, no qual ele reagiu à recepção do livro *O capital no século XXI* na comunidade econômica, Piketty argumenta: "Em última análise, o que realmente importa é a interação entre as forças econômicas e as respostas institucionais, em particular na área educacional, trabalhista e instituições fiscais."[28] Ele conclui o artigo dizendo: "De modo mais geral, uma das lições que extraio deste trabalho é que o estudo da dinâmica da desigualdade e a mudança institucional estão intimamente relacionados."[29]

No entanto, até quando Piketty faz algumas rupturas bruscas com a teoria econômica-padrão e aponta para a importância das instituições, ele não abre mão do modelo-padrão. Muitos capítulos neste volume apontam para isso, e talvez o de

27. Ibidem.

28. T. Piketty, "Putting Distribution Back at the Center", p. 84.

29. Ibidem.

Suresh Naidu (Capítulo 5) com mais ênfase. Isso ocorre, em grande parte, porque na análise de Piketty o papel das instituições é, como Daron Acemoglu e James Robinson expressaram, *ad hoc*.[30] Podemos ver isso em sua análise do mercado de trabalho. Ele observa o fracasso do pensamento marginalista em explicar os salários no topo, mas concorda que a demanda por habilidades depende do estado da tecnologia disponível para a produção de bens e serviços. Ele também concorda que a oferta de habilidades depende do acesso à educação, sem referência à vasta literatura que mostra que fatores institucionais desempenham um papel na definição dos salários, para cima e para baixo na escala de renda.[31] Assim, embora ele admita que o modelo-padrão não possa explicar os salários posicionados no topo da escala salarial, ele não admite que o modelo apresenta falhas em outros pontos do espectro salarial. Isso é intrigante porque cria inconsistências lógicas.

Felizmente, a economia feminista fornece um caminho plausível para sair de pelo menos algumas dessas dificuldades. E agora, então, nos voltamos para esse ponto.

A visão feminista

Vamos considerar o que o conjunto dos estudos em economia feminista pode adicionar à análise da interação entre r e g.

O campo em si é bastante jovem. A Associação Internacional de Economia Feminista, e o jornal que a acompanha, *Feminist Economics*, foram lançados apenas em 1993. Um dos principais objetivos da associação e do jornal é "promover a investigação feminista em questões econômicas". Julie Nelson, uma das fundadoras da associação, resumiu as ideias-chave em um verbete recente de uma enciclopédia: "A economia feminista é um campo que inclui estudos dos papéis do gênero na economia, a partir de uma perspectiva libertadora, e um trabalho crítico direcionado aos preconceitos em matéria econômica."[32]

30. D. Acemoglu, J. Robinson, "The Rise and Decline of General Laws of Capitalism", *Journal of Economic Perspectives* 29, n. 1, inverno 2015, p. 9.

31. Para uma leitura clássica sobre mercados de trabalho, veja D. Card, A. Krueger, *Myth and Measurement: The New Economics of the Minimum Wage*, Princeton, NJ, Princeton University Press, 1995.

32. J. Nelson, "Feminist Economics", *The New Palgrave Dictionary of Economics*, coordenado por S. N. Durlauf, L. E. Blume, Nova York, Palgrave Macmillan, 2008, disponível em: http://www.sdum.uminho.pt/uploads/palgrave1.pdf.

Como Piketty, a economia feminista tende a colocar dados e medidas antes da construção de teorias. Uma das principais preocupações tem sido o valor do trabalho não remunerado das mulheres dentro de casa, assim como o papel da produção doméstica na economia em geral. Ao longo dessas linhas, uma contribuição importante para a economia feminista foi o estudo de referência de Marilyn Waring, em 1988 (com uma introdução de Gloria Steinem), *If Women Counted* [Se as mulheres contassem], através do qual ela examinou as contas da renda nacional. Ela verificou como as contribuições das mulheres, pelas quais não são remuneradas, acabam sendo perdidas nos dados econômicos nacionais, bem como o que isso representa para a forma como pensamos sobre as contribuições das mulheres para a família e para a economia em geral. Ela forneceu ferramentas para revisar os dados com o objetivo de neles incluir o trabalho não remunerado.[33] Esse impulso para incluir o trabalho não remunerado nas contas nacionais continua: em 2016, o Bureau of Economic Analysis forneceu dados que mostram que a incorporação da "produção doméstica não mercantil" elevou o tamanho do produto interno bruto em 37%, em 1965; e em 23%, em 2014.[34] De forma especial, essa pesquisa é conceitualmente semelhante ao trabalho que Piketty está fazendo agora com Emmanuel Saez e Gabriel Zucman, ao buscarem a incorporação de dados de distribuição nas contas nacionais.[35]

Também como Piketty, a economia feminista busca ir além das limitações do modelo-padrão, além de prestar atenção às instituições e à pesquisa interdisciplinar. A economia feminista incorpora a ideia de que o mercado funciona dentro das estruturas sociais. Portanto, descobrir a natureza de como o mercado funciona dentro dessas estruturas é importante. Como escreve Nelson,

33. M. Waring, *If Women Counted: A New Feminist Economics*, com int. de Gloria Steinem, São Francisco, Harper, 1990.

34. Bridgman et al., "Accounting for Household Production in the National Accounts, 1965-2010"; Bridgman, "Accounting for Household Production in the National Accounts: An Update, 1965-2014"; Id., "Home Productivity", Bureau of Economic Analysis, fev. 2013, disponível em: http://bea.gov/papers/pdf/homeproductivity.pdf. Veja também D. Ironmonger, F. Soupourmas, "Output-Based Estimates of the Gross Household Product of the United States 2003-2010: And Some Interactions of GHP with Gross Market Product during the Great Financial Crisis (2008-2009)", apresentado na 32ª Conferência Geral da Associação Internacional para Pesquisa em Renda e Riqueza, Boston, 2012, disponível em: http://www.iariw.org/papers/2012/IronmongerPaper.pdf.

35. T. Piketty, E. Saez, G. Zucman, "Distributional National Accounts: Methods and Estimates for the United States", *Working Paper*, 2 dez. 2016, disponível em: http://gabriel-zucman.eu/files/PSZ2016.pdf.

"o reconhecimento da importância das crenças sociais e das estruturas de poder na criação dos resultados econômicos de gênero permaneceu uma marca registrada da economia feminista".[36] Uma importante contribuição inicial foi a de repensar sobre o "homem econômico racional", em consonância com a ênfase mais geral na economia comportamental. Em *Beyond Economic Man* [Além do homem econômico], uma compilação publicada em 1993, editada por Julie Nelson e Marianne Ferber, que ajudou a lançar esse campo de estudo, os pesquisadores investigaram a importância das crenças sociais e das estruturas de poder na economia.[37] Muitos estudos em economia feminista concluem que as instituições e as normas sociais moldam os resultados do emprego, mas vão além do que Piketty está disposto a ir. Especificamente, a economia feminista há muito se preocupa com as instituições que continuam a gerar diferenças nos resultados econômicos de acordo com o gênero e a raça, que não são associadas às diferenças de produtividade.

Pode ser que a falta de atenção de Piketty quanto às diferenças demográficas seja motivada por suas seleções de dados. Embora o conjunto de dados de Piketty seja único e forneça uma visão histórica da renda e da riqueza, como qualquer conjunto de dados ele tem limitações que afetam a derivação de seus conceitos-chave. A unidade de análise dos dados nos quais Piketty e seus colegas mais confiam, para os Estados Unidos, é a "unidade tributária", que, normalmente, é uma família, ainda que os membros da família possam constar separadamente. Por si sós, esses dados administrativos não fornecem informações detalhadas sobre dados demográficos — em particular, raça e etnia — ou relações familiares. Os pesquisadores podem ser capazes de combiná-los com outros dados usando as informações de identificação exclusivas de um indivíduo, mas poucos estudiosos têm acesso a esse nível de detalhe. Em geral, os dados em que Piketty se baseia não deixam claro o que acontece dentro das famílias nem como a riqueza é acumulada conforme a raça e etnia e, como tal, é bastante difícil — para não dizer impossível — ver como ela está integrada às instituições sociais, apenas com base nesses dados.

A falta de atenção à demografia é bastante diferente daquilo que os estudiosos pensaram sobre a desigualdade antes da pesquisa inovadora de Piketty e

36. Nelson, "Feminist Economics".

37. J. A. Nelson, M. A. Ferber, *Beyond Economic Man: Feminist Theory and Economics*, Chicago, University of Chicago Press, 1993.

Saez, e pode haver algo a aprender a partir da combinação dos dois. Os estudos acadêmicos sobre desigualdade, a partir das décadas de 1980 e 1990, normalmente se concentravam em entender as explicações do capital humano para as disparidades entre indivíduos ou famílias, com atenção à raça e gênero. Essa pesquisa procurou reconciliar o otimismo do modelo-padrão com a realidade emergente de disparidades contínuas nos resultados que não poderiam ser explicadas por diferenças identificáveis na produtividade. Essa pesquisa explorou um maior acesso ao poder da computação e se concentrou em pesquisas nacionais de grande escala, o que, para os Estados Unidos, na maioria das vezes, significava a Pesquisa de População Atual do U.S. Census Bureau e outras pesquisas de nível nacional.[38]

Uma preocupação mais profunda é a de que Piketty falha em investigar o componente de gênero das instituições e das normas que afetam diretamente a dinâmica que ele argumenta ser a mais importante. Embora o próprio Piketty diga que a desigualdade está relacionada às instituições, ele não consegue pensar em como o casamento e a família afetam a transmissão da riqueza na economia moderna. Uma indicação dessa falta de atenção é sua escolha (em sua língua nativa, o francês) ao rotular o sistema atual de "capitalismo patrimonial". Piketty usa esse termo para descrever uma economia baseada na herança, mas, para o nativo de um país anglo-saxão, a palavra "patrimônio" não significa herança. Em inglês, o prefixo "pater" nas palavras significa "pai". A palavra "patrimônio" significa um sistema de herança *por meio da linha masculina* — e, portanto, a expressão "capitalismo patrimonial" implica um conjunto de instituições e práticas que excluiriam, sistematicamente, as mulheres dessa transferência de riqueza.[39]

Embora este não seja o ponto de Piketty, haveria uma revelação subjacente aqui? Apesar do autor, obviamente, não ter tido a intenção de dizer que a

38. Há uma extensa literature quanto a isso, mas veja, por exemplo, S. Danziger, P. Gottschalk, *America Unequal*, Nova York, Russell Sage Foundation, 1995.

39. Entrei em contato com Art Goldhammer, que traduziu *O capital no século XXI* do francês para o inglês, para saber se a palavra "patrimônio" tinha ou não um significado de gênero em francês. Ele disse que não; no francês original, *patrimoine* "é um termo de gênero neutro. [...] *Patrimoine* significa simplesmente riqueza ou herança. *Le patrimoine national* refere-se à riqueza nacional em um sentido econômico e cultural. Diz-se que os museus, por exemplo, preservam 'o patrimônio nacional'". Goldhammer também observou que a tradução da palavra "patrimônio" era uma preocupação; no entanto, "depois de algumas idas e vindas, [eles] decidiram que seria melhor apenas mantê-la próxima ao sentido da palavra em francês, e deixar que o texto defina como Thomas a utiliza".

herança é apenas através do "pater", em nenhum momento ele explorou o contexto de gênero da herança, como Jane Humphries apontou em sua análise no *Feminist Economics*. Por exemplo, ele inclui muitas passagens de narração de histórias do início do século XIX para elevar o papel das instituições ou das normas culturais em torno dos padrões de casamento e de herança, mas não comenta sobre a natureza de gênero delas. O único momento em que a palavra "gênero" aparece na obra *O capital no século XXI* é quando Piketty discute acerca da desigualdade na renda do trabalho para aqueles que estão na metade inferior do mercado de trabalho.[40]

É compreensível que alguns conceitos não possam ser traduzidos entre os idiomas sem alguma perda de significado, mas o papel que o gênero desempenha na herança, hoje e historicamente, é muito relevante para a tese de Piketty. Nos Estados Unidos, continuamos a ter altos níveis de desigualdade entre gênero e raça, e a ideia de que estamos nos movendo para um novo capitalismo patrimonial não pode ser despojada das implicações de gênero. Não podemos ignorar como a economia é vista por gênero, no que se refere aos estoques de riqueza, da riqueza herdada e, particularmente, do mercado de trabalho.

Essa investigação também é importante porque, até agora, tem havido muito poucos estudos feministas explicitamente envolvidos com o livro *O capital no século XXI*. Na primavera de 2014, enquanto os coeditores deste livro se preparavam para reunir uma lista de potenciais estudiosos para contribuir com ele, pesquisamos todas as análises disponíveis sobre *O capital no século XXI*. Encontramos mais de setecentas páginas de texto disponibilizado on-line, mas muito poucas mulheres — em número com apenas um dígito — que compartilharam suas impressões sobre a obra naquele momento. No mês de agosto seguinte, Kathleen Geier escreveu que estava ciente de apenas uma crítica feminista, publicada por Zillah Eisenstein, e decidiu mudar isso pedindo a cinco mulheres (inclusive eu) que cuidassem dessa questão.[41] Esse exemplo foi rapidamente seguido por Diane Perrons, através do artigo publicado no

40. J. Humphries, "Capital in the Twenty-First Century", *Feminist Economics* 21, n. 1, 2 jan. 2015, pp. 164-173. disponível em: doi:10.1080/13545701.2014.950679.

41. K. Geier, "How Gender Changes Piketty's 'Capital in the Twenty-First Century'", *The Nation*, 6 ago. 2014, disponível em: http://www.thenation.com/article/how-gender-changes-pikettys-capital-twenty-first-century/.

The British Journal of Sociology, no qual ela destaca como a identidade de gênero desempenha um papel tanto na experiência da desigualdade quanto nos processos sociais através dos quais ela se desenvolve.[42]

Adicionando uma lente de gênero a Piketty

Vimos como a atenção ao gênero afetou a teoria econômica-padrão. O que isso significa para Piketty? Como seriam suas previsões, especificamente para o século XXI, sob as lentes feministas? Lembre-se de que, na visão de Piketty, estamos entrando em uma nova era do capitalismo patrimonial em que, ao longo do tempo, os super-ricos mudarão a fonte de sua renda, do trabalho para o capital, e nos trarão de volta ao tipo de economia baseada na herança, que caracterizou o século XIX e os anteriores. Mas, como Piketty reconhece, o mundo mudou. Uma mudança institucional fundamental é a de que as mulheres têm direitos legais e econômicos iguais aos dos homens. Hoje Jane Austen poderia ganhar um alto salário e também receber uma herança compartilhada com seu irmão. Na verdade, mudanças na primogenitura significam que poderia haver mulheres com tempo livre ao lado de homens com tempo livre. Começo explorando as implicações que a adição de uma lente de gênero significa para os dados; e, em seguida, passo para as questões que isso representa, a fim de avaliar a validade das previsões pessimistas de Piketty.

Dados: questões de gênero

Começo, como Piketty faz, com os dados. A análise descritiva de Piketty se concentra nas tendências de desigualdade usando dados de registros fiscais. Mas essa análise falha em considerar como a economia meritocrática e o acasalamento seletivo afetam o caminho da desigualdade, seja para aqueles no topo, seja para os demais na pirâmide da distribuição. No Capítulo 11, "Mérito e herança no longo prazo", Piketty não discute o papel de um maior número de empregos para as mulheres ou do casamento seletivo na definição dos padrões de herança, nem discute a dinâmica de gênero (ou de raça) de quem chega a

42. D. Perrons, "Gendering Inequality: A Note on Piketty's *Capital in the Twenty-First Century*", *British Journal of Sociology* 65, n. 4, 2014, pp. 667-677, disponível em: doi:10.1111/1468-4446.12114.

ser um "superexecutivo". No entanto, não é possível entender os padrões de herança sem entender as instituições sociais, econômicas e culturais que cercam o casamento, as relações de gênero e a família.

Historicamente, os mercados de casamento foram criados para que as famílias pudessem não apenas repassar sua riqueza, mas também garantir seu lugar na sociedade. Piketty costuma apontar para os romances de Jane Austen, em que muitas de suas heroínas visitam Londres ou Bath, na primavera, para participar dos rituais de acasalamento da sociedade britânica. De acordo com a história de casamento de Lawrence Stone, na Inglaterra:

> O desenvolvimento de um mercado de casamento nacional em Londres e em Bath, na segunda metade do século XVIII, ampliou muito o grupo de cônjuges potencialmente satisfatórios do ponto de vista dos pais de classe alta, porque aumentou o número de cônjuges em potencial que atenderiam as necessidades financeiras e qualificações sociais.[43]

Não eram apenas as classes altas. Famílias de classe baixa também usavam o casamento como meio de manter o lugar da família. Um camponês poderia expandir suas propriedades de terra fazendo com que seu filho se casasse com a filha de um vizinho com um dote de terra ou gado. Piketty, é claro, reconhece essa dinâmica, e é por isso que inclui em sua obra muitas citações de Balzac e Austen e de outros autores dos séculos XVIII e XIX. Esses romances ilustram como os mercados de casamento funcionavam sob o antigo capitalismo patrimonial: aqueles sem riqueza herdada eram encorajados a se concentrar em casar em famílias que pudessem melhorar sua condição de vida, o que muitas vezes significava procurar se casar com alguém um pouco mais rico do que você.[44]

---

43. Citação tirada de J. Ermisch, M. Francesconi, T. Siedler, "Intergenerational Mobility and Marital Sorting", *Economic Journal* 116, jul. 2006, pp. 659-679; veja também L. Stone, *The Family, Sex and Marriage: In England, 1500-1800*, Nova York, Harper and Row, 1977.

44. Stone, *Family, Sex and Marriage*; R. Chatier, coord., *Passions of the Renaissance*, trad. A. Goldhammer, vol. 3 de *A History of Private Life*, Cambridge, MA, Belknap Press of Harvard University Press, 1993, disponível em: http://www.hup.harvard.edu/catalog.php?isbn=9780674400023; M. Perrot, coord., *From Fires of Revolution to the Great War*, trad. A. Goldhammer, vol. 4 de *A History of Private Life*, Cambridge, MA, Belknap Press of Harvard University Press, 1990, disponível em: http://www.hup.harvard.edu/catalog.php?isbn=9780674400023.

Piketty usa passagens de ficções históricas, mas não enfoca as implicações de gênero (ou de raça) delas. Elas também trazem à tona a importância da família para determinar o lugar de alguém na sociedade, bem como se o indivíduo pode passar para a sociedade de elite. Por exemplo, ele aponta para a personagem de Honoré de Balzac, Eugène de Rastignac. Na obra *O pai Goriot*, um personagem sombrio chamado Vautrin diz a Rastignac que, para ser verdadeiramente rico, ele não deve se dedicar ao estudo da lei e exercer uma profissão; em vez disso, ele deve se casar com uma mulher rica. Vautrin sugere uma mulher que não era bonita nem atraente, mas que estaria disposta. Acontece que a herdeira que Vautrin sugere não é filha legítima de seu rico pai; então, para acessar sua herança, Rastignac deve assassinar o irmão dela, que teve a previdência (ou não, como se viu) de nascer dentro das restrições do casamento legal.[45] Esse exemplo ilustra três pontos importantes sobre a instituição do casamento e da riqueza. Em primeiro lugar, na época do romance, o capital — não o trabalho —, era a fonte de riqueza futura. Em segundo lugar, o acúmulo de riqueza afetou a escolha do cônjuge. E, em terceiro lugar, isso coincidiu com as restrições específicas de policiamento da sexualidade. Se dispor de uma alta renda decorre da herança de um estoque de capital, saber quem é o herdeiro legítimo é fundamental. Piketty foca no primeiro ponto, mas não trata do segundo ou do terceiro.

Enquanto Piketty se vale de documentos culturais para demonstrar como o antigo capitalismo patrimonial estava inserido em um contexto social específico, ele se transforma em um economista sóbrio quando se trata de descrever o contexto social de hoje. Ele não diz quase nada sobre as normas culturais ou sociais de hoje, nem faz referências extensivas a romances modernos — ou aos reality shows da TV —, nem discute como a raça, a etnia ou o gênero afetam o modo como a riqueza de hoje é obtida e acumulada. Assim como no passado, encontrar o parceiro certo continua sendo a chave para acumular riqueza, como também para garantir o lugar dos filhos na sociedade. Hoje, esses rituais de acasalamento parecem muito diferentes. Agora, os indivíduos estão focados não apenas em obter educação e treinamento para conseguir os empregos no topo da escala de renda, mas igualmente interessados em verificar se um parceiro em potencial tem o emprego "certo" ou as credenciais educacionais para conseguir esse emprego no futuro. Para todas

45. T. Piketty, op. cit.

as famílias, exceto as mais ricas, os ganhos das mulheres se tornaram cada vez mais importantes para a renda familiar. Além disso, as famílias transferem seu lugar na sociedade se certificando de que seus filhos (independentemente de seu gênero, em grande parte) acumulem o capital humano certo e tenham as conexões para acessar os melhores trabalhos.[46]

A decisão sobre com quem se casar continua sendo importante para a determinação de sua situação econômica. O que difere — e sobre o que os dados de Piketty não nos dizem nada — é como as famílias estão combinando as rendas. A literatura sobre acasalamento seletivo nos diz que homens e mulheres que ganham muito estão cada vez mais se casando. Isso é consistente com pesquisas sobre o que as pessoas procuram em um cônjuge, que mostram um aumento nas preferências por alto potencial de rendimentos, e que isso é verdadeiro tanto para mulheres quanto para homens. Os homens ainda tendem a valorizar a aparência mais do que as mulheres, mas tanto homens quanto mulheres valorizam cada vez mais um(a) parceira(o) que também seja um provedor(a) em potencial. Essas preferências, juntamente com níveis mais altos de educação e de rendimentos entre as mulheres em geral, levaram a um aumento no acasalamento seletivo, com os cônjuges detendo níveis semelhantes em termos de poder aquisitivo.[47]

Existe também a questão da geografia. Os mercados de casamento tendem a ser locais — as pessoas se casam com outras que moram em suas cidades ou vilarejos — e, como o aumento da desigualdade de renda ocorre em todos os lugares, isso também pode agravar o acasalamento seletivo. Nos Estados Unidos, os empregos mais bem pagos estão concentrados em algumas cidades — como Nova York, São Francisco, Boston, Washington, DC — e essas cidades atraem pessoas ambiciosas e com alto nível de escolaridade.[48] A concentração geográfica de bons empregos estimula a concentração dos mercados

46. Para mais informações sobre esse ponto, veja o Capítulo 4 do *Heather Boushey, Finding Time: The Economics of Work-Life Conflict*, Cambridge, MA, Harvard University Press, 2016.

47. D. M. Buss et al., "A Half Century of Mate Preferences: The Cultural Evolution of Values", *Journal of Marriage and Family* 63, n. 2, 1 maio 2001, pp. 491-503, disponível em: doi:10.1111/j.1741-3737.2001.00491.x.

48. Secretaria de Análises Econômicas dos Estados Unidos, "Table CA1. Personal Income Summary: Personal Income, Population, Per Capita Personal Income", disponível em: http://www.bea.gov/iTable/iTableHtml.cfm?reqid=70&step=30&isuri=1&7022=20&7023=7&7024=non-industry&7033=-1&7025=5&7026=xx&7027=2014&7001=720&7028=-1&7031=5&7040=-1&7083=levels&7029=20&7090=70. Acesso em: 17 maio 2016.

de casamento nesses locais. Depois, é claro, há a faculdade, onde os jovens se preparam para bons empregos. Esses também servem como locais onde operam os mercados de casamento nos Estados Unidos do século XXI. Caso em questão: Susan Patton, ex-aluna de Princeton, da turma de 1977, escreveu recentemente uma carta aberta aos formandos incentivando-os a "encontrar um marido na universidade antes de se formar". Ela ressaltou que seus colegas de faculdade provavelmente seriam o grupo mais impressionante de casais em situação de casamento que eles jamais encontrariam. Ela ressaltou que, na economia de hoje, com quem você se casa pode ter um efeito tão grande sobre suas perspectivas de vida como suas decisões de carreira, mas por razões muito diferentes daquelas feitas pelos mais abastados da sociedade há um século ou mais.[49]

Os padrões de casamento tendem a reforçar o lugar da pessoa na hierarquia econômica, afetando os padrões de desigualdade e a mobilidade econômica. A pesquisa mostra que os rendimentos individuais de maridos e esposas são altamente correlacionados com os rendimentos de seus *parentes por afinidade* e com os rendimentos de seus próprios pais. Laura Chadwick e Gary Solon constataram que "os rendimentos dos cônjuges parecem ser tão elásticos quanto os próprios rendimentos dos filhos em relação à renda dos pais".[50] Nos Estados Unidos, a elasticidade do ganho familiar das filhas em relação à renda dos pais é de cerca de 0,4.[51] Em um estudo sobre a Alemanha e a Grã-Bretanha, John Ermisch, Marco Francesconi e Thomas Siedler constataram que cerca de 40% a 50% da covariância entre os pais e a própria renda familiar permanente deles pode ser atribuída à pessoa com a qual se casou. Esse efeito é impulsionado por uma forte correlação conjugal no capital humano.[52] Piketty rejeitou a mobilidade econômica como uma forma de reduzir a desigualdade, mas seus dados não lhe permitem ver o papel desempenhado pelos padrões de casamento.

49. S. Patton, "Letter to the Editor: Advice for the Young Women of Princeton: The Daughters I Never Had", *Daily Princetonian*, 29 mar. 2013, disponível em: http://dailyprincetonian.com/opinion/2013/03/letter-to-the-editor-advice-for-the-young-women-of-princeton-the-daughters-i-never-had/.

50. Laura Chadwick e Gary Solon, "Intergenerational Income Mobility among Daughters", *American Economic Review* 92, n. 1, mar. 2002, p. 343.

51. Ibidem.

52. Ermisch, Francesconi, Siedler, "Intergenerational Mobility and Marital Sorting".

A alta correlação de renda entre famílias parece semelhante aos mercados de casamento descritos em um romance de Jane Austen. Podemos ver os mesmos tipos de invocações culturais na sociedade de hoje. Considere as palavras da diretora de operações do Facebook, Sheryl Sandberg, que, em seu livro *Faça acontecer: mulheres, trabalho e a vontade de liderar*, conta como encontrar o parceiro certo pode fazer toda a diferença. Ela cita exemplos de seu próprio casamento com Dave Goldberg (que morreu tragicamente logo depois) para mostrar como ter um parceiro que apoia sua carreira pode ajudar a ter sucesso no local de trabalho. Sandberg está falando, especificamente, para mulheres jovens, mas esse conselho certamente vai nos dois sentidos.[53]

Há também, no entanto, evidências de que o aumento do emprego das mulheres reduziu a desigualdade entre as famílias, retardando o processo de mudança para uma sociedade baseada na herança. Em um estudo recente, Brendon Duke utiliza o método desenvolvido por Maria Cancian e Deborah Reed para medir como as mudanças nos rendimentos das mulheres casadas afetam as mudanças na desigualdade.[54] Cancian e Reed estimaram o nível de desigualdade, para o ano de 1989, se os rendimentos das mulheres casadas não tivessem mudado desde 1979. Duke estendeu essa análise para o período de 1963 a 2013, e descobriu que

> a desigualdade teria crescido 38,1%, entre 1963 e 2013, se os rendimentos das mulheres casadas não tivessem mudado, em comparação com o crescimento observado de 25%. Sem mudanças nos rendimentos das mulheres durante esse período de cinquenta anos, a desigualdade teria crescido 52,6% mais rápido.[55]

Os padrões de casamento também afetam os legados, assim como o fato de que aquilo que muitas famílias estão dando a seus filhos é o acesso ao emprego certo, em vez de (ou além de) um estoque de capital financeiro ou físico, como

53. S. Sandberg, *Faça acontecer: mulheres, trabalho e a vontade de liderar*, São Paulo, Companhia das Letras, 2013.

54. B. Duke, "How Married Women's Rising Earnings Have Reduced Inequality", Centro para o Progresso Americano, set. 2015, disponível em: https://www.americanprogress.org/issues/women/news/2015/09/29/122033/how-married-womens-rising-earnings-have-reduced-inequality/; M. Cancian, D. Reed, "Assessing the Effects of Wives' Earnings on Family Income Inequality", *Review of Economics and Statistics* 80, n. 1, 1 fev. 1998, pp. 73-79.

55. Duke, op. cit.

seria mais provável de acontecer antes do século XX. Uma das coisas mais impressionantes sobre a economia dos Estados Unidos, nas últimas décadas, é a divisão acentuada que surgiu nos padrões de renda das famílias. Era comum que a maioria dos filhos — e certamente não todos — fossem criados em famílias de casais casados, em todos os níveis da escala de renda.[56] De acordo com a análise realizada por Philip Cohen, em 1960, entre as famílias no terço inferior da distribuição de renda, pouco menos de uma, em cada cinco crianças de 14 anos ou menos, vivia com uma mãe solteira, em comparação com pouco mais de duas, em cada cinco, no ano de 2012.[57] Agora, porém, as famílias no topo continuam a criar filhos dentro do casamento — normalmente com a mãe e o pai em um emprego com uma remuneração bastante elevada —, enquanto as crianças em famílias na parte inferior da distribuição de renda, e agora muitas no meio, estão vivendo com um dos pais solteiros que trabalham, sendo, na maioria das vezes, a mãe.[58]

Essas mudanças nos padrões familiares, juntamente com a necessidade de investir de maneira acentuada no capital humano das crianças, abriram uma divisão entre as famílias. Sara McLanahan indica que as famílias constituídas por pais que trabalham e prorrogam o casamento e o nascimento dos filhos são menos propensas ao divórcio ou a ter filhos fora do casamento, e têm alto índice de empregos maternos. Em comparação com suas contrapartes, há quarenta anos, suas mães eram mais velhas e com maior probabilidade de trabalhar em empregos bem remunerados. Eles também estão investindo pesadamente na educação dos filhos.[59] Annette Lareau menciona, em seu estudo, que as famílias de classe média alta se concentram no que ela chama de "cultivo coordenado", ou uma ênfase no desenvolvimento dos talentos de uma criança, o que requer

56. P. Cohen, "Family Diversity Is the New Normal for America's Children", Council on Contemporary Families Brief Reports, 4 set. 2014.

57. Boushey, *Finding Time*, fig. 3.2.

58. A. J. Cherlin, *Labor's Love Lost: The Rise and Fall of the Working-Class Family in America*, Nova York, Russell Sage Foundation, 2014.

59. S. McLanahan, "Diverging Destinies: How Children Are Faring under the Second Demographic Transition", *Demography* 41, n. 4, 2004, pp. 607-627, disponível em: doi:10.1353/dem.2004.0033. De acordo com dados de Andrew Cherlin, Elizabeth Talbert e Suzumi Yasutake, entre as mulheres de 26 a 31 anos que deram à luz em 2011, daquelas com diploma universitário, menos de uma em cada três mulheres era solteira, em comparação com 63% delas sem um diploma universitário. A. J. Cherlin, E. Talbert, S. Yasutake, "Changing Fertility Regimes and the Transition to Adulthood: Evidence from a Recent Cohort", Universidade Johns Hopkins, 3 maio 2014.

muito tempo e pode ser um desafio para as famílias em que o pai e a mãe atuam profissionalmente, com dupla renda. Portanto, aqueles que podem se dar ao luxo de terceirizar, de maneira frequente, esse trabalho para tutores ou matricular os filhos em atividades extracurriculares caras ou em cursos de verão assim o fazem, além de investir tempo no desenvolvimento de seus filhos.[60] Tudo isso significa que as crianças nascidas nas famílias mais favorecidas têm muito mais recursos econômicos, bem como altos níveis de envolvimento dos pais em suas necessidades emocionais e desenvolvimento, em comparação com crianças em famílias de baixa renda ou mesmo de classe média.

Previsões: o gênero importa?

Como qualquer boa teoria econômica, a mudança nas relações de gênero tem duas implicações possíveis para as previsões de Piketty. Elas atuam em direções opostas. Em primeiro lugar, embora possamos estar nos movendo em direção a uma sociedade que leva muito em conta a herança, as reservas de capital transmitidas serão menores em relação ao que ocorria no século XIX, quando a maior parte da herança seguia para o homem mais velho, mesmo que ele também tivesse uma obrigação social — quando não legal — para com seus irmãos ou a mãe viúva. Esse não é mais o caso para os jovens herdeiros de hoje. Os pais normalmente deixam legados iguais para os filhos e, mesmo que um filho herde mais, em geral eles não são obrigados a sustentar outros membros da família, com base na lei ou por outro meio. A divisão da riqueza familiar entre os filhos vai diminuir a taxa de concentração de capital, mas ainda pode produzir o "retorno de Piketty ao século XIX", no tempo devido. Em segundo lugar, está a questão de como os ricos agirão. Piketty aponta que as elites econômicas têm poder político e que os "superexecutivos" têm poder econômico, mas ele não define se, ou como, esses poderes podem ser usados para reverter as regras que (re)capacitam o alto posto dos homens na hierarquia econômica.

A Tabela 15.1 resume os contornos básicos dos sistemas econômicos que levam em conta a herança, nos séculos XIX, XX e XXI, e o que isso significa para os direitos civis e econômicos das mulheres hoje e no futuro. Parece-me que existem dois cenários. O primeiro é que a identidade de gênero não importa.

60. A. Lareau, *Unequal Childhoods: Class, Race, and Family Life*, 2. ed., Berkeley, University of California Press, 2011.

Os pais ricos deixarão suas propriedades em igual medida às filhas e aos filhos. A quantia que cada filho herda será menor do que em sistemas econômicos nos quais um único filho herda, mas essa nova prática — combinada com pressões econômicas contínuas para manter alta produtividade e fazer uso de talentos masculinos e femininos no local de trabalho — promoverá a equidade de gênero contínua no topo. O segundo é um futuro distópico em que as mulheres perdem os direitos civis e econômicos. Nesse cenário, os ricos — que são predominantemente homens — usam seu poder econômico e político aprimorado para desmantelar as proteções de igualdade de gênero. Isso é plausível? Sim, porque confiscar herança é mais fácil do que confiscar capital humano. Ironicamente, esse é um mecanismo impulsionado pelo gênero para nos levar de volta ao mundo de Austen, mesmo que Piketty não mencione a questão relativa ao gênero em sua análise do século XIX ou XX.

Tabela 15.1 Economias baseadas na herança e normas de gênero

	Século XIX	**Século XX**	**Século XXI**
Fonte de renda para os 10% mais ricos	Capital	Trabalho	Capital
Padrão de herança para os ricos	Jane Austen	Sheryl Sandberg	???
Direitos civis/econômicos das mulheres	Direitos civis limitados; sem direitos de propriedade	Direitos civis iguais; plenos direitos de propriedade	???

As implicações para nosso prognóstico sobre g podem ser significativas, e vale a pena fazer uma pausa para expô-las. Como Piketty observa no Capítulo 2 de *O capital no século XXI* (e como foi bem documentado na economia-padrão), o crescimento depende da demografia e, especialmente, do crescimento populacional, junto com o capital humano e a inovação tecnológica. O caminho distópico não apenas reduz a equidade econômica e política, mas também prejudica o crescimento econômico, acelerando a previsão de Piketty quanto a uma desigualdade sempre crescente.

Primeiro, vamos considerar o crescimento populacional. O nível de direitos econômicos e políticos das mulheres desempenha um papel bem estudado nos padrões de fertilidade. Onde as mulheres têm maiores direitos civis e oportunidades econômicas, elas têm menos filhos, e os filhos que têm tendem a viver mais. Isso acontece em parte porque, à medida que as mulheres ganham direitos econômicos, elas ganham acesso a cuidados de saúde e outros serviços que aumentam a probabilidade de qualquer criança chegar à idade adulta. Além disso, as mulheres com poder econômico e político têm maior capacidade, como indivíduos, de controlar sua própria fertilidade, bem como de promover políticas que concedam às mulheres esse direito de maneira mais geral.

Em segundo lugar, e tão importante quanto, as mulheres com maior controle sobre a fertilidade e a capacidade de contribuir para a economia têm um efeito direto sobre os tipos de investimentos feitos no capital humano futuro, incluindo a inovação futura. Como as famílias têm menos filhos, elas investem mais em cada filho. As meninas têm acesso à educação, levando a maiores retornos econômicos futuros — o que também melhora o desenvolvimento infantil, mesmo que a mulher nunca chegue ao mercado de trabalho. Em uma sociedade com maior igualdade de gênero, em que as mulheres são efetivas participantes da economia, elas serão capazes de exigir apoio governamental e social para enfrentar o conflito entre o trabalho e a vida familiar, *além de* promover investimentos em capital humano na próxima geração, todos os quais, conforme observado anteriormente, irão melhorar *g*.

Piketty enfatizou a importância das transferências de capital *vis-à-vis* os investimentos na educação das crianças, mas ele não considera o lado familiar da equação, observando apenas que as decisões de procriação

> são influenciadas por fatores culturais, econômicos, psicológicos e pessoais relacionados aos objetivos de vida que os indivíduos escolhem para si próprios. Essas decisões também podem depender das condições materiais que diferentes países decidam oferecer, ou não, para compatibilizar a vida familiar com a vida profissional: escolas, creches, igualdade de gênero, etc. Essas questões, sem dúvida, desempenharão um papel crescente no debate político e nas políticas públicas do século XXI.[61]

Ter ou não essa conversa sobre as políticas cabíveis depende de estarmos trilhando o caminho da equidade de gênero contínua ou da distopia.

61. T. Piketty, op. cit.

O cenário otimista: igualdade de gênero contínua

No apogeu do capitalismo patrimonial, nos séculos XVIII e XIX, a herança era patrilinear por lei. Historicamente, as mulheres nos Estados Unidos (e de acordo com a lei consuetudinária inglesa) estavam sujeitas ao que foi chamado de "cobertura", o que significa que perdiam todos os direitos aos bens depois de casadas. Nos Estados Unidos, algumas dessas leis foram revogadas pelas "Leis de Propriedade das Mulheres Casadas" (Married Women's Property Acts), uma série de leis estaduais aprovadas a partir de 1839 e expandidas nas décadas subsequentes. Mas foi só na década de 1960 que todos os aspectos desse confisco foram eliminados. Até a década de 1960, as mulheres casadas nos Estados Unidos não podiam abrir uma conta bancária sem a permissão do marido, e, só depois da aprovação da Lei da Igualdade de Oportunidades de Crédito, em 1974, é que se tornou ilegal discriminar mulheres em questões de acesso ao crédito.[62] O ritmo lento de mudança nas leis em relação à herança não é um problema apenas dos Estados Unidos. Foi apenas com a implementação do Acordo de Perth em toda a Comunidade Britânica de Nações, em 2015, que as leis da primogenitura foram alteradas, da primogenitura de preferência masculina para a primogenitura absoluta.[63] Assim, se o primeiro filho do príncipe William e da duquesa de Cambridge Kate fosse uma menina, ela teria sido a herdeira legítima do trono, mesmo que eventualmente ela tivesse um irmão mais novo.

Pode-se argumentar que a natureza igualitária das leis e os padrões de herança de hoje tendem a ter uma forte dependência de trajetória.* Certamente, dentro das famílias, não vemos pais escolhendo dar mais a seus filhos do que a suas filhas. Pesquisas econômicas constataram que — pelo menos nos Estados Unidos — os pais concedem legados razoavelmente iguais para seus filhos,

62. L. Speth, "The Married Women's Property Acts, 1839-1865: Reform, Reaction, or Revolution?", *The Law of Sex Discrimination*, coord. por J. Ralph Lindgren et al., 4. ed., Boston, MA, Wadsworth, 2010, p. 12-17; Lei da Igualdade de Oportunidades de Crédito, 15 U.S. Code § 1691.

63. N. Clegg, "Commencement of Succession to the Crown Act 2013", Parlamento Britânico, 26 mar. 2015, disponível em: http://www.parliament.uk/business/publications/written-questions-answers-statements/written-statement/Commons/2015-03-26/HCWS490/.

* A chamada dependência de trajetória explica como algumas decisões ou atitudes que continuam sendo tomadas hoje são limitadas pelas decisões que já foram tomadas no passado, mesmo que as circunstâncias passadas já não sejam mais relevantes ou não façam mais sentido. [N.T.]

sejam homens ou mulheres. De acordo com a pesquisa de Paul Menchik, esse padrão não é alterado em relação a propriedades muito valiosas:

> A proporção do legado recebido pelos homens não aumenta significativamente de acordo com o tamanho da propriedade doada, e a elasticidade de riqueza da herança quanto aos homens é igual à unidade. Filhos primogênitos, ou mais velhos, não recebem legados maiores do que seus irmãos nascidos mais tarde.[64]

Piketty reconhece que os padrões de herança de hoje são mais amplamente dispersos. Em sua análise em relação ao que ocorre na França, ele constatou que, embora o estoque de heranças tenha voltado a subir para níveis elevados, ele está disperso por mais pessoas, o que faz, portanto, que qualquer herança seja menor. Isso mantém a pressão sobre os indivíduos para que se concentrem nos ganhos decorrentes do mercado de trabalho, ao lado de qualquer herança que possam receber. Isso, por sua vez, incentiva os altos investimentos em capital humano e o acasalamento seletivo descrito anteriormente, que temperam as conclusões de Piketty e que são dignas de estudos futuros. Quanto mais equitativos os padrões de herança entre homens e mulheres, maior a equidade na distribuição geral da riqueza, o que poderia manter o ritmo de crescimento de *r* mais lento do que de outra forma ao longo do tempo.[65]

No entanto, há evidências de que os pais conferem diferentes tipos de riqueza a seus filhos e filhas, e há algumas poucas evidências de que as filhas recebem menos investimento em capital humano do que os filhos. Enquanto as mulheres têm a mesma probabilidade que os homens de herdar a riqueza dos pais, os homens têm mais probabilidade de herdar os negócios da família. De acordo com Paul Menchik (como indicado em um texto antigo, como se sabe), "as evidências sobre os padrões de transmissão dos ativos de negócios sugerem que o filho tem mais probabilidade de herdar uma empresa

64. P. Menchik, "Primogeniture, Equal Sharing, and the U.S. Distribution of Wealth", *Quarterly Journal of Economics* 94, n. 2, mar. 1980, p. 314.

65. Ibid., p. 301. Menchik destaca que, "embora os modelos [Blinder, Stiglitz, Pryor] apresentados divirjam consideravelmente em termos de metodologias e premissas, eles são semelhantes em um aspecto. Para todos eles, a partilha igual prevê menos desigualdade distributiva do que a primogenitura e, em geral, quanto menor o grau de desigualdade de herança dentro da família, menor o grau previsto de desigualdade distributiva".

familiar se for administrada pelo proprietário, mas a riqueza em si é herdada de forma igual, independentemente do sexo".[66] A literatura sociológica indica que os pais fazem maiores investimentos financeiros na educação dos filhos do sexo masculino, mesmo atualmente nos Estados Unidos. Seth Stephens-Davidowitz usa o novo método de estudar as pesquisas realizadas através do Google, e descobriu que os pais, nos Estados Unidos, que recorrem ao Google, têm duas vezes e meia mais probabilidade de perguntar "meu filho é talentoso?" do que "minha filha é talentosa?". Eles também são duas vezes mais propensos a perguntar como fazer suas filhas perderem peso do que sobre o peso de seus filhos.[67] Parece que o foco na aparência da filha permanece mais preocupante para os pais do que sua capacidade de ser a mais inteligente da turma.

Uma preocupação é que, se o valor de uma mulher se tornar mais intimamente ligado à sua capacidade de pegar um marido rico em capital — como na época de Jane Austen —, isso afetaria negativamente os direitos políticos ou econômicos das mulheres? Existe um caminho de dependência do poder político das mulheres, então isso pode ser improvável. Com as mulheres ultrapassando os homens ao cursarem as faculdades e, agora, com pós-graduação, elas estão na fila por empregos profissionais e podem não ser facilmente movidas de volta ao trabalho principalmente dentro de casa.[68] Mas, dada a importância dessa dependência de trajetória para metade da população, sua rigidez deve ser vista no contexto da crescente importância do capital em relação à renda do trabalho. Piketty observa: "[O padrão de herança atual na França] também é mais difícil de representar artisticamente ou de corrigir politicamente, porque é uma desigualdade comum se opondo a amplos segmentos da população, em vez de opor uma pequena elite ao resto da sociedade."[69] As vozes feministas certamente fazem parte da "pequena elite" e do "resto da sociedade" a que Piketty se refere, com implicações reais para o poder econômico e social das

66. Ibidem., p. 314.

67. S. Stephens-Davidowitz, "Google, Tell Me. Is My Son a Genius?", *New York Times*, 18 jan. 2014, disponível em: http://www.nytimes.com/2014/01/19/opinion/sunday/google-tell-me-is-my-son-a-genius.html.

68. Conselho de Consultores Econômicos, "Women's Participation in Education and the Workforce", 14 out. 2014, disponível em: https://www.whitehouse.gov/sites/default/files/docs/womensslidesfinal.pdf.

69. T. Piketty, op. cit.

mulheres. Se há razões feministas para encorajar os amplos legados, esta pode ser outra via de discurso político a ser investigada.

O cenário distópico: o retorno do patriarcado

Mas também devemos considerar que a identidade de gênero pode ser importante para a política. Atualmente, os homens continuam a ocupar os mais altos escalões de poder, seja nos negócios, seja na política. Piketty ressalta que esses homens estabelecem as regras da maneira que mais lhes convém. Os "superexecutivos" podem ser pagos com base não em "estimativas da contribuição de cada executivo para a produção da empresa", mas por processos "amplamente arbitrários e dependentes de relações hierárquicas e do poder de barganha relativo dos indivíduos envolvidos".[70] O que os impedirá de usar esse poder para impulsionar a exclusão das mulheres, ou se opor a políticas que incentivariam a inclusão delas?

Primeiro, alguns fatos. Dentre os que ganham mais, houve muito pouco progresso no que se refere à igualdade de gênero ou de raça. De acordo com a pesquisa de Wojciech Kopczuk, Emmanuel Saez e Jae Song, valendo-se de dados administrativos obtidos da previdência social dos Estados Unidos, no grupo do 1% dos que tinham os maiores salários, em 1970, apenas 2,5% deles era do sexo feminino; e do grupo do 0,1% dos que ganhavam os maiores salários, menos de 1% era do sexo feminino. Em 2004, a composição feminina desses grupos era de 13% para o grupo do 1% dos que ganhavam mais, e de 7,8% para o grupo do 0,1% do topo. Portanto, houve progresso, mas bastante lento e pequeno. Além disso, os homens brancos dominam nos empregos que pagam mais.[71]

As coisas não estão melhores no que se refere ao patrimônio líquido. Kopczuk, em uma pesquisa com Lena Edlund, constatou que a proporção de mulheres entre aqueles que se encontravam no grupo dos 0,1% e 0,01% dos maiores detentores de riqueza, nos Estados Unidos, diminuiu de cerca

70. Ibidem.

71. Desde 1978, os dados de rendimentos da previdência social não são codificados no topo; de 1951 a 1977, os autores puderam usar informações de lucros trimestrais para extrapolar os ganhos em até quatro vezes o limite anual. W. Kopczuk, E. Saez, J. Song, "Uncovering the American Dream: Inequality and Mobility in Social Security Earnings Data since 1937", *NBER Working Paper* n. 13345, ago. 2007, disponível em: http://www.nber.org/papers/w13345.pdf.

de metade para aproximadamente um terço, do final dos anos 1960 até o ano 2000. Caroline Freund e Sarah Oliver verificaram que, em 2014, apenas 58 dos 492 (11,8%) bilionários dos Estados Unidos eram mulheres. Além disso, as mulheres ricas têm mais probabilidade do que os homens de herdar sua riqueza, em vez de obter sua fortuna por si mesmas. Em suas análises, Freund e Oliver constataram que a participação das mulheres que fizeram sua fortuna por conta própria, nesse grupo, era de 3,1%. E, embora esse número provavelmente esteja inclinado para baixo, por causa dos níveis de riqueza cada vez mais altos à medida que você sobe no ranking, Edlund e Kopczuk mostram que esse padrão se mantém quando você conta as mulheres que construíram seu patrimônio sozinhas como uma parcela das pessoas mais ricas. Em 2003, apenas 22 dos quatrocentos norte-americanos mais ricos eram mulheres que se fizeram sozinhas; as outras trinta mulheres da lista herdaram sua riqueza. Quanto aos homens, 312 dos 348 da lista obtiveram suas fortunas pelo próprio trabalho. Assim, as mulheres ricas de hoje são mais propensas a ser como Paris Hilton, que herdou sua riqueza do pai, o sr. Hilton, ao invés de Oprah Winfrey, a bilionária que se fez sozinha.[72]

A realidade é que o poder econômico, o social e o político caminham juntos. Piketty incentiva seus leitores a se concentrarem na tributação do capital como o ponto de partida para reduzir *r*, porque ele vê caminhos limitados para aumentar *g*. No entanto, *g* pode ser majorado quando se foca na garantia de igualdade de acesso e de direitos econômicos e políticos para homens e mulheres — e para aqueles com e sem as responsabilidades de cuidar dos dependentes. No antigo sistema patriarcal, as mulheres tinham muito menos direitos políticos. Alguém que siga o determinismo econômico pode argumentar que isso ocorreu porque a riqueza foi acumulada e transferida de uma maneira que visava preservar os estoques de capital. Nas famílias da elite, as regras que encorajavam o compartilhamento diminuiriam esse estoque; e uma maneira "fácil" de manter o bolo inteiro era através da elaboração de regras que excluíam as mulheres — exceto por meio de dotes, é claro.

A teoria econômica-padrão nos deu uma forte razão para apoiar direitos políticos e econômicos inclusivos, mas o quanto isso depende de o trabalho

72. L. Edlund, W. Kopczuk, "Women, Wealth, and Mobility", *NBER Working Paper* n. 13162, jun. 2007, disponível em: http://www.nber.org/papers/w13162.pdf; C. Freund, S. Oliver, "The Missing Women in the Inequality Discussion", *Realtime Economic Issues Watch*, 5 ago. 2014, disponível em: http://blogs.piie.com/realtime/?p=4430.

ser a principal fonte de geração de riqueza? Os homens poderosos buscarão maneiras de limitar a necessidade de dividir os empregos que proporcionam boa remuneração com as mulheres? Eles lutarão pela inclusão das mulheres na liderança política e econômica? E quais implicações isso teria para uma série de outros direitos para as mulheres? Nos Estados Unidos, ainda debatemos se as mulheres têm o direito de escolher continuar a gravidez ou se o acesso à contracepção é uma parte importante dos cuidados de saúde da mulher.

Conclusões

Um ano depois da publicação da obra *O capital no século XXI*, Piketty escreveu: "Todos os conceitos econômicos, independentemente de quão 'científicos' eles pretendam ser, são construções intelectuais social e historicamente determinadas, e que muitas vezes são usadas para promover certas opiniões, valores ou interesses."[73] Neste capítulo, procurei mostrar como a economia feminista pode lançar luz sobre as principais dinâmicas de seu modelo. Existem implicações políticas importantes que podem ser derivadas dessa análise. A conclusão de Piketty, de que um imposto global sobre a riqueza é a ferramenta política mais importante, ainda se mantém; contudo, ela aborda a questão da natureza de gênero, em relação à qual a herança ocorre? Se os formuladores de políticas se concentrarem agora em políticas que apoiem a independência econômica das mulheres, eles apoiarão g e reduzirão a taxa de acumulação, desacelerando o aumento de r? Políticas a que Piketty casualmente fez referência uma vez em seu livro, de mais de oitocentas páginas, que têm "o propósito de tornar a vida familiar compatível com a vida profissional: escolas, creches, igualdade de gênero e assim por diante", podem, na verdade, ser outra flecha à disposição do arqueiro para reduzir o potencial da desigualdade sempre crescente.[74]

73. T. Piketty, "Putting Distribution Back at the Center", p. 70.

74. Idem, *O capital no século XXI*.

CAPÍTULO 16

O que a crescente desigualdade significa para a macroeconomia?

MARK ZANDI*

O economista Mark Zandi — um dos principais analistas macroeconômicos do mundo — considera aqui as implicações da desigualdade para o crescimento e a estabilidade macroeconômica. Ele apresenta os principais caminhos pelos quais a desigualdade de renda e riqueza se apresenta no modelo que ele desenvolveu, e realiza uma análise contrafactual de um cenário de constante desigualdade desde 1980. Zandi conclui que o principal canal pelo qual a desigualdade afeta a macroeconomia é através da ameaça que ela representa para a estabilidade econômica, ao invés do crescimento econômico.

A renda e a riqueza do país se tornaram muito mais concentradas nas últimas décadas. Enquanto muitos americanos acham isso inquietante, a maioria dos macroeconomistas — pelo menos aqueles que pensam no desempenho futuro da economia — ignorou essa circunstância.

A complacência dos macroeconomistas ocorre em grande parte porque é difícil conectar os pontos entre a distorção da distribuição de renda e riqueza e a economia — em particular quando esses vínculos precisam ser quantificados, assim como nos modelos que esses economistas costumam usar para fazer suas projeções.

* Sou grato a Adam Ozimek por sua visão, experiência e trabalho árduo na pesquisa e na redação deste capítulo.

Este capítulo descreve o trabalho para explicar a mudança na distribuição de renda e riqueza no modelo econométrico da Moody's Analytics* em relação à economia dos Estados Unidos. Esse modelo é usado para uma variedade de finalidades, incluindo previsão, construção de cenários, teste de estresse bancário e análise de políticas.[1] Os fatores que determinam a distribuição de renda são identificados e modelados, assim como o são os canais pelos quais as mudanças na distribuição afetam a economia. O modelo é então usado para prever as perspectivas para a distribuição de renda e suas implicações para o desempenho futuro da economia.

A perspectiva mais provável, em termos gerais, é otimista. Não se espera que as distribuições de renda e riqueza se tornem consideravelmente mais distorcidas daqui para a frente, em relação ao que são hoje. Não se espera que o fosso entre os que têm e os que não têm seja maior. Além disso, mesmo que a distribuição de renda e riqueza se tornasse mais distorcida, na maioria das condições isso talvez não afetasse significativamente a taxa de crescimento potencial a longo prazo da economia.

No entanto, a distribuição de renda e riqueza mais distorcida aumentou os riscos negativos dessa perspectiva benigna, pois provavelmente resultou em um sistema financeiro menos estável e em uma economia mais cíclica. Isso é especialmente problemático, devido à desaceleração da taxa de crescimento potencial de longo prazo da economia, o que significa que as chances de sofrer uma recessão serão maiores no futuro do que foram no passado do país, e que as restrições ao Federal Reserve, bem como as habilidades dos formuladores de políticas fiscais para responder a recessões futuras, serão mais necessárias.

* A Moody's Analytics é uma subsidiária da Moody's Corporation, situada nos Estados Unidos e criada em 2007 para se concentrar em atividades que não são de *rating*. Ela fornece pesquisas econômicas sobre modelagens de risco, de desempenho e financeira, além de serviços de consultoria e treinamento. [N.T.]

1. Uma descrição detalhada do modelo da Moody's Analytics relativo à economia dos Estados Unidos está disponível mediante solicitação.

Quão desigual?

Há pouco debate em torno do fato de que o "bolo da economia" dos Estados Unidos está ocorrendo de maneira muito mais desigual do que em tempos passados. Mais da metade da renda auferida é destinada àqueles no quintil superior dos que recebem renda, e mais de um quinto da renda chega aos 5% principais deles. Além disso, a parcela da renda que está indo para o topo cresceu nos últimos trinta anos, aumentando a participação no quintil superior em sete pontos percentuais, tendo caído para todos os demais. O coeficiente de Gini baseado na renda do mercado — uma medida popular da distribuição de renda antes dos descontos dos impostos, sem incluir as transferências do governo — aumentou bastante no mesmo período (veja a Figura 16.1).

A riqueza é ainda mais distorcida. Quase três quartos do patrimônio líquido da família é detido por aqueles que estão no quintil superior dos que auferem renda.[2] Essa participação também aumentou dez pontos percentuais nos últimos vinte anos. Isso reflete a crescente concentração do estoque de riqueza entre os mais ricos, e o maior endividamento das famílias de baixa e média renda.

FIGURA 16.1: Distribuição de renda mais desigual

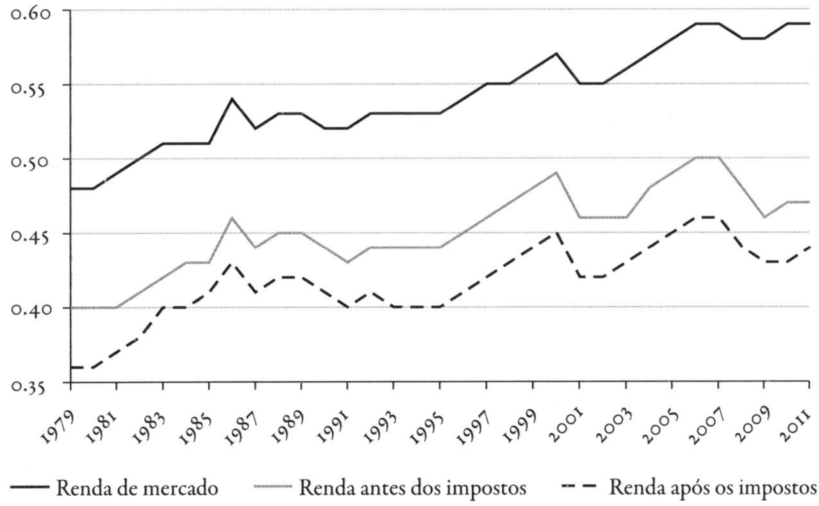

Fontes: Congressional Budget Office, Moody's Analytics.

2. O patrimônio líquido por grupo de renda é baseado na Pesquisa de Finanças do Consumidor do Federal Reserve.

Tabela 16.1 Explicando a desigualdade de renda entre os estados

Variável dependente	**Desigualdade média-mediana**	**Coeficiente de Gini**
Modelo	Primeira diferença	Primeira diferença
Efeitos fixos	Ano	Ano
Anos	80, '90, '00, '10	80, '90, '00, '11
Tamanho da amostra	153	153
Variáveis explicativas:		
Participação da tecnologia no emprego		
Coeficiente	0.0526	ns
Valor P	0.0005	ns
Participação da manufatura no emprego		
Coeficiente	−0.0098	−0.001
Valor P	0.0281	0.0085
Parcela da população em idade ativa		
Coeficiente	ns	−0.0046
Valor P	ns	0.0005
Parcela da população com diploma universitário		
Coeficiente	ns	0.0013
Valor P	ns	0.0341
Parcela de imigração de baixa qualificação		
Coeficiente	0.0189	0.0016
Valor P	0.067	0.0013
Parcela de imigração altamente qualificada		
Coeficiente	0.0486	ns
Valor P	0.0332	ns
Taxa de sindicalização		
Coeficiente	ns	−0.0012
Valor P	ns	0
Quadrado R ajustado	0.191	0.753

Nota: "ns" corresponde a "não significante estatisticamente".

Fontes: Census, BEA, BLS, Moody's Analytics.

É importante observar que, embora a renda e a riqueza sejam mais distorcidas, as políticas governamentais mitigaram significativamente a distorção. O coeficiente de Gini baseado na receita antes dos impostos, que inclui transferências do governo, não mudou muito nos últimos quinze anos. E, com base na renda depois dos impostos, o Gini ficou mais ou menos inalterado nos últimos vinte anos. Mudanças recentes na política tributária, que aumentaram a carga tributária sobre as famílias mais ricas e de alta renda, provavelmente mitigaram ainda mais a distorção, embora isso leve algum tempo para ser refletido nos números.

Também é importante notar que, apesar de o consumo das famílias, medido por gastos pessoais, ser muito distorcido (sendo o quintil superior responsável por mais da metade dos gastos, e os 5% principais daqueles que geram renda representando quase um terço dos gastos), ele não se tornou mais distorcido nos últimos quinze anos.[3] O aumento da alavancagem das famílias de baixa e média renda sustentou os gastos antes da crise financeira, mas essas famílias mantiveram sua parcela de gastos pós-crise, apesar de uma desalavancagem substancial.

Explicando a desigualdade

As forças que impulsionam a distribuição cada vez mais desigual da renda são complexas e difíceis de identificar quantitativamente. Para ajudar a informar a modelagem da distribuição de renda nacional no modelo da Moody's Analytics, várias análises econométricas foram realizadas em nível estadual. A maior variabilidade na desigualdade de renda entre os estados ao longo do tempo permite uma análise mais refinada.

Tanto os coeficientes de Gini estaduais quanto a proporção entre a renda média das famílias e a renda mediana (desigualdade média-mediana) são modelados. Os Gini estaduais são mais estáveis, com uma correlação ao longo de décadas (1980-1990, 1990-2000, 2000-2010) tendo uma média de 0,91, em comparação com 0,66 para a desigualdade média-mediana.

---

3. As despesas pessoais por grupo de renda são baseadas na Pesquisa de Finanças do Consumidor do Federal Reserve e nas Contas Financeiras dos Estados Unidos. A metodologia usada para derivar isso está disponível mediante solicitação.

Tabela 16.2 Explicando a desigualdade de renda nacional

Variável dependente	**Desigualdade média-mediana**	
Período de estimativa	1967q1 a 2014q4	
Estimativa	Least Squares	
Variáveis explicativas:	**Coeficiente**	**t-estatística**
Constante	5.296	29.97
Participação da população em idade ativa	-0.061	-17.49
Crescimento no deflator de equipamentos de processamento de informações	-0.025	-9.11
Participação das exportações líquidas do PIB	-0.026	-7.19
Participação da manufatura no emprego	-0.011	-2.25
Taxa de sindicalização	-0.051	-8.48
Lacuna de desemprego	0.006	1.91
Quadrado R ajustado	0.98	
Estatística Durbin-Watson	0.365	

Nota: As variáveis nesse modelo são cointegradas. Como esse é um modelo de desigualdade de renda a longo prazo, isso permite o uso da estimativa de mínimos quadrados.

Nota: Erros-padrão de Newey-west são usados.

Fontes: Censo, BEA, BLS, Moody's Analytics.

Modelos transversais simples que tentam explicar ambas as medidas de desigualdade de renda não mostram muitos fatores estatisticamente significativos. A exceção é o desemprego, que tem um forte efeito sobre o Gini. Isso é intuitivo e evidente em termos gráficos (veja a Figura 16.2).

Os modelos de primeira diferença que examinam mudanças nas duas medidas de desigualdade por períodos mais longos são mais eficientes na identificação de outros fatores que afetam a desigualdade. Esses modelos são baseados em um painel dos cinquenta estados mais o distrito de Columbia, com alterações por década, no período de 1980 a 2010, para uma amostra total de 153 observações. Eles incluem efeitos fixos anuais e, portanto, se concentram nas mudanças relativas entre os estados a cada década. As regressões são ponderadas com base na população do estado.

FIGURA 16.2: Desigualdade e desemprego estão ligados

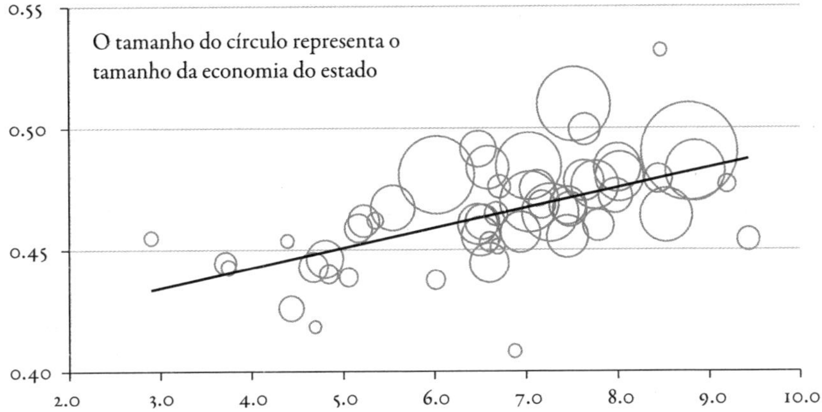

Fontes: BLS, Moody's Analytics.

O emprego industrial é um determinante consistente da desigualdade de renda nos modelos estaduais. A manufatura é, em geral, uma fonte de bons empregos, com salários médios, e os trabalhadores de fábrica que os perdem enfrentam dificuldades para encontrar empregos comparáveis, sobretudo porque geralmente estão mais velhos e com menos probabilidade de se mudar para um novo trabalho. O emprego na manufatura também é uma *proxy* dos efeitos mais amplos da globalização, que tem sido difícil para os fabricantes do país nas últimas décadas.

O nível de habilidade dos imigrantes estrangeiros, constatado através dos microdados da American Community Survey* acerca da escolaridade daqueles nascidos no exterior, também afeta significativamente a desigualdade. A parcela da população imigrante com baixa qualificação — ou seja, que detém algo equivalente a menos que um diploma do ensino médio — é especialmente importante, pois uma parte crescente dela pesa sobre os ganhos das pessoas que se encontram na parte inferior da distribuição de renda.

Os fatores que impactam a desigualdade, a depender da medida da desigualdade modelada, incluem a questão relativa à utilização da tecnologia no

* A "American Community Survey" é uma pesquisa em andamento do US Census Bureau. Ele reúne regularmente informações anteriormente contidas apenas na forma longa do censo decenal, como ascendência, cidadania, escolaridade, renda, proficiência no idioma, migração, incapacidade, emprego e características da habitação. Esses dados são usados por muitas partes interessadas do setor público, do setor privado e sem fins lucrativos para alocar financiamento, acompanhar dados demográficos variáveis, planejar emergências e aprender sobre as comunidades locais. [N.T.]

trabalho, a questão pertinente aos trabalhadores que estão sindicalizados, a situação da população com pelo menos um diploma universitário, bem como os imigrantes altamente qualificados, também com pelo menos um diploma universitário (veja a Tabela 16.1). A parcela da população em idade ativa também conta para a desigualdade, e, provavelmente, reflete o impacto do envelhecimento da população, pois os aposentados têm menos renda e gastam seus ativos, exacerbando a desigualdade. Também se verificam as alterações na taxa de dependência. Uma taxa decrescente é uma vantagem para o crescimento econômico e a prosperidade em geral.

A causalidade pode ocorrer em ambos os sentidos nesses modelos de estado, mas, para algumas variáveis, o efeito surge de maneira mais plausível em uma direção. É improvável que a alta desigualdade tenha levado ao declínio do emprego industrial ou da sindicalização, ou ao aumento da utilização da tecnologia ou da população em idade ativa; mas é muito provável, por outro lado, que esses fatores, sim, acabem por gerar a desigualdade. Por outro lado, a causalidade entre a desigualdade, a imigração estrangeira e a escolaridade pode ocorrer em ambas as direções.

Outros fatores provavelmente medem a mesma coisa. A imigração altamente qualificada aumenta a desigualdade média-mediana, enquanto os níveis de ensino superior aumentam o Gini. É provável que ambos estejam percebendo o efeito de uma população mais qualificada na desigualdade. Ambos também estão intimamente vinculados à mudança tecnológica, que está relacionada com a participação do emprego nas indústrias de tecnologia.

No geral, os resultados da modelagem estadual sugerem que a distorção da distribuição de renda nas últimas décadas foi moldada por fatores demográficos, pelo ritmo das mudanças tecnológicas e da globalização, bem como pelas condições do mercado de trabalho.

Modelagem da desigualdade nacional

Os modelos estaduais são úteis para identificar fatores que impulsionam a desigualdade de renda, mas são menos úteis para fins de previsão. Muitos dos fatores são difíceis de prever em nível estadual, e alguns fatores, como mudança tecnológica e globalização, só podem ter pouca representação em nível estadual. A forma da distribuição nacional de renda, no modelo Moody's Analytics, é, portanto, consistente com os modelos estaduais, mas difere em razão das limitações dos modelos estaduais e de outras restrições de modelagem.

A desigualdade de renda, no modelo nacional da Moody's Analytics, é medida pela desigualdade média ou mediana; e o impacto da demografia sobre a desigualdade é constatado pela parcela da população em idade ativa (veja a Tabela 16.2). É o fator mais significativo no modelo, sob o ponto de vista estatístico, destacando-se sua importância para futuras mudanças em relação à desigualdade.

As mudanças tecnológicas são capturadas no modelo pelas mudanças no deflator de preços dos equipamentos de processamento de informações. O crescimento desse deflator reflete, em parte, mudanças na qualidade dessa importante tecnologia.[4] As rápidas melhorias tecnológicas durante o boom tecnológico do final dos anos 1990 e início dos anos 2000 resultaram em declínios rápidos no deflator. Mais recentemente, o deflator parou de cair, sugerindo que o ritmo da melhoria tecnológica teria diminuído, embora outros fatores também estejam desempenhando um papel nesse sentido.

O ritmo mais veloz da mudança tecnológica, tal como medido por um deflator em declínio mais rápido, resulta em uma distribuição de renda mais distorcida. Isso é consistente com as evidências de que as melhorias tecnológicas são particularmente difíceis para aqueles que trabalham em ocupações com remuneração que os colocam no meio da distribuição de renda. Em um sentido metafórico, se não real, esses empregos podem ser substituídos por códigos de computador, e os que perdem seus empregos geralmente diminuem a distribuição de renda, pois carecem de habilidades e educação para avançar. É claro que quem escreve o código do computador se sairá muitíssimo bem.[5]

O impacto da globalização na distribuição de renda é capturado no modelo pela participação líquida nas exportações do PIB, bem como pela participação do setor manufatureiro. A economia dos Estados Unidos se tornou muito mais orientada para o mundo a partir do início dos anos 1980, quando os Estados Unidos, pela última vez, registraram um superávit comercial. Os avanços nas

4. Outros fatores também impulsionam o deflator para o investimento em equipamentos de processamento de informações, sendo o mais notável nos últimos anos a parcela de importação desse equipamento.

5. Uma boa exposição dessa tese é encontrada em F. Levy, R. Murane, "Dancing with Robots: Human Skills for Computerized Work", *Third Way White Paper*, 17 jul. 2013, disponível em: http://www.thirdway.org/report/dancing-with-robots-human-skills-for-computerized-work.

tecnologias de logística e transporte, juntamente com uma série de acordos comerciais, ajudaram a abrir a economia dos Estados Unidos para o resto do mundo. O déficit comercial havia aumentado para uma participação recorde no PIB pouco antes da Grande Recessão. Contudo, depois da recessão e da incapacidade dos formuladores de políticas de fazer novos acordos comerciais importantes, a globalização da economia dos Estados Unidos parou. Além disso, com a base de manufatura do país já totalmente integrada à economia global, uma maior globalização precisará ocorrer, só que através da indústria da informação e em outros setores orientados a serviços.

Tabela 16.3 Desigualdade e consumo

	1980	2015
Gastos agregados do consumidor (em trilhões de dólares)	1.7	12.4
Os gastos do consumidor devido à renda familiar (em trilhões de dólares)		
20% superiores	0.42	3.30
80% inferiores	0.84	4.96
Propensão marginal a consumir a partir da renda	0.63	0.61
20% superiores	0.48	0.48
80% inferiores	0.75	0.75
Renda familiar (em trilhões de dólares)	2.0	13.5
20% superiores	0.9	6.9
80% inferiores	1.1	6.6
Gastos do consumidor em razão da riqueza familiar (em trilhões de dólares)		
20% superiores	0.41	4.09
80% inferiores	0.00	0.00
Propensão marginal a consumir a partir da riqueza	0.041	0.048
20% superiores	0.065	0.065
80% inferiores	0.000	0.000
Riqueza familiar (em trilhões de dólares)	10	85
20% superiores	6	63
80% inferiores	4	22

Fontes: BEA, Federal Reserve, Moody's Analytics.

O modelo captura o impacto das condições do mercado de trabalho na distribuição de renda através do hiato de desemprego — que corresponde à diferença entre a taxa de desemprego e a taxa natural de desemprego — e a parcela da força de trabalho sindicalizada. Não é de surpreender que o hiato de desemprego tenha sido mais ou menos positivo no período de trinta anos que se estendeu de meados da década de 1970 a meados da década de 2000, quando a desigualdade de renda estava piorando (veja a Figura 16.3).

Isso se deve em grande parte à condução da política monetária, focada em controlar a inflação bastante alta do período. O presidente do Federal Reserve, Paul Volker, conduziu as severas recessões do início dos anos 1980 de forma a interromper a inflação do período; e Alan Greenspan, que sucedeu Volker como presidente, seguiu uma política declarada de "desinflação oportunista". Sob essa política, o Fed demorou a reagir a uma economia que se apresentava mais fraca e com maior nível de desemprego, com o objetivo de atenuar as consequências da inflação e as demandas salariais. A política foi bem-sucedida na redução da inflação, mas os salários dos trabalhadores de baixa e média renda acabaram sendo vítimas dessa política, com baixas significativas.

Figura 16.3: Maior lacuna no desemprego, mais desigualdade

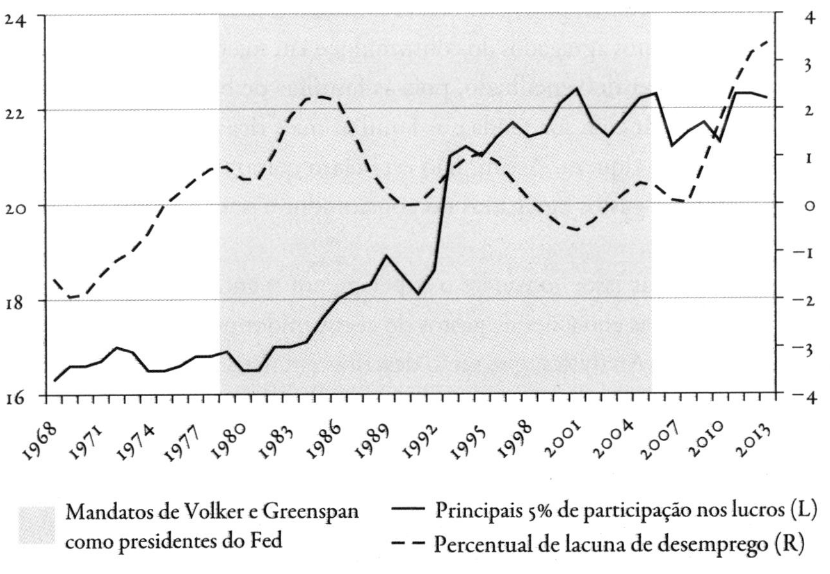

Fonte: Censo, BLS, Moody's Analytics.

O colapso da sindicalização durante essas décadas também mudou o equilíbrio de poder entre trabalhadores e empregadores nas negociações sobre salários e outras compensações. Os trabalhadores sindicalizados representavam cerca de um quarto dos assalariados na década de 1960. Essa parcela caiu para cerca de um quinto dos trabalhadores em 1980, quando o então presidente Ronald Regan rompeu com o sindicato dos controladores de tráfego aéreo, um grande golpe simbólico para a sindicalização. Hoje, perto de apenas um décimo dos trabalhadores estão sindicalizados, embora a participação tenha se estabilizado na última década.

A imigração estrangeira de baixa e alta qualificação, que foi considerada como um fator importante no impulsionamento da desigualdade de renda nos modelos estaduais, não é incluída no modelo nacional de desigualdade, em razão das dificuldades em prevê-la. Além disso, ela deve ter um pouco de efeito sobre a desigualdade no futuro, já que se espera que os fluxos de imigração se tornem cada vez mais qualificados.

Comportamento de gastos do consumidor

Existem vários meios através dos quais uma distribuição de renda e riqueza mais distorcida poderia, potencialmente, impactar a economia. O mais direto é o impacto nos gastos agregados do consumidor e em sua poupança. No entanto, isso é difícil de ser desvencilhado, pois as famílias de baixa renda têm maior propensão a gastar com sua renda e as famílias mais ricas têm maior propensão a gastar com sua riqueza. Assim, não está claro como uma distribuição mais desigual afeta os gastos agregados do consumidor e seu comportamento para fins de poupança.

Para constatar isso, considere o experimento mental indicado na Tabela 16.3. Com base nas equações de gastos do consumidor nos quintis de renda do modelo Moody's Analytics, que serão descritas em mais detalhes logo a seguir, os gastos do consumidor em 1980 (antes do aumento da desigualdade), assim como em 2015, são decompostos nos gastos conforme a renda e a riqueza das famílias no quintil superior e em todos os demais. As propensões marginais a consumir (PMC) em decorrência da renda e da riqueza (o efeito riqueza) diferem para esses grupos de renda. A PMC em relação à renda é muito maior para os grupos de baixa renda, mas o efeito da riqueza é muito maior para os grupos de alta renda. Supõe-se que a PMC tenha permanecido inalterada entre 1980 e 2015, embora haja evidências, como também será discutido posteriormente, de que o efeito da riqueza tenha variado muito ao longo do tempo, aumentado substancialmente desde a crise financeira.

A multiplicação da PMC em decorrência da renda e da riqueza para os que estão no quintil superior e para aqueles que se encontram nos quatro quintis inferiores, por sua renda e riqueza, determina os gastos desses grupos de renda. Os gastos agregados dos consumidores, que representam a soma dos gastos pelos grupos de renda, totalizaram 1,7 trilhão de dólares em 1980, subindo para 12,4 trilhões de dólares em 2015.

Agora, considere o que acontece se se entender que a parcela da renda e da riqueza que foi atribuída aos diferentes grupos de renda permaneceu inalterada entre 1980 e 2015; ou seja, se as distribuições de renda e de riqueza não se tornaram realmente mais distorcidas. O impacto nos gastos agregados é muito modesto, com gastos em 2015 totalizando 12 trilhões de dólares. Isso sugere que a distorção da distribuição de renda e riqueza entre 1980 e 2015 teve apenas um impacto muito modesto nos gastos agregados dos consumidores e no comportamento de poupança.

Além disso, mesmo que a desigualdade tenha reduzido os gastos em mais do que sugere esta análise, isso significaria que a poupança agregada seria maior. A longo prazo, com uma economia em pleno emprego, o aumento da poupança provavelmente daria suporte a maiores investimentos e ao crescimento econômico, em um futuro distante.

Como uma barra lateral importante com base nessa análise, os formuladores de políticas que trabalham para encerrar as recessões provavelmente devem se concentrar em políticas que aumentem a renda depois dos impostos de famílias de baixa renda e o patrimônio líquido de famílias ricas. De fato, foi isso o que os formuladores de políticas fiscais fizeram por meio da implementação de várias medidas de estímulo durante a Grande Recessão, incluindo o aumento dos benefícios do seguro-desemprego e as isenções fiscais nas folhas de pagamento. Os programas de flexibilização quantitativa do Federal Reserve também trabalharam para impulsionar a economia, apoiando os preços das ações e os valores dos imóveis, para o benefício direto das famílias mais ricas.

Modelagem de gastos por renda

A conexão entre desigualdade, gastos agregados de consumo e poupança pode ser tênue, mas é explicitamente modelada conforme o modelo do Moody's Analytics. Os gastos dos consumidores em cada quintil da distribuição de renda são modelados com base em mais de um quarto de século de dados até 2014, conforme a Pesquisa de Despesas do Consumidor do Bureau of Labor Statistic* (consulte a Tabela 16.4).[6]

Os gastos do consumidor per capita por quintil de renda são determinados pela renda per capita por quintil, estoque de riqueza, patrimônio imobiliário e os encargos financeiros domésticos. Trata-se de modelo log-linear e tem efeitos fixos para cada quintil de renda. A distribuição de renda e riqueza está vinculada ao gasto do consumidor no modelo, pois a renda e a riqueza por quintil são determinadas pela renda e riqueza agregadas e pela desigualdade média ou mediana.

A propensão marginal ao consumo com a renda depois da subtração dos impostos é, como esperado, muito maior para grupos de baixa renda do que para grupos de renda mais alta. Para os que estão no quintil inferior da distribuição de renda, estima-se que a PMC em relação à renda seja 0,86, enquanto ela é de apenas 0,48 para os que estão no quintil superior da distribuição.

Os preços das ações afetam apenas os gastos dos consumidores no quintil superior, com um efeito riqueza de 9,4 centavos. Ou seja, para cada aumento de um dólar no valor das ações, os gastos de consumo no quintil superior aumentam quase dez centavos. O efeito implícito da riqueza agregada das ações entre todos os consumidores é mais próximo de dois centavos, o que é consistente com outras estimativas econométricas desse efeito.[7]

---

* Trata-se do Bureau of Labor Statistics de uma unidade do Departamento de Trabalho dos Estados Unidos. É a principal agência de apuração de fatos do governo norte-americano nos campos da economia e da estatística do trabalho. [N.T.]

6. Os dados da Pesquisa de Despesas do Consumidor atendem a vários propósitos, principalmente a construção do Índice de Preços ao Consumidor dos Estados Unidos. Para referência, de acordo com a Pesquisa de Despesas do Consumidor de 2014, aqueles do primeiro quintil ganharam menos de 15,5 mil dólares durante o ano. Os do segundo quintil ganharam entre 15,5 mil e 32 mil dólares, os do terceiro quintil ganharam entre 32 mil e 55 mil, os do quarto quintil ganharam entre 55 mil e noventa mil, e os do quinto quintil ganharam mais de noventa mil dólares.

7. O Congressional Budget Office, "Housing Wealth and Consumer Spending", *CBO Background Paper*, 2007, disponível em: https://www.cbo.gov/sites/default/files/110th-congress-2007-2008/reports/01-05-housing.pdf, fornece uma pesquisa útil dessa literatura com ênfase na experiência dos Estados Unidos.

Tabela 16.4 Explicando os gastos dos consumidores por quintil de renda

Variável dependente	**Despesas do consumidor per capita**
Período de estimativa	1987 to 2014
Estimativa	Estimativa linear após matriz de ponderação de uma etapa

Variáveis explicativas:	**Coeficiente**	**t-estatística**
Constante	3.044	19.370
Renda per capita, primeiro quintil	0.861	21.840
Renda per capita, segundo quintil	0.759	24.710
Renda per capita, terceiro quintil	0.743	30.210
Renda per capita, quarto quintil	0.622	9.350
Renda per capita, quinto quintil	0.485	8.080
Riqueza em ações, quinto quintil	0.094	4.600
Encargo do serviço da dívida, primeiro quintil	−0.023	−1.890
Riqueza habitacional, quarto e quinto quintis	0.072	1.650
Efeitos fixos, primeiro quintil	−0.733	
Efeitos fixos, segundo quintil	−0.412	
Efeitos fixos, terceiro quintil	−0.349	
Efeitos fixos, quarto quintil	0.252	
Efeitos fixos, quinto quintil	1.250	
Quadrado R ajustado	0.995	
Estatística Durbin-Watson	0.733	

Nota: As variáveis nesse modelo são cointegradas. Como esse é um modelo de renda de longo prazo em igualdade, permite-se o uso da estimativa de mínimos quadrados.

Nota: Erros-padrão de Newey-west são usados.

Fontes: Censo, BEA, BLS, Moody's Analytics.

O efeito da riqueza habitacional afeta as decisões de gastos dos consumidores nos dois quintis superiores da distribuição e é estimado em cerca de sete centavos. O efeito agregado implícito da riqueza habitacional em todos os consumidores é, portanto, de quase três centavos. Isso é menor do que a maioria das estimativas do efeito riqueza habitacional, embora essas estimativas sejam baseadas em dados anteriores à crise imobiliária e à crise financeira.

Juros e encargos da dívida — a parte da renda depois da subtração de impostos que as famílias devem dedicar para o pagamento de dívidas a fim de permanecerem adimplentes — também afetam os gastos dos consumidores, mas apenas para os do quintil inferior. É um tanto surpreendente, em razão da enorme alavancagem e desalavancagem das famílias antes e depois da crise financeira, que os encargos da dívida não expliquem os gastos para outros grupos de renda. Outras medidas de estresse financeiro das famílias que fazem parte do modelo da Moody Analytics também foram testadas para a inclusão no modelo de gasto do consumidor, mas sem sucesso.

Gastos públicos

Uma distribuição de renda e riqueza mais distorcida também poderia prejudicar o crescimento econômico se houvesse a restrição dos gastos públicos em educação e infraestrutura. A escolaridade da população é importante para a produtividade e o potencial da economia no longo prazo. O mesmo acontece com a qualidade da infraestrutura da qual todas as empresas e famílias dependem, desde as rodovias e os sistemas de abastecimento de água até a rede de telecomunicações e o controle do tráfego aéreo.

Entretanto, é difícil identificar os vínculos entre desigualdade de renda, infraestrutura pública, a produtividade e o potencial da economia. Talvez os ricos influenciem o processo político a fim de reduzirem os impostos, resultando em menos receita do governo para apoiar os gastos em todos os bens e serviços públicos? Afinal, muitos deles mandam seus filhos para escolas particulares, e suas vidas são menos afetadas por buracos e longas esperas nos aeroportos. É difícil provar, uma vez que as receitas do governo, como parte do PIB, estão próximas de suas normas de longo prazo, e é quase impossível quantificar, mesmo que seja verdade.[8]

8. A receita do governo federal, como parcela do PIB, foi em média de pouco mais de 17,5% desde a Segunda Guerra Mundial. Atualmente, é mais de 19%, não muito longe do recorde estabelecido no auge da tecnologia.

Ou talvez a desigualdade resulte no subfinanciamento da educação pública através da redistribuição desigual dos impostos sobre a propriedade nos estados? Os impostos sobre a propriedade são uma importante fonte de financiamento para a educação pública, e a renda e a riqueza nas comunidades se tornaram cada vez mais desiguais. A proporção da renda per capita entre os condados mais ricos do país (aqueles do 95º percentil) e os condados medianos continuou a crescer constantemente desde o final da década de 1970, sugerindo que as comunidades mais ricas continuam se afastando do grupo (veja a Figura 16.4). E, embora a relação entre a renda do condado mediano e a renda nos condados do quinto percentil tenha declinado até 1990, sugerindo convergência à medida que os condados de baixa renda foram apanhados, essa melhoria parou nos últimos vinte anos. A desigualdade da parte inferior entre os condados impediu que os mais pobres se recuperassem. Essas tendências de aumento contínuo da desigualdade da parte superior e da desigualdade inalterada da parte inferior refletem as tendências nacionais de desigualdade de renda.

FIGURA 16.4: Os municípios ricos se afastam

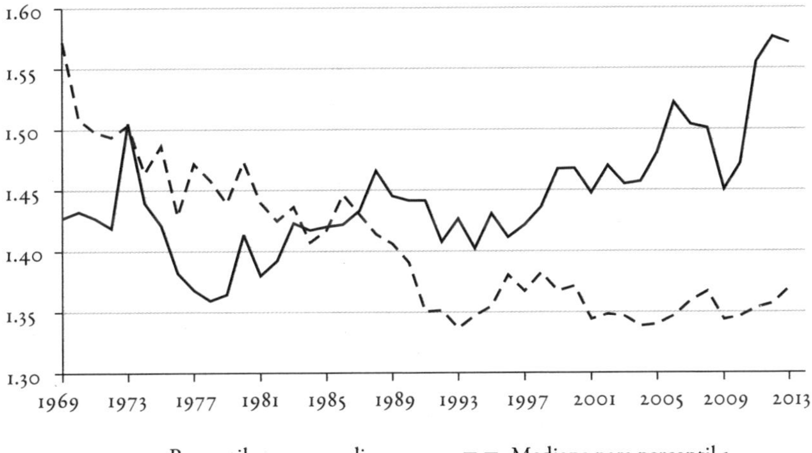

Fonte: BEA, Moody's Analytics.

A conquista educacional dos condados nos Estados Unidos também está se afastando. Os condados de renda mais alta têm níveis mais altos de educação, e isso tem aumentado com o tempo. Isso é evidente graficamente usando informações acerca do condado com relação à renda per capita e ao desempenho

Tabela 16.5 Grandes oscilações de poupança por famílias de alta renda

	Taxa de poupança pessoal					Alteração na taxa de poupança pessoal			
	Antes das bolhas 1990–94	Bolha de ações 1995–99	Bolha imobiliária 2000–07	Grande recessão 2008–2009q2	Recuperação 2009q2–2015q3	1995–99 vs. 1990–94	2000–07 vs. 1995–99	2008–2009q2 vs. 2000–07	2009q2–2015q3 vs. 2008–2009q2
População total	10.2	7.1	3.0	9.9	8.7	–3.0	–4.2	7.0	–1.2
Parte da distribuição de renda:									
Renda: 0%–39.9%	5.7	6.7	3.0	3.8	4.8	1.0	–3.8	0.8	1.0
Renda: 40%–59.9%	4.6	3.0	–0.3	2.5	5.6	–1.6	–3.3	2.8	3.1
Renda: 60%–79.9%	6.1	3.3	0.0	2.9	6.5	–2.8	–3.3	3.0	3.5
Renda: 80%–94.9%	10.1	6.4	1.7	7.3	9.9	–3.7	–4.7	5.6	2.6
Renda: 95%–100%	17.5	12.4	6.7	19.2	11.0	–5.2	–5.6	12.4	–8.2
	Poupança (bilhões de dólares)					**Mudança na poupança (bilhões de dólares)**			
População total	483.0	435.3	269.1	1127.7	1060.9	–47.6	–166.2	858.6	–66.8
Parte da distribuição de renda:									
Renda: 0%–39.9%	27.6	43.2	20.7	40.8	58.0	15.6	–22.5	20.1	17.2
Renda: 40%–59.9%	27.5	24.0	–8.3	33.1	76.3	–3.6	–32.3	41.4	43.2
Renda: 60%–79.9%	59.7	40.3	–2.9	61.0	143.6	–19.4	–43.2	63.9	82.6
Renda: 80%–94.9%	126.1	100.4	34.8	190.6	303.2	–25.6	–65.6	155.8	112.6
Renda: 95%–100%	242.0	227.4	224.7	802.1	479.7	–14.7	–2.7	577.4	–322.4

Nota: Uma descrição da metodologia usada para construir estimativas da taxa de poupança pessoal por renda está disponível mediante solicitação.

Fontes: BEA, Federal Reserve, Moody's Analytics.

escolar, conforme o censo decenal de 1990 e 2000 e na American Community Survey de 2010 (veja a Figura 16.5). Isso também é apoiado por um modelo de regressão que mostra que os municípios com renda per capita mais alta no ano de 2000 experimentaram um aumento maior na parcela de jovens de 25 a 34 anos com um diploma universitário na década subsequente.

Figura 16.5: As populações dos municípios de alta renda são altamente instruídas

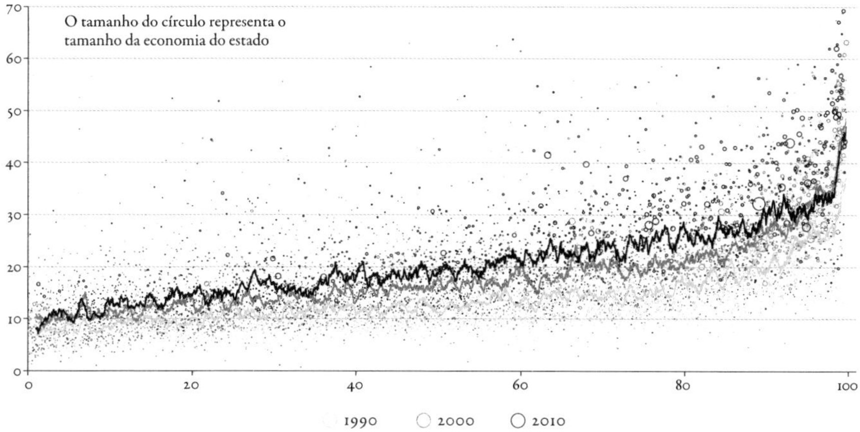

Fonte: Census Bureau, Moody's Analytics.

Todavia, é provável que a causalidade entre a desigualdade e a escolaridade entre os condados ocorra nas duas direções. As famílias das comunidades de mais alta renda mandam mais filhos para a faculdade, e essas comunidades atraem mais trabalhadores com formação superior e, portanto, experimentam um crescimento econômico mais forte. Desembaraçar esse relacionamento é problemático, e quantificar em que grau ele impacta a produtividade e o potencial da economia é ainda mais problemático.

Apesar dessa preocupação econométrica significativa, a escolaridade no modelo do Moody's Analytics é modelada em parte pela desigualdade média ou mediana. A escolaridade, por sua vez, impulsiona o crescimento da produtividade e o potencial de crescimento da economia a longo prazo no modelo. O aumento da desigualdade de média ou mediana retarda o crescimento da escolaridade e, em consequência, da produtividade, além do crescimento potencial a longo prazo.

Estabilidade financeira

A conexão entre a desigualdade e o desempenho da economia também pode ocorrer através do sistema financeiro. Não há argumento de que a recente crise financeira e a Grande Recessão foram decorrentes, em grande parte, do aumento dramático da alavancagem entre as famílias de baixa renda durante a bolha imobiliária.

Essa alavancagem é evidente no declínio dramático da poupança pessoal nos anos que antecederam o colapso financeiro. Com base em estimativas de taxas de poupança pessoal para famílias em diferentes partes da distribuição de renda, feitas através da combinação de dados da Pesquisa de Consumidores Financeiros e de Contas Financeiras dos Estados Unidos, de responsabilidade do Federal Reserve; a economia caiu acentuadamente em todos os grupos de renda no início dos anos 2000 (veja a Tabela 16.5). No entanto, aqueles integrantes do grupo dos 80% inferiores da distribuição de renda efetivamente não economizaram nada, e os integrantes do quintil intermediário da distribuição, na verdade, gastaram o que haviam poupado. Ou seja, eles gastaram além de suas rendas, o que fez com que aumentassem seus empréstimos ou vendessem seus ativos. Dado o rápido crescimento da dívida durante o período, é provável que a primeira ação tenha ocorrido primeiro.

É difícil afirmar se esse comportamento de poupar e de tomar empréstimos está ligado ao aumento da desigualdade de renda e de riqueza. Alguns disseram que havia uma dinâmica, no trabalho, do tipo *keeping up with the Joneses* (ou seja, de "não ficar para trás, em relação ao colega, em termos socioeconômicos ou culturais"), através da qual famílias de baixa renda estariam dispostas a arruinar suas finanças a fim de manter seus gastos em relação aos vizinhos mais ricos. Porém, estudos empíricos sobre isso sugerem que não houve tal dinâmica durante esse período.[9]

Outra possibilidade é a de que o aumento da desigualdade de renda e de riqueza durante as décadas de 1980 e 1990 acabou por gerar mais famílias com restrição de crédito. Quando essas restrições de crédito foram amenizadas na década de 2000, como ocorreu quando os credores hipotecários e

9. Veja O. Coibion et al., "Does Greater Inequality Lead to More Household Borrowing?", *Federal Reserve Bank of Richmond Working Paper* n. 14-01, jan. 2014, disponível em: https://www.richmondfed.org/publications/research/working_papers/2014/wp_14-01.

outros financiadores do consumo diminuíram substancialmente seus padrões de subscrição antes da crise financeira, isso resultou em um aumento maciço e insustentável na alavancagem das famílias e, finalmente, em um aumento catastrófico da instabilidade financeira.

É impossível exagerar o dano econômico causado pela Grande Recessão. Levou quase uma década para a economia voltar ao pleno emprego depois da crise, e a economia ficou definitivamente menor quando finalmente o conseguiu. As recessões reduzem o potencial da economia ao diminuírem a produtividade e a força de trabalho; e as recessões severas reduzem, ainda mais, o potencial da economia.

O risco de uma crise financeira semelhante ocorrer no futuro, com alavancagem e desalavancagem maciça das famílias, foi significativamente reduzido, pelo menos por um tempo, em razão das mudanças regulatórias implementadas no sistema financeiro em resposta à crise. A reforma regulatória de Dodd-Frank exige que os bancos do país mantenham muito mais capital, sejam mais líquidos e subscrevam seus empréstimos de maneira substancialmente mais cautelosa. As famílias de baixa renda e riqueza passaram a ter ainda mais dificuldade para obterem a aprovação de um empréstimo do que já havia antes da crise.

Obviamente, o chamado sistema bancário sombra*, em rápida evolução e pouco regulamentado, está trabalhando para encontrar maneiras de conceder mais crédito a essas famílias. Isso, combinado com uma distorção adicional da distribuição de renda e de riqueza, além de um número crescente de famílias famintas de crédito, acabaria por semear as sementes da próxima crise financeira.

Esse cenário potencial é capturado no modelo da Moody's Analytics nas equações das dívidas hipotecárias residenciais unifamiliares pendentes, dos créditos rotativos pendentes e dos créditos não rotativos pendentes. A desigualdade média ou mediana é correlacionada com os padrões de subscrição, como medidos pelos resultados da Federal Reserve's Senior Loan Officer Survey**

* O sistema bancário sombra (sistema bancário paralelo ou bancos-sombra) é um sistema financeiro informal, não regulamentado, que fornece uma importante fonte de crédito para aqueles que não têm acesso ao financiamento regular, ou que não se qualificam para empréstimos em bancos regulares. [N.T.]

** A "Loan Officer Survey"é uma pesquisa de até oitenta grandes bancos dos Estados Unidos e de 24 agências norte-americanas de bancos estrangeiros. O Federal Reserve geralmente conduz a pesquisa trimestralmente, realizando ocasionalmente uma ou duas pesquisas adicionais durante o ano. As perguntas abrangem mudanças nos padrões e termos dos empréstimos bancários e no estado dos negócios, bem como na demanda das famílias por empréstimos. A pesquisa também inclui perguntas sobre um ou dois outros tópicos de interesse atual. [N.T.]

nas equações. O aumento da desigualdade, combinado com a flexibilização dos padrões de subscrição, resulta em um crescimento mais acelerado da dívida das famílias. Por sua vez, isso resulta em maiores juros e encargos da dívida e, finalmente, mais inadimplências e perdas no sistema financeiro.

Na maioria das condições, a desigualdade não afeta de forma significativa o crescimento do crédito, a saúde do sistema financeiro e o desempenho da economia. Mas isso pode ocorrer, especialmente em cenários nos quais o aumento da desigualdade se mistura a uma subscrição cada vez mais ineficiente, alimentando um crescimento mais forte do crédito e gerando o aumento da alavancagem das famílias. Se a economia sofrer uma recessão, por qualquer motivo, o resultado seria, no mínimo, uma desaceleração mais grave.

Ciclos maiores de negócios

A economia também pode ser mais cíclica, em que recessões ocorrem de maneira mais frequente, como resultado da distribuição distorcida de renda e de riqueza. Por trás disso está o comportamento de poupança mais pró-cíclico de famílias de alta renda e de alto patrimônio líquido. Ou seja, sua taxa de poupança aumenta mais (e seu consumo enfraquece) nas recessões e cai mais (com o fortalecimento do consumo) nas recuperações econômicas.

Esse comportamento é evidente nos dados da taxa de poupança indicados na Tabela 16.5. Para aquelas famílias no grupo dos 5% do topo da distribuição de renda, que respondem pela maior parte da poupança pessoal, a taxa de poupança delas caiu significativamente durante a bolha da internet na década de 1990, e também durante a bolha imobiliária. Entre o início dos anos 1990 e o início dos anos 2000, a taxa de poupança desse grupo se reduziu em mais de dez pontos percentuais.

Quando a Grande Recessão chegou, essas famílias de alta renda em pânico reduziram significativamente seus gastos e aumentaram sua poupança. A poupança delas saltou para pouco menos de 20% de sua renda. Foi essa forte reversão nos gastos que esteve por trás da severidade da crise.

A recuperação econômica subsequente também se deve em grande parte a famílias de alta renda com um comportamento mais despreocupado. Sua taxa de poupança foi normalizada. Por outro lado, as taxas de poupança para todos os outros grupos de renda continuaram a aumentar, refletindo a desalavancagem em que esses grupos estavam envolvidos desde a recessão. A taxa agregada de poupança em todos os grupos de renda diminuiu apenas marginalmente desde a recessão.

A ciclicidade da poupança pelos ricos está de acordo com o maior efeito riqueza; uma vez que o valor dos ativos que eles possuem aumenta e diminui, o mesmo ocorre com seus gastos e poupanças. Tudo isso é particularmente verdade no contexto atual. O efeito do estoque de riqueza parece ser especialmente grande para os padrões históricos, já que muitos da geração *baby-boom* estão aposentados ou em vias de se aposentar. Os gastos e a poupança dessa coorte parecem singularmente sensíveis aos movimentos dos preços das ações, talvez em consideração a quanto suas carteiras de ações significam para o bem-estar financeiro na aposentadoria.

Os efeitos do estoque de riqueza aparentemente maiores depois da crise financeira são evidentes através da análise econométrica. As funções de consumo da região metropolitana são estimadas com base nos dados de vendas no varejo dessa região, de acordo com o Censo do Comércio Varejista e o emprego no comércio varejista. A riqueza financeira da região metropolitana, incluindo ações, ativos de renda fixa e depósitos, é baseada em dados coletados pela IXI Services (uma divisão da Equifax)*, a partir das maiores instituições financeiras do país. O patrimônio dos proprietários de imóveis na área metropolitana é estimado com base em dados sobre preços da habitação, estoque habitacional e dívida hipotecária disponíveis no departamento de crédito Equifax.[10]

O efeito do estoque de riqueza estimado com base em dados anteriores à crise financeira varia entre 1,6 e 3,6 centavos, dependendo da especificação do modelo (consulte a Tabela 16.6). Como descrito antes, isso é semelhante ao tamanho do efeito riqueza no modelo Moody's Analytics, depois do ajuste para o uso das vendas no varejo, que representam aproximadamente metade do gasto total do consumidor. Depois da crise, o efeito do estoque de riqueza varia de 11,7 centavos a catorze centavos. Não é de surpreender que o efeito da riqueza imobiliária tenha sido cortado aproximadamente pela metade antes e depois da crise financeira. Os proprietários de imóveis claramente foram castigados pela crise imobiliária, e menos dispostos a retirar o capital de suas casas para financiar os gastos. Eles

* Equifax Inc. é uma empresa de serviços de proteção ao crédito, nos Estados Unidos; é considerada a mais tradicional das três maiores empresas que atuam em tal segmento, reunindo e mantendo informações de mais de quatrocentos milhões de pessoas e empresas no mundo. [N.T.]

10. Essa análise é apresentada em M. Zandi, B. Poi, S. Hoyt, "Wealth Matters (A Lot)", *Moody's Analytics White Paper*, out. 2015, disponível em: https://www.economy.com/mark-zandi/documents/2015-10-10-Wealth-Matters-A-Lot.pdf.

também se tornaram menos capazes, devido a uma subscrição muito mais rigorosa para empréstimos sobre o valor do imóvel e refinanciamento de saque.

Tabela 16.6 Alterando os efeitos da riqueza

	Modelo Simples		Tendências de tempo específicas da área metropolitana	
Consumo defasado	**Antes de 2008**	**Após 2007**	**Antes de 2008**	**Após 2007**
Riqueza em ações	0.016 (4.26)	0.117 (22.46)	0.036 (10.90)	0.140 (53.20)
Valor do estoque de habitação	0.092 (9.91)	0.051 (6.08)	0.126 (14.79)	0.053 (6.52)
Renda	0.523 (14.03)	0.591 (7.41)	0.619 (3.07)	0.603 (12.76)
Constante	8.851 (24.68)	7.341 (8.13)	12.704 (28.34)	7.023 (14.03)
N	12448	10500	12448	10500
Dentro do alcance da área metropolitana R2	48.8%	60.2%	84.0%	77.5%

A amostra anterior a 2008 abrange o período 2000Q1 a 2007Q4.
A amostra depois de 2007 abrange o período 2008Q1 a 2014Q4.
Todas as especificações possuem 389 áreas metropolitanas (painéis).
As estatísticas *t* estão entre parênteses e são robustas para correlação arbitrária dentro do estado.
Todas as variáveis estão em log real por unidades domésticas.

Fontes: BEA, IXI, Censo, Moody's Analytics.

Uma crítica razoável dessa análise é a de que essa divisão dos dados em períodos pré e pós-crise, usando o final de 2007 como ponto de corte, seria arbitrária. Os preços das casas atingiram o pico no início de 2006, enquanto o impacto total da crise financeira não ocorreu até meados de 2008. Para lidar com essas críticas, realizamos uma regressão contínua da função de consumo em um período de 28 trimestres, que é a duração da expansão atual e próxima da duração média da expansão no período considerado.

Antes da Grande Recessão, o efeito da riqueza da habitação era sempre maior do que o efeito do estoque de riqueza, exceto por um período muito breve no auge da bolha da internet no final dos anos 1990 (veja a Figura 16.6). Nos últimos anos, o efeito do estoque da riqueza foi grande como sempre, e significativamente maior do que o efeito da riqueza da habitação. Por outro lado, o efeito da riqueza habitacional é atualmente tão baixo quanto desde o início dos anos 1990.

FIGURA 16.6: Os efeitos patrimoniais não são estáveis

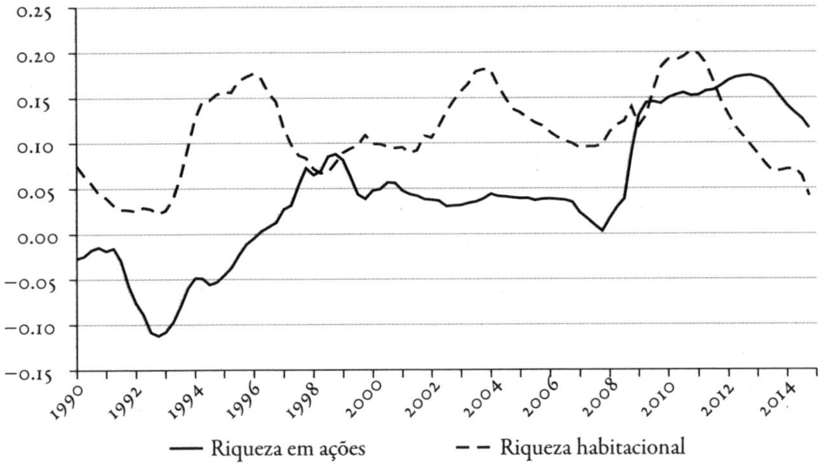

Fontes: IXI, Federal Reserve, Censo, Moody's Analytics.

O efeito da riqueza total, derivado da ponderação dos efeitos do estoque e da riqueza habitacional com o estoque e a riqueza habitacional das famílias, flutuou significativamente desde a Grande Recessão. Em seu auge, no final de 2010, o efeito da riqueza total com base nas vendas no varejo atingiu dezoito centavos de dólar (veja a Figura 16.7). Isso inclui o período de 28 trimestres, que começa no início de 2004, abrangendo a bolha imobiliária, e a queda nos preços das casas e das ações. Desde então, o efeito da riqueza total diminuiu e atualmente está abaixo de oito centavos de dólar, bastante similar ao da década anterior à bolha imobiliária.

FIGURA 16.7: O efeito agregado da riqueza se normaliza

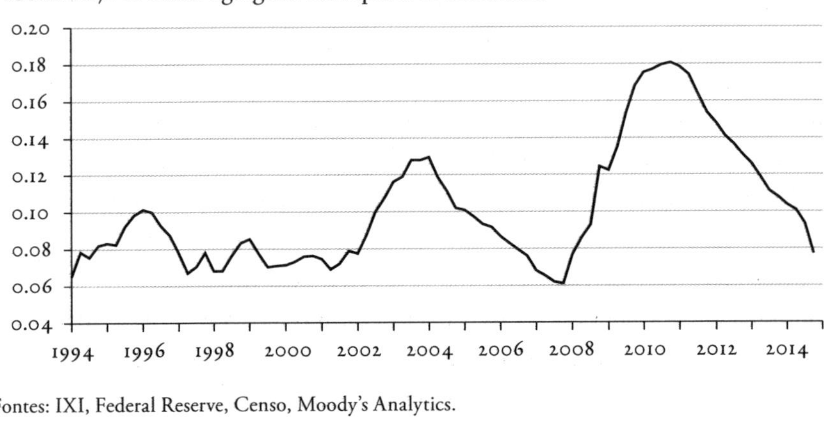

Fontes: IXI, Federal Reserve, Censo, Moody's Analytics.

A pró-ciclicidade dos gastos dos ricos também pode ser exacerbada pela aparentemente maior volatilidade nos preços dos ativos depois da crise. A volatilidade do mercado de ações parece especialmente elevada, em razão das altas avaliações e conexões crescentes à economia global altamente variável e aos movimentos da moeda. Os mercados de ativos também parecem ser afetados por negociações menos líquidas. Grandes bancos sistemicamente importantes diminuíram suas operações de corretoras desde a crise devido ao aumento da regulamentação e às exigências mais rígidas de capital e liquidez. Isso é principalmente evidente nos mercados de renda fixa. Qualquer mudança nos fundamentos econômicos parece, portanto, criar maiores oscilações nos mercados de ações, títulos, moedas e mercadorias.

Dado que a economia atualmente possui uma taxa de crescimento potencial muito menor, a maior ciclicidade sugere que é mais provável que a economia sofra recessões. A taxa de crescimento potencial econômica mais lenta é parcialmente esperada, em razão da aposentadoria dos *boomers* e da desaceleração resultante no crescimento da força de trabalho, mas o crescimento persistentemente fraco da produtividade foi uma surpresa.

Aumentando ainda mais as chances de recessão, as taxas de juros ainda não estão longe do limite inferior zero, criando dificuldades para qualquer resposta da política monetária a uma economia fraca. Outras ferramentas de política monetária, como flexibilização quantitativa e taxas de juros negativas, são muito menos eficazes. A alta carga de dívida do governo federal e o ambiente político envenenado em Washington, DC, também tornam menos provável qualquer resposta da política fiscal a uma economia em dificuldades.

Uma economia mais cíclica, com mais recessões, só exacerbará a distribuição distorcida de renda e de riqueza. Também é mais provável que os rendimentos de famílias de baixa e até mesmo de média renda declinem, pesando ainda mais os resultados educacionais desses grupos, inclusive prejudicando a estabilidade financeira, pois podem levar a um uso de crédito maior e insustentável por esses grupos. Um círculo vicioso pode surgir.

Capturar tudo isso no modelo do Moody's Analytics é intratável. O modelo não foi projetado para lidar com relacionamentos complexos que variam no tempo, como os efeitos do estoque de riqueza e o da habitação, ou as implicações dos preços de ativos mais voláteis. Também é muito difícil avaliar como o Federal Reserve e os formuladores de políticas fiscais reagirão a futuras recessões. Em vez disso, para avaliar as consequências desse tipo de dinâmica, o modelo é simulado em diferentes cenários. Assim, permite-se o ajuste do modelo para cada tipo de cenário.

Picos de desigualdade

Há muita apreensão sobre as perspectivas de uma maior erosão na desigualdade de renda e riqueza e suas implicações para o desempenho da economia. Extrapolando as linhas de tendência dos últimos trinta anos e considerando o caminho difícil da economia desde a Grande Recessão, é fácil ser pessimista em relação ao futuro. De fato, a profunda angústia evidente em pesquisas sobre como as pessoas veem sua situação financeira, assim como na política dividida do país, provavelmente reflete esse pessimismo, pelo menos em parte.

Essas preocupações provavelmente estão fora de lugar. As perspectivas são boas de que a desigualdade tenha atingido o pico. Ou seja, não se espera que as desigualdades de renda e de riqueza sejam piores daqui a uma década ou mesmo dentro de um quarto de século. Não que o abismo entre os que têm e os que não têm diminua em um grau significativo, mas que, simplesmente, não se amplie ainda mais.

Com base em uma simulação do modelo Moody's Analytics que tem um conjunto de premissas mais provável — o cenário de linha de base —, a desigualdade de renda média ou mediana deve permanecer essencialmente inalterada no futuro (veja a Figura 16.8). Isso apesar do declínio constante nos próximos quinze anos na parcela da população com idade ativa, à medida que a grande geração *baby boom* se aposentar. Com todo o resto sendo

Figura 16.8: Picos de desigualdade

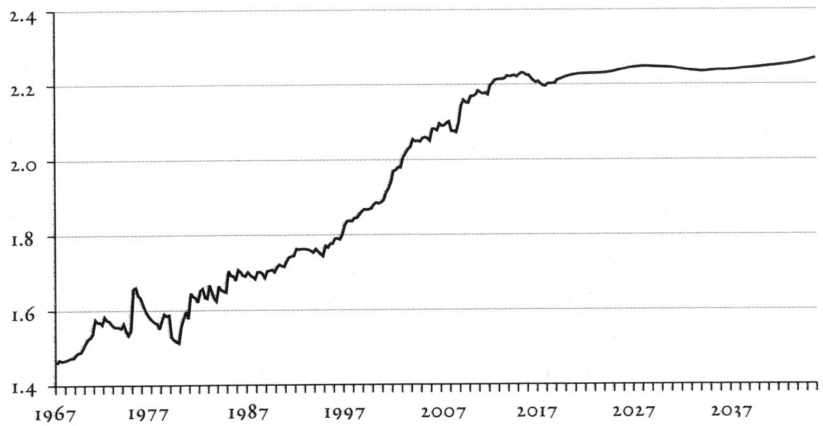

Fonte: BLS, Moody's Analytics.

igual, isso deve exacerbar a desigualdade, em virtude do grande aumento de idosos dependentes.

Melhorias inexoráveis na tecnologia também agravarão a desigualdade, à medida que mais empregos remunerados, com salários médios, vão desaparecendo e, por consequência, a maioria dos trabalhadores deslocados desce a escada da renda. De fato, o ritmo da mudança tecnológica, tal como medido pelo crescimento do deflator para equipamentos de processamento de informações, deve ser significativamente mais rápido no futuro do que é hoje. Prevê-se que o deflator, essencialmente inalterado nos últimos anos, diminua aproximadamente 5% ao ano nos próximos trinta anos. Esse não é o declínio anual de 10% a 15% experimentado durante o boom da tecnologia no final dos anos 1990, mas é um ritmo relativamente inebriante de mudança tecnológica para qualquer outro padrão histórico.

Compensar o impacto negativo das mudanças demográficas e tecnológicas na desigualdade é uma medida positiva esperada por causa das consequências da globalização. Isso é medido por um estreitamento do déficit comercial dos Estados Unidos como uma parcela do PIB, bem como por uma estabilização na participação do setor industrial nos empregos em geral.

Por trás desse otimismo está o entendimento de que há muito pouca repercussão econômica remanescente de indústrias e empresas que lutaram contra a concorrência global. Há muito tempo elas mudaram suas operações para o exterior, diminuíram seu tamanho ou simplesmente faliram. As empresas em operação são hipercompetitivas, com um nicho de mercado global, tecnologia de ponta (ou outra propriedade intelectual), ou, ainda, uma estrutura de custos muito baixos.

Além disso, a economia norte-americana está bem preparada para se beneficiar do forte crescimento esperado no comércio global de serviços. Isso inclui tudo, desde mídia e entretenimento até serviços educacionais e financeiros, além de consultorias de gerenciamento, dentre outros serviços profissionais. As empresas dos Estados Unidos, já há muito tempo, atuam nessas atividades, e as empresas e famílias que se encontram no mundo emergente e em rápido desenvolvimento, finalmente, se tornaram ricas o suficiente para querer e pagar por tais serviços. A venda desses serviços para o resto do mundo deve ser a fonte de um número significativo de novos empregos bem remunerados nos Estados Unidos.

A promessa completa da globalização depende da capacidade dos formuladores de políticas de estabelecerem novos acordos comerciais, como a Parceria

Transpacífica* e a Parceria Transatlântica de Comércio e Investimento.** Esses acordos, atualmente suspensos no processo político dos Estados Unidos, são bastante importantes para proteger a propriedade intelectual que as empresas norte-americanas estão vendendo cada vez mais no exterior.

As perspectivas de um mercado de trabalho restrito também devem apoiar menos desigualdades. Em razão de uma inflação cada vez menor, de uma desinflação, e até de uma deflação, desde a Grande Recessão, o Federal Reserve adotou uma política monetária altamente acomodatícia. Embora o Fed tenha começado a normalizar a política monetária, os formuladores de políticas declararam que aumentarão as taxas com cautela, e que as taxas de juros, em especial, normalizarão totalmente depois que a economia estiver operando em pleno emprego. É provável que o hiato de desemprego seja negativo — ou seja, o desemprego real será menor que a taxa natural — no futuro próximo.

A aposentadoria da geração *baby boom* também indica que a força de trabalho do país crescerá de forma bastante lenta nos próximos quinze anos, gerando um mercado de trabalho perene e apertado. A escassez de mão de obra provavelmente será um problema, em especial se as leis de imigração dos Estados Unidos não forem revisadas significativamente para permitir muito mais imigrantes no país. Essa escassez será sentida em particular nos setores de manufatura, construção e transporte, sugerindo que a taxa de sindicalização se estabilizará. O equilíbrio de poder entre trabalhadores e empregadores, que favoreceu fortemente os empregadores nos últimos trinta anos, será muito mais evidente no futuro. A distorção de longa duração na distribuição de renda e de riqueza acabou.

Não macroeconômico?

Há evidências de que a desigualdade extrema, como prevalece em algumas partes do mundo, enfraquece as economias, mas a desigualdade nos Estados Unidos não parece ser significativa o suficiente para fazer uma diferença

* Parceria Transpacífica é um acordo de livre-comércio estabelecido entre doze países banhados pelo oceano Pacífico e relativo a uma variedade de questões políticas e econômicas. O acordo foi alcançado em 5 de outubro de 2015 depois de sete anos de negociações. [N.T.]

** O Acordo de Parceria Transatlântica de Comércio e Investimento é uma proposta de acordo de livre-comércio entre a União Europeia e os Estados Unidos, em forma de tratado internacional. Ainda está em negociação. Portanto, não está em vigor. [N.T.]

substancial nas perspectivas da economia. Ou seja, apesar da distorção da distribuição de renda e riqueza nas últimas décadas, provavelmente ela não diminuiu, de forma significativa, a taxa de crescimento da economia norte-americana, nem isso é esperado no futuro.

É claro que isso resulta da expectativa de que a desigualdade tenha atingido o pico. Mas, mesmo que isso se mostre algo muito otimista e que a desigualdade continue a se deteriorar, seu impacto no potencial de crescimento de longo prazo da economia não deve ser muito significativo. Para se constatar isso, considere uma simulação através do modelo Moody's Analytics sob a premissa de que a desigualdade de renda média ou mediana aumente ao longo dos próximos trinta anos, da mesma forma que aumentou nos últimos trinta anos. A simulação é agnóstica em relação aos fatores por trás da pior desigualdade.

Nessa simulação, o PIB real cai quase trezentos bilhões de dólares abaixo do PIB no cenário de linha de base até 2045. Para colocar isso em contexto, considere que o PIB real deverá aumentar em quase 13 trilhões de dólares a partir de agora até lá. Assim, uma erosão na desigualdade no futuro, a par do que aconteceu no passado, reduz o PIB real em menos de 1%, daqui a trinta anos. Isso reflete em grande parte o menor nível educacional da população e seu impacto na produtividade e no potencial da economia. A queda no PIB se deve principalmente a menos gastos de consumo por famílias de baixa renda.

Cenário sombrio

Apesar desse resultado otimista, não é difícil construir cenários que ocasionem um resultado muito mais sombrio para a economia dos Estados Unidos. Considere um cenário no qual a desigualdade média-mediana diminua ao longo da próxima década, semelhante à diminuição que ocorreu na década de 1980, novamente por razões indeterminadas. No entanto, nesse cenário, a economia sofre uma recessão no início da década seguinte. Esse cenário também pressupõe que os efeitos do estoque de riqueza sejam maiores que aqueles do modelo Moody's Analytics, consistentes com os descritos anteriormente para o período pós-crise financeira.

O fato de que outra recessão possa ocorrer no início da próxima década seria consistente com a dinâmica típica dos ciclos empresariais modernos. Dada a política monetária atualmente acomodatícia, a economia estará em breve operando além do pleno emprego, e as pressões sobre salários e preços se desenvolverão. Os preços dos ativos aumentam fortemente e o crescimento do crédito é robusto, à medida que o mercado de capitais se torne eufórico e os financiadores diminuam seus padrões de subscrição. O Fed, preocupado com o fato de que a inflação, assim como as expectativas de inflação, estão ficando cada vez mais rígidas, finalmente responde acelerando os aumentos nas taxas de juros. No final da década, a curva de rendimentos do Departamento do Tesouro norte-americano se inverte. Invariavelmente, ocorre uma recessão, em geral depois de um tipo de choque aparentemente exógeno que mina os altos preços e a confiança dos ativos.

A crescente desigualdade de renda nesse cenário exacerba de maneira significativa a gravidade da recessão. As famílias ricas reduzem drasticamente seus gastos diante da queda dos preços dos ativos; assim como as famílias de baixa renda, sobrecarregadas que estão com níveis mais altos de dívida.

As taxas de juros diminuem com rapidez e as taxas de curto prazo voltam ao limite inferior a zero. O modelo Moody's Analytics permite flexibilização quantitativa quando as taxas de curto prazo atingem o menor limite próximo a zero, e, portanto, menores taxas de juros de longo prazo. Mas a política monetária logo perde sua eficácia. Supõe-se também que a política fiscal se limita aos estabilizadores automáticos incorporados à política de gastos do governo, bem como à sua política tributária. Dada a política ainda ácida em torno do uso de estímulos fiscais na Grande Recessão, o cenário pressupõe que os formuladores de políticas não implementem medidas de estímulo.

A economia finalmente se recupera nesse cenário, mas está muito diminuída. Daqui a uma década, o PIB real ainda permanece, como consequência, 2,6% menor do que no cenário de linha de base. Esse é um cenário muito sombrio, mas plausível.

Conclusões

Para muitos norte-americanos, o crescente abismo entre ricos e pobres é uma das características mais perturbadoras do desempenho da economia dos Estados Unidos nas últimas décadas. Esse sentimento se dirige à equidade de nosso sistema econômico e à capacidade dos menos afortunados de melhorar sua situação econômica.

Em uma peculiar justaposição a essas preocupações, a maioria dos macroeconomistas, pelo menos aqueles focados nas futuras perspectivas econômicas, praticamente ignorou a desigualdade em seus estudos. Eles partem do princípio, de maneira implícita ou explícita, de que a desigualdade não tem muita relevância ao se avaliar a perspectiva macroeconômica.

Na maioria das vezes, este capítulo sugere que os macroeconomistas provavelmente estejam certos. Nomeadamente, os vínculos entre desigualdade e crescimento econômico são tênues, pelo menos no caso dos Estados Unidos, e, embora uma desigualdade maior prejudique o crescimento a longo prazo, ela machuca apenas um pouco. Tendo-se em vista os erros que são inerentes à realização de projeções econômicas de longo prazo, a falta de atenção quanto ao aumento da desigualdade provavelmente pouco adiciona a tais erros.

Feita essa consideração, ressalte-se que ela, por outro lado, não é dita com muita confiança. É provável que uma maior desigualdade torne o sistema financeiro menos estável, já que as famílias de baixa renda, com restrição de crédito, representam riscos potencialmente significativos, o que pode implicar uma economia mais cíclica, pois as famílias mais ricas, que representam a maior parte dos gastos, são sensíveis às oscilações nos mercados de ativos cada vez mais voláteis. Isso pode não ser um grande problema se os mercados financeiros e a economia se moverem em uma linha mais ou menos reta, mas pode ser um grande problema se isso não ocorrer.

Isso é especialmente verdadeiro, considerando que o crescimento potencial da economia será muito mais lento no futuro do que no passado, sugerindo que as recessões serão mais prováveis. Com as políticas monetária e fiscal quase certamente se tornando mais impotentes pelo limite inferior zero e grilhões políticos mais apertados, as recessões futuras podem ser mais severas.

Uma lição crítica da Grande Recessão é que as recessões causam danos permanentes à economia, diminuindo seu potencial. Poucos macroeconomistas, se houver algum, têm modelos de análise que levam isso em consideração em suas projeções de longo prazo. Os macroeconomistas não devem, assim, se sentir confortáveis ao acharem que eles têm uma boa noção do que a desigualdade significa para nossas perspectivas econômicas.

CAPÍTULO 17

Desigualdade crescente e estabilidade econômica

SALVATORE MORELLI*

Durante muito tempo, a distribuição de renda ou da riqueza não foi um fator crítico para a compreensão do desempenho econômico. Parte disso se deve ao tratamento separado, na economia, das questões conceituais de equidade e eficiência. Uma questão importante a considerar, no entanto, é o papel da crescente desigualdade, sobretudo depois da crise financeira e a recessão que se seguiu em todo o mundo. A desigualdade afeta a estabilidade econômica? Se sim, como? O que sabemos e o que mais precisamos saber para aconselhar os formuladores de políticas sobre essa questão?

Essas são as perguntas feitas pelo economista Salvatore Morelli. Neste capítulo, Morelli examina criticamente o conjunto de evidências e hipóteses existentes a respeito da ligação entre desigualdade e instabilidade macroeconômica, a fim de verificar a orientação, se houver, que a literatura possa nos oferecer. Ele analisa em específico a questão da instabilidade econômica. Argumenta, ainda, que surgiu (ou, talvez, que tenha ressurgido) uma nova hipótese de que a excessiva desigualdade possa ter impactos negativos em um nível macro. Ao mesmo tempo, Morelli nos adverte que tal hipótese não pode ser demonstrada com robustez sem a devida fundamentação, e muitas ressalvas de natureza empírica e teórica precisam ser resolvidas através de pesquisas futuras.

---

* Este capítulo baseia-se em partes da tese de doutorado do autor na Universidade de Oxford, *The Long Run Evolution of Economic Inequality and Macroeconomic Shocks* (2013). Ele também se baseia em pesquisas anteriores conjuntas com Anthony B. Atkinson e Paolo Lucchino, cujas contribuições são grandemente reconhecidas. Agradeço a Heather Boushey, Giulio Fella, Ian Malcolm e Stefan Thewissen pelos comentários e discussões muito úteis sobre a primeira versão deste capítulo. Finalmente, um agradecimento especial a Joe Hasell, cujos comentários e contribuições melhoraram muito o capítulo.

Morelli faz três contribuições. Ele começa mostrando que as definições são importantes. Existem muitas maneiras de conceber a desigualdade, e as diferentes definições sobre ela muitas vezes levam a conclusões divergentes. Nível de desigualdade ou mudanças? Renda ou riqueza pessoal? Fatores de renda? Desigualdade de oportunidade? Desigualdade de outros recursos? Desigualdade superior ou inferior? Classe média? Essas questões provavelmente também aumentarão em importância, porque os pesquisadores agora têm acesso a um conjunto aparentemente crescente de dados distributivos. Morelli examina as evidências teóricas e empíricas a respeito de se e como a desigualdade afeta os resultados macroeconômicos. Ele conclui identificando caminhos para pesquisas futuras.

O aumento contínuo e futuro da desigualdade de riqueza nos países decorre da circunstância macroeconômica, em que o retorno médio ao capital excede a taxa de crescimento da economia em geral. Esse é, em termos gerais, um dos principais argumentos do livro de Thomas Piketty, *O capital no século XXI*.[1]

Neste capítulo, tratamos de enxergar as coisas pelo lado contrário, analisando quais possíveis consequências macro podem ter ocorrido ou provavelmente ocorrerão no futuro, a partir de mudanças nos níveis de desigualdade. Em particular, este capítulo se concentra no papel que a desigualdade desempenha na geração de instabilidade econômica, fornecendo uma importante razão instrumental para que se possa focar na concentração de recursos econômicos, indo além das preocupações clássicas sobre equidade e justiça distributiva.[2]

Depois de algum tempo em que a desigualdade foi amplamente negligenciada na macroeconomia, surgiu (ou, talvez, tenha surgido) uma nova hipótese, na esteira da crise financeira de 2008, de que a desigualdade excessiva pode ter impactos negativos no nível macro. Citando o vencedor do Prêmio Nobel Joseph Stiglitz:

> Durante anos, o paradigma dominante na macroeconomia [...] ignorou a desigualdade, tanto o seu papel em causar crises, quanto o efeito das flutuações em geral, além de crises em particular [...]. Contudo, a crise

1. T. Piketty, *O capital no século XXI*, Rio de Janeiro, Intrínseca, 2014. Em relação a esse ponto, Piketty escreve: "Em certo sentido, isso resume a lógica geral de minhas conclusões."

2. Não abordarei a instabilidade política ou a instabilidade social, embora claramente elas estejam vinculadas.

financeira mais recente mostrou os erros nesse pensamento, e essas visões estão finalmente começando a ser questionadas.[3]

Se é verdade que a desigualdade tem efeitos negativos sobre a economia, isso claramente proporcionaria um estímulo para a hipótese de uma intervenção coordenada a fim de reduzi-la, uma hipótese que, é claro, costuma ser implementada apenas por razões morais. Em conexão com esses esforços, o livro de Piketty discute a importância de "recuperar o controle da dinâmica da acumulação" e de "regular o capitalismo patrimonial globalizado do século XXI".[4] Para manter sob controle a pressão desigualitária, Piketty propõe um tributo global progressivo sobre a riqueza, argumentando que o estado social e o imposto progressivo sobre a renda "devem continuar a desempenhar um papel central no futuro".[5]

Meu objetivo neste capítulo é apresentar e examinar criticamente o conjunto de evidências e hipóteses existentes sobre a ligação entre desigualdade e instabilidade macroeconômica, a fim de determinar que orientação, se houver, a literatura pode nos oferecer quanto a esse assunto. Ao longo do caminho, espero fazer três contribuições para tal finalidade. Primeiro, procuro avaliar que bases — teóricas e empíricas — existem para apoiar a alegação de que a desigualdade tem consequências macroeconômicas negativas. Segundo, ao destacar as lacunas em nossa compreensão quanto a tais problemas e as evidências empíricas associadas, tento identificar possíveis caminhos para pesquisas futuras. Terceiro, pretendo esclarecer o conceito de desigualdade e apontar a diversidade de conceitos utilizados pelos pesquisadores, uma vez que a inconsistência pode levar a conclusões conflitantes em relação às questões mencionadas. Os trabalhos empíricos agora podem contar com um conjunto cada vez maior de dados distributivos, a fim de esclarecer melhor essas controvérsias e identificar os mecanismos relevantes em andamento na definição da distribuição dos recursos econômicos. O livro de Piketty analisa como a renda nacional é distribuída aos fatores de produção (distribuição de renda funcional). A relação entre distribuição de renda funcional

---

3. J. E. Stiglitz, "Macroeconomic Fluctuations, Inequality, and Human Development", *Journal of Human Development and Capabilities* 13, n. 1, 2012, pp. 31-58.

4. T. Piketty, op. cit.

5. Ibidem. Uma série de outras medidas foi proposta no livro recente de Anthony Atkinson, variando desde a instituição de uma renda básica de participação até o que os governos podem fazer para influenciar a direção do processo tecnológico, assim como as políticas de concorrência de mercado, para o trato de questões de distribuição. A. B. Atkinson, *Desigualdade: o que pode ser feito?*, São Paulo, Leya, 2015.

e distribuição de renda pessoal, bem como a distribuição de riqueza entre indivíduos e famílias, também tem um papel de destaque no livro.

Embora o conceito de bem-estar humano seja claramente de natureza multidimensional, este capítulo também se concentra principalmente em suas dimensões econômica e monetária. Entre as dimensões não monetárias (saúde, educação, nutrição e assim por diante), poder e influência políticos podem claramente desempenhar um papel importante e não devem ser negligenciados. Por fim, devemos nos preocupar com as diferenças persistentes que existem dentro de uma sociedade entre grupos específicos, independentemente de esses agrupamentos serem baseados em raça, etnia, gênero, religião ou localização. Essa desigualdade horizontal pode ser o resultado de discriminação e de exclusão sistemáticas, e é comumente analisada tomando-se como base as preocupações com a estabilidade política e a fragmentação da sociedade. Naturalmente, isso nos leva ao problema de criar um "campo de jogo nivelado" e a destacar o papel da desigualdade de oportunidades *ex ante*. De modo geral, porém, a desigualdade de resultados e a desigualdade de oportunidades não são dois fenômenos distintos. Anthony Atkinson, um dos principais estudiosos em tais assuntos, apresenta isso de forma clara: "Os resultados *ex post* de hoje moldam o campo do jogo *ex ante* de amanhã: os beneficiários da desigualdade de resultados de hoje podem transmitir uma vantagem injusta aos seus filhos de amanhã."[6]

A afirmação de que, de modo geral, a desigualdade econômica pode "desestabilizar" nossas economias tipicamente se dividiu em duas subseções e linhas de pesquisa separáveis, ainda que vinculadas. Primeiro, a desigualdade, por uma variedade de canais — consumo, investimento ou práticas de *rent-seeking* —, pode afetar vários aspectos do desempenho econômico e do crescimento. De fato, grande parte do que entendemos por instabilidade econômica se relaciona de alguma forma com o desempenho econômico. De fato, a investigação do nexo entre a desigualdade e o crescimento tem uma longa tradição na economia, e agora está mais uma vez sob escrutínio ativo. Embora o crescimento lento não esteja tipicamente associado ao que chamaríamos de "instabilidade", ele desempenha um papel decisivo, por exemplo, no enfraquecimento dos fundamentos macroeconômicos e, portanto, atua como uma causa raiz da turbulência financeira.[7]

6. A. Atkinson, op. cit.

7. A. Demirgüç-Kunt, E. Detragiache, "Cross-Country Empirical Studies of Systemic Bank Distress: A Survey", *National Institute Economic Review* 192, n. 1, 2005, pp. 68-83.

Dessa forma, pode-se apresentar um fator desestabilizador. Outros aspectos do desempenho econômico constituem, em si mesmos, manifestações mais diretas de instabilidade macroeconômica, definida em termos mais amplos: crescimento volátil, persistência de crescimento e sustentabilidade, ocorrência de recessões (assim como sua magnitude e duração), e a capacidade de uma economia de voltar ao crescimento depois de uma quebra. Todos esses aspectos raramente foram investigados de maneira sistemática, não tendo sido, também, discutidos em relação à excessiva desigualdade econômica.

A segunda linha de investigação se refere ao vínculo entre desigualdade e instabilidade financeira. Em particular, o excesso de desigualdade também pode contribuir para a criação de desequilíbrios macroeconômicos, tornando nosso sistema financeiro frágil a ponto de qualquer pequena perturbação resultar em seu colapso. Por exemplo, contribuições recentes na literatura discutem a hipótese de que a desigualdade pode ser um fator impulsionador da superacumulação do endividamento das famílias, deixando grande quantidade delas em uma situação precária (e, portanto, instável). De fato, mesmo pequenas mudanças em suas circunstâncias econômicas pessoais, ou nas condições econômicas mais amplas, como as taxas de juros ou os custos da habitação, podem desencadear insolvências e perdas financeiras nos ativos dos bancos. Uma economia muito alavancada também pode acelerar ou aprofundar uma crise desencadeada por alguma outra causa ou choque externo, ou talvez atrapalhar qualquer recuperação subsequente.

Desigualdade e desempenho econômico

Como observado, os economistas em geral se concentram nos canais pelos quais a desigualdade econômica pode afetar o nível ou o crescimento da atividade econômica (medida pelo produto interno bruto). Esses aspectos foram extensivamente analisados a seguir, mas também existem outras dimensões do desempenho econômico e do crescimento que não receberam atenção suficiente na literatura: a volatilidade do próprio crescimento; sua persistência e sustentabilidade; bem como a duração e a magnitude das recessões. Esta seção começa investigando esses aspectos, dada a relativa falta deles na literatura, assim como suas relações mais diretas com a instabilidade macroeconômica. Passarei então a pesquisar os mecanismos-padrão propostos pelos quais se argumenta que a desigualdade afeta negativamente a atividade econômica e o crescimento.

Desigualdade e desempenho instável

Nesta seção, faço a análise de três perguntas: a desigualdade está levando a um desempenho agregado volátil? As recessões em países mais desiguais são mais profundas e duram mais? A desigualdade leva a um crescimento insustentável e de curta duração?

Desigualdade, ciclos e volatilidade

A desigualdade econômica pode ser relevante para os ciclos de crescimento, conforme teorizado na representação dinâmica da economia por Aghion e colaboradores[8], que, em particular, traz a desigualdade de oportunidades de investimento, a desigualdade de riqueza e as imperfeições do mercado de crédito para o centro da criação de flutuações endógenas no ciclo de negócios e volatilidade macroeconômica de curto prazo.[9] Nesse modelo, a instabilidade na economia é promovida, em última instância, por um dualismo entre investidores e não investidores, e não pela desigualdade clássica entre ricos e pobres.

Essa distinção é mais pertinente para uma explicação, em termos de desigualdade de renda, quanto à volatilidade e ciclos de demanda agregada, e não de crescimento econômico. Essa ideia estava presente no relato de Galbraith relativamente à Grande Crise de 1929, por meio do qual ele argumentava que uma distribuição altamente desigual de renda e riqueza pessoal torna a demanda agregada mais frágil e volátil, uma vez que ela depende fortemente de alto nível de investimentos, de alto nível de gastos em bens de luxo, ou de ambos.[10] O argumento seria facilmente percebido no contexto de nossas economias modernas, em que a participação do total dos recursos econômicos

8. P. Aghion, A. Banerjee, T. Piketty, "Dualism and Macroeconomic Volatility", *Quarterly Journal of Economics* 114, n. 4, 1999, pp. 1359-1397.

9. O modelo replica, em uma estrutura macroeconômica mais convencional, o trabalho de R. M. Goodwin, *A Growth Cycle* (Cambridge, Cambridge University Press, 1967), em que a distribuição funcional da renda (não a distribuição pessoal da renda) tem um papel crucial na geração de ciclos de crescimento endógenos. Maior participação nos lucros promove investimentos mais altos, que, por sua vez, geram emprego. No entanto, este último aumenta a parcela salarial, reduzindo, a seu turno, o investimento e o crescimento da economia.

10. J. K. Galbraith, *The Great Crash, 1929*, Boston, Houghton Mifflin, 1954.

nas mãos das pessoas mais ricas está crescendo na maioria dos países, e está se tornando mais volátil e responsiva a ciclos de negócios.[11] Robert Frank resumiu isso muito bem para o caso dos Estados Unidos, quando observou que "a dependência dos Estados Unidos em relação aos ricos, somada a uma grande volatilidade entre os ricos é igual aos Estados Unidos mais voláteis".[12] Uma manifestação recente do FMI dá guarida a essa hipótese, estimando que 70% das mudanças no consumo norte-americano, durante a década de 2003-2013, vieram da ação dos 10% mais ricos.[13]

Em outras palavras, os ricos estão impulsionando a dinâmica agregada de consumo e de poupança, contrariando a narrativa-padrão que associa a queda pós-2008 na demanda agregada dos Estados Unidos a perdas da classe média baixa na riqueza habitacional. De fato, o importante trabalho de Mian e Sufi indica que as famílias mais pobres dos Estados Unidos foram altamente alavancadas antes de 2007 e, portanto, foram as que mais sofreram com a queda nos preços dos imóveis.[14] Isso, por sua vez, foi responsável pela grande queda no consumo agregado e nas subsequentes perdas de emprego, pois as famílias mais pobres tendem a ter uma propensão marginal ao consumo (PMC) relativamente maior.[15]

Desigualdade, crescimento sustentado, profundidade e duração das recessões

As recessões em países mais desiguais são mais profundas e duram mais? A desigualdade leva a um crescimento insustentável e de curta duração?

---

11. Para tendências quanto à desigualdade econômica depois da década de 1970, veja S. Morelli, T. Smeeding, J. Thompson, "Post-1970 Trends in Within-Country Inequality and Poverty", *Handbook of Income Distribution*, ed. A. B. Atkinson, F. Bourguignon, vol. 2, Amsterdã, Elsevier North Holland, 2015. Para uma análise mais detalhada quanto aos Estados Unidos, veja J. A. Parker, A. Vissing-Jorgensen, "Who Bears Aggregate Fluctuations and How?", *American Economic Review* 99, n. 2, 2009, pp. 399-405; S. Morelli, "Banking Crises in the US: The Response of Top Income Shares in a Historical Perspective", *CSEF Working Paper* n. 359, abr. 2014; F. Guvenen, G. Kaplan, J. Song, "How Risky Are Recessions for Top Earners?", *American Economic Review* 104, n. 5, 2014, pp. 148-153; e F. Guvenen, S. Ozkan, J. Song, "The Nature of Countercyclical Income Risk", *Journal of Political Economy* 122, n. 3, 2014, pp. 621-660.

12. R. Frank, *The High-Beta Rich: How the Manic Wealthy Will Take Us to the Next Boom, Bubble, and Bust*, New York, Random House, 2011, p. 157.

13. B. B. Bakker, J. Felman, "The Rich and the Great Recession", *IMF Working Paper WP / 14/225*, dez. 2014.

14. A. Mian, A. Sufi, *House of Debt: How They (and You) Caused the Great Recession, and How We Can Prevent It from Happening Again*, Chicago, University of Chicago Press, 2014.

15. Essa questão será discutida adiante.

Pesquisas empíricas recentes parecem responder afirmativamente. Se, por um lado, por exemplo, trabalhos empíricos recentes do FMI descobriram que países com maior desigualdade de renda (usando o coeficiente de Gini) não seriam capazes de sustentar o crescimento do PIB por muito tempo, uma vez iniciado, pois logo seria prejudicado pelas forças da instabilidade desencadeada pela distribuição desigual de recursos[16]; por outro lado, o apoio à ideia de que a desigualdade de renda pode retardar a plena recuperação econômica depois das recessões é encontrado em estudos para o caso dos Estados Unidos.[17]

Para entender por que a desigualdade afeta a duração e a profundidade de uma recessão, o economista Dani Rodrik sugeriu se concentrar na interação entre os conflitos sociais domésticos gerados pela desigualdade e as instituições pobres.[18] O mais importante é que Rodrik argumenta que, na presença de uma alta divisão social ("ao longo das linhas da riqueza, da identidade étnica, da região geográfica ou de outras divisões") e instituições fracas de gestão de conflitos, a magnitude do colapso do crescimento devido a choques externos pode ser maior e a resiliência da economia a choques externos pode ser prejudicada. Rodrik considera, em particular, que os países com maiores divisões sociais e instituições de gestão de conflitos mais fracas sofreram as quedas mais acentuadas no crescimento do PIB depois de 1975 (período altamente turbulento do ponto de vista macroeconômico).

Além disso, conflitos sociais latentes (*proxy* à desigualdade de renda) e "más instituições" (*proxy* aos gastos públicos em previdência social, medidas de liberdades civis e direitos políticos, qualidade das instituições governamentais, Estado de direito e competitividade da participação política) explicaram a maioria das diferenças entre os países nos desempenhos de crescimento entre 1960-1975 e 1975-1989, até mesmo controlando as políticas governamentais no início da crise. Efetivamente, políticas que precisam ser implementadas para enfrentar o choque externo costumam ter implicações distributivas substanciais, enquanto o conflito social latente que permeia a economia pode atrasar

16. A. Berg, J. D. Ostry, J. Zettelmeyer, "What Makes Growth Sustained?", *Journal of Development Economics* 98, n. 2, 2012, pp. 149-166.

17. B. Z. Cynamon, S. M. Fazzari, "Inequality, the Great Recession and Slow Recovery", *Cambridge Journal of Economics*, n. 5, 2015; T. Neal, "Essays on Panel Econometrics and the Distribution of Income", tese de doutoramento, Universidade de New South Wales, 2016.

18. D. Rodrik, "Where Did All the Growth Go? External Shocks, Social Conflict, and Growth Collapses", *Journal of Economic Growth* 4, n. 4, 1999, pp. 385-412.

sua implementação e levar a "má gestão macroeconômica", com cada grupo independente buscando barganhar uma carga menor de um choque negativo, havendo ainda uma parcela de recursos dedicados a atividades contraproducentes de *rent-seeking*, que aumentam.[19]

No mais, como argumentado por Stiglitz, a desigualdade pode antecipar o uso de ferramentas-padrão de política fiscal anticíclica. Na realidade, uma maior desigualdade também leva ao crescimento da influência política das elites, que, por sua vez, tende a contrariar a expansão dos gastos do governo, como investimentos em educação e infraestrutura.[20] Como consequência, a recuperação econômica depois da ocorrência de uma grande desaceleração pode ser adiada.

Desigualdade, atividade econômica e crescimento

O livro de Piketty enfatiza claramente que o ônus social da desigualdade e, em particular, a importância da herança na economia, pode ser exacerbado no contexto de baixo crescimento.[21] O livro, no entanto, não se concentra na resposta endógena do crescimento econômico para o aumento dos níveis de desigualdade de renda e riqueza. De fato, a análise da relação entre desigualdade e crescimento econômico tem uma longa tradição na economia, apesar da relativa indiferença dos economistas neoclássicos.[22] Ao longo do tempo, uma ampla variedade de posições teóricas foi adotada na literatura.[23]

19. Ibidem.

20. Stiglitz, op. cit.

21. T. Piketty, op. cit.

22. No caso de concorrência perfeita e retornos constantes da função de produção agregada, por exemplo, "a distribuição de renda e riqueza é irrelevante para a determinação de variáveis agregadas" (G. Bertola, R. Foellmi, J. Zweimüller, *Income Distribution in Macroeconomic Models*, Princeton, NJ, Princeton University Press, 2006, p. 15). Na verdade, é a função da poupança linear (independentemente da riqueza ou da renda) que reproduz, nos modelos neoclássicos do crescimento econômico, uma lei de acumulação agregada de capital que é independente da distribuição de renda e de riqueza (J. E. Stiglitz, "Distribution of Income and Wealth Among Individuals", *Econometrica* 37, n. 3, 1969, pp. 382-397). Esse resultado também levou ao uso generalizado da hipótese do agente representativo, que exclui a heterogeneidade dos agentes pela construção.

23. Para descrições detalhadas, veja, por exemplo, P. Aghion, E. Caroli, C. Garcia-Penalosa, "Inequality and Economic Growth: The Perspective of the New Growth Theories", *Journal of Economic Literature* 37, n. 4, 1999, pp. 1615-1660; e G. Bertola, "Macroeconomics of Distribution and Growth", in: Atkinson, Bourguignon, op. cit., pp. 477-540.

As teorias modernas geralmente compartilham a ideia de que a relação entre desigualdade e crescimento é de natureza complexa, e que diferentes formas de desigualdade podem ter diferentes impactos no crescimento econômico. Se, por um lado, a dispersão de renda e riqueza decorrente de diferenças de esforço, produtividade e atitude de risco é claramente vista como um pré-requisito para incentivos ao investimento e à inovação; por outro lado, altos níveis de desigualdade podem impedir o crescimento, promovendo comportamentos de *rent-seeking*.[24]

Da mesma forma, o grau em relação ao qual os resultados econômicos dos indivíduos dependam de circunstâncias fora de seu controle, como antecedentes familiares, raça e gênero, é considerado particularmente prejudicial ao crescimento e aos incentivos.[25] De acordo com Galor e Moav, o efeito da desigualdade de renda no crescimento varia ao longo do curso do desenvolvimento à medida que uma economia se move endogenamente de um modelo de acumulação de capital físico para o modelo de acumulação de capital humano.[26] No estágio inicial do desenvolvimento, a distribuição desigual de renda — com a resultante propensão agregada maior a poupar — alimenta a acumulação de capital e o crescimento econômico (essa ideia remonta a Kaldor e Pasinetti).[27] Mas, à medida que a economia se torna mais rica, as complementaridades entre capital e habilidade estimulam a acumulação de capital humano, que agora se torna o principal determinante do crescimento. Este último pode ser prejudicado pela presença de restrições de crédito, de forma que as políticas de redistribuição de renda possam aumentar a eficiência, assim como a equidade.

---

24. O trabalho teórico de Benhabib destaca essa ideia (J. Benhabib, "The Tradeoff between Inequality and Growth", *Annals of Economics and Finance* 4, 2003, pp. 491-507).

25. Sobre o papel da desigualdade de oportunidade, consulte F. Bourguignon, F. Ferreira, M. Menendez, "Inequality of Opportunity in Brazil", *Review of Income and Wealth* 53, n. 4, 2007, pp. 585-618.

26. O. Galor, O. Moav, "From Physical to Human Capital Accumulation: Inequality and the Process of Development", *Review of Economic Studies* 71, n. 4, 2004, pp. 1001-1026.

27. De fato, sob a premissa de que a propensão marginal à poupança dos trabalhadores (que vivem com seus salários) é menor do que a dos capitalistas (que vivem com os retornos de seu capital), uma maior relação lucro/salário implica maior acúmulo de capital físico e, portanto, maior atividade econômica a longo prazo. Este tópico também será discutido em detalhes na próxima seção (N. Kaldor, "A Model of Economic Growth", *Economic Journal* 67, 1957, pp. 591-624; L. L. Pasinetti, "Rate of Profit and Income Distribution in Relation to the Rate of Economic Growth", *Review of Economic Studies* 29, n. 4, 1962, pp. 267-279).

A pesquisa empírica sobre a hipótese de a desigualdade econômica afetar o crescimento econômico está no centro da literatura sobre desigualdade e, como lembrado em trabalhos recentes do Banco Mundial, seguiu três ondas principais desde o início da década de 1990, com diferentes conclusões apontando para diferentes direções.[28] Na primeira onda, as medidas de desigualdade se mostraram negativamente associadas ao crescimento, enquanto a segunda onda apontou em direção a um relacionamento positivo. Essa heterogeneidade das conclusões refletiu parcialmente a evolução dos conjuntos de dados disponíveis, bem como os métodos empíricos de pesquisas.[29] Sem nenhuma surpresa, o assunto passou a ser novamente examinado de forma ativa, e provavelmente o será no futuro à medida que dados cada vez mais consistentes se tornem disponíveis para os pesquisadores (veja também o Capítulo 13 deste volume, em que Saez se refere ao projeto de contas nacionais de distribuição). É importante notar que a terceira onda de estudos empíricos atribui um crédito particular para a complexa natureza da relação entre desigualdade e crescimento. Com efeito, esse relacionamento pode mudar ao longo do tempo e ter uma natureza não linear. Além disso, a fusão de todos os aspectos do crescimento e da desigualdade em um único sentido pode mascarar a verdadeira relação entre essas duas variáveis.

Antes de qualquer coisa, e indo além das preocupações quanto à relação não linear entre desigualdade e crescimento, podem-se explorar diferentes dimensões do processo de crescimento.[30] Por exemplo, como observado na seção anterior, trabalhos recentes descobriram que países com maior desigualdade de renda têm crescimento do PIB relativamente mais instável e tendem a sofrer recessões mais prolongadas.

---

28. F. H. Ferreira et al., "Inequality of Opportunity and Economic Growth: A Cross-Country Analysis", *IZA Discussion Paper* n. 8243, jun. 2014.

29. O primeiro trabalha para estabelecer uma correlação negativa entre desigualdade e crescimento, tendo feito uso de uma abordagem de regressão entre países, ligando o nível de desigualdade de renda no início do período ao subsequente crescimento médio. Essas conclusões foram logo examinadas e consideradas não confiáveis em face de melhores dados, e uma estrutura de painel que poderia reduzir erros de medição, bem como o viés de estimativa a partir da consideração omitida de variáveis invariantes no tempo.

30. A. V. Banerjee, E. Duflo, "Inequality and Growth: What Can the Data Say?", *Journal of Economic Growth* 8, n. 3, 2003, pp. 267-299; e D. J. Henderson, J. Qian, L. Wang, "The Inequality Growth Plateau", *Economics Letters* 128, 2015, pp. 17-20, implantam uma regressão não paramétrica para estimar uma relação não linear entre desigualdade e crescimento, em parte alinhada à previsão teórica de Benhabib (em "The Tradeoff").

Em segundo lugar, pode-se adicionar outro elemento de complexidade ao se explorar diferentes dimensões da desigualdade. A forma da distribuição de renda, por exemplo, é importante no trabalho de Voitchovsky, que descobriu que apenas a desigualdade na extremidade superior está positivamente associada ao crescimento econômico, enquanto a desigualdade na parte inferior prejudica o crescimento.[31] Essas descobertas também estão alinhadas com um recente trabalho da OCDE, feito por Cingano, que afirma que o mais importante para a relação negativa estimada entre desigualdade e crescimento subsequente "é a diferença entre as famílias de baixa renda e o resto da população. Em contraste, nenhuma evidência é encontrada de que aqueles com altas rendas, ao se afastarem do resto da população, acabem prejudicando o crescimento".[32]

Por razões similares, Martin Ravallion, ex-diretor do departamento de pesquisa do Banco Mundial, entende que a taxa de pobreza é um fator útil para antever o crescimento futuro negativo.[33] Outra abordagem ainda foi adotada por Marrero e Rodríguez, que usaram dados de microrrenda nos Estados Unidos, para atribuir uma parte da desigualdade às oportunidades e uma parte ao "esforço". As conclusões que eles relatam estão alinhadas com a percepção mencionada de que a desigualdade de oportunidades prejudica o crescimento, enquanto a recompensa desigual em relação a diferentes esforços e méritos tende a favorecer o processo de crescimento.[34]

Embora esses resultados não pareçam ser totalmente robustos se alguém aplicar essa estrutura a um conjunto mais amplo de países, é justo dizer que as conclusões empíricas dessa "terceira fase" (na qual também incluo o trabalho de Ferreira e colaboradores, que cunharam a terminologia)[35] mostram que dimensões específicas da desigualdade podem ser prejudiciais para o crescimento

31. S. Voitchovsky, "Does the Profile of Income Inequality Matter for Economic Growth?", *Journal of Economic Growth* 10, n. 3, 2005, pp. 273-296.

32. F. Cingano, "Trends in Income Inequality and Its Impact on Economic Growth", *OECD Social, Employment and Migration Working Paper* n. 163, 2014.

33. M. Ravallion, "Why Don't We See Poverty Convergence?", *American Economic Review* 102, n. 1, 2012, pp. 504-523.

34. G. A. Marrero, J. G. Rodríguez, "Inequality of Opportunity and Growth", *Journal of Development Economics* 104, 2013, pp. 107-122.

35. F. H. Ferreira et al., op. cit.

econômico e que, de maneira mais precisa, uma sociedade menos desigual não é ruim para o crescimento.

Considerando-se que é provável que essa questão atraia muita atenção no futuro, volto-me agora a explorar de forma mais aprofundada os elementos mais importantes que justificam o entendimento de que a desigualdade desempenha um papel prejudicial em relação à atividade econômica e ao crescimento econômico.

Desigualdade, atividade econômica e crescimento: o canal da economia política

A distribuição de renda e a de riqueza são variáveis-chave para vincular a economia à política, como indica a literatura especializada de economia política. Em geral, argumenta-se que a desigualdade excessiva de renda e de riqueza pode criar instabilidade política e social, diminuindo as perspectivas de crescimento de uma economia. O próprio Piketty apontou essa questão fundamental no início de seu primeiro capítulo de *O capital no século XXI*. Ele escreve: "A questão sobre qual parte da produção deve ser destinada aos salários, e sobre qual parte deve ser destinada aos lucros, sempre esteve no centro dos conflitos distributivos." Em particular, é a "extrema concentração da propriedade do capital" que ocasiona conflitos distributivos diante da distribuição desigual dos fatores de renda.[36]

De acordo com vários modelos de economia política, a desigualdade pode prejudicar o crescimento, pois pode desencorajar investimentos em capital produtivo e em atividades de risco por meio de políticas de expropriação e confisco. Curiosamente, essas ações de desapropriação podem ser realizadas pelo governo ou, ainda, por pessoas relativamente pobres ou ricas, a depender do modelo específico que temos em mente. Os trabalhos realizados nos anos 1990 por Persson e Tabellini, bem como por Alesina e Rodrik, por exemplo, postularam que a desigualdade excessiva produz um conjunto de políticas governamentais com natureza de políticas fiscais de redistribuição e confiscatórias.[37] Estas últimas desincentivam os indivíduos mais ricos a investir em

36. T. Piketty, op. cit.

37. T. Persson, G. Tabellini, "Is Inequality Harmful for Growth?", *American Economic Review* 84, n. 3, 1994, pp. 600-621; e A. Alesina, D. Rodrik, "Distributive Politics and Economic Growth", *Quarterly Journal of Economics* 109, n. 2, 1994, pp. 465-490.

capital físico, assim como em atividades mais arriscadas e recompensadoras.[38] Esse resultado decorre da tensão entre a distribuição desigual de renda e a distribuição igualitária do *jure voting rights* (direito de voto). Além disso, o fato de a preferência pela redistribuição aumentar à medida que diminuímos a escala de renda — tendo-se em vista que, quanto maior a renda, maior a contribuição líquida para o governo — implica que o resultado de uma votação democrática refletirá a preferência do eleitor mediano. À medida que a desigualdade de renda aumenta, para qualquer nível de renda média, a renda mediana cai, de modo que a consequente taxa de tributação socialmente desejável seja maior. Essa última previsão, contudo, não possui forte apoio empírico, pois as maiores participações de renda e as maiores taxas de tributação marginal são, na verdade, fortemente correlacionadas de maneira negativa, como mostra o livro de Piketty.[39] Isso pede novas explicações.

O nível crescente de desigualdade, por exemplo, implica que cada vez mais pessoas permanecem presas na pobreza e excluídas de melhores perspectivas econômicas futuras, o que aumenta o ressentimento para com os ricos e cria incentivos para expropriar sua riqueza por meio de revoluções ou roubos.[40] Assim como no caso de uma política fiscal confiscatória, o risco de expropriação prejudica os investimentos que favorecem o crescimento, por parte dos indivíduos mais ricos, e distorce a alocação de recursos para a proteção dos direitos de propriedade.[41]

Mais importante ainda é o fato de que se reconhece, cada vez mais, que a desigualdade de riqueza gera um poder político efetivamente desigual, e que isso pode promover um comportamento de *rent-seeking*, de modo que a expropriação também pode ser perpetrada por indivíduos ricos, "subvertendo as

---

38. Em essência, esses são argumentos complementares no centro da dicotomia clássica entre eficiência e equidade postulada pelo livro de Okun, usando a famosa metáfora de transferência de recursos com um "balde furado". Em particular, Okun argumentou que uma redistribuição de ricos para pobres teria desperdiçado recursos e poderia até ser contraproducente na medida em que famílias mais pobres, recebendo mais transferências do governo, exercessem menos esforço, e que indivíduos mais ricos, enfrentando taxas marginais de impostos mais altas, tivessem menos incentivo para trabalhar com afinco (A. M. Okun, *Equality and Efficiency: The Big Tradeoff*, Washington, DC, Brookings Institution, 1975).

39. T. Piketty, op. cit.

40. J. Benhabib, A. Rustichini, "Social Conflict and Growth", *Journal of Economic Growth* 1, n. 1, 1996, pp. 125-142.

41. A. Jayadev, S. Bowles, "Guard Labor", *Journal of Development Economics* 79, n. 2, 2006, pp. 328-348.

instituições legais, políticas e reguladoras para trabalhar em seus interesses".[42] Isso pode criar uma alocação ineficiente de recursos e prejudicar a segurança dos direitos de propriedade dos pequenos empreendedores, reduzindo seus incentivos para investir e, portanto, impedindo o crescimento econômico.[43]

Essas considerações levam a questões importantes que são o foco central deste estudo e que, assim esperamos, estarão sujeitas a um exame mais aprofundado. A desigualdade de riqueza pode promover um comportamento de *rent-seeking* (atividade de *lobby*)? A renda econômica, o retorno excessivo aos fatores de produção, em comparação com o de um mercado puramente competitivo, é a principal fonte de desigualdade de riqueza?

A resposta para a primeira pergunta pode parecer óbvia, mas é importante quantificá-la empiricamente. Um trabalho recente de Bonica e Rosenthal concluiu que a elasticidade da riqueza nas doações para campanha eleitoral nos Estados Unidos é de cerca de 0,6–1 para os quatrocentos indivíduos listados na Forbes, entre 1982 e 2012.[44] Isso equivale a dizer que indivíduos ricos dos Estados Unidos doam, em média, dez mil dólares a campanhas políticas para cada aumento de um milhão de dólares em sua riqueza. Uma propensão tão alta ao ativismo político dos americanos ricos também foi documentada em um interessante trabalho de Page, Bartels e Seawright.[45] Apesar das fortes limitações no trabalho empírico que tenta pesquisar indivíduos super-ricos, usando uma amostra representativa de famílias ricas de comunidades da região metropolitana de Chicago (concentrando-se sobretudo no 1% dos principais detentores de riqueza dos Estados Unidos), os três autores relataram que quase metade dos entrevistados ricos fez pelo menos um contato com um escritório do Congresso nos seis meses anteriores à entrevista. De maneira surpreendente, suas pesquisas descobriram que cerca da metade dos contatos poderiam ser codificados como "reconhecia um foco em interesses econômicos próprios razoavelmente estreitos". Portanto, não é de estranhar que uma pesquisa de

---

42. E. Glaeser, J. Scheinkman, A. Shleifer, "The Injustice of Inequality", *Journal of Monetary Economics* 50, n. 1, 2003, pp. 199-222, esp. p. 200.

43. Veja também J. A. Robinson, D. Acemoglu, *Why Nations Fail: The Origins of Power, Prosperity, and Poverty*, Nova York, Crown, 2012.

44. A. Bonica, H. Rosenthal, "The Wealth Elasticity of Political Contributions by the Forbes 400", 2015, disponível em: https://papers.ssrn.com/sol3/papers.cfm?abstract_id=2668780.

45. B. I. Page, L. M. Bartels, J. Seawright, "Democracy and the Policy Preferences of Wealthy Americans", *Perspectives on Politics* 11, n. 1, 2013, pp. 51-73.

Bagchi e Svejnar tenha constatado que o principal motor da relação negativa entre desigualdade de riqueza e crescimento econômicos seja a fração da desigualdade de riqueza que é atribuída às conexões políticas.[46]

Trabalhos recentes de Stiglitz chegam a sugerir que a renda econômica também foi um dos principais impulsionadores da dinâmica da desigualdade de riqueza em décadas recentes.[47] Em particular, Stiglitz argumenta que as rendas econômicas têm aumentado nos Estados Unidos ao longo das últimas décadas. Além disso, as rendas econômicas passaram do trabalho para o capital (as rendas também estão aumentando devido ao aumento da renda da terra, da renda da propriedade intelectual e do poder de monopólio), o que explica em parte o aumento contemporâneo da desigualdade de renda e riqueza, além da estagnação da produtividade. "Como resultado", diz Stiglitz,

> o valor desses ativos que são capazes de fornecer rendas a seus proprietários, como terras, casas e alguns recebíveis financeiros, está aumentando proporcionalmente. Portanto, a riqueza geral aumenta, mas isso não leva a um aumento da capacidade produtiva da economia.[48]

Desigualdade, atividade econômica e crescimento: o canal imperfeito do mercado de crédito

A distribuição de tamanho das doações iniciais de riqueza também pode gerar desempenho econômico subótimo, a curto e longo prazos, associado a imperfeições nos mercados de crédito (nem todos podem pedir empréstimos). No conhecido trabalho de Galor e Zeira, por exemplo, isso acontece porque apenas aqueles que herdam uma riqueza suficientemente alta são capazes de pagar o custo fixo da educação, tornando-se trabalhadores qualificados mais

46. S. Bagchi, J. Svejnar, "Does Wealth In equality Matter for Growth? The Effect of Billionaire Wealth, Income Distribution, and Poverty", *Journal of Comparative Economics* 43, n. 3, 2015, pp. 505-530.

47. J. E. Stiglitz, "New Theoretical Perspectives on the Distribution of Income and Wealth among Individuals", in *Inequality and Growth: Patterns and Policy*, vol. 1, *Concepts and Analysis*, ed. K. Basu, J. E. Stiglitz, Houndsmill, Basingstoke, Palgrave Macmillan, 2016.

48. Idem, "Inequality and Economic Growth", *Rethinking Capitalism*, ed. M. Mazzucato, M. Jacobs, Hoboken, NJ, Wiley-Blackwell, 2016, p. 9.

produtivos e com melhor remuneração.[49] Em particular, nesse modelo de "geração sobreposta", a distribuição da riqueza coincide com a distribuição das heranças e representa essencialmente a desigualdade de oportunidades de educação enfrentada por indivíduos que, de outro modo, possuem talento e características semelhantes. Além disso, o nível inicial de desigualdade de riqueza influencia a desigualdade de renda (por meio de salários resultantes de investimentos diferenciais em capital humano), que, por sua vez, afeta a herança e, portanto, a distribuição futura da riqueza. À medida que os indivíduos menos ricos são excluídos de investimentos altamente produtivos em educação, sua mobilidade econômica e social é permanentemente prejudicada, abrindo caminho para uma sociedade mais pobre, na qual predominam fortunas e vantagens herdadas. O crescimento econômico também pode ser prejudicado permanentemente se uma redução na quantidade de mão de obra qualificada também levar a uma menor taxa de inovação tecnológica. De modo geral, uma classe média maior pode garantir superior produção econômica e um melhor desempenho econômico.

Além disso, as premissas dos mercados de crédito imperfeitos e dos custos fixos dos investimentos também podem ser aplicadas a outras tecnologias de investimento que não a educação e o capital humano. Por exemplo, Banerjee e Newman mostraram que a distribuição desigual da riqueza tem efeitos negativos semelhantes na atividade econômica, quando se assume que indivíduos menos ricos são sistematicamente preteridos dos investimentos em atividade empreendedora.[50]

---

49. O. Galor, J. Zeira ("Income Distribution and Macroeconomics", *Review of Economic Studies* 60, n. 1, 1993, pp. 35-52) entendem que há custos de execução e supervisão para os mutuários, de modo que a taxa de tomar empréstimo seja diferente da taxa de concedê-lo. Em outras palavras, o crédito está disponível apenas para aqueles que herdam uma dotação de riqueza suficientemente alta. Logo, o mercado não financiaria uma grande quantidade de investimentos lucrativos, resultando em uma alocação incorreta de recursos e, assim, reduzindo a produtividade e o crescimento agregados.

50. A. V. Banerjee, A. F. Newman, em "Occupational Choice and the Process of Development" (*Journal of Political Economy* 101, n. 2, 1993, pp. 274-298), assumem uma estrutura diferente quanto à imperfeição do mercado de crédito em relação ao indicado por O. Galor, J. Zeira em "Income Distribution and Macroeconomics" (*Review of Economic Studies* 60, n. 1, 1993, pp. 35-52). Em resumo, a presença de responsabilidade limitada (o pagamento do mutuário ao credor é limitado acima pelo valor da riqueza pessoal) cria uma fonte de risco moral, reduzindo a quantidade de esforço ideal (caro e inobservável) que o mutuário está disposto a exercer. Isso, por sua vez, reduz a probabilidade de sucesso de investimentos em projetos arriscados.

À luz da crescente importância da herança na sociedade moderna, conforme documentado no livro de Piketty, esses são mecanismos de importância renovada através dos quais a desigualdade pode afetar o desenvolvimento econômico. Tais problemas se tornam ainda mais claros na medida em que o capital humano é contabilizado como um componente integral da transferência intergeracional de vantagens econômicas, conforme discutido em outras partes deste volume. Além disso, como tratado por Jason Furman e Joseph Stiglitz, é importante enfatizar que a falta de mercados de seguros específicos pode ampliar os problemas induzidos pelas restrições de crédito.[51] De fato, indivíduos mais pobres ainda investem pouco em educação e atividades empreendedoras, como reflexo do risco dos retornos futuros do investimento, mesmo que consigam obter empréstimo dos fundos necessários para uma coisa ou outra. Por conseguinte, a eficiência e o potencial de crescimento são prejudicados à medida que a desigualdade aumenta.

Desigualdade, atividade econômica e crescimento: subconsumo?

Ao longo dos tempos, talvez o mecanismo mais comumente indicado, através do qual se entende que a desigualdade tenha um impacto negativo no desempenho econômico, seja por seu efeito no consumo agregado (a hipótese de "subconsumo"). A ideia de que um aumento na desigualdade de renda (representado como um "*spread* médio de preservação") pode levar a uma redução no consumo agregado foi formalizada por Blinder, sob a condição de que a função de consumo seja côncava em relação à renda (a propensão marginal a consumir diminui com a renda).[52] Dado seu destaque na literatura e o signi-

51. J. Furman, J. E. Stiglitz, "Economic Consequences of Income Inequality", *Income Inequality: Issues and Policy Options — A Symposium*, Kansas City, MO, Federal Reserve Bank of Kansas City, 1998, p. 255.

52. A. S. Blinder, "Distribution Effects and the Aggregate Consumption Function", *Journal of Political Economy* 83, n. 3, 1975, pp. 447-475. Esse princípio também é afirmado claramente no trabalho de Keynes: "Uma vez que considero a propensão a consumir como sendo (normalmente) uma lacuna maior entre renda e consumo, à medida que a renda aumenta, segue-se naturalmente que a propensão coletiva, para a comunidade como um todo, pode depender da distribuição de renda dentro dela." (J. M. Keynes, "Mr. Keynes on the Distribution of Incomes and 'Propensity to Consume': A Reply", *Review of Economics and Statistics* 21, n. 3, 1939, p. 129).

ficado renovado da demanda agregada e da política fiscal para a estabilização econômica, agora discuto o argumento em detalhes.[53]

A concavidade da função de consumo é muito bem apoiada por modelos teóricos de decisões de consumo, pelo menos desde que a versão apropriada de cada modelo seja considerada.[54] Da mesma forma, a premissa é provida de forte apoio empírico. Por exemplo, a Figura 17.1 mostra as taxas médias de poupança de famílias do Reino Unido classificadas por decil de renda (definida sobre a renda disponível das famílias), e destaca claramente que a taxa de poupança aumenta à medida que subimos a escada de renda.[55] Outros trabalhos forneceram estimativas semelhantes para casos norte-americanos e italianos.[56]

53. Crises recentes nos apresentaram o problema com que os bancos centrais se defrontam quando a economia está enfrentando a armadilha de liquidez no "limite inferior a zero" (a taxa de juros nominal atinge ou se aproxima de zero). No "limite inferior a zero", argumenta-se, é necessário um enorme estímulo fiscal ou política monetária não convencional (por exemplo, comprar títulos do governo ou transferir dinheiro diretamente para as famílias) a fim de estabilizar a economia.

54. A hipótese de renda permanente do tipo Friedman-Modigliani-Blumberg geralmente prediz uma PMC (propensão marginal ao consumo) constante. A função de consumo permanece côncava no nível transversal, se as diferenças de renda dependerem do desvio transitório do nível de renda permanente. (Um indivíduo cuja renda está temporariamente abaixo de seu nível permanente consome muito mais do que o indivíduo cuja renda está temporariamente acima de seu nível permanente.) A função de consumo ideal retorna a uma forma côncava estrita assim que a incerteza é introduzida de volta no problema de otimização (C. D. Carroll, M. S. Kimball, "On the Concavity of the Consumption Function", *Econometrica: Journal of the Econometric Society* 64, n. 4, 1996, pp. 981-992). Além disso, as incertezas existentes e futuras criam a necessidade de se poupar por precaução, o que reduz substancialmente o nível de consumo em relação ao modelo de linha de base "previsão perfeita" (os motivos para uma poupança por precaução são mais acentuados em níveis mais baixos de dinheiro disponível, implicando uma PMC mais alta). Os modelos que incluem restrições de liquidez também replicam o recurso de concavidade da função de consumo, conforme mostrado em C. D. Carroll, M. S. Kimball, "Liquidity Constraints and Precautionary Saving", *NBER Working Paper* n. 8496, 2001.

55. As informações estão baseadas nos dados do FES, entre 1984 e 2000-2001; nos dados da Expenditure and Food Survey (EFS), entre 2000-2001 e 2007; e nos dados da Living Costs and Food Survey (LCF), a partir de então.

56. E. Saez, G. Zucman, "Wealth Inequality in the United States since 1913: Evidence from Capitalized Income Tax Data", *NBER Working Paper* n. 20625, 2014; T. Jappelli, L. Pistaferri, "Fiscal Policy and MPC Heterogeneity", *American Economic Journal: Macroeconomics* 6, n. 4, 2014, pp. 107-136.

Figura 17.1: Taxas médias de poupança das famílias do Reino Unido, classificadas por decil de renda.

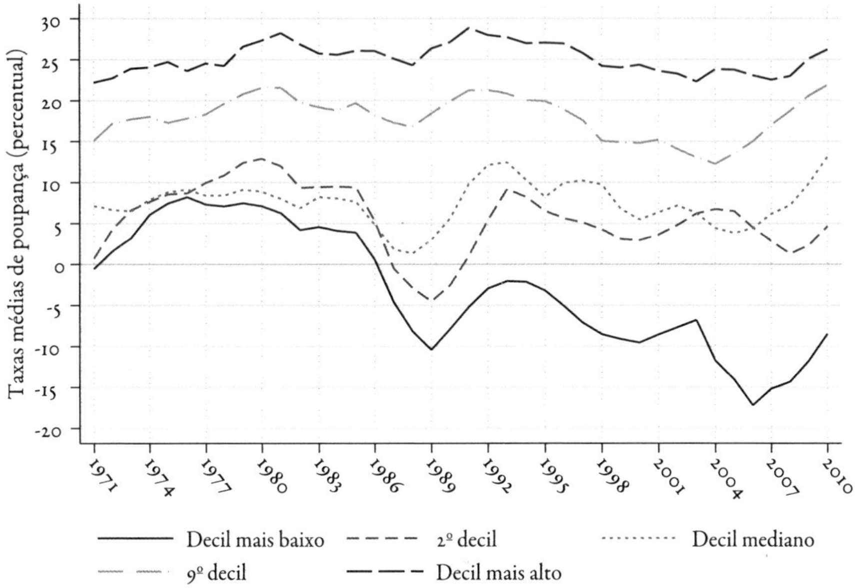

Nota: As taxas de poupança aumentam claramente com os níveis de renda.

Fonte de dados: Pesquisa de Despesas Familiares para os anos de 1984 a 2000-2001; Pesquisa de Despesas e Alimentos para os anos 2000-2001 a 2007; Pesquisa de custos de vida e alimentação por anos depois de 2007.

Portanto, parece realmente haver uma razão *prima facie* para a expectativa de uma diminuição do consumo agregado com o aumento da desigualdade. Joseph Stiglitz argumenta nesse sentido sobre os Estados Unidos em seu livro *The Price of Inequality* [O preço da desigualdade]:

> Mover dinheiro de baixo para cima reduz o consumo, porque indivíduos de alta renda consomem uma proporção menor de sua renda em relação aos indivíduos de baixa renda (aqueles que estão no topo economizam de 15% a 25% de sua renda; os de baixo gastam toda a sua renda).[57]

Deve-se notar, no entanto, que não é fácil conciliar essa hipótese geral — a de que o aumento da desigualdade diminui o consumo — com as evidências empíricas disponíveis. Por exemplo, considerando-se o caso do Reino Unido,

57. J. E. Stiglitz, "The Price of Inequality", Londres, Penguin, 2012, p. 85.

a Figura 17.2 faz uso de dados das contas nacionais para mostrar a tendência, de 1963 a 2010, na proporção agregada da renda disponível domiciliar total consumida no Reino Unido. A figura mostra que, nas últimas décadas, e a taxa líquida das flutuações de curto prazo relacionadas aos ciclos econômicos, a taxa agregada de consumo das famílias no Reino Unido parece correlacionada *positivamente* com a parcela da renda bruta total detida pelo 1% mais rico da população (uma medida de desigualdade de renda). Isso parece evidente também em toda a distribuição de renda mostrada na Figura 17.1, à medida que a taxa média de poupança de cada decil de renda declinava durante os anos 1980 e do início dos anos 1990 até a véspera da crise (períodos de forte aumento ou níveis muito altos de desigualdade de renda).[58] Além disso, vale a pena notar que nenhuma associação significativa entre desigualdade de renda (medida pelo coeficiente de Gini) e taxas de poupança médias ou propensão média a consumir é encontrada em um conjunto mais amplo de países.[59]

FIGURA 17.2: As taxas de consumo das famílias se correlacionam com a desigualdade

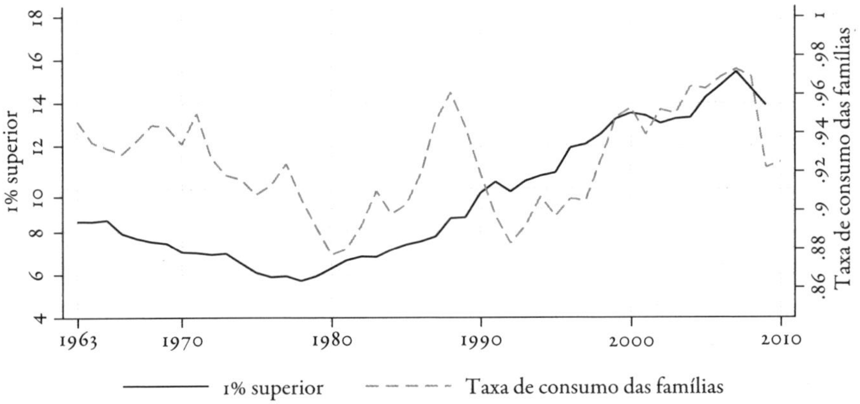

Nota: Usando dados do Reino Unido, as participações variáveis da renda bruta total mantida pelo 1% mais rico da população se correlacionam com as alterações na taxa agregada de consumo das famílias do país.

Fonte de dados: dados da conta nacional.

58. O efeito é muito mais acentuado para o decil inferior, com uma redução na taxa de poupança de 15%, de 1993-2006. Essa alteração é três vezes maior do que o declínio na taxa de poupança do decil mais alto no mesmo período. Assim, as diferenças entre as taxas de poupança de diferentes decis tenderam a aumentar nas últimas décadas.

59. K. Schmidt-Hebbel, L. Serven, "Does Income In equality Raise Aggregate Saving?", *Journal of Development Economics* 61, n. 2, 2000, pp. 417-446; J. C. Cuaresma, J. Kubala, K. Petrikova, "Does Income Inequality Affect Aggregate Consumption? Revisiting the Evidence", *Vienna University Department of Economics Working Paper* n. 210, 2016.

O que, então, podemos concluir a partir de tais evidências empíricas em relação à hipótese de subconsumo? Existem várias possibilidades. Primeiro, pode ser que a hipótese esteja diretamente errada, ou seja, que, de fato, não há tendência para o aumento dos níveis de desigualdade para reduzir o consumo. No entanto, dada a robustez das evidências que sustentam a premissa de que a função de consumo é côncava, parece razoável rejeitar essa possibilidade e concluir que, embora essa tendência esteja geralmente presente, deve haver fatores adicionais presentes, capazes de trabalhar na direção oposta ao mesmo tempo.

De fato, continuando a citação de Stiglitz, vemos que ele também apresenta um argumento com uma condição *ceteris paribus* fixada na mente: à medida que a desigualdade aumenta, "a demanda total na economia será menor do que aquilo que a economia é capaz de suprir [...] até e a menos que alguma outra coisa aconteça, como um aumento no investimento ou nas exportações". A partir da concavidade da função de consumo, podemos esperar um efeito negativo no consumo devido ao aumento da desigualdade, sendo todas as outras coisas iguais. Mas claramente, em geral, as outras coisas não são iguais. Por exemplo, a fim de compensar a pressão reduzida sobre a demanda agregada, um banco central pode diminuir as taxas de juros e o governo pode promover a desregulamentação do setor financeiro para sustentar a disponibilidade de crédito com o objetivo de abrigar e apoiar o consumo.[60]

Deixando de lado a dívida (ela será discutida em detalhes na próxima seção), o aumento da desigualdade pode ocorrer contemporaneamente com vários outros fatores, afetando, por sua vez, a decisão ótima de consumo. Em particular, a explicação mais convencional derivada dos modelos de ciclo de vida e de renda permanente quanto às escolhas de consumo também pode replicar as evidências empíricas detalhadas anteriormente. Por exemplo, em teoria, períodos de crescente desigualdade podem coincidir com períodos em que o crescimento da renda chega a famílias de baixa renda, ou simplesmente períodos em que os indivíduos estão otimistas sobre suas perspectivas futuras de renda,

---

60. Como discutido, no contexto da crise norte-americana nos anos de 2007 e 2008, *in* B. Milanovic, "Two Views on the Cause of the Global Crisis?", *YaleGlobal Online*, 2009, disponível em: http://yaleglobal.yale.edu/content/two-views-global-crisis; J. Fitoussi, F. Saraceno, "Inequality and Macroeconomic Performance", *Documents de Travail de lOFCE*, 2010, p. 13; e R. G. Rajan, *Fault Lines: How Hidden Fractures Still Threaten the Global Economy*, Princeton, NJ, Princeton University Press, 2010.

levando a poupanças menores.[61] Da mesma forma, um declínio na disposição de abandonar a fortuna ou um aumento na taxa de desconto (um aumento nas características de impaciência e "miopia" dos consumidores) reduziriam o incentivo para que as famílias economizassem. O mesmo pode acontecer se os ativos patrimoniais aumentarem de valor ou se as condições de crédito melhorarem (a integração e o desenvolvimento financeiros podem ter melhorado tanto o preço quanto a quantidade de crédito disponível).[62]

Desembaraçar o impacto direto da desigualdade no consumo a partir de fatores de confusão coincidentes, como descrito, é uma questão muito desafiadora para pesquisas futuras. Um passo em direção à solução dessa importante questão foi dado por Bertrand e Morse, que investigaram os motivos pelos quais a participação do consumo da classe média (entre os percentis vinte e oitenta) foi positivamente associada a mudanças na renda superior (uma medida mais bruta de dispersão de renda), nos Estados Unidos, desde o início dos anos 1980.[63] Os autores não encontram qualquer suporte para algumas das explicações convencionais apresentadas antes, nas quais a desigualdade é simplesmente associada, por coincidência, ao aumento do consumo. Portanto, seus resultados apontam para a relevância das respostas comportamentais diretas dos consumidores às mudanças na renda superior, que geralmente não são contempladas nas teorias convencionais dos consumidores.[64]

Em particular, eles encontram fortes evidências para duas hipóteses. A primeira sugere que o crescimento da renda no topo da distribuição de renda aumenta a oferta de bens "ricos" na economia, o que automaticamente leva a um aumento na demanda em relação a esses bens por parte dos indivíduos mais

61. Veja, por exemplo, O. P. Attanasio, G. Weber, "Is Consumption Growth Consistent with Intertemporal Optimization? Evidence from the Consumer Expenditure Survey", *NBER Working Paper* n. 4795, 1994.

62. Sobre o aumento do valor do ativo (riqueza imobiliária e financeira), veja, por exemplo, A. Mian, A. Sufi, *House of Debt: How They (and You) Caused the Great Recession, and How We Can Prevent It from Happening Again*, Chicago, University of Chicago Press, 2014. Sobre a disponibilidade de crédito, consulte, por exemplo, Mian, Sufi, "House Prices, Home Equity-Based Borrowing, and the U.S. Household Leverage Crisis", *NBER Working Paper* n. 15283, 2009; e K. E. Dynan, D. L. Kohn, "The Rise in US Household Indebtedness: Causes and Consequences", Divisions of Research & Statistics and Monetary Affairs, Federal Reserve Board, 2007.

63. M. Bertrand, A. Morse, "Trickle- Down Consumption", *NBER Working Paper* n. 18883, 2013.

64. Os autores mesclaram dados da U.S. Consumer Expenditure survey (CEX) com dados do Panel Study of Income Dynamics (PSID), da March Current Population Survey (CPS) e da Survey of Consumers (da Universidade de Michigan, nos Estados Unidos).

pobres. A segunda hipótese apoiada pelos dois autores é a "hipótese de renda relativa", que sugere que um maior consumo por famílias relativamente mais ricas estabelece padrões de consumo também para o resto da população, que é pressionado a consumir uma parcela maior de sua renda, a fim de imitar seus pares mais ricos e não ficar para trás em termos socioeconômicos ou culturais. Isso acontece, argumenta-se, porque o consumo de diferentes indivíduos é interdependente; o bem-estar pessoal reflete não apenas o próprio consumo, mas também o consumo em relação a um grupo de referência de pares. Portanto, sob esse pressuposto, "a desigualdade pode levar a mais consumo, ao invés de menos", justificando uma associação positiva entre desigualdade e consumo agregado.[65]

Mais importante ainda, os dois autores dizem que "essa interdependência no consumo pode ser vista como uma externalidade, que pode obrigar os indivíduos a trabalhar mais e consumir mais para acompanhar os vizinhos. É um comportamento individualmente racional, mas coletivamente subótimo".[66] Além disso, o crescimento e a estabilidade também podem ser afetados e, em geral, existem duas sugestões principais. Por um lado, como será discutido em mais detalhes na próxima seção, quando a desigualdade acompanha a estagnação da renda na parte inferior, esse argumento pode ser traduzido em um superendividamento, porque é necessário um crédito maior para financiar o consumo adicional desejado, causando instabilidade na economia. Por outro lado, a desigualdade pode levar a uma alocação ineficiente de recursos na economia, à medida que as pessoas direcionam seus gastos para formas de consumo desperdiçado, à custa de investimentos mais importantes cujos benefícios são, no entanto, mais intangíveis, como a educação.[67]

---

65. Blinder, op. cit., p. 472.

66. Isso é lembrado em K. Arrow et al., "Are We Consuming Too Much?", *Journal of Economic Perspectives* 18, n. 3, 2004, pp. 147-172, esp. p. 158.

67. Para uma discussão mais aprofundada das condições teóricas sob as quais a presença de preocupações relativas, no nível individual, leva a um nível agregado de consumo subótimo, veja K. J. Arrow, P. S. Dasgupta, "Conspicuous Consumption, Inconspicuous Leisure", *Economic Journal* 119, 2009, pp. F497-F516; e C. Quintana-Domeque, F. Turino, "Relative Concerns on Visible Consumption: A Source of Economic Distortions", *B.E. Journal of Theoretical Economics* 16, n. 1, 2016, pp. 33-45. Veja também o modelo de "expenditure cascades" ["cascatas de despesas"] em R. Frank, A. Levine, O. Dijk, "Expenditure Cascades", set. 2010, disponível em: doi: 10.2139/ssrn.1690612, para uma caracterização mais completa das respostas do consumo às mudanças na distribuição de renda.

Desigualdade e instabilidade financeira

Enquanto a seção anterior teve foco na vinculação entre desigualdade de renda ou de riqueza com o desempenho econômico e a estabilidade macroeconômica, aqui, por sua vez, discutirei sua relação com a estabilidade financeira, amplamente definida. A distinção, embora possa não ser gritante, é conceitualmente útil. De forma mais específica, primeiro discutirei a associação entre desigualdade e crises bancárias. Em seguida, passo então à discussão do nexo entre a desigualdade e o endividamento.

Desigualdade e crises bancárias

O alto nível de desigualdade de renda (geralmente visto como uma combinação de estagnação da renda média, no meio e na parte inferior da distribuição, com um aumento na renda média no topo) foi apontado como uma das causas estruturais da recente crise, sobretudo nos Estados Unidos.

Uma recente literatura empírica tratou de investigar essa conjectura, mas não encontrou evidências suficientes com relação ao nexo entre desigualdade e crise, mesmo ao se considerar um amplo conjunto de países, ao longo dos anos e com diferentes medidas implementadas de combate à desigualdade.[68] Em termos mais específicos, a análise realizada por Morelli e Atkinson afirma que nem níveis crescentes de desigualdade, nem altos níveis dela podem estar sistematicamente associados à ocorrência de crises bancárias.[69] Reunindo o máximo de dados possível no período de 1900 a 2012, a análise foi realizada em 26 países, com cinco indicadores diferentes de desigualdade econômica, variando de medidas de pobreza relativa para as medidas das maiores riquezas e o coeficiente de Gini da equivalente renda familiar disponível.[70] No entanto, os autores também observam

68. A. B. Atkinson, S. Morelli, "Inequality and Banking Crises: A First Look", relatório para a Organização Internacional do Trabalho, 2010, disponível em: https://www.nuffield.ox.ac.uk/Users/Atkinson/Paper-Inequality%20and%20Banking%20Crises-A%20First%20Look.pdf; Atkinson, Morelli, "Economic Crises and Inequality", *UN Development Programme Human Development Research Paper* 2011.06, 2011, disponível em: http://hdr.undp.org/en/content/economic-crises-and-inequality; e M. D. Bordo, C. M. Meissner, "Does Inequality Lead to a Financial Crisis?", *Journal of International Money and Finance* 31, n. 8, 2012, pp. 2147-2161.

69. S. Morelli, A. B. Atkinson, "Inequality and Crises Revisited", *Economia Politica* 32, n. 1, 2015, pp. 31-51.

70. A fonte da informação é A. B. Atkinson, S. Morelli, "Chartbook of Economic Inequality", *ECINEQ Working Paper* 324, 2014.

que "a aparente insignificância estatística das conclusões não descarta a relevância econômica quanto à questão posta, considerando-se que as hipóteses não podem ser rejeitadas em relação a crises importantes e países como os Estados Unidos e o Reino Unido".[71] Além disso, a desigualdade excessiva pode contribuir para a criação de desequilíbrios macroeconômicos sem necessariamente levar a uma crise.

Antes do recente colapso financeiro, o conceito de estabilidade macroeconômica estava normalmente associado à estabilidade de preços e à estabilidade do hiato do produto. O despertar pós-crise, contudo, revelou que a aparente estabilidade macroeconômica antes da crise escondia o acúmulo de desequilíbrios econômicos, como o notável aumento do endividamento das famílias e a ocorrência de bolhas nos mercados financeiro e imobiliário.[72] Como tratado na literatura econômica recente, uma distribuição altamente desigual de renda e riqueza pode ser um dos determinantes estruturais para o acúmulo dos desequilíbrios mencionados antes, o que pode tornar a economia mais instável e, por consequência, frágil.[73]

Desigualdade e endividamento

Também foram apresentados argumentos invocando um vínculo explícito com os crescentes níveis de desigualdade econômica testemunhados no período que antecedeu a crise, sobretudo nos Estados Unidos. Argumenta-se que a desigualdade criou uma demanda adicional e uma oferta de crédito que levaram a um nível instável de dívida.

A pressão reduzida na demanda agregada ou o desempenho econômico agregado mais baixo, resultante do aumento da desigualdade econômica, podem ter estimulado o governo a desregular os mercados financeiros e o banco central a diminuir as taxas de juros. Essas ações serviram, em princípio, para sustentar o *suprimento* de crédito às famílias, a fim de compensar o fraco desempenho econômico. Por outro lado, pressões adicionais para desregular os mercados financeiros podem ter vindo diretamente de indivíduos ricos que capturaram e pressionaram os reguladores para acumular ainda mais benefícios financeiros. Da mesma forma, a crescente participação de indivíduos mais ricos, com altas taxas de poupança e em busca de novos investimentos

71. S. Morelli, A. B. Atkinson, "Inequality and Crises Revisited", p. 48.

72. Uma conta detalhada é encontrada em O. J. Blanchard et al., *In the Wake of the Crisis: Leading Economists Reassess Economic Policy*, Cambridge, MA, MIT Press, 2012.

73. Stiglitz, op. cit.

financeiros, pode ter aumentado a oferta de fundos disponíveis na economia, fornecendo crédito ao restante da população e alimentando bolhas de ativos.[74]

O aumento da desigualdade de renda também pode ter gerado diretamente uma maior *demanda* por crédito, bem como a oferta de crédito. De fato, como discutido na seção anterior em relação à hipótese de renda relativa, os indivíduos deixados para trás podem ter assumido mais dívidas para acompanhar o aumento dos padrões de vida e satisfazer seus crescentes desejos de consumo. A maior demanda por crédito também pode ter sido motivada por preocupações de suavizar o consumo diante da crescente volatilidade da renda, impulsionando as tendências ascendentes da desigualdade de renda.

Qualquer que seja o principal fator de acumulação da dívida das famílias (e nosso conhecimento ainda é muito limitado em relação a tal questão), a sobrealavancagem desigual pode deixar grandes segmentos da população em uma situação precária, de modo que pequenas mudanças em suas circunstâncias econômicas pessoais — ou em condições econômicas mais amplas, como taxas de juros ou preços de moradias — agora poderiam provocar insolvências e perdas financeiras nos ativos dos bancos.[75]

Modelos como o proposto por Aghion e outros, discutido na seção anterior, podem replicar um ciclo endógeno de distribuição de renda, dívida e crescimento; e são particularmente relevantes para a discussão do papel da desigualdade na instabilidade macroeconômica e financeira.[76] No entanto, nenhuma função para os empréstimos direcionados ao consumo — um fator importante da recente crise — é contemplada nesse modelo. Em vez disso, os trabalhos de Iacoviello, Kumhof, Rancière e Winant estão entre os poucos estudos disponíveis na literatura que vinculam a distribuição de renda ou ganhos ao aumento da oferta ou da demanda, em relação ao endividamento das famílias.[77]

---

74. Essa teoria pode aparecer em contraste com a hipótese de restrição de crédito discutida na seção anterior, mas não é necessariamente inconsistente com ela.

75. J. Zinman, "Household Debt: Facts, Puzzles, Theories, and Policies", *Annual Review of Economics* 7, 2015, pp. 251-276, fornece um relato completo e lúcido dos determinantes do endividamento das famílias.

76. O modelo destaca como uma desigualdade muito alta entre a renda dos fatores (ou seja, uma parcela crescente de capital), juntamente com um grau substancial de separação entre investidores e poupadores, determina a condição para a realização de ciclos econômicos mais longos com uma "fase de acumulação de dívida" (Aghion, Banerjee, Piketty, "Dualism").

77. M. Iacoviello, "Household Debt and Income Inequality, 1963-2003", *Journal of Money, Credit and Banking* 40, n. 5, 2008, pp. 929-965; M. Kumhof, R. Rancière, "Inequality, Leverage and Crises", *IMF Working Paper* WP / 10/268, nov. 2010; e M. Kumhof, R. Rancière, P. Winant, "Inequality, Leverage, and Crises", *American Economic Review* 105, n. 3, 2015, pp. 1217-1245.

Iacoviello constrói um modelo simulado em que os agentes são infinitamente experientes e escolhem de maneira ideal seu nível de consumo e de dívida, seguindo a estrutura clássica da Hipótese de Renda Permanente. Dentro dessa estrutura, os indivíduos respondem ao aumento da desigualdade, medido como padrões de ganhos que se tornam mais irregulares ao longo do tempo, recorrendo ao mercado de crédito para suavizar o consumo, aumentando assim seu estoque de dívida. A relevância prática final desse modelo repousa, portanto, nas evidências empíricas sobre a incidência de choques transitórios em comparação com a diferença permanente de ganhos entre diferentes agentes. De fato, evidências empíricas recentes sugerem que o aumento da desigualdade de renda foi impulsionado em grande parte pelo aumento na dispersão da renda permanente entre as famílias. Por exemplo, Kopczuk e Saez, no caso dos Estados Unidos, escreveram que "praticamente todo o aumento da variação nos ganhos anuais (log), desde 1970, deve-se ao aumento na variação dos ganhos permanentes (em oposição aos ganhos transitórios)".[78] Resultados semelhantes são encontrados para o Reino Unido.[79]

Diferentemente de Iacoviello, a principal heterogeneidade no modelo de Kumhof, Rancière e Winant é entre dois grupos da economia — trabalhadores e investidores — e a perda do poder de barganha dos trabalhadores (devido aos aumentos da desigualdade), compensada pelo aumento dos empréstimos dos investidores para sustentar os níveis de consumo. Além disso, é a distribuição de renda entre dois diferentes grupos o que importa no modelo deles, e não apenas a volatilidade dos ganhos ao longo do tempo.

Mas os dados sustentam a hipótese de que a desigualdade e o endividamento das famílias aumentam em conjunto? A Figura 17.3 resume a evidência agregada da relação dívida/renda das famílias do Reino Unido, desde o início dos anos 1960. Os dois episódios do ciclo da dívida no Reino Unido ocorreram de 1980 até a recessão econômica de 1990-1992, e do final da década de 1990 até o início da recente crise financeira em 2007. Curiosamente, períodos de acumulação de dívida também tenderam a ocorrer durante períodos de aumento da desigualdade (medida pelo coeficiente de Gini da renda disponível equivalente ao agregado familiar e pela maior parte do 1% mais rico do Reino Unido), ou altos níveis de

78. W. Kopczuk, E. Saez, "Top Wealth Shares in the United States: 1916-2000: Evidence from Estate Tax Returns", *NBER Working Paper* n. 10399, 2004.

79. S. P. Jenkins, "Has the Instability of Personal Incomes Been Increasing?", *National Institute Economic Review* 218, n. 1, 2011, pp. R33-R43.

desigualdade de renda.[80] Essas conclusões foram corroboradas através de uma pesquisa recente de Perugini, Hölscher e Collie, usando um painel de participações da renda superior em dezoito países entre 1970 e 2007.[81] Em trabalho semelhante, Scognamillo e outros afirmam que uma maior desigualdade de renda, medida pelo coeficiente de Gini da renda familiar disponível, está sistematicamente associada a um maior endividamento das famílias no nível agregado.[82]

FIGURA 17.3: A acumulação de dívida está correlacionada com a desigualdade

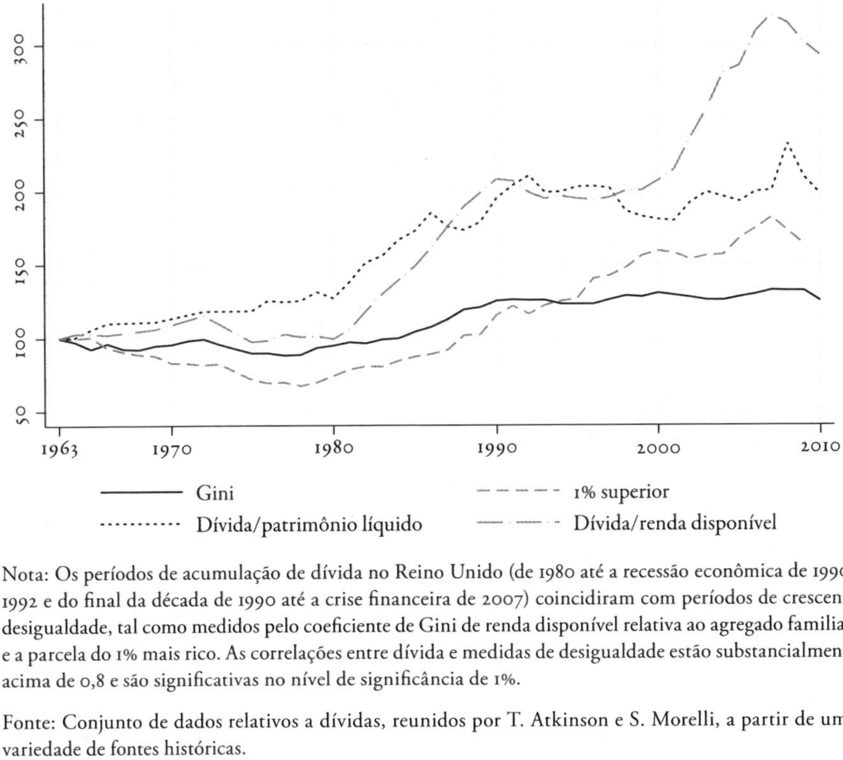

Nota: Os períodos de acumulação de dívida no Reino Unido (de 1980 até a recessão econômica de 1990-1992 e do final da década de 1990 até a crise financeira de 2007) coincidiram com períodos de crescente desigualdade, tal como medidos pelo coeficiente de Gini de renda disponível relativa ao agregado familiar, e a parcela do 1% mais rico. As correlações entre dívida e medidas de desigualdade estão substancialmente acima de 0,8 e são significativas no nível de significância de 1%.

Fonte: Conjunto de dados relativos a dívidas, reunidos por T. Atkinson e S. Morelli, a partir de uma variedade de fontes históricas.

80. As correlações entre medidas de dívida e desigualdade estão substancialmente acima de 0,8 e são significativas no nível de significância de 1%.

81. C. Perugini, J. Hölscher, S. Collie, "Inequality, Credit Expansion and Financial Crises", *MPRA Paper* n. 51336, 2013, disponível em https://mpra.ub.uni-muenchen.de/51336/. O trabalho deles está em desacordo com o estudo mencionado acima realizado por Bordo e Meissner ("Does Inequality"), que usaram os mesmos dados para um painel de catorze países desenvolvidos entre 1920 e 2000. Neste último caso, o aumento das participações de renda mais alta não leva a um *boom* de crédito.

82. A. Scognamillo et al., "Inequality Indebtedness and Financial Crises", relatório técnico, Università degli Studi di Firenze, Dipartimento di Scienze per l'Economia e l'Impresa, 2015.

No entanto, existem várias razões para acreditar que as evidências não são tão claras quanto poderiam parecer à primeira vista. Em primeiro lugar, a tendência de superendividamento durante as últimas décadas é menos clara se alguém usar uma medida de alavancagem medida pela relação entre dívida e patrimônio líquidos. O uso da riqueza como um fator de escala do passivo total das famílias raramente é analisado, e destaca o papel substancial dos ativos domésticos, em especial a habitação. Pode-se argumentar, de fato, que tal medida pode proporcionar informações mais úteis sobre a sustentabilidade geral da dívida, porque tem a possibilidade de representar a extensão em relação à qual um débito pode ser coberto pela liquidação de ativos (na medida em que os ativos são negociáveis).

Em segundo lugar, o uso de microdados não sugere inequivocamente a existência de uma correlação positiva entre desigualdade e endividamento, muito menos uma associação causal. Por exemplo, Coibion e colaboradores mostram que, durante o período de 2001 a 2012, famílias de baixa renda em regiões de alta desigualdade acumularam menos (não mais) dívidas em relação à renda, do que famílias correspondentes em regiões de menor desigualdade.[83] Por outro lado, Carr e Jayadev usam os dados do PSID* para mostrar que famílias com menor renda ou menor renda relativa, em situações similares de educação e raça, tendem a alavancar mais.[84] Essa divergência de conclusões destaca a importância de uma identificação adequada do relevante grupo de referência de pares, na medida em que o mecanismo relevante que dá suporte à correlação positiva entre desigualdade e endividamento é uma preocupação com a posição relativa nos círculos sociais. Por exemplo, Georgarakos, Haliassos e Pasini exploram uma característica importante da Pesquisa Domiciliar DNB**,

83. O. Coibion et al., "Does Greater Inequality Lead to More Household Borrowing? New Evidence from Household Data", *IZA Discussion Paper* n. 7910, 2014, disponível em: http://ftp.iza.org/dp7910.pdf.

* O PSID (Panel Study of Income Dynamics) é uma pesquisa longitudinal do conjunto de famílias norte-americanas, conduzida pela Universidade de Michigan, nos Estados Unidos. O PSID mede fatores econômicos, sociais e de saúde das famílias ao longo das gerações. Os dados são coletados das mesmas famílias e seus descendentes desde 1968. [N.T.]

84. M. Carr, A. Jayadev, "Relative Income and Indebtedness: Evidence from Panel Data", Departamento de Economia da Universidade de Massachusetts Boston, *Working Paper* n. 2013-02, 2013, disponível em: http://repec.umb.edu/RePEc/files/2013_02.pdf.

** A Pesquisa Domiciliar DNB é realizada junto à Universidade de Tilburg, na Holanda, e fornece informações financeiras anuais sobre 2 mil famílias holandesas. A pesquisa começou em 1993. Seus tópicos incluem: trabalho, pensões, acomodação, hipotecas, renda, ativos, passivos, saúde, percepção da situação financeira pessoal e percepção de riscos. [N.T.]

relativa à população holandesa, que suscita as "percepções dos entrevistados sobre a renda média de seu círculo social e a capacidade de gasto de seus pares".[85] Isso evita premissas arbitrárias sobre a natureza do círculo social de referência e permitiu que eles estimassem que os indivíduos tendem a tomar mais empréstimos quanto maior a renda percebida de seu grupo de pares. Mais importante ainda, o efeito é mais forte para os entrevistados que se consideram mais pobres do que o indivíduo médio em seu círculo social.

Conclusões

Este capítulo teve como objetivo avaliar os fundamentos teóricos e empíricos existentes para apoiar a alegação de que a desigualdade tem consequências macroeconômicas negativas. Essas questões não são explicitamente exploradas no livro *O capital no século* XXI de Piketty, e este capítulo tentou complementar sua análise da dinâmica de concentração como algo intrinsecamente resultante das chamadas leis fundamentais do capitalismo.

Há evidências crescentes de que diferentes dimensões da desigualdade econômica podem afetar negativamente vários aspectos do desempenho e do crescimento econômicos. A desigualdade pode ser responsável pela falta de resiliência da economia, bem como pela prolongada duração das recessões econômicas, uma vez que a economia é atingida por choques externos. Da mesma forma, trabalhos recentes verificaram que países com maior desigualdade de renda têm um crescimento do PIB relativamente mais instável.

Mas é importante enfatizar que, até recentemente, pouca atenção era dedicada a essas questões importantes, e mais pesquisas empíricas são necessárias para corroborar essas relevantes descobertas também fora do contexto dos Estados Unidos. A desigualdade, como argumentado, também pode afetar negativamente o crescimento e a atividade econômica em si, via a economia política, o mercado de crédito imperfeito ou os canais de consumo. Mais esforço, no entanto, deve ser dedicado para separar os reais determinantes da desigualdade econômica. A associação negativa entre desigualdade e crescimento pode ser mais provável de ocorrer se um componente maior da desigualdade de riqueza

85. D. Georgarakos, M. Haliassos, G. Pasini, "Household Debt and Social Interactions", *Netspar Discussion Paper* n. 11/2012-042, 2012, disponível em: http://arno.uvt.nl/show.cgi?fid=127996.

for devido ao aumento da vantagem herdada pelos beneficiários ou às práticas de *rent-seeking* e de captura regulatória pelas elites ricas.

Da mesma forma, isso pode acontecer se a desigualdade de renda que observamos for devida sobretudo à desigualdade de oportunidades entre os indivíduos, o que restringe seu potencial e aspirações, além de distorcer a alocação eficiente de recursos na economia. O esforço contínuo de pesquisadores independentes e de instituições para produzir dados melhores e mais abrangentes sobre a evolução da desigualdade de renda e riqueza esclarecerá essas questões importantes.

Em segundo lugar, e ao contrário das premissas-padrão dos livros didáticos de economia, pesquisas recentes enfatizaram como as comparações de renda e gastos relativos podem ter influências importantes em relação a em que as pessoas gastam seu dinheiro, quanto economizam e até quanto débito se acumula. Essas considerações sugerem que o grau de desigualdade deve ter um efeito direto na poupança agregada, no acúmulo de dívida e, portanto, na atividade econômica. A investigação da suposta relação entre desigualdade e dívida privada se torna particularmente relevante à luz do fato de que a última crise foi em grande parte o resultado da explosão de uma bolha imobiliária e do consumo financiado por dívida que envolveu o setor privado da economia. As descobertas, principalmente baseadas em dados agregados e análises entre países, enfatizam correlações positivas entre desigualdade, excesso de consumo das famílias e endividamento. Mas as evidências baseadas em microdados são menos consistentes e é necessária uma investigação empírica adicional para estabelecer a validade dessa hipótese.

Além disso, é importante enfatizar que a hipótese de que as comparações de renda relativa dos indivíduos possam afetar seu comportamento econômico está sujeita a uma série de advertências teóricas e empíricas que precisam ser abordadas em pesquisas futuras. Por exemplo, uma identificação precisa do círculo social de influência com o qual são feitas comparações relativas é de importância crucial. A melhor maneira de identificar o grupo de referência de pares é perguntar diretamente ao indivíduo. Mas é muito raro que pesquisas domiciliares tenham informações sobre suas redes de influência.[86] Os microdados administrativos permitem uma definição alternativa, refinada e precisa

86. Uma exceção a isso é a pesquisa domiciliar holandesa, que, por exemplo, pergunta a cada indivíduo sobre a renda média percebida de seu grupo de referência.

do grupo de pares identificado como colegas de trabalho e/ou vizinhos.[87] Além disso, as teorias disponíveis baseadas na hipótese de renda relativa nem sempre vinculam formalmente uma medida de dispersão da renda em si às decisões ótimas de consumo e de endividamento. Pelo contrário, é comum supor que, por exemplo, a utilidade e o bem-estar individuais sejam afetados pelo consumo per capita ou pela distância relativa do consumo pessoal do consumo médio de pares no grupo de referência.

Por fim, alguns modelos já tentaram resolver esse problema, mas as preocupações com a natureza social do consumo e a interconectividade das funções de utilidade frequentemente falham em explicar, de maneira adequada, a natureza prospectiva da decisão de consumo. Esse é um componente importante das decisões de consumo, que precisa ser contabilizado com cuidado.

As evidências disponíveis até o momento demonstram que a desigualdade, em várias dimensões, pode desempenhar um papel decisivo na geração de instabilidade macroeconômica e financeira. Mas nenhuma relação foi demonstrada de forma sólida. Também é importante enfatizar, como lembrado por Dani Rodrik, que "a relação entre igualdade e desempenho econômico provavelmente será mais contingente do que fixa, dependendo das causas mais profundas da desigualdade e de muitos fatores mediadores". Portanto, é preciso que se tenha muito cuidado para não tirar conclusões fáceis que levem a um novo "consenso" sobre os efeitos prejudiciais da desigualdade na estabilidade econômica que "pode ser tão enganoso quanto o antigo".[88]

Não obstante essa significativa advertência, pesquisas recentes deram importantes passos iniciais para vincular a desigualdade ao desempenho e instabilidade econômicos. Na medida em que consegue fazê-lo, apresenta uma justificativa instrumental — juntamente com outras justificativas mais diretas em termos de justiça ou inclusão social — para ações coordenadas eficazes dos governos com o objetivo de reduzir a desigualdade de renda e riqueza. Como tal, pesquisas adicionais para disseminar os resultados existentes e resolver as inconsistências restantes são da maior importância.

---

87. Por exemplo, G. De Giorgi, A. Frederiksen, L. Pistaferri fazem exatamente isso, utilizando os microdados administrativos da Dinamarca ("Consumption Network Effects", *CEPR Discussion Paper*, n. DP11332, 2016).

88. D. Rodrik, "Good and Bad Inequality", *Project Syndicate*, 11 dez. 2014, disponível em: http://www.project-syndicate.org/commentary/equality-economic-growth-tradeoff-by-dani-rodrik-2014-12.

PARTE IV
A economia política do capital e do capitalismo

CAPÍTULO 18

Desigualdade e ascensão da social-democracia: uma história ideológica

MARSHALL I. STEINBAUM*

Um ponto central do argumento de natureza histórica apresentado por Piketty é que a emancipação em massa foi insuficiente para alterar a hierarquia social e econômica quando a desigualdade atingiu seu auge nas principais economias da Europa Ocidental e dos Estados Unidos, no final do século XIX e início do século XX. Piketty argumenta que, em vez disso, para alcançá-la, houve a necessidade de uma destruição maciça de capital e de uma tributação induzida pela guerra.

Neste capítulo, o economista Marshall Steinbaum complica o quadro histórico: as guerras (e a Grande Depressão) foram realmente decisivas, mas porque desconsideraram a ideologia do capitalismo de uma maneira que a mera emancipação em massa não havia sido capaz de fazer. Em vez disso, uma série de eventos políticos nas principais economias acabou empoderando os movimentos de esquerda, porque as guerras e a Depressão desconsideraram as políticas e o poder contínuo do *establishment* político — políticas adotadas precisamente para combater as crescentes ameaças políticas domésticas da esquerda.

* Agradeço a Branko Milanovic, Arthur Goldhammer, John Schmitt, Steven Durlauf e meus coeditores Heather Boushey e Brad DeLong por seus comentários úteis, bem como a John Taylor Hebden pela referência a *The Persistence of the Old Regime*.

Nota bibliográfica: este capítulo baseia-se fortemente em fontes secundárias e relatos narrativos da política nacional: E. Foner, *America's Unfinished Revolution, 1863-1877*, Nova York, Harper and Row, 1988; A. Mayer, *The Persistence of the Old Regime: Europe to the Great War*, 2. ed., Londres, Verso, 2010; G. Dangerfield, *The Strange Death of Liberal England*, 1935, Stanford, CA, Stanford University Press, 1997; E. Weitz, *Weimar Germany: Promise and Tragedy*, Princeton, NJ, Princeton University Press, 2007.

O capital no século XXI pode ser lido como um livro de história e apresenta um raciocínio claro sobre a desigualdade na história. O sufrágio universal não restringe a tendência à divergência inerente ao capitalismo.[1] Em vez disso, as guerras — e os impostos necessários para financiá-la — o fazem.

A Primeira Guerra Mundial pode ter destruído a propriedade, mas, juntamente com a Grande Depressão, também destruiu uma ideologia: a economia de livre mercado que sustentou a desigualdade até a era da emancipação em massa. Essa ideologia sustenta que o livre mercado atua melhor quando deixado por conta própria, e, portanto, que a riqueza e o poder existentes, originários do mercado, não devem ser desafiados no âmbito político. Foi essa ideologia de livre mercado que sustentou a política conservadora ao longo do século XIX, porque facilitou uma aliança entre a antiga aristocracia, cuja manutenção do poder político justificava, e a classe de empreendedores e profissionais, que viam suas riquezas como resultado de seus conhecimentos quanto à economia recém-industrializada. As Guerras Mundiais e a Depressão resultaram da estratégia consciente dos representantes dessa classe na política formal, que procuraram manipular as políticas externa e interna para servir seus interesses contra uma crescente ameaça de esquerda.

O que impediu a continuidade da Idade de Ouro, portanto, não foram as Guerras Mundiais propriamente ditas, mas sim o fato de que o desastre proveniente dessas guerras e da Depressão finalmente desacreditou a ideologia capitalista, bem como suas estratégias e movimentos políticos respectivos, no período entre o advento do sufrágio universal masculino e a tomada de poder nazista na Europa. A social-democracia cresceu a partir da emancipação em massa, mas ela não venceu até que as reivindicações capitalistas sobre a origem e a justa distribuição da riqueza em uma economia industrial fossem, finalmente, interrompidas graças ao descrédito da elite.

Defendo aqui que o declínio e a queda de uma ideologia foram as razões que precipitaram a era igualitária de meados do século XX. Este capítulo está organizado em termos dos países que eram as principais economias do mundo na época: Estados Unidos, Grã-Bretanha, França e Alemanha. Cada um tinha

1. Para um tratamento formal da ideia de que a emancipação em massa limita a extensão da desigualdade de renda, depois de impostos e transferência, veja A. H. Meltzer, S. F. Richard, "A Rational Theory of the Size of Government", *Journal of Political Economy* 89, n. 5, 1981, pp. 914-927. Uma visão mais matizada, ligando explicitamente a democracia à educação pública, como o meio através do qual as desigualdades poderiam ser reduzidas, é proposta por J. E. Roemer, *Democracy, Education, and Equality*, Graz-Schumpeter Lectures, Econometric Society Monographs, Cambridge University Press, 2006.

sua própria história política — às vezes temporalmente inconsistente —, e cada um desses países tinha seu próprio histórico institucional e social contra o qual sua política operava. Isso significa que um conjunto diferente de eventos políticos assume uma importância na história de cada país, considerando-se a concepção que se teve em relação às más (ou boas) decisões que seus governantes à época tomaram, à luz da diversidade de ameaças externas e internas reconhecidas por seus partidos políticos e alianças. Mas os temas que unem a elaboração de políticas econômicas cada vez mais igualitárias na Europa Ocidental e nos Estados Unidos durante esse período brilham pelos seguintes fatos:

- Os impostos sobre a renda e a riqueza se tornaram um elemento permanente do orçamento público e da política econômica, tanto para financiar a guerra quanto para expandir as obrigações sociais, e explicitamente para incentivar distribuições igualitárias de renda, antes e depois da tributação.[2]
- Os Estados reconheceram direitos decorrentes de negociações coletivas e adotaram outras medidas, como o seguro social, que interferiram no que havia sido anteriormente conceituado como "liberdade contratual" entre empregadores e empregados.[3]
- O setor público fez provisões destinadas a saúde e educação universais, incluindo infraestrutura pública. Os compromissos sociais substituíram a guerra como a principal obrigação do Estado.[4]
- O padrão-ouro deixou de ser a norma para a política monetária nacional.[5]

---

2. Para informações de que a política tributária sobre a renda e a riqueza foi um determinante crucial da dinâmica da desigualdade, consulte T. Piketty, *O capital no século XXI*, Rio de Janeiro, Intrínseca, 2014; e T. Piketty, G. Zucman, "Capital Is Back: Wealth-Income Ratios in Rich Countries 1700-2010", *Quarterly Journal of Economics* 129, n. 3, 2013, pp. 1255-1310.

3. Quanto ao papel que a sindicalização e a regulamentação do mercado de trabalho desempenharam na redução da desigualdade, consulte G. E. Gilmore, T. J. Sugrue, *These United States: A Nation in the Making, 1890 to the Present*, Nova York, W. W. Norton, 2015.

4. Quanto à contribuição de melhorias na saúde, na educação e na infraestrutura para a redução da desigualdade, consulte R. Fogel, *The Escape from Hunger and Premature Death, 1700-2100*, Cambridge, Cambridge University Press, 2004; D. L. Cosa, "Health and the Economy in the United States from 1750 to the Present", *Journal of Economic Literature* 53, n. 3, 2015, pp. 503-570; bem como J. Ferrie, W. Troesken, "Water and Chicago's Mortality Transition", *Explorations in Economic History* 45, n. 1, 2008, pp. 1-16.

5. O padrão-ouro foi o principal motivo pelo qual as crises econômicas do final do século XIX e início do século XX foram tão desastrosas, bem como pelo fato de as recuperações do mercado de trabalho terem sido longas e angustiantes. Consulte M. Friedman, A. J. Schwartz, *A Monetary History of the United States, 1867-1960*, National Bureau of Economic Research Publications, 1963.

Cada um desses temas era controverso e ameaçava o *status quo* político e econômico quando foram tratados inicialmente pelos movimentos políticos de esquerda. Juntos, eles constituíram uma mudança radical, destinada precipuamente a derrubar a riqueza e o poder estabelecidos. No processo de aprová-los ou não, os sistemas políticos chegaram quase ao ponto de ruptura. Na Alemanha, foram além disso.

Os fenômenos políticos que marcaram o processo de descrédito ideológico diferem entre os quatro países, mas podem ser categorizados. A primeira categoria é a própria emancipação em massa, e a segunda é a formação de um partido político nacional da classe trabalhadora industrial, na maioria das vezes em coalizão com grupos políticos mais antigos, deslocando então antigos parceiros; ou se juntando a tais grupos e alterando-os radicalmente.[6] Uma terceira categoria é a reforma constitucional *de facto*, que removeu do poder um instrumento de governo não democrático em relação à política econômica. A quarta categoria é a eleição da classe trabalhadora para o poder, através de uma coalizão de esquerda, em uma plataforma composta pelos quatro pontos já mencionados.

Porém, ao recontar uma história que narra o fracasso ideológico, especialmente uma que atravessou países, pode ser tentador compreender o processo como inevitável, bem como cada passo seu como algo que se encaixe em uma história ainda maior e predeterminada. Isso não poderia estar mais longe da verdade e, felizmente (pelo menos para o propósito de interpretação histórica adequada), do ponto de vista atual, nos beneficiamos do conhecimento do que aconteceu desde então: uma reversão quase completa, como apresentado na obra *O capital no século XXI* com muitos detalhes. Não havia nada de inevitável no descrédito da ideologia do livre mercado, como sabemos, porque um conjunto diferente de circunstâncias históricas e intelectuais a ressuscitou. O descrédito também não foi gradual ou, em termos matemáticos, monotônico. Foi caótico, com reversões importantes e perceptíveis, as quais, elas mesmas, não precisavam ter sido revertidas. Em particular, como os governos ostensivamente

6. No caso da Alemanha, esse processo falhou quando os espartaquistas se separaram dos social-democratas (tendo, por fim, formado o Partido Comunista). Os dois grupos nunca se uniram, o que foi uma condição necessária para a conquista nazista. Nos Estados Unidos, em última análise, foi o grupo político mais antigo, o Partido Democrata, que sobreviveu, e os movimentos de esquerda mais jovens se fundiram a ele, deixando uma coalizão radicalmente diferente daquela que o Partido Democrata havia sido, quando surgiu. Na França, a Frente Popular nunca efetuou uma integração completa entre seus fundadores, e a política estava irremediavelmente dividida em face da agressão nazista. Veja a seguir.

democráticos, e seus eleitores integrantes da elite, tentaram enfrentar a crescente ameaça política de esquerda durante a Depressão e, ao fazê-lo, fizeram uma aliança com os não democratas da direita, pareceu a muitos observadores de esquerda que a grande luta ideológica de suas vidas havia sido perdida e que o futuro havia sido conquistado pelos totalitários. A Segunda Guerra Mundial bem que poderia ter sido a catástrofe final, e não a causa de seu triunfo último.

A obra *O capital no século XXI* indica que as distribuições de renda e de riqueza nas economias capitalistas tendem a divergir graças à estrutura da macroeconomia, a menos que ela seja desviada do caminho pela violência. Em vez disso, apresento o argumento de que elas tendem a divergir porque os compromissos ideológicos do capitalismo proíbem políticas que controlariam a divergência, a menos que essa ideologia seja desviada do curso pelo fracasso político e pelo descrédito que ele leva às elites, facções e grupos sociais que defendem essa ideologia.[7]

Estados Unidos

Começo com os Estados Unidos, apesar de sua história divergir de algum modo daquela dos três países do Velho Mundo, considerados como um grupo. Suas distribuições de renda e de riqueza nunca alcançaram os níveis de desigualdade durante a Idade de Ouro que os outros alcançaram. Os Estados Unidos também nunca atingiram o sufrágio universal masculino durante o período em questão, porque uma parcela substancial da classe trabalhadora proletariada — formada pelos negros do Sul — foi efetivamente excluída do direito ao voto, de 1877 até a década de 1960.

Eric Foner, entre muitos outros, argumentou que esse legado de supremacia branca exerceu uma influência profunda na história política nacional, para além da subjugação de uma minoria racial: quando o resto do mundo desenvolvido estava implementando políticas igualitárias, as políticas análogas nos Estados

7. Uma grande quantidade de pesquisas indica que, ao contrário, foi precisamente a democratização que trouxe o triunfo da ideologia capitalista na França sobre o corporativismo do *Ancien Régime*. Consulte o Capítulo 19 deste livro, bem como P. Rosanvallon, *The Demands of Liberty: Civil Society in France since the Revolution*, Cambridge, MA, Harvard University Press, 2007. Mayer, em *Persistence of the Old Regime*, argumenta que foi precisamente a unificação da ideologia capitalista, e seu apoio político entre a burguesia, que sustentou a dinâmica de poder político do *Ancien Régime*, na era da emancipação das massas.

Unidos eram menos igualitárias porque foram projetadas para excluir os mais pobres. O livro de Ira Katznelson, *Fear Itself: The New Deal and the Origins of Our Time* [O próprio medo: o New Deal e as origens de nosso tempo] destaca isso com relação ao New Deal e à regulamentação do mercado de trabalho durante o governo Roosevelt.[8] Por outro lado, as restrições quanto ao direito ao voto nos proletariados foram removidas mais cedo nos Estados Unidos do que em qualquer outro lugar, e os imigrantes do século XIX receberam votos assim que chegaram no país, o que explica a explosão do nativismo em meados da década de 1850, depois da Grande Fome da Irlanda* e o influxo de refugiados políticos europeus em razão das Revoluções de 1848.**

A reconstrução e as consequências da Guerra Civil são o ponto evidente para começar o relato da ascensão da social-democracia nos Estados Unidos, embora o sufrágio universal masculino tenha retrocedido pelo término negociado do conflito interseccional em 1877. Havia uma agitação trabalhista nascente antes da Guerra Civil, mas o período de 1873 a 1896 — e, em especial, de 1886 a 1896 — se destaca pelo rápido crescimento do sindicalismo militante e pela sensação generalizada de que a ordem social estava ameaçada pela industrialização em massa. É também o período durante o qual a elite intelectual se uniu ao que pode ser chamado de ideologia do capitalismo, o qual surgiu do conceito de Trabalho Livre, que emergiu da guerra.

O Trabalho Livre, tal como inicialmente concebido, se referia ao ideal através do qual um homem que, em razão de suas origens familiares, tenha herdado a condição de empregado poderia, através de muito trabalho e poupança, subir pela hierarquia social para acabar sendo um empregador de terceiros. Antes da guerra, aos olhos dos adeptos do sindicalismo, o futuro de uma economia baseada no Trabalho Livre, no Norte do país, estava ameaçado pela expansão da escravidão para o Oeste, que deslocou o trabalho remunerado dos homens brancos. Portanto, confinar a escravidão ao Sul era necessário para avalizar o Trabalho

---

8. Consulte E. Foner, *America's Unfinished Revolution, 1863–1877*, edição atualizada, Nova York, Harper Perennial Modern Classics, 2014; e I. Katzelson, *Fear Itself: The New Deal and the Origins of Our Time*, Nova York, Liveright, 2013.

* A chamada Grande Fome da Irlanda refere-se ao período de penúria no final da década de 1840, que matou cerca de um milhão de pessoas no país, tendo forçado outro milhão à emigração. [N.T.]

** As chamadas Revoluções de 1848, ou Primavera dos Povos, referem-se a uma série de revoluções na Europa Central e Oriental que eclodiram em razão de regimes governamentais autocráticos, de crises econômicas, da falta de representação política das classes médias e do nacionalismo de minorias. [N.T.]

Livre no futuro, garantindo que houvesse espaço para sua expansão e pudesse predominar na economia dos Estados Unidos. Essa era a natureza do conflito interseccional que levou à guerra. E embora o movimento abolicionista tivesse certamente atraído a opinião pública para a causa da intervenção humanitária em favor dos escravos, esse não foi o motivo pelo qual o Norte entrou em guerra. Mas, como a guerra foi de fato travada, especialmente depois da emancipação e do alistamento de soldados negros no Exército Federal, o Trabalho Livre foi gradualmente estendido para incluir os próprios escravos libertados.

O objetivo da Reconstrução Radical*, entre 1866 e 1877, era garantir a liberdade econômica e política das pessoas negras no Sul. O principal veículo através do qual isso ocorreu foi a Décima Quarta Emenda, que garantiu para cada indivíduo o devido processo e igualdade perante a lei, e comprometeu o governo federal a intervir na economia e no sistema político do Sul a fim de garantir tais fins. As Leis de Direitos Civis que aplicaram a emenda obrigaram as legislaturas do Sul e as administrações locais a não prejudicarem o direito das pessoas negras de fornecer ou de reter seu trabalho como quisessem.

A reconstrução e a extensão da autoridade federal nas localidades do Sul se tornaram cada vez mais polêmicas no Norte e nas políticas nacionais, especialmente depois do Pânico de 1873**, quando a coalizão do Trabalho Livre do Partido Republicano rompeu, e elitistas insatisfeitos com a administração Grant recuaram para políticas econômicas ortodoxas de livre comércio, para o padrão-ouro, para o Estado Mínimo e, finalmente, para a concepção de que o Estado não teve papel no que eles chamaram de "legislação de classes", que vem a ser qualquer coisa projetada para alterar a hierarquia social "natural" estabelecida pelo funcionamento do mercado. Durante a recessão que se seguiu à crise financeira e durou a maior parte da década de 1870, os problemas do trabalho assalariado industrial, em condições miseráveis, e a submissão dos pequenos agricultores em relação às ferrovias, bancos e outros *trusts* cada vez mais poderosos, se tornaram mais proeminentes no debate nacional, culminando na greve

* O período conhecido como "Reconstrução Radical" foi pioneiro em reconhecer direitos civis e políticos aos ex-escravos tornados livres. Muitos se alfabetizaram, tiveram participação política, votando e sendo votados. As conquistas sociais obtidas nesse curto espaço de tempo foram bastante significativas. O movimento, no entanto, fracassou posteriormente, reduzindo-se as conquistas dos libertos, resultando as leis de segregação racial, que tiveram vigência até a metade do século XX. [N.T.]

** O chamado "Pânico de 1873" foi uma grave depressão econômica de âmbito nacional que afetou os Estados Unidos até o ano de 1877. [N.T.]

dos ferroviários em 1877, que se seguiu a cortes salariais por meio de fraudes e fechou a maioria das linhas ferroviárias.

A publicação do livro *Progress and Poverty* [Progresso e pobreza], de Henry George, em 1879, deu voz ao quebra-cabeça do rápido crescimento econômico e da industrialização que coincidia com a miserabilidade de quem trabalhava para viver. E o remédio que George propôs — um imposto sobre os valores da terra, destinado à socialização de recursos naturais — ganhou milhões de adeptos dentro e fora do movimento trabalhista, junto com a extrema inimizade do quadro de economistas profissionais que achavam que ele usurpara seus conhecimentos com falsas soluções simplistas.[9]

O caso da Suprema Corte "Munn vs. Illinois", de 1877, foi o primeiro em que se ouviu a ideia de que a Décima Quarta Emenda continha um direito ao devido processo econômico — de que a legislação não poderia "interferir" no funcionamento do mercado livre — em contraste com a interpretação original da Décima Quarta Alteração, precisamente como proteção dos libertos da exploração no mercado de trabalho. Nesse caso, o tribunal apoiou o estado de Illinois, que havia legislado para regular o preço do armazenamento e transporte de grãos em resposta às demandas do Grange, uma organização de agricultores protopopulistas. Ao longo dos trinta anos seguintes, a Corte expandiu aos poucos a imunidade das empresas e de outros empregadores quanto à regulamentação nos níveis estadual e federal, ao mesmo tempo que restringia a proteção que a Décima Quarta Emenda oferecia aos negros no Sul, aos povos indígenas das possessões ultramarinas dos Estados Unidos e semelhantes. Quando, em 1885, o Tribunal de Apelações do estado de Nova York derrubou uma regulamentação que restringia a fabricação de charutos em pequenos alojamentos residenciais com o argumento de que isso infringia a liberdade contratual, uma publicação trabalhista gritou: "Escravidão declarada como liberdade!"

A ameaça do sindicalismo militante atingiu seu auge entre 1886 (quando o motim da Haymarket Square afugentou a opinião pública dos sindicatos dominados por imigrantes) e a Greve Pullman*, em 1894. No último caso, o presidente

9. A controvérsia sobre Henry George e o imposto único é abordada em M. O. Furner, *Advocacy and Objectivity: A Crisis in the Professionalization of American Social Science, 1865-1905*, Lexington, University Press of Kentucky, 1975.

* A chamada "Greve Pullman" foi uma greve nacional dos empregados do setor ferroviário, nos Estados Unidos, que durou de 11 de maio a 20 de julho de 1894, e constituiu um ponto de inflexão para as leis trabalhistas norte-americanas. [N.T.]

Grover Cleveland ordenou que as tropas federais acabassem com as greves de solidariedade que fecharam a rede ferroviária nacional e, ao fazê-lo, arruinou sua chance de renomeação por seu próprio partido, o Democrata, que era cada vez mais solidário com a causa dos trabalhadores industriais, depois das políticas duras de Cleveland, apoiadas pelos negócios (em particular a revogação da Lei Sherman de Compra de Prata), terem exacerbado o Pânico de 1893.* Haymarket e Pullman também representaram uma grande divisão no movimento sindical, porque se opunham aos sindicatos moderados da Federação Americana do Trabalho (AFL, na sigla em inglês), que favoreciam a ação industrial apenas como último recurso nas negociações salariais, e não como um instrumento de mudança social. O sindicato americano dos ferroviários, de Eugene Debs, o instigador da Greve Pullman, foi muito mais radical e ambicioso.

Durante o mesmo período de conflito laboral urbano, a Aliança dos Agricultores e seu sucessor, o Partido Populista, varreram áreas rurais onde os agricultores haviam ficado miseráveis em razão da superprodução, dos altos custos de transporte e do sistema *crop-lien***, que os deixavam permanentemente endividados, com obrigações nominais se tornando mais onerosas ao longo do tempo, em razão do fortalecimento do dólar. A partir do início da década de 1890, eles conseguiram desafiar os governos Redentores*** que dominavam os estados do Sul desde o final da Reconstrução e, finalmente, formaram uma aliança com os populistas ocidentais, que conquistaram muitos cargos estaduais, por méritos próprios, em 1892 e 1894. Os problemas dos populistas eram o fato de a agricultura ser dominada pelas ferrovias e pelos bancos, a política monetária rígida e as tarifas extorsivas que aumentavam o custo dos insumos.

Uma reunião da Associação Econômica Americana, em 1893, apresentou um debate revelador sobre a questão do populismo, colocando um conhecido e controverso economista de esquerda, Edward A. Ross, contra um conservador proeminente, Franklin Giddings. Ross disse: "Uma grande causa da dificuldade

* O chamado "Pânico de 1893" foi uma séria depressão econômica ocorrida nos Estados Unidos, que começou em 1893. Similar ao Pânico de 1873, esse pânico foi causado pelo amplo financiamento concedido para a construção de várias estradas de ferro, que acabou ocasionando uma série de falências de bancos. [N.T.]

** O chamado sistema "*crop-lien*" foi um sistema de crédito que se tornou amplamente utilizado pelos produtores de algodão no sul dos Estados Unidos, de 1860-1930. [N.T.]

*** Na história dos Estados Unidos, os chamados Redentores eram uma coalizão política formada no Sul do país, durante a Era da Reconstrução que se seguiu à Guerra Civil. Eles objetivavam reconquistar seu poder político e impor uma supremacia branca. [N.T.]

dos agricultores é que eles estão vendendo a preços competitivos e adquirindo muitas coisas, incluindo transporte, a preços de monopólio." Giddings respondeu: "Por que, durante os longos anos de sua aflição, [o agricultor] sempre piorou na competição? Deve haver algo errado em sua própria estrutura... Ele controla mais votos do que outros homens controlam... A falha está nele mesmo. Se você quiser alcançar a raiz das dificuldades dos agricultores, terá de começar com a mente deles."[10]

A afirmação de Giddings de que, se algum homem (ou classe de pessoas) permanece empobrecido por um tempo suficientemente longo, a culpa é apenas dele (ou deles), é uma crença central da ideologia do livre mercado que permitiu a divergência pikettiana quanto ao século XIX. E entendimentos semelhantes foram expressos (com graus variados de franqueza) ao longo da história do pensamento econômico. Por exemplo, a afirmação de Gary Becker de que uma meritocracia baseada na acumulação de capital humano deslocou o capitalismo patrimonial, em meados do século XX, é a herdeira do ponto de vista de Giddings, porque implica que a desigualdade de grupos, ao longo de muito tempo, que persiste por gerações, mesmo sob condições supostamente meritocráticas, reflete características próprias ao invés de estruturas injustas de poder.[11]

Graças ao desastre da administração de Cleveland, o poder no Partido Democrata mudou da facção "Bourbon", que apoiava o padrão-ouro e os negócios, para John Peter Altgeld, governador imigrante de Illinois que apoiou os grevistas Pullman (e perdoou os anarquistas condenados pelo atentado à bomba de Haymarket). Altgeld articulou a divisão do partido com a administração de Cleveland, e apoiou um casamento político de conveniência com o Partido Populista para a eleição presidencial de 1896. Isso levou os democratas a nomear o candidato populista William Jennings Bryan, mas havia dois problemas principais com aquela aliança manipulada por um júri. Primeiro, Bryan não tinha interesse em alterar sua estratégia ou posição política, que eram declaradamente rurais, agrícolas e protestantes, para se enquadrar em sua condição de candidato ao Partido Democrata, cujos eleitores do Norte eram

10. S. C. Walker, "The Movement in the Northern States", *Publications of the American Economic Association* 8, 1893, pp. 62-74. Agradeço ao professor Jenny Bourne por essa referência.

11. Piketty escreveu: "Becker nunca afirma explicitamente a ideia de que o aumento do capital humano deveria eclipsar a importância da riqueza herdada, mas muitas vezes está implícita em seu trabalho. Em particular, ele observa com frequência que a sociedade se tornou 'mais meritocrática' devido à crescente importância da educação (sem maiores detalhes)." T. Piketty, *O capital no século XXI*, Rio de Janeiro, Intrínseca, 2014.

predominantemente urbanos, industriais e católicos. O famoso discurso "Cross of Gold"* de Bryan, na Convenção Democrática de 1896, aviltou abertamente a moralidade da economia industrial e, por extensão, os trabalhadores militantes que nela atuavam; e os partidários republicanos tiveram facilidade em levar Bryan ao fanatismo xenofóbico anticatólico quando ele fez campanha perante o público urbano. O segundo problema da aliança democrata-populista era que ela não fazia sentido político no Sul, onde os Populistas haviam chegado ao poder nas duas eleições anteriores, como um desafio há muito esperado em relação aos governos unipartidários do Redentor Democrático, que haviam encerrado a Reconstrução** e posteriormente assumiram os governos estaduais no interesse das elites econômicas locais. Pedia-se aos eleitores populistas solidários que dividissem seus ingressos em nome da reforma, o que acabou por não ser uma base sólida para a construção de um movimento político durável.

A derrota de Bryan e, com ela, a derrota da aliança democrata-populista recuaram políticas abertamente de esquerda nos Estados Unidos por décadas, e deixaram intactas as principais doutrinas ideológicas do capitalismo nos dois maiores partidos. O elemento radical dentro do trabalho organizado continuou a operar nas margens, formando, finalmente, os Trabalhadores Industriais do Mundo*** (IWW, na sigla em inglês), enquanto a AFL continuava evitando a organização dos trabalhadores não qualificados. Debs fundou uma série de partidos social-democratas, conforme o estilo europeu, depois de 1896, tendo ele concorrido à presidência repetidamente na chapa socialista. Mais importante ainda, o alto tom da política de esquerda, entre 1886 e 1896, se reduziu

* O discurso da "Cruz de Ouro" foi feito por William Jennings Bryan, que foi secretário de Estado dos Estados Unidos, na Convenção Nacional Democrata ocorrida em Chicago, no dia 9 de julho de 1896. No discurso, Bryan apoiou o bimetalismo (sistema baseado na utilização de dois metais preciosos, tradicionalmente o ouro e a prata), que ele acreditava ser um fator que traria mais prosperidade ao país. Ele criticou o padrão-ouro, concluindo o discurso: "Não crucificarás a humanidade em uma cruz de ouro." Este é considerado um dos maiores discursos políticos da história americana. [N.T.]

** A Era da Reconstrução foi o período da história americana que durou de 1863 a 1877 depois da Guerra Civil Americana (que ocorreu entre os anos de 1861 a 1865), e representa um marco na história dos direitos civis americanos. A reconstrução pôs fim ao que restou da secessão confederada e aboliu a escravidão nos Estados Unidos. [N.T.]

*** Industrial Workers of the World (IWW), ou Trabalhadores Industriais do Mundo, é um sindicato que segue a teoria sindicalista revolucionária (autogestão trabalhadora), com origem nos Estados Unidos e presença em outros países como Canadá, Austrália, Irlanda e no Reino Unido, Chile, México e Japão. Seu período de maior notoriedade se inicia em 1905 e vai até o ano de 1920, quando a organização foi duramente reprimida pelo Departamento de Justiça dos Estados Unidos. O IWW ressurgiu nos anos de 1960. [N.T.]

a um progressivismo mais moderado, e que tinha um apelo tanto para os dois principais partidos como para fora da classe trabalhadora radicalizada. No Sul, a reação brutal ao breve momento de destaque do populismo veio quando os herdeiros políticos dos Redentores conseguiram desestabilizar o movimento com apelos racistas a brancos pobres. No final da década de 1890, os vestígios finais do voto negro e do poder político desapareceram no Sul, principalmente devido à utilização de testes de alfabetização e de verificação de propriedade, que também serviram ao objetivo de restringir o direito ao voto dos brancos pobres. A segregação institucionalizada também data desse período de contenção.

A política foi caracterizada pelo progressismo moderado, juntamente com uma reação racial, entre a ascensão de Theodore Roosevelt à presidência, em 1901, e o fim do governo de Woodrow Wilson, em 1920. O governo federal foi agressivo nas providências para quebrar alguns dos monopólios cujos efeitos predatórios acabaram por radicalizar a política no país, na década de 1890, mas eles deixaram outros ficarem de pé. O pânico de 1907 deu ímpeto à fundação do Federal Reserve System, em 1913, o que significou que o sistema financeiro aceitou parcialmente as críticas dos populistas sobre a escassez de dinheiro. Embora o novo banco central não se afastasse do padrão-ouro, seu objetivo era ter um sistema pronto para resolver restrições de crédito, a fim de evitar a série de pânicos desastrosos que tornaram o final do século XIX tão turbulento, do ponto de vista econômico. Foi o período em que começaram a ser feitos investimentos em infraestrutura pública, de larga escala, em benefício do saneamento público e da saúde entre os pobres nas áreas urbanas, e como forma de minar os monopólios exploradores de transporte e de habitação. Mais importante, a Constituição dos Estados Unidos foi alterada para criar um imposto de renda federal, em 1913, depois que a Suprema Corte derrubou uma tentativa anterior de aprovação de uma lei para instituí-lo, na década de 1890, sob o argumento de que a renda do capital estava fora dos limites do poder de tributação direta do Congresso.

O processo político que culminou no imposto de renda federal dependia de uma coalizão entre progressistas e proibicionistas, uma vez que o principal obstáculo à causa desses últimos sempre fora o de que a segunda maior fonte de receita do governo federal (depois das tarifas) era o imposto sobre o consumo de bebidas alcoólicas. Assim, o advento do imposto de renda foi um dos grandes exemplos da construção de coalizões na história de um sistema político em que concessões são necessárias. Fora da política, havia agitações trabalhistas recorrentes vindas do IWW e de outros elementos radicais do movimento trabalhista, igualmente independentes; mas a AFL apoiou o governo Wilson e ficou satisfeita ao ver a ala radical do movimento trabalhista dizimada pelos Ataques de Palmer* e a deportação de alguns de seus principais líderes, em 1919 e 1920.

Foi também nessa época que os governos estaduais começaram a adotar pautas da base progressista, concebidas para regulamentar o mercado de trabalho e iniciar a concessão de seguridade social. Durante a chamada era de Lochner (nome este que se refere a um caso de 1905, em que o tribunal impediu a vigência de uma lei de Nova York que previa um horário máximo para o trabalho dos padeiros), a Suprema Corte se tornou cada vez mais agressiva ao usar a garantia de "liberdade" prevista na Décima Quarta Emenda para derrubar esse tipo de regulamentação, alegando que interferia na liberdade contratual de cada indivíduo. Esse entendimento foi implantado no caso "Hammer vs. Dagenhart", para derrubar a Lei Keating-Owen, de 1916 (uma lei federal que proibia o trabalho infantil); e, em 1923, no caso "Adkins vs. Children's Hospital", que derrubou uma lei de salário mínimo promulgada no distrito de Columbia. Embora algumas novas regulamentações estaduais tenham sido mantidas, o tribunal continuou a restringir a regulamentação do mercado de trabalho em favor dos trabalhadores, no nível federal.

A entrada dos Estados Unidos na Primeira Guerra Mundial dividiu o Partido Democrático e o movimento progressista, em geral em classes sociais, porque ela tinha o sabor de uma aventura extravagante da elite no exterior, que distraía as prioridades da política doméstica. Isso foi bastante evidente depois que o Tratado de Versalhes se afastou decisivamente dos objetivos declarados do presidente Wilson, em relação à guerra, que se encontravam dispostos em seus Catorze Pontos.** Isso, em combinação com a Revolução Russa, criou uma

* Os chamados "Ataques de Palmer" foram uma série de ataques realizados entre novembro de 1919 e janeiro de 1920, pelo Departamento de Justiça dos Estados Unidos, sob a administração do presidente Woodrow Wilson, para capturar e prender ativistas de esquerda estrangeiros, principalmente imigrantes italianos e da Europa Oriental, e deportá-los dos Estados Unidos. As buscas e prisões aconteceram sob a coordenação do então procurador-geral A. Mitchell Palmer. [N.T.]

** Os chamados "Catorze Pontos" constituíram um plano para a paz mundial, a ser considerados nas negociações da paz, em razão da Primeira Guerra Mundial. Foram apresentados pelo então presidente dos Estados Unidos, Woodrow Wilson, por meio de um discurso proferido em 8 de janeiro de 1918. [N.T.]

reação política que fez da década de 1920 um período de contenção, e também de dessindicalização, à medida que o que sobrou dos sindicatos de trabalhadores não qualificados acabou desaparecendo, e a AFL não tinha interesse em compensá-los por meio da expansão de seu alcance. A maioria das áreas rurais foi deixada de fora do *boom* econômico do período, e a doutrina do *laissez-faire* continuou a ser empregada de forma a não ajudá-los, principalmente no veto do presidente Calvin Coolidge ao projeto de lei McNary-Haugen, que objetivava subsídio agrícola. Andrew Mellon passou quase a década inteira como secretário do Tesouro, supervisionando uma política econômica ortodoxa que acabou fracassando depois que o mercado de ações caiu, em 1929, bem como em razão da contínua crise de crédito que ocorreu por sucessivas falências bancárias e interrupções no fornecimento de ouro.

O colapso de 1929 e a depressão que se seguiu desnutriram o "mellonismo" em nível nacional. Longe de acabar com a turbulência econômica do século XIX, por intermédio de uma regulamentação monetária criteriosa do Federal Reserve e da política econômica nacional nas mãos de um banqueiro experiente, a crise só poderia ser encerrada abandonando-se o padrão-ouro e com a inauguração de uma nova era de política econômica, que incluía uma expansão fiscal keynesiana, bem como políticas para evitar a deflação e para aliviar o fardo da dívida de famílias, empresas, fazendas e instituições financeiras, além de uma tributação extremamente progressiva. A posse de Roosevelt, em 1933, na presidência dos Estados Unidos é, portanto, rotulada como "mudança de regime" pelos historiadores econômicos Peter Temin e Barry Wigmore.[12] Embora essas políticas tenham conseguido reverter a contração, elas não aliviaram as misérias mais agudas do desemprego e da pobreza; de modo que o "segundo New Deal", de 1935, estabeleceu a Previdência Social e o seguro-desemprego, além de ter expandido significativamente o emprego público.

A Suprema Corte, no entanto, continuou a atormentar as políticas econômicas de esquerda, derrubando leis que estabeleciam agências e regulamentos do New Deal. Por fim, tendo conquistado a reeleição através de uma vitória esmagadora, em 1936, Roosevelt ameaçou agir de acordo com o então chamado plano "*court-packing*", por meio do qual ele nomearia juízes adicionais suficientes para aprovar suas prioridades. Essa ameaça mais ou menos

12. P. Temin, B. A. Wigmore, "The End of One Big Deflation", *Explorations in Economic History* 27, 1990, pp. 483-502.

induziu a Suprema Corte a estabelecer a derrota no caso "West Coast Hotel vs. Parrish", que aprovou uma lei de salário mínimo, superando o decidido no caso "Adkins vs. Children's Hospital". Isso abriu o caminho para a Lei de Padrões Justos de Trabalho (FLSA, na sigla em inglês), de 1938, que impunha regulamentos trabalhistas nacionais que antes eram capazes de sobreviver, quando muito, apenas no nível estadual. A FLSA, no entanto, isentou a agricultura e o setor doméstico, excluindo a grande maioria dos trabalhadores negros no Sul pelo projeto da aliança ainda segregacionista do New Deal. O fechamento das lacunas econômicas raciais aguardava a integração do complexo industrial militar e o *boom* econômico do pós-guerra.

Com seus desvios evidentes da ortodoxia do *laissez-faire*, o governo Roosevelt constituiu a transformação ideológica do século XX, no contexto dos Estados Unidos, com a ressalva de que os negros continuavam excluídos da política econômica nacional e do corpo político, porque ainda não tinham o direito ao voto. Nos Estados Unidos, a ocasião para o descrédito ideológico foi a Depressão, e não as duas Guerras Mundiais. Embora o envolvimento americano na Primeira Guerra Mundial tenha sido controverso, não foi um desastre que abalou o regime causado pela conivência reacionária contra movimentos domésticos de esquerda, como foi para as potências europeias. Em vez disso, parecia um erro de política externa causado pela trapalhada de uma administração de centro-esquerda excessivamente idealista que estava fora de seu alcance na política internacional do Velho Mundo. Quanto à Segunda Guerra Mundial, ela consolidou ainda mais o descrédito da direita porque os oponentes mais proeminentes de Roosevelt agravaram seus problemas políticos com isolacionismo, convencidos de que a União Soviética era uma ameaça maior do que o fascismo. Os líderes empresariais que foram flexíveis o suficiente para tirar proveito da bonança econômica do período da guerra fizeram as pazes com o *quid pro quo*, que exigia que eles aceitassem a supremacia política do New Deal, pelo menos por um tempo. A própria guerra levou ao início da revolução dos direitos civis nos Estados Unidos, e a falta de mão de obra convenceu o governo Roosevelt da necessidade de integração racial da cadeia de suprimentos das Forças Armadas e, sob seu sucessor, Harry Truman, as próprias Forças Armadas foram integradas. Assim, os Estados Unidos emergiram da guerra com uma política conservadora castigada e um Partido Democrata fortalecido, cada vez mais ideologicamente voltado à esquerda, com a intenção de usar o poder federal para reduzir a desigualdade.

Grã-Bretanha

A Grã-Bretanha seguiu rumo ao sufrágio universal masculino com as Leis de Reforma de 1832, 1867 e 1884, que envolveram homens da classe média, da classe trabalhadora urbana e dos camponeses, respectivamente.[13] As políticas para sua adoção foram dramáticas, mas também frustrantes à época. As previsões de cataclismo social, indicadas em cada parte da legislação (e as tentativas fracassadas entre elas), mostraram-se exageradas. No entanto, acabaram derrubando o sistema partidário que prevaleceu desde as guerras da Revolução Francesa, substituindo-o por um baseado no sistema de classes da Segunda Revolução Industrial.

Na política econômica, o antigo sistema partidário aderiu a um consenso liberal: entre a revogação das Leis dos Cereais, em 1846, e a adoção do protecionismo sindical como "preferência imperial"*, em 1903, os partidos adotaram o livre comércio. O padrão-ouro nunca foi seriamente questionado nesse período — era um dogma que o Tesouro apresentasse um excedente a cada ano suficiente para baixar a enorme dívida napoleônica a valores nominais estáveis. A alteração da Lei dos Pobres, de 1834, exigia a residência em albergues para que pudessem ter auxílio, o que foi projetado para ter um caráter punitivo a fim de impedir a indolência, em consonância com a teoria da população malthusiana e a "lei de ferro dos salários"**, de David Ricardo. Essas eram as doutrinas centrais subjacentes ao liberalismo clássico e sua hostilidade às soluções políticas para a desigualdade e a miséria.

---

13. Mesmo depois da Terceira Lei de Reforma, muitos homens e todas as mulheres permaneceram sem o direito ao voto. Os que permaneceram privados de direitos estavam, desproporcionalmente, na Irlanda.

* A chamada "preferência imperial" consistia em um sistema de tarifas adotadas, reciprocamente, ou em acordos de livre comércio, entre o Império Britânico e suas colônias. Especialmente durante o início dos anos 1900, a Preferência Imperial foi considerada um método de promover a unidade dentro do Império Britânico e manter a posição da Grã-Bretanha como um poder global, em resposta ao aumento da concorrência com outros países. [N.T.]

** A chamada "lei de ferro dos salários" foi uma teoria concebida pelo economista inglês David Ricardo. Ela prescreve que são inúteis as tentativas de aumentar o ganho real dos trabalhadores, visto que os salários permanecerão, inexoravelmente, próximos ao nível de subsistência. Em termos gerais, o economista indicava que, havendo crescimento da população, haveria também o aumento na concorrência pelo emprego, e, com isso, surgiria a escassez, até que se chegaria ao ponto em que tudo ficaria restrito a um processo de subsistência. [N.T.]

Movimentos radicais, principalmente os cartistas*, borbulharam ao longo do século XIX, mas não encontraram nenhum apoio no sistema político estabelecido. Apesar de criminalizados, os sindicatos cresceram durante a segunda metade do século e suas atividades acabaram sendo legalizadas, por meio da Lei Sindical de 1871. Embora alguns membros sindicalistas tenham sido eleitos para o Parlamento — com uma associação política de diferentes sindicatos, em 1899, formando-se o Comitê de Representação Trabalhista (LRC, na sigla em inglês) —, o momento arrebatador que levou a questão relativa ao trabalho para o sistema político nacional foi um processo judicial conhecido como "Taff Vale", de 1901, no qual um sindicato ferroviário foi considerado responsável por causar danos financeiros depois de uma greve bem-sucedida.

O julgamento do caso "Taff Vale" ameaçou minar qualquer ideia de ação industrial, de modo que os sindicatos — que geralmente apoiavam os candidatos liberais quando se envolviam com política — seguiram um caminho independente. A filiação ao LRC aumentou à medida que mais sindicatos se juntavam a ele; e, em 1903, o LRC formou um pacto estratégico não competitivo com o Partido Liberal, através do qual o partido concederia trinta assentos, no Parlamento seguinte, em troca do apoio do LRC aos candidatos liberais nos demais distritos eleitorais. Nas eleições posteriores, de 1906, um governo conservador, no poder há uma década, foi varrido de forma avassaladora por liberais (com o apoio do LRC), e o governo que assumiu o cargo, em 1906, sob a liderança, primeiro, de Henry Campbell-Bannerman e, depois, de H. H. Asquith, estava bem à esquerda de qualquer um de seus antecessores. A Câmara dos Comuns aprovou quase de imediato um projeto de lei derrubando o que havia sido deliberado no caso "Taff Vale", ou seja, para que houvesse uma imunidade dos fundos sindicais com relação a reivindicações judiciais por parte de empregadores, promulgando-se também o direito de greve.

As forças do capital revidaram em 1908, através de outro caso contra a Amalgamated Railway Union, dessa vez com o objetivo de impedir o uso de fundos para atividades políticas (a saber, o financiamento do LRC). A Câmara dos Lordes decidiu o caso em favor de um membro do sindicato financiado

* O chamado "cartismo" foi um movimento social inglês, que se iniciou na década de 1830. Teve como base inicial a luta pela inclusão política da classe operária. Seu fundamento foi a carta escrita por William Lovett e Feargus O'Connor, intitulada "Carta do Povo", enviada ao Parlamento Britânico, com as seguintes exigências: sufrágio universal masculino (o direito de todos os homens ao voto); voto secreto através da cédula; eleição anual; igualdade entre os direitos eleitorais; participação de representantes da classe operária no Parlamento Britânico. [N.T.]

por empregadores e, dessa vez, o governo liberal não fez nada diretamente para anular a decisão, ofendendo bastante tanto seus apoiadores no LRC parlamentar quanto os trabalhadores comuns, que passaram a ver o LRC como uma instituição que se vendeu.

Mas o governo estava alimentando seu próprio desafio à Câmara dos Lordes, que havia atuado repetidamente nos limites de sua autoridade tradicional para impedir o programa liberal. Em 1909, o chanceler do Tesouro, David Lloyd George, propôs o que ficou conhecido como "People's Budget" [Orçamento Popular], que, pela primeira vez, tributou grandes propriedades rurais (com a incidência de 20% do valor apreciado, quando a propriedade tinha sua titularidade transferida). Essa foi uma ameaça direta à fonte de riqueza da aristocracia e aos seus planos, para um elegante declínio financiado pela venda gradual e contínua de propriedades hereditárias. Tornou-se também o imposto de renda muito mais progressivo no topo da distribuição e houve o aumento do imposto sobre herança. Lloyd George conceituou o "People's Budget" como explicitamente redistributivista, ainda que ele também tenha sido motivado pela necessidade de pagar pela corrida armamentista naval frente à Alemanha, iniciada alguns anos antes.

Violando as normas não escritas da Constituição britânica, onde se sustentava que apenas os Comuns possuíam o poder da bolsa, a Câmara dos Lordes vetou o orçamento de 1909, o que desencadeou um impasse político por muito tempo. Ao vencer duas eleições, em 1910, com uma plataforma política em que se objetivava a supressão de poderes dos Lordes e a aprovação do orçamento, o governo liberal convenceu o rei a realizar ameaças de que nomearia novos membros da Câmara Alta, em quantidade suficiente para sustentar o governo. Em vez disso, os Lordes aderiram à Lei do Parlamento de 1911, que reduziu consideravelmente seu próprio poder sobre a legislação. A Lei do Parlamento era o equivalente britânico ao caso "West Coast Hotel vs. Parrish" da Suprema Corte norte-americana, ocorrido em 1937, que encerrou a Era de Lochner* nos Estados Unidos, no sentido de ter retirado poderes de um ramo não eleito do

* A chamada "Era de Lochner" ocorreu entre os anos de 1905 a 1937, nos Estados Unidos. Durante tal período, a Suprema Corte, em seus julgamentos, tinha a tendência de invalidar a regulação econômica no que se refere ao estabelecimento de condições de trabalho ou de salários, bem como a limitação de jornada, deixando os empresários livres para estipular tais condições com seus empregados. Joseph Lochner era proprietário de uma padaria em Nova York, e teve seu caso julgado pela Suprema Corte, em 1905, quando se iniciou a era que teve seu nome. Com tal julgamento, o tribunal invalidou a lei do estado de Nova York, que limitava a jornada dos padeiros em dez horas por dia e sessenta horas por semana, e que tinha a finalidade de proteger a saúde dos empregados. [N.T.]

governo que havia bloqueado a adoção de uma legislação progressista. E aconteceu de maneira semelhante: o governo, essencialmente, escolheu por suprimir seus próprios poderes, sob uma pressão política que ameaçava expandir o quadro de seus membros, de uma tal forma que sua autoridade social tradicional ficasse prejudicada. Em essência, diante da derrota por outro lado, tanto a Suprema Corte dos Estados Unidos quanto a Câmara dos Lordes britânicos escolheram o suicídio.

Além disso, na condição de perder, em ambos os casos o suicídio realmente funcionou, infligindo danos políticos significativos ao adversário, enquanto a vitória definitiva do antagonista teria feito o oposto. Franklin Delano Roosevelt perdeu autoridade dentro de seu próprio partido no Congresso (e em todo o país, devido à ameaça de implementar o chamado plano "*court-packing*") e, de acordo com a Lei do Parlamento, o governo liberal, no poder até 1914, essencialmente perdeu o controle do país, entre os protestos pelo sufrágio feminino, a agitação trabalhista desenfreada e o "*Irish home rule*"*, em parte porque o Partido Liberal achou impossível recuperar o capital político que havia gasto para controlar a Câmara dos Lordes, e acabou basicamente dando boas-vindas à chegada da guerra em 1914 como um fator de salvação política.

No entanto, a guerra não foi simplesmente imposta ao Reino Unido, muito embora seu governo tenha enquadrado o *casus belli* como uma obrigação convencional para defender a soberania territorial da Bélgica. Nem foi o Reino Unido arrastado para a guerra simplesmente pela trapalhada diplomática de seus oficiais responsáveis pela política externa. A proteção e a expansão de seu império lucrativo constituíam uma política que o governo liberal, depois do ano de 1906, compartilhava em grande medida com seu antecessor conservador, apesar de suas divergências com relação à Guerra dos Bôeres**, e, à medida que a ameaça passava da invasão russa no Oriente Médio e no sul da Ásia para a invasão alemã, o Reino Unido se uniu à Entente Cordiale e reconfigurou sua postura militar para conter a ameaça às explorações estrangeiras representadas

* O chamado "Irish Home Rule" foi um movimento que fez campanha pelo autogoverno (ou "governo doméstico") para a Irlanda dentro do Reino Unido. Foi o movimento político dominante do nacionalismo irlandês de 1870 até o final da Primeira Guerra Mundial. [N.T.]

** A chamada "Guerra dos Bôeres" diz respeito aos dois confrontos havidos na Cidade do Cabo, na extremidade sul da África, nos períodos de dezembro de 1880 a março de 1881 e de outubro de 1899 a março de 1902, em que os colonos de origem holandesa e francesa (os "bôeres") lutaram contra o exército britânico, que tinha a pretensão de se apropriar das minas de diamante e de ouro existentes no local. [N.T.]

pela crescente frota alemã, a um custo enorme. Mas a Grande Guerra também teve sua gênese na política interna: ela ofereceu um alívio às crises em curso que paralisaram o país e sua política desde 1911. Todas as três revoltas — a dos sindicatos, a das sufragistas femininas e a dos sindicalistas irlandeses — abandonaram seu desafio aberto ao governo no início da guerra.

O legado do movimento sufragista feminino é particularmente notável neste ponto: o movimento tinha uma liderança conservadora da classe média alta e um forte componente da classe trabalhadora, e ambos foram igualmente alvos das políticas repressivas do governo liberal de 1911 a 1914. O sexismo vulgar, e até violento, dessas políticas (junto com a falta de política oficial do governo sobre a questão subjacente do sufrágio feminino) virou ambos os grupos contra o partido liberal para sempre, contribuindo para a cratera do apoio ao partido depois que o sufrágio igual finalmente foi aprovado, uma vez que as duas facções se dividiram nitidamente entre conservadores e trabalhistas. A militância sindical antes da guerra também não desapareceu com a chegada da guerra. A insatisfação com sua conduta se acumulou nas bases, e acabou enviando membros do gabinete trabalhista à oposição ao governo nacional em 1917.

A guerra acabou sendo um desastre para todos os envolvidos. Em primeiro lugar, pagar por ela exigia uma tributação de renda e riqueza muito superior ao que havia sido cobrado pelo "People's Budget" de 1909. O padrão-ouro foi abandonado durante a guerra, causando inflação galopante que corroeu ainda mais o valor real da riqueza. A própria condução da guerra desacreditou a elite tradicional, tanto em escala macro (com a aparente futilidade da diplomacia anterior à guerra em evitar o que todos já esperavam ser calamitoso, além da disposição dos recursos nacionais durante a guerra), quanto em nível micro (com táticas militares caras, através das quais a aristocracia ordenou que os plebeus morressem em massa). O imperativo político do acordo pós-guerra era salvar os líderes responsáveis pela chegada da guerra e sua conduta diante do *jingle* eleitoral, o que parecia ter sido alcançado com as eleições gerais de 1918, quando a Coalizão Nacional (principalmente conservadora), que governou desde 1916, foi reeleita, com os trabalhistas e os liberais contrários a Lloyd George deixados de lado. O Tratado de Versalhes, de 1919, exigiu enormes concessões da Alemanha, muito além dos Catorze Pontos de Woodrow Wilson, os quais haviam sido a base do armistício que acabou com as hostilidades no outono de 1918. A maior parte das reparações deveria ir para a França e um pedaço menor para a Polônia. Onde a Grã-Bretanha ganhou ostensivamente foi na perda de seu principal concorrente industrial do pré-guerra, quando o estoque de capital da Alemanha e sua base manufatureira foram desmantelados.

Não obstante esse triunfo inicial do governo de Lloyd George no pós-guerra, a guerra aniquilou o Partido Liberal como força eleitoral e polarizou a política britânica entre trabalhistas e conservadores. O resultado de fato mudou a política substancialmente para a direita, para onde parecia estar indo nos anos imediatamente anteriores à guerra. O que aconteceu foi que a guerra, junto com o fracasso do governo Asquith antes dela (o governo mais à esquerda que o Reino Unido já teve até aquele momento), tornou o liberalismo clássico do século XIX, mesmo em suas tendências protoassistencialistas-estatistas, insustentável como veículo eleitoral para a classe trabalhadora. Mas isso (ainda) não significava que ele deixou de ser a ideologia do governo para o país como um todo. Afinal, a Grã-Bretanha havia vencido e, enquanto isso, a Revolução Russa apresentava a ameaça de violência e a revolta radical — uma ameaça que a imprensa de direita representou ao longo das décadas entre as duas guerras. A guerra fraturou a base ideológica do capitalismo na Grã-Bretanha, mas ela não falhou até o final da década de 1930.

Em 1925, o chanceler conservador do Tesouro, Winston Churchill, retomou o padrão-ouro à taxa de câmbio vigente antes da guerra, que teve o efeito de reavaliar substancialmente a riqueza acumulada, enquanto aumentava o custo das exportações britânicas para estrangeiros e o custo do serviço da dívida de guerra britânica. A motivação, como Churchill mais tarde admitiu, era essencialmente política: ao retornar à política monetária existente antes da guerra, ele também antecipou, de alguma forma, o retorno da política então vigente. A deflação desencadeou uma recessão específica no Reino Unido, levando a demissões em massa, uma vez que os níveis de preços domésticos deveriam se ajustar para baixo. Como Keynes argumentou no livro *The Economic Consequences of Mr. Churchill* [As consequências econômicas do sr. Churchill], o mecanismo pelo qual isso acontece é constituído por demissões e desemprego, não pela "transferência imaculada"; e quando os mineradores de carvão foram atingidos com uma redução de salário nominal, em 1926, eles entraram em greve. Todos os sindicatos seguiram o exemplo em uma greve geral que não teve sucesso, mas a crise criada por uma política monetária desnecessariamente draconiana foi agravada pela Grande Depressão. Em 1929, um governo liderado pelos trabalhistas chegou ao poder, mas, temendo que fosse rotulado como radical, o governo se sentiu obrigado a sustentar a política monetária do governo anterior a qualquer custo, impondo uma contenção fiscal à medida que a contração global persistisse, o que ocasionou uma divisão no Partido Trabalhista. O governo nacional que restou, dependente do apoio conservador, acabou se retirando do padrão-ouro, mas rejeitou a maioria das políticas de reforma provenientes da esquerda, principalmente em relação ao emprego público e à nacionalização da indústria, ambas destinadas a eliminar o que acabou sendo visto como um subproduto perdulário inerente ao desemprego no capitalismo.

Ao longo da década de 1930, a alta política e os conflitos sociais colocaram os defensores da política econômica tradicional, integrantes da classe média, contra os partidários da nacionalização industrial, pertencentes à classe trabalhadora, que objetivavam tanto eliminar o desemprego quanto o estabelecimento de um estado social abrangente que atendesse a todos os outros casos de privação. Ao mesmo tempo, a reação contra o tratamento punitivo da Alemanha, que caracterizou a política externa conservadora na década de 1920, migrou para o apaziguamento do fascismo na década de 1930, baseada sobretudo na suposição de que a maior ameaça à paz continental era a União Soviética, e que o fascismo seria, pelo menos, um baluarte contra ela, que tinha a vantagem de gozar de apoio popular na Alemanha, na Itália e na Espanha (ao contrário dos partidos liberais tradicionais), e que não ameaçava acabar com a propriedade do capital privado por meios democráticos, mas através da violência (ao contrário dos partidos social-democratas). O destino dessa política externa é bem conhecido. E, durante a guerra em si, o governo conservador de apaziguamento e de política econômica "sólida" foi substituído por uma coalizão liderada pelo conservador dissidente Winston Churchill, que ousou desafiar o apaziguamento na década de 1930, mas cujos outros ministros eram na maior parte os trabalhistas, que há muito defendiam uma economia planificada. A que eles implementaram durante a própria guerra validou suas alegações anteriores de que isso poderia ser feito com grande efeito produtivo, eliminando totalmente o desemprego endêmico da década de 1930. Assim, a Segunda Guerra Mundial terminou o processo iniciado pela Primeira: minando a credibilidade dos governantes tradicionais da Grã-Bretanha, porque o eleitorado via a classe trabalhadora como tendo salvado o país da incompetência desses governantes, tanto na política externa quanto na econômica.

A chegada da guerra e sua condução puseram os pregos finais no caixão do consenso liberal britânico clássico do século XIX: o desemprego elevado e prolongado e a privação material eram endêmicos diante de uma economia industrializada e moderna. As elites que apoiaram a ideologia por muito tempo na era da emancipação em massa foram desacreditadas por suas políticas fracassadas nas décadas que antecederam a guerra. Por essas razões, assim que a guerra acabou, o Trabalhismo finalmente subiu ao poder com uma maioria popular e promulgou seu programa de longa data de nacionalização industrial em tempos de paz, o estado de bem-estar social e imposto confiscatório de renda e riqueza, que correspondiam às razões centrais para a redução final da desigualdade em meados do século.

França

A França alcançou o sufrágio universal masculino durante a Revolução de 1848, que criou a Segunda República, e, em sua primeira eleição, substituiu os políticos radicais que haviam derrubado a anterior Monarquia de Julho*, por meio de uma Assembleia Nacional na qual o equilíbrio de poder estava nas mãos dos moderados rurais que simpatizavam com a monarquia. Uma eleição presidencial naquele ano levou o príncipe Luís Napoleão ao poder contra uma esquerda republicana dividida, com os socialistas da classe trabalhadora parisiense formando uma minoria distinta, e com o governo da prefeitura de Paris, rival deles, tendo ameaçado a Assembleia Nacional durante toda a curta existência do governo. O presidente esperou o momento certo e, em 1851, aproveitou a insatisfação generalizada com a revolta política para reivindicar a monarquia, por meio de um plebiscito esmagador, derrubando a Segunda República e governando o Segundo Império, agora como imperador Napoleão III, pelos próximos vinte anos. Assim, no caso francês, não apenas o sufrágio universal era insuficiente para derrubar o capitalismo do *laissez-faire*, como era insuficiente para garantir o governo democrático.[14]

---

* A chamada "Monarquia de Julho" corresponde ao período histórico na França que vai dos anos de 1830 a 1848; portanto, entre dois dos principais processos revolucionários considerados como ciclos da revolução liberal ou revolução burguesa, ou seja, as revoluções de 1830 e as revoluções de 1848. A Monarquia de Julho é um período caracterizado pela proeminência da alta burguesia, que substituiu aquilo que seria o direito divino dos monarcas. [N.T.]

14. Pierre Rosanvallon e David Grewal (no Capítulo 19 deste livro) indicam que a política democrática foi de fato um elemento crítico no estabelecimento da ideologia capitalista ao criar um eleitorado, a burguesia, que favorecia a limitação do poder do Estado sobre a economia. Arno Mayer argumenta que foi exatamente essa síntese de dois interesses políticos (burguesia e aristocracia), por trás de uma ideologia, que sustentou a política de direita ao longo do século XIX. Consulte Mayer, *Persistence of the Old Regime*, e Rosanvallon, *The Demands of Liberty*.

O Segundo Império, que já enfrentava uma crescente agitação trabalhista em seus últimos anos, entrou em colapso com a invasão prussiana de 1870 e 1871. Uma consequência imediata foi a Comuna de Paris*, que se tornou o sinônimo internacional para os perigos do radicalismo por muitos anos depois. Assim, o Segundo Império nasceu da extrema polarização política e também morreu nela, deixando para a Terceira República uma política polarizada que na verdade nunca se dissipou. Por outro lado, a política da Terceira República se desviou para a esquerda apenas aos poucos e no contexto de um desfile de governos de coalizão com agendas de compromisso, e não com novas divergências dramáticas, como aconteceu na Grã-Bretanha (e finalmente na França, em 1936). A outra diferença era que o clericalismo representava uma questão política importante na França em toda a Terceira República, fornecendo uma dimensão adicional sobre a qual o conflito político se desenrolava, uma dimensão que piorou a imagem do descrédito do capitalismo da elite. Um drama semelhante ocorreu na Alemanha com o Kulturkampf.**

O governo republicano (ou seja, democrático) da Terceira República só venceu quando o presidente Patrice de MacMahon (que era um adepto da monarquia) perdeu, em 1877, uma eleição junto à Câmara dos Deputados (a câmara baixa do parlamento francês à época da Terceira República), que ele havia convocado para que fosse verificado se o governo deveria prestar contas ao Parlamento ou ao presidente. Em 1879, os partidos republicanos ganharam o controle do Senado, cuja existência como suposto bastião monárquico havia sido a condição dos apoiadores da monarquia de concordar com a Constituição que estabeleceu a Terceira República; e, no início da década de 1880, o ministro da Educação, Jules Ferry, obteve a aprovação de sua série de leis homônimas que instituíram a educação pública, o que foi uma enorme perda de influência para a Igreja Católica. O mesmo governo, liderado por Leon Gambetta, legalizou os sindicatos em 1884, embora eles não estivessem formalmente vinculados a

* A chamada Comuna de Paris foi o primeiro governo operário da história, fundado em 1871, em Paris, França, por ocasião da resistência popular diante da invasão por parte do Reino da Prússia. A Comuna de Paris adotou uma política de caráter socialista, baseada nos princípios da Primeira Internacional dos Trabalhadores. [N.T.]

** Kulturkampf é um termo alemão que se refere ao período de 1871 a 1887, quando o chanceler alemão Otto von Bismarck pretendeu submeter a Igreja católica romana aos controles do Estado. Os católicos romanos, no entanto, resistiram fortemente às medidas de Bismarck, e conseguiram aumentar sua representação no Parlamento, nas eleições de 1874. Em 1887, o papa Leão XIII declarou encerrado o conflito e a maior parte da legislação anticatólica foi revogada. [N.T.]

nenhum partido político. A esquerda naqueles anos foi dividida entre vários grupos socialistas que defendiam uma série de posições sobre a maneira correta de derrubar o capitalismo (e de interagir com o resto do sistema político capitalista) e o grupo dos chamados "Republicanos Oportunistas"* (de Gambetta, Ferry e seus sucessores), que finalmente deram lugar ao Partido Radical, o qual era ainda mais explicitamente anticlerical, e começaram a abordar a possibilidade de tributar a renda. A direita foi fragmentada por sua longa associação com o monarquismo e, em seguida, com o nacionalismo populista e revanchista de classe média do chamado ditador general Boulanger, que invadiu a cena política no final da década de 1880 com apoio monarquista, tendo depois caído em desgraça sob ataque contínuo das forças republicanas unidas.

O evento político mais notório da Terceira República, antes da guerra, foi o caso Dreyfus**, que trouxe à tona todo o conflito depurado no período. Mais uma vez, o monarquismo, o clericalismo e o nacionalismo militante ergueram suas cabeças em conjunto na política, enquanto os grupos a favor de Dreyfus se uniram atrás de políticos e partidos republicanos. Em meio à crise maior, surgiu um debate à esquerda a respeito de o socialista Alexandre Millerand dever ou não participar do ministério do republicano Pierre Waldeck-Rousseau, que era a favor de Dreyfus, em 1899, do qual também fazia parte um nobre que havia suprimido a Comuna de Paris. Entre 1902 e 1905, o socialismo francês se tornou político com a formação da Section Française de L'Internationale Ouvrière [Seção Francesa da Internacional dos Trabalhadores] (SFIO, na sigla em francês), o veículo democrático dos socialistas não revolucionários liderados por Jean Jaurès.*** O ano de 1905 também viu a promulgação da Lei do Secularismo, que excluiu totalmente a Igreja da educação pública e de outras funções estatais; tendo havido, depois, por iniciativa dos sucessivos ministérios, a promulgação de algumas reformas

---

* Os chamados "republicanos moderados", pejorativamente chamados de "republicanos oportunistas", eram um grupo político francês ativo no final do século XIX, durante a Terceira República Francesa. Os líderes do grupo incluíam Adolphe Thiers, Jules Ferry, Jules Grévy, Henri Wallon e René Waldeck-Rousseau. [N.T.]

** O chamado "caso Dreyfus" foi um grande conflito social e político que ocorreu na França, no final do século XIX, em torno da acusação de traição feita ao capitão Alfred Dreyfus, que acabou sendo inocentado. O caso gerou grande confusão na sociedade francesa por doze anos, de 1894 a 1906, dividindo-a entre os defensores da inocência de Dreyfus e os defensores de sua culpa. O caso é frequentemente citado como um dos maiores exemplos de erro judiciário de difícil reparação, em especial através de julgamentos em que há forte pressão da imprensa e da opinião pública. [N.T.]

*** Jean Léon Jaurès (1859-1914) foi um político socialista francês que, embora reconhecesse a luta de classes, propunha uma revolução social democrática e não violenta. [N.T.]

trabalhistas, dentre as quais a relativa ao seguro social e à legislação sobre a jornada máxima de trabalho. Embora o imposto de renda tenha sido aprovado na Câmara dos Deputados, em 1909, depois de um longo debate sobre o caráter discriminatório do sistema tributário regressivo então existente, permaneceu no Senado até a véspera da guerra, em julho de 1914, quando foi aprovado apenas em razão da expectativa do alto custo do conflito iminente. O historiador Arno Mayer descreveu o Senado francês nesse período como "a rocha sobre a qual gabinetes incipientes se mantinham afundando".[15]

A política externa acabou gerando uma barreira entre os radicais da esquerda republicana e a SFIO, com a última se opondo ao fortalecimento militar e ao confronto com a Alemanha. Na véspera da guerra, Jaurès, que apoiava uma greve geral internacional para evitá-la, foi assassinado por um monarquista em um bistrô em Paris, e a guerra foi conduzida por republicanos moderados da esquerda até serem substituídos pelo arquinacionalista Clemenceau, em 1917. A guerra foi ainda mais desastrosa para a França do que para a Grã-Bretanha; portanto, o imperativo absoluto na conferência de Versalhes era salvar a reputação das elites políticas que haviam provocado a guerra, durante as décadas anteriores; daí o cronograma de reparações punitivas imposto à Alemanha de Weimar. Mesmo assim, tal como na Grã-Bretanha, a esquerda moderada que governou no início da guerra ficou paralisada, e a política do pós-guerra foi dominada por uma esquerda da classe trabalhadora e uma direita da classe média.

No caso francês, no entanto, a esquerda foi quase imediatamente confrontada pelas implicações da Revolução Russa na política interna. O debate anterior a Jaurès, sobre se era apropriado participar dos governos burgueses, deu lugar a um cabo de guerra entre os discípulos de Jaurès e os defensores de uma aliança aberta, com subserviência ao comunismo soviético. A SFIO foi subvertida para sempre na conferência de Tours, de 1920, quando a maioria dos comunistas se juntou à "Terceira Internacional"* soviética, tendo assumido o controle dos veículos jornalísticos do partido e de uma grande parte de seus afiliados sindicais, enquanto os socialistas remanescentes foram liderados por Leon Blum. Essa facção apoiou governos liderados por radicais de esquerda nas décadas de 1920

15. Mayer, op. cit.

* A Terceira Internacional (também conhecida como Internacional Comunista) foi uma organização internacional fundada em Moscou, em março de 1919, por Vladimir Lênin e Leon Trótski (dentre outros), com o objetivo de reunir os partidos comunistas de diferentes países, colocando em prática uma agenda comunista. [N.T.]

e 1930, os chamados governos do "Cartel de Esquerda", que competiam com a Frente Nacional. A França esteve mais ou menos em crise econômica ao longo do período, em razão do fracasso da efetivação das reparações alemãs, criando uma crise fiscal até o final da década de 1920, seguida pela Grande Depressão, no período de 1929 a 1936. (Embora, como escreve Piketty, as duas crises, com causas e personagens muito diferentes, tenham tido impactos distributivos e, portanto, políticos bastante diferentes igualmente.) Por fim, a fraqueza que acompanhou o conflito entre facções na Câmara dos Deputados serviu de pretexto para as revoltas populares de fevereiro de 1934, a única vez que um governo da Terceira República foi derrubado por manifestações nas ruas. Isso e — mais importante ainda — uma mudança na política externa soviética, depois de sucessos fascistas na Alemanha, na Itália e na Espanha, prepararam o terreno para a Frente Popular.

A Frente Popular levou o Partido Comunista — que estava mais ou menos à margem da política francesa, desde 1921 —, ao governo e coordenou os sindicatos a ela ligados junto aos mais moderados, preparando o terreno para os Acordos de Matignon, que finalmente promulgaram toda a panóplia de reformas trabalhistas que a SFIO defendia durante toda a sua existência, incluindo a semana de trabalho de quarenta horas, a negociação coletiva estatutária, o aumento salarial imediato e as férias pagas obrigatórias, tudo como parte de um acordo mediado pelo governo entre os sindicatos e os empregadores para encerrar uma greve geral convocada imediatamente depois da vitória eleitoral da Frente Popular, em maio de 1936. O novo governo também finalmente abandonou o padrão-ouro, a última das grandes economias a fazê-lo durante a Depressão. Tudo isso ocorreu em meio à alta tensão política, à violência contínua nas ruas e às dúvidas amplamente expressas sobre a legitimidade política do então governo da época e de toda a Terceira República.

Assim, os dois governos da Frente Popular, em meados do final da década de 1930, não sinalizaram a vitória final do movimento de esquerda na França. Longe disso. A cooperação dos comunistas com os partidos burgueses não durou devido a outras maquinações em Moscou. Enquanto isso, a piora da situação de segurança à luz do rearmamento alemão fortalecia elementos reacionários que alegavam que a França fora vendida a seus inimigos por dentro. Como na Grã-Bretanha, a França optou mais ou menos por apaziguar a Alemanha nazista, mesmo sabendo que não funcionaria, mas sem uma alternativa viável na ausência de consenso político de qualquer tipo. Quando a invasão nazista, a ocupação e o regime de fantoches de Vichy finalmente chegaram, os invasores encontraram colaboradores dispostos entre os que haviam estado à direita antes da guerra — aquelas facções que passaram as décadas anteriores avisando que a esquerda ameaçava vender a França de dentro —, o que era o descrédito final que preparou o terreno para a promulgação do estado de bem-estar social depois da guerra. Enquanto partes do *establishment* de centro-direita se uniram aos Franceses Livres*, foram a esquerda e, especialmente, os comunistas que deram ânimo à resistência deixada na França e, por consequência, foram os fragmentos remanescentes da Frente Popular que mantiveram a iniciativa política na Quarta República, quando promulgaram um estado social mais abrangente.

Alemanha

A Alemanha moderna só passou a ter existência política em 1871, com a culminação das guerras de unificação da Prússia, unindo a ordem política fragmentada estabelecida pelo Congresso de Viena. O motivo político para essa ordem foi preservar o equilíbrio de poder europeu, que se inclinou a favor da Prússia com sua vitória sobre a França e o estabelecimento do Segundo Império Alemão. A política revolucionária desempenhou um papel na realização da unificação, que havia sido um objetivo liberal conforme o "Concerto da Europa".** Mas, depois das revoluções de 1848, o liberalismo e o nacionalismo alemães divergiram (e muitos liberais seguiram para o exílio). Por esse motivo, a Alemanha tinha um substancial histórico de políticas de esquerda, as mais desenvolvidas na Europa, mesmo antes de se tornar uma entidade política unificada. Cada um de seus estados constituintes tinha um grupo reformista liberal em sua política interna, bem como um crescente movimento da classe trabalhadora, embora nem todos dispusessem do sufrágio universal masculino.

Na década de 1860, a própria causa da unificação alemã uniu a aristocracia tradicional e a burguesia moderna — a aliança política clássica do século XIX que prevaleceu também na Grã-Bretanha e na França. Os liberais nos estados

* O chamado movimento "Franceses Livres" foi um regime de resistência, liderado pelo general Charles de Gaulle, para dar continuidade ao enfrentamento contra o avanço alemão na Segunda Guerra Mundial. [N.T.]

** O chamado "Concerto da Europa" foi o equilíbrio de poder que existia na Europa desde o fim das Guerras Napoleônicas, de 1815 a 1914, quando eclodiu a Primeira Guerra Mundial. Seus fundadores foram a Áustria, a Prússia, o Império Russo e a Grã-Bretanha. Posteriormente, a França ingressou como um quinto membro do Concerto. [N.T.]

constituintes apoiaram de forma significativa a tomada do controle prussiano como um contrapeso a seus oponentes políticos internos tradicionais e aristocráticos, porque o governo estatal prussiano incorporou a monarquia constitucional e, em seguida, considerou o estado final ideal da política liberal. Como na França, a religião manteve uma presença importante na política, pois a Igreja católica era um dos principais centros de oposição à unificação e, por esse motivo, o Kulturkampf anticatólico de Bismarck foi a questão política mais controversa depois da unificação. Os liberais apoiaram amplamente a unificação, e a monarquia constitucional prussiana lhes deu uma influência enorme na política interna, equivalente à que eles alcançaram sob as administrações de Theodore Roosevelt e Wilson nos Estados Unidos, várias décadas depois. Em 1891, a Prússia instituiu um imposto de renda pioneiro e, ao longo do período, os monopólios naturais foram regulamentados, tendo sido alguns deles totalmente entregues à administração do Estado. O governo nacional também instituiu as primeiras formas de seguro social para saúde, aposentadoria e indenização por acidente de trabalho, além de vantagens fiscais em relação às poupanças da classe média, com o objetivo explícito de garantir o apoio dos detentores de propriedades quanto ao regime, diante de uma ameaça política vinda de baixo.[16]

Por outro lado, e apesar do sufrágio universal para o Reichstag, incluído na Constituição de 1871, a aristocracia tradicional e seus aliados mantiveram uma forte influência, até um estrangulamento, sobre a política nos níveis estadual e nacional. O governo imperial foi responsável perante o Kaiser, não o Reichstag, ainda que fosse necessário obter a aprovação deste último para seu orçamento. Os governos estaduais, e não o povo, estavam representados no "Bundesrat" (conselho federal), onde a Prússia exercia um veto de fato sobre as principais áreas de política. E o sufrágio na Prússia estava longe de ser universal: os assentos na Câmara Baixa eram determinados por votos distribuídos em terços por parcela da receita tributária total, e não pela população, o que significa que, na maioria dos distritos eleitorais, uma pequena elite controlava um terço dos votos, uma classe média maior controlava outro terço, e a vasta subclasse, o terço final. A Câmara Alta era ocupada pela aristocracia hereditária, com integrantes nomeados pelo rei. Em resumo, portanto, as políticas para o povo, incluídas de forma significativa na Constituição de 1871, eram continuamente

16. F. Scheuer, A. Wolitzky, "Capital Taxation under Political Constraints", 2015, disponível em: http://web.stanford.edu/~scheuer/capital_tax_reforms.pdf.

frustradas, mesmo quando as políticas de esquerda cresciam, tanto em organização quanto em apoio popular.

O que se tornou (e permanece sendo) o Partido Social-Democrata Alemão (SPD, na sigla em alemão) foi decorrente da união de sindicatos e movimentos políticos da classe trabalhadora nos estados constituintes durante a década de 1860. Como a Alemanha se unificou, o SPD também o fez. Em sua conferência partidária, em 1875, o partido desenvolveu seu Programa de Gotha, exigindo um governo democrático, liberdade de expressão, além de seguro social universal e assistência médica e educação pública, tudo financiado por impostos progressivos sobre a renda e a riqueza. O que eles claramente não defendiam era a nacionalização da indústria, recebendo uma famosa crítica de Karl Marx por seu incrementalismo e adesão à política democrática burguesa. Com base em seu antimonarquismo e em várias tentativas de assassinato (independentes, nem é preciso que se diga) ao Kaiser, Bismarck proibiu a manutenção do partido pelo Reichstag alemão, em 1878, uma proibição que durou até 1890. Mesmo quando o SPD foi legalizado, vários estados constituintes retornaram à votação baseada em classes, na qual os votos dos proprietários de terras tinham mais peso, a fim de frustrar o poder crescente do SPD.

O término da proibição do Reichstag em 1890 ocasionou a luta ideológica da esquerda, que persistiu por toda a Europa até as políticas da Frente Popular de meados da década de 1930. Inicialmente, os sindicatos socialistas afiliados lançaram uma onda de greves, e o SPD aceitou efetivamente a crítica marxista quanto ao seu Programa de Gotha anterior, comprometendo-se a nacionalizar as indústrias em seu Programa Erfurt, de 1891 (em parte, como uma tentativa de domar a militância sindical que já se apresentava, na expectativa de um momento político mais favorável em breve). No entanto, ao longo da década de 1890, o SPD se dividiu em grupos revisionistas e ortodoxos, com os primeiros começando a questionar a conveniência de uma derrubada capitalista, tanto da perspectiva teórica quanto do ponto de vista prático. Eduard Bernstein escreveu uma série de panfletos, "Problemas do Socialismo", rejeitando a retórica arrogante, e em favor de um movimento de libertação gradual dos trabalhadores dentro de um contexto democrático e essencialmente capitalista. Embora o partido permanecesse formal e politicamente unido, o revisionismo de Bernstein se tornou sua ideologia-padrão durante a maior parte do século XX, durante o qual concordou, repetidamente, com a manutenção do *status quo* político e social nas ocasiões em que aceitou o manto de poder e, de fato, buscou aceitação popular precisamente por sua disposição de enfrentar a tarefa de governar e colocar em ordem as bagunças feitas pelos partidos tradicionais.

Enquanto isso, a política da Alemanha e dos estados constituintes estava evoluindo à sombra do aumento do número de membros e de poder do SPD. No início de 1900, o Reichstag promulgou proteções aos trabalhadores, incluindo seguro social, limites na jornada de trabalho e inspeções nas fábricas. Mas à medida que a influência da esquerda crescia, uma reação política favorecia a militarização como uma tentativa de redirecionar a política nacional. Os elementos tradicionais da burocracia estatal, militares e altos funcionários direcionaram sua atenção para provocar uma série de crises com a sólida Tríplice Entente*, apesar da ampla percepção de que uma grande conflagração corria o risco de perder tudo. Por um lado, ao acumular o que era bastante conhecido como sendo uma máquina militar esmagadoramente poderosa, capaz de derrotar a França e a Rússia em sequência, alguns na liderança alemã, incluindo o chanceler imperial, Theobald von Bethmann-Hollweg, e o chefe do Estado-maior, Helmuth von Moltke, imaginaram que eles estavam matando dois coelhos com uma cajadada: capacitando as forças conservadoras na política interna, enquanto forçavam os adversários estrangeiros a hesitar em ir para a guerra. O efeito foi pôr em prática uma série de gatilhos que poderiam ser acionados de forma mais ou menos automática, um cenário desastroso que se desenrolou em 1914.

A guerra dividiu o SPD imediatamente, com o grupo de esquerda deixando o partido para formar os espartaquistas.** O SPD remanescente inicialmente concordou com os orçamentos militares no Reichstag, mas seus parlamentares gradualmente se opuseram a ele, de modo que, em 1916, o gabinete não podia mais pedir apoio da maioria para continuar financiando o conflito no Reichstag. Nesse momento, o Kaiser executou um golpe militar *de facto*, passando a autoridade civil para o alto comando militar, que pôs em prática sua estratégia de guerra total. Esse objetivo quase foi alcançado na primavera de 1918, mas, quando da sua execução, acabou sendo forçada uma situação além do ponto de ruptura, e, uma vez que os Aliados mudaram a maré no fronte oeste, perto de Paris, o Segundo Império Alemão foi efetivamente encerrado. Em setembro, o alto comando de Paul von Hindenburg e Erich Ludendorff apelou ao Kaiser

* A chamada "Tríplice Entente" foi uma aliança militar entre o Reino Unido, a França e Rússia. Através dela, consolidaram-se os acordos bilaterais anteriores: a Aliança Franco-Russa (1891); a Entente Cordiale, entre a França e o Reino Unido (1904); e a Entente Anglo-Russa (1907). [N.T.]

** Os espartaquistas foram um grupo socialista revolucionário alemão (1914-1918). Surgiu como uma divisão do Partido Social-Democrata da Alemanha e foi oficialmente fundado em 1916 por Karl Liebknecht, Rosa Luxemburgo e outros, que se opuseram, veementemente, à participação da Alemanha na Primeira Guerra Mundial. [N.T.]

para instalar um governo civil e buscar um armistício dos Estados Unidos, sabendo que essa era a única esperança da Alemanha de evitar o colapso interno e que o governo Wilson precisaria de algum sinal de reforma política interna para justificar qualquer ruptura com as políticas de seus aliados mais devastados pela guerra. Como parte disso, a desigualdade da lei prussiana do sufrágio foi finalmente reformada, não graças ao fato de por vinte anos o SPD ter sido o maior partido e ainda excluído do governo do Império, mas para apaziguar um poder externo. Ludendorff, em especial, já estava de olho na política do pós-guerra, na qual era necessário ocultar a responsabilidade pela derrota iminente, a fim de que o *establishment* pudesse viver para lutar em outro dia.

Nisso, Ludendorff não tinha maior aliado do que o SPD, ansioso para se mostrar como um partido confiável do governo. Seu líder, Friedrich Ebert, assumiu de bom grado o bastão mais ou menos oferecido, cedendo a seus aliados políticos, em troca, o período de abstenção do qual eles precisavam para se reagrupar. Ludendorff até ordenou que os oficiais militares no comando da frente de batalha não comparecessem à cerimônia do armistício, a fim de manter as assinaturas das Forças Armadas fora do documento e fora de cena. O governo que se uniu depois do armistício de novembro de 1918 logo aprovou o sufrágio universal, inclusive para as mulheres, bem como a liberdade de expressão e de imprensa, que foram amplamente reduzidas durante a guerra. Também consagrou a proteção legal à negociação coletiva e suprimiu o veto da Câmara Alta sobre a legislação federal. Nesse sentido, a chamada Revolução Alemã de 1919 e a Constituição de Weimar foram pontos políticos claros resultantes do descrédito dos governos antes e durante a guerra. Mas o novo regime enfrentou a dissolução do país. Para preservar o país, foi necessária a cooperação do que restava da elite militar e profissional, a fim de domar um levante fomentado pelos espartaquistas, que elegeram os conselhos de trabalhadores para o governo civil em muitas grandes cidades, na linha do que havia acontecido na primeira etapa da Revolução Soviética, no ano anterior. Esses conselhos conseguiram extrair dos empregadores grandes concessões de salários, melhores condições de trabalho e reconhecimento sindical, como condição para manter as fábricas abertas. Mas o novo governo civil, seus aliados militares uniformes e grupos de pessoas armadas ilegalmente, formados sobretudo por soldados fora de combate que retornavam derrotados da frente de batalha, venceram facilmente aqueles da esquerda. Essa mancha antidemocrática nunca deixou a cena política de Weimar, embora sua eventual derrubada, por esses mesmos elementos, quinze anos depois, não fosse inevitável em 1919.

O Tratado de Versalhes, finalmente assinado no verão de 1919, foi um desastre total para o governo, e a consequência na Alemanha foi o de culpar o governo de Weimar pela catástrofe econômica iminente. A manutenção do bloqueio de alimentos por parte dos Aliados acabou forçando de certa forma o governo a partir para uma negociação, uma consideração que deu força ao argumento de que a Alemanha não teria a obrigação de honrar o tratado. Além disso, antes das negociações, Ebert havia assegurado ao público que a evidente prostração econômica da Alemanha decorrente do colapso de sua economia durante a guerra serviria, paradoxalmente, para fortalecer sua posição de negociação, pois é claro que o país não poderia arcar com reparações financeiras.[17] Esse erro estratégico e retórico não levou em conta o fato de a França e a Grã-Bretanha também terem sido prejudicadas, considerando-se, ainda, que suas lideranças estavam desesperadas por sangue alemão, bem como o fato de que Wilson, que havia sido enfraquecido politicamente por sua controversa guerra de escolha, não estava em posição de conter seus aliados, uma vez que eles sofreram baixas muito maiores. O tratado que impuseram em Versalhes foi, portanto, insustentável desde o início e se opôs, pelo menos retoricamente, a todo o sistema político, mas os Aliados deixaram claro que, se o governo o rejeitasse, eles se mobilizariam novamente e ocupariam, pelo menos, a Alemanha Ocidental. E, depois de solicitar as opiniões do alto comando, as quais os militares não tinham condições de contrariar, o governo concordou.

O sistema político de Weimar era composto pelo Partido Comunista, o herdeiro dos espartaquistas que acabaram por ficar intimamente ligados à União Soviética; pelo SPD; pelos partidos burgueses democráticos da esquerda moderada; pelo Partido do Centro Católico, que era formado por grupos de esquerda e de direita; por dois partidos de direita, um democrático e um aristocrático; e, finalmente, pelos nazistas. Os comunistas desafiaram a república, a partir da esquerda, por três vezes, entre 1919 e 1923, e em cada tentativa tiveram um desempenho pior do que o anterior. A direita antidemocrática também tentou derrubar o governo: primeiro, em 1920, com o Kapp-Putsch* e, novamente, em 1923, com

17. Nesse sentido, sua postura foi semelhante à de sucessivos governos gregos recentes na busca da renegociação dos termos da dívida da Grécia com a zona do euro e, não surpreendentemente, falhou pelo mesmo motivo: não é sensato colocar a arma na própria cabeça se você não está disposto a puxar o gatilho (e indiscutivelmente imprudente se estiver).

* O Kapp-Putsch foi uma tentativa de golpe de Estado, no início da República de Weimar, entre os dias 13 e 17 de março de 1920, conduzida pelo funcionário público Wolfgang Kapp e pelo general Walther von Lüttwitz, visando destituir o presidente social-democrata Friedrich Ebert. [N.T.]

o Beer Hall Putsch*; e, em 1919, seus paramilitares assassinaram os líderes espartaquistas Rosa Luxemburgo e Karl Liebknecht. Esses eventos não receberam apoio direto do sistema político formal, mas elementos conservadores da burocracia e do judiciário protegeram a direita paramilitar quanto a punições, e convenceram o governo de que uma repressão agressiva apenas inflamaria uma situação instável. No entanto, a instabilidade política congênita de Weimar e a constante "ameaça" do extremismo político da direita, impulsionado pelo *establishment*, deram origem a uma infeliz tradição historiográfica: que seu desdobramento no nazismo seria inevitável. Esse estilo de argumento serve a um propósito contraintuitivo: ocultar a culpa apropriadamente atribuída às forças que realmente o causaram, ou seja, o flanco à direita do sistema político formal, que preferia a autocracia à democracia e considerava a violência paramilitar uma ferramenta útil para neutralizar e intimidar ameaças políticas à sua posição social e econômica.

O pior da historiografia de Weimar está na análise da crise que caracterizou seu primeiro estágio: a hiperinflação.[18] A hiperinflação foi causada, no fundo,

* O Beer Hall Putsch foi uma tentativa de golpe de Estado por parte de Adolf Hitler e do Partido Nazista, ocorrida em 9 de novembro de 1923. A ação foi controlada pela polícia e Hitler foi preso. [N.T.]

18. Existem, pelo menos, duas vertentes diversas e equivocadas na historiografia da hiperinflação de Weimar. Entre os economistas, a citação principal é T. J. Sargent, "The Ends of Four Big Inflations", *Inflation: Causes and Effects*, coord. de R. E. Hall, Chicago, University of Chicago Press, 1982, que interpreta, de forma anacrônica, as quatro hiperinflações contemporâneas na Alemanha, Áustria, Hungria e Polônia como fenômenos independentes, e, ao mesmo tempo, a ausência de hiperinflação na Tchecoslováquia como um controle significativo. De acordo com Sargent, a culpa recai sobre um banco central cativo, que sofre sob o domínio de um tesouro irresponsável do ponto de vista fiscal, e a solução, em cada caso, foi encontrada quando as autoridades políticas de cada país permitiram que um banco central independente existisse, ao lado de medidas de austeridade fiscal. Na verdade, as hiperinflações — todas causadas por um cronograma de reparações tão oneroso a ponto de ser insuportável, independentemente da alíquota de imposto — terminaram quando os Aliados decidiram moderar suas reivindicações e permitir que existissem os governos do pós-guerra, em particular o de Weimar. A interpretação retrospectiva de Sargent é fortemente influenciada pela estagflação da década de 1970, mas tem importantes qualidades em relação aos argumentos da época, de direita, sobre as causas da hiperinflação. Os oponentes internos do governo, além de culpar Versalhes e a derrota da Alemanha, com punhaladas pelas costas, também culparam os gastos com a política social de esquerda. O outro fio historiográfico falso vê a hiperinflação como uma tentativa calculada de escapar das reparações legítimas, por um sistema político alemão nacionalista e expansionista, que não foi suficientemente domado pela perda da guerra. Essa leitura vê a eventual política moderada dos Aliados, em relação às reparações, como o primeiro ato no "Long Appeasement", que resultou na tomada nazista, graças à fraqueza dos Aliados. Para mais informações sobre a historiografia da hiperinflação de Weimar, consulte M. Steinbaum, "The End of One Big Inflation and the Beginning of One Big Myth", 2015, *The Steinblog*, disponível em: http://steinbaum.blogspot.com/2015/01/the-end-of-one-big-inflation-and.html.

pelo absurdo cronograma de reparações de Versalhes e pela crença claramente equivocada, embora politicamente necessária, de que os trabalhadores alemães poderiam se sacrificar indefinidamente para salvar as carreiras dos políticos estrangeiros, cujas reputações foram devastadas pela custosa guerra que eles haviam projetado. A dinâmica da hiperinflação refletia exatamente os esforços dos Aliados para garantir o pagamento: a crise disparou quando a França ocupou o Ruhr na tentativa de coagir as fábricas alemãs a funcionarem em alta produtividade, e diminuiu quando essa tática se mostrou incapaz de induzir os trabalhadores alemães a se apresentarem. A recusa dos trabalhadores das fábricas da Alemanha Ocidental em cooperar na obtenção das reparações — em particular, se essas ações foram coordenadas a partir de Berlim, e o quanto a política governamental, qualquer que ela fosse, importava quanto a isso — é uma questão para debate. Seja como for, o acordo preliminar do governo para interromper a não cooperação aberta, enquanto a França retirava suas forças no final de 1923, preparou o cenário para uma série de negociações que finalmente encerraram a hiperinflação, com a introdução do novo "Rentenmark"*, apoiado por empréstimos dos Estados Unidos, e, o que foi muito mais importante, com um cronograma de reparações mais sustentável, incorporado aos Planos Dawes** e Young.***

A hiperinflação reduziu drasticamente para o valor do estoque de capital alemão, mas também custou ao trabalho organizado alguns de seus ganhos suados da revolução de 1919, quando, como parte da renegociação das reparações, o governo impôs medidas de austeridade ao setor privado, destinadas a obter maiores receitas fiscais à custa do trabalho e não do capital. Eric Weitz descreveu o resultado: "A República de Weimar perdeu a classe média na inflação e a classe trabalhadora na estabilização."[19] Como resultado, o SPD perdeu terreno para o centro do espectro político durante a segunda fase da

* O Rentenmark foi uma moeda emitida em 15 de novembro de 1923 para interromper a hiperinflação de 1922 e 1923, na Alemanha, depois que o marco, anteriormente utilizado, se tornou quase sem valor. As últimas notas de Rentenmark circularam até 1948, quando foi instituído o marco alemão. [N.T.]

** O chamado "Plano Dawes" foi um plano provisório elaborado por um comitê dirigido por Charles G. Dawes para viabilizar o pagamento das dívidas que a Alemanha possuía depois do final da Primeira Guerra Mundial, decorrentes do Tratado de Versalhes. [N.T.]

*** O chamado "Plano Young" foi um programa para resolver as reparações da Alemanha na Primeira Guerra Mundial, elaborado em agosto de 1929 e formalmente adotado em 1930. Foi apresentado pelo comitê liderado pelo industrial americano Owen D. Young. [N.T.]

19. Weitz, *Weimar Germany*, p. 145.

República de Weimar, depois de 1924, embora, assim que recuperou o poder em 1927, tenha aprovado um sistema de seguro social ainda mais generoso, incluindo licença (não remunerada) e proteção ao emprego para trabalhadoras grávidas, substituindo a colcha de retalhos que havia sido gradualmente construída quando da fundação de Bismarck.[20] Foi esse sistema de seguridade social expandido que desencadeou a crise política final de Weimar.

Para se recuperar da hiperinflação, dependia do apoio financeiro americano e, quando o mercado de ações dos Estados Unidos quebrou, em 1929, os bancos norte-americanos começaram, em pânico, a cobrar de seus devedores, propagando a crise financeira para a Alemanha, que foi sua primeira vítima no exterior. O Partido Nazista existia à margem desde 1920, e a Depressão resultante alimentou seus membros, convencendo seus apoiadores, dentro do sistema político formal, de que estava na hora de lançar a contrarrevolução que vinham fomentando desde os primeiros estágios da República. O primeiro passo foi exigir austeridade como solução para a crise, uma política que condenou o governo do SPD, que apoiava o seguro social, quando tentou aumentar os impostos das empresas para socorrer o sistema depois que a Depressão o levou à falência. Em seguida, o presidente Hindenburg nomeou Heinrich Bruning, do Partido do Centro, para a chancelaria, em 1930, e quando ele também não conseguiu obter a maioria no Reichstag, ele passou a governar por decreto, nos termos do artigo 48 da Constituição. Com efeito, esse foi o fim da República de Weimar, embora, na época, seus apoiadores remanescentes pensassem que se tratava apenas de uma situação temporária.

Ao longo de dois anos de governo conduzido por decreto, Bruning implementou sucessivos programas de austeridade, cortando o seguro-desemprego e outros benefícios sociais, os salários dos funcionários públicos e, por fim, os subsídios agrícolas, o que foi a gota d'água que fez com que os partidos de direita, que representavam a aristocracia rural da Prússia, retirassem seu apoio. Enquanto isso, várias eleições não foram suficientes para provê-lo com uma maioria parlamentar, polarizando a representação em benefício dos comunistas e, especialmente, dos nazistas. O sistema falhou porque os únicos apoiadores do

---

20. Assim como o Fair Labor Standards Act [Lei de Padrões Justos de Trabalho] que se seguiu nos Estados Unidos dez anos depois, a legislação alemã isentou os trabalhadores agrícolas e os trabalhadores eventuais. É, portanto, um contraexemplo interessante ao argumento de Katzelson, de que tais disposições na legislação dos Estados Unidos foram o resultado das peculiaridades políticas da supremacia branca.

regime estavam no SPD, e eles se opuseram às políticas do governo. Enquanto isso, a direita, que por muito tempo havia procurado derrubar a república, mesmo enquanto a governava de forma não democrática, viu nos nazistas o veículo através do qual sua intenção poderia ser atingida, uma vez que eles conseguiram mobilizar um movimento político de massa que os representantes da elite de direita historicamente não conseguiram, tornando a extrema direita um aliado vital em uma época de aguda crise política e ideológica. De fato, os nazistas chegaram mais perto do sucesso eleitoral nas duas tentativas de Hitler para alcançar o poder, em 1932 (quando concorreu contra Hindenburg pela presidência e quando buscou a chancelaria depois que Bruning foi forçado a renunciar). Nenhuma delas funcionou, e a maré nazista estava diminuindo na última das três eleições de 1932. Foi só então que um grupo de assessores de Hindenburg o persuadiu a nomear Hitler como chanceler e, finalmente, a assegurar seu domínio do Reichstag por meio da aprovação, no ano seguinte, da Lei de Concessão de Plenos Poderes* (depois do incêndio orquestrado do Reichstag e a atmosfera de terror político que se seguiu), que concedia a maioria dos assentos ao vencedor da pluralidade de votos.

A tomada nazista foi muito mais uma contrarrevolução diante dos eventos que ocorreram no final da Primeira Guerra Mundial e imediatamente depois, durante a Revolução Alemã, em 1918 e 1919. Essa revolução se mostrou insuficiente para finalmente remover a velha elite do poder e voltou rugindo graças à instabilidade e falha política do governo de Weimar e, especialmente, ao fracasso da esquerda democrática em destruir por completo seus antigos antagonistas, quando teve a chance para tanto. Certamente, o SPD estava sempre sendo atacado pelas costas pelos comunistas, que estavam operando sob as ordens da União Soviética para que não se legitimasse um governo democrático de esquerda na Alemanha, por meio de sua cooperação; e, naquele momento, a Alemanha teria sido o único país do mundo a ter algo assim. E a direita contrária à Weimar — por meio tanto dos herdeiros do antigo regime quanto, obviamente, dos nazistas iniciantes —, nunca concedeu uma mínima legitimidade ao governo democrático. Dessa forma, o fato de a política de esquerda na Alemanha ter sido a mais avançada entre os quatro países discutidos aqui, e a velha elite mais desacreditada, por ter começado e perdido a Primeira Guerra

* A Lei de Concessão de Plenos Poderes, de 1933, aprovada pelo parlamento da Alemanha, foi o segundo grande passo, depois do Decreto do Incêndio do Reichstag, através do qual o chanceler Adolf Hitler obteve legalmente plenos poderes, estabelecendo assim sua ditadura. [N.T.]

(em vez de ter lutado para pelo menos uma vitória, ainda que inutilmente cara, como na Grã-Bretanha e na França), acabou custando muito ao SPD, seus eleitores e à Alemanha — ainda não havia precedente internacional para a política que eles queriam, apenas a narrativa de advertência da União Soviética. Relutante ou incapaz de implementar uma vitória final e sem precedentes sobre a ideologia e o poder capitalistas por meios democráticos, em 1919, o partido foi condenado à destruição por instigação daqueles antagonistas, em 1933, e, mais tarde, nos primeiros anos da conquista nazista. Os próprios nazistas realizaram a destruição final da política capitalista em seu país, e os Aliados foram os agentes da revolução democrática de esquerda quando finalmente venceram a guerra, escreveram a Constituição moderna da Alemanha e reformularam sua política e economia, para nunca mais representar uma ameaça militar expansionista. Na época em que a Alemanha moderna emergiu da ocupação Aliada, ela já tinha as diretrizes e os políticos de uma economia democrática avançada, com uma classe trabalhadora fortalecida.

Conclusão

Este ensaio tenta traçar a história ideológica do capitalismo desde a emancipação em massa até as políticas que por fim conseguiram domar a desigualdade da Era Dourada. Em algum nível, porém, a narrativa histórica não responde completamente à pergunta "Por que a emancipação em massa não é suficiente?". Ou, alternativamente, "O que há na ideologia do capitalismo que permite que ela persista?". Em *The Road to Wigan Pier* [O caminho para Wigan Pier], de 1937, uma investigação e reflexão sobre a miséria contínua da Grande Depressão nos campos de carvão do norte da Inglaterra, George Orwell se volta para as mesmas perguntas.[21] Nesse ponto, o socialismo, definido de maneira geral, havia estado no palco político por cinquenta anos ou mais, ao lado do sufrágio masculino quase universal, e as depredações econômicas que ele provocou só pioraram de modo drástico. Enquanto isso, o fascismo estava em marcha internacionalmente, e o governo legalista espanhol que lutava por sua

21. G. Orwell, *The Road to Wigan Pier*, Nova York, Harcourt, 1958, publicado pela primeira vez no Reino Unido pela Left Book Club, em 1937. [N.T.] No Brasil, a obra foi lançada com o título *O caminho para Wigan Pier*, pela Companhia das Letras, em 2010.

sobrevivência havia sido abandonado por seus aliados internacionais e estava prestes a ser subvertido por agentes soviéticos que, evidentemente, desejavam sua morte como um meio de desacreditar o socialismo democrático. Em outras palavras, para Orwell, as coisas pareciam estar piorando, e a grande luta da época à beira de ser perdida para sempre.

Orwell culpou os próprios socialistas, juntamente com seus aliados naturais na *intelligentsia* de esquerda. Dada toda a bagagem suspeita que o socialismo carregava, Orwell conjeturou: nenhum trabalhador que se preze poderia se imaginar um socialista. Por outro lado, muitas pessoas que tinham muito a ganhar com uma agenda política igualitária hesitaram em se rotular de classe trabalhadora por conta de esnobismo. De qualquer maneira, a explicação de Orwell dizia respeito à ideologia dos indivíduos e, nesse sentido, era lamentavelmente inadequada. Em algum nível, assenta na suposição de que os resultados políticos refletem o que *as pessoas* querem, e o fracasso do igualitarismo político equivale a um fracasso em convencer pessoas suficientes a apoiá-lo. Mas os resultados políticos refletem mais do que a agregação de preferências individuais: refletem as consequências de ações, situações, movimentos e as ideologias que a história gera.

A narrativa aqui complica a compreensão intuitiva de Orwell sobre a mudança política. Reduzir a desigualdade exigia movimentos sociais interagindo com ambientes políticos nos quais a ideologia dos indivíduos é insuficiente para a tarefa explicativa em questão. A ideologia dos sistemas — em particular do capitalismo — desempenha um papel crucial, porque serve para organizar diversos interesses e atores políticos. Oito anos depois da publicação do livro de Orwell, um governo social-democrata foi eleito de forma avassaladora e promulgou o estado social e a nacionalização industrial, derrubando a hierarquia do bem-estar até então ligada de maneira confusa ao antigo sistema de classes da Grã-Bretanha. Mas nesses oito anos, a civilização europeia entrou em colapso e cinquenta milhões de pessoas morreram em todo o mundo. O elemento crucial para explicar essa reviravolta não foi a destruição material nem os impostos cobrados para pagá-la, mas a revolução ideológica. *Como* se conseguiu isso, no entanto, ainda não foi satisfatoriamente interpretado.

CAPÍTULO 19

A formação jurídica do capitalismo

DAVID SINGH GREWAL*

O filósofo do direito David Singh Grewal traça o desenvolvimento das leis do capitalismo indicadas por Piketty à filosofia política dos séculos XVII e XVIII, que primeiro teorizou a economia capitalista como uma forma natural da sociedade humana. Grewal mostra como esse conceito se tornou a base para uma nova ordem jurídica, gerando a dinâmica histórica da acumulação de riqueza que Piketty trata em sua obra.

A obra *O capital no século XXI*, de Thomas Piketty, merece grande crédito por ter desencadeado um conjunto extraordinariamente rico e importante de debates sobre as consequências do desenvolvimento capitalista ao longo de vários séculos.[1] Ao resumirem seu ponto de vista, Piketty, bem como aqueles que revisaram sua obra, se concentraram na divergência entre o retorno sobre o capital e a taxa média de crescimento, a desigualdade $r > g$, como sendo a condensação de sua análise mais ampla. Piketty argumenta que, ao longo de vários séculos, com exceção da era social-democrática depois da Segunda Guerra Mundial, o retorno do capital ultrapassou, de forma bastante consistente, o crescimento médio da economia como um todo.[2] Muito se seguiu: um aumento da acumulação de capital e uma concentração de sua propriedade; uma maior participação do capital na renda nacional geral; um aumento não

* Agradeço a Heather Boushey, Ian Malcolm, Marshall Steinbaum e, especialmente, a Brad DeLong pelos comentários sobre este capítulo, que se baseia em minha resenha do livro *O capital no século XXI*, publicada em "The Laws of Capitalism", *Harvard Law Review* 128, dez. 2014, pp. 626-667, e no meu próximo livro, *The Invention of the Economy: A History of Economic Thought*, Harvard University Press.

1. T. Piketty, *O capital no século XXI*, Rio de Janeiro, Intrínseca, 2014.

2. Como ilustrado em T. Piketty, op. cit.

apenas das desigualdades de riqueza, mas também de renda, considerando-se as parcelas de renda provenientes do capital; e a possibilidade de "supersalários" para os administradores de ativos de capital. Fundamentalmente, a equação $r > g$ sinaliza uma preponderância de capital sobre trabalho: "O capital se reproduz mais rapidamente do que o aumento da produção."[3]

Mas o que está por trás da equação $r > g$? A desigualdade serve como uma forma abreviada para uma teoria do capitalismo entendido como um sistema socioeconômico com uma dinâmica macroeconômica aparentemente autônoma. O debate econômico se concentrou, portanto, nos mecanismos pelos quais essa desigualdade é gerada e mantida. Uma abordagem diferente da desigualdade $r > g$ é vê-la como uma descoberta empírica — em que a taxa de retorno do capital ultrapassou, de forma geral e em uma ampla variedade de sociedades, o crescimento médio — para então se conduzir uma análise institucional das causas históricas desse fato.

As teorias econômicas-padrão sugerem que, à medida que a relação "capital/produto" da economia aumenta, a taxa de lucro cairá mais do que proporcionalmente, reduzindo a importância da renda recebida pelos proprietários do capital. Isso deve ocorrer nas análises neoclássicas-padrão, sob as quais os fatores de produção recebem seu produto marginal e estão sujeitos a retornos decrescentes. Da mesma forma, a previsão de Keynes da "eutanásia do rentista" à medida que o capital se torna abundante — embora através de uma política monetária deliberada, destinada a manter o pleno emprego — supõe uma dinâmica semelhante.[4] Por fim, apesar de as dinâmicas, um tanto diferentes, gerarem a "taxa de lucro em queda" abordada no terceiro volume de *O capital*, de Marx, mesmo lá encontramos uma análise (da trajetória autodestrutiva do desenvolvimento capitalista) baseada em um declínio nos lucros.[5]

No entanto, Piketty descobre, de modo empírico, que a taxa de lucro permaneceu teimosamente em torno de 5% ao ano, mesmo quando a abundância de capital em relação ao trabalho variou amplamente ao longo dos séculos.

---

3. Ibidem.

4. Keynes, *The General Theory of Employment, Interest, and Money*, Londres, Harcourt, 1964, pp. 217-221 e 372-384.

5. Marx, *O capital*. Marx deriva uma queda na taxa de lucro como uma consequência lógica do aumento contínuo do capital "constante" para capital "variável" (isto é, capital em oposição ao trabalho) na produção capitalista. Por argumentar que o lucro é gerado pela extração do excedente do trabalho, essa proporção crescente reduz pouco a pouco a taxa de lucro ao comprimir o capital "vivo" do sistema.

Essa conclusão contradiz categoricamente as teorias econômicas descritas antes. O próprio Piketty não tentou fornecer uma explicação histórica detalhada, do ponto de vista institucional, para essa regularidade. Contudo, tal abordagem é, de acordo com alguns, necessária para trazer à luz a dinâmica subjacente da expansão capitalista que ele identifica.

Neste capítulo, adoto uma abordagem histórica e institucional. Concentro-me não na dinâmica macroeconômica, mas nos fundamentos legais que geram o domínio persistente do capital sobre o resto da economia, conforme resumido na equação $r > g$. Levo em consideração o principal descontentamento de Piketty — o de que as sociedades capitalistas exibem uma tendência de crescente desigualdade — como um estímulo para examinar os fundamentos jurídicos e institucionais subjacentes do capitalismo.

O relato que ofereço aqui caracteriza o capitalismo como uma ordenação legal, um regime jurídico derivado do que podemos chamar de "constituição do capitalismo" que existe em cada sociedade analisada por Piketty, começando com a França da época da Revolução, persistindo na Idade de Ouro do século XIX, passando pela excepcional era do pós-guerra e a atual reafirmação da equação $r > g$. Minha análise diz respeito, portanto, às "leis" do capitalismo, entendidas não como suas regularidades estatísticas, mas como seus fundamentos jurídicos de sustentação.

A título de introdução, devemos observar que Piketty trata de duas "leis" do capitalismo em um sentido não jurídico. A primeira[6] e a segunda[7] lei indicadas por Piketty se mostram úteis na organização de estatísticas econômicas. Mas não explicam o motivo pelo qual a desigualdade retornou depois do excepcional período pós-guerra, durante o qual a curva de Kuznets parecia tão plausível. Ao abordar essa questão, Piketty chega à desigualdade $r > g$, que muitos analistas de sua obra chamaram de "lei" do capitalismo, e que talvez deva ser apelidada de "lei de Piketty", embora ele não a indique como tal. Na verdade, Piketty parece

6. Ao explicar seus dados, Piketty propõe uma "primeira lei do capitalismo": que a parcela da renda nacional que vai para o capital, α, é igual à taxa de retorno sobre o capital, r, multiplicada pela razão entre capital e renda, β (T. Piketty, *O capital no século XXI*, Rio de Janeiro, Intrínseca, 2014). Essa é uma identidade contábil que permite a Piketty relacionar a proporção do valor dos ativos de capital ao valor da produção anual — a proporção β — e à parcela da renda total destinada aos proprietários de capital, por meio da taxa de retorno sobre seus ativos (ibidem).

7. A segunda lei de Piketty é que a relação entre capital e renda reflete a relação entre a taxa de poupança e a taxa de crescimento geral (ibidem). Essa segunda lei não é atuarial, mas assintótica: no longo prazo, dadas as várias hipóteses, a relação entre o valor dos ativos nacionais e a renda nacional será determinada pela razão entre a poupança e o crescimento anual.

dividido quanto a se ela apresentaria alguma necessidade de ter característica jurídica. O autor às vezes trata dela como um fato quase natural; enquanto, em outros momentos, enfatiza que ela apenas se aplica em contextos políticos específicos.[8]

De maneira reveladora, ele fornece vários nomes:

- uma "desigualdade fundamental";
- uma "força fundamental para a divergência";
- um "mecanismo de divergência de riqueza";
- um "fato histórico";
- uma "proposição histórica contingente";
- a "contradição central do capitalismo"; e
- a "contradição estrutural fundamental do capitalismo".[9]

Claro que são todas essas coisas. Mas não é uma identidade atuarial (como a primeira lei) nem uma condição de longo prazo (como a segunda). É uma generalização histórica que se baseia em sua análise empírica. E é uma estrutura conceitual para dar sentido aos seus dados.

Por que, então, $r > g$ se manteve ao longo dos períodos? Depois de rastrear essa desigualdade, Piketty ofereceu sugestões sobre como são geradas essas desigualdades, altamente visíveis, de renda e riqueza.[10] Suas causas finais, no entanto, permanecem obscuras. Devemos tratar o livro de Piketty como um catalisador para futuras pesquisas sobre as dimensões jurídica, social, política e econômica da desigualdade no capitalismo, como ele próprio espera que assim seja.[11] Este capítulo tenta contextualizar as leis do capitalismo entendidas *como leis*. Ele termina com um quebra-cabeça sobre o domínio contínuo do capital nas sociedades democráticas liberais de hoje.

---

8. Compare a afirmação de Piketty "Quando a taxa de retorno sobre o capital excede a taxa de crescimento [...] o capitalismo gera *automaticamente* [...] desigualdades" (ibid., grifo nosso), com sua declaração posterior, "Se [...] a taxa de retorno sobre o capital permanece significativamente acima da taxa de crescimento [...] então o *risco* de divergência na distribuição da riqueza é muito alto" (grifo nosso), o que sugere uma tendência ao invés de um processo automático. De forma mais geral, observe sua afirmação de que "a desigualdade $r > g$ deve ser analisada como uma realidade histórica dependente de uma variedade de mecanismos, e não como uma necessidade lógica absoluta".

9. Ibidem.

10. Ibidem.

11. Ibidem.

Sociedade comercial e desigualdade moderna

O livro *O capital no século XXI* é um estudo da desigualdade "moderna" quanto às diferenças de renda e de riqueza entre pessoas com o mesmo status jurídico. Os economistas políticos clássicos já pressupunham que as modernas sociedades de mercado produziriam uma espantosa desigualdade desse tipo. O livro *A riqueza das nações*, de Adam Smith, por exemplo, se inicia com uma comparação entre ricos e pobres na Europa diante das desigualdades nas sociedades primitivas: "A acomodação de um príncipe europeu nem sempre excede tanto a de um camponês trabalhador e comedido, tanto quanto a acomodação deste excede a de muitos reis africanos, o senhor absoluto das vidas e liberdades de dez mil selvagens nus."[12]

Nunca se duvidou que a nova dependência do mercado geraria novos tipos de desigualdade. Os primeiros defensores do mercado, no entanto, argumentavam apenas que mesmo a menor parte do que foi produzido através da moderna divisão do trabalho já havia compensado a perda da igualdade natural primitiva.[13] De forma mais sutil, esses primeiros defensores do mercado também observaram que a igualdade natural primitiva já havia sido prejudicada por convenções humanas — por exemplo, por meio da escravidão e de outras hierarquias formais. Eles esperavam que uma dependência crescente do mercado ocasionasse uma igualdade jurídica, pois se acreditava que a troca, no mercado, acabava por fortalecer as formas particulares de mútua consideração entre os agentes contratantes.[14] Mas, embora a transição para a igualdade jurídica e para a reciprocidade no mercado possa ter ajudado a dissolver vestígios de relações feudais, ela não resolveu o problema da desigualdade econômica entre os cidadãos tidos por iguais, sob o ponto de vista da lei.

Tomando emprestada a famosa descrição de Henry Maine dessa emancipação social como o movimento de "status para contratar"[15], o declínio da desigualdade com base no status de forma alguma impediu um aumento dramático

12. A. Smith, *A riqueza das nações*, I.I.

13. Quanto a esse ponto, veja I. Hont, M. Ignatieff, "Needs and Justice in The Wealth of Nations", *Wealth and Virtue: The Shaping of Political Economy in the Scottish Enlightenment*, coord. Hont, Ignatieff, Cambridge, Cambridge University Press, 1983, pp. 3-6 e 23-25.

14. Para um relato sobre a fama de Smith como um radical social durante sua vida, e a mudança póstuma em sua reputação, veja E. Rothschild, "Adam Smith and Conservative Economics", *Economic History Review* 45, 1992, pp. 74-96.

15. H. Maine, *Ancient Law*, 1861, Capítulo 5.

na desigualdade econômica produzida por meio de relações contratuais formalmente consensuais. Tudo o que era necessário era o pano de fundo de uma divisão inicial desigual de propriedades e outros recursos. Foi essa forma de desigualdade "moderna" que preocupou os críticos posteriores, como John Stuart Mill e Karl Marx. Eles argumentavam que a organização da produção e a distribuição da riqueza tinham de ser entendidas como questões políticas, e defendiam arranjos sociais e econômicos mais equitativos nas sociedades já transformadas pelo comércio.[16]

Uma das principais virtudes do livro *O capital no século XXI* é que ele nos faz voltar a esses debates clássicos sobre capitalismo e desigualdade. Certamente, nem Smith nem Marx, mas, ao invés deles, o economista Simon Kuznets, do século XX, é quem serve como o principal florete de Piketty.[17] No espaço de tempo mais longo que Piketty estudou, a curva de Kuznets é revelada como uma aberração temporária: a moderação da desigualdade econômica no pós-guerra acabou sendo a exceção, e não a tendência. Com Kuznets deixado de lado, tal como reconhecido por Piketty, o estudo da desigualdade econômica se abre novamente para a consideração de questões teóricas mais profundas que diziam respeito à economia política clássica do século XIX, bem como ao discurso anterior da filosofia moral do século XVIII. A obra *O capital no século XXI* nos mostra o caminho de volta a esses debates — na verdade, à necessidade de reengajá-los — através do reconhecimento de que o declínio da desigualdade, em meados do século XX, representava uma anomalia.

Para recuperar esses debates anteriores e entender como eles influenciaram a política estatal e se tornaram normas jurídicas (em vez de permanecerem como simples posições teóricas), devemos primeiro observar que o termo "capitalismo" foi popularizado (embora não cunhado) por Marx, e pelos marxistas que lhe sucederam, para descrever as sociedades modernas nas quais a maioria

16. Veja, por exemplo, J. S. Mill, *Chapters on Socialism*, 1879. Com relação a uma transformação fundamental em seu pensamento (que se encaixou em seu apoio ao sindicalismo, na velhice), veja Mill, "Thornton on Labour and Its Claims", pt. 1, *Fortnightly Review*, maio 1869, pp. 505-518; e Mill, "Thornton on Labor and Its Claims", pt. 2, *Fortnightly Review*, jun. 1869, pp. 680-700. Os comentários de Marx sobre esses assuntos estão espalhados por diferentes obras. Para um estudo cuidadoso das aspirações emancipatórias e igualitárias no pensamento de Marx, veja A. Wood, *The Free Development of Each*, Oxford, Oxford University Press, 2014, pp. 252-273.

17. Kuznets ganhou um Prêmio Nobel em 1971 por seu estudo sobre o crescimento econômico dos Estados Unidos e a renda nacional, entre 1913 e 1948; veja S. Kuznets, *Shares of Upper Income Groups in Income and Savings*, Nova York, National Bureau of Economic Research, 1953.

da população atende às suas necessidades por meio da produção especializada, em uma complexa divisão do trabalho determinada através de trocas comerciais.[18] Na análise de Marx, é claro, significava ainda mais: o domínio dos proprietários de um fator de produção, qual seja, o capital, sobre aqueles que trabalham por salários. A principal perspectiva de Marx foi que a igualdade de status legal e uma negociação salarial formalmente consensual não impediram que os proprietários do capital realizassem a extração de excedentes dos trabalhadores, sob a compulsão, no entanto, de necessidades não atendidas, ao invés de, como nos episódios anteriores dessa extração, por meio do uso de coerção direta. A análise de Marx do capitalismo era, assim, ao mesmo tempo uma descrição e uma crítica de uma ordem socioeconômica que estava razoavelmente bem estabelecida nos Estados dominantes do Atlântico Norte, à época em que ele escrevia.

Antes que o termo "capitalismo" se tornasse predominante, o termo mais genérico para designar a ordem socioeconômica em que a maioria das pessoas assegura as necessidades materiais, por meio de trocas no mercado, era "sociedade comercial".[19] A transformação fundamental que afastou as sociedades comerciais das anteriores foi, como Adam Smith afirmou, a interdependência econômica em geral da divisão avançada do trabalho. Como Smith explicou: "Todo homem, portanto, vive trocando, ou se torna, de certa maneira, um comerciante, e a própria sociedade cresce para se tornar o que é propriamente uma sociedade comercial."[20] As vantagens e as desvantagens da sociedade comercial foram objeto de um contínuo debate em vários lugares, no século XVIII, principalmente na França e na Escócia, onde surgiram as teorias que mais tarde seriam identificadas como fundamentais da economia política clássica.[21]

Esses debates se concentraram em um domínio da "sociedade", tratado de maneira inovadora, que supostamente surgia de maneira natural da propriedade

---

18. H. Ritter, *Dictionary of Concepts in History*, Westport, CT, Greenwood Press, 1986, pp. 26 e 27; observe que os termos "capital" e "capitalista" estavam bem estabelecidos no século XVIII.

19. I. Hont, B. Kapossy, M. Sonenscher, *Politics in Commercial Society*, Cambridge, MA, Harvard University Press, 2015; C. J. Berry, *The Idea of Commercial Society in the Scottish Enlightenment*, Edinburgh, Edinburgh University Press, 2013.

20. Smith, op. cit., 1.4.

21. Para uma introdução quanto a tais debates, veja J.-C. Perrot, *L'Histoire intellectuelle de l'économie politique, 17e-18e siècles*, Paris, Éditions de L'EHESS, 1992; e P. Groenewegen, *Eighteenth Century* Economics, Nova York, Routledge, 2002.

privada e do comércio.[22] As instituições de propriedade privada e do comércio foram, elas mesmas, tratadas como refletoras de características profundas da natureza humana. Na verdade, argumentou-se que elas eram desenvolvimentistas e normativamente anteriores ao Estado político, ao contrário de relatos anteriores, como os de Aristóteles ou Hobbes, que, em suas diferentes formas, enfatizaram o papel da política na organização social. Há um ponto de complexidade aqui, porém, em que a sociedade comercial prevista pressupunha uma ordem jurídica: uma ordem jurídica sem Estado. Especificamente, os teóricos da sociedade comercial, no século XVIII, começaram com o que Hobbes havia chamado de "estado da natureza", mas a reimaginaram como um "estado de liberdade natural", no qual havia uma condição social em que a propriedade não seria insegura e a vida não seria "desagradável, brutal e curta", como Hobbes havia argumentado.

O início desse movimento teórico pode ser identificado na obra do jurista alemão Samuel Pufendorf, que postulava um rico domínio da "lei natural" no estado pré-político, cujo conteúdo ele obteve amplamente do direito privado romano.[23] As inovações de Pufendorf influenciaram os famosos argumentos de John Locke relativos à atividade comercial pré-política, e uma série de outras figuras que constituíram uma ponte entre a teoria do contrato, do século XVII, e a economia política, do século XVIII, incluindo Shaftesbury, Francis Hutcheson e David Hume.[24]

A sociedade comercial foi, portanto, teorizada como regulada por leis que, na verdade, foram produzidas originalmente em uma sociedade política

22. J. Heilbron, "French Moralists and the Anthropology of the Modern Era: On the Genesis of the Notions of 'Interest' and 'Commercial Society'", *The Rise of the Social Sciences and the Formation of Modernity: Conceptual Change in Context, 1750-1850*, coord. J. Heilbron, L. Magnusson, B. Wittrock, Dordrecht, Kluwer Academic, 1998, pp. 77-106.

23. Em relação ao entendimento de Pufendorf de que a lei natural e a lei romana, de maneira aproximada, são equivalentes (ao estabelecerem os atributos comerciais da sociedade pré-política), veja seu *De Jure naturae et gentium, libri octo*, trad. e coord. C. H. Oldfather, W. A. Oldfather, Oxford, Clarendon Press, 1934, pp. 226 e 227. Para uma importante discussão sobre o lugar de Pufendorf na história do pensamento econômico, veja I. Hont, "The Language of Sociability and Commerce: Samuel Pufendorf and the Theoretical Foundations of the 'Four Stages Theory'", em *The Languages of Political Theory in Early-Modern Europe*, coord. Anthony Pagden, Cambridge: Cambridge University Press, 1987, pp. 253-276.

24. Isso não significa negar as diferenças importantes entre a teoria do contrato do final do século XVII e a economia política do século XVIII; sobre esse ponto, veja J. Dunn, "From Applied Theology to Social Analysis: The Break between John Locke and the Scottish Enlightenment", em Hont e Ignatieff, *Wealth and Virtue*.

estabelecida (Roma), e que estavam em processo de ser deliberadamente revividas como parte da consolidação dos primeiros Estados europeus modernos.[25] No entanto, essas leis foram amplamente proclamadas como produto da sociedade antes do Estado (ou na ausência dele), ou seja, elas representariam uma ordem ao mesmo tempo natural e divina. Esse movimento teórico permitiu a Pufendorf postular um "status econômico" privado que repousava nas trocas comerciais de interesse próprio, e não nas hierarquias não contratuais da família, nem da escravidão familiar aos *oikos* antigos, dos quais o termo "*oeconomia*" veio para as línguas europeias modernas.[26]

Um novo relato de como os mercados operam foi fundamental para essa conceituação da economia. Na verdade, embora os mercados e o comércio sejam muito anteriores a esse período, é apenas no final do século XVII que encontramos a teorização explícita do mercado como uma instituição de troca recíproca, impulsionada pelo interesse individual e, no entanto, talvez paradoxalmente, produzindo benefícios coletivos.[27] Essa ideia, que ficou famosa no argumento "vícios privados, virtude pública", de Bernard de Mandeville (em sua *Fábula das Abelhas*)*, surgiu pela primeira vez na obra dos jansenistas franceses, Pierre Nicole e Pierre de Boisguilbert, que teorizaram o mecanismo de mercado como um sistema de benevolência divina, apto a transformar o pecado

25. Veja J. Gordley, *The Jurists: A Critical History*, Oxford, Oxford University Press, 2013; P. Stein, *Roman Law in European History*, Cambridge, Cambridge University Press, 1999.

26. Mais precisamente, o termo "economia" entrou em seu uso moderno a partir do antigo termo *oikonomia*, ou administração familiar, usado até mesmo na Antiguidade para descrever o governo do universo (com Deus, às vezes, descrito como um economista do cosmos), mais tarde transposto para descrever o universo social das trocas comerciais como regidas pela providência divina; sobre esse ponto, veja meu próximo livro, *Invenção da economia*. Pufendorf foi fundamental na transformação da categoria de "*oeconomic*", adaptando o *status oeconomicus* da teoria luterana de *Dreiständelehre* (o "estado econômico") para descrever não o domínio da unidade familiar, mas um status "privado" baseado na vontade individual, visando vantagem comercial. Veja Pufendorf, *Elementorum jurisprudentiae universalis libri II*, Cambridge, John Hayes (para a universidade), 1672, p. 16.

27. Sobre os fundamentos teórico-políticos e teológicos da teoria do *laissez-faire*, veja meu "The Political Theology of Laissez-Faire: From Philia to Self-Love in Commercial Society", *Political Theology* 17, set. 2016, pp. 417-433.

* Publicada em 1723, *A fábula das abelhas*, de Bernard Mandeville, defendia aquilo que era entendido como o vício dos homens (ganância, inveja, vaidade e orgulho). Todos esses vícios seriam fundamentais para a prosperidade da nação. Esse desejo pela busca do próprio interesse teria como consequência, não intencional, um carácter estabilizador para a sociedade. O "bem comum" não seria um produto da bondade das pessoas, mas de seus vícios individuais.

do egoísmo individual em benefício coletivo da abundância material.[28] A metáfora de uma "mão invisível", aliás, que regula o sistema de mercado, tem suas origens nesse discurso teológico. Seu primeiro uso foi o de articular o programa de *laissez-faire* como um ideal de não intervenção governamental nas operações dos mercados contra a consolidação do Estado francês, sob Luís XIV.[29]

Poder legal e sociedade comercial

O ideal do *laissez-faire* foi articulado como oposição inicial ao poder do Estado. Mas, em meados do século XVIII, tanto os intelectuais quanto os conselheiros monárquicos aconselharam o emprego de poderes estatais recém-centralizados para transformar a sociedade francesa em uma direção liberalizante. Como Michel Foucault notou acerca do surgimento do liberalismo econômico, os limites ao poder do Estado, inicialmente justificados por supostas prerrogativas de propriedade e consciência, tornaram-se racionalizados como uma autolimitação interna da extensão indisciplinada da *raison d'état* [razão de Estado].[30] De maneira mais proeminente, o círculo de economistas da metade do século em torno de um administrador real, Vincent de Gournay, bem como a escola conhecida como "fisiocracia"*, defendia o uso

28. P. Nicole, *Œuvres philosophiques et morales de Nicole: Comprenant un choix de ses essais*, coord. Charles Jourdain, Paris, L. Hachette, 1845; veja também Grewal, *Political Theology of Laissez-Faire*. Para uma coleção de escritos de Boisguilbert, bem como fontes secundárias sobre seu trabalho, consulte *Pierre de Boisguilbert ou la naissance de l'économie politique*, coord. Alfred Sauvy, Paris, Institut National d'Études Démographiques, 1966, 2 v.; veja também G. Faccarello, *The Foundations of Laissez-Faire: The Economics of Pierre de Boisguilbert*, Nova York, Routledge, 1999.

29. Vincent de Gournay é tradicionalmente considerado o criador da expressão "*Laissez faire, laissez passer*", que pode ter adaptado a resposta que um comerciante do século XVII, chamado Le Gendre (provavelmente o rico huguenote convertido, Thomas), deu ao grande ministro das finanças de Luís XIV, Jean-Baptiste Colbert. Quando Colbert lhe perguntou como o Estado poderia promover o comércio, ele disse: "*Laissez nous faire.*" Veja G. Schelle, *Vincent de Gournay*, Paris, Guillaumin, 1897, pp. 214-221.

30. M. Foucault, *Security, Territory, Population: Lectures at the Collège de France, 1977-78*, Londres, Palgrave Macmillan, 2009, pp. 346-357.

* Fisiocracia é considerada a primeira escola da economia científica, antes até mesmo da teoria clássica de Adam Smith. Desenvolvida por economistas franceses, surgiu para se opor ao mercantilismo, apresentando-se como consequência de uma reação iluminista. [N.T.]

estratégico do poder monárquico para a construção e defesa dos mercados contra a oposição popular e da elite.[31]

Por meio dessas articulações posteriores ao século XVIII, o "estado da liberdade natural" comercializado se tornou o que Smith chamou de "*sistema* da liberdade natural".[32] A coerência do sistema foi fornecida por aquilo que inicialmente se pensava ser um mecanismo paradoxal (a troca recíproca de utilidades), que foi mantido por si só através de leis consolidadas de propriedade e contrato, no início do Estado moderno. A conhecida história intelectual da economia política clássica, de Adam Smith a John Stuart Mill, sugere uma origem secular, britânica e ligada ao governo popular (de um tipo mais ou menos robusto). Um entendimento melhor, contudo, localiza seu início em pelo menos duas gerações antes de Smith, em um discurso teológico, francês e ligado ao governo monárquico (de um tipo mais ou menos "moderado").

Fundamentalmente, essas ideias não permaneceram objeto de debate apenas entre os filósofos. Além de se tornar objeto de discussões relativamente extensas, em uma sociedade urbana e cada vez mais alfabetizada, o novo discurso da economia política foi usado na defesa de reformas legais. De fato, os fundamentos jurídicos da sociedade comercial eram uma preocupação central de seus primeiros observadores. A partir dos escritos do administrador normando Pierre de Boisguilbert[33] e dos apelos dos *économistes* aos conselheiros monárquicos sobre política tributária e de grãos, através das *Aulas de jurisprudência* dadas por Smith, no início dos anos 1760, bem como do estudo sobre regulamentos trabalhistas, de Marx, a ambição não era estudar os mercados em abstrato, mas, pelo contrário, era descobrir os fundamentos legais do que

31. Sobre Gournay, veja L. Charles, F. Lefebvre, C. Théré, coords., *Le Cercle de Vincent de Gournay: Savoirs économiques et pratiques administratives en France au milieu du XVIIIe siècle*, Paris, Institute National d'Études Démographiques, 2011; sobre fisiocracia, veja L. Vardi, *The Physiocrats and the World of the Enlightenment*, Cambridge, Cambridge University Press, 2012.

32. Smith, op. cit., 4.9.

33. Logo depois que o teólogo jansenista Pierre Nicole apresentou, pela primeira vez, seus argumentos sobre os efeitos benéficos da troca do amor-próprio pecaminoso, vemos a primeira análise econômica do mercado de forma marcante na obra de Pierre de Boisguilbert, um nobre e administrador normando, que havia estudado com Nicole na escola jansenista de Port-Royal des Champs. Boisguilbert usou sua análise dos benefícios não intencionais da interação do mercado para criticar a burocracia governamental exagerada de Luís XIV. Para uma coletânea de escritos de Boisguilbert, bem como fontes secundárias sobre seu trabalho, consulte *Pierre de Boisguilbert*. Veja também Faccarello, *Foundations of Laissez-Faire*. Marx mais tarde identificou Boisguilbert como sendo o fundador da ramificação francesa da economia política. Marx, *Grundrisse*, 1973, p. 883.

se entendia ser um novo tipo de regime socioeconômico.[34] Em tal busca, esses economistas não eram apenas observadores, mas defensores de uma reforma, de uma maneira ou de outra. Para usar um vocabulário limitado (e anacrônico), suas preocupações eram, de forma confusa, "normativas" e "positivas" — em parte pelo motivo, em termos gerais, de que nunca há uma separação analítica clara entre essas orientações[35], mas também porque a "economia", que foi o objeto de seu estudo, estava em construção ativa.[36]

Naquela construção, dois mercados eram de grande preocupação para esses primeiros defensores teóricos: grãos e mão de obra. Reformá-los exigiu a eliminação dos controles de preços e dos requisitos de suprimento de grãos — que constituíam o que foi chamado de "economia moral" dos alimentos. O Estado ou comunidade local abandonou amplamente, para o mecanismo de autorregulação do mercado, a responsabilidade final pelo fornecimento, mesmo do mínimo necessário para a subsistência. A desregulamentação do mercado de trabalho significou a abolição das restrições às guildas* para atuarem no comércio, bem como das taxas feudais e de obrigações relacionadas ao campo.[37] Acreditava-se que os mercados de trabalho e de grãos estavam ligados: uma reorientação em um exigia, e impulsionava reciprocamente, uma reorientação correspondente no outro. De acordo com seus defensores, os resultados desse mercado de trabalho liberalizado de grãos seriam o progresso para os pobres, a produtividade na agricultura, o aumento do poder e da riqueza do Estado (devido a uma base tributária maior) e a dissolução dos vestígios feudais nas

---

34. Veja A. Smith, *Lectures on Jurisprudence*, coord. R. L. Meek et al., Oxford, Clarendon Press, 1978. Para uma declaração canônica da teoria fisiocrática, veja P.-P. Le Mercier de la Rivière, *L'Ordre naturel et essentiel des sociétés politiques*, 1767; para uma discussão com relação à política de grãos, veja S. Kaplan, *Provisioning Paris*, Ithaca, NY, Cornell University Press, 1984, pp. 420-440. Para a discussão de Marx sobre a duração da jornada de trabalho, veja Marx, *Capital*, vol. 1, III. 10.

35. H. Putnam, *The Collapse of the Fact/Value Dichotomy*, Cambridge, MA, Harvard University Press, 2002, pp. 7-45.

36. Esse é um tema que exploro no livro que lançarei, *Invention of the Economy*. É também um tema de relevância na obra de M. Foucault, *The Birth of Biopolitics*, coord. M. Senellart, Basingstoke, Palgrave Macmillan, 2008; e, na obra de K. Polanyi, veja, por exemplo, "The Economy as an Instituted Process", *Trade and Market in the Early Empires*, coord. Polanyi et al., Boston, Beacon Press, 1957, pp. 243-270.

* Guildas eram associações, em certas localidades da Europa durante a Idade Média, que agrupavam comerciantes, artistas e artesãos. [N.T.]

37. E. P. Thompson, "The Moral Economy of the English Crowd in the Eighteenth Century", *Past & Present*, fev. 1971, pp. 76-136. Sobre regulamentos antifeudais, veja J. Markoff, *The Abolition of Feudalism*, University Park, Pennsylvania State University, 1996, pp. 554-556.

relações, tudo através da comercialização de relações de trabalho e da livre locação ou venda de terras agrícolas.[38]

No centro desse argumento estava a alegação de que os preços mais altos dos grãos estimulariam a produção agrícola e aumentariam os salários, ajudando finalmente os pobres. Os defensores da economia moral resistiram a essa conclusão. Alguns resistiram com o argumento de que essa afirmação, como muitas outras no discurso da economia política, com foco em propriedades emergentes não intencionais dos sistemas, era paradoxal. Outros resistiram argumentando que os preços mais altos dos grãos poderiam de fato levar os agricultores a aumentar a produção, mas que o aumento da oferta de alimentos a longo prazo não faria nada para aliviar a escassez de curto prazo que era alvo da regulamentação do governo.[39] O foco na liberalização dos mercados de grãos e de trabalho remonta ao nascimento da economia política, desde a obra de Boisguilbert até *A riqueza das nações* de Smith. Seu impacto proeminente na sociedade europeia continuou sendo sentido nos séculos subsequentes.[40]

De fato, uma linha de influência relativamente direta vai de Boisguilbert à economia política dos *économistes* Quesnay e Turgot, de quem Hume e Smith se valeram bastante.[41] O reconhecimento total dessa influência foi complicado pelo fato de que o que começou sob Boisguilbert e os jansenistas, como um programa de *laissez-faire* oposto à monarquia francesa centralizadora, tornou-se, ao longo do século XVIII, um programa de liberalização econômica de cima para baixo, perseguido por conselheiros e administradores reais interessados em empregar o poder central para promover e proteger as relações de mercado.[42]

A reforma dos mercados de grãos e das relações de trabalho exigiu outro conceito da propriedade e das leis contratuais, além do desenvolvimento de

---

38. Veja Hont, Ignatieff, "Needs and Justice", pp. 13-26; E. Rothschild, *Economic Sentiments*, Cambridge, MA, Harvard University Press, 2001, pp. 72-86.

39. Veja a discussão lúcida dessas questões na introdução de S. L. Kaplan, coord., *Bagarre: Galiani's "Lost" Parody*, Boston, M. Nijhoff, 1979; veja também Hont, Ignatieff, "Needs and Justice", pp. 17-19.

40. Boisguilbert, *Dissertation sur la nature des richesses*, 1704; Smith, *Wealth of Nations*, coord. A. S. Skinner, R. H. Campbell, Oxford, Clarendon Press, 1979, pp. 135-159, 469-471, 524-543.

41. P. Groenewegen, "Boisguilbert and Eighteenth-Century Economics", *Eighteenth Century Economics*, Nova York, Routledge, 2002.

42. Tema semelhante é elaborado em Foucault, *The Birth of Biopolitics*, na descrição de como a ideologia do *laissez-faire* era justificada como uma limitação interna da razão de Estado, recomendada para utilização pelos Estados, em seu próprio interesse.

novos regulamentos estatais e infraestruturas públicas.[43] A "liberação" dos mercados de grãos e de trabalho não foi um simples "processo hidráulico" (embora frequentemente representado como tal), em que o peso morto da regulamentação estatal foi removido, permitindo que uma fonte de sociabilidade comercial pudesse borbulhar. Em vez disso, o novo regime de mercado foi entendido, desde o início, como uma construção legal positiva, exigindo poder centralizado para institucionalizá-lo e fazê-lo ser cumprido. Isso exigiu, portanto, a criação de uma nova ordem jurídica: o que podemos chamar de criação das leis do capitalismo.

No fundamento dessas leis, havia uma nova concepção de igualdade jurídica baseada na liberdade de contratar e na propriedade privada, na qual nenhuma distinção formal entre as partes seria reconhecida. Correspondendo a essa igualdade perante a lei, estava a delegação da atividade produtiva a agentes privados vinculados por meio de mercados — ou seja, a agentes que atuariam, como era esperado, de acordo com sua capacidade "privada".[44] Com variações de ritmo e de formatos, as mudanças legais ao longo dessas linhas foram perseguidas por sucessivos governos britânicos, pela monarquia francesa, mais tarde pelos revolucionários franceses e, em seguida, em todo o continente europeu nos países que receberam o Código Napoleônico depois da conquista francesa.[45] No processo, um novo domínio do direito "privado" foi construído. Ele adaptou a lei romana anterior sobre a propriedade e os contratos, e trouxe o poder estatal recém-centralizado para a aplicação de direitos privados, que foram teorizados como tendo a atribuição de limitar, de forma apropriada, o poder estatal, conforme a jurisprudência natural do final do século XVII e a economia política que se seguiu a ela.

Esse processo não foi mais evidente do que na construção do Código Civil francês. Grande parte da agenda de reformas dos *économistes* franceses foi realizada por meio desse projeto de codificação legal, influenciado por jansenistas.

---

43. J. Purdy, *The Meaning of Property*, New Haven, CT, Yale University Press, 2010, pp. 9-43; Foucault, *Security, Territory, Population*, pp. 311-357.

44. Para uma genealogia da concepção moderna de "privado", consulte R. Geuss, *Public Goods, Private Goods*, Princeton, NJ, Princeton University Press, 2001.

45. Em relação à Grã-Bretanha, veja P. J. Cain, "British Capitalism and the State: An Historical Perspective", *Political Quarterly* 68, 1997, pp. 95-98; D. McNally, *Political Economy and the Rise of Capitalism*, Berkeley, University of California Press, 1988; J. Shovlin, *The Political Economy of Virtue*, Ithaca, NY, Cornell University Press, 2006; D. Laven, L. Riall, coords., *Napoleon's Legacy*, Oxford, Berg, 2000.

A codificação começou com a centralização do poder na monarquia francesa, que promulgou códigos legais, unificadores de normas com vigência em todo o território — uma prática que encontrou seu apogeu na promulgação pós-revolucionária do *Code Napoléon* [Código de Napoleão]. Ainda que os primeiros códigos monárquicos tenham sido fortemente baseados no direito romano, a redação deles foi executada por juristas com ligações aos jansenistas: primeiro, sob Luís XIV, pelo jurista jansenista Jean Domat[46]; e segundo, em meados do século XVIII, por Jean-Etienne-Marie Portalis, às vezes chamado de "pai do código civil", cujos vínculos com o pensamento jansenista foram obscurecidos (uma vez que o jansenismo havia sido banido no início do século XVIII, e sua influência se fez presente com moderação).[47]

Esses primeiros esforços de codificação forneceram grande parte das bases para os principais planos de codificação durante a Revolução Francesa, culminando no Código Napoleônico.[48] Por meio desse Código, e do poder de Napoleão, o Diretório e os governos franceses sucessores alcançaram o objetivo de longo prazo dos *économistes*: o fundamento jurídico do liberalismo econômico e a autoridade central capaz de aplicá-lo.[49] O Código consolidou a derrubada revolucionária do feudalismo, o que os monarcas centralizadores do final do século XVIII não conseguiram realizar. Assim, baseou-se nas mudanças que a Assembleia Nacional Constituinte Francesa trouxe nos famosos decretos de agosto, incluindo a abolição das servidões pessoais e dos direitos feudais, os direitos senhoriais da nobreza e os dízimos ao clero, bem como a consolidação do sistema jurídico longe dos *parléments* regionais.[50] A igualdade jurídica formal também foi garantida com a abolição de todas as distinções de status para oficiais, ações judiciais e tributação.

---

46. Para mais informações sobre Domat, veja J. Gordley, *The Jurists: A Critical History*, Oxford, Oxford University Press, 2013, pp. 141-155.

47. Em relação a Portalis, veja J.-L. Chartier, *Portalis: Père du Code Civil*, Paris, Fayard, 2004; A. A. Levasseur, "Code Napoléon or Code Portalis?", *Tulane Law Review* 43, 1969, pp. 762-774.

48. J.-L. Halpérin, *L'Impossible Code Civil*, Paris, Presses Universitaires de France, 1992.

49. Sobre o "despotismo legal" como uma característica do pensamento fisiocrático, veja Shovlin, *Political Economy of Virtue*, pp. 107-109. A orientação econômica do Diretório está bem estabelecida na literatura secundária; veja, por exemplo, J. Miller, "The Aftermath of the *Assignat*", *Taking Liberties: Problems of a New Order From the French Revolution to Napoleon*, coord. H. G. Brown, J. A. Miller, Manchester, Manchester University Press, 2002, pp. 1-72.

50. Para uma tradução em inglês desses decretos, veja J. M. Roberts, *French Revolution Documents*, volume 1, Oxford, Basil Blackwell, 1966, pp. 151-153.

A negação da velha ordem nos primeiros anos da Revolução, entretanto, permaneceu juridicamente subdeterminada até que foi positivada nos textos legais do Código, que tomou a ordem pós-feudal como sua base normativa, de forma explícita. Logo, foi Napoleão, não os monarcas franceses ou os primeiros revolucionários, que alcançou o que os *économistes* haviam conceituado como "despotismo legal", o poder centralizado capaz de varrer os vestígios do feudalismo em nome da sociedade comercial.[51]

A consequência dessas mudanças políticas — que talvez fossem mais claras na França, mas tiveram análogos e extensões por um período mais longo na Inglaterra e em outros lugares — foi a criação da economia industrial moderna. Nela, os trabalhadores urbanos vendem seu trabalho em mercados competitivos por salários. Eles então usam esse dinheiro para comprar alimentos produzidos por um número muito menor de agricultores. A generalização desse trabalho assalariado, nos séculos XVIII e XIX, fez dos Estados europeus (e, subsequentemente, de suas colônias) sociedades "capitalistas", nas quais os mercados e a divisão do trabalho são centrais na distribuição de bens e serviços essenciais. Como era entendido na época, essa nova ordem socioeconômica contrasta significativamente com os regimes anteriores, nos quais os mercados desempenhavam um papel menos central na produção e na distribuição de recursos básicos.

A constituição do capitalismo

É nesse momento histórico que a narrativa de Piketty começa para valer: os dados disponíveis depois da Revolução Francesa permitem que ele rastreie as consequências econômicas da sociedade comercial desde seu início revolucionário até os dias de hoje. Ele conclui que, com variações nacionais relativamente amplas, o capitalismo gerou desigualdades econômicas persistentes devido à posição privilegiada que os proprietários de ativos de capital têm dentro de suas sociedades. Como essa posição privilegiada foi mantida?

Como questão preliminar, devemos observar que fazer essa pergunta pressupõe que o capital seja uma "relação social" — o que não é, como na visão neoclássica, simplesmente um estoque de ativos, cujo preço de aluguel de equilíbrio (*equilibrium rental price*) possa ser estabelecido por meio de considerações

51. McNally, *Political Economy*, pp. 122-129.

convencionais quanto à oferta e demanda.[52] Em sua análise, Piketty adota a concepção neoclássica de capital como um estoque mensurável que gera um fluxo. No entanto, ele também o apresenta como uma relação social produzida através de disputas políticas. Assim, ele indica o que pode ser considerado uma posição híbrida na controvérsia sobre a teoria do capital.[53]

Segundo os críticos da posição neoclássica, o capital não é homogêneo, mas consiste em uma variedade de recursos que as pessoas usam para produzir coisas. Além disso, o valor de mercado desse estoque de capital heterogêneo não pode ser determinado sem o exame da distribuição dos retornos ao capital, que é, necessariamente, dada por condições políticas e sociais, e não por meio de um processo estritamente técnico.[54] Devido ao seu uso de formulações neoclássicas-padrão, alguns críticos argumentaram que Piketty perdeu o que estava em jogo nessa controvérsia. Mesmo assim, pode ser possível interpretar suas conclusões com simpatia. O que ele estimou não é um estoque físico de coisas, uma vez que é ramificado em uma gama de ativos, de casas a máquinas, softwares, etc. Piketty reconhece que o conjunto de ativos chamado de "capital" inclui muito mais do que as máquinas produtivas da teoria econômica neoclássica, e que ele variou ao longo dos períodos históricos como resultado das mudanças de política governamental.[55]

Que regime jurídico, se houver algum, protegeu e legitimou essa posição privilegiada dos detentores de ativos?

Com exceção da Grã-Bretanha, que mantinha sua estrutura representativa medieval e seu direito consuetudinário, a maioria dos Estados europeus, e depois os pós-coloniais europeus, foi organizada por meio de constituições escritas, em geral legitimadas por alguma forma de ratificação popular ou revolucionária, normalmente acompanhadas de projetos de codificação de leis, que racionalizava o direito consuetudinário. A França de Piketty oferece o exemplo paradigmático aqui, com suas constituições revolucionárias e seu código civil.

---

52. Para uma história do debate sobre a teoria do capital, veja A. Cohen, G. Harcourt, "Retrospectives: Whatever Happened to the Cambridge Capital Theory Controversies?", *Journal of Economic Perspectives* 17, n. 1, inverno 2003, pp. 199-214.

53. Compare a concepção de estoque-fluxo de Piketty com suas frequentes explanações sobre os determinantes políticos do retorno ao capital (T. Piketty, *O capital no século XXI*, Rio de Janeiro, Intrínseca, 2014).

54. Veja Cohen, Harcourt, "Retrospectives", pp. 202-206; e P. Sraffa, *Production of Commodities by Means of Commodities*, Cambridge, Cambridge University Press, 1960, pp. 33-44.

55. T. Piketty, op. cit.

Mas podemos discernir na França, e para além de uma forma jurídica mais geral, uma organização da autoridade estatal que legitima e consolida a base jurídica da sociedade comercial.[56] Essa "constituição do capitalismo" pode ser entendida em um duplo sentido. É a ordem constitucional que a maioria das sociedades capitalistas adotou historicamente e também é a base legal que sustenta os processos sociais que compõem o sistema econômico do capitalismo.[57]

Com significativa variação nacional e histórica, a constituição do capitalismo institucionaliza duas distinções fundamentais. A primeira é uma divisão entre "público" e "privado", elaborada de modo a garantir uma separação funcional entre os supostamente distintos domínios da política e da economia.[58] A segunda é uma divisão entre "soberania" e "governo" na estrutura da legislação constitucional moderna.

A primeira, a divisão entre público e privado, é uma característica de longa data das sociedades democráticas liberais contemporâneas, e de seus regimes antecedentes. Baseia-se em adaptações das concepções do direito romano e do direito natural quanto à divisão entre a esfera "natural" da propriedade e do contrato e o poder público do Estado. É essa divisão que produz a conhecida oposição, expressa de várias maneiras, como a separação da "política" ou "do Estado" da "sociedade civil" ou "da economia". No cerne dessa distinção entre poder publicamente responsável e atividade comercial descentralizada está uma

56. Até que ponto a Revolução Francesa foi uma revolução "burguesa" dentro do esquema marxista familiar ainda permanece muito debatido, mas a intenção dos Decretos de agosto, por exemplo, era abolir diretamente as formas feudais de propriedade e de privilégio, juntamente com as obrigações de trabalho tradicionais do campesinato (o que foi finalmente realizado por meio do Código Civil). Para uma defesa de sua caracterização como burguesa, veja C. Mooers, *The Making of Bourgeois Europe*, Londres, Verso, 1991; para um exame crítico do conceito de forma de Estado burguês, veja H. Gerstenberger, "The Bourgeois State Form Revisited", *Open Marxism*, coord. W. Bonefeld et al., Londres, Pluto Press, 1995, pp. 151-176.

57. Um caminho para essa análise política do capitalismo é por meio de um questionamento do conceito marxista de "Estado burguês", particularmente se entendido em sua dimensão jurídica e sem uma dependência necessária da teoria marxista clássica de revolução. Para um relato da história alemã do século XIX ao longo dessas linhas, veja D. Blackbourn, G. Eley, *The Peculiarities of German History*, Nova York, Oxford University Press, 1984, pp. 190-210; e para um objetivo semelhante com relação à história francesa e britânica anterior, veja H. Gerstenberger, *Impersonal Power*, trad. D. Fernbach, Leiden, Brill, 2007, pp. 662-687. Veja também muitas das contribuições para o primeiro volume de *Open Marxism*, Pluto Press, 1992, particularmente W. Bonefeld, "Social Constitution and the Form of the Capitalist State", pp. 93-132.

58. Para uma discussão sobre bens públicos e privados, consulte Geuss, *Public Goods, Private Goods*; para uma articulação de uma variedade de esferas da ação humana, cada uma com seus próprios ordenamentos normativos e propósito, veja M. Walzer, *Spheres of Justice*, Nova York, Basic Books, 1983.

concepção de direitos de propriedade individual como provedores de isolamento relativo do controle político direto — embora, é claro, esse isolamento apenas seja alcançado por meio do uso cuidadoso do poder político para se fazer cumprir esses direitos em primeiro lugar.

A distinção entre "soberania" e "governo" é menos familiar. No entanto, é sem dúvida mais crucial na definição dos regimes constitucionais modernos. Na França e nos Estados Unidos — assim como em outros lugares depois — a construção legal da sociedade comercial recebeu finalmente a legitimação pública por meio de novas ordens constitucionais. Essas ordens foram baseadas em uma distinção revolucionária entre "soberania" e "governo", que resolveu o enigma de como criar um todo político a partir de indivíduos legalmente iguais e discretos da sociedade comercial.[59] Elas tiveram o efeito de ratificar a igualdade formal entre pessoas, ao passo que ofereciam proteção especial aos direitos decorrentes dos contratos e da propriedade.

Embora a distinção entre soberania e governo se mostre crucial para a legitimação democrática dos regimes constitucionais modernos, ela apareceu pela primeira vez no trabalho do jurista francês Jean Bodin, no século XVI, em seu estudo sobre a soberania monárquica.[60] Ao articular o conceito fundamental de "soberania", Bodin a distinguiu de "governo" ou de "administração". A vontade do soberano era a fonte última de toda lei mundana. Contudo, a vontade do soberano poderia ser mantida funcionalmente distinta das operações administrativas em andamento que o soberano pudesse autorizar. Somente a lei *fundamental* tinha de ser emitida pelo soberano. A partir daí, seria possível então autorizar outros (o "governo" ou "administração") a elaborar regras menos importantes em seu nome.

Como Richard Tuck demonstrou, essa distinção fez com que a democracia nos tempos modernos parecesse novamente possível, pelo menos no que tange à soberania. Isso permitia uma legislação sobre questões de direitos fundamentais, obtida através da participação popular direta, mesmo que de forma intermitente. Mas mantinha em vigor os poderes da administração — incluindo aqueles que

59. Para uma história da origem dessa distinção em Bodin e sua adaptação subsequente por Hobbes, Rousseau e os teóricos das ordens revolucionárias francesa e norte-americana, veja R. Tuck, *The Sleeping Sovereign*, Cambridge, MA, Harvard University Press, 2016; para uma aplicação dessas ideias à teoria constitucional moderna, veja D. E. Herz-Roiphe, D. S. Grewal, "Make Me Democratic but Not Yet: Sunrise Lawmaking and Democratic Constitutionalism", *New York University Law Review* 90, n. 6, dez. 2015, pp. 1975-2028.

60. Veja Tuck, *The Sleeping Sovereign*, pp. 8-16, 26-27.

regulavam questões econômicas — nas mãos de um governo limitado por mandatos constitucionais para manter a base jurídica da sociedade comercial.[61]

A divisão entre democracia direta, no nível de soberania, e a representação, no nível de governo, significa que a fonte da autoridade constitucional final em uma democracia moderna — o povo — estará frequentemente "adormecida" (para usar uma metáfora que Hobbes criou) por longos períodos. Esse sono do soberano, no entanto, pode ser pontuado por breves episódios de elaboração de legislação constitucional quando ele desperta.[62] A atividade governamental autorizada pela constituição prossegue nesse ínterim. O controle desse governo pelo soberano popular repousa sobre uma variedade de mecanismos, sendo as eleições o mais óbvio deles, além de outras técnicas destinadas a induzir responsabilidade.

Na prática, a distinção entre soberania e governo proporcionou a reafirmação periódica da soberania do povo, na forma de ratificação direta da legislação fundamental, seja no momento da promulgação da constituição, seja através de processos contínuos de emenda formal, ou, ainda, por meio de "momentos constitucionais" dos mais variados tipos. Da mesma forma, porém, essas constituições impõem limites à possibilidade do povo de revisar as regras legais, já bem definidas, pertinentes à sociedade comercial, e efetivadas por meio de contínuas operações governamentais, uma vez que elas geralmente contêm uma ampla variedade de mecanismos contramajoritários que não funcionam bem na maior parte do tempo. Eles só podem ser superados, se é que o são, em momentos extraordinários de elaboração de leis constitucionais populares.[63]

Como essas duas características do constitucionalismo moderno funcionam para consolidar o lugar privilegiado do capital e, assim, gerar a persistente desigualdade $r > g$?

---

61. Questões sobre a adequada institucionalização da distinção soberania/governo começaram a ser debatidas no século XVIII. As constituições escritas do tipo moderno conhecido — promulgadas por meio de um legislador fundacional separado — começaram a ser redigidas e ratificadas em cada um dos estados dos Estados Unidos (o primeiro sendo o de Massachusetts, em 1778), seguidas, cerca de uma década depois, pela Constituição federal dos Estados Unidos e pelas várias constituições da França revolucionária. A distinção soberania/governo foi central para esses projetos políticos, embora realizada de forma diferente entre eles. Ibidem, pp. 117-119, 154 e 155, 159 e 160.

62. Veja Hobbes, *On the Citizen*, coord. R. Tuck, Nova York, Cambridge University Press, 1998, pp. 99 e 100; essa é a metáfora que Tuck usa para seu título, *The Sleeping Sovereign*.

63. O resultado, como Hirschl o descreve, é uma nova forma de "juristocracia". Veja R. Hirschl, *Towards Juristocracy: The Origins and Consequences of the New Constitutionalism*, Cambridge, MA, Harvard University Press, 2004, pp. 97-99, 146-148.

O papel da divisão entre público e privado para isolar a economia do controle público é simples. O fato de que se baseia em proteções substanciais à propriedade individual e aos contratos é simples. A economia nunca está, é claro, totalmente isolada. Os governos do momento mantêm importantes poderes de tributação e de regulamentação como parte de suas atividades normais. De maneira mais geral, a divisão entre público e privado — ou seja, entre atividades reguladas como questões públicas e aquelas que são efetivamente delegadas a atores privados — é, historicamente, variável e mutável. A "economia" construída dessa maneira se mostra como um produto variável do poder público e de sua abstinência estratégica.

Isso nos conduz ao importante papel da distinção entre soberania e governo, ao permitir a contínua construção governamental da economia. A ressuscitação da democracia, no nível da soberania popular, oferece uma oportunidade para a legitimação pública do regime constitucional. Mas isso também significa que o governo popular direto se limita a momentos excepcionais. Assim, a maioria das ações públicas que limitam — ou sustentam — as prerrogativas do capital surge por meio de iniciativas contínuas do governo. E os governos serão limitados em seu poder, e em sua vontade, de combater a desigualdade por muitas razões. Elas incluem as pressões da competição internacional, os interesses de classe do serviço público e militar, e assim por diante[64]; no entanto, o mais importante é que elas também incluem proteções constitucionais de ordem superior para a propriedade e para os contratos, ratificadas inicialmente pelo soberano popular, mas que se tornaram difíceis de mudar. Essas determinações foram racionalizadas quando da inauguração de uma nova era (pós-feudal) de igualdade, a própria base do Estado de direito moderno, mas, depois, amplamente isolada das modificações populares em andamento.

A partir dessa perspectiva, o capitalismo não é (ou não é meramente) um sistema socioeconômico. É um regime jurídico. É uma forma do moderno "Estado de direito". É legitimado através da ratificação constitucional por um soberano popular da ocasião, que, então, teoricamente governa, sem ceder, na prática, a administração governamental ao controle popular permanente. O efeito desse regime é o surgimento da sociabilidade comercial que agora chamamos de "economia". É produzido como o cumprimento de direitos e deveres

64.R. Miliband, "Reform and Revolution", *Marxism and Politics*, Oxford, Oxford University Press, 1977, pp. 154-190, esp. pp. 183-189.

legais que oferecem proteções especiais aos titulares de direitos legitimados pela ordem constitucional. A população é organizada episodicamente em uma soberania popular unificada, mas é tratada principalmente como sujeitos distintos da vigilância contínua do governo.

Podemos interpretar os dados de Piketty como reveladores de que a tendência fundamental desse tipo de regime é a de acelerar a desigualdade do tipo moderno, uma desigualdade produzida por meio de relações formalmente consensuais entre pessoas que gozam de igualdade jurídica. Reformulado dessa maneira, não é a descoberta de Piketty — de que a taxa de retorno do capital supera o crescimento médio — que deveria ser surpreendente, mas, sim, a suposição anterior de Kuznets de que ele estava traçando algo diferente de uma aberração temporária. E como o regime jurídico que estabelece o capitalismo não havia sido alterado em seus fundamentos durante o período pós-guerra, a presunção deveria ser a de que a desigualdade capitalista acabaria retornando. De fato, talvez sem surpresa, pesquisas recentes de ciências sociais sugerem que o governo norte-americano tenha funcionado de maneira cada vez mais "oligárquica" durante o período em que Piketty diagnosticou um retorno dos níveis de desigualdade que havia na Idade de Ouro.[65]

A análise jurídica do capitalismo

Entender a razão pela qual $r > g$ geralmente se sustenta — e a razão pela qual ela não ocorreu por um breve período — requer um entendimento do capitalismo como um sistema socioeconômico estruturado por lei. Essa não deveria ser uma questão desconhecida, porque o capitalismo é, inegavelmente, uma ordem legal: as barganhas, no âmago do capitalismo, são produtos da lei. Contudo, as circunstâncias econômicas do pós-guerra, que levaram à curva de Kuznets, tiveram o efeito adicional de marginalizar o estudo dos fundamentos jurídicos e institucionais dos sistemas econômicos capitalistas, na suposição de que a economia constituísse um subsistema social que poderia ser conduzido por especialistas alinhados com as escolhas políticas de um eleitorado

65. M. Gilens, *Affluence and Influence*, Princeton, NJ, Princeton University Press, 2012; M. Gilens, B. Page, "Testing Theories of American Politics: Elites, Interest Groups, and Average Citizens", *Perspectives on Politics* 12, n. 3, 2014, pp. 564-581.

consciente.[66] E a razão pela qual essas condições, precisamente, não são mais válidas — seja por razões contingentes ou profundas — configura a questão de importância central da análise de Piketty, para a qual ele nos conduz.

A ideia de que o capitalismo não é apenas um sistema econômico, mas também um regime jurídico, era conhecida dos primeiros analistas da sociedade comercial. Talvez as discussões contemporâneas mais avançadas tenham ocorrido nos círculos marxistas, nos quais tanto a abordagem teórico-dedutiva quanto a histórico-institucional do capitalismo foram adotadas. Na análise original de Marx, o capitalismo era descrito como um sistema com lógica própria, que poderia ser objeto de uma análise dedutiva, mas que também era apresentado como uma espécie de "regra de classe", fundamentando uma configuração histórica específica de dominação de algumas pessoas em detrimento de outras (através de instituições legais como propriedade privada e trabalho assalariado). A conexão precisa entre esses dois relatos — do capitalismo como sistema e do capitalismo como regime — permanece objeto de debate, dentro e fora dos círculos marxistas. Tentativas de reconciliá-los acabaram se voltando à questão de se saber se a "lógica" do capitalismo, ou sua forma de "regra", seria considerada fundamental.[67]

O mesmo argumento pode ser usado no que tange ao $r > g$ de Piketty. Essa seria uma condição que se mantém como um requisito sistêmico da lógica do capitalismo? Ou seria uma consequência do desenvolvimento histórico do capitalismo como uma forma de antagonismo de classe — ou seja, a dominação do trabalho pelo capital? Pode ser ambos. Mas descrevê-lo como ambos requer uma fundamentação que seja, ao mesmo tempo, uma genealogia do capitalismo e uma fundamentação estrutural da economia. Tal fundamentação exigiria alguma reconciliação entre a "estrutura" e a "luta" na análise do capitalismo.[68]

O exame dessa reconciliação está além do escopo deste capítulo, mas algumas observações preliminares sobre como a análise jurídica pode contribuir para

66. Veja D. S. Grewal, J. Purdy, "Law and Inequality after the Golden Age of Capitalism", *Theoretical Inquiries in Law* (ainda não publicado).

67. Veja a coleção de ensaios em J. Holloway, S. Picciotto, coords., *State and Capital: A Marxist Debate*, Austin, University of Texas Press, 1978.

68. Para uma análise que supõe que "luta" e "estrutura" sejam finalmente reconciliadas por meio de uma teoria do antagonismo de classes no Estado capitalista, consulte Bonefeld, "Social Constitution". O requisito teórico, de maneira geral, é uma reconciliação de uma analítica sincrônica de exploração dentro da evolução diacrônica do sistema, incluindo quaisquer tendências contrassistêmicas.

isso são possíveis. Em uma concepção mais ampla, o esforço para o exame deve ser realizado em quatro tarefas. Deve-se mostrar como os arranjos legais subjacentes à sociedade comercial provocam uma contestação social multidimensional e contínua sobre os termos da vida econômica compartilhada. Deve-se mostrar como eles influenciam a resolução de qualquer episódio de contestação social. Deve-se mostrar como a solução de qualquer episódio de contestação é, por sua vez, decorrente da forma jurídica e institucional. E deve-se mostrar como essa solução legal e institucional regenera a base estrutural da "economia", além de preparar o cenário para a próxima iteração da contestação.

Tanto os estudos jurídicos quanto a economia política institucional podem ser úteis para essa tarefa.[69] Por exemplo, como Wolfgang Streeck indicou recentemente, a "virada institucionalista" nas ciências sociais produziu entendimentos gerais que podem, com algumas "especificações paramétricas", ser postos em uso no estudo do capitalismo como um "tipo específico de ordem social", sustentado por distintos arranjos legais.[70] Complementando as ideias de Marx sobre a organização do trabalho assalariado, Streeck sugere uma variedade de outros elementos empíricos que caracterizam o capitalismo. Isso inclui: primeiro, a suposta legitimidade de buscar ganhos privados sem, na maioria das vezes, ser condicionada por "supernormas" tradicionalistas, como expectativas de solidariedade social, restrições à competição ou deveres da elite para garantir a "sobrevivência do sistema"; segundo, a expectativa de que aqueles que cumprem as regras sejam "egoístas racionais" em sua orientação, e não internalizadores de normas com relação ao objetivo de uma regra (considere, por exemplo, manipulações de regulamentos financeiros); e, terceiro, uma "dotação diferencial de classes com recursos", que resulta em classes com diferentes capacidades de atuação efetiva, incluindo a capacidade diferente de mobilizar coalizões políticas para promover seus interesses.[71] Não é difícil enxergar que esses aspectos das sociedades capitalistas têm sua base na lei e, por sua vez, ajudam a definir o contexto em que a "desigualdade fundamental do capitalismo" se manteve, principalmente nos últimos séculos.

69. Para uma discussão (e exemplificação) da economia política institucional, veja C. Maier, *In Search of Stability*, Cambridge, Cambridge University Press, 1987, p. 6.

70. W. Streeck, "Taking Capitalism Seriously: Towards an Institutionalist Approach to Contemporary Political Economy", *Socio-Economic Review* 96, 2011, pp. 137-167, esp. pp. 140, 137-138.

71. Ibidem, pp. 147, 150, 143-146, 147 e 148.

O enigma para o qual a análise de Piketty nos aponta é o de entender o excepcional período pós-guerra. Será que as economias mistas desse período permaneceriam capitalistas, se o que Piketty chama de "contradição central do capitalismo" tivesse sido superada, ainda que temporariamente? Observe que a reversão de $r > g$ em meados do século XX levou alguns observadores contemporâneos, como o teórico do Partido Trabalhista Anthony Crosland, a se perguntar se suas sociedades ainda seriam capitalistas.[72] De maneira mais geral, seria inevitável que os interesses organizados dos capitalistas conseguiriam recriar o "capitalismo"? Como os públicos mobilizados podem manter uma economia mista, do tipo social-democrata, apesar da desmobilização e da privatização intrínsecas à constituição do capitalismo, conforme descrito acima?

Compreender o movimento do que Piketty chama de capitalismo patrimonial para a "economia mista" do pós-guerra, e vice-versa, requer uma fundamentação, em tons variados, daquilo que John Commons analisou há muito tempo como sendo os "fundamentos jurídicos do capitalismo". Em uma geração anterior, os realistas jurídicos, de Robert Hale a Karl Llewellyn e Jerome Frank, colocaram esses fundamentos jurídicos no centro de suas análises.[73] Um retorno ao realismo jurídico, *à la* Hale, na análise das instituições públicas e do direito "privado", seria um ponto de inflexão bem-vindo. Isso poderia ajudar a estimular uma abordagem jurídica e econômica em relação ao estudo do capitalismo como um sistema histórico, complementando a abordagem-padrão do direito e da economia, na qual os mercados tendem a ser considerados em abstrato, como mecanismos de escolha social.

Assuntos particularmente importantes para pesquisas futuras incluem: as causas e consequências da reconstituição pós-feudal do direito de propriedade; as maneiras pelas quais o trabalho, os benefícios públicos e o direito corporativo estruturam o mercado de trabalho moderno, como uma arena de "troca contestada"; e as maneiras pelas quais o "poder econômico" surge por meio de mecanismos contratuais específicos.[74] Essas e outras pesquisas relacionadas

72. C. A. R. Crosland, *The Future of Socialism*, Londres, Jonathan Cape, 1956, pp. 56-76.

73. J. Commons, *Legal Foundations of Capitalism*, Madison, University of Wisconsin Press, 1924; R. Hale, *Freedom through Law*, Nova York, Columbia University Press, 1952; B. Fried, *The Progressive Assault on Laissez Faire*, Cambridge, MA, Harvard University Press, 1998, pp. 10-15.

74. S. Bowles, H. Gintis, "Contested Exchange: Political Economy and Modern Economic Theory", *American Economic Review* 78, n. 2, 2003, pp. 145-150.

nos ajudariam a entender as condições sob as quais a igualdade formal das partes contratantes se mostra compatível com a crescente desigualdade econômica. Também devemos considerar a maneira como a lei estrutura não apenas negócios particulares nas sociedades capitalistas (principalmente a venda de trabalho por salários), mas também a estrutura social e política mais ampla do mercado. Aqui, a dinâmica da dívida pública e privada, a regulamentação das finanças em uma época de "financeirização", bem como as restrições impostas ao controle democrático da economia por meio da integração econômica internacional podem se mostrar especialmente evidentes.[75]

Ao estudar essas questões, a obra de Piketty deve nos levar a considerar como os fundamentos legais do capitalismo influenciam a taxa de retorno sobre o capital e sua constante superação diante do crescimento geral. As maneiras pelas quais diferentes áreas do direito interagem para produzir a desigualdade $r > g$ podem ser complexas. Por exemplo, Piketty analisa a contribuição demográfica para a desigualdade, concentrando-se no impacto da riqueza herdada, que é mais concentrada nos regimes demográficos de baixo crescimento; por outro lado, nas populações em crescimento, o retorno do trabalho se mostra mais importante do que a herança.[76] No entanto, sob algumas condições legais, um crescimento demográfico mais lento também pode levar ao aumento do poder de barganha do trabalho, porque a disponibilidade de menos trabalhadores significa que aqueles existentes podem exigir mais dos empregadores — uma dinâmica que John Stuart Mill enfatizou em sua agenda de reforma social.[77] De fato, os *trente glorieuses* [Trinta Gloriosos] podem ter atingido uma taxa de g para r excepcionalmente alta — e sua distribuição relativamente igualitária desse crescimento médio — pelo menos parcialmente, devido à escassez relativa de mão de obra no mundo industrial avançado. Em apoio a essa possibilidade, devemos observar que não foi apenas a Europa que teve um crescimento rápido e compartilhado no período pós-guerra, mas também os Estados Unidos, que já estavam na "fronteira tecnológica" — e, portanto, não

75. Para uma análise mais aprofundada dos estudos jurídicos sobre este e outros tópicos relacionados, veja Grewal, "The Laws of Capitalism", *Harvard Law Review* 128, n. 2, 2014, pp. 658 e 659.

76. T. Piketty, *O capital no século XXI*, Rio de Janeiro, Intrínseca, 2014.

77. J. S. Mill, "The Remedies for Low Wages Further Considered", *Principles of Political Economy*, 1848, Book II.13. O grupo de filósofos radicais de Mill "adotou no sentido contrário" o pensamento de Malthus (como descrito em sua *Autobiografia*, 1873, coord. John Robson, Londres, Penguin, 1989), p. 94.

apenas em uma fase de "recuperação" ou de reconstrução.[78] Da mesma forma, o final do excepcional período pós-guerra coincidiu com o início da "globalização", por meio do qual as empresas multinacionais ganharam a capacidade de resistir às demandas salariais, seja pela terceirização ou pela ameaça quanto à possibilidade de serem realizados trabalhos industriais a partir do exterior.[79]

Um estudo mais aprofundado dessas dinâmicas pode sugerir que o domínio do capital sobre o trabalho que foi observado por Piketty se encontra, pelo menos em parte, em precondições demográficas que não foram analisadas. A globalização das últimas décadas teve o efeito de reconstituir o que Marx chamou de "exército de reserva" *entre* os países e, portanto, parcialmente dentro deles, levando a uma pressão descendente sobre os salários, ao declínio do trabalho organizado como força política e ao aumento resultante de políticas oligárquicas que agravavam tais tendências.[80] Talvez grande parte da diferença entre os estudos de Kuznets e de Piketty possa ser atribuída a esse contexto demográfico em mudança: o centro capitalista do pós-guerra experimentou escassez relativa de mão de obra, e uma consequente moderação da desigualdade, que, posteriormente, foi revertida em razão da formação de novos polos de mão de obra localizados no exterior.

Da mesma forma, essas considerações demográficas podem nos permitir uma previsão diferente das tendências do capitalismo do século XXI. Em vez de se projetar $r > g$ no futuro, como Piketty sugere, podemos interpretar essa desigualdade como refletindo um diferente poder de barganha do capital em relação ao trabalho sob algumas condições demográficas, mas não em outras. Assim como o capital não é mais nacional, também não o são os determinantes demográficos de $r > g$. Olhando para o futuro, a dinâmica do que poderia ser chamado de contradição demográfica do capitalismo agora está se tornando visível: tanto o capitalismo quanto a estabilização das taxas de fertilidade que o acompanham estão manifestamente se intensificando em escala global.[81] Não

---

78. Sobre o "capitalismo de reconstrução", veja T. Piketty, op. cit.

79. A. Dube, S. Reddy, "Threat Effects and Trade: Wage Discipline through Product Market Competition", *Journal of Globalization and Development* 4, n. 2, 2014.

80. Ao longo dessas linhas, Dean Baker aponta para a curiosa falta de discussão a respeito da mão de obra chinesa de baixo custo na análise de Piketty sobre as tendências econômicas recentes; veja D. Baker, "*Capital in the Twenty-First Century*: Still Mired in the Nineteenth", *Huffington Post*, 9 maio 2014.

81. Sobre esse ponto, veja meu "The Demographic Contradiction of Capitalism, or, What Will Bosses Do?", *Rethinking Development Conference*, Universidade de Southern New Hampshire, 8 abr. 2007.

é difícil imaginar que um economista atuando de acordo com os argumentos de Piketty, daqui a cinquenta anos (da mesma forma que Piketty trabalhou com os números de Kuznets), se concentrará no contexto demográfico negligenciado de suas afirmações. O livro *O capital no século XXI* pode, portanto, ter chegado no momento preciso em que o capitalismo se tornou verdadeiramente global, mas antes que as consequências demográficas dessa expansão se tornassem óbvias. E, no entanto, entender melhor como as mudanças demográficas podem contribuir para a desigualdade econômica exigirá um estudo de seu contexto jurídico e institucional mais amplo, contemplando questões ligadas ao direito do trabalho, a direitos reprodutivos, estratégia corporativa e integração econômica internacional. Investigações sobre outros possíveis determinantes de $r > g$ — por exemplo, o impacto da mudança tecnológica — provavelmente serão exatamente tão complexas quanto estruturadas em termos jurídicos.

Em paralelo a essa pesquisa sobre os fundamentos jurídicos do capitalismo, resta a tarefa de entender a estrutura institucional da democracia, que Piketty apresenta como o contraponto ao capitalismo. Em resumo, o problema é entender por que nem os referenciais constitucionais intermitentes da soberania popular, nem a representação eleita das sociedades democráticas liberais modernas se mostraram capazes de domar a desigualdade, pelo menos fora do período excepcional do *boom* do pós-guerra. Que as sociedades do século XIX — com sufrágio severamente restrito e burocracias estatais oligárquicas — foram incapazes de moderar os níveis de desigualdade econômica, isso não é difícil explicar. Marx pode estar perfeitamente correto quando escreveu, em sua análise da Comuna de Paris, em 1871, que "a classe trabalhadora não pode simplesmente se apossar do maquinário estatal pronto e utilizá-lo para seus próprios fins".[82] Mas, a razão pela qual isso deve permanecer assim, hoje, em sociedades com sufrágio em massa, é um quebra-cabeça que merece uma investigação mais profunda, que só agora começa com um propósito definido, estimulada pelo importante livro de Piketty.[83]

82. K. Marx, "The Civil War in France", reimpresso em K. Marx, F. Engels, *On the Paris Commune*, 1871; Moscou, Progress, 1971, p. 68.

83. Gilens, *Affluence and Influence*; M. Gilens, B. Page, "Testing Theories of American Politics: Elites, Interest Groups, and Average Citizens", *Perspectives on Politics* 12, n. 3, 2014, pp. 564-581.

CAPÍTULO 20

As origens históricas da desigualdade global

ELLORA DERENONCOURT

A economista Ellora Derenoncourt aborda as profundas origens históricas e institucionais da desigualdade de riqueza, que ela indica que pode ter sido impulsionada pelo que Daron Acemoglu e James Robinson identificam como instituições "extrativas" vs. "inclusivas". O argumento central de Derenoncourt é que, embora as instituições subjacentes à acumulação de riqueza possam ser inclusivas para os "cidadãos", ou para aqueles indivíduos com direitos concedidos no corpo político, elas podem, ao mesmo tempo, ser extrativistas para "súditos", incluindo escravos, membros de grupos raciais e étnicos, historicamente marginalizados, além de outros grupos que não tiveram o mesmo status legal. Derenoncourt aborda vários exemplos em relação a essa dicotomia, com evidências quanto às ramificações da atual distribuição de riqueza.

A história moldou — e continua a moldar — a desigualdade global, e os violentos duelos entre diferentes partes do globo estão longe de ser a menor parte dessa história. De 1500 a 1960, a integração global na forma do comércio de escravos pelo Atlântico e do domínio colonial europeu, direto e indireto, sobre o continente americano, a África e a Ásia, foi definida pela extração e por um desequilíbrio de poder. Essas atividades econômicas exploradoras, entretanto, contribuíram para os padrões de crescimento econômico moderno — ou, pelo menos, para o enriquecimento total de alguns à custa de outros —, de forma a justificar seu estudo no contexto da desigualdade global contemporânea.

Este texto apresenta uma estrutura que divide o efeito da história sobre a desigualdade global, com reflexos sobre as doações, ou a distribuição inicial da riqueza na sociedade, e nas instituições, ou as regras que normalmente regem o comportamento econômico, político e social.[1] Ambas, as dotações e as instituições, foram fortemente moldadas pelos confrontos extrativistas que são o foco deste capítulo. A escravidão a partir do Atlântico Norte e a colonização europeia geraram, cada uma, dois grupos distintos de atores econômicos, que denomino "cidadãos" e "súditos", em homenagem ao trabalho do cientista político Mahmood Mamdani.[2] Correndo o risco de anacronismo, defino cidadãos e súditos como pertencentes ao lado vencedor e perdedor, respectivamente, em razão dos confrontos extrativistas na história. Pelo menos em média, os cidadãos do mundo desfrutam de doações iniciais maiores, de direitos econômicos e políticos, garantidos por instituições democráticas de longa data, e de oportunidades de acumulação, geradas por consequência. Por outro lado, os súditos globais começam com pouca ou nenhuma dotação, com vidas econômicas e políticas cercadas por instituições autoritárias e antidemocráticas, sem direitos ao devido processo legal, suscetíveis a práticas de trabalho coercitivas, bem como à falta de oportunidades para acumular riqueza.

De Nardi, Fella e Yang, no Capítulo 14 deste livro, já forneceram um tratamento teórico acerca dos fatores que moldam os incentivos à acumulação de riqueza. Eles acrescentam razões ligadas à herança e preferências heterogêneas ao modelo formal apresentado por Piketty de crescimento dinâmico da produção e retorno sobre o capital. A abordagem deles amplia o que Naidu, no Capítulo 5 deste livro, descreve como sendo a leitura de um "Piketty

1. De acordo com a escola do pensamento institucional, instituições políticas e econômicas inclusivas, que apresentam restrições ao poder executivo, observância dos direitos de propriedade privada, poder estatal centralizado e mercados em bom funcionamento, estabelecem a base para o crescimento econômico. Elas são contrastadas com as instituições extrativistas, em que a coerção trabalhista, uma distribuição limitada dos direitos políticos e um alto risco de expropriação atuam, frequentemente, em confluência para minar o desenvolvimento. D.C. North, *Institutions, Institutional Change and Economic Performance*, Cambridge, Cambridge University Press, 1990; D. Acemoglu, S. Johnson, J. Robinson, "Institutions as a Fundamental Cause of Long-Run Growth", *Handbook of Economic Growth*, Amsterdã, Elsevier, 2005, pp. 385-472, vol. 1.

2. O esquema de Mamdani para indivíduos vivendo sob segregação institucional na África colonial, prenunciando o estado de apartheid da África do Sul, se estende facilmente ao contexto de riqueza sob extração por um período muito mais longo do que o que estou descrevendo aqui. Mamdani usa esses termos para descrever as sociedades separadas da elite colonial urbana e branca e a dos pobres rurais indígenas e negros. Os primeiros gozam dos direitos dos cidadãos e vivem em um mundo "limitado pelo Estado de direito e pelo regime correspondente de direitos", enquanto os últimos são definidos como sujeitos à mercê do direito consuetudinário e da discrição das elites locais. M. Mamdani, *Citizen and Subject: Contemporary Africa and the Legacy of Late Colonialism*, Princeton, NJ, Princeton University Press, 1996, p. 19.

domesticado", frente à obra *O capital no século* XXI — aquela que maneja a linguagem-padrão da macroeconomia e das finanças públicas para entender os padrões de acumulação de riqueza.[3] Minha leitura, em vez disso, segue uma visão alternativa à de Naidu, ou seja, a de um "Piketty indomável", colocando o poder e a política no centro do palco. De fato, considerando-se que grande parte da atividade econômica, aqui compreendida, ocorre fora dos domínios dos mercados competitivos ou do Estado de direito, este capítulo avalia instituições e doações historicamente determinadas como motores da desigualdade de longo prazo.

Começarei esboçando um modelo simples de transmissão de riqueza intergeracional com heterogeneidade entre grupos. O modelo permite que instituições e doações passadas influenciem a riqueza individual e, portanto, a desigualdade entre dois grupos (e dentro deles), quais sejam, cidadãos e súditos. O modelo fornece a percepção de que o efeito das diferenças de doação se desgasta ao longo dos séculos. Por outro lado, as instituições moldam não apenas os incentivos para a acumulação de riqueza, mas também a capacidade de redistribuição. Essas instituições persistem e continuam a influenciar a desigualdade muito depois de o efeito das diferenças iniciais de doação terem morrido. Comparo essa abordagem com a literatura sobre a importância da escravidão e do colonialismo na Grande Divergência e na Revolução Industrial, em que o foco nas doações fez perder de vista o efeito mais pernicioso das instituições.

Ilustro esse problema me voltando para o contexto da escravidão nos Estados Unidos. A Guerra Civil e a emancipação soaram como uma sentença de morte para a riqueza, que era obtida através da mão de obra escrava, exatamente como uma forma de riqueza; mas, esse choque na riqueza estava longe de ser o suficiente para que houvesse a remoção da vantagem que os proprietários de escravos desfrutavam na sociedade sulista, ou o domínio da escravidão na política do Sul. A persistência institucional abriu outros caminhos para que suas dinastias recuperassem a proeminência nas décadas depois da Guerra Civil. A evidência sugere algum ressurgimento das dinastias do Sul *antebellum*.* Um insuperável canal para a persistência é por meio da captura de instituições políticas pela elite.

---

3. T. Piketty, *O capital no século XXI*, Rio de Janeiro, Intrínseca, 2014.

* *Antebellum* é um termo em latim que significa "existente antes da guerra". [N.T.]

Em seguida, passo a examinar os efeitos persistentes decorrentes das instituições do domínio colonial europeu com relação à desigualdade, ampliando o escopo geográfico e temporal da análise. Acemoglu, Johnson e Robinson forneceram um método para identificar o efeito causal das instituições nos resultados econômicos através do uso da variação exógena em ambientes patológicos, como uma variável instrumental para as instituições coloniais.[4] Essas variações afetaram a capacidade dos europeus de se estabelecerem em potenciais colônias, e indiscutivelmente moldaram os tipos de instituições que construíram mais tarde. Embora a persistência institucional afete a desigualdade por meio de vários canais, foco sobretudo na estrutura básica tributária e nas informações obtidas através dos bancos de dados sobre desigualdade globais, como o Banco de Dados Mundial de Riqueza e Renda (WID), que é mantido por Piketty e colaboradores. Sociedades com instituições extrativistas têm uma infraestrutura tributária mais recente e menos estável, em média, e isso é um elemento importante com relação à desigualdade existente nas sociedades atuais, que foram anteriormente colonizadas.

Na seção final, discuto caminhos para pesquisas futuras e as implicações políticas da influência contínua da história na desigualdade global. A proposta de política mais distinta, no contexto do extrativismo histórico, é a reparação. Discuto brevemente as armadilhas desse instrumento de política tal como concebido e que está implícito na literatura especializada em doações. Concluo com uma abordagem alternativa às reparações, concentrando-me no problema da segregação institucional, em vez de fazê-lo meramente com relação à divergência inicial de doações.

4. D. Acemoglu, S. Johnson, J. A Robinson, "The Colonial Origins of Comparative Development: An Empirical Investigation", *American Economic Review* 91, 2001, pp. 1369-1401. Isso não ocorre de forma pacífica. Veja D. Albouy, "The Colonial Origins of Comparative Development: An Empirical Investigation: Comment", *American Economic Review* 102, n. 6, 2012, pp. 3059-3076. Veja também A. Belloni, V. Chernozhukov, C. Hansen, "High-Dimensional Methods and Inference on Structural and Treatment Effects", *Journal of Economic Perspectives* 28, n. 2, 2014, pp. 29-50. Belloni e colaboradores mostram que o instrumento de mortalidade de colonos é robusto para uma ampla variedade de controles geográficos selecionados, por meio de uma regressão penalizada Lasso. ("Regressão penalizada Lasso" é um termo técnico de estatística. [N.T.])

Um modelo de desigualdade de grupo com a história

Para modelar a transmissão de riqueza intergeracional em um mundo onde grupos de indivíduos enfrentaram diferentes conjuntos de instituições historicamente, tomo como base o modelo de transmissão de riqueza intergeracional de Mulder e outros, em sociedades de pequena escala.[5] Mulder e colaboradores estão interessados nos níveis médios de desigualdade, gerados pelos diferentes sistemas de produção econômica, em sociedades de pequena escala, cujas instituições variam das altamente igualitárias até as fortemente estratificadas. Suas estimativas de transmissão intergeracional, para cada uma dessas sociedades, sugerem, em primeiro lugar, que a desigualdade entre os grupos seja significativa e maior do que as flutuações em torno da desigualdade de longo prazo dentro dos grupos; e, em segundo lugar, que a desigualdade entre as sociedades seja, em grande parte, uma função das instituições que caminham junto com cada tipo de tecnologia de produção. Aqui, eu modifico o modelo deles para levar em conta a inter-relação entre as instituições dos cidadãos e dos súditos, em razão dos conflitos históricos discutidos na seção anterior. Concentro minha interpretação nos efeitos das doações *vis-à-vis* às instituições, no que tange à desigualdade dentro e entre esses dois grupos.

Conforme mencionado, os grupos que historicamente desfrutaram de instituições políticas e econômicas inclusivas são rotulados por mim como "cidadãos"; enquanto, por sua vez, os grupos que historicamente enfrentaram instituições extrativistas são chamados por mim de "súditos". No modelo, a riqueza de um indivíduo é determinada por três componentes: instituições que determinam o grau de transmissão da riqueza dos pais do indivíduo; doações, ou a riqueza média do grupo do indivíduo, que, por sua vez, depende das instituições; e os choques idiossincráticos, que capturam as flutuações imprevistas na riqueza do indivíduo. Para os cidadãos, instituições inclusivas fortes limitam o grau de riqueza estabelecido pelos pais do indivíduo; enquanto, para os súditos, as instituições extrativistas garantem que o status de uma pessoa seja amplamente transmitido da geração anterior. Além disso, os cidadãos desfrutam de maiores doações, e os súditos de menores, devido a conflitos históricos que transferiram riqueza entre os dois grupos, incluindo o comércio de

5. M. B. Mulder et al., "Intergenerational Wealth Transmission and the Dynamics of Inequality in Small-Scale Societies", *Science*, 30 out. 2009, pp. 682-688.

escravos no Atlântico, a agricultura de *plantation* baseada no trabalho escravo nos países da América; e a extração de recursos nas colônias da África para a Ásia. O termo final na equação de riqueza captura choques econômicos imprevisíveis que estão além do controle do indivíduo. Isso inclui choques em nível macro, como guerras e crises econômicas; ou choques idiossincráticos em nível individual, incluindo doença ou morte na família.

A desigualdade global nesse cenário é capturada pela variação na riqueza individual, no contexto da população combinada de cidadãos e de súditos. O principal entendimento quanto ao modelo, que é mostrado a seguir depois de alguma manipulação técnica, é que, embora as doações iniciais tenham peso para a desigualdade global no curto e médio prazos, no longo prazo apenas permanece o efeito das instituições. Isso ocorre porque choques idiossincráticos amortecem o efeito das doações repassadas de geração em geração, tornando-as finalmente irrelevantes para a desigualdade global. Uma vez que a riqueza se estabiliza entre as gerações, em um equilíbrio conhecido como estado estacionário, apenas as instituições continuam a determinar o nível de desigualdade global.

Mostro isso formalmente, permitindo que cidadãos e súditos tenham frequências populacionais ρ e 1 – ρ, respectivamente, e enfrentem os seguintes processos de acumulação de riqueza, específicos do grupo:

$$W_{it+1}^{C} = \beta^{C} W_{it}^{C} + (1-\beta^{C}) \bar{W}_{t}^{C}(\beta^{C}, \beta^{S}) + \varepsilon_{it}^{C},$$
$$W_{it+1}^{S} = \beta^{S} W_{it}^{S} + (1-\beta^{S}) \bar{W}_{t}^{S}(\beta^{S}, \beta^{C}) + \varepsilon_{it}^{S},$$

Aqui, β^{G} captura instituições historicamente determinadas para o grupo *G*, $\bar{W}_{t}^{G}$ é a riqueza média para o grupo *G* no período *t* e, portanto, representa as dotações, W_{is}^{G} é a riqueza do indivíduo *i* no grupo *G* no período de tempo *s*, e ε_{is}^{G} é o choque idiossincrático à riqueza de *i* no grupo *G* no período de tempo *s*, em que o choque tem média zero com variância $\sigma_{\varepsilon G}^{2}$. Assim, a riqueza de um indivíduo amanhã é uma função de sua riqueza individual no período anterior, a riqueza média do grupo no período anterior e um choque idiossincrático durante cada período, no nível individual. As doações iniciais podem ser consideradas como a riqueza média no nível do grupo no período de tempo zero.

O segundo termo representa a regressão à média, ou a doação média no nível do grupo no período anterior, ponderada por (1 – β^{G}). Se β^{G} representa instituições, então um β^{G} mais baixo implica instituições econômicas e políticas inclusivas que aumentam a igualdade de oportunidades, e comprimem a distribuição dentro de um grupo — por exemplo, restrições às elites, forte provisão de bens públicos e redes de segurança social. Os β^Gs elevados capturam as instituições extrativistas que surgiram sob o colonialismo e a escravidão: um sistema político que favorece as elites, o conflito e os mercados de trabalho coercitivos. As instituições extrativistas no passado geram baixa mobilidade intergeracional, bem como níveis mais elevados de desigualdade contemporânea, por meio da persistência institucional. É importante ressaltar que permito que as doações em nível de grupo dependam de instituições em outros grupos para capturar as consequências de conflitos históricos entre cidadãos e súditos.

Em locais com instituições inclusivas, as doações podem ser ainda maiores devido à extração de recursos ou à prática da escravidão em colônias ultramarinas. Nesse modelo, tanto as diferenças em doações quanto as diferenças nas instituições são puramente determinadas por esses conflitos históricos. Embora abstraia outros fatores que influenciam as instituições e doações iniciais, o objetivo aqui é o de destacar a importância relativa das doações em relação às instituições, na determinação da desigualdade global contemporânea. O modelo fornece uma maneira conveniente de relacionar a desigualdade global com a divergência em doações e instituições, que surge por meio de conflitos históricos extrativistas. Esses conflitos históricos criam grupos de cidadãos e de súditos, tanto globalmente quanto dentro de um país ou região.

Para qualquer grupo G, com o outro grupo representado como $-G$, sob choques que são idêntica e independentemente distribuídos (i.i.d.), a variância de estado estacionário da riqueza pode ser derivada da seguinte forma:

$$\begin{aligned}\mathrm{Var}\left(W_{it+1}^{G}\right) &= \mathrm{Var}\left(\beta^{G} W_{it}^{G} + \left(1-\beta^{G}\right)\overline{W}_{t}^{G}\left(\beta^{G}, \beta^{-G}\right) + \varepsilon_{it}^{G}\right) \\ &= \beta^{G^2}\,\mathrm{Var}(W_{it}^{G}) + \sigma_{\varepsilon^G}^{2}\end{aligned}$$

No estado estacionário onde $W_{it+1}^{G} = W_{it}^{G}$, $\mathrm{Var}\left(W_{it+1}^{G}\right) = \mathrm{Var}\left(W_{it}^{G}\right) = \sigma_{W^G}^{2}$

$$\sigma_{W^G}^{2} = \beta^{G^2}\sigma_{W^G}^{2} + \sigma_{\varepsilon^G}^{2} \Rightarrow \sigma_{W^G}^{2} = \sigma_{\varepsilon^G}^{2} / \left(1-\beta^{G^2}\right)$$

Assim, no estado estacionário, as doações iniciais não têm efeito sobre a variância do log de riqueza do grupo G. Em vez disso, a variância de estado estacionário é puramente uma função das instituições do grupo G e da variância dos choques idiossincráticos de nível individual.

Em que sentido as instituições importam para a desigualdade dentro e entre grupos de cidadãos e de súditos? A acumulação de riqueza global é a soma dos dois processos de acumulação de riqueza para cidadãos e súditos, ponderada pelas frequências populacionais:

$$W_{it+1}^{WORLD} = \rho W_{it+1}^{C} + (1-\rho) W_{it+1}^{S} = \rho\left(\beta^{C} W_{it}^{C} + (1-\beta^{C}) \bar{W}_{t}^{C}(\beta^{C}, \beta^{S}) + \varepsilon_{it}^{C}\right)$$
$$+ (1-\rho)\left(\beta^{S} W_{it}^{S} + (1-\beta^{S}) \bar{W}_{t}^{S}(\beta^{S}, \beta^{C}) + \varepsilon_{it}^{S}\right)$$

Isso pode ser reescrito da seguinte forma:

$$W_{it+1}^{WORLD} = \rho\beta^{C} W_{it}^{C} + \bar{W}^{WORLD} + (1-\rho)\beta^{S} W_{it}^{S} + \varepsilon_{it}^{WORLD}$$

em que $\bar{W}^{WORLD}$ é a média ponderada apropriadamente das duas dotações de nível de grupo, normalizada entre os períodos.

Desigualdade global é definida como a variância de W_{it+1}^{WORLD}:

$$\text{Var}(W_{it+1}^{WORLD}) = \text{Var}\left(\rho\beta^{C} W_{it}^{C} + \bar{W}^{WORLD} + (1-\rho)\beta^{S} W_{it}^{S} + \varepsilon_{it}^{WORLD}\right)$$
$$= \rho^{2}\beta^{C^{2}} \text{Var}(W_{it}^{C}) + (1-\rho)^{2} \beta^{S^{2}} \text{Var}(W_{it}^{S}) + 2\rho(1-\rho)$$
$$\text{Cov}(W_{it}^{C}, W_{it}^{S}) + \sigma_{\varepsilon^{WORLD}}^{2}$$

Como os choques são i.i.d., a covariância de W_{it}^{C} e W_{it}^{S} é zero. Assim, temos que a desigualdade global no período de tempo *t* é

$$\text{Var}(W_{it+1}^{WORLD}) = \rho^{2}\beta^{C^{2}} \text{Var}(W_{it}^{C}) + ((1-\rho)^{2}\beta^{S^{2}} \text{Var}(W_{it}^{S}))$$

No estado estacionário, a desigualdade global pode ser escrita como

$$\text{Var}(W_{i}^{WORLD}) = \rho^{2}\beta^{C^{2}} \sigma_{\varepsilon^{C}}^{2} / \left(1-\beta^{C^{2}}\right) + (1-\rho)^{2}\beta^{S^{2}} \sigma_{\varepsilon^{S}}^{2} / \left(1-\beta^{S^{2}}\right)$$

O que isso nos diz é que, a longo prazo, a desigualdade global é uma função das instituições de cada grupo, das frequências da população e da variação nos choques de nível individual para cada grupo. É importante ressaltar que as doações iniciais não explicam a desigualdade global no longo prazo.

Assim, podemos pensar na história agindo de duas maneiras: as instituições afetam o grau de mobilidade na distribuição da riqueza dentro de um grupo, e as instituições afetam as doações em nível de grupo, para ambos os grupos, por meio de conflitos históricos extrativos entre os dois. Os últimos são importantes se acreditarmos que os resultados do grupo não estão no estado estacionário. Em última análise, entretanto, o modelo sugere que os choques podem eliminar as diferenças de doação inicial, de modo que não caracterizem a desigualdade global no longo prazo. Podemos razoavelmente pensar nas instituições como mais persistentes do que as diferenças de doação, e, no modelo, esse é de fato o caso. No longo prazo, a divergência institucional tem mais poder explicativo para a desigualdade global do que as doações. No entanto, como mostrarei na seção seguinte, grande parte dos estudos sobre conflitos históricos e subsequente desigualdade tende a enfatizar a divergência nas doações, em vez de nas instituições.

Doações

Em sua obra fundamental, publicada em 1944, *Capitalismo e escravidão*, o historiador Eric Williams propôs que os lucros do comércio de escravos, bem como das plantações que utilizavam mão de obra escrava, financiaram a Revolução Industrial britânica. Quando a escravidão não servia mais aos interesses do capital, argumentou ele, a aliança entre capitalistas e abolicionistas derrubou a instituição. Mas a primeira parte de sua tese lançou uma investigação sobre a importância da escravidão para o desenvolvimento econômico britânico. Embora os detratores de Williams argumentem que as taxas de lucro do comércio de escravos foram superestimadas, ou que o tamanho do setor era muito pequeno para ter um efeito significativo no resto da economia, os historiadores econômicos tendem a atribuir algum papel à escravidão no crescimento britânico durante esse período.[6] Além disso, se, como argumenta Inikori, a demanda africana, ou a das Índias Ocidentais, por produtos industriais essenciais era alta, então mesmo um pequeno setor pode contribuir para a reestruturação da

6. Veja R. P. Thomas, D. N. McCloskey, "Overseas Trade and Empire 1700-1860", *The Economic History of Britain since 1700*, Cambridge, Cambridge University Press, 1981, pp. 87-102. Veja também B. L. Solow, S. Engerman, *British Capitalism and Caribbean Slavery: The Legacy of Eric Williams*, Cambridge, Cambridge University Press, 2000; e K. Morgan, *Slavery, Atlantic Trade and the British Economy, 1660-1800*, Cambridge, Cambridge University Press, 2000.

economia britânica.[7] Um argumento semelhante foi apresentado no contexto da colonização britânica do continente africano.[8]

Os mecanismos, para os efeitos da escravidão, variam desde o influxo direto de lucros do comércio de escravos, assim como da produção em regime de *plantation* nos países da América, até um efeito *spillover** [transbordamento] da escravidão em setores relacionados na economia, incluindo transporte, têxteis, seguro marítimo e finanças.[9] Tais efeitos *spillovers* podem implicar um grande efeito da escravidão no crescimento, mesmo que os lucros diretos do comércio e das plantações fossem pequenos.

Os argumentos mais recentes na história global têm se concentrado em *spillovers*, inclusive na inovação, desafiando assim a noção de que um pequeno comércio ou setor da economia podem ter apenas pequenos efeitos na economia. Se o acesso barato a insumos brutos alimentou a inovação, então os laços políticos e econômicos com as instituições extrativistas no exterior podem levar ao crescimento econômico sustentado, ampliando a divergência nas doações. Isso não é mais bem ilustrado, talvez, do que pela indústria têxtil no Reino Unido. A principal matéria-prima que destaca essas conexões de *spillover*, assim como a importância das colônias no exterior, é o algodão. O algodão produzido por meio do trabalho escravo nos Estados Unidos ou na Índia, sob um controle colonial cada vez maior, desempenhou um papel importante no desenvolvimento econômico britânico. Hanlon indica, por exemplo, como o choque decorrente da Guerra Civil no fornecimento de algodão dos Estados Unidos reduziu, drasticamente, o preço relativo do algodão indiano em relação àquele dos Estados Unidos. As importações do algodão indiano aumentaram de forma significativa, mas as inovações tecnológicas que reduziram o custo de processamento do algodão indiano mantiveram o ritmo. O resultado foi que os preços do algodão indiano se recuperaram apesar de não haver nenhuma redução correspondente na taxa de importação. O acesso seguro da Grã-Bretanha ao

7. J. E. Inikori, *Africans and the Industrial Revolution in England: A Study in International Trade and Economic Development*, Cambridge, Cambridge University Press, 2002.

8. R. D. Wolff, *The Economics of Colonialism: Britain and Kenya, 1870-1930*, New Haven, CT, Yale University Press, 1974.

* Efeito *spillover* (ou efeito transbordamento), em economia, diz respeito a um evento econômico que ocorre como decorrência de um outro evento, dentro de um contexto aparentemente não relacionado. [N.T.]

9. Morgan, op. cit., p. 4.

algodão indiano, assim, desempenhou um papel importante para garantir que essas inovações ocorressem em um momento no qual o fim da escravidão nos Estados Unidos ameaçava suprimir um insumo crítico da indústria têxtil britânica.[10] De fato, depois da Guerra Civil dos Estados Unidos, a Grã-Bretanha continuou a dominar a produção de algodão no início do século XX.[11]

Outros analisaram o papel da escravidão no desenvolvimento do mercado financeiro. Gonzalez, Marshall e Naidu se valem de relatórios empresariais históricos, obtidos no estado de Maryland, nos Estados Unidos, para mostrar que aqueles que eram proprietários de escravos estavam mais propensos a iniciar novos negócios do que aqueles que não tinham escravos, apoiando-se um modelo no qual os credores preferiam escravos como garantia, devido à sua maior liquidez e mobilidade quando comparados com as terras.[12] Rosenthal estuda a ascensão da contabilidade como uma ciência nos Estados Unidos e localiza a influência inicial dos contadores nas plantações. A profissionalização dos contadores e dos chamados guarda-livros, assim como o desenvolvimento da contabilidade como um campo do conhecimento, foram estimulados pela demanda dos plantadores pela contabilidade e pela experiência que os contadores desenvolveram através dos trabalhos prestados para os donos das plantações.[13]

Menos discutidos na literatura da história econômica são os efeitos da escravidão no avanço da medicina moderna. No século XVIII, os médicos inoculavam pacientes com o objetivo de combater a varíola, transferindo material corpóreo de uma pessoa levemente infectada para um ferimento aberto em um indivíduo não infectado. Em Cuba e em outras partes da América espanhola, tanto órfãos quanto escravos eram usados como receptores para a transmissão de vacinas, carregando-as em ampolas nos seus braços. Gonzalez documenta a alta correlação entre escravos e o número de pessoas vacinadas em Cuba, durante o início do século XIX. O medo de as doenças se espalharem, através

10. W. W. Hanlon, "Necessity Is the Mother of Invention: Input Supplies and Directed Technical Change", *Econometrica* 83, 2015, pp. 67-100.

11. G. Clark, "Why Isn't the Whole World Developed? Lessons from the Cotton Mills", *Journal of Economic History* 47, n. 1, 1987, pp. 141-173. Veja a discussão sobre a dissolução da indústria têxtil de algodão britânica, nos anos entre guerras, em S. Beckert, *Empire of Cotton: A New History of Global Capitalism*, Nova York, Knopf, 2014, pp. 381-382.

12. F. Gonzalez, G. Marshall, S. Naidu, "Start-up Nation? Slave Wealth and Entrepreneurship in Civil War Maryland", *NBER Working Paper* n. 22483, ago. 2016.

13. C. C. Rosenthal, "Slavery's Scientific Management: Accounting for Mastery", *Slavery's Capitalism*, coord. S. Rockman, S. Beckert, Filadélfia, University of Pennsylvania Press, 2016.

dos escravos, para o resto da população, induziu procedimentos rigorosos de vacinação nos portos. A crescente importância da escravidão na economia cubana estimulou a demanda por médicos e cirurgiões, levando o país a níveis per capita bastante elevados de profissionais médicos. Quando a quantidade de órfãos usados para a transmissão da vacina acabasse, os escravos poderiam ser comprados para garantir que a cadeia de transmissão humana não fosse quebrada. Os navios de escravos e as rotas comerciais forneceram um caminho natural para escalar a vacinação das populações na América espanhola.[14] Essas evidências sugerem um efeito potencialmente significativo da escravidão na produtividade total dos fatores. O estímulo ao avanço da medicina e à ciência da administração afeta todos os fatores, tornando-os todos mais produtivos.

O economista William Darity caracteriza essa relação entre crescimento e extrativismo na África e nos países da América como o "pecado original" da Europa moderna. Mas por quanto tempo os "pecados originais" importam? De acordo com o modelo descrito na seção anterior, embora as diferenças de doação sejam importantes no curto e médio prazo, no longo prazo essas diferenças de doação são eliminadas por choques repetidos no processo de acumulação de riqueza. No final, as regras que incentivam a acumulação de riqueza e que governam a política redistributiva (o termo β no modelo) persistem enquanto as diferenças de doação desaparecem. Em outras palavras, se os pecados originais da Europa são sua divergência de doação inicial, a reivindicação sobre essas doações, a partir de uma perspectiva globalmente redistributiva, torna-se infinitamente pequena com o tempo. No final das contas, quando a economia atinge o estado estacionário, apenas as diferenças institucionais importam.[15] Mas em que ponto uma economia atinge o estado estacionário? Exploro esse quebra-cabeça no contexto da escravidão nos Estados Unidos, na seção a seguir.

14. G. Grandin, *The Empire of Necessity: Slavery, Freedom, and Deception in the New World*, Nova York, Metropolitan Books, 2014; S. Gonzalez, "The Double-Edged Sword: Smallpox Vaccination and the Politics of Public Health in Cuba" (tese de doutoramento apresentada na Universidade da Cidade de Nova York, em 2014); J. Tuells, J. L. Duro-Torrijos, "The Journey of the Vaccine against Smallpox: One Expedition, Two Oceans, Three Continents, and Thousands of Children", *Gaceta Médica De México* 151, n. 3, 2015, pp. 416-425; C. S. Berry-Cabán, "Cuba's First Smallpox Vaccination Campaign", *International Journal of History and Philosophy of Medicine* 5, 2015, pp. 1-4.

15. W. Darity Jr., "A Model of 'Original Sin': Rise of the West and Lag of the Rest", *American Economic Review* 182, 1992, pp. 162-167. Veja também R. Findlay, "The 'Triangular Trade' and the Atlantic Economy of the Eighteenth Century: A Simple General-Equilibrium Model", *Essays in International Finance* 177, 1990, pp. 1-33.

Choques vs. persistência

Piketty documenta o choque que as duas guerras mundiais impuseram à relação entre capital e renda, mas talvez nenhuma guerra moderna tenha conseguido erradicar toda uma forma de riqueza com a mesma eficácia que a Guerra Civil americana apresentou. Em questão de anos, a forma mais dinâmica de capital mantida pelos detentores de riqueza do Sul, o "capital escravo", tornou-se um produto histórico. Assim, a Guerra Civil serve como o choque por excelência às doações históricas, conforme definido na seção anterior. Qual foi o efeito da abolição sobre a distribuição da riqueza no período posterior à guerra? Esse choque foi suficiente para confundir os limites entre os "cidadãos", as elites do Sul, e os "súditos", incluindo os brancos pobres e os libertos, no Sul dos Estados Unidos?

Os dados para responder a essa pergunta se tornaram cada vez mais disponíveis devido à contínua digitalização dos dados históricos do censo dos Estados Unidos, proveniente de sociedades genealógicas e da Série Integrada de Microdados de Uso Público (IPUMS*, na sigla em inglês). Valendo-se dos dados do censo IPUMS, Dupont e Rosenbloom verificam até que ponto os proprietários de escravos permaneceram no topo da distribuição de riqueza no Sul, depois da Guerra Civil.[16] Ao contrário dos pesquisadores anteriores, que, através de dados mais limitados, encontraram a forte persistência de uma classe de plantadores do Sul, depois da Guerra Civil, Dupont e Rosenbloom relatam resultados mais misturados. No Sul, menos da metade dos 5% dos maiores detentores de riqueza da região, em 1870, estavam entre os 10% mais ricos, em 1860, sugerindo um grau moderado de rotatividade na distribuição de riqueza do Sul. Por fim, com a eliminação da riqueza dos escravos, um conjunto um tanto diferente de indivíduos alcançou o topo em 1870. É importante ressaltar que a mobilidade da riqueza foi menor no Norte ao longo do mesmo período.

Ainda assim, Dupont e Rosenbloom relatam que cerca de um terço dos ricos sulistas, em 1860, mantiveram seu status em 1870, um número aparentemente alto, dada a extensão do choque que a Guerra Civil ocasionou.[17]

---

* A Série Integrada de Microdados de Uso Público é o maior banco de dados de população em nível individual do mundo. O IPUMS consiste em amostras de microdados dos Estados Unidos e registros do censo internacional, bem como dados de pesquisas nos Estados Unidos e internacionais. [N.T.]

16. B. Dupont, J. Rosenbloom, "The Impact of the Civil War on Southern Wealth Holders", *NBER Working Paper* n. 22184, abr. 2016.

17. Ibidem.

Os resultados dos autores sugerem uma sociedade no caminho para um estado estacionário, em que as diferenças de doação inicial entre cidadãos e súditos, nesse contexto, deixam de ter importância para a distribuição da riqueza. Além disso, Ager, Boustan e Eriksson constataram que a riqueza dos escravos, que persistia antes da Guerra Civil, deixa de revelar riqueza, em 1870, enquanto a riqueza imobiliária continua a fazê-lo.[18]

Em um artigo, encontrei resultados que, no entanto, são consistentes com a persistência de alguma forma de vantagem dos proprietários de escravos do Sul, em uma escala de tempo muito mais longa.[19] Baseando-se na contagem completa de escravos dos Estados Unidos, no ano de 1860, que enumera aproximadamente 430 mil proprietários de escravos, e na contagem do censo dos Estados Unidos, em 1940, realizei um teste inicial inspirado no trabalho de Clark sobre mobilidade socioeconômica e sobrenomes.[20] Encontrei uma correlação positiva entre a riqueza dos escravos e a renda moderna para os quase 40 mil sobrenomes das listas de escravos, de 1860, associados aos sobrenomes do Sul, em 1940. A combinação dessas evidências, juntamente com Dupont e Rosenbloom, indica um quebra-cabeça. Os ex-proprietários de escravos no Sul experimentaram um ressurgimento econômico nas décadas posteriores à Guerra Civil?[21]

Um efeito persistente da escravidão sobre a distribuição de riqueza e de renda não estaria fora de lugar em meio a uma ampla evidência, sugerindo que as instituições extrativistas projetam grandes sombras (um padrão empírico que discuto com maiores detalhes na seção seguinte). No contexto da escravidão nos Estados Unidos, Blackwell e coautores encontram efeitos não lineares da escravidão nos resultados políticos e culturais do século XX, que possivelmente se encaixam com as dinastias escravagistas, voltando à proeminência muito depois da Guerra Civil. Usando a variação na adequação do algodão como fonte de variação aleatória na agricultura escravagista em grande escala, os autores descobriram que uma proporção maior de escravos, em 1860, indica uma maior identificação com pré-alinhamento do Partido Democrático ao Sul, bem como atitudes raciais negativas em

18. P. Ager, L. Boustan, K. Eriksson, "Intergenerational Mobility in the 19th Century: Evidence from the Civil War" (escrito em 2016; não publicado).

19. E. Derenoncourt, "Testing for Persistent Slaveholder Dynastic Advantage, 1860-1940" (escrito em 2016; não publicado).

20. G. Clark, *The Son Also Rises: Surnames and the History of Social Mobility*, Princeton, NJ, Princeton University Press, 2014.

21. E. Derenoncourt, op. cit.

relação aos afro-americanos hoje. A relação atingiu seu ápice no início do século XX, consistente com a redenção do Sul e as reversões da Reconstrução*, sendo mais intensas em áreas do Sul onde a escravidão era mais marcante anteriormente. Essas realidades políticas podem ser transportadas para a distribuição de renda, ressuscitando dinastias escravagistas e entrincheirando-as na estrutura das elites do Sul.[22] Depois que sua forma mais importante de riqueza pessoal se transformou em uma força de trabalho livre, dinastias, antes escravagistas, substituíram-na pela obtenção de poder político, o que poderia então ser usado para subjugar escravos recentemente libertados e restaurar seu status econômico em períodos futuros.[23]

Esses avanços recentes na literatura sobre posse de escravos e a mobilidade depois da Guerra Civil sugerem que as dotações são de fato suscetíveis a choques, lembrando o obituário de Du Bois à escravidão: "Com a guerra civil, os proprietários morreram como uma classe." Ainda assim, em 1940, a posse de escravos com sobrenomes de 1860 parecia estar relacionada com a renda. Além disso, o longo legado da escravidão na política do Sul é claro: lugares com mais escravos, em 1860, eram menos propensos a votar em Barack Obama, em 2008. Assim, mesmo que as vantagens de dotação desapareçam, as instituições que produzem essas vantagens podem ter um impacto duradouro sobre resultados econômicos e políticos muito depois de a instituição ter deixado de existir oficialmente.

---

* A chamada Reconstrução foi um período da história dos Estados Unidos que teve início com o término da Guerra de Secessão (Guerra Civil Norte-Americana), em 1865, e se estendeu até o ano de 1877. O período é marcado pelo retorno gradual dos estados que haviam se separado do país (e formado os Estados Confederados da América), e pelo início do processo de integração dos ex-escravos afro-americanos. [N.T.]

22. A. Acharya, M. Blackwell, M. Sen, "The Political Legacy of American Slavery", *Journal of Politics* 78, n. 3, maio 2016.

23. Esses efeitos não lineares também sugerem uma dinâmica institucional que atualmente não é levada em consideração pelo modelo descrito anteriormente neste capítulo. As instituições historicamente determinadas são estáticas no modelo, o que torna difícil fazer afirmações atuais sobre os descendentes do cidadão e do súdito. Em vez disso, talvez as instituições tendam a se refazer à imagem das instituições do passado, com efeitos redistributivos semelhantes. O escritor e jornalista Ta-Nehisi Coates defende reparações para os afro-americanos, que se baseiam fortemente na experiência das políticas do século XX, que excluíram os afro-americanos da forma mais popular de criação de ativos nos Estados Unidos: a casa própria. Ele traça a linha de continuidade da escravidão até Jim Crow e até o *redlining* em órgãos federais em Chicago. Seu argumento é baseado na dependência de trajetória: mesmo quando uma instituição extrativista termina, uma nova pode surgir para manter a linha entre "cidadãos" e "súditos". A versão Coates das instituições é aquela em que elas têm um componente dinâmico e compartilham as consequências distributivas das instituições anteriores. As evidências do caso norte-americano apoiam uma nova análise dos mecanismos pelos quais as instituições históricas afetam os resultados contemporâneos. Veja Coates, "The Case for Reparations", *Atlantic Monthly*, jun. 2014, p. 54.

Na próxima seção, discuto a relação entre instituições e desigualdade com mais profundidade. Em particular, examino a relação entre a extração durante a colonização e a infraestrutura tributária subsequente nas ex-colônias europeias.

Instituições e desigualdade

Por que as instituições têm um papel para a desigualdade global? Em primeiro lugar, elas são essenciais para a compreensão do desenvolvimento econômico comparativo: os conflitos históricos produziram divergências institucionais que afetam a desigualdade entre os grupos (e dentro deles) de cidadãos e de súditos globais. Verificarei inicialmente o grupo de cidadãos, que tem recebido bastante atenção na literatura. Em seguida, analiso em profundidade a relação entre as instituições e a desigualdade, através do impacto da colonização na infraestrutura tributária. Além de servir como uma ferramenta-chave de política redistributiva, a tributação sobre a renda produz dados padrão-ouro acerca da distribuição de renda dentro de um país, principalmente porque eles não são codificados no topo, como muitas pesquisas domiciliares. Usando um *proxy* comum para o tipo de instituições coloniais em um país a partir da literatura sobre as instituições, medi o efeito das instituições históricas sobre os dados que coletei relativamente à introdução de uma tributação sobre a renda em 32 ex-colônias, bem como sobre as informações coletadas acerca da tributação sobre a renda existentes no banco de dados sobre a riqueza e a renda no mundo, que é mantido por Piketty e seus colaboradores. Usando esses dados, demonstro uma relação sistemática entre instituições e infraestrutura tributária que enfatiza o legado prejudicial das instituições extrativistas na distribuição de renda, bem como as próprias estruturas de governo que podem nos permitir medi-la.

As instituições, ou as regras que governam o comportamento econômico, social e político têm profundo poder explicativo acerca do desigual desenvolvimento global ao longo do tempo, uma teoria que os economistas, incluindo Douglass North e Acemoglu, Johnson e Robinson, desenvolveram por muito tempo.[24] Nas últimas duas décadas, os economistas têm alavancado cada vez mais experimentos naturais na história para medir o impacto das instituições no

24. D. C. North, "Institutions", *Journal of Economic Perspectives* 5, 1991, pp. 97-112; D. Acemoglu, S. Johnson, J. Robinson, "Institutions", *Handbook of Economic Growth*, vol. 1, 2005, pp. 385-472.

desenvolvimento econômico.[25] Em um trabalho amplamente citado, Acemoglu, Johnson e Robinson abordam a mortalidade por doenças na época da colonização europeia como uma versão em larga escala de um experimento natural de variação institucional. Considerando-se a falta de conhecimento dos europeus sobre como doenças infecciosas, dentre as quais a febre amarela ou a malária, se propagam, os ambientes naturais enfrentados nas diferentes colônias em potencial forneceram, na opinião deles, uma fonte exógena de variação no local onde os europeus poderiam se estabelecer. A capacidade de se instalar nos locais determinou os incentivos em relação aos quais os europeus construiriam tipos específicos de instituições. Onde prevaleciam altas taxas de mortalidade, o assentamento era improvável, e as instituições extrativistas eram fundamentadas pela produção escravagista de safras agrícolas e pelos limites a direitos. Onde as taxas de mortalidade eram mais baixas, os europeus tendiam a se estabelecer e a consolidar instituições relativamente inclusivas, com freios e contrapesos no sistema político e uma maior atenção quanto à proteção da propriedade privada.[26]

Essa divergência institucional inicial determinada por ambientes de doença é preditiva das instituições econômicas e do desempenho de hoje. Entre as ex-colônias, lugares onde o ambiente de doenças impediu os europeus de se estabelecerem têm, atualmente, direitos de propriedade menos seguros e PIB per capita mais baixo. Por outro lado, nos locais onde as taxas de mortalidade para os europeus eram mais baixas, verificou-se um desempenho relativamente melhor. Dessa forma, os autores interpretaram esses resultados empíricos como um suporte para a hipótese de que as instituições inclusivas melhoram o desempenho econômico a longo prazo, enquanto as instituições extrativistas fazem o oposto.

A dificuldade é que a inovação institucional e os surtos iniciais de crescimento econômico na Europa não ocorreram no vácuo, mas precisamente durante o período de exploração e conquista europeia de grande parte do resto do mundo. O aumento da riqueza decorrente das aquisições coloniais e do comércio de escravos ajudou a garantir instituições inclusivas na Europa, ao capacitar uma classe média, com características mercantis, para que pudesse compensar o poder da Coroa.[27] Esse padrão se estende a períodos posteriores

25. Veja M. Dell, "The Persistent Effects of Peru's Mining Mita", *Econometrica* 78, 2010, pp. 1863-1903; Acemoglu, Johnson, Robinson, op. cit.

26. Acemoglu, Johnson, Robinson, op. cit.

27. D. Acemoglu, S. Johnson, J. Robinson, "The Rise of Europe: Atlantic Trade, Institutional Change, and Economic Growth", *American Economic Review* 95, 2005, pp. 546-579.

de crescimento no Novo Mundo. No continente americano, lugares com instituições mais inclusivas se beneficiaram da atividade extrativista ao longo de extensas fronteiras, inclusive com a apropriação de terras indígenas e a aniquilação de populações locais.[28] Em suma, o crescimento depende de instituições inclusivas, mas também pode estar ligado à disponibilidade de oportunidades econômicas extrativistas em outros lugares.

Considere a ascensão da classe mercantil da Grã-Bretanha, que controlava o poder monárquico no país e também se destacava por ter os mais prolíficos comerciantes de escravos de toda a Europa. Da mesma forma, a expansão da democracia na Holanda coincidiu com suas violentas campanhas para estabelecer o controle monopolista do comércio de especiarias no Sudeste Asiático. Esses períodos da história servem como "circunstâncias críticas", períodos históricos decisivos nos quais as instituições iniciais determinam como as sociedades respondem às fontes de oportunidade econômica. Mas o alimento para instituições inclusivas em uma sociedade pode ser o encerramento dessas mesmas instituições em outra; este foi o caso particularmente da África Ocidental, do Caribe e do Sudeste Asiático, depois das incursões britânicas e holandesas.

Uma maneira direta de medir o impacto da colonização sobre a desigualdade dentro do grupo é através do exame do efeito das instituições coloniais na infraestrutura tributária. A capacidade do governo de tributar a renda é um forte sinal de sua capacidade de fornecer bens públicos e de redistribuir a renda para mitigar a desigualdade. A falta de uma infraestrutura tributária está relacionada a Estados onde os programas sociais são esparsos, as barreiras à entrada são crescentes e a renda da elite desenfreada.

Uma barreira importante quando se examina o efeito de diferentes instituições sobre a desigualdade diz respeito aos tipos de instituições em uma região que podem estar correlacionados com a disponibilidade de dados relativos aos resultados econômicos. Atkinson tenta preencher algumas dessas lacunas usando dados das tributações pertinentes às várias ex-colônias britânicas na África. Os próprios dados são um legado de um acordo extrativista entre a metrópole britânica e as colônias. Eles possibilitam apenas uma análise do escalão mais alto da distribuição de riqueza, e geralmente destacam os funcionários

---

28. C. García-Jimeno, J. Robinson, "The Myth of the Frontier", em *Understanding Long-Run Economic Growth: Geography, Institutions, and the Knowledge Economy*, coord. D. L. Costa, N. R. Lamoreaux, Chicago, University of Chicago Press, 2011, pp. 49-88.

coloniais em oposição aos residentes nativos. O estudo desses números no topo revela que a desigualdade era alta em várias dessas colônias, mesmo entre os integrantes da própria elite da sociedade, em relação aos quais havia dados fiscais disponíveis. Embora este trabalho preencha o vazio para a compreensão da dinâmica da desigualdade de renda em termos globais, ficamos com a gritante ausência de mais de 90% da população que não está representada nesses dados. Além disso, ainda não sabemos o que o efeito do sistema colonial na distribuição da riqueza implica para as colônias em relação às não colônias. Exploro esse problema na última parte desta seção.[29]

Concentrando-me nos países anteriormente colonizados, apresento algumas evidências diretas e sugestivas sobre o mecanismo de persistência institucional por trás da infraestrutura fiscal e estatística mais fraca em países pobres. Examino, especificamente, a relação entre as taxas históricas de mortalidade de colonos europeus em ex-colônias (uma medida criada por Acemoglu, Johnson e Robinson) e o primeiro ano de tributação de renda relativamente a 32 ex-colônias. É de se ter em mente que esses números de mortalidade por doenças fornecem uma variação aleatória na capacidade dos europeus de se estabelecerem nas áreas encontradas durante a era da exploração. Essa capacidade de assentamento determinou posteriormente o tipo de instituições instaladas na colônia. Lugares com baixa ocupação tendiam a instituições extrativistas, com pouca prestação de contas à população local. Em locais com maior ocupação, os colonos enfrentaram incentivos para estabelecer instituições inclusivas, que favoreciam suas próprias perspectivas de sucesso econômico. Para a variável de resultado, coleto dados sobre o primeiro ano de tributação de renda de uma variedade de fontes acadêmicas. Consigo encontrar o primeiro ano de legislação de imposto de renda para 32 ex-colônias, em relação às quais também tenho taxas de mortalidade de colonos europeus.[30]

29. Acemoglu, Johnson, Robinson, op. cit.; A. B. Atkinson, "The Colonial Legacy: Income Inequality in Former British African Colonies", *WIDER Working Paper* 45/2014, 2014.

30. Localizei o primeiro ano de tributação de renda para os seguintes países: Venezuela, África do Sul, Indonésia, Uruguai, Colômbia, México, Nigéria, Uganda, Tanzânia, Cingapura, Malásia, Austrália, Canadá, Estados Unidos, Jamaica, Nova Zelândia, Bangladesh, Paquistão, Chile, Argentina, Quênia, Egito, Trinidad e Tobago, Gâmbia, Hong Kong, Gana, Etiópia, Serra Leoa, Haiti, Brasil, Vietnã, Costa Rica. Cruzei referências com o Banco de Dados Mundial de Riqueza e Renda (WID) para vários países. Para as antigas colônias britânicas na África, valho-me de Atkinson, "The Colonial Legacy". Para obter uma lista completa das fontes usadas, entre em contato comigo através do endereço eletrônico: elloraderenoncourt@fas.harvard.edu.

A Figura 20.1 mostra a relação entre as instituições coloniais, conforme representadas pelas taxas de mortalidade de colonos registradas, e o primeiro ano de tributação de renda. As observações são agrupadas por compartimentos de tamanhos iguais de taxas de mortalidade de colonos, e o eixo *y* mostra a média do primeiro ano de tributação de renda para cada compartimento. O gráfico indica uma correlação positiva: quanto mais extrativistas as instituições coloniais, mais tardia é a introdução do imposto de renda naquele país. Como a tributação da renda pessoal é uma ferramenta governamental-chave para reduzir a desigualdade, as instituições coloniais extrativistas persistem por meio de instituições contemporâneas que têm capacidade limitada de redistribuição ou geração de receita para programas sociais. A desigualdade dentro do grupo depende, portanto, dos tipos de instituições estabelecidas durante o histórico confronto da colonização.

Figura 20.1: Relação entre as taxas de mortalidade de colonos e a introdução do imposto de renda

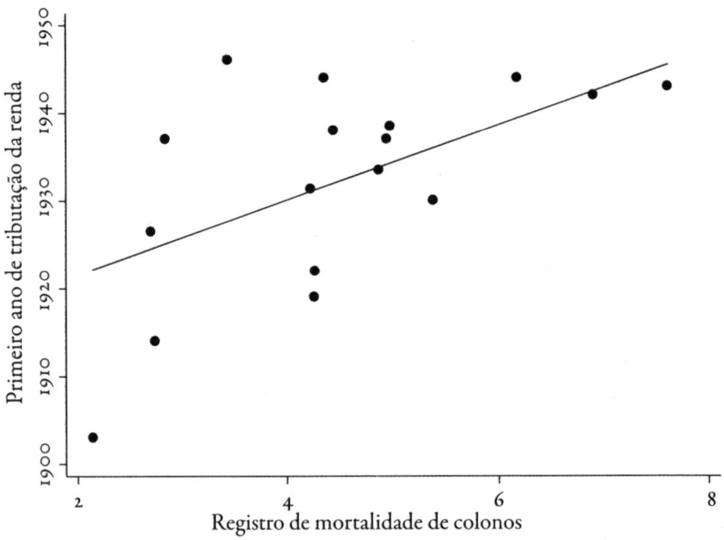

Nota: A tributação de renda de pessoa física é uma ferramenta governamental fundamental para conter a desigualdade. A correlação positiva aqui indica que quanto mais extrativistas são as instituições coloniais de um país, mais tarde é a introdução do imposto de renda.

A segunda maneira pela qual as instituições contribuem para a desigualdade global é através da determinação da qualidade de nossas informações sobre a desigualdade. O Banco de Dados Mundial de Riqueza e Renda (WID) mantido por

Piketty e seus colaboradores visa acompanhar a evolução da renda e da riqueza de mais de quarenta países em todo o mundo.[31] Isso deixa cerca de 150 países não representados no banco de dados, e estes estão concentrados na América do Sul, na África e na Europa Oriental. A falta de dados para muitos países ex-colonizados impede uma avaliação completa do impacto das instituições históricas sobre a desigualdade e a riqueza. Mas a falta de cobertura é em si uma forma de dados. A cobertura do banco de dados requer uma infraestrutura tributária bem desenvolvida. Normalmente, a implementação antecipada de um imposto de renda de pessoa física é um pré-requisito para que um país ofereça uma longa série de dados sobre riqueza e renda.

A Figura 20.2 relaciona a mortalidade de colonos aos anos de cobertura no WID. O gráfico, que agrupa as observações da mesma maneira que a Figura 20.1, indica que, quanto mais extrativistas eram as instituições na era colonial, menor a cobertura do país no WID. A conclusão perversa aqui é que quanto mais extrativistas são as instituições coloniais em um lugar, menos

FIGURA 20.2: Relação entre mortalidade de colonos e anos de cobertura no WTID

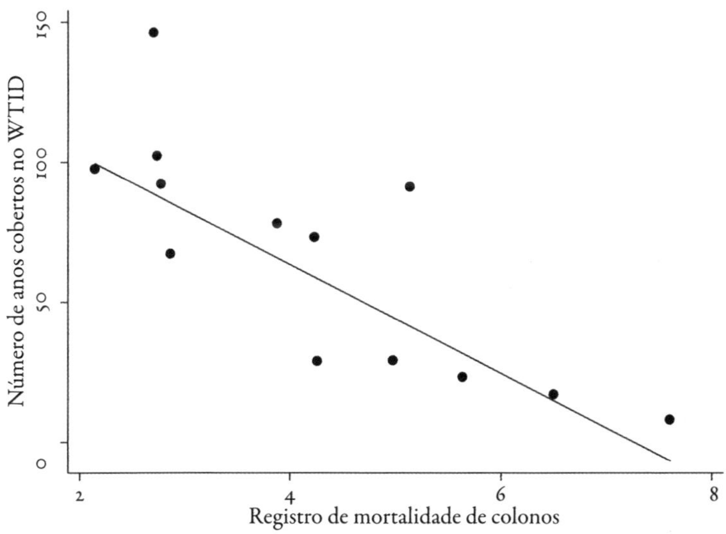

Nota: Os países com mais instituições extrativistas na era colonial tendem a ter uma cobertura mais baixa no Banco de Dados Mundial de Riqueza e Renda (WID). O conhecimento da desigualdade, portanto, sofre de um viés de foco em locais onde a informação sobre a desigualdade está disponível.

31. Disponível em: www.wid.world/.

sabemos sobre a distribuição de renda nesses lugares hoje. O conhecimento que produzimos sobre a desigualdade sofre, logo, de um viés de foco em locais onde a informação sobre a desigualdade está disponível. No entanto, é evidente que a disponibilidade de dados é sistematicamente influenciada pelas instituições. A falta de cobertura talvez esteja relacionada à menor continuidade do sistema tributário e à menor capacidade redistributiva, enquanto a análise quantitativa pode, de maneira automática, se afastar de locais onde não haja dados detalhados sobre a distribuição de renda. Assim, nossa compreensão do que determina a desigualdade é moldada pelos locais onde podemos medi-la.

As conclusões discutidas antes sugerem um papel direto para instituições historicamente extrativistas em moldar a distribuição de riqueza por meio de seu impacto na infraestrutura tributária subsequente, bem como em nossa produção de conhecimento sobre essa desigualdade. Como a tributação é uma ferramenta-chave da política redistributiva dos governos, esses resultados sugerem um impacto das instituições extrativistas sobre a desigualdade em países anteriormente colonizados. As instituições têm influência direta sobre os direitos de propriedade e o grau de mobilidade dentro de uma sociedade. A mudança institucional pode levar à reforma tributária ou agrária que redistribui ativos e reduz a desigualdade diretamente. Tal mudança poderia nivelar o campo de jogo político para que os pobres tivessem um mecanismo que pudesse melhorar sua posição econômica em relação às elites. A informação também tem valor. A transparência sobre a distribuição de renda torna as desigualdades grosseiras politicamente mais caras e pode galvanizar o apoio à redistribuição.

Por fim, as políticas que procuram abordar a desigualdade global sem reconhecer o papel da história podem ter sua eficácia limitada. Podemos precisar de instrumentos redistributivos globais mais flexíveis, adaptados a diversos betas, a fim de dar conta e compensar as trajetórias históricas que afetam a desigualdade entre e dentro de grupos de cidadãos e súditos.

Redistribuição global com história

Este capítulo oferece uma estrutura para relacionar a história, por meio de doações iniciais e legados institucionais, aos padrões contemporâneos de desigualdade global. A acumulação de riqueza é dinâmica por natureza, mas a história desempenha um papel mais importante do que simplesmente nos fornecer um estoque inicial de capital. Se parametrizarmos instituições passadas com β, o coeficiente de persistência intergeracional do modelo introduzido anteriormente, e permitirmos que a riqueza inicial de um grupo dependa de suas próprias instituições passadas, e daquelas de outros grupos, capturamos os efeitos de muitas conjunturas críticas ao longo da história já discutidas neste capítulo, em que as práticas extrativistas de um grupo contribuíram para uma divergência marcante nos resultados entre os grupos hoje.

Chamei esses grupos de "cidadãos" e "súditos" do mundo, terminologia que peguei emprestada do trabalho de Mamdani sobre a segregação institucional na África colonial. Aqueles com representação no sistema político que os rege, que não vivem sob constante medo da expropriação, para quem as regras do jogo são claras e aplicadas de forma consistente, são os cidadãos do mundo. Eles desfrutam amplamente dos retornos de sua atividade econômica e têm uma chance decente de subir na escada econômica devido à abertura e inclusão das instituições políticas e econômicas de sua sociedade. Aqueles que permanecem à mercê de indivíduos poderosos, em vez de sob regras que se aplicam a todos, onde a expropriação é a norma, e não a exceção, são os súditos do mundo. Há pouca mobilidade; ao invés disso, até a sobrevivência pode vir à custa da subjugação a uma elite.

Como vimos, não é suficiente compreender o impacto da atividade extrativista na distribuição das doações anteriores. No longo prazo, essas diferenças nas doações terão poder explicativo limitado para a desigualdade global. Mas se uma economia atingiu um estado estacionário, isso é motivo de debate. Explorei essa questão no contexto da posse de escravos nos Estados Unidos. Os historiadores da economia têm debatido até que ponto a riqueza dos escravos continuou a conferir vantagens aos descendentes dos proprietários de escravos depois da Guerra Civil. Dupont e Rosenbloom descobriram que a Guerra Civil levou a um aumento na distribuição da riqueza no Sul em comparação com o Norte. Ainda assim, encontro evidências de que as vantagens de riqueza podem persistir até o século XX, observando os sobrenomes dos proprietários de escravos na lista de escravos de 1860 e na contagem completa do censo dos Estados Unidos, de 1940. A evidência pode ser interpretada de duas maneiras. Por um lado, sugere-se que os Estados Unidos não estão em um estado estacionário quando se trata de grupos que cresceram em proeminência a partir da extração histórica. Por outro lado, há evidências de que as dinastias escravagistas, tendo perdido sua principal forma de riqueza devido à guerra e às mudanças no sistema político, substituíram a política e conseguiram retomar o poder no início do século XX.

Essa é apenas uma das muitas maneiras pelas quais as instituições do passado condicionaram as distribuições contemporâneas de riqueza. Além disso, esse exemplo destaca o fato de que as instituições são resultado da ação estratégica dos agentes. A capacidade de um grupo formado pelas elites de manter ou de recuperar o poder depende de vários fatores. No caso do Sul dos Estados Unidos, o movimento pelos direitos civis pode ter conseguido virar a maré contra a elite sulista, anulando o poder das abordagens institucionais de subjugação na região. Assim, enquanto as doações de riqueza do Sul, sob a escravidão, foram duramente atingidas pela Guerra Civil, um canal institucional de persistência pode explicar a desigualdade de riqueza reconstituída entre cidadãos e súditos no Sul do pós-guerra.

Na seção seguinte, utilizei a teoria institucional do crescimento para demonstrar por que as instituições extrativistas históricas têm influência nos padrões de riqueza global entre e dentro das categorias de cidadãos e súditos. Nas ex-colônias, as instituições condicionam diretamente a desigualdade por meio da infraestrutura tributária. Impostos de renda foram introduzidos mais tarde em países que enfrentaram instituições historicamente extrativistas. Tomando a cobertura do WID como medida alternativa, mostro que a abrangência do banco de dados é menor para locais com instituições historicamente extrativistas. Com a tributação de renda como uma das principais ferramentas do governo para aumentar a receita de programas sociais, ou de redistribuição, esse legado institucional pode ter a capacidade explicativa direta para a desigualdade de riqueza. Sem uma infraestrutura tributária, mesmo um estado benevolente que deseja redistribuir não será capaz de fazê-lo. Essa redistribuição pode empoderar politicamente ainda mais os indivíduos mais pobres da sociedade. Sem essa infraestrutura, a sociedade pode ser capturada por uma pequena elite. Esses efeitos institucionais podem ser muito mais duradouros do que as diferenças de doação. De acordo com o modelo apresentado anteriormente neste capítulo, em um estado estacionário, são as instituições passadas, e não as diferenças de doação, que continuam a influenciar a distribuição contemporânea da riqueza. De uma perspectiva política, então, a questão é menos sobre como lidar com o "pecado original" da Europa do que sobre como confrontar o legado deixado por instituições extrativistas, em particular aquelas que emergem de conjunturas críticas.

O que significaria redistribuir entre diferenças institucionais? Um registro de riqueza global, como o proposto por Zucman, ajudaria a reunir os detentores de riqueza nas partes do mundo onde o capital é, principalmente, de propriedade estrangeira.[32] Mas isso ainda deixa espaços vazios no WID que nada além da incorporação em uma infraestrutura de imposto de renda pode consertar. Esses espaços em branco certamente se correlacionam com o subdesenvolvimento e a enorme desigualdade dentro dessas sociedades, onde a renda e os retornos de capital fluem para o escalão superior, que também faz parte da elite global que um possível imposto global sobre a riqueza identificaria.

Em vez de simplesmente redistribuir doações por intermédio de um imposto sobre a riqueza global, a política redistributiva global deve forçar os cidadãos a considerar as forças históricas arbitrárias que impediram os súditos de obter os frutos do crescimento econômico. O fortalecimento e a melhoria das instituições em lugares do mundo onde os "súditos" estão mais à mercê de uma elite poderosa podem ter um efeito cascata. Os padrões globais de trabalho, por exemplo, poderiam fazer bem em começar a transferir o excedente do capital global para o trabalho global, digamos, nas indústrias têxteis e de smartphone. Propriedade intelectual, migração e políticas de saúde e educação poderiam ser repensadas nas geografias perdedoras dos últimos quinhentos anos. Assim, o que este capítulo pretende transmitir é que, além da redistribuição da riqueza, a integração das instituições enfrentadas pelos cidadãos e súditos do mundo, considerando-se suas histórias compartilhadas, é um passo em direção à redução da desigualdade global que merece estudo e implementação.

No futuro, os pesquisadores precisam se concentrar em duas coisas. Primeiro, precisamos de análises mais quantitativas de encontros históricos e divergências institucionais. Quando e como os encontros históricos entre grupos de atores econômicos produziram divergência institucional? Em segundo lugar, precisamos de propostas de políticas que levem em conta a divergência institucional e trabalhem para estender os privilégios institucionais aos sujeitos globais. A pergunta que deve ser feita é: "o que pode ser feito para amarrar as instituições emergentes dos cidadãos àquelas dos súditos?" As reparações com base em doações serão insuficientes; e seus efeitos, transitórios. A redistribuição que terá um impacto duradouro é a dessegregação institucional: uma extensão dos direitos econômicos e políticos para os cidadãos e para os súditos, igualmente.

---

32. G. Zucman, *The Hidden Wealth of Nations: The Scourge of Tax Havens*, trad. T. Fagan, Chicago, University of Chicago Press, 2014.

CAPÍTULO 21

Em todos os lugares e em lugar nenhum: a política no livro O capital no século XXI

ELISABETH JACOBS

O capital no século XXI é, ao mesmo tempo, uma obra radical de economia política e um conjunto de ideais enraizado em suposições econômicas profundamente tradicionais. No enredo abordado por Piketty acerca da relação entre desigualdade econômica e crescimento, a política está em todo lugar, e em lugar nenhum. Neste capítulo, a socióloga Elisabeth Jacobs examina essa tensão. Ela pergunta: como podemos ter tanto leis fundamentais da economia quanto processos historicamente contingentes, e institucionalmente vinculados, que moldam a relação entre a distribuição dos ganhos econômicos e o ritmo do crescimento econômico? Como a pesquisa de ciência política, da sociologia política e das disciplinas relacionadas lança luz sobre as aparentes contradições inerentes à teoria política aproximada de Piketty no livro *O capital no século XXI*? Que perguntas permanecem sem resposta e como os formuladores de políticas devem pensar sobre a reforma política no contexto de uma agenda de política econômica a fim de estimular o crescimento econômico equitativo daqui para a frente?

A política está em toda parte, e em lugar nenhum, no livro *O capital no século XXI*, de Thomas Piketty. Por um lado, há o Piketty como um economista político radical. No início de sua introdução, ele declara que "a história da distribuição da riqueza sempre foi profundamente política e não pode ser reduzida a mecanismos puramente econômicos", sugerindo que a história da desigualdade "é moldada pela forma econômica e social, pelo que os atores políticos veem como sendo justo, e como não o sendo, bem como pelo poder relativo desses atores e pelas escolhas coletivas que daí resultam".[1] Essas são afirmações profundamente políticas, apoiadas por décadas de pesquisa em ciência política e sociologia política. No entanto, conforme o *Capital* se desdobra em quase setecentas páginas, Piketty retorna repetidamente à ideia de uma "força fundamental para a divergência", o fato de que a taxa de retorno do capital (*r*) supera, consistentemente, a taxa de crescimento da economia como um todo (*g*).[2] Esta dinâmica torna

> quase inevitável que a riqueza herdada domine a riqueza acumulada com o trabalho de uma vida inteira por uma ampla margem, e a concentração de capital atingirá níveis extremamente altos — níveis potencialmente incompatíveis com os valores meritocráticos e princípios de justiça social fundamentais às sociedades democráticas modernas.[3]

Como essas duas afirmações podem ser simultaneamente verdadeiras? Como podemos ter uma força fundamental para a divergência ($r > g$) e, ao mesmo tempo, compreender a história da desigualdade como ativamente moldada por mecanismos políticos? Em outras palavras, qual é o papel da política no livro *O capital no século XXI* de Piketty, como ela se entrosa com o atual estado da literatura sobre a política de desigualdade econômica, e que perguntas a obra inovadora de Piketty deixa sem resposta? Meu objetivo neste capítulo é o de fornecer uma visão geral que aborde essas três questões gerais. Na primeira seção, apresento uma breve análise do papel da política na obra *O capital no século XXI*, com o objetivo de avaliar tanto os pontos fortes quanto os fracos de sua abordagem teórica, bem como as implicações para os pontos fortes e fracos de suas análises empíricas. Na segunda seção, faço uma revisão da pesquisa contemporânea sobre as políticas de desigualdade, a fim de avaliar como os argumentos de Piketty tanto informam quanto são informados por esse campo crescente de estudo (ou não), com atenção às oportunidades para pesquisas futuras, levando-se em conta as questões abordadas por Piketty. Na terceira e última seção, apresento sugestões para uma agenda de reforma política com base no trabalho de Piketty no livro *O capital no século XXI*.

---

1. T. Piketty, *O capital no século XXI*, Rio de Janeiro, Intrínseca, 2014.
2. Ibidem.
3. Ibidem.

Política e *O capital no século* XXI

Piketty atribui o aumento da desigualdade nos países ricos, durante o século XX, a um aumento na parcela da renda reivindicada pelo 1% mais rico. Ao explicar a crescente desigualdade nas nações ricas, a decomposição de Piketty destaca uma parcela cada vez maior da renda proveniente da propriedade do capital e uma parcela crescente da renda do trabalho acumulada por executivos e financistas corporativos. Ele argumenta que essa parcela maior da renda do trabalho, que vai para os maiores assalariados, não é economicamente útil, mas sim uma renda no sentido econômico clássico: de que não está aumentando o crescimento econômico e está geralmente acima e além de seu valor produtivo. Piketty define o retorno sobre o capital como o puro retorno à propriedade passiva, o que, por sua vez, significa que tanto a renda do trabalho quanto a renda do capital acumuladas para o 1% do topo são, indiscutivelmente, não "produtivas", no sentido de gerar crescimento amplamente compartilhado.

Piketty, de forma reiterada, mostra que, exceto em relação ao breve período entre as duas Guerras Mundiais e a década de 1970, a taxa de retorno sobre os investimentos tende a ser maior do que a taxa de crescimento econômico. Em outras palavras, o grande período de crescimento da classe média, a Idade de Ouro da prosperidade para todos, equivale ao que um crítico de revista chamou de "um blip histórico".[4] A análise na obra *O capital no século* XXI não é a primeira a notar que a distribuição dos recursos da economia durante o período entre as guerras pode ter sido uma anomalia histórica, e não a norma. Por exemplo, a análise histórica relativamente à desigualdade salarial, feita pelos economistas do trabalho Claudia Goldin e Larry Katz, sugere que os ganhos foram exclusivamente "comprimidos" entre as décadas de 1940 e 1960, em comparação com períodos posteriores, e denominam o período intraguerra de "A Grande Compressão".[5] Aqui, Piketty se destaca em sua cuidadosa documentação empírica quanto ao aumento das desigualdades de capital. Ele argumenta que os social-democratas, e outros que acreditam que o Estado desempenhou um papel na criação e manutenção dessa era de ouro, estão, em grande parte, delirando. Para Piketty, o principal motivo pelo qual o equilíbrio entre desigualdade e

---

4. S. Marche, "The Most Important Book of the Twenty-First Century", *Esquire*, 24 abr. 2014.
5. C. Goldin, L. Katz, "Long Run Changes in the Wage Structure: Narrowing, Widening, Polarizing", *Brookings Papers on Economic Activity* 2, 2007.

crescimento parecia em xeque, durante a era do pós-guerra, era simplesmente os níveis absolutos de destruição de capital na guerra. Essa aniquilação do capital eliminou temporariamente a capacidade dos rentistas de cobrar seus ativos, e permitiu a ilusão de uma forma nova e mais amigável de capitalismo que beneficiava a todos, ao mesmo tempo que fazia a economia crescer. Em outras palavras, a maré alta não levanta todos os barcos. À medida que os impactos da Segunda Guerra Mundial começaram a diminuir, o capitalismo recomeçou de onde parou e a marcha inexorável em direção à desigualdade continuou.

Especificamente, o livro *O capital no século XXI* ilustra de maneira cuidadosa a parcela da renda que vai para o topo da distribuição, entre os anos de 1900 a 2010, naquilo que talvez seja o tratamento mais abrangente de dados de renda transnacionais, até o momento. Embora a parcela da renda obtida pelo decil superior tenha variado em uma ampla gama de países, a trajetória geral é essencialmente a mesma: taxas decrescentes em todo o mundo entre a Idade de Ouro e a década de 1970, e, em seguida, uma subida bastante intensa. De maneira bastante clara, no entanto, alguns países (como a Suécia) ainda estão abaixo de seus níveis de 1900, enquanto outros estão no bom caminho para retornar a esses picos. Em alguns casos, sobretudo nos Estados Unidos, a participação do decil superior na renda foi maior em 2010 do que no auge da Era Dourada. Parte desse aumento na desigualdade reflete os ganhos astronômicos concedidos aos executivos corporativos "superexecutivos" e aos gestores de fundos, em especial nos Estados Unidos. Muito disso, entretanto, reflete uma lacuna cada vez maior na renda não salarial impulsionada por tendências correspondentes na desigualdade de riqueza, que, nos Estados Unidos, tem aumentado constantemente desde os anos 1970, com o decil superior da distribuição de renda detendo cerca de três quartos dos ativos do país em 2010. As tendências europeias refletem aproximadamente as dos Estados Unidos, embora a desigualdade de riqueza tenha caído mais acentuadamente na Europa depois das guerras, e o retorno aos níveis anteriores à guerra tenha ocorrido em um ritmo mais lento. Piketty atribui isso à violência da experiência europeia de meados do século e à morosidade de transformação socioeconômica do pós-guerra.[6]

Por décadas, o pensamento político nos Estados Unidos, e em outros lugares, foi dominado por aquilo que um comentarista perspicaz considerou um "pensamento mágico", ou seja, uma crença de que, deixado por sua própria

6. T. Piketty, op. cit.

conta, o capitalismo naturalmente gera crescimento e prosperidade, amplamente compartilhados.[7] As cuidadosas avaliações empíricas de Piketty sugerem que, salvo raras exceções, a taxa de retorno sobre as recompensas do capitalismo cresce de maneira muito desigual, concentra a vantagem entre alguns e, em última análise, excede a taxa de crescimento. Em outras palavras, o crescimento não se traduz automaticamente em prosperidade compartilhada. No longo prazo, com base nas projeções de Piketty, as desigualdades geradas pela dinâmica natural do capitalismo acabarão por esmagar o crescimento, as sociedades estagnarão e o progresso acabará por parar completamente.

Onde está a política na história apresentada pela obra *O capital no século XXI*? Em toda parte e em lugar nenhum.

O capitalismo tem sua própria lógica fundamental, de acordo com Piketty. Na primeira página de seu tratado, ele declara: "O capitalismo gera automaticamente desigualdades arbitrárias e insustentáveis que minam radicalmente os valores meritocráticos sobre os quais as sociedades democráticas são construídas."[8] A chave aqui é o uso de Piketty da palavra "automaticamente", que trai as raízes profundas do autor na profissão de economista. A imprensa popular — e alguns da tradicional imprensa especializada em economia também — rotulou Piketty como um radical, mas a economia política indicada na obra *O capital no século XXI* é, de muitas maneiras, uma visão profundamente tradicional do economista acerca da interação entre economia e política.

Críticas importantes a essa ideia de uma "dinâmica de mercado subjacente" vêm da economia. Por exemplo, o economista Daron Acemoglu e o cientista político James Robinson observam que a busca por leis gerais do capitalismo está equivocada porque ignora as forças-chave que moldam o funcionamento de uma economia: as evoluções endógenas da tecnologia e das instituições, assim como do equilíbrio político, que influenciam não apenas a tecnologia, mas, também, como os mercados funcionam e como os ganhos de vários arranjos econômicos diferentes são distribuídos.[9]

Além disso, eles argumentam que, embora Piketty "discuta o papel de certas instituições e políticas, ele não admite um papel sistemático de instituições e

---

7. S. Marche, op. cit.
8. T. Piketty, op. cit.
9. D. Acemoglu, J. Robinson, "The Rise and Decline of General Laws of Capitalism", *Journal of Economic Perspectives* 29, 2005, pp. 3-28.

de fatores políticos na formação da desigualdade, nem na evolução endógena desses fatores institucionais".[10] Acemoglu e Robinson apontam que o foco na propriedade e na acumulação de capital desvia a atenção das principais características sociais que são fundamentais para determinar seu desenvolvimento econômico e a extensão da desigualdade. Por exemplo, tanto o Uzbequistão quanto a Suíça são países onde há a propriedade privada do capital, mas essas sociedades têm pouco em comum em termos de prosperidade e desigualdade, porque suas instituições políticas e econômicas diferem muito. Na verdade, a economia capitalista do Uzbequistão tem mais em comum com a Coreia do Norte, declaradamente não capitalista, do que com a Suíça.[11]

Os argumentos de Acemoglu e Robinson ecoam a virada para o institucionalismo comparativo e o desenvolvimento de uma rica literatura sobre as "variedades do capitalismo", que decolou nos círculos da ciência política no início dos anos 2000. Por exemplo, os cientistas políticos Peter Hall e David Soskice argumentam que as economias capitalistas são caracterizadas por dois tipos distintos, quais sejam, economias de mercado coordenadas (como a da Alemanha e da Suécia), que dependem fortemente de interações fora do mercado para coordenação entre empresas; e economias de mercado liberais (como a dos Estados Unidos e do Reino Unido), que coordenam ações principalmente por meio de mercados.[12] As instituições — não apenas as estruturas jurídicas, mas também as regras informais e de conhecimento comum adquiridas por atores ao longo da história e da cultura — moldam a estratégia da empresa, a capacidade de inovação, a proteção social, bem como a distribuição de emprego e de renda. Na próxima seção, apresentarei uma revisão mais aprofundada das maneiras como as variedades da literatura capitalista trataram do aumento da desigualdade econômica entre os países. Por ora, no entanto, basta dizer que as generalizações abrangentes do livro *O capital no século XXI*, sobre as leis fundamentais do capitalismo, encobrem algumas diferenças significativas entre as economias de mercado, que surgem diante das bases institucionais para gerenciar as desigualdades criadas pelo capitalismo.

---

10. Ibidem.

11. D. Acemoglu, J. Robinson, *Why Nations Fail: The Origins of Power, Prosperity, and Poverty*, Nova York, Crown, 2012.

12. P. Hall, D. Soskice, coords., *Varieties of Capitalism: The Institutional Foundations of Comparative Advantage*, Oxford, Oxford University Press, 2001.

Piketty faz um esforço combinado para levar a sério o papel do Estado. Na verdade, ele apresenta a obra *O capital no século XXI* como um livro de economia política, e o título sozinho indica que Piketty poderia ser lido como o sucessor de Karl Marx, apresentando uma teoria de economia política destinada a descrever os dilemas contemporâneos de nosso tempo, e que tem o peso para fornecer uma estrutura para soluções de políticas. Ele sugere, repetidamente, que as políticas e instituições desempenham um papel central na explicação das tendências econômicas, e critica seus colegas economistas por sua insularidade e obsessões com a matemática, que ele entende como sendo "uma maneira fácil de adquirir a aparência de cientificidade sem ter de responder às questões muito mais complexas colocadas pelo mundo em que vivemos".[13] O governo é um jogador importante no livro *O capital no século XXI*, porque é ele que impõe impostos e fornece seguro social — componentes essenciais para domar o capitalismo, proteger a meritocracia e permitir às democracias a liberdade de alcançar seus melhores propósitos. As estatísticas de Piketty documentam o papel do "Estado social" e ele dedica um capítulo inteiro a explorar a questão-chave "Qual é o papel do governo na produção e na distribuição da riqueza no século XXI, e que tipo de Estado social é mais adequado para tal época?"[14] Sua análise traça a ascensão do papel do Estado nas décadas depois da Segunda Guerra Mundial.

E, no entanto, Piketty não oferece uma análise sistemática ou uma explicação da razão pela qual o Estado se contraiu e se expandiu ao longo do tempo, no que tange às suas intervenções na vida econômica e social. O tratamento que a obra *O capital no século XXI* dá à política é uma descrição, não uma teoria. Em suma, "governo" não é sinônimo de política. Em última instância, o que está faltando na análise de Piketty é uma análise sistemática da relação entre a sociedade civil e o Estado, a fim de compreender como a alta desigualdade de riqueza se traduz em altas desigualdades de poder.[15] Como os ricos operam para traduzir seus interesses econômicos em interesses políticos? Sob quais circunstâncias aqueles que não são ricos têm voz e influência?

---

13. T. Piketty, op. cit.

14. Ibidem.

15. M. Levi, "A New Agenda for the Social Sciences", documento apresentado no Crooked Timber Seminar sobre *O capital no século XXI* de Thomas Piketty, em jan. 2016, disponível em: http://crookedtimber.org/wp-content/uploads/2016/01/piketty-final.pdf, p. 13.

Além disso, a análise de Piketty sobre o papel do Estado é bastante higienizada de quaisquer questões de dinâmica de poder. Tomemos, por exemplo, sua afirmação: "É claro que o papel do governo tem sido constantemente desafiado desde os anos 1970."[16] O uso da voz passiva aqui é revelador. Quem tem desafiado o papel do governo, por quê e com que objetivo? Essas são questões para as quais a ciência política avançou muito para responder na última década, conforme detalho na próxima seção. Contudo, a perspectiva de Piketty sobre o poder na sociedade explica grande parte deste trabalho. Na medida em que Piketty leva a política em consideração em sua análise, é por meio de sua convicção que a maioria dos cidadãos deve estar convencida de que o governo pode e trabalha em nome de seus interesses, para que as democracias implementem as novas ferramentas políticas necessárias com o objetivo de enfrentar os problemas criados pelo capitalismo:

> Novos instrumentos são necessários para tomar as rédeas de um capitalismo financeiro que está descontrolado [...], mas será impossível convencer a maioria dos cidadãos de que nossas instituições de governo (especialmente no nível supranacional) precisam de novas ferramentas, a menos que se possa comprovar que os instrumentos já existentes estão funcionando de modo adequado.[17]

A teoria política implícita de Piketty parece estar profundamente enraizada na fé no poder da democracia deliberativa. Em sua discussão sobre o papel do Estado na mitigação da desigualdade por meio de impostos e da seguridade social, ele observa que

> questões [de princípios abstratos de justiça social] nunca serão respondidas por princípios abstratos ou fórmulas matemáticas. A única maneira de respondê-las é por meio de deliberação democrática e do confronto político. As instituições e regras que governam o debate democrático e a tomada de decisões, portanto, desempenham um papel central, assim como o poder relativo e as capacidades de persuasão de diferentes grupos sociais.[18]

16. T. Piketty, op. cit.
17. Ibidem.
18. Ibidem.

A democracia deliberativa é, certamente, um objetivo poderoso e importante para sociedades democráticas fortes. Na verdade, como argumenta a teórica política Amy Gutman, "a democracia deliberativa afirma a necessidade de justificar as decisões tomadas pelos cidadãos e seus representantes", com este "imperativo de raciocínio" impulsionado pela necessidade de as democracias implementarem políticas com "razões que são aceitas por pessoas iguais que buscam termos justos de cooperação".[19] A fé habermasiana de Piketty no poder da democracia deliberativa reflete um desejo por uma discussão crítica inclusiva e uma crença descomplicada de que tal discussão é possível, à luz das estruturas de poder social e econômico, incluindo instituições, do nosso tempo.[20]

A cientista política Miriam Ronzoni observa astutamente que o livro *O capital no século XXI* reflete um atrito entre o diagnóstico de Piketty, "que parece traçar um quadro bastante sombrio do poder do capital no início do século XXI", e sua cura sugerida, "que parece depender da esperança otimista de que, uma vez que cidadãos bem-intencionados tenham reconhecido o problema, o único obstáculo será o de encontrar a política certa para corrigi-lo".[21] Ronzoni tem uma "suspeita de que Piketty parece se apegar a um otimismo social-democrata a todo custo, enquanto suas conclusões o empurram em uma direção diferente". Por otimismo social-democrata, ela quer dizer "por um lado, otimismo sobre o papel das políticas e instituições em domar o capital [...]; e, por outro lado, a persuasão de que a política é, fundamentalmente, fazer com que os cidadãos entendam quais são os problemas em um diálogo consciente e racional, e então eles serão convencidos a fazer a coisa certa".[22]

Considere, por exemplo, a panaceia política proposta por Piketty: um imposto sobre a riqueza. Depois de gastar quinhentas páginas descrevendo as forças que impulsionam o capitalismo em direção à desigualdade inexorável e, em última instância, a insustentáveis taxas lentas de crescimento, Piketty sugere que a melhor solução possível para controlar os efeitos nocivos do capitalismo

---

19. A. Gutman, D. Thompson, *Why Deliberative Democracy?*, Princeton, NJ, Princeton University Press, 2004, p. 3.

20. J. Habermas, *Between Facts and Norms: Contributions to a Discourse Theory of Law and Democracy*, trad. W. Reng, Cambridge, MA, MIT Press, 1996.

21. M. Ronzoni, "Where Are the Power Relations in Piketty's Capital?", documento apresentado no Crooked Timber Seminar sobre *O capital no século XXI* de Thomas Piketty, em jan. 2016, disponível em: http://crookedtimber.org/wp-content/uploads/2016/01/piketty-final.pdf, p. 34.

22. Ibidem.

é um imposto global progressivo sobre o capital, juntamente com altos níveis de transparência financeira. Piketty reconhece que essa é uma "ideia utópica" e defende o incrementalismo. Embora um imposto global sobre a riqueza possa ser, ou não, uma meta política aconselhável, o ponto aqui é que a proposta de Piketty desmente a lacuna entre sua própria lente analítica e a dos alunos sobre os impactos da desigualdade no poder, nas instituições e na representação. Dada a interação entre desigualdade econômica e poder político, qual é o caminho para a criação de um imposto global sobre o capital? Na opinião de Piketty, os cidadãos simplesmente precisam entender suas ideias sobre o lado negro do capitalismo sem restrições e, então, exigirão melhores soluções de seus governos em relação ao século XXI. Na prática, a desigualdade econômica gera desigualdades políticas duradouras que lançam uma longa sombra sobre o otimismo de Piketty em relação à viabilidade de um imposto global sobre o capital.

Piketty é motivado por uma profunda preocupação com as consequências da desigualdade econômica sobre a democracia. Ele diz isso repetidamente, mas nos dá apenas dicas de por que devemos nos importar. Por exemplo, ele alerta para o potencial de violência decorrente da desigualdade extrema:

> Sempre haverá uma dimensão fundamentalmente subjetiva e psicológica para a desigualdade que, inevitavelmente, dá origem a conflitos políticos que nenhuma análise supostamente científica pode aliviar. A democracia nunca será suplantada por uma república de especialistas — e isso é uma coisa muito boa [...]. A análise de especialistas jamais porá fim ao conflito político violento que a desigualdade inevitavelmente instiga.[23]

Em outras palavras, a desigualdade é desconfortável, potencialmente perigosa para as democracias. Mas podemos dizer mais? Por que, exatamente, Piketty está tão preocupado com as implicações da desigualdade econômica para a democracia? E por que nos havíamos de importar?

As preocupações de Piketty com a democracia, no contexto do impulso inerente do capitalismo em direção à desigualdade econômica excessiva, caem em três categorias vagas. Em primeiro lugar, Piketty se preocupa com o fato de que a desigualdade viola os princípios básicos de equidade na voz e na representação. É moralmente repreensível, em uma democracia, que os cidadãos não

23. T. Piketty, op. cit.

tenham voz e influência iguais, e ele sugere que a natureza distorcida do controle sobre os recursos econômicos pode estar envenenando a promessa de representação igualitária. Em segundo lugar, se a desigualdade significa que o governo é menos capaz de prover bens públicos, responder aos problemas públicos e, por sua vez, ser menos capaz de promover a prosperidade amplamente compartilhada, devemos estar, então, profundamente preocupados com o impacto da desigualdade econômica no processo político. Por fim, Piketty teme que a desigualdade excessiva crie violência. Não está claro, porém, se este é de fato o caso, enquanto os níveis de bem-estar econômico permanecerem altos o suficiente. Esse é um debate de longa data nos Estados Unidos, começando com a sugestão do comentarista político Werner Sombart em *Why is there no socialism in the United States?* [Por que não há socialismo nos Estados Unidos?] de que níveis relativamente altos de bem-estar absoluto nos Estados Unidos significam que "nos pedaços de rosbife e de torta de maçã, utopias socialistas de todo tipo são enviadas para sua ruína".[24] Basta dizer que os debates políticos contemporâneos na Europa e nos Estados Unidos sugerem que, embora a revolução possa não ser iminente, os níveis de vitríolo e raiva são notavelmente altos.[25]

Colocando a obra *O capital no século* XXI em conversa com a pesquisa

Embora Piketty possa acreditar que a desigualdade econômica represente uma ameaça à democracia, ele faz pouco para explicar os mecanismos por meio dos quais a desigualdade pode corroer a promessa de governança democrática. Esse é um campo em rápida evolução, com avanços de pesquisa na ciência política e na sociologia política que ajudam a informar a perspectiva de Piketty sobre a relação entre desigualdade econômica e política. Nesta seção, tomo emprestado um quadro conceitual do clássico *Saída, voz e lealdade*, de Albert

24. W. Sombart, *Why Is There No Socialism in the United States?*, trad. Patricia M. Hocking, C. T. Husbands, Nova York, M. E. Sharpe, 1979, publicado originalmente em alemão em 1906.

25. Considere a retórica inflamada do candidato presidencial republicano Donald Trump na disputa presidencial dos Estados Unidos, em 2016. Uma análise textual dos discursos de campanha de Trump identificou um forte padrão "nós contra eles", que capitalizou os altos níveis de insegurança econômica e a raiva dos americanos em um estilo que lembra demagogos históricos. Veja P. Healy, M. Haberman, "95,000 Words, Many of Them Ominous, from Donald Trump's Tongue", *New York Times*, 5 dez. 2015.

Hirschman, a fim de fornecer uma visão geral da literatura organizada em três amplos canais, por meio dos quais a desigualdade econômica, detalhada por Piketty, pode estar criando desigualdades políticas duradouras.[26] Primeiro, as desigualdades econômicas criam desigualdades na *voz* que, por sua vez, minam a promessa de democracia. Em segundo lugar, as desigualdades econômicas criam desigualdades na oportunidade de *saída*, criando desigualdades espaciais que minam a prosperidade compartilhada e os compromissos com princípios compartilhados. Por último, as desigualdades econômicas criam desigualdades na *lealdade*, que representam um desafio fundamental para o próprio conceito de Estado-nação no qual a democracia se baseia. Observe que, embora o foco de Piketty se incline para a França, o meu, para os fins deste capítulo, está nos Estados Unidos, e particularmente com um olho na utilidade das ideias de Piketty para o período da década de 1970 até o presente. Meu foco no caso norte-americano é em grande parte porque a ciência política norte-americana tem sido especialmente agressiva ao pesquisar a conexão entre desigualdade econômica e política, o que significa que muitos dos dados disponíveis sobre as políticas de desigualdade vêm dos Estados Unidos.

Voz

A desigualdade econômica se traduziu em uma voz desigual na democracia norte-americana. Por décadas, cientistas políticos viram a democracia dos Estados Unidos como caracterizada pelo pluralismo inclusivo de Ronald Dahl: os indivíduos são representados por grupos de interesse, muitos grupos de interesse competem na esfera política e o papel principal do governo é atuar como mediador entre tais grupos.[27] A realidade de hoje é muito mais representativa da crítica inovadora do pluralismo pelo teórico político E. E. Schattschneider, resumida em sua observação astuta de que "a falha no paraíso pluralista é que o coro celestial canta com um forte sotaque da classe alta".[28] Como talvez seja óbvio para qualquer observador casual da política norte-americana, as vozes dos ricos são muito mais poderosas do que as daqueles que estão mais abaixo na distribuição de renda.

---

26. A. Hirschman, *Saída, voz e lealdade*, São Paulo, Perspectiva, 1973.

27. R. Dahl, *Who Governs? Democracy and Power in an American City*, New Haven, CT, Yale University Press, 1961.

28. E. E. Schattschneider, *The Semisovereign People: A Realist's View of Democracy in America*, Nova York, Holt, Rinehart and Winston, 1960.

A voz política é importante para a democracia por duas razões principais. Em primeiro lugar, ela comunica informações aos formuladores de políticas. Em segundo lugar, a voz política oferece incentivos aos formuladores de políticas.[29] Em uma democracia caracterizada por uma voz política altamente desigual, como é o caso nos Estados Unidos hoje, os formuladores de políticas estão recebendo informações equivocadas e incentivos distorcidos. O resultado é uma democracia disfuncional que perpetua as próprias desigualdades econômicas que a prejudicaram. A desigualdade política de voz ocorre por meio de dois canais principais: indivíduos e interesses organizados.

Indivíduos bem-educados e ricos são ativos em muitas maneiras através das quais fornecem voz e influência; enquanto, aqueles menos favorecidos, não. Considere a atividade política dos ricos, conforme relatado pela "Pesquisa de Norte-Americanos Economicamente Bem-Sucedidos" (Sesa, na sigla em inglês), que, como a única amostra representativa dos cidadãos ricos dos Estados Unidos até o momento, apresenta uma janela única para as preferências políticas, crenças e comportamento dos norte-americanos verdadeiramente abastados. Os norte-americanos ricos, enfim, tendem a ser muito mais politicamente ativos e engajados do que o cidadão médio. Em torno de 48% deles relataram que "se ocupam da política na maior parte do tempo", enquanto 99% disseram ter votado nas eleições mais recentes. Por volta de 41% compareceram a uma reunião política, comício, discurso ou jantar, ao passo que 68% contribuíram com dinheiro para a política, enquanto uma quantidade notável de 21% deles ajudaram a solicitar, ou ativamente reuniram, contribuições políticas — algo que não é usual entre os cidadãos comuns. Cerca de metade dos entrevistados da Sesa iniciaram contato com alguém eleito, ou com alguém de sua equipe, nos últimos seis meses, com especial foco nos integrantes do Congresso. Mais de 40% entraram em contato com o senador de seu estado, 37% entraram em contato com seu assessor, e, talvez o mais notável, cerca de um quarto contatou um senador (ou legislador em geral) de outro estado. No total, 47% dos ricos fizeram contato com pelo menos um gabinete de legislador federal, nos últimos seis meses. Contatos com funcionários do departamento executivo, funcionários da Casa Branca e funcionários de agências reguladoras eram menos frequentes, mas não incomuns. A maioria

29. K. L. Schlozman, S. Verba, H. E. Brady, *The Unheavenly Chorus: Unequal Political Voice and the Broken Promise of American Democracy*, Princeton, NJ, Princeton University Press, 2012.

dos entrevistados forneceu o primeiro nome das autoridades com as quais estavam em contato mais frequente (como, por exemplo, "Rahm" para o ex-chefe de gabinete da Casa Branca e, depois, prefeito de Chicago, Rahm Emanuel). Em torno de 44% responderam a uma pergunta aberta sobre a natureza do contato, com a descrição de um interesse próprio econômico específico (como "tentar fazer com que o Tesouro honre seu compromisso de estender fundos do Tarp* a um banco específico em Chicago", ou "Eu tenho ações em vários bancos. Eu estava preocupado com a legislação que ele estava elaborando, e que eu acho que pode ser prejudicial para os bancos.").[30]

A voz é importante. Os resultados das políticas respondem muito mais às preferências dos ricos do que as de qualquer outra pessoa. O sociólogo Marty Gilens e o cientista político Ben Page analisaram quase dois mil resultados de políticas, em um período de mais de duas décadas, e concluíram que

> as elites econômicas e os grupos organizados que representam interesses comerciais têm impactos independentes substanciais na política do governo dos Estados Unidos, enquanto os grupos de interesse de massa e a média os cidadãos têm pouca ou nenhuma influência independente.[31]

De fato, as preferências coletivas das elites econômicas eram quinze vezes mais importantes do que aquelas dos cidadãos comuns. Da mesma forma, o cientista político Larry Bartels descobriu que o comportamento dos senadores, medido pelas votações nominais do Congresso, se alinha mais com as preferências dos ricos do que com as dos pobres.[32] Fica subentendido dessa pesquisa que uma das razões pelas quais a desigualdade aumentou tanto nos últimos trinta anos decorre, simplesmente, do fato de que a democracia não responde às preferências daqueles que estão na base da distribuição econômica.

---

* Tarp (Troubled Asset Relief Program ou "Programa de Alívio de Ativos Problemáticos") foi um programa instituído pelo governo dos Estados Unidos que objetivava a compra de ativos e ações tóxicas de instituições financeiras, a fim de fortalecer o setor. Foi uma das medidas do governo, em 2008, para lidar com a crise das hipotecas subprime. No final do ano de 2014, o programa foi encerrado. [N.T.]

30. B. Page, L. Bartels, J. Seawright, "Democracy and the Policy Preferences of Wealthy Americans", *Perspectives on Politics* 11, 2013, pp. 51-73.

31. M. Gilens, B. Page, "Testing Theories of American Politics: Elites, Interest Groups, and Average Citizens", *Perspectives on Politics* 12, 2014, pp. 564-581, esp. p. 564.

32. L. Bartels, *Unequal Democracy: The Political Economy of the New Gilded Age*, Princeton, NJ, Princeton University Press, 2008.

Se a elite norte-americana e os cidadãos comuns tivessem as mesmas preferências políticas, talvez essa desigualdade na voz representativa não fosse um problema. No entanto, os dados sugerem que esse não é o caso. Page e seus colaboradores catalogaram uma série de diferenças entre as preferências políticas dos ricos em relação àquelas do público em geral; e o quadro geral apresentado é aquele em que os ricos (uma definição que possivelmente inclui a classe média patrimonial indicada por Piketty) são substancialmente mais conservadores, do ponto de vista econômico (embora também mais socialmente liberais), do que o público em geral.[33]

Talvez o mais notável no contexto do trabalho de Piketty sejam as atitudes dos ricos em relação à desigualdade econômica, bem como suas preferências a respeito do que deve ser feito (e o que não deve ser feito) sobre isso. Um total de 86% dos norte-americanos ricos estão cientes do fato de que a renda e a riqueza cresceram de forma mais concentrada. E metade (56%) não aceitou a proposição de que "grandes diferenças de renda são necessárias para a prosperidade dos Estados Unidos". Cerca de dois terços (62%) disseram que essas diferenças são muito grandes. Embora os norte-americanos ricos acreditem que o pagamento para gestores de fundos de *hedge* e presidentes de grandes corporações deva ser reduzido, e que o pagamento para ocupações de baixa renda deva ser aumentado, eles, de maneira enfática, ou seja, 87%, não consideram como sendo o papel do governo "reduzir as diferenças entre aqueles com rendimentos elevados e aqueles com rendimentos baixos". Cerca de 83% disseram que o governo não deveria redistribuir a riqueza por meio de pesados impostos sobre os ricos. Em contraste, 46% do público em geral disseram que reduzir as diferenças de renda deve ser uma atribuição do governo; e 52% disseram que o governo deveria fazer isso através de pesados impostos sobre os ricos.[34] Em suma, os ricos não vão em busca do imposto sobre a riqueza global indicado por Piketty, nem mesmo de uma versão doméstica mais modesta.

Observe que as ciências sociais precisam urgentemente de melhores dados sobre as práticas políticas e o comportamento dos muito ricos. A riqueza mediana de um entrevistado do Sesa é de 7,5 milhões de dólares, e a média foi de mais de catorze milhões de dólares. A renda média dos entrevistados é de 1.040.140 dólares. Cerca de um terço dos entrevistados do Sesa relatam renda de um milhão de dólares ou mais. Outras fontes de dados sobre atitudes políticas classificam as rendas mais altas acima do nonagésimo percentil, tornando impossível distinguir

33. B. Page, L. Bartels, J. Seawright, op. cit.

34. Ibidem.

entre os meramente ricos e os super-ricos. O fato de o Sesa ser, literalmente, a única fonte de dados representativa, e conhecida, para estudar exatamente aquelas elites em alta, nas quais Piketty passa o tempo focado, sugere uma importante agenda de pesquisa futura, começando com esforços de coleta de dados destinados a uma melhor compreensão do comportamento político e das preferências dos super-ricos, de uma forma muito mais rigorosa e abundante em detalhes.[35]

Uma lente individual na política redistributiva é uma versão muito simples da história, entretanto. As vozes políticas dos interesses organizados são ainda menos representativas do que as vozes individuais. É aqui que entra uma perspectiva institucional, enquadrando a política como um jogo complexo no qual organizações com interesses concorrentes se valem de todas as ferramentas que o sistema político oferece a fim de moldar os termos das instituições básicas de governo do país, especialmente suas instituições econômicas. Essa batalha, que se desenrola não apenas por meio de preferências e atores individuais, mas também em nível institucional, tem profundos impactos na distribuição de renda e de riqueza. E ajuda a explicar a forma particular do crescimento da desigualdade econômica nas últimas décadas, de uma maneira que explicações concorrentes não conseguem.

Os cientistas políticos Jacob Hacker e Paul Pierson tratam dessa questão, de forma convincente, no livro *Winner-Take-All Politics* [Política do "vencedor-leva-tudo"], que trata com seriedade os dados de Piketty e Emmanuel Saez sobre a ascensão do 1% do topo, muitos dos quais foram divulgados antes da publicação da obra *O capital no século XXI*.[36] Hacker e Pierson observaram que o argumento tendencioso de mudança técnica, que dominou os departamentos de economia ao longo dos anos 1990 e 2000, não pode explicar o afastamento do topo da distribuição de renda, e olharem para os políticos, e para as políticas públicas, com o objetivo de ajudar a compreender a forma única da crescente desigualdade de renda. É importante notar que Hacker e Pierson não foram os primeiros a questionar o argumento da mudança técnica baseada em habilidades, que postulou que o desenvolvimento de computadores pessoais e das relacionadas tecnologias de informação privilegiaram certos tipos de habilidades acima e além de outras;

35. Consulte a Pesquisa de Norte-Americanos Economicamente Bem-Sucedidos (Sesa, na sigla em inglês) no National Opinion Research Center, da Universidade de Chicago, Estados Unidos, disponível em: http://www.norc.org/Research/Projects/Pages/survey-of-economically-successful-americans.aspx. Veja também Page, Bartels, Seawright, op. cit., para obter mais detalhes sobre como eles construíram o Sesa.

36. J. Hacker, P. Pierson, *Winner-Take-All Politics: How Washington Made the Rich Richer — and Turned Its Back on the Middle Class*, Nova York, Simon and Schuster, 2011.

e que as diferenças resultantes na demanda de trabalho, por sua vez, resultaram em aumento da desigualdade de rendimentos. Como observam os economistas David Card e John DiNardo, o argumento da mudança técnica baseada em habilidades falha em explicar por que a desigualdade de salários se estabilizou na década de 1990, apesar dos contínuos avanços na tecnologia da computação, entre outras coisas.[37] Hacker e Pierson levam a crítica um passo adiante, e sugerem que a mudança técnica baseada em habilidades pouco explica o fenômeno dos ricos em fuga, uma observação que Piketty também faz. Ao contrário de Piketty, no entanto, a teoria de Hacker e Pierson, com relação ao aumento da desigualdade, se baseia na política e em uma teoria sobre como a política serve de canal através do qual os mercados são moldados.

Hacker e Pierson fazem três afirmações principais. Em primeiro lugar, em vez de se concentrar estritamente no "espetáculo eleitoral", a pesquisa também precisa se concentrar na política de definição de agenda. Em segundo lugar, as organizações são fundamentais para entender quais mudanças políticas acontecem; e, em um aceno para a importância inegável da política eleitoral, as organizações também são essenciais para entender a dinâmica das disputas eleitorais. Em terceiro lugar, compreender a importância das regras do jogo é a chave para dar sentido à política de definição de agenda. Cada um desses argumentos exige um pouco mais de esclarecimento.

De início, as eleições não são os únicos momentos de escolha política. Como o cientista político Henry Farrell observa com propriedade:

> Embora as eleições claramente desempenhem um papel na determinação de *quem* pode definir as políticas, elas não são o único momento de escolha de políticas, nem necessariamente o mais importante. Os processos reais pelos quais as políticas são feitas são mal compreendidos pelo público, em parte porque a mídia não está interessada neles.[38]

Cientistas políticos contemporâneos, incluindo estudiosos da relação entre desigualdade econômica e desigualdade política, têm se concentrado

37. D. Card, J. DiNardo, "Skill Biased Technological Change and Rising Wage Inequality: Some Problems and Puzzles", *Journal of Labor Economics* 20, n. 4, 2002, pp. 733-783.

38. H. Farrell, "Review: Jacob Hacker and Paul Pierson — Winner Take All Politics", blog Crooked Timber, 15 set. 2010, disponível em: http://crookedtimber.org/2010/09/15/review-jacob-hacker-and-paul-pierson-winner-take-all-politics/.

principalmente na política eleitoral, ao invés das forças mais amplas que moldam o cenário político. Isso se deve em parte à ampla disponibilidade de dados eleitorais, e também aos dados de opinião de massa dos indivíduos, com base em dados de pesquisas. Mas olhar para as questões sobre o papel da política na formação da desigualdade requer um foco mais amplo, que é o objetivo principal de Hacker e Pierson. A questão-chave não se resume às duas ou três específicas opções finais de política, disponíveis em um determinado momento, mas, em vez disso, trata-se da questão preliminar relativa à gama de opções preferidas que formam o "conjunto de escolhas" a partir do qual os atores podem escolher.[39] A atenção à definição da agenda deixa clara a importância das mudanças na organização da vida política norte-americana que aconteceram ao longo do último meio século, na medida em que houve a mudança sobre quem define a agenda e, portanto, sobre quais batalhas realmente acontecem na arena política.

Em segundo lugar, compreender a estrutura organizacional de um determinado governo é fundamental para entender como as desigualdades econômicas são criadas e sustentadas por meio da política. O enfraquecimento dos principais pilares organizacionais da vida cívica norte-americana desempenhou um papel importante na transformação da economia política ao longo da última metade do século. A democracia da classe média se baseava em sindicatos e organizações cívicas associadas que cumpriam duas funções centrais. Primeiro, essas organizações deram às famílias dos trabalhadores de baixa renda informações sobre o que estava em jogo nos debates políticos centrais. Em segundo lugar, elas ofereceram uma alavanca política para que pudessem influenciar em tais debates. Na ausência de instituições cívicas fortes, as famílias dos trabalhadores de baixa renda enfrentam sérios desafios para conectar a retórica e as ações dos formuladores de políticas com as tensões em suas próprias vidas econômicas. E essas famílias não dispõem de elementos suficientes para receber uma narrativa sobre como a política pode aliviar suas tensões.

A socióloga Theda Skocpol resume: "As federações cívicas voluntárias pressionaram pela criação de programas sociais públicos e trabalharam em parceria com o governo para administrar e expandir esses programas depois que eles foram estabelecidos."[40] O declínio das federações cívicas, que começou na década de

39. K. Thelen, *How Institutions Evolve: The Political Economy of Skills in Germany, Britain, the United States, and Japan*, Cambridge, Cambridge University Press, 2004.

40. T. Skocpol, "Unravelling from Above", *American Prospect*, mar.-abr. 1996, pp. 20-25.

1960, foi conduzido por várias forças sociais e econômicas, incluindo o aumento da publicidade na televisão, pesquisas e grupos focais, além da orquestração por consultores, que foram pagos por meio de grandes somas de dinheiro arrecadado de grandes doadores e pelo envio maciço e impessoal de correspondências. Ao mesmo tempo que as federações cívicas estavam em declínio, os sindicatos também estiveram. O declínio do trabalho foi inaugurado por forças políticas ativas e mudanças na estrutura da economia, e representou uma mudança no poder de barganha que, provavelmente, tanto reduziu os salários na metade inferior da distribuição, quanto aumentou a capacidade dos que estão no topo para controlar os rendimentos. Esses fatores se juntam para significar uma voz mínima com relação às preocupações das famílias trabalhadoras. Skocpol conclui, com malícia:

> Entre as elites, novos tipos de conexões estão vivos e seguem bem. Os norte-americanos privilegiados permanecem ativos em grupos de reflexão, grupos para a defesa de seus interesses, bem como associações comerciais e profissionais, viajando de um lado para outro, entre bairros bem cuidados e retiros exóticos. Todos os outros foram deixados para trabalhar em dois ou três empregos mal pagos, por família, voltando exaustos para assistir TV e atender ligações de pesquisadores e operadores de telemarketing.[41]

O desmoronamento da sociedade civil nos Estados Unidos não é o único fator que afeta as estruturas de poder aptas a influenciar a política e, por sua vez, a desigualdade. Ao mesmo tempo que a vida organizacional das famílias de classe média, no dia a dia, mudou e erodiu intensamente, a capacidade organizacional dos restritos interesses corporativos cresceu. Tal como indicado na pesquisa do cientista político Lee Drutman, os interesses corporativos estão, de maneira significativa, muito bem representados em Washington, de quase todas as formas. As despesas corporativas com lobby totalizam cerca de 2,6 bilhões de dólares por ano, mais do que o orçamento combinado necessário para o funcionamento da Câmara e do Senado. Para cada dólar gasto em lobby por sindicatos e grupos de interesse público, grandes corporações e suas associações gastam 34 dólares. Das cem organizações que mais gastam em lobby, 95 representam negócios de forma consistente. Em outras palavras, a voz organizada dos negócios norte-americanos ofusca dramaticamente aqueles que falam

41. Ibidem.

sobretudo para famílias da classe trabalhadora. E, como Drutman argumenta, as empresas agora se concentram, de maneira sistemática, em trazer para perto delas o governo como um parceiro, em vez de defender que ele deva ser mantido fora dos negócios (como faziam antes).[42] Cada vez mais, o Congresso depende de lobistas corporativos para obter informações. E, em uma época na qual o poder corporativo supera tanto o das famílias trabalhadoras, isso tem implicações reais para a política democrática.

Uma longa tradição na ciência política tem se concentrado na importância dos interesses organizados em informar a dinâmica de poder que influencia os resultados das políticas, muitos deles provenientes de estudiosos institucionalistas históricos que contribuem para o crescente conjunto de literatura sobre as variedades do capitalismo. Ao contrário da maioria dos economistas (incluindo, às vezes, Piketty), os institucionalistas históricos veem a política, e as consequências políticas, como o resultado de um conjunto complexo e interdependente de fatores historicamente integrados, não como produto de um modelo linear parcimonioso, tal como Piketty apresenta.[43] Na forma que indicam os cientistas políticos Bo Rothstein e Sven Steinmo:

> À medida que os humanos constroem, se adaptam e mudam as instituições sociais, políticas e econômicas, eles podem mudar a história — e assim o fazem. Em suma, não existe um conjunto único de leis que se apliquem a todas as ações, em todos os momentos, com as quais se possa predizer todos os eventos passados – ou, menos ainda, os futuros. Os humanos, ao contrário dos átomos, planetas e nuvens, fazem sua própria história, em parte criando deliberadamente diferentes instituições sociais, econômicas e políticas.[44]

A dinâmica de poder que se insere na criação dessas várias instituições é formada por interesses organizados. Por exemplo, os sociólogos políticos

42. L. Drutman, *The Business of America Is Lobbying: How Corporations Became Politicized and Politics Became More Corporate*, Oxford, Oxford University Press, 2015; Drutman, "How Corporate Lobbyists Conquered American Democracy", *The Atlantic*, 20 abr. 2015.

43. P. Hall, "Historical Institutionalism in Rationalist and Sociological Perspective", *Explaining Institutional Change: Ambiguity, Agency, and Power*, coord. J. Mahoney, K. Thelen, Nova York, Cambridge University Press, 2009.

44. B. Rothstein, S. Steinmo, *Restructuring the Welfare State: Political Institutions and Policy Change*, Londres, Palgrave MacMillan, 2002, p. 2.

Francis Castles, Walter Korpi e colaboradores argumentaram que a política é a busca do interesse próprio econômico, e sugerem que várias democracias buscam diferentes regimes de política pública porque diferentes interesses organizados possuem diferentes "recursos de poder" com os quais lutar para o interesse próprio de seus constituintes.[45]

A comparação transnacional de regimes tributários realizada por Steinmo é um exemplo esclarecedor do que a perspectiva institucional histórica pode adicionar ao nosso entendimento acerca da maneira pela qual os interesses organizados podem desempenhar um papel fundamental na formação da desigualdade econômica, ao longo do tempo. Steinmo demonstra que as diferenças entre os países nesses três regimes tributários são mais bem explicadas por um exame das estruturas institucionais através das quais os sistemas tributários foram criados. Em particular, Steinmo mantém seu foco na concentração de poder dentro das comunidades de trabalho e de negócios. Essas estruturas organizacionais "fornecem o contexto no qual grupos de interesse, políticos e burocratas definem suas preferências políticas".[46] Na Suécia, tanto os interesses empresariais quanto os trabalhistas são representados por grupos altamente concentrados, organizados e poderosos, com uma voz forte nas tomadas de decisões governamentais. Nos Estados Unidos, os interesses empresariais e trabalhistas são difusos — e, conforme documentado por Hacker e Pierson, entre outros, o papel do trabalho organizado na política se difundiu e dissipou ainda mais, ao mesmo tempo que os interesses corporativos organizados cresceram.[47]

As políticas fiscais resultantes refletem as estruturas de interesse organizado dos diferentes países. O regime tributário da Suécia é

> um sistema tributário de base ampla e financeiramente lucrativo, que gera diligentemente o máximo de receitas, ao mesmo tempo que afeta, o mínimo possível, a capacidade sueca de crescimento econômico e a geração de lucro. As considerações sobre eficiência e geração de receita permeiam o sistema como um todo.[48]

---

45. F. G. Castles, *The Impact of Parties: Politics and Parties in Democratic Capitalist States*, Beverly Hills, CA, Sage, 1982; W. Korpi, *The Democratic Class Struggle*, Londres, Routledge, 1980.

46. S. Steinmo, "Political Institutions and Tax Policy in the United States, Sweden, and Britain", *World Politics* 41, 1989, pp. 500-535.

47. Hacker, Pierson, *Winner-Take-All Politics*; Drutman, *The Business of America*.

48. S. Steinmo, op. cit., p. 523.

Em contraste, a tributação nos Estados Unidos é caracterizada por um processo fragmentado, complexo e cheio de lacunas, que reflete a capacidade dos interesses organizados de manipular e de aproveitar as oportunidades oferecidas pelas instituições políticas únicas e altamente difusas dos Estados Unidos.

Compreender as razões pelas quais os interesses organizados nos Estados Unidos têm sido capazes de tirar vantagem do processo político requer levar a sério a estrutura institucional da política também de uma segunda maneira. A política norte-americana é geralmente caracterizada como um ambiente institucional em que o poder é fragmentado e a autoridade é amplamente dispersa. Como resumem as sociólogas políticas Margaret Weir e Theda Skocpol, os Estados Unidos "possuem um complexo característico de administração nacional fraca, autoridade pública dividida e fragmentada, além de partidos políticos não programáticos".[49] Despesas tributárias particulares nos Estados Unidos são um resultado direto da fragmentação da autoridade política norte-americana. Ao contrário dos poderes centralizados dos regimes parlamentares para fazer política tributária, nos Estados Unidos, a política tributária é determinada pelo Congresso, uma instituição altamente fragmentada de tomada de decisões. E, na ausência de partidos políticos fortes que podem influenciar decisivamente o destino eleitoral dos representantes, os membros do Congresso respondem aos seus constituintes locais de uma forma que os torna bastante vulneráveis às demandas definidas localmente, assim como às pressões dos grupos de interesse especial. Essa fragmentação amplia o poder dos ricos, contribui ainda mais para sua influência descomunal nas políticas e perpetua um ciclo de desigualdade, em que a desigualdade econômica leva a desigualdades políticas.

Na ausência de forte apoio institucional e de vínculos com um partido nacional forte, os membros individuais do Congresso se tornaram "empresários políticos independentes", em busca de apoio para a eleição de grupos que estão, com frequência, particularmente interessados em resultados legislativos específicos, incluindo emendas fiscais.[50] A fragmentação é inerente às instituições políticas norte-americanas, entrelaçadas na Constituição, começando com a visão de James Madison de um sistema político no qual o conflito entre uma multiplicidade de interesses gerou compromisso e uma falta de

49. M. Weir, T. Skocpol, "State Structure and the Possibilities for Keynesian Response to the Great Depression in Sweden, Britain and the United States", *Bringing the State Back In*, coord. P. Evans, D. Rueschmeyer, T. Skocpol, Cambridge, Cambridge University Press, 1985.

50. S. Steinmo, op. cit., p. 512.

extremismo.[51] Como Steinmo resume, as consequências imprevistas do fragmentarismo madisoniano são um fator-chave de explicação: "As instituições políticas fragmentadas de Madison fornecem uma variável bastante importante para explicar a complexidade, o baixo retorno sobre a receita e, em última análise, a distribuição do imposto efetivo nos Estados Unidos."[52] Como resultado, o código tributário norte-americano é complexo e altamente inclinado para o interesses dos ricos e poderosos.

O ponto principal aqui é que a estrutura de interesses organizados combinada com a natureza das instituições políticas de um país pode desempenhar um papel fundamental na formulação de políticas, o que, por sua vez, pode representar uma relevância na formação de desigualdades. A política tributária é apenas um exemplo; pode-se traçar uma história semelhante para a política regulatória, incluindo tanto a regulamentação do mercado de trabalho quanto a financeira, ambas com implicações significativas para a desigualdade econômica. A política cria mercados, para retornar a um tema recorrente. Na verdade, a literatura sobre as variedades de capitalismo tem muito a dizer sobre como as instituições moldaram a distribuição de renda de diferentes maneiras, em sistemas políticos distintos (também conhecidos como países). Mas o foco até agora tem sido quase inteiramente sobre as maneiras pelas quais diferentes regimes de proteção social moldaram a taxa de pobreza e o destino da classe média.[53] Praticamente nenhum estudo, que seja do meu conhecimento, enfocou as implicações da tese das "variedades do capitalismo" para a desigualdade na extremidade superior. O livro *O capital no século XXI* trata disso como uma questão com implicações importantes para pesquisadores engajados com a compreensão do papel das instituições políticas na formação da distribuição econômica, em especial à luz das conclusões de Piketty que sugerem uma concentração de capital em diversos tipos de regimes capitalistas.

O terceiro argumento fundamental de Hacker e Pierson em torno da compreensão da influência da política sobre a desigualdade enfatiza a importância das "regras do jogo", um componente fundamental para qualquer conta

51. Veja o entendimento de Madison sobre os perigos da "facção" em *The Federalist Papers: Alexander Hamilton, James Madison, John Jay*, coord. I. Shapiro, New Haven, CT, Yale University Press, 2009.

52. S. Steinmo, op. cit., p. 512.

53. Veja, por exemplo, P. Baramendi et al., coords., *Democracy, Inequality, and Representation*, Nova York, Russell Sage Foundation, 2011.

institucional. As regras do jogo tornam mais ou menos fácil obter políticas por meio do sistema, moldando os pontos de veto. As regras institucionais fornecem aos atores políticos oportunidades tanto para tentar obter as políticas que desejam, por meio do sistema, quanto para estimular as políticas que não desejam ver implementadas.

Essa perspectiva ilustra a importância de entender não apenas quais decisões são tomadas, mas quais decisões não são tomadas em razão da oposição de partes ou grupos de interesse. Tais decisões não tomadas são particularmente subestimadas e pouco estudadas, por causa do forte preconceito contra a "ausência de resultados" nas ciências sociais; em campos dominados pela análise estatística e um foco crescente em *big data*, é muito difícil construir com sucesso uma agenda de pesquisa em torno do estudo de casos nos quais nada aconteceu. No entanto, compreender esses casos de inação é extremamente importante para compreender o aumento da desigualdade econômica no contexto da política norte-americana no último meio século.

Com o passar do tempo, a legislação pode se desvincular de seus objetivos pretendidos, à medida que a sociedade muda. Como alternativa, as políticas podem ter brechas significativas que não foram previstas. Essa "mudança de política" é um exemplo clássico do que o sociólogo Steven Lukes chama de segunda face do poder: a falta de tomada de decisões.[54] Em face dos desequilíbrios de poder, essas mudanças ao longo do tempo podem ter um impacto significativo na forma da política econômica, tanto no que se refere à abordagem dos problemas das famílias das classes trabalhadoras quanto no que diz respeito ao aumento do poder dos super-ricos. A maneira como os ricos exercem poder político (e continuam a melhorar seu status econômico), por meio de mudanças políticas, pode acontecer por uma série de canais. Um é o canal de definição da agenda já descrito: combate organizado mediante interesses reunidos.

Outro é mais sutil e (possivelmente) menos calculado. A pesquisa nos diz que a desigualdade econômica resultou em taxas significativamente mais altas de polarização política. A polarização cria um impasse, que, por sua vez, privilegia o *status quo*.[55] Por exemplo, os economistas John Duca e Jason Saving se baseiam no trabalho inovador do cientista político Nolan McCarty sobre

54. S. Lukes, *Power: A Radical View*, Nova York, Macmillan, 1974.

55. N. McCarty, K. Poole, H. Rosenthal, *Polarized America: The Dance of Ideology and Unequal Riches*, Cambridge, MA, MIT Press, 2006.

a relação entre desigualdade de renda e polarização política para mostrar que a desigualdade de renda resultou em um Congresso mais polarizado; e que um Congresso mais polarizado, por sua vez, resultou em uma ainda maior desigualdade de renda.[56] Observe, no entanto, que uma agenda de pesquisa conectando os pontos entre a polarização política e a desigualdade de riqueza (a desigualdade de capital que Piketty cuidadosamente define) permanece virtualmente inexplorada, e pesquisas futuras fariam bem em abordar essa questão.

Em suma, a desigualdade econômica se traduz em voz política desigual. E a voz política desigual não apenas muda as prioridades políticas do governo, mas também corrói a capacidade do governo de realmente fazer quase tudo. Para aqueles que estão ativamente interessados em preservar o *status quo*, isso é um grande negócio. Mas, para aqueles que estão em busca de mudança — e para quem um estado ativo desempenha um papel fundamental na disponibilização do bem-estar econômico —, essa é uma situação sombria. A pesquisa nesta seara é quase inequívoca, embora isso não signifique que não existam novos caminhos importantes para o trabalho, sobretudo para aqueles que procuram compreender os canais através dos quais as desigualdades de capital se traduzem em vozes desiguais, que, por sua vez, moldam os mercados *vis-à-vis* a política.

Saída

Desigualdades de voz são um caminho pelo qual as desigualdades políticas se traduzem em desigualdades econômicas, e, de volta, novamente, às desigualdades políticas. As desigualdades nas opções de saída política constituem outro caminho relevante por intermédio do qual se pode operar o círculo vicioso entre as desigualdades econômicas e políticas.

Albert Hirschman reconheceu a importância da saída para a coesão socioeconômica e para que haja instituições políticas saudáveis, há quase cinquenta anos, quando os motores da era contemporânea da desigualdade estavam apenas começando a funcionar. Vale a pena citá-lo extensamente:

> A tradicional ideia norte-americana de sucesso confirma o domínio que a saída teve no imaginário nacional [...]. O sucesso é de fato simbolizado

56. J. V. Duca, J. L. Saving, "Income Inequality and Political Polarization: Time Series Evidence over Nine Decades", *Federal Reserve Bank of Dallas Working Paper* n. 1408, 2014.

> e consagrado por uma sucessão de mudanças físicas fora dos bairros pobres em que [um indivíduo bem-sucedido] foi levado para bairros cada vez melhores [...]. [A] ideologia da saída tem sido poderosa nos Estados Unidos. Com o país fundado na saída, e tendo nela prosperado, a crença da saída como mecanismo social fundamental e benéfico tem sido inquestionável. Pode ser responsável pela força da fé nacional nas virtudes das instituições, como o sistema bipartidário e a concorrência empresarial; e, nesse último caso, pela descrença nacional na ideia dos economistas de que um mercado dominado por duas ou três empresas gigantes se afasta substancialmente do modelo competitivo ideal. Enquanto alguém puder transferir sua fidelidade do produto da empresa A para o produto concorrente da empresa B, o simbolismo básico do caso de amor nacional com a saída está satisfeito.[57]

Os instintos de Hirschman sobre a saída se manifestaram de maneira dramática ao longo do último meio século. Para os fins desta seção, utilizo "saída" como um substituto para a segregação baseada no local e seus impactos no círculo vicioso entre as desigualdades econômicas e políticas. Em outras palavras, a desigualdade econômica veio acompanhada de uma dramática segregação, por meio da qual os norte-americanos ricos vivem vidas bastante apartadas dos demais, distintas das do resto do país. Em certo sentido, os ricos aproveitaram a oportunidade para "sair" de todos os tipos de instituições públicas, o que tem o potencial de erodir uma visão coletiva daquilo que "conta" como um bem público.

A desigualdade econômica se traduziu em uma dramática segregação econômica nos Estados Unidos. Os norte-americanos vivem cada vez mais segregados por classes, e experimentam os bens públicos de forma cada vez mais desigual. A agitação que ocorreu em Ferguson, Missouri, em 2014, e em Baltimore, no ano de 2015, destacou de forma comovente a experiência local de desigualdade e de governo. Vários dias de protestos e desobediência civil coletiva nessas duas comunidades, essencialmente afro-americanas, na esteira da brutalidade policial, elevaram as experiências díspares de governo vividas diariamente nos Estados Unidos, de maneira que as desigualdades raciais e econômicas restaram identificadas. O aumento da desigualdade econômica coincidiu com um aumento, também dramático, da segregação geográfica econômica.

57. Hirschman, *Exit, Voice, and Loyalty*, pp. 272 e 274.

Numerosos estudos documentaram essa tendência. Os geógrafos Richard Florida e Charlotte Mellander constataram que os norte-americanos estão aumentando a classificação por classe — definida pela renda, educação, ocupação e uma medida composta de status socioeconômico — entre cidades e áreas metropolitanas, e também dentro das próprias cidades. Além disso, a segregação econômica é amplamente condicionada pelas decisões dos grupos mais favorecidos. Os ricos são ainda mais segregados do que os pobres, e por uma margem significativa.[58] Bairros de renda média desapareceram e foram substituídos pela pobreza e pela riqueza concentradas. Os sociólogos Kendra Bischoff e Sean Reardon constataram o aumento da segregação econômica geográfica, e descobriram que, em 1970, cerca de dois terços (65%) dos norte-americanos viviam em bairros de classe média, e que, hoje, esse número é de pouco mais de 40%. No mesmo período, a parcela de famílias que vivem em bairros ricos aumentou de 7% para 15%, enquanto a parcela que vive em bairros pobres cresceu de 8% para 18%.[59]

Como o jornalista Ta-Nehisi Coates indica convincentemente, a geografia da desigualdade nos Estados Unidos não surgiu do nada. Nem foi inteiramente uma consequência da dinâmica do "livre mercado" em jogo. Ao contrário, a geografia da desigualdade foi, e continua sendo, gerada e sustentada politicamente. Nos Estados Unidos, a geografia da desigualdade está bastante ligada à geografia da segregação racial, que se entrelaça com a desigualdade econômica para lançar uma sombra duradoura sobre a promessa da prosperidade compartilhada nos Estados Unidos. A segregação racial foi incorporada ao New Deal, um lado obscuro e subestimado do pacote de políticas, elogiado por reduzir as desigualdades econômicas e impulsionar o crescimento econômico por ocasião da Grande Depressão. O New Deal — criado pela Administração Federal de Habitação (FHA, na sigla em inglês) — foi fundamental para aumentar os estoques de capital de milhões de norte-americanos de classe média, fornecendo seguro hipotecário, o que contribuiu para uma queda nas taxas de juros e uma redução na quantidade de dinheiro necessária para o pagamento

58. R. Florida, C. Mellander, "Segregated City: The Geography of Economic Segregation in America's Metros", Martin Prosperity Institute da Rotman School of Management da Universidade de Toronto, 2015, disponível em: http://martinprosperity.org/media/Segregatedpercent20City.pdf.

59. K. Bischoff, S. Reardon, "Residential Segregation by Income: 1970-2009", *The Lost Decade? Social Change in the U.S. after 2000*, coord. J. Logan, Nova York, Russell Sage Foundation, 2013.

inicial. Ao mesmo tempo, a FHA desempenhou um papel significativo na geração de desigualdades de capital e de diferenciação de bairros, estabelecendo o princípio da "linha vermelha" — ou seja, essencialmente encaixotando compradores afro-americanos de casas em bairros menos desejáveis, excluindo-os do mercado hipotecário primário. Em um exemplo clássico de políticas como criadoras de mercados, o setor de seguros privados à época adotou a política governamental como prática-padrão.[60]

Os sociólogos Mel Oliver e Tom Shapiro resumiram as consequências das desigualdades de capital durável criadas politicamente:

> Privados da maior oportunidade de acumulação de riqueza em massa da história norte-americana, os afro-americanos que desejavam e podiam pagar pela casa própria se viram consignados às comunidades das cidades onde seus investimentos foram afetados pelas "propriedades autorrealizáveis" dos avaliadores da FHA: cortadas das fontes de novos investimentos, suas casas e comunidades se deterioraram e perderam valor em comparação com as casas e comunidades que os avaliadores da FHA consideravam desejáveis.[61]

Embora o *redlining** agora seja ilegal, as consequências pela acumulação de capital — desigualdade de riqueza — repercutem hoje. Por exemplo, a segregação residencial fomentada pelo *redlining* reduz artificialmente a demanda, impondo um teto forçado ao valor da casa para afro-americanos que possuem casas nos bairros habitados pelos negros. Como os brancos são muito mais capazes de dispor de bens ou proporcionar assistência familiar objetivando o pagamento de valores a título de sinal para o financiamento imobiliário, devido ao acúmulo histórico de riqueza, as famílias brancas compram casas e começam a acumular capital em média oito anos antes do que as famílias negras em situação semelhante. E porque os brancos são mais capazes de

60. T. Coates, "The Case for Reparations", *The Atlantic*, jun. 2014.

61. M. Oliver, T. Shapiro, *Black Wealth/White Wealth: A New Perspective on Racial Inequality*, Nova York, Routledge, 1995.

* Durante décadas, a partir de 1930, muitos bancos nos Estados Unidos negaram hipotecas a pessoas negras, impedindo-as de comprar uma casa em determinados bairros ou de obter empréstimo para reformar sua casa. Empresas financeiras e agentes imobiliários demarcavam nos mapas das cidades, com tinta vermelha, as áreas que estavam descartadas para concessão de empréstimos. Tal prática tinha o nome de *redlining*. [N.T.]

proporcionar assistência financeira, pagamentos de valores maiores, a título de sinal, geralmente reduzem as taxas de juros e os custos dos empréstimos para as famílias brancas em comparação com aquelas dos negros.[62] Grande parte dessa desigualdade na acumulação de capital pode ser rastreada, no passado, até uma decisão política inicial, que acabou moldando o acesso ao capital de importantes maneiras.

Os pontos mais amplos a ter em mente aqui são três. Primeiro, o capital está continuamente sujeito à definição e redefinição por meio dos atores políticos, e o acesso ao capital é governado por instituições. Em segundo lugar, as decisões políticas iniciais relativas às regras de acumulação de capital, e a quem tem acesso a ele, podem ter efeitos reverberantes de longo prazo, não apenas em termos de acumulação, mas também em termos de ausência de acumulação. E, terceiro, essas dinâmicas costumam estar localizadas em lugares específicos, criando uma geografia política de desigualdade com consequências duradouras para o poder político e para as oportunidades econômicas.

O estudo amplamente citado do economista Raj Chetty e de seus colegas, sobre a geografia da mobilidade econômica, oferece outra indicação da importância dos mecanismos específicos relativos aos lugares por meio dos quais as desigualdades econômicas podem ser perpetuadas. Usando registros administrativos sobre a renda de milhões de famílias para descrever três décadas de mobilidade intergeracional, Chetty e seus coautores descobriram que as perspectivas de mobilidade variam dramaticamente entre as localidades dos Estados Unidos (definidas por "zona de deslocamento", para os fins deste estudo). Áreas de alta mobilidade têm menos desigualdade de renda, menos segregação residencial, melhores escolas primárias, maior capital social e níveis mais altos de estabilidade familiar.[63] Todos esses fatores são potencialmente moldados de maneiras importantes pelas instituições políticas locais e pelo legado duradouro de políticas e de decisões políticas anteriores.

Essa segregação econômica — e a opção de "saída" para os ricos — tem consequências potencialmente enormes para o investimento no serviço público

---

62. T. Shapiro, T. Meschede, S. Osoro, "The Roots of the Widening Racial Wealth Gap: Explaining the Black-White Economic Divide", *Brandeis University Institute on Assets and Social Policy Research Brief*, 2015, disponível em: http://iasp.brandeis.edu/pdfs/Author/shapiro-thomas-m/racialwealthgapbrief.pdf.

63. R. Chetty et al., "Where Is the Land of Opportunity? The Geography of Intergenerational Mobility in the United States", *Quarterly Journal of Economics* 128, 2014, pp. 1553-1623.

e para o papel do governo em geral. A desigualdade econômica pode reduzir a provisão de bens públicos porque as sociedades heterogêneas são incapazes de se comprometer com bens e serviços públicos comuns. Há algumas evidências empíricas para apoiar essa hipótese, embora a maioria da literatura investigue as consequências da segregação racial, em vez das consequências da segregação econômica, o que representa, enfim, uma indicação da necessidade de mais trabalhos olhando para as implicações da segregação econômica como distintas das implicações de segregação racial.

Por exemplo, o economista Alberto Alesina e seus colegas descobriram que as parcelas dos gastos com bens públicos produtivos (como educação, estradas, esgotos e coleta de lixo), nas cidades norte-americanas, estão inversamente relacionadas à fragmentação étnica da cidade, independentemente de outras características socioeconômicas e demográficas da cidade como um todo. Alesina e seus coautores concluíram que "o conflito étnico é um determinante significativo das finanças públicas locais".[64] Mais recentemente, a pesquisa do cientista político Daniel Hopkins sugeriu que a diversidade racial e étnica reduz a disposição das localidades de aumentar os impostos apenas quando elas estão passando por mudanças demográficas repentinas, sinalizando que aquilo que importa não é a diversidade em si, mas, ao invés disso, é a maneira pela qual as mudanças demográficas podem desestabilizar as expectativas dos residentes e influenciar as elites locais.[65]

Esses estudos empíricos recentes indicam que o aumento da desigualdade pode estar corroendo a capacidade das comunidades locais de fornecer bens e serviços públicos adequados (ou de fornecer a base tributária necessária para o financiamento de tais bens e serviços). Mas vale a pena fazer uma pausa para considerar a unidade geográfica de análise, no contexto do ponto mencionado, sobre o aumento da segregação econômica que ocorre juntamente com o aumento da desigualdade econômica. Dependendo da unidade de análise, a crescente segregação econômica pode não se traduzir, necessariamente, em lugares economicamente mais heterogêneos. Na verdade, a segregação pode significar *menos* heterogeneidade. Isso não precisa, entretanto, se traduzir em mais coesão social ou instituições públicas mais fortes, considerando-se os diferenciais de poder entre as comunidades de baixa renda e as mais ricas.

64. A. Alesina, R. Baqir, W. Easterly, "Public Goods and Ethnic Divisions", *Quarterly Journal of Economics* 114, 1999, pp. 1243-1284.

65. D. Hopkins, "The Diversity Discount: When Increasing Ethnic and Racial Diversity Prevents Tax Increases", *Journal of Politics* 71, 2009, pp. 160-177.

Ainda há muito mais pesquisas a serem feitas para entender a relação entre os níveis crescentes de segregação econômica, em uma era de alta desigualdade, e a prestação de serviços públicos. E os canais através dos quais esses serviços públicos são fornecidos são distintamente políticos, ou seja, instituições políticas influenciadas pelo poder político.

A segregação econômica tem implicações para a modelagem sobre como a prestação de serviços públicos pode funcionar também. Por exemplo, os economistas David Cutler, Douglas Elmendorf e Richard Zeckhauser exploraram a relação entre as características demográficas de uma comunidade e as quantidades de bens e serviços fornecidos por seu governo. Eles decidem entre três modelos de gastos públicos: um modelo tradicional de escolha pública "egoísta", em que os indivíduos se preocupam apenas com eles próprios; um de "preferência da comunidade", em que o nível de gasto preferido de um indivíduo depende das características de sua comunidade; e um processo de classificação, talvez melhor visto como um modelo de "escolha", através do qual os indivíduos escolhem as comunidades com base em suas preferências para os gastos públicos.[66] Observe que nenhum desses modelos leva em consideração o fato de que a capacidade dos indivíduos de agir de acordo com suas preferências pode ser limitada por sua condição econômica, isto é, indivíduos de baixa renda podem ser muito menos capazes de "escolher" sua localização geográfica do que aqueles com maiores recursos. Em uma época de alta desigualdade, a distribuição da capacidade de alguém agir de acordo com suas preferências pode alterar, fundamentalmente, a relação entre as características demográficas e o fornecimento de bens públicos. Como sabemos que tal fornecimento tem fortes laços com o crescimento econômico futuro (a educação, por exemplo, é um bem público clássico com fortes efeitos em cascata, ao longo das gerações, para o crescimento saudável da economia como um todo), compreender as implicações da segregação econômica para o fornecimento de serviços públicos parece uma linha de trabalho digna para o futuro.

Por outro lado, em contraste com o trabalho anterior, que sugere um papel para a geografia da desigualdade no fornecimento de bens e serviços públicos, o trabalho da economista Leah Platt Boustan concluiu que a crescente desigualdade de renda está associada a uma expansão nas receitas do governo e a

66.D. Cutler, D. Elmendorf, R. Zeckhauser, "Demographic Characteristics and the Public Bundle", *Public Finance/Finance Publique* 48, 1993, pp. 178-198.

gastos em uma ampla gama de serviços nos municípios e distritos escolares dos Estados Unidos.[67] O contraste entre o trabalho de Boustan e o de seus colegas e pesquisas anteriores, juntamente com a necessidade remanescente de clareza teórica adicional sobre a unidade de análise e os canais através dos quais a desigualdade pode se traduzir em fornecimento de serviços públicos, sugere que muito mais pesquisas são necessárias no que tange às relações entre si das desigualdades econômica e política.

Lealdade

No clássico ensaio de Hirschman, a lealdade é o ingrediente-chave para se determinar se os cidadãos (ou as instituições) escolhem exercer a voz ou sair. "A presença da opção de saída pode reduzir drasticamente a possibilidade de que a opção de voz seja adotada ampla e efetivamente", escreve Hirschman, mas "a lealdade aumenta o custo da saída".[68] Hirschman, antevendo o futuro, se questionou sobre o impacto da globalização sobre a lealdade, ao escrever: "Apenas quando os países começarem a se parecer uns com os outros, por causa dos avanços na comunicação e na modernização geral, é que surgirá o perigo de saídas prematuras e excessivas"; e sugeriu que "nesse ponto, uma medida de lealdade nos manteria em uma boa posição".[69] Hirschman observa também que "os detalhes do desenho institucional podem ser de considerável importância para o equilíbrio entre a saída e a voz".[70] O que os altos níveis de desigualdade apresentam como presságio para a lealdade e, por sua vez, para as políticas de desigualdade? Essa linha de investigação permanece bastante inexplorada e apresenta um importante conjunto de questões abertas para pesquisadores comprometidos em entender melhor as políticas de desigualdade econômica.

A extrema riqueza deixa uma pequena, mas incrivelmente bem servida, fatia da população global em uma posição de testar a lealdade de vários Estados-nação. As elites globais podem essencialmente comprar o destino que tratará seus recursos de maneira mais favorável, e exercer o poder político que acompanha seu poder

67. L. P. Boustan et al., "The Effects of Rising Income Inequality on Taxation and Public Expenditures: Evidence from U.S. Municipalities and School Districts, 1970-2000", *Review of Economics and Statistics* 95, 2013, pp. 1291-1302.

68. Hirschman, op. cit., p. 76.

69. Ibidem, p. 81.

70. Ibidem, p. 85.

econômico além das fronteiras nacionais. Em uma era de capitalismo global, em que o capital é altamente móvel, ao passo que a mão de obra é substancialmente menos, os capitalistas globais podem comprar o lugar mais favorável para estacionar seu dinheiro.[71] O poder político indicado aqui é substancial — e possivelmente distinto dos altos níveis de desigualdade de capital, como havia antes da Belle Époque (às vezes também chamada de Grande Moderação), tal como Piketty observa. Em uma economia altamente globalizada, teria a lealdade do Estado-nação se dissipado, a ponto de os fluxos globais de capital significarem que os governos nacionais são consistentemente reféns da ameaça da saída, por interesses monetários?

Os recentes debates políticos nos Estados Unidos sobre as inversões corporativas são um exemplo concreto da erosão da lealdade, aumentando a probabilidade da opção da saída e infundindo a política norte-americana. A prática de inversão envolve a mudança do endereço da sede de uma empresa para o exterior, normalmente para um país de baixa tributação, a fim de que a empresa possa evitar o pagamento de impostos nos locais onde elas atuam de fato. Quando as empresas multinacionais exploram essas brechas fiscais, elas aproveitam os benefícios do sistema político norte-americano (estabilidade política, trabalhadores qualificados e assim por diante), mas evitam pagar o custo total por esses benefícios. Essas decisões corroem a base tributária dos Estados Unidos, o que, por sua vez, pode minar o crescimento econômico futuro ao reduzir, de maneira consistente, a fonte de financiamento disponível para investimentos em serviços públicos. O Departamento do Tesouro dos Estados Unidos, sob a administração de Obama, propôs novas regulamentações destinadas a tornar as inversões corporativas mais difíceis, e o clamor público sobre essas práticas passou de um murmúrio a um intenso grito de guerra. Ao mesmo tempo, entretanto, a ação do Congresso é necessária para interromper totalmente a prática de inversão corporativa nos Estados Unidos — ação que é altamente improvável, dada a dinâmica de poder da voz, como tratado anteriormente. As políticas econômicas destinadas a mitigar os altos níveis de desigualdade podem ser honestas, mas as políticas que causam desigualdades normalmente atacam os planos mais bem elaborados.

Piketty reconhece que a natureza global do capital torna um regime de política sem fronteiras desejável, se não necessário. Isso é parte da motivação de seu

71. Veja G. Zucman, *The Hidden Wealth of Nations*, trad. T. L. Fagan, Chicago, University of Chicago Press, 2015.

imposto global sobre a fortuna. No entanto, a proposta que ele esboça na obra *O capital no século XXI* é apenas um esboço, e ignora muitos dos detalhes importantes de poder e de política, detalhados nas páginas anteriores. Para pôr em prática as soluções de política econômica necessárias para impulsionar o crescimento e desacelerar o aumento da desigualdade econômica, analistas e formuladores de políticas fariam bem em formar uma lente analítica sobre as políticas que ocasionam desigualdades, bem como sobre a economia.

Por que se importar? E o que fazer?

A política e as instituições políticas são muito decisivas na criação, no aumento e na manutenção das desigualdades econômicas. A política cria mercados. A desigualdade econômica representa uma ameaça à democracia, por uma variedade de razões mais específicas que Piketty esclarece em seu livro. Pesquisas sugerem que cumprir a promessa de democracia pode, de fato, exigir uma ação para reduzir desigualdades econômicas extremas. Intervenções bem-sucedidas, em nome da democracia, exigem pensar muito sobre as reformas políticas, e não apenas sobre as prescrições da política econômica. Em suma, as desigualdades econômica e política estão presas em um círculo vicioso. Romper esse ciclo requer reformas inteligentes nos processos políticos, além de um pensamento inteligente de política econômica.

As ideias mais promissoras para a reforma política não se concentram em limitar as vozes no topo, mas, sim, na amplificação das que estão abaixo dele. Os esforços tradicionais de reforma política têm se concentrado em "obter muito dinheiro dos políticos", porque muito dinheiro está sufocando todos. Em vez disso, os esforços de reforma devem se concentrar no conceito de expansão de "oportunidades políticas". A oportunidade política se concentra em elevar as pessoas e ideias a um ponto em que possam ser ouvidas em meio a todo o barulho. Em algum lugar, depois que esse limite for atingido, é provável que haja uma diminuição dos retornos de gastos adicionais. Como resume o cientista político Mark Schmitt, "os esforços para limitar os gastos no topo provavelmente terão menos impacto sobre as oportunidades do que as reformas que ajudam os outros a ser ouvidos".[72]

---

72. M. Schmitt, "Political Opportunity: A New Framework for Democratic Reform", *Brennan Center for Justice Working Paper*, 2015.

A oportunidade política, como indicada por Schmitt, é caracterizada por quatro circunstâncias principais. Em primeiro lugar, qualquer candidato com uma ampla base de apoio, ou que represente um ponto de vista que, de outra forma, não seria representado, deveria ter a chance de ser ouvido nas eleições e em outros contextos, sem o apoio de grandes doadores de dinheiro. Em segundo lugar, cada cidadão deveria ter a oportunidade de participar de forma significativa, não apenas como eleitor, mas como doador, voluntário, como organizador, ou, ainda, expressando suas próprias opiniões. Terceiro, os indivíduos deveriam se sentir livres para expressar suas próprias opiniões políticas, protegidos de coerções, sejam elas oriundas do empregador, por exemplo, ou de qualquer outra instituição. Finalmente, o sistema deveria ser estruturado de forma a estimular a organização das pessoas, e não apenas do dinheiro, especialmente em torno de questões que afetam os eleitores de baixa e média renda.[73]

A chave para uma estrutura de oportunidades políticas é que ela desempenha duas funções importantes para desemaranhar as consequências prejudiciais da desigualdade política. Em primeiro lugar, torna o sistema mais justo, dando voz aos que atualmente não têm voz, e ajudando a compensar a influência política da riqueza. Em segundo lugar, ele promete restaurar a fluidez e a criatividade do processo político, à medida que os candidatos são forçados a competir em novos eixos de conflito e novos compromissos que surgem.

Ao contrário da forma anterior de financiamento de campanha eleitoral, que visava "tirar dinheiro da política", os esforços de oportunidade política reconhecem que o dinheiro provavelmente encontrará seu caminho para a política, não importa o que aconteça. O segredo é dar àqueles que não têm recursos a oportunidade de construir um poder de compensação, expandindo-se as oportunidades. Assim, um movimento em prol de uma emenda constitucional que protegesse o direito ao voto (que, ao contrário da opinião popular, na realidade, não existe na Constituição dos Estados Unidos) teria muito mais poder do que uma emenda constitucional revogando a decisão proferida no caso envolvendo o Citizens United*, que deu às corporações o direito a gastos

---

73. Ibidem.

* O Citizens United é uma organização sem fins lucrativos, fundada nos Estados Unidos, em 1988. Em 2010, a organização ganhou um caso na Suprema Corte dos Estados Unidos, conhecido como Citizens United vs. FEC, que considerou inconstitucional uma lei federal que proíbe corporações e os sindicatos de fazer despesas em relação às eleições federais. [N.T.]

ilimitados em eleições. Por quê? Porque o direito de votar é um direito positivo — em vez de proibitivo, que limita um direito, como a restrição de gastos da campanha — e, como tal, cria o foco para a construção de movimentos em torno da participação política. Assim como o movimento da "Emenda pela Igualdade de Direitos" (que acabou fracassado), um movimento de emenda pelo direito ao voto poderia construir um poder adicional, concentrando esforços em todas as razões pelas quais tantos norte-americanos hoje não o exercem; e, ao longo do caminho, poderia contribuir para o poder de construção do movimento para esforços políticos que permitisse o registro eleitoral no mesmo dia* e a anulação das leis restritivas de identificação do eleitor.[74]

Com certeza, os esforços focados na reforma eleitoral são apenas a ponta do iceberg no que se refere aos esforços de reforma política que visam reverter o círculo vicioso entre as desigualdades política e econômica. O objetivo é construir um poder político compensador de forma que a equidade política, por sua vez, possibilite reformas para desvendar a perniciosa desigualdade econômica detalhada por Piketty no livro *O capital no século XXI*. Até que nos concentremos em tais soluções, ideias promissoras de política econômica, como a visão utópica de Piketty de um imposto sobre a riqueza global, provavelmente permanecerão como uma fantasia.

* Ou seja, que possa permitir que qualquer residente qualificado do estado se registre para votar, e efetivamente vote, no mesmo dia. Atualmente, dos cinquenta estados, apenas 21 deles (e o Distrito de Columbia) permitem isso. Nos demais, o eleitor deve se registrar antes do dia da eleição, conforme o calendário de cada estado, para que, no dia da eleição, tenha a possibilidade de votar. [N.T.]

74. M. Schmitt, "The Wrong Way to Fix Citizens United", *New Republic*, 20 jan. 2012.

PARTE V
A resposta de Piketty

CAPÍTULO 22

Rumo a uma reconciliação entre economia e ciências sociais

Lições a partir de *O capital no século XXI*

THOMAS PIKETTY

Gostaria de ver a obra *O capital no século XXI* como um trabalho em andamento das ciências sociais, em vez de um tratado sobre história ou economia. Parece-me que se perde muito tempo nas ciências sociais com disputas mesquinhas sobre a delimitação de áreas, geralmente através de posições metodológicas bastante estéreis. Acredito que essas oposições entre disciplinas podem e devem ser superadas, e que a melhor maneira de fazer isso é através da abordagem de grandes questões, para ver até onde podemos levá-las, usando qualquer combinação de métodos e tradições disciplinares que pareça apropriada. Não poderia esperar uma homenagem maior à minha abordagem do que esse conjunto de textos escritos por especialistas de horizontes e perspectivas metodológicas tão diferentes.[1] Por meio de um texto tão curto como este, é impossível responder a todos os pontos levantados neste livro e fazer jus à riqueza de seus ensaios. Gostaria apenas de tentar esclarecer um pequeno número de questões e de tratar com mais detalhes alguns elementos que foram, sem dúvida, insuficientemente desenvolvidos em meu livro, em particular da perspectiva da história multidimensional das relações entre capital e poder, e no que tange ao papel desempenhado pelos sistemas de crenças e modelos econômicos em minha análise. Em seguida, passarei para outra limitação importante de meu livro, qual seja, o fato de que ele está muito focado no Ocidente.

1. Sou grato a Brad DeLong, Heather Boushey e Marshall Steinbaum por terem reunido esses ensaios, e aos autores pela atenção e pelo tempo que se dispuseram a dedicar ao meu trabalho.

Capital e ciências sociais

Em primeiro lugar, gostaria de resumir brevemente o que tentei fazer no livro *O capital no século XXI*, e como ele se insere na história das ciências sociais, em que várias tradições de pesquisa e escolas de pensamento se cruzam. Ele é antes de tudo um livro sobre a história do capital, da distribuição da riqueza e dos conflitos suscitados por sua distribuição desigual. Meu principal objetivo foi o de reunir fontes históricas relacionadas à evolução da riqueza e da renda, em mais de vinte países, a partir do século XVIII, graças ao trabalho conjunto de cerca de trinta pesquisadores (notadamente Anthony Atkinson, Emmanuel Saez, Gilles Postel-Vinay, Jean-Laurent Rosenthal, Facundo Alvaredo e Gabriel Zucman). A ambição principal de meu livro foi a de apresentar esse material histórico de uma maneira coerente. Comecei pelas fontes e propus uma análise dos processos econômicos, sociais, políticos e culturais que pudessem permitir dar conta das evoluções observadas nos diversos países desde a Revolução Industrial. Ao fazê-lo, tentei devolver as questões relativas à distribuição e às desigualdades entre as classes sociais ao centro do pensamento econômico, social e político.

As obras de economia política do século XIX — particularmente aquelas de Thomas Malthus, David Ricardo e Karl Marx — já punham a questão da distribuição de renda no centro de sua análise. Esses autores, muitas vezes, foram motivados pelas profundas mudanças sociais que perceberam ao seu redor. Malthus ficou marcado pelos relatos de Arthur Young sobre a pobreza no interior da França, na véspera da Revolução Francesa, e temia mais do que qualquer outra coisa que a superpopulação pudesse gerar pobreza e um caos revolucionário em toda parte. Ricardo realizou sua análise com percepções claras sobre o preço da terra e o impacto da dívida pública, acumulada pela Grã-Bretanha depois das Guerras Napoleônicas. Marx observou com precisão o profundo desequilíbrio entre a evolução dos lucros e dos salários no florescente capitalismo industrial dos primeiros dois terços do século XIX. Mesmo não tendo à disposição fontes históricas sistemáticas para estudar tais evoluções, esses autores pelo menos tiveram o mérito de fazer as perguntas certas. Ao longo do século XX, os economistas procuraram, com demasiada frequência, se afastar das ciências sociais (uma tentação ilusória, se é que houve uma) e ignorar os fundamentos sociais e políticos da economia. Alguns autores — em especial Simon Kuznets e Anthony Atkinson —, no entanto, embarcaram na meticulosa tarefa de coletar dados históricos sobre a distribuição de renda e de riqueza. Minha pesquisa deriva diretamente desses estudos e tem consistido, em grande parte, em estender a coleta de dados históricos a uma escala geográfica e temporal mais ampla (uma extensão que foi muito facilitada pelas tecnologias de informação, que nos disponibilizaram dados inacessíveis às gerações anteriores de pesquisadores).[2]

Em meu trabalho também tento renovar uma tradição que foi muito proeminente na história econômica e social, e, em particular, na escola francófona de história e sociologia, que, entre as décadas de 1930 e 1970, proporcionou vários estudos dedicados à história dos preços, salários, renda e riqueza nos séculos XVIII e XIX. Refiro-me especialmente às principais obras de François Simiand, Ernest Labrousse, François Furet e Adeline Daumard.[3] Infelizmente, essa história (às vezes qualificada como "serial") morreu antes do final do século XX — em grande parte pelas razões erradas, ao que me parece.[4] Minha abordagem também é inspirada por estudos sociológicos sobre as desigualdades de capital cultural e as disparidades de salários, notadamente aqueles conduzidos por Pierre Bourdieu e Christian Baudelot (em registros diferentes, mas, creio eu, complementares).[5]

Além disso, na obra *O capital no século XXI*, tentei mostrar que é possível — e, de fato, indispensável — estudar, ao mesmo tempo, a evolução das representações coletivas da desigualdade social e do dinheiro, tanto nos debates públicos e nos conflitos políticos quanto na literatura e no cinema. Estou convencido de que tal análise dos sistemas de representações e crenças sobre a distribuição

2. Em particular, veja as duas seguintes obras fundamentais: S. Kuznets, *Shares of Upper Income Groups in Income and Savings*, Nova York, National Bureau of Economic Research, 1953; A. Atkinson, A. Harrison, *Distribution of Personal Wealth in Britain*, Cambridge, Cambridge University Press, 1978. As diferentes etapas na construção dos dados reunidos em meu livro são resumidas em T. Piketty, *O capital no século XXI*, Rio de Janeiro, Intrínseca, 2014.

3. Em particular, veja F. Simiand, *Le Salaire, l'évolution sociale et la monnaie: Essai de théorie expérimentale du salaire, introduction et étude globale*, Paris, Alcan, 1932; E. Labrousse, *Esquisse du mouvement des prix et des revenus en France au XVIIIe siècle*, Paris, Dalloz, 1933; J. Bouvier, F. Furet, M. Gillet, *Le Mouvement du profit en France au XIXe siècle: Matériaux et études*, Paris, Mouton, 1965; e A. Daumard, coord., *Les Fortunes françaises au XIXe siècle: Enquête sur la répartition et la composition des capitaux privés à Paris, Lyon, Lille, Bordeaux et Toulouse d'après l'enregistrement des declarations de successions*, Paris, Mouton, 1973.

4. T. Piketty, op. cit.

5. Em particular, veja P. Bourdieu, J.-C. Passeron, *The Inheritors: French Students and Their Relation to Culture*, Chicago, University of Chicago Press, 1979; Bourdieu, Passeron, *Reproduction in Education, Society and Culture*, Londres, Sage, 1990; e C. Baudelot, A. Lebeaupin, "Les Salaires de 1950 à 1975 dans l'industrie, le commerce et les services", Paris, INSEE, 1979.

de renda e riqueza, por mais incompleta e preliminar que seja em meu livro, é essencial para entender a dinâmica da desigualdade. Para mim, essa é a interação central entre sistemas de crenças e regimes de desigualdade que deve ser estudada mais extensivamente em pesquisas futuras, e que pretendo estudar mais nos próximos anos. O dinheiro e sua distribuição desigual constituem o objeto social supremo, e não podem ser estudados de uma perspectiva exclusivamente econômica. A esse respeito, meu trabalho é semelhante e se alimenta de muitos estudos dedicados às percepções de igualdade e de desigualdade provenientes dos campos da sociologia política e da história intelectual.[6]

Na verdade, a principal conclusão deste trabalho é a seguinte:

> Deve-se ter cuidado com qualquer determinismo econômico em relação às desigualdades de riqueza e de renda. A história da distribuição da riqueza sempre foi profundamente política e não pode ser reduzida a mecanismos puramente econômicos [...]. A história da desigualdade é moldada pela maneira como os atores econômicos, sociais e políticos veem o que é justo e o que não é, bem como pelos relativos poderes desses atores e as escolhas coletivas resultantes. É o produto comum de todos os atores relativos combinados.[7]

O papel central da política e das mudanças nas representações da economia é particularmente notório quando se estuda a evolução da distribuição da renda e da riqueza ao longo do século XX. A redução da desigualdade observada nos países ocidentais entre 1900 e 1910, e entre 1950 e 1960, é em grande parte explicada pelas guerras e revoluções que marcaram esse período, bem como pelo novo compromisso social e institucional que emergiu depois de tais turbulências. Da mesma forma, o aumento da desigualdade observado a partir das décadas de 1970 e 1980 deve muito à reversão política e institucional das últimas décadas, notadamente em questões fiscais e financeiras. Também tentei mostrar

6. Em diferentes registros, veja, por exemplo, M. Lamont et al.: *Money, Morals and Manners: The Culture of the French and American Upper-Middle Class*, Chicago, University of Chicago Press, 1992; J. Beckert, *Inherited Wealth*, trad. T. Dunlap, Princeton, NJ, Princeton University Press, 2004; reimp. 2008; P. Rosanvallon, *The Society of Equals*, trad. A. Goldhammer, Cambridge, MA, Harvard University Press, 2013; e J. Naudet, *Entrer dans l'élite: Parcours de réussite en France, aux États-Unis et en Inde*, Paris, Puf, 2012.

7. T. Piketty, op. cit.

que os sistemas de crenças que envolvem a distribuição de renda e de riqueza, em função da economia e da sociedade, desempenham um papel central em nossa compreensão da estrutura da desigualdade nos séculos XVIII e XIX e, de fato, em todas as sociedades. Cada país tem sua própria e peculiar história com a desigualdade, e tentei, por exemplo, mostrar que as identidades nacionais e as representações que cada país tem, a partir de sua própria trajetória econômica e histórica, desempenham um papel importante na complexa interação entre a dinâmica da desigualdade e a evolução das percepções e instituições.[8]

Em particular, a "Era social-democrata no norte do globo (1945-1980)" (como é rotulada de forma apropriada por Brad DeLong, Heather Boushey e Marshall Steinbaum, em seu texto introdutório) pode certamente ser vista como um episódio histórico instável, mas também é produto de profundas transformações nos sistemas de crenças sobre o capitalismo e os mercados. Concordo plenamente com Marshall Steinbaum (Capítulo 18) quando ele enfatiza que as guerras mundiais e a Grande Depressão foram decisivas, não tanto em si mesmas, mas porque "desacreditaram a ideologia do capitalismo, de uma forma que a mera emancipação em massa foi incapaz de fazê-lo então [nas décadas anteriores à Primeira Guerra Mundial]". A crise dos anos 1930 e o total colapso do sistema europeu de competição interestatal, durante as duas guerras mundiais, levaram ao fim do regime político do século XIX, que se baseava na ideologia do *laissez-faire* e na quase sacralização da propriedade privada. Essa mudança radical nos sistemas de crenças dominantes nada mais é, claro, do que a famosa "Grande Transformação" analisada por Karl Polanyi, em seu livro de 1944.[9]

Em seu texto esclarecedor, David Grewal (Capítulo 19) também enfatiza as interações centrais entre a ideologia, o sistema jurídico e a mudança institucional. Em particular, ele enfatiza como a filosofia política dos séculos XVII e XVIII teorizou a propriedade privada, pela primeira vez, como uma construção legal, tendo formado uma ideologia do capitalismo para protegê-la. Nas minhas próprias pesquisas, fiquei particularmente impressionado com a forma como a elite republicana francesa, no final do século XIX e início do século XX, usou a referência à Revolução Francesa e ao surgimento dos modernos direitos de propriedade para se opor à tributação progressiva (uma questão à qual voltarei no final deste capítulo).

8. Em particular, veja o caso das revoluções conservadoras que ocorreram nos Estados Unidos e no Reino Unido, analisadas *in* ibid., capítulos 2 e 14.

9. K. Polanyi, *A grande transformação: as origens de nossa época*, Rio de Janeiro, Campus, 1980.

Essa interação entre sistemas de crenças e regimes de desigualdade resulta em uma ampla variedade de formas políticas e institucionais que, muitas vezes, são apenas brevemente mencionadas no contexto do meu livro, mas que desempenham um papel fundamental na dinâmica da desigualdade e justificam um estudo mais aprofundado em termos de gênese intelectual e política, e sobre como elas foram estabelecidas na prática. Insisti particularmente no papel das instituições educacionais e nas formas como às vezes podem reduzir ou, pelo contrário, ampliar as desigualdades[10], bem como no papel das instituições fiscais, em particular o surgimento difícil e frágil do imposto progressivo sobre a renda, a herança e a riqueza.[11] Um grande número de outras instituições públicas e sociopolíticas também desempenha um papel importante. Elas incluem: o desenvolvimento do Estado social em sentido amplo[12]; os regimes monetários, os bancos centrais e a inflação; a legislação trabalhista, o salário mínimo e a negociação coletiva; a nacionalização, a desapropriação e a privatização; a escravidão e o trabalho forçado; a governança corporativa e os direitos dos trabalhadores assalariados; a regulamentação de aluguéis e de outras formas de controle de preços e taxas de juros usurárias; a desregulamentação financeira e de fluxos de capital; as políticas comerciais e migratórias; os regulamentos de sucessão e os regimes de propriedade; as políticas demográficas e familiares; e assim por diante. Voltarei a alguns desses aspectos posteriormente neste capítulo.

Uma história multidimensional das relações entre capital e poder

Voltemos agora mais precisamente à noção de capital que procuro desenvolver em meu livro. Tentei escrever uma história multidimensional do capital, bem como das relações de propriedade e dominação que acompanham as diferentes formas de posses e ativos. Procurei demonstrar como, em cada etapa, as diferentes metamorfoses do capital levam a novos compromissos sociais e institucionais que permitem a regulação das relações entre os grupos sociais e as relações de produção. Deve ser esclarecido desde o início que esta é, em

10. Ibidem, capítulos 8 e 13.

11. Ibidem, capítulos 14 e 15.

12. Ibidem, capítulo 13.

última análise, apenas uma introdução a essa história multidimensional, uma vez que vários aspectos são apenas delineados em meu livro.

Modelos econômicos unidimensionais que descrevem a acumulação de capital, conceitos abstratos e equações (como a que indica a desigualdade $r > g$, que acho que permite apreender melhor certas invariáveis dentro dessas metamorfoses) também desempenham um certo papel em minha análise. No entanto, esse é apenas um papel relativamente modesto e limitado que, a meu ver, corresponde ao que a modelagem teórica e as equações podem trazer para a pesquisa nas ciências sociais. Esse tipo de simplificação extrema do real pode ocasionalmente isolar algumas relações lógicas interessantes entre dois específicos conceitos abstratos. Pode ser útil, mas apenas desde que não se superestime o alcance desse tipo de operação abstrata, nem se perca de vista o fato de que todos os conceitos em questão são, em última instância, nada mais do que construções social e historicamente determinadas. Os modelos teóricos constituem uma espécie de linguagem que só é útil quando solicitada em conjunto com outras formas de expressão que participam do mesmo processo deliberativo e conflituoso. A seguir, voltarei ao papel específico e limitado que os modelos econômicos desempenham na estrutura que desenvolvi — uma questão sobre a qual provavelmente não fui claro o suficiente em meu livro e que gerou alguma confusão. Em minha opinião, o capital é mais bem visto como um conjunto complexo e multidimensional de relações de propriedade.

Como indiquei já no primeiro capítulo de *O capital no século XXI*, onde defino as principais noções exploradas no livro,

> não é preciso dizer que a fronteira entre aquilo que pode pertencer às entidades privadas e aquilo que não pode mudar substancialmente no tempo e no espaço, como ilustra de modo extremo o caso da escravidão. A mesma afirmativa pode ser feita para o ar, o mar, as montanhas, os monumentos históricos, o conhecimento. Certos interesses privados gostariam de poder possui-los, às vezes alegando um intuito de promover a eficácia, e não somente de satisfazer seus próprios interesses. Contudo, não há como assegurar que isso coincida com o interesse geral. O capital não é um conceito imutável: ele reflete o estado de desenvolvimento e as relações sociais que regem uma sociedade.[13]

13. Ibidem.

O fato de que as formas assumidas pela posse de capital e a natureza dos direitos de propriedade são historicamente determinadas é bem demonstrado em minha análise sobre a relevância da escravidão, e do capital escravo, como formas de riqueza no Sul dos Estados Unidos, antes de 1865, o que, sem nenhuma dúvida, é o exemplo mais extremo de relações de propriedade e de dominação dos proprietários sobre os outros.[14] Como Daina Ramey Berry corretamente tratou no Capítulo 6, meu livro não dedica atenção suficiente ao papel crucial da escravidão na formação do capitalismo moderno. Devo salientar, no entanto, que as estimativas quanto ao valor total relativo à escravidão nos Estados Unidos, antes da Guerra Civil, relatado no livro, assim como a comparação com outras formas de riqueza privada são, até onde sei, os primeiros cálculos que tentam fazer esse tipo de comparação e apontar, portanto, o papel central do capital escravo.[15]

O fato de os direitos de propriedade serem determinados conforme o contexto histórico e social também se mostra evidente quando examino a capitalização do mercado de ações das empresas alemãs, relativamente baixa em comparação com aquelas de origem anglo-americana[16], um fenômeno que, sem dúvida, é ligado ao fato de os acionistas alemães serem menos onipotentes do que os acionistas em outros lugares, devendo eles, até certo ponto, compartilhar o poder com funcionários, governos regionais e outras partes interessadas (embora isso, é óbvio, não impeça um certo nível de eficiência produtiva). Tal circunstância demonstra, claramente, que o valor de mercado e o valor social do capital são duas coisas bastante distintas; e demonstra, também, a importância do sistema jurídico na modelagem das relações de propriedade.

De maneira mais geral, tentei mostrar a multiplicidade de formas assumidas pelo capital, e suas avaliações de mercado, ao longo da história, desde terras agrícolas até o capital imobiliário profissional, financeiro e imaterial dos dias atuais. Cada tipo de ativo tem sua própria história econômica e política, e envolve relações de poder e compromissos sociais específicos. Assim,

---

14. Ibidem, capítulo 4.

15. Observe também que esses cálculos são baseados no número total de escravos registrados nos censos, sejam eles propriedade de indivíduos, empresas ou governos municipais, logo, não tenho certeza de que sejam tão subestimados quanto Daina Ramey Berry sugere (eles já são grandes o suficiente). De qualquer forma, são questões claramente que merecem muito mais atenção e pesquisa.

16. Ibidem, capítulo 5.

movimentos de importância significativa em relação aos preços de imóveis e nos níveis de rendimentos, sejam eles de alta ou de baixa, desempenharam um papel decisivo na evolução da capitalização imobiliária ao longo das últimas décadas, tal como ocorreu na primeira metade do século XX.[17] Esses movimentos são, eles próprios, o resultado de um complexo grupo de forças institucionais, sociais, jurídicas e tecnológicas, incluindo a evolução contrastante das políticas de controle de aluguéis, além de outras regras que governam as relações entre proprietários e inquilinos; as mudanças na geografia econômica e na segregação residencial; e os ritmos variados de mudança técnica na construção e transporte em comparação com outros setores. Existem, no entanto, outros exemplos. Em várias ocasiões na obra *O capital no século XXI*, examino a importância do capital decorrente do petróleo e sua distribuição em todo o mundo, as relações de dominação e de proteção militar que as acompanham (sobretudo no Oriente Médio), e o impacto disso nas estratégias de investimento financeiro, às vezes incomuns, empregadas pelos fundos soberanos correspondentes.[18]

A hipertrofia das posições de ativos brutos entre países — que tem sido uma das principais características do processo de desregulamentação financeira nas últimas décadas — é outro tema recorrente no livro.[19] Analiso também os níveis extremamente elevados de ativos estrangeiros mantidos pela Grã-Bretanha e pela França, durante o final do século XIX e início do século XX, uma época em que ambos os países detinham uma parcela importante do resto do mundo. Os rendimentos, dividendos e juros bastante substanciais que isso trouxe — o equivalente, na Belle Époque da França, à produção do Leste industrial do país — permitiu-lhes financiar um déficit comercial permanente enquanto continuavam a adquirir uma parte crescente do resto do mundo (o que não deixou de estimular tensões entre as potências coloniais). Comparo esses níveis com aqueles alcançados no início do século XXI pelas posições de ativos líquidos da Alemanha, do Japão, da China e dos países ricos em petróleo, que até o momento permanecem marcadamente mais baixos, mas estão aumentando muito rapidamente (levando, para países como a França, o medo de um dia se tornar aquilo que é possuído, em vez do poder que possui).

17. Ibidem, capítulos 3-6.

18. Ibidem, Capítulo 12.

19. Ibidem, capítulos 1, 5, 12, 15 e 16.

Em várias ocasiões, insisti no fato de que as relações de propriedade internacional sempre vêm carregadas de tensões múltiplas e estão a anos-luz dos calmos modelos teóricos dos economistas, regulados pela harmonia natural e pelas trocas mutuamente lucrativas. Em geral, as relações de propriedade são sempre complexas e difíceis de organizar com calma no quadro de uma comunidade política. Nunca é simples, por exemplo, pagar rendimentos ao proprietário do imóvel e concordar pacificamente com a estrutura institucional da relação e a perpetuação da situação (daí os múltiplos sistemas em vigor para controlar o aluguel, alongar os arrendamentos e tributar a herança). Mas quando um país inteiro está pagando rendimentos e dividendos a outro país, a situação pode se tornar ainda mais tensa e os meios de regular essa relação geralmente são menos pacíficos. Isso quase sempre resulta em relações baseadas na dominação militar por aqueles na posição de proprietário. Ou então o país na condição de ser possuído passa por ciclos políticos intermináveis nos quais fases de ultraliberalismo triunfante e autoritarismo se alternam com breves períodos de expropriação caótica — um fenômeno que tem sistematicamente minado o desenvolvimento de vários países, em particular na América Latina e na África. Uma regulação pacífica pertinente à desigualdade social e às relações de propriedade é uma das apostas mais importantes na construção do Estado de Direito e do poder público legítimo, e envolve o desenvolvimento de normas legais e de estruturas institucionais complexas. Quando a desigualdade e a propriedade são em grande parte externas a uma dada comunidade política, essa construção pode ser prejudicada de forma duradoura. A racionalidade econômica, de fato, tolera muito bem a perpetuação da desigualdade, e de forma alguma leva à racionalidade democrática.

O capital público também desempenha um papel central na análise que desenvolvo sobre a história do capital.[20] Isso pode ser positivo ou negativo, dependendo em particular dos ciclos políticos e ideológicos de investimento público e nacionalização ou, pelo contrário, déficit público e privatização. No primeiro caso, o capital público diminui o controle do capital privado sobre o capital nacional e a sociedade; no último, ele o reforça ao adicionar títulos do governo a ativos privados como um elemento adicional de propriedade e dominação. Analiso também a importância da inflação na dinâmica da dívida pública e, de forma mais geral, o papel da criação monetária e as diferentes

20. Ibidem, capítulos 3 e 4.

operações de redistribuição do capital nacional realizadas pelos bancos centrais.[21] Destaco a diversidade de experiências nacionais e trajetórias no que diz respeito à dívida pública, particularmente ao contrastar os casos da França e da Grã-Bretanha, nos séculos XVIII e XIX e, depois, da Alemanha, no século XX — uma evolução que interessa ao atual contexto europeu, uma vez que países que nunca saldaram as dívidas públicas que contraíram durante o século XX (notadamente a França e a Alemanha) explicam aos países do sul da Europa que eles devem pagar mais juros aos detentores de títulos do que investem em seu sistema escolar, pelas décadas seguintes (assim como os britânicos fizeram no século XIX). Fases nas quais convergem as evoluções também podem ser observadas. Por exemplo, o capital público era uma porção significativa (entre um quarto e um terço) do capital nacional na maioria dos países europeus durante o período do pós-guerra, e caiu para níveis muito baixos ao longo das últimas décadas (e até mesmo para níveis negativos, como na Itália). Em muitos casos, esses movimentos de dívida pública e privatização favoreceram um enriquecimento privado particularmente rápido, não apenas nos países desenvolvidos, como seria de se esperar, mas também, e principalmente, nos países pós-comunistas, começando pela Rússia e pela China.

Em todo o livro *O capital no século XXI*, tentei mostrar que a história do capital é multidimensional, e que cada uma dessas categorias de ativos e posses envolve uma ampla variedade de mecanismos e compromissos institucionais. A propriedade assume múltiplas formas que são histórica e socialmente determinadas e que traçam o mesmo número de relações sociais. O fato de que também é possível somar todas essas formas de riqueza — com a utilização, por exemplo, dos preços de mercado atuais para os diferentes ativos (supondo que eles sejam bem definidos, o que nem sempre é evidente) —, a fim de calcular o valor monetário total do estoque de capital, em nada altera essa realidade multifacetada. Essa operação abstrata pode certamente ser útil; ela nos permite, por exemplo, observar que, apesar das múltiplas metamorfoses nas formas que o capital assume, no início do século XXI essa valorização total do mercado (expressa em anos de renda nacional) parece ter voltado a um nível próximo daquele observado nas sociedades patrimoniais que prosperaram, a partir dos séculos XVIII e XIX até a Belle Époque. Isso fornece uma linguagem que permite que a escala geral das avaliações de mercado seja comparada em sociedades

21. Ibidem, Capítulo 16.

que são muito diferentes umas das outras. Contudo, tal medição abrangente não permite levar em conta a multiplicidade de relações de propriedade e de produção que se desenvolvem nessas diferentes sociedades.

A abordagem que desenvolvo em meu livro é, na verdade, apenas uma introdução a uma história multidimensional do capital e das formas de posse — ela negligencia um grande número de aspectos essenciais, enquanto aborda outros apenas de forma breve. Por exemplo, como Gareth Jones (Capítulo 12) corretamente indica, seria benéfico examinar mais a fundo as dimensões geográficas e espaciais do capital. Muita atenção é dada às posses fora da França e da Grã-Bretanha, mas nada foi dito sobre as posses dentro dos países — comparando, por exemplo, o nordeste dos Estados Unidos com o resto do país. De maneira mais geral, seria útil variar a escala de análise, do nível nacional até a economia mundial. Em particular, isso tornaria possível examinar muito mais diretamente do que em meu livro o impacto da colonização sobre o desenvolvimento, bem como os efeitos gerais da desigualdade interna e internacional na construção de um poder público legítimo. Como Ellora Derenoncourt (Capítulo 20) enfatiza, a integração global na forma, primeiro, do comércio de escravos no Atlântico e, em seguida, do domínio colonial europeu, direto e indireto, sobre o continente americano, a África e a Ásia, foi definida pela extração e um flagrante desequilíbrio de poder, dos anos 1500 até a década de 1960. Minha análise de possessões estrangeiras é amplamente centrada no Ocidente e negligencia o estudo do impacto sobre os regimes de desigualdade e a formação do Estado no hemisfério Sul (uma questão sobre a qual retornarei a seguir).

O papel limitado dos modelos econômicos: "capital doméstico" vs. "capital selvagem"

Gostaria agora de esclarecer o que quero dizer com o papel *limitado* desempenhado pelos modelos econômicos (e em particular pelo modelo neoclássico de acumulação de capital e a noção de uma função de produção), em meu livro e em minha pesquisa. Suresh Naidu (Capítulo 5) oferece uma distinção interessante entre duas formas de narrativas e estruturas interpretativas que (de acordo com ele) estão, simultaneamente, presentes em meu livro: por um lado, o *capital* "domesticado" (baseado no modelo neoclássico e no pressuposto de competição perfeita); e, por outro lado, o *capital* "indomável" (enfatizando o papel das relações de poder, o conflito político e a mudança institucional). Gostaria de deixar bem claro que me sinto muito mais próximo da interpretação "indomável" do que daquela "domesticada". Se eu tivesse acreditado que o modelo neoclássico unidimensional de acumulação de capital (baseado na chamada função de produção Y = F(K, L) e na suposição de competição perfeita) forneceu uma descrição adequada das estruturas econômicas e das relações de propriedade, então meu livro teria trinta páginas, em vez de oitocentas. O principal motivo de ele ser tão longo é que tento descrever as transformações multidimensionais do capital, além dos complexos padrões de poder e de relações de propriedade que vêm com essas metamorfoses (como ilustram os exemplos indicados acima). Eu provavelmente deveria ter sido mais explícito sobre esse assunto, e sou grato a Suresh por me dar a oportunidade de esclarecer tal ponto relevante.

De forma específica, como David Grewal (Capítulo 19) apropriadamente observa, as "duas leis fundamentais do capitalismo" que apresento nos capítulos 3 a 6 do meu livro devem ser vistas como "uma forma de organizar os dados" e nada mais. A "primeira lei" nada mais é do que uma definição: diz que a parcela de capital α pode ser decomposta como o produto da taxa média de retorno r e a relação capital/renda β. O objetivo é simplesmente o de ajudar o leitor a se lembrar das ordens básicas de magnitude e as relações lógicas entre os conceitos centrais (por exemplo, $\alpha = 30\%$ no caso $r = 5\%$ e $\beta = 6$). Mas isso não altera de forma alguma o fato de que o capital é fundamentalmente multidimensional, e de que as taxas de retorno variam enormemente entre os tipos de ativos, sociedades e épocas, dependendo em particular do ambiente institucional e legal, do equilíbrio de poder entre os proprietários e trabalhadores, e assim por diante, tal como a narrativa histórica apresentada em meu livro ilustra amplamente.

Resumindo: os modelos devem ser usados com parcimônia — isto é, apenas quando realmente precisamos deles —, e seu papel não deve ser exagerado. Os modelos podem ser úteis para organizar os dados e esclarecer as relações lógicas simples entre conceitos básicos; mas não podem substituir a narrativa histórica, que, a meu ver, deve ser o verdadeiro núcleo da análise (e que considero ser o núcleo de meu livro). A complexidade e multidimensionalidade dos processos históricos, sociais e políticos nas sociedades do mundo real são tão grandes que não há como eles serem adequadamente descritos apenas pela linguagem matemática: é preciso usar principalmente a linguagem natural das ciências sociais (e, às vezes, a linguagem da literatura e do cinema, que, como tento mostrar no meu livro, pode ser vista como uma forma adicional e complementar de apreender as realidades sociais e históricas, assim como a linguagem matemática).

As mesmas observações também se aplicam à "segunda lei" (de acordo com a qual a razão capital/renda β tende a se aproximar da razão s/g, entre a taxa de poupança e a taxa de crescimento, sob certas condições — sem nenhuma mudança nos preços relativos dos ativos, nem nos recursos naturais — e no longo prazo), e à discussão sobre o aumento das participações de capital. De acordo com as melhores séries históricas disponíveis, as relações agregadas de capital/renda e as participações de capital agregado tendem a se mover juntos: ambos eram relativamente baixos, em meados do século XX, e ambos eram relativamente altos no século XIX e no início do século XX, bem como no final do século XX e no início do século XXI. Se fôssemos usar a linguagem das funções de produção agregada e a suposição de competição perfeita, então a única maneira de explicar o fato de que β e α tendem a se mover juntos, no longo prazo, seria assumir uma elasticidade de substituição um pouco maior do que 1 em longos períodos (de modo que a taxa de retorno r cai menos do que proporcionalmente à medida que β aumenta). As estimativas-padrão sugerem elasticidades menores (como argumentado corretamente por Devesh Raval, no Capítulo 4), mas, normalmente, não são estimativas de longo prazo. Também é possível que a mudança técnica e o surgimento de novas formas de máquinas, robôs e tecnologias de capital intensivo (tal como descrito por Laura Tyson e Michael Spence, no Capítulo 8) levem a um aumento gradual da elasticidade de substituição com o passar do tempo.

Gostaria de esclarecer, entretanto, que esta não é minha interpretação favorita das evidências, ou pelo menos das evidências históricas de longo prazo. Talvez robôs e uma alta substituição de capital-trabalho sejam importantes no futuro. Mas, nesse estágio, os setores importantes de capital intensivo são aqueles setores mais tradicionais, como de imóveis e de energia. Acredito que o modelo certo para se pensar sobre o motivo pelo qual as relações de renda e capital e as participações de capital se moveram juntos, no longo prazo, seja um modelo multissetorial de acumulação de capital, com movimentos substanciais nos preços *relativos* e, o mais importante, com relevantes variações no poder de barganha e nas regras institucionais ao longo do tempo.[22]

22. Ibidem, capítulos 3-6.

Em particular, grandes movimentos, para cima ou para baixo, dos preços dos imóveis têm desempenhado um papel significativo na evolução dos valores agregados do capital, durante as últimas décadas[23], assim como foi ao longo da primeira metade do século XX. Isso, por sua vez, pode ser explicado por uma mistura complexa de forças institucionais e tecnológicas, incluindo políticas de controle de aluguel e outras regras que regulam as relações entre proprietários e inquilinos, a transformação da geografia econômica e a velocidade variável do progresso técnico nas indústrias de transporte e de construção em relação à de outros setores. De forma mais geral, a principal razão pela qual os valores de capital e as participações de capital são relativamente altos no final do século XX, e no início do XXI, é que os sistemas institucionais e legais se tornaram gradualmente mais favoráveis aos proprietários de capital (tanto os de capital imobiliário quanto os de capital corporativo), e menos favoráveis aos inquilinos e trabalhadores nas últimas décadas, de uma forma que é amplamente semelhante (mas com alguns arranjos institucionais diferentes) ao regime que prevaleceu no século XIX e início do XX. Em contraste, os regimes jurídicos e institucionais prevalecentes em meados do século XX e durante a "Era da Social-Democracia (1945-1980)" eram mais favoráveis aos inquilinos e trabalhadores, o que pode ajudar a explicar por que tanto os valores de capital quanto as participações de capital eram relativamente baixos, considerando-se os padrões históricos. Isso não significa que as mudanças nas funções de produção e nas elasticidades de substituição não sejam importantes: estou convencido de que essa forma de linguagem matemática pode ser útil para esclarecer certos conceitos e relações lógicas entre eles. Mas tais noções precisam ser incorporadas a uma estrutura socioinstitucional e a uma narrativa histórica mais ampla, se quisermos ser capazes de dar conta das evoluções observadas. Em alguns casos, a mudança institucional interage diretamente com a mudança tecnológica — como, por exemplo, o declínio dos sindicatos e a transformação em direção a um "local de trabalho fissurado", tal como analisado por David Weil no Capítulo 9.

23. O fato de que o aumento do valor da habitação explica uma grande fração do aumento da razão capital/renda nas últimas décadas (com grandes variações entre os países) não é uma notícia particularmente boa para a dinâmica da desigualdade. Em particular, os altos valores das habitações tornam difícil para as novas gerações com riqueza familiar limitada o acesso à propriedade. Além disso, observe que a prosperidade crescente dos bilionários (ou as crescentes dotações financeiras de alto valor) tem pouco a ver com o valor das moradias.

Por fim, a mesma observação se aplica à relação entre $r - g$ e a desigualdade. Em minha opinião, a lacuna entre r e g é determinada por um conjunto complexo de forças históricas, jurídicas e sociais. Em particular, a taxa de retorno é amplamente influenciada pelo poder de barganha e mudanças nas instituições, enquanto a taxa de crescimento depende da fecundidade e da inovação, as quais, elas próprias, são determinadas por um amplo conjunto de fatores sociais e institucionais. Em modelos econômicos-padrão, o fato de que r é sempre maior do que g é determinado mecanicamente por simples fatores tecnológicos ou psicológicos. Por exemplo, no modelo dinástico de referência de crescimento econômico, a taxa de retorno de equilíbrio é bem conhecida por ser dada pela "regra de ouro" modificada $r = \theta + \gamma g$ (onde θ é a taxa de preferência temporal e γ é a curvatura da função de utilidade). Por exemplo, se $\theta = 3\%$, $\gamma = 2$ e $g = 1\%$, então $r = 5\%$. Neste quadro, a desigualdade $r > g$ sempre é verdadeira e decorre mecanicamente de leis psicológicas tidas como universais (a saber, a existência de impaciência humana, o que implica que r tem de ser positivo mesmo se $g = 0$, bem como o fato de que $r < g$ levaria os agentes que maximizam a utilidade a tomar emprestadas quantias infinitas de suas rendas futuras, e, portanto, levando r, mais uma vez, a ficar acima de g). Esses modelos com certeza capturam algumas das razões psicológicas básicas de que r é maior do que g nas séries históricas. Todavia, a história completa é muito mais complicada e envolve um amplo conjunto de fatores institucionais e sociais, com grandes variações históricas, tanto na taxa de retorno quanto na taxa de crescimento.

Da mesma forma, modelos dinâmicos de acumulação de riqueza com choque multiplicativo podem ser muito úteis para entender e quantificar por que um r maior e um g menor levam a níveis maiores de estados estacionários de concentração de riqueza. Por exemplo, como Mariacristina De Nardi, Giulio Fella e Fang Yang mostram no Capítulo 14, o impacto da maior taxa de retorno e menor taxa de crescimento populacional, ou taxa de crescimento da produtividade, não é totalmente simétrico. Mas esses modelos não devem ofuscar o fato de que a relação entre taxas de retorno, taxas de crescimento e dinâmica da desigualdade é determinada por um amplo conjunto de fatores políticos e jurídicos que estão amplamente fora do modelo (e sobre os quais os modelos formais têm pouco a dizer).

Capital financeiro e capital cultural: reconciliando Marx e Bourdieu

Gostaria agora de abordar outro aspecto essencial da multidimensionalidade do capital. Ao longo do livro, faço uma distinção entre duas hierarquias sociais: a da riqueza e a da renda do trabalho. Ambas são, é claro, intimamente relacionadas e, em algumas sociedades, elas coincidem bastante. No entanto, elas nunca são exatamente as mesmas, porque os 50% na parte inferior (às vezes designados em meu livro como a "classe inferior", para maior clareza e para permitir comparações através do tempo e do espaço), os 40% no meio (a "classe média"), e os 10% no topo (a "classe alta", dentro da qual frequentemente distingo o 1% no topo, ou a "classe dominante") não correspondem exatamente aos mesmos grupos sociais, dependendo da hierarquia que estiver sendo examinada. Às vezes, elas são até completamente diferentes, como nas sociedades patrimoniais tradicionais, na qual quem possui grandes fortunas não sente qualquer constrangimento por não trabalhar e domina a maior parte da sociedade.

Acima de tudo, em cada sociedade essas duas hierarquias mobilizam mecanismos bastante distintos de dominação e de produção de desigualdade, que são potencialmente complementares e também cumulativos. A hierarquia da riqueza é determinada por múltiplos processos que contribuem para a acumulação de capital imobiliário, profissional e financeiro, já mencionados anteriormente. Isso inclui estratégias de recolocação e de investimento, regulamentos relativos à herança e aos regimes de propriedade, o funcionamento dos mercados financeiros e imobiliários, e assim por diante. A hierarquia da renda do trabalho depende, notadamente, de regras e instituições que contribuem para a formação de salários e das diferentes condições de trabalho e de contratação; da desigualdade de habilidades e de relacionamentos; do funcionamento do sistema educacional; e, de maneira mais geral, da hierarquia do capital cultural. Ambas as hierarquias — a do capital financeiro e a do capital cultural, para simplificar — também correspondem a diferentes sistemas de discurso e de justificação. A desigualdade patrimonial tradicional geralmente não busca basear seu domínio no mérito ou na superioridade cultural, pelo menos não como sendo sua principal razão. Ao contrário, a desigualdade moderna visa se justificar por meio de uma ideologia baseada no mérito, na produtividade e na virtude. Esse sistema de justificação, baseado na estigmatização dos "pobres indignos", e no que chamo de "extremismo meritocrático"[24], tem origens antigas. Pode ser rastreado até a Idade Média e, talvez, até o fim da escravidão, do trabalho forçado e da propriedade pura e simples das classes pobres pelas classes ricas (quando o pobre se torna um sujeito, e não apenas um objeto, ele ou ela deve ser possuído[a] por outros meios).[25] No entanto, atinge sua extensão máxima na era moderna. Uma expressão particularmente distinta disso pode ser encontrada em uma declaração surpreendente de Émile Boutmy, que criou a École Libre des Sciences Politiques (comumente conhecida como Sciences Po, uma das escolas francesas mais elitistas), em 1872, e definiu sua missão:

> Uma vez obrigadas a se submeter ao domínio da maioria, as classes que se autodenominam classes altas podem preservar sua hegemonia política apenas invocando os direitos dos mais capazes. À medida que as prerrogativas tradicionais da classe alta desmoronam, a onda da democracia encontrará uma segunda barreira, construída sobre talentos eminentemente úteis, uma superioridade que comanda o prestígio e as habilidades das quais a sociedade não pode se privar de maneira sensata.[26]

Testemunharemos no século XXI o surgimento de um novo modelo não igualitário, que combina um retorno às desigualdades patrimoniais e capitalistas do passado com formas extremas de dominação baseadas no capital cultural, capital simbólico, e ainda culpando as vítimas do sistema? Em todo caso, essa é uma das hipóteses que formulo em meu livro. Em particular, noto a hipocrisia escancarada dos discursos meritocráticos contemporâneos. Por exemplo, a renda média dos pais de alunos da Universidade Harvard atualmente corresponde à renda média dos 2% mais ricos dos norte-americanos. Na França, os programas educacionais mais elitistas recrutam seus alunos em *pools* sociais que são pouco maiores; e três ou quatro vezes mais recursos públicos são investidos neles do que em programas abertos a alunos comuns, sem ninguém pestanejar.[27] Além desse acesso privilegiado ao capital cultural

24. Ibidem, capítulos 11, 12 e 13.

25. G. Todeschini, "Servitude and Labor at the Dawn of the Early Modern Era: The Devaluation of Salaried Workers and the 'Undeserving Poor'", *Annales HSS* (edição inglesa) 70, n. 1, 2015.

26. T. Piketty, op. cit.

27. Ibidem.

e simbólico, ao longo das últimas décadas esses grupos dominantes aumentaram sua capacidade de concederem a si mesmos pacotes de salários e bônus extravagantes — com sindicatos enfraquecidos e políticas fiscais incapazes de oferecer efetiva resistência.[28]

Trabalhos recentes de Raj Chetty e Emmanuel Saez, no âmbito do projeto "Igualdade de Oportunidades"[29], mostraram a extrema desigualdade de acesso ao ensino superior nos Estados Unidos: a probabilidade de ir para a faculdade aumenta quase linearmente de apenas 20%, para crianças com renda dos pais no decil mais baixo, para mais de 90%, para aquelas com renda dos pais no decil superior. A lacuna com o discurso e os valores meritocráticos oficiais é particularmente abissal. Concordo plenamente com Eric Nielsen (Capítulo 7) que políticas fortemente igualitárias, no nível da educação infantil, são parte da solução, provavelmente em conjunto com mais transparência e políticas de ação afirmativa nos sistemas de admissão ao ensino superior.[30] Observe também que a extrema desigualdade do sistema educacional norte-americano é provavelmente uma grande parte da explicação da razão pela qual a desigualdade de renda aumentou bem mais nos Estados Unidos do que na Europa e no Japão, nas últimas décadas. Por sua vez, é provável que o aumento da desigualdade tenha uma série de consequências negativas de longo prazo, não apenas do ponto de vista da estabilidade financeira, como corretamente enfatizado por Salvatore Morelli (Capítulo 17) e Mark Zandi (Capítulo 16), mas também do ponto de vista do potencial de crescimento a longo prazo.

Essa combinação dos efeitos do capital financeiro e do capital cultural parece constituir algo novo nessa escala — especialmente em comparação com o período do pós-guerra, em que as desigualdades de riqueza desempenharam um papel menor depois das convulsões militares, políticas e sociais dos anos 1914 a 1945. Foi justamente no período do pós-guerra — mais precisamente nos anos 1960 — que Pierre Bourdieu desenvolveu sua análise das formas de dominação a partir do capital cultural e simbólico. Esses conceitos, decerto,

28. Ibidem, capítulos 8 e 14.

29. Disponível em: http://www.equality-of-opportunity.org/.

30. De modo geral, concordo plenamente com Eric Nielsen que a difusão de conhecimento, habilidades e capital humano é a força mais poderosa para reduzir a desigualdade no longo prazo (como frequentemente menciono em meu livro). No entanto, não estou certo de que seja particularmente útil capitalizar o capital humano em valores monetários e adicioná-lo a outros valores de ativos; ambas as dimensões do capital (humano e não humano) são muito importantes, mas levantam questões diferentes que devem ser analisadas separadamente.

não perderam nada de sua relevância no início do século XXI — na verdade, muito pelo contrário. Acontece simplesmente que, agora, eles estão combinados com o retorno do capital imobiliário e financeiro em um nível comparável àquele observado no final do século XIX e no início do século XX. Para compreender a relação entre produção e poder no século XXI, parece-me necessário combinar as observações de Marx com as de Bourdieu, a fim de desenvolver uma verdadeira economia política e histórica do capital e da desigualdade entre as classes sociais.

Indo além de uma abordagem centrada no Ocidente em relação aos regimes de desigualdade

Permitam-me agora abordar o que considero a limitação mais importante de meu livro, a saber, o fato de ele ser muito centrado no Ocidente. Em parte, isso se deve a um problema de dados: as fontes de dados históricos sobre renda, herança e riqueza são muito mais numerosas e acessíveis para a Europa Ocidental, América do Norte e Japão do que para o resto do mundo. Um impacto positivo do sucesso global do livro (que, como Art Goldhammer observa no Capítulo 1, é relativamente equilibrado em todo o planeta, com cerca de um terço do total de vendas na língua inglesa, um terço nas línguas europeias, além do inglês, e um terço em idiomas asiáticos) é que induziu mais governos e administrações fiscais em países emergentes a tornar seus arquivos fiscais e financeiros mais acessíveis. Em razão disso, muitos países importantes que não estavam incluídos no Banco de Dados Mundial de Riqueza e Renda (WID)[31] na época em que o livro foi escrito, como Brasil, Coreia, Taiwan, México, Chile, Costa do Marfim e muitos outros, não fazem parte do WID (ou estão prestes a fazer parte dele). Outros dados também foram divulgados pela África do Sul, Índia e China, embora, neste último caso, o avanço seja muito lento.

De forma mais geral, conforme enfatizado por Emmanuel Saez (Capítulo 13), estamos permanentemente tentando atualizar e estender o WID; primeiro na direção dos países emergentes, e também a fim de cobrir melhor tanto a parte inferior quanto a parte superior da distribuição de renda e de riqueza (com o desenvolvimento de contas nacionais distributivas), além de incluir

31. Disponível em: www.wid.world.

outras dimensões da desigualdade que não foram devidamente abordadas até agora (como a desigualdade de gênero, que, como Heather Boushey aponta no Capítulo 15, está amplamente ausente meu livro). Ao abranger cada vez mais países, poderemos também agregar medidas de desigualdade em amplos níveis regionais ou até mesmo em nível mundial, acompanhando e ampliando o trabalho pioneiro de Christophe Lakner e Branko Milanovic. No futuro, todos teremos acesso a um banco de dados de desigualdade global muito mais desenvolvido, o que tornará muito mais fácil ir além das abordagens centradas no Ocidente e também ir além da obra *O capital no século XXI*.

Deve-se reconhecer, entretanto, que a falta de dados não é a única razão pela qual meu livro é excessivamente centrado no Ocidente (embora esta seja certamente uma grande parte da explicação). Em parte, meu livro é centrado no Ocidente, ou mesmo na Europa, por razões mais profundas. Em grande medida, este é um livro que conta a história da desigualdade no Ocidente durante o século XX: concentra-se em torno do papel principal desempenhado pelas duas guerras mundiais na redução da desigualdade durante os últimos cem anos. É centrado no fato de que foram necessários violentos choques políticos, guerras e revoluções para forçar as elites ocidentais, e, particularmente, as elites francesa, alemã e britânica, a aceitarem as reformas fiscais e sociais que elas recusaram de forma incisiva até a Primeira Guerra Mundial; e isso finalmente levou a uma compressão prolongada da desigualdade no período pós-guerra. Esse é um fato importante e traz lições para o resto do mundo também — seja na Índia, no Brasil, na África do Sul ou na China (e, claro, para os Estados Unidos atualmente). Mas esse não é o fim da história. É importante ir além das abordagens centradas no Ocidente, sobretudo porque os regimes de desigualdade podem assumir formas muito diferentes em várias partes do mundo. A estrutura básica da desigualdade não é a mesma na África do Sul pós-apartheid, nas sociedades que foram escravistas, como no Brasil, nos reinos ricos em petróleo e nas repúblicas islâmicas, como no Oriente Médio, ou nas sociedades de casta, como na Índia. As lições das trajetórias de desigualdade na Europa, na América do Norte e no Japão, durante o século XX, são úteis para compreender a dinâmica da desigualdade nesses outros países; mas, para ser honesto, não tão úteis necessariamente.

Em qualquer caso, é importante inverter a perspectiva e fazer a pergunta oposta: o que o Ocidente pode aprender através dessas outras experiências históricas havidas com os regimes de desigualdade? De acordo com a ideologia ocidental dominante, a desigualdade moderna no Ocidente assume uma forma radicalmente diferente: deve ser baseada no mérito individual e na igualdade de direitos e oportunidades, em oposição aos antigos regimes de desigualdade (os regimes de desigualdade que existiam antes das Revoluções Atlânticas no Ocidente, e que supostamente ainda existem em países não ocidentais), os quais, em princípio, se baseiam em rígidas desigualdades de status, etnia ou casta. Na prática, esse conjunto de crenças claramente inclui fortes elementos de natureza egoísta: a ascensão do Ocidente veio com formas violentas de dominação colonial e coerção (que tinha pouco a ver com igualdade de direitos e oportunidades), e os discursos modernos hipermeritocráticos, muitas vezes, parecem mais como um artifício usado pelos vencedores para justificar sua posição do que uma descrição objetiva da realidade. Além disso, as sociedades pós-coloniais são muitas vezes atormentadas por uma grande discriminação no mercado de trabalho — veja-se a discriminação contra populações com nomes muçulmanos na Europa. É comum no Ocidente desprezar o tipo de política explícita de ação afirmativa que foi desenvolvida em um país como a Índia para melhorar o acesso à educação, empregos e cargos políticos com base no gênero, na casta dos pais ou em sua renda. Essas políticas certamente não são perfeitas. Mas os países ocidentais também sofrem de discriminação massiva de gênero, raça e social, e não estão em posição de dar lições ao mundo sobre como resolver esses difíceis problemas. Pelo contrário, os países ocidentais precisam aprender olhando para a experiência da Índia ou de outras partes do mundo. De maneira mais geral, todos os países têm muito a aprender com a adoção de uma abordagem histórica global para o estudo dos regimes de desigualdade. Por todas essas razões, é urgente ir além do trato da desigualdade centrada no Ocidente, e também ir além do livro *O capital no século XXI.*

A regulação do capital e a mudança institucional

Para concluir, deixe-me reiterar que uma das principais fraquezas de meu livro é, sem dúvida, que — além do âmbito geográfico e histórico limitado — não analisei com profundidade suficiente as condições sociais e políticas da mudança institucional e seu impacto na dinâmica da desigualdade. Como Elisabeth Jacobs (no Capítulo 21) corretamente observa, mudanças nas normas sociais e nos resultados políticos muitas vezes parecem exógenas e exteriores à minha análise: "a política está em toda parte, e em lugar nenhum, no livro *O capital no século XXI*, de Thomas Piketty". Tentei mostrar que as mudanças nas representações e nos sistemas de crenças envolvem tanto o curto quanto o longo prazo, mas minha análise da mudança política, sem dúvida, se beneficiaria com uma exploração mais aprofundada.

Em particular, insisti no papel dos choques políticos violentos (guerras, revoluções e crises econômicas), bem como no papel das curvas de aprendizagem mais longas e nos efeitos cruzados das identidades nacionais, quando se trata de percepções de desigualdades e da economia. No início da década de 1920, uma das Câmaras de Deputados mais direitistas da história da República Francesa, o Bloc National [Bloco Nacional], aprovou o imposto mais progressivo sobre os ricos (com alíquotas de 60% para as rendas mais altas), embora esses mesmos grupos políticos tivessem se recusado, de forma obstinada, a adotar um imposto de renda com uma alíquota máxima de 2%, antes do verão de 1914. A ideologia pela qual a França — um país de pequenos proprietários de terras, que se tornou igualitário por meio da Revolução, conforme a ideologia dominante nas elites francesas da época — não precisava de um imposto progressivo e espoliador (ao contrário do aristocrático e desigual Reino Unido) desempenhou um papel importante nessa recusa, ou, pelo menos, no sistema intelectual que tornava possível justificá-la. No entanto, os dados relativos à herança demonstram inequivocamente que a concentração de capital atingiu níveis extremos na França, em 1914, não tão diferentes daqueles observados ao mesmo tempo no Reino Unido, ou mesmo na França de 1789. Ainda que a natureza do capital tenha mudado completamente (fortunas formadas por terras se tornaram fortunas imobiliárias, manufatureiras, financeiras e internacionais), o grau de concentração não era muito diferente do que havia sido na véspera da Revolução, prova firme de que a igualdade formal — frente às leis de propriedade e o mercado — não é suficiente para conduzir à própria igualdade. A elite republicana francesa, para o bem ou para o mal, não mudou completamente seu ponto de vista sobre a progressividade fiscal que havia no início dos anos 1920, simplesmente por causa do impacto humano e financeiro da guerra: a Revolução Bolchevique e os movimentos sociais também transformaram completamente o cenário político e intelectual.

De outra forma, tentei mostrar que as revoluções neoconservadoras da década de 1980 foram alimentadas não apenas pelas crises financeiras da década de 1970 e pelo fim do crescimento excepcional que se seguiu à guerra, mas também, e talvez acima de tudo, pelo medo de certos países de perder sua posição de liderança — ou, pelo menos, o medo de que aqueles que haviam sido derrotados durante a guerra os alcançassem. Esse temor foi especialmente acentuado nos Estados Unidos e no Reino Unido, e Ronald Reagan e Margaret Thatcher souberam usá-lo para anunciar um retorno ao capitalismo puro, livre de elementos do estado fiscal e social atenuante, determinado pelos intervencionistas no final da Grande Depressão e da Segunda Guerra Mundial.

Porém, está claro que o papel dos movimentos ocultos de longo prazo nessas mudanças deveria ter sido mais enfatizado. Por exemplo, o papel dos debates ideológicos sobre a tributação progressiva ocorridos no final do século XIX e no início do século XX não deve ser subestimado, pois em muitos aspectos eles estabeleceram as bases para desenvolvimentos posteriores. No entanto, parece-me que sem guerras, revoluções e movimentos sociais, as elites políticas e econômicas na França e em outros países teriam continuado a empregar suas habilidades persuasivas e sua influência sobre a mídia, a fim de se opor a qualquer movimento substancial em direção ao progressismo. Tampouco seria ultrajante considerar que as desigualdades e as tensões sociais extremas, que caracterizaram as sociedades europeias no século XX, possam ter contribuído para o surgimento do nacionalismo e mesmo da própria guerra, que certamente não deve ser considerada exógena à dinâmica socioeconômica da acumulação e da distribuição de capital nas décadas anteriores.

Dado o papel essencial desempenhado por crises financeiras, revoluções e movimentos sociais na história da desigualdade ao longo dos séculos passados, seria surpreendente se os mesmos elementos não exercessem a mesma influência no futuro. O advento do moderno Estado social e fiscal, que possibilitou o desenvolvimento de um sistema de direitos sociais fundamentais, tendo alterado profundamente a lógica do sistema capitalista durante o século XX, não foi produto de um processo eleitoral pacífico. Em meu livro, não busquei estudar as formas que os movimentos sociais e as reviravoltas políticas assumirão no futuro, mas procedi como se elas fossem desempenhar um papel essencial. Espero também que a democratização do conhecimento econômico possa contribuir para o processo geral de democratização da economia e da sociedade. Devo também salientar que o projeto de democracia econômica e fiscal que apoio não pode ser plenamente realizado sem uma mudança no próprio sistema de representação política. As instituições democráticas devem ser continuamente reinventadas. Por exemplo, nos parâmetros das atuais instituições europeias, é totalmente impossível implementar políticas de justiça fiscal, no âmbito da Europa, pela simples razão de que as decisões fiscais são tomadas de acordo com a regra da unanimidade. Por isso, é essencial debater a organização concreta da democracia tanto no nível local como no âmbito europeu.[32]

Uma outra limitação importante do livro se refere ao fato de que não analisei com profundidade suficiente os possíveis meios pelos quais as próprias formas de propriedade podem evoluir. Insisti acima de tudo no Estado social e seu sistema de direitos, bem como no imposto progressivo sobre a renda e o capital. Deve-se notar que, corretamente aplicado, o imposto progressivo sobre o capital se moveria para além do capitalismo e da propriedade privada de uma forma relativamente profunda, pois iria transformar esta última em uma realidade temporária e não permanente — sobretudo quando se trata de bens mais relevantes, que poderiam ser tributados a alíquotas muito altas (por exemplo, 5% ou 10% ao ano, talvez ainda mais dependendo das taxas de reprodução observadas e do objetivo social buscado). Esse imposto é, em muitos aspectos, equivalente à reforma agrária permanente. Além disso, a transparência financeira que acompanharia um imposto genuinamente progressivo sobre o capital seria uma contribuição essencial para uma reapropriação democrática do capitalismo. Por fim, não estudei suficientemente como as novas formas de propriedade e de governança participativa se encaixam entre a propriedade privada (que seria ela própria democratizada, graças ao aumento da participação dos empregados no exercício do poder econômico) e como a propriedade pública (que deve continuar a desempenhar um papel em muitos setores, o que não é fácil quando a dívida pública ultrapassa os parcos ativos públicos) poderia crescer no futuro (por exemplo, em setores com o da educação, saúde e até mesmo nos meios de comunicação).[33]

O capítulo final de meu livro termina com a seguinte afirmação:

> Sem uma verdadeira transparência contábil e financeira, sem informação partilhada, não pode haver democracia econômica. Por outro lado, sem direitos concretos de intervenção nas decisões das empresas (como os direitos de voto para os funcionários nos conselhos administrativos),

32. T. Piketty, op. cit.

33. Sobre esse tópico, veja J. Cagé, *Saving the Media: Capitalism, Crowdfunding and Democracy*, Cambridge, MA, Harvard University Press, 2016.

> a transparência não tem grande utilidade. A informação deve nutrir as instituições fiscais e democráticas; ela não é um fim em si. Para que a democracia venha um dia a retomar o controle do capitalismo, é necessário, em primeiro lugar, partir do princípio de que as formas genuínas de democracia e do capital estão e sempre estarão para ser reinventadas.[34]

O fato de eu não ter explorado essas novas formas mais profundamente nos capítulos que precedem essa declaração é, sem dúvida, a principal razão de meu livro ser, na melhor das hipóteses, apenas uma introdução ao estudo do capital no século XXI. Por mais imperfeito que seja, contudo, espero que este trabalho possa contribuir para fazer um pequeno progresso no longo caminho em direção a uma reconciliação gradual entre a economia e as ciências sociais.

34. T. Piketty, op. cit.

AGRADECIMENTOS

Os editores agradecem a Ian Malcolm e à equipe da Harvard University Press por toda a ajuda em relação a este livro. Também queremos agradecer àqueles que contribuíram com esta obra, muitos dos quais cederam, generosamente, seu tempo e suas ideias em uma conferência que durou três dias, em dezembro de 2015, onde discutimos sobre nossas opiniões. Dois colaboradores disponibilizaram ensaios que foram previamente publicados em outros espaços. O texto "Thomas Piketty está certo: tudo o que você precisa saber sobre *O capital no século XXI*" (Capítulo 2), de Robert M. Solow, foi publicado pela primeira vez no *The New Republic*, de 22 de abril de 2014. (© 2014 *The New Republic*. Todos os direitos reservados. Utilizado com permissão e protegido pelas Leis de Direitos Autorais dos Estados Unidos. A impressão, cópia, redistribuição ou retransmissão deste conteúdo, sem permissão expressa por escrito, é proibida.). Por sua vez, o texto "Por que estamos em uma nova Idade de Ouro", de Paul Krugman, apareceu no *The New York Review of Books*, vol. 61, n. 8 (8 de maio de 2014), e é reimpresso com a permissão do autor.

Por fim, agradecemos à equipe do Washington Center for Equitable Growth, que apoiou nosso trabalho nesta obra.

ÍNDICE REMISSIVO

Aaronson, Daniel, 210n19
Abraham, Katherine, 291n26
Acemoglu, Daron, 22, 40; Piketty a respeito de, 482; sobre efeito econômico das instituições, 642, 654; sobre leis do capitalismo, 134, 669; sobre mão de obra barata, 128; sobre perdas de empregos nos Estados Unidos, 122-123
Ações, 525-527
Acordo de Perth (Comunidade Britânica), 497
Acordos Matignon (França), 597
Adkins vs. Children's Hospital (Estados Unidos; 1923), 583
Administração Federal de Habitação (FHA, na sigla em inglês), 691
África do Sul, 640n2
África Subsaariana, 341n32, 348; zonas na, 371n32
África, 341n32, 348; Colonialismo britânico na, 648, 656; sociedades coloniais na, 640n2
Afro-americanos. *Veja* Negros
Ager, Philipp, 652
Aghion, P., 540, 561
Alemanha: capitalização das empresas na, 710; desigualdade na distribuição de salários na, 232-233; fascismo na, 592; história econômica e política da, 598-608; local de trabalho fissurado na, 292; Luxembourg Income Study quanto à renda na, 322-323; partidos políticos na, 574n6; poder dos acionistas na, 145; Tratado de Versalhes em relação à, 590, 596
Alesina, Alberto, 547, 694
Algodão, 175n27, 648-649
Aliança dos Agricultores (Partido Populista; Estados Unidos), 579
Altgeld, John Peter, 580
Alvaredo, Facundo, 346, 402
Amalgamated Railway Union (Reino Unido), 587
América Latina, 346-347, 356-357
Análise macroeconômica, 531-532, 534; sobre a desigualdade, 536-538, 567
Anand, S., 338
Andrews (juiz), 180
Antràs, Pol, 112, 114
Aoki, Shuhei, 425, 436-438
Aposentadoria, 446
Appelbaum, Eileen, 473
Apple Operations International (empresa), 381
Arbitragem trabalhista, 243
Arrow, Kenneth, 471
Artistas, 239
Ashford, J. P., 183-184
Asquith, H. H., 587
Assistência médica: desigualdade na, 29; despesas de, 455-456; doenças infecciosas e, 655; história da, 649-650
Associação Econômica Americana, 46, 579
Associação Internacional de Economia Feminista, 482
Atkinson, Anthony B., 67n46, 310n7, 336; Piketty sobre, 704; propostas de política de, 418, 537n5; sobre a desigualdade de resultados, 538; sobre a redistribuição das receitas tributárias, 357; sobre crises bancárias, 559; sobre desigualdade e gastos sociais, 354; sobre Londres, 385-386; sobre o capital como substituto da mão de obra pouco qualificada, 352; sobre os efeitos das instituições em relação à desigualdade, 656; trabalho de Piketty com, 72, 85

Atkinson, Tony, 314
Austen, Jane, 383, 487-488, 492
Automação, 125-127, 129
Autor, David H., 123, 125, 229, 264

Baby-boom (geração), 525
Bach, J., 372
Bagchi, S., 550
Baker, Dean, 62, 637n80
Bakija, Jon, 414
Ballard, J. G., 369
Baltimore (Maryland), 690
Balzac, Honoré de, 91, 409, 488, 489
Banco Mundial, 360, 361
Banerjee, A. V., 551
Baptist, Edward, 174-177
Bartels, Larry, 678
Barth, Erling, 294
Bartmanski, Dominik, 67
Basker, Emek, 126
Basu, K., 351
Baudelot, Christian, 705
Beaudry, Paul, 127
Becker, Gary, 212, 280n12, 297, 474, 580
Beckert, Sven, 63-64, 174
Beckles, Sir Hilary, 191
Belle Époque, 13, 14, 90; pobreza durante a, 24, 28; segunda, 85
Benefícios sociais, 267-268, 274-276
Bengtsson, Erik, 308
Benhabib, Jess, 436, 437
Berlinski, Samuel, 291
Bernard, Andrew B., 123
Bernheim, B. Douglas, 446
Bernstein, Eduard, 600
Berry, Daina Ramey, 37-38, 710
Berry, Mary Frances, 191
Bertrand, M., 557
Bessen, James, 126
Bethmann-Hollweg, Theobold von, 601
Bewley, Truman, 283n15, 284, 285n19
Big data, 259
Bischoff, Kendra, 691
Bisin, Alberto, 425, 434, 436, 437
Bismarck, Otto von, 599, 600
Blackwell, Matthew, 652
Blanchard, Olivier, 22, 52-53
Blinder, A. S., 552
Bloc National (Bloco Nacional; França), 725
Bloom, Nicholas, 125
Blum, Leon, 596
Bodin, Jean, 629
Boisguilbert, Pierre de, 619-621, 623
Bonica, A., 549
Bonnet, Odran, 108
Boulanger (general), 595
Bourdieu, Pierre, 705, 721-722
Bourguignon, F., 336; sobre a desigualdade global, 341, 343; sobre desigualdade e gastos sociais, 354; sobre globalização, 354; sobre o capital como substituto da mão de obra pouco qualificada, 352
Boushey, Heather, 25, 39, 723
Boustan, Leah Platt, 652, 695-696
Boutmy, Émile, 720
Brancos: na sociedade colonial, 640n2; no Sul, depois da Guerra Civil, 651-652; no Sul (1901-1920), 582; segregação de habitação de, 692-693
Bridgman, Benjamin, 474
Bruning, Heinrich, 606-607
Bryan, William Jennings, 580-581
Brynjolfsson, Erik, 38, 222, 267; sobre as taxas de impostos, 265, 266; sobre benefícios sociais, 267; sobre capital digital, 227; sobre empregos em demanda, 265; sobre inteligência artificial, 223; sobre mudança tecnológica e remuneração de executivos, 236-237; sobre política educacional, 263; sobre tendências em tecnologia digital, 257
Bryson, Alex, 294
Buffett, Warren, 203-204, 355n76
Bureau of Economic Analysis (BEA) [Secretaria de Análises Econômicas dos Estados Unidos], 403
Burrows, R., 385

Cagetti, Marco, 440-441, 447
Caixa eletrônico, 126
Caldwell, Wilson, 187
Califórnia, 168
Câmara dos Comuns (Reino Unido), 588
Câmara dos Lordes (Reino Unido), 588
Campbell, Jeffrey R., 455
Campbell-Bannerman, Henry, 587

Cancian, Maria, 492
Cantor, Eric, 96
Capital cultural, 719-722
Capital digital, 227
Capital financeiro, 719-722
Capital físico, 227
Capital humano, 196-197, 218-219; argumentos contra o, 197-201; capitalização do, 721n30; escravos como, 169-170, 197n1; herança do, 212, 498; impacto da educação infantil no, 217-218; investimento em, 470; mobilidade social intergeracional e, 205-210; parcela da renda nacional do, 201n7; rejeitado por Piketty, 194-195
Capital público, 712
Capital: as premissas de Piketty sobre, 225; capital digital, 227; capital humano como, 196-197; como direitos de propriedade, 134-135; dados sobre renda de, 402; definição de Piketty de, 165, 364; definições de, 37; desigualdade em, 406-409; distribuição de, nos Estados Unidos, 79; elasticidade de substituição do trabalho para, 105-108, 110-112, 120-121, 226-227; escravos como, 167-168, 178-188; financeiro e cultural, 719-722; imposto sobre, 121, 139-140, 150-152, 673-674; nos fluxos de herança, 202-205; regulação do, 724-728; renda auferida pelo, 240; renda de, 93; riqueza e, 73; em zonas, 373; riqueza herdada vs. riqueza própria de, 410-413; taxa de retorno sobre, 75-77, 89-91, 667-668; taxa de retorno sobre, tecnologia e, 226; terras e, 131-132; usado para investimento, não consumo, 310-311
Capitalismo clássico, 315-318
Capitalismo patrimonial, 86, 92, 466, 477; gênero e, 485-486
Capitalismo: análise jurídica do, 632-638; clássico, 315-316; como conceito de Trabalho Livre, 576; constituição do, 626-632; controle democrático sobre, 68-69, 727-728; desigualdade ideológica do, 25; desigualdade no, 477; escravidão e, 171-177; estudo da história do, 63-64; ideologia do, 572, 608-609, 707; leis do, 103-105, 613-614, 670, 715; luta e estrutura no, 633; novo, 318-321; Piketty sobre, 669; popularizado por Marx, 616-617; Segunda Lei do, 103; teoria do, 612
Capitalistas, consumo por, 310-311
Card, David, 295, 300n41, 681
Cardoso, Ana Rute, 295n35
Carr, M., 564
Carroll, Christopher D., 442
Cartelização, 144
Cartistas, 587
Case, Anne, 29
Caso Citizens United, 57, 699
Caso Dreyfus (França), 595
Castañeda, Ana, 442-443, 446
Castles, Francis, 685
Chadwick, Laura, 491
Chamley, Christophe, 121
Charles, Kerwin Kofi, 428-429
Chetty, Raj, 57, 210n19, 693, 721
Chetverikov, Denis, 123
China: comércio entre Estados Unidos e, 122-123, 127; como potência global, 245; economia futura da, 334; desigualdade de renda na, 339; mão de obra de baixo custo na, 637n80; na Organização Mundial do Comércio, 252; renda média na, 360n96
Chirinko, Robert S., 110, 116, 117
Churchill, Winston, 591, 592
Ciclos de crescimento, 540-541
Ciclos de negócios, 524-528
Cidadania, 387
Cidadãos, súditos vs., 643, 661
Ciências sociais, 704-708
Cingano, F., 546
Clark, Gregory, 210n19, 652
Clark, John Bates, 469
Classe alta, 719
Classe baixa, 719
Classe média patrimonial, 57-58, 59
Classe média: definição de Piketty de, 79-80, 719; desaparecimento da, 691
Classe social, 369, 381-383, 388; designações de Piketty de, 719; segregação econômica por, 690-695
Classe trabalhadora, 381
Classe. *Veja* Classe social
Clemenceau, Georges, 596
Cleveland, Grover, 579
Clinton, Hillary, 14

Coase, Ronald, 145, 298n38
Coates, Ta-Nehisi, 191, 653n23, 691
Cobham, A., 377
Code Napoléon (Código de Napoleão), 624-625
Código Napoleônico, 625-626
Coeficiente de Gini de desigualdade de renda, 301, 307-309, 336; aumento acentuado no, 505-507; da renda do capital e do trabalho, 311, 327-330; declínio na desigualdade medida pelo, 339; Grande Recessão e, 348-350; sob o capitalismo clássico, 315-317; sob o novo capitalismo, 318-321
Coeficiente de Pareto, 34
Cohen, Philip, 493
Coibion, O., 564
Colbert, Jean-Baptiste, 620n29
Cole, Adam, 414
Collie, S., 563
Colonialismo europeu, 642; modelo de, 643-647
Colonialismo, 656-657, 714
Comércio: globalização do, 122-125, 127; Teoria de Stolper-Samuelson sobre o impacto do, 351n56
Comitê de Representação Trabalhista (LRC, na sigla em inglês; Reino Unido), 587-588
Commons, John, 635
Companhias aéreas, 144
Comuna de Paris (1871), 594, 638
Comunidade Caribenha e Mercado Comum (Caricom), 168
Conceito de Trabalho Livre, 576-577
Congresso de Viena (1814-1815), 598
Conrad, Alfred, 172
Conselho de Cooperação do Golfo (CCG), 144-145
Constituições, 630n61; do capitalismo, 626-632
Consumo, 514-517; desigualdade no, 507; pesquisas de, 337-339; subconsumo e, 552-558
Contas de aposentadoria individuais (IRAs, na sigla em inglês), 408-409
Contribuições políticas, 153-154, 677
Coolidge, Calvin, 584
Corak, Miles, 208n17
Coreia do Sul, 358n88
Corporações: concentração em, 144-145; governança corporativa dentro das, 234-236; impostos não pagos por, 367n17, 368-369, 374-380; inversões pelas, 697; potência das, 145-146; super-representação política das, 683-684. *Veja também* Remuneração executiva
Cowen, Tyler, 21
Crescimento (econômico), 136-137; desigualdade de renda e, 401-406; desigualdade e, 543-558; mudanças no, 87; não vinculado a taxas de impostos, 418-419; visão feminista do, 482-487; visão otimista do, 468-475; visão pessimista do, 475-482
Crescimento econômico. *Veja* Crescimento
Crianças: direitos das mulheres e, 495; educação infantil para, 216-218; herança de capital humano pelas, 214; herança pelas, 497; investimentos em capital humano nas, 205-210; na mudança dos padrões familiares, 493; riqueza herdada pelas, 203, 204n10
Crises bancárias, 559
Crosland, Anthony, 635
Cuba, 649
Cunningham, N., 384
Currie, Janet, 218n25
Cutler, David, 695-696

Dados do censo, 651
Dahl, Ronald, 676
Darity, William, 650
Davis, James, 294
Davis, M., 373
de Blasio, Bill, 55
De La Grandville, Olivier, 120
De Nardi, Mariacristina, 39-40, 440-441, 444-446, 450-457, 718
Deaton, Angus, 29-30
Debs, Eugene V., 579, 582
Décima Quarta Emenda (Constituição dos Estados Unidos), 577, 578, 583
Décima Terceira Emenda, 146
Declarações de impostos: alta renda, 79-80; como fonte de dados, 87-88, 401
Definição de agenda, 681

Delalande, Nicolas, 65-66
Democracia: a fé de Piketty na, 672-675, 727-728; desigualdade como ameaça à, 675-676; estrutura institucional da, 638; soberania e governo na, 628-632; voz política na, 676-689
Denúncia, 393-394
Derenoncourt, Ellora, 40, 714
Desempenho econômico, desigualdade e, 539-558
Desemprego: diferença de taxa em, 513, 531; no Reino Unido, 591-592
Desigualdade de grupo, 643-647
Desigualdade global, 333-337, 361-362; agenda de pesquisa em, 360-362; desigualdade dentro do país e, 345-350; futuro da, 358-360; globalização, tecnologia e, 350-353; histórica, 639-642; implicações políticas da, 354-358; instituições e, 654-660; redistribuição global e, 660-663; tendências em, 337-345
Desigualdade: como matéria de economistas, 52-53; consequências de, 28-33, 538-539; dentro do país, global, 345-350; desempenho econômico e, 539-558; distinção de desigualdade de riqueza e desigualdade de renda, 229; explicações econométricas de, 507-510; global, futuro da, 358-360; Grande Recessão e discussão de, 54-56; hipótese de local de trabalho fissurado e, 291-301; instabilidade financeira e, 559-565; instituições e, 654-660; justiça de, 409-416; Krugman sobre a, 87-88; Kuznets sobre a, 468-469; medição de, 400-409; mobilidade social intergeracional e, 201-202; modelos econômicos de, 510-514; na ideologia do capitalismo, 25; Obama sobre a, 55; perspectiva global em relação a, 333-337; pesquisa microeconômica em, 211; política, 160; relações entre riqueza e renda anual e, 24; remédios políticos para, 416-421; rendas em, 147-148; respostas de tecnologia e política para, 261-268; resposta política para, 67-69; sociedade comercial e, 615-620; tecnologia e, 222-238; teoria do capital humano em relação a, 194, 198-199; tendências globais na, 337-345. *Veja também* Desigualdade global
Dewing, Arthur, 139
Diamond, Peter, 111, 113
Díaz-Giménez, Javier, 442-443, 446
DiNardo, John, 681
Direitos de propriedade, 134-135, 707-708, 710
Discriminação: contra muçulmanos, 724; contra mulheres, 471-475, 497
Distribuições de Pareto, 427
Dívida pública, 152, 712-713
Dívidas: encargos de serviço sobre, 516-518; endividamento, 560-565
Doações, 647-650; instituições extrativistas e, 660-662
Doações para campanha eleitoral, 153-154, 549
Doenças infecciosas, 655
Domat, Jean, 625
Dominica, 386-387
Doraszelski, Ulrich, 117n21
Dorn, David, 123, 127
Draca, Mirko, 125
Drutman, Lee, 153, 683-684
Du Bois, W. E. B., 170-171, 191, 653
Dube, Arandajit, 291
Duca, John, 688
Duke, Brendon, 492
Dunlop, John T., 279, 280n12, 297n36
Dunne, Tim, 124
Dupont, Brandon, 651-652, 661
Dynan, Karen, 204n10, 412

Easterling, Keller, 371-372, 373n42, 392
Ebert, Friedrich, 602, 603
Economia e economistas: definição de Piketty de, 66; feminista, 467-468; historiadores e, 178; influência corporativa em, 157-158; Krugman sobre, 52; Piketty sobre, 476n22, 704; problemas de medição para, 399; sobre a escravidão, 175-177
Economia moral, 622-623
Economia patrimonial, 399
Economia política, 366, 547-550, 621, 671
Economia: fundação estrutural de, 633-634; origens da, 619n26; público e privado em, 631
Economias de mercado, 670
Edlund, Lena, 204n11, 500, 501
Edsall, Thomas, 60-61
Educação infantil, 216-218, 721

Educação pública: financiamento para, 519; retirada da elite, 31
Educação: desigualdade de oportunidades para, 551, 721; dos imigrantes, 509; educação infantil, 216-218; educação pública, 30-31; elitista, 719-720; nível educacional, 518-519; respostas políticas para tecnologia na, 263-265; tecnologia e, na desigualdade de renda, 229-232. *Veja também* Ensino superior
Eisenstein, Zillah, 486
Eleições: de 1896, 580-581; de 2016, 15, 675n25; na definição de políticas, 681; em Weimar, Alemanha, 606-607; na França, 593, 594; no Reino Unido, de 1918, 590
Elites (um por cento): acumulação de oportunidades pelas, 30-31; atividade política das, 676-684; consumo e poupança impulsionados por, 541; "Dinâmica dos ricos-ficam-mais-ricos" para, 78; gênero nas, 500-502; Krugman sobre, 86-86; mobilidade das, 381-388; nos Estados Unidos atuais, 96-97; poder de barganha das, 141-145; poder político das, 688; políticas tributárias favoráveis, 685-687; proprietários de escravos como, 167-168; proteções de igualdade de gênero reduzidas pelas, 494-496; rendimentos relativos das, 136-137; segregação econômica das, 690-691
Elliott, A., 383
Ellman, Matthew, 155
Elmendorf, Douglas, 695
Elsby, Michael W. L., 122
Ely, Richard, 279
Empreendedorismo, 440-441
Emprego: automação e, 125-126, 129; das mulheres, 473; fatores da determinação de salários quanto ao, 274-276; hipótese do local de trabalho fissurado em relação ao, 272-273; na manufatura, 123, 509; nos setores comercializáveis e não comercializáveis da economia, 250-254; polarização nos, 230-231, 244-245; terceirização dos, 38-39
Endividamento, 560-565
Engerman, Stanley, 172-173
Ensino superior, 31-32; acesso ao, 58; demanda de emprego para o, 231; desigualdade no acesso ao, 721; financiamento público para o, 421; influência da riqueza quanto ao, 157; trabalhadores escravos utilizados no, 184-188
Equação de Euler, 139, 160
Era social-democrata, 18, 707, 717
Eriksson, Katherine, 652
Ermisch, John, 491
Escravo e escravidão, 37-38, 163-165, 190-191, 615, 641; abolição de, 651; como capital, 167-168, 178-188; como capital humano, 197n1; efeito persistente de propriedade de, 651-653; historiografia de, 170-178; leis de escravos fugitivos e, 156n14; mercados financeiros e, 649; na economia dos Estados Unidos, 576-577, 661-662; Piketty sobre, 146, 165-167, 709-710; presidentes americanos e, 188-190; Revolução Industrial financiada por lucros obtidos de, 647-648; valor de, 710n15
Espaço, 365; economia política e, 366; *offshore*, 373-374; zonas como, 370-373
Espaços *offshore*, 373-374, 394
Espartaquistas (Alemanha), 601-604
Estabilidade econômica, 536-539
Estabilidade financeira, 522-524; instabilidade e, 559-565
Estado burguês, 628n57
Estado. *Veja* Governo
Estados assistenciais, 356, 417
Estados Unidos: abolição da escravidão em, 651; comércio entre a China e os, 122-125, 127; dados de riqueza nos, 406-407; desigualdade de riqueza nos, 668; desigualdade na distribuição de salários nos, 232-233; desigualdade nos, 28-29, 54-56, 87, 93-94, 398-399, 477-479; direitos econômicos das mulheres nos, 497; discriminação contra mulheres nos, 472-473; distribuição de capital nos, 79; elite econômica nos, 96-97; escravidão nos, 171-178; história econômica e política dos, 575-585; historiografia da imposto do patrimônio nos, 420n46; Luxembourg Income Study quanto à renda nos, 321-323; *O capital no século XXI* publicado nos, 50-51; partidos políticos nos, 574n6; poder dos acionistas nos, 145; polarização

do mercado de trabalho nos, 244-245; política fiscal nos, 686-687; presidentes escravistas nos, 188-190; relação entre riqueza e renda nos, 73-74; renda do um por cento mais rico nos, 86; setores comercializáveis e não comercializáveis da economia dos, 147-252
Estados-nação, 370; múltiplas cidadanias em, 387
Estrelas do esporte, 238-239

Facebook, 415-416
Falciani, Hervé, 393-394
Famílias, 484-485; mercados de casamento, padrões e, 488-492; número reduzido de crianças nas, 496
Farrell, Henry, 681
Fascismo, 592
Fazzari, Steven M., 117
Federação Americana do Trabalho (AFL, na sigla em inglês), 579, 581, 583, 584
Federal Reserve System (Fed), 513, 533, 582
Fella, Giulio, 39, 456-457, 718
Feminismo, 475; economia feminista, 467-468, 482-487, 502
Ferber, Marianne, 484
Ferguson (Missouri), 690
Ferreira, F. H., 546-547
Ferrie, Joseph, 210n19
Ferry, Jules, 594
Filantropia, 158-159
Filhos adotados, 214
Fisiocracia, 620-621, 622n34
Fixler, Dennis, 403
Flórida, Richard, 691
Fogel, Robert, 172-173
Foner, Eric, 575-576
Força de trabalho, mulheres em, 473
Ford, Martin, 265
Foster, Lucia, 126
Foucault, Michel, 620, 623n42
Foulkes, Fred, 280, 285n19
Fourcade, Marion, 157-158
Foxconn Technology Group (empresa), 353
França, 22; ativos estrangeiros pertencentes à, 711; Código Civil na, 624-625; durante a Terceira República, 96; educação elitista na, 720-721; herança na, 202-203, 498, 499; história econômica e política da, 593-598; *O capital no século XXI* publicado na, 50-51; partidos políticos na, 574n6; reações a *O capital no século XXI* na, 65-66; Ruhr ocupado pela, 605; taxa de retorno na, 75; tributação progressiva na, 725-726
Francesconi, Marco, 491
Francese, Maura, 308
Frank, Robert, 383n66, 541
Frankfurt, Harry, 216n23
Franquia, 293-294
Freeland, C., 382-383
Freeman, Richard B., 294, 300, 352
French, Eric, 456
Frente Popular (França), 597-598
Freund, Caroline, 358, 501
Fuga de capitais, 155
Função de produção CES, 104
Furman, Jason, 148, 552

Gabaix, Xavier, 443, 449, 450
Galbraith, James K., 63, 64, 68, 364n5
Galbraith, John Kenneth, 540
Galor, O., 544, 550
Gambetta, Leon, 594-595
Gastos do consumidor, 393-395; modelagem por renda, 395-396
Gastos públicos, 518-521, 694-696
Gastos sociais, 354
Gates, Bill, 158, 501-502
Geier, Kathleen, 486
Gênero: herdeirocracia e, 25, 39-40; na análise de Piketty, 487-502; no capitalismo patrimonial, 485-486
Geografia, 364-365, 490, 714; da segregação econômica, 690-695
Georgarakos, D., 564-565
George, Henry, 132, 578
Gestores corporativos: renda crescente de, 211; superexecutivos, 80-81, 148-149, 232-234, 238, 241
Giddings, Franklin, 579-580
Gilens, Marty, 678
Gilman, Nils, 369, 375n48
Globalização, 122-125, 350; aumentando a desigualdade ligada à, 333-335; em modelos econômicos, 511-513; empresas

multinacionais e, 637; lealdade e, 696; tecnologia digital e, 257-261; tecnologia e, 222-223, 242-257, 350-353
Goldberg, Dave, 492
Goldhammer, Arthur, 13, 72, 485n39, 722
Goldin, Claudia, 229, 667
Goldschmidt, Deborah, 292
Gonzalez, Felipe, 649
Gonzalez, Stephanie, 649
Goodwin, R. M., 540n9
Gordon, Robert, 20
Gournay, Vincent de, 620-621
Governo de Vichy (França), 597-598
Governo: aumento no tamanho do, 416-417; como setor econômico, 255; "Estado burguês" como, 628n57; gastos públicos pelo, 518-521; interferência no mercado pelo, 357-358; Piketty sobre, 671-672; soberania e, 628-632
Governos municipais, trabalhadores escravizados usados por, 180-186
Grã-Bretanha. *Veja* Reino Unido
Grande Compressão, 667
Grande Crise de 1929 (Crash da Bolsa de Valores de Nova York), 540, 584
Grande Depressão, 571, 572, 584, 585
Grande Recessão (2007-2009), 52-55, 398-399, 523, 534; em resposta ao livro *O capital no século XXI*, 29
Grande Transformação, 707
Grécia, 603n17
Green, David A., 127
Greenspan, Alan, 513
Greves, 143
Grewal, David, 25, 40, 593n14, 707, 715
Grupos de leitura de Piketty, 59
Guardas de segurança, 291
Guerra Civil (Estados Unidos), 576, 651, 661
Guerra Civil Espanhola, 608-609
Guesnerie, Roger, 49
Gutman, Amy, 673

Hacker, Jacob, 680-682, 685, 687
Hale, Robert, 635
Haliassos, M., 564-565
Hall, Peter, 670
Hammer vs. Dagenhart (Estados Unidos; 1918), 583
Hanlon, Walker W., 648
Hanson, Gordon, 123, 127
Harvard University Press, 49, 61, 62, 67n46
Hawking, Stephen, 51
Hayek, Friedrich von, 21, 160
Haymarket Square Riot (1886), 578, 579
Healy, James, 279
Heim, Bradley, 414
Heining, Jörg, 295
Hellebrandt, T., 360
Hendricks, Lutz, 446, 447-448
Herança genética, 209n18
Herança: como fonte de dados, 406; direitos das mulheres a, 467, 487, 497; do capital humano, 205-213; gênero e, 385, 485-499; impostos sobre, 150, 357; mobilidade social intergeracional e, 201-202; *O capital no século XXI* sobre fluxos de, 202-205; Piketty sobre, 432, 466; transmissão de riqueza intergeracional por, 444-446
Herdeirocracia, 25, 39-40
Hertel-Fernandez, Alex, 156-157
Hilton, Paris, 501
Hindenburg, Paul von, 601-602, 606
Hiperinflação, na República de Weimar, 604-605
Hipotecas subprime, 389
Hipótese de Renda Permanente, 553n54, 562
Hipótese de renda relativa, 558
Hipótese do local de trabalho fissurado, 269-274; desigualdade e, 291-296; pesquisa sobre, 296-301
Hirschman, Albert, 675-676, 689-690, 696
História e historiadores: do capitalismo, 63-64; reações a *O capital no século XXI* entre, 65-66; redistribuição global e, 660-663; sobre a escravidão, 170-178
Hitler, Adolf, 607
Ho, Karen, 368
Hobbes, Thomas, 618
Hobijn, Bart, 122
Hodge, Margaret, 380
Hofstadter, Richard, 59
Holanda, 656
Hollande, François, 51
Hölscher, J., 563
Homens: parceiros procurados para casamento, 490; poder político detido por, 500

Hopkins, Daniel, 694
Houthakker, Hendrik, 118n22
Hsieh, Chang-Tai, 472
Huggett, Mark, 444
Hume, David, 623
Humphries, Jane, 486
Hurd, Michael, 204n10
Hurst, Erik, 428-429

Iacoviello, M., 561-562
Idade de Ouro, 18, 40-41; fim da, 572; pobreza durante a, 28; segunda, Krugman sobre a, 85-97
Identificação (de parâmetros econômicos), 111
Igreja Católica: na Alemanha, 599; na França, 594
Ilhas Virgens, 375n49
Imigrantes, 514; nível educacional dos, 509; sufrágio para, 576
Imposto de renda: como fonte de dados, 654, 657-660; Constituição e Suprema Corte sobre o, 582; criação de, 582-583; para redistribuição, 662-663. *Veja também* Tributação
Impostos sobre a propriedade, 519
Impostos sobre patrimônio, 406-407, 410, 420n46
Impressão 3D (manufatura aditiva), 259-260
Índia, 371n33
Índice de preços ao consumidor, 516n6
Indivíduos com patrimônio líquido ultra-alto (U-HNWIs, na sigla em inglês), 382
Indivíduos de alto patrimônio líquido (HNWIs, na sigla em inglês), 382
Indústria automobilística, 270
Inflação, 150-151; hiperinflação e, 604-605; Piketty sobre a, 152, 712-713
Inikori, Joseph E., 647-648
Instituições extrativistas, 640n1, 661-662, 714; sujeitos a, 643-644
Instituto de Política Econômica (Economic Policy Institute), 55
Inteligência artificial (IA), 223, 257-259
Internet, 228-229
Inversões, 376-377, 697
Itália, 323

Jacobs, Elisabeth, 40, 724-725
Jacobson, Margaret, 308
James (trabalhador escravizado), 187
Jansenismo, 624-625
Japão, 145
Jaumendreu, Jordi, 117n21
Jaurés, Jean, 595, 596
Jayadev, A., 564
Jefferson, Thomas, 174, 188-189
Jensen, Bradford, 123-124
Ji, MinWoong, 294n32
Jobs, Steve, 145
Jogo do ultimato, 281-283
Johnson, David S., 403
Johnson, Lyndon B., 475
Johnson, Simon, 40, 654
Johnson, Walter, 170, 173-174, 177
Jones, Charles I., 438
Jones, Gareth, 36, 39, 714
Jones, John B., 456

Kacperczyk, Marcin, 441
Kahneman, Daniel, 283, 285n18
Kaplan, Ethan, 291
Kaplan, Steven, 236
Karabarbounis, Loukas, 116
Katz, Lawrence, 200, 229, 667
Katznelson, Ira, 576, 606n20
Kaymak, B., 449
Kennedy, Robert, 475
Keynes, John Maynard, 20, 36; Grande Recessão e políticas de, 52-53; relações entre riqueza e renda anual e, 26; Rognlie sobre, 21; sobre Churchill, 591; sobre consumo, 552n52; sobre rendas econômicas, 612-613
Kim, Heekyung, 236-237
King, Martin Luther, Jr., 475
Kitao, Sagiri, 441
Klimek, Shawn, 124, 126
Kline, Patrick, 295
Klump, Rainier, 120
Kopczuk, Wojciech, 152, 204n10-11; sobre a renda permanente, 562; sobre mulheres nas elites, 500, 501-502
Korpi, Walter, 684-685
Kotlikoff, Lawrence, 411
Krasner, Stephen, 371

Krueger, Alan, 56, 201n7, 294n32
Krugman, Paul, 15, 134; discurso da Eastern Economic Association [Associação Econômica Oriental] por, 52; *O capital no século XXI* revisado por, 61; sobre Lucas, 65
Krusell, Per, 103n2, 447
Kumhof, M., 561-562
Kuziemko, Ilyana, 420n46
Kuznets, Simon, 400, 412, 616, 632; Curva de Kuznets por, 468-469, 613, 632-633; Piketty sobre, 704-705; previsões de, 161; sobre políticas públicas de gestão de riqueza, 150

Laissez-faire, capitalismo, 620
Lakner, Christoph, 39, 723
Landier, Augustin, 443
Lareau, Annette, 493-494
Larsen, Bradley, 123
Lasry, Jean-Michel, 449, 450
Lawernce, Emily, 447
Lealdade, política, 696-698
Lee, Chul-In, 210n19
Lee, Sang Yoon (Tim), 443
Legados, 439, 440; gênero e, 497; padrões atuais de, 493-494; padrões de casamento e, 492-493
Legislação, influência da riqueza na, 157
Lei da Igualdade de Oportunidades de Crédito (1974), 497
Lei de Padrões Justos de Trabalho (FLSA, na sigla em inglês; 1938), 584-585, 606n20
Lei do Parlamento (Reino Unido; 1911), 588, 589
Lei do Secularismo (França; 1905), 595-596
Lei dos Pobres (Reino Unido; 1834), 586
Lei Keating-Owen (1916), 583
Lei Nacional de Relações Trabalhistas (1935), 275
Lei natural, 618
Lei Sindical (Reino Unido; 1871), 587
Leis de Direitos Civis, 577
Leis de Propriedade das Mulheres Casadas (Married Women's Property Acts) (1839), 497
Leis de Reforma (Reino Unido; 1832), 586
Leon-Ledesma, Miguel A., 110, 115
Leste Asiático, 341n32, 347, 351n56, 356
Levien, M., 371n33
Levy, Frank, 125-126
Lew, Jack, 46, 61
Liebknecht, Karl, 604
Lincoln, Abraham, 36
Lions, Pierre-Louis, 449, 450
Lloyd George, David, 588, 590
Lobby, 683
Local de trabalho, igualdade em, 32
Locke, John, 618
London (trabalhador escravizado), 184
Londres (Reino Unido), 378, 384-388
Lopoo, Leonard, 210n19
Lucas, Robert, Jr., 65, 85
Lucros: como tipo de renda, 139-140; em paraísos fiscais, 375
Ludendorff, Erich, 601-602
Lukes, Steven, 688
Luoh, Ming Ching, 428
Lupton, Joseph, 204n10
Luttmer, E., 345n40
Luxembourg Income Study (LIS) [Estudo de Renda de Luxemburgo], 87, 321-323, 402n8
Luxemburgo, 375n49
Luxemburgo, Rosa, 604

MacMahon, Patrice de, 594
Madison, James, 687
Maine, Henry, 615-616
Malcolm, Ian, 48
Mallick, Debdulal, 116
Malthus, Thomas, 704
Mamdani, Mahmood, 640, 661
Mandeville, Bernard de, 619
Mankiw, Gregory, 470
Manufatura aditiva (impressão 3D), 259
Mar do Caribe, história da escravidão em, 172
Marrero, G. A., 546
Marshall, Alfred, 131-132
Marshall, Guillermo, 649
Marx, Karl, 33, 35, 102, 131-132, 616, 704; o capitalismo popularizado por, 616-617; Piketty como sucessor de, 671; sobre a acumulação de capital, 139; sobre a Comuna de Paris, 638; sobre a demanda de trabalho, 137; sobre a taxa de queda de lucro, 612; sobre o capital como relações sociais, 369; sobre o capital na riqueza,

136-137; sobre o exército de reserva, 637; sobre o Programa de Gotha, 600
Marxismo: sobre a Revolução Francesa, 628n56; sobre o capitalismo como regime jurídico, 633; sobre o Estado burguês, 628n57
Maskin, E., 352
Mauro, P., 360
Mayer, Arno, 593n14, 596
Mayer, Susan, 210n19
Mazumder, Bhashkar, 208n17, 210n19
McAdam, Peter, 110, 115
McAfee, Andrew, 38, 222, 267-268; sobre a inteligência artificial, 223-224; sobre a política educacional, 263; sobre as taxas de impostos, 265-266; sobre as tendências em tecnologia digital, 257; sobre benefícios sociais, 267; sobre empregos em demanda, 265; sobre o capital digital, 227
McCarty, Nolan, 688-689
McFadden, Daniel, 111, 113
McLanahan, Sara, 493
Meade, James E., 314, 352, 432
Medicare, 449
Mellander, Charlotte, 691
Mellon, Andrew, 584
Meltzer, Allan, 22
Menchik, Paul, 498-499
Mensalidades escolares, 411, 421
Mercado de crédito, 550-552
Mercado de grãos, 621-624
Mercado de trabalho, 622, 623; Piketty sobre o, 481-482; regulamento do, 583
Mercados e padrões de casamento, 487-494
Metáfora da mão invisível, 620
Meyer, Andrew P., 117
Meyer, John, 172
Mian, A., 541
Microeconomia: pesquisa sobre desigualdade em, 211; sobre igualdade de oportunidades, 470-471
Milanovic, Branko, 35, 39, 337, 723; *O capital no século XXI* revisado por, 60, 62; sobre a desigualdade de renda internacional, 356; sobre a migração laboral internacional, 38; sobre desigualdade global, 67n46, 342; sobre o futuro da desigualdade global, 358; sobre países em desenvolvimento, 335
Miliband, Ralph, 155
Mill, John Stuart, 616, 636
Millerand, Alexandre, 595
Mincer, Jacob, 471
Mishel, Larry, 55-56
Moav, O., 544
Mobilidade social intergeracional, 57n23, 201-202, 428; capital humano e, 205-210; geografia e, 693; herança e, 202; pesquisa sobre, 211-216; transmissão de riqueza, 444-446
Mobilidade social, 56-57; capital humano e, 205-210; herança e, 202; intergeracional, 57n23, 201-202; pesquisa em, 211-216
Mobilidade. *Veja* Mobilidade social
Modelo de crescimento de Solow-Swan, 469
Modelos Bewley, 438-440
Modelos econômicos, 102-105, 714-716; da desigualdade, 510-514; do colonialismo europeu, 643-647; gastos do consumidor, 516-518; globalização nos, 511; habitação nos, 517
Modigliani, Franco, 411
Moll, Benjamin, 449, 450
Moltke, Helmuth von, 601
Monk, D. B., 373
Moody's Analytics, 504, 510-511, 528, 529
Moore, E. H., 297n37
Moradia: em modelos econômicos, 516; negros excluídos da propriedade da, 653n23; para a elite, 387-388; preço da, 108; riqueza vinculada à, 155-156, 525; segregação na, 692; valores crescentes para a, 717n23
Morelli, Salvatore, 40, 559, 721
Morgan, Jennifer L., 177
Morrisson, C., 341
Morse, A., 557
Mortes: de suicídio e overdoses de drogas, 29-30; taxas de mortalidade nas colônias, 657
Mudança tecnológica, 511
Mulas-Granados, Carlos, 308
Mulder, Monique B., 643
Mulheres: direitos de herança de, 357, 497-498; discriminação contra, 472-475; entre as elites, 500-502; herdeirocracia e, 25; na história da escravidão, 177-178;

O capital no século XXI revisado por, 486; parceiros de casamento procurados por, 490; possível redução nas proteções de igualdade de gênero para, 495; sufrágio para, na Alemanha, 602; sufrágio para, no Reino Unido, 590; trabalho não pago de, 483
Mulligan, Casey B., 428
Munn vs. Illinois (Estados Unidos; 1877), 578
Murmane, Richard J., 125-126
Murphy, Kevin M., 200
Murphy, Kevin, 236
Mutreja, Piyusha, 116

Naidu, Suresh, 27, 37, 481-482, 649, 714-715
Napoleão (imperador, França), 626
Napoleão III (Luís Napoleão; imperador, França), 593
Nazismo, 603-604
Negociação coletiva, 285, 573
Negros (afro-americanos): Du Bois sobre, 170-171; durante a Reconstrução Radical, 577; excluídos da legislação do New Deal, 585; excluídos do sufrágio, 575, 582; nas sociedades coloniais, 640n2; reparações para os, 653n23; segregação dos, 690-693. *Veja também* Escravos e escravidão
Neilson, B., 370-371
Neiman, Brent, 116
Nelson, Julie, 482, 483-484
New Deal, 584-585, 691
Newman, A. F., 551
Ng, Yew-Kwang, 310
Nicole, Pierre, 619-620, 621n33
Nielsen, Eric, 38, 721
Nirei, Makoto, 436-437
Norte Global, 18
North, Douglass, 654
Nosal, Jaromir, 441
Nova Orleans (Louisiana), 182-183
Novo capitalismo, 318-321

O capital no século XXI (Piketty): abordagem centrada no Ocidente em, 722-724; afirmações no, 18-19; antecipação do, 48-52; apelo global para, 335; ciências sociais e, 703-708; como best-seller, 13; consequências políticas de, 67-69; contexto político e social do, 52-60; críticas de, por mulheres, 486-487; "Domesticado" vs. "indomável", 714-718; metodologia de, 306-309; modelo econômico no, 102-105; notas de rodapé e apêndice em, 72; política em, 665-675; popularidade do, 45-48, 398; recepção crítica para, 60-63; recepção de, fora da economia, 63-67; relações de poder e, 708-714; sobre mobilidade social intergeracional, 201-202. *Veja também* Piketty, Thomas
Oaxaca, Ronald, 278n8
Obama, Barack, 54n17, 55, 67-68
Oberfield, Ezra, 118, 119
Occhino, Filippo, 308
Occupy Wall Street, 53, 394
Oi, Walter, 280n12
Okun, Arthur M., 32-33, 548n38
Oliver, Mel, 692
Oliver, Sarah, 501
Olmstead, Alan, 175n27, 176
Ong, A., 382-383, 386
Oportunidade política, 698-699
Organização Mundial do Comércio (OMC), China na, 122, 252
Organização para Cooperação e Desenvolvimento Econômico (OCDE), 403
Organizações cívicas, 682-683
Orszag, Peter, 148
Orwell, George, 608

Padrão-ouro, 573, 582; fim do, 584; na França, 597; no Reino Unido, 586, 590, 591-592
Page, Ben, 678, 679
Países em desenvolvimento: desigualdade nos, 335, 346; futuro dos, 334; gastos sociais nos, 354; novas tecnologias e, 260-261; perda para paraísos fiscais por, 355
Palmer, Christopher, 123
Panama Papers, 151, 355-356, 374, 392
Panel Study of Income Dynamics (PSID), 428
Paraísos fiscais, 369, 391n90, 392-393; capital de *offshore* em, 373-381; Panamá como, 374n47; reprimindo os, 356; Zucman sobre, 155
Parcerias, 415
Parker, Jonathan A., 444

Partido Comunista (Alemanha), 603-604, 606, 607
Partido Comunista (França), 597-598
Partido Conservador (Reino Unido), 587, 589-592
Partido Democrata, 574n6; durante a Primeira Guerra Mundial, 583; na eleição de 1896, 580-582
Partido Liberal (Reino Unido), 587-591
Partido Nazista (Alemanha), 606-608
Partido Populista (Estados Unidos), 579, 580
Partido Radical (França), 595
Partido Republicano, 59
Partido Social-Democrata (Alemanha; SPD, na sigla em alemão), 574n6, 600-608
Partido Social-Democrata Alemão (SPD, na sigla em alemão). *Veja* Partido Social-Democrata
Partido Socialista (Estados Unidos), 581-582
Partido Trabalhista (Reino Unido), 591-592
Partidos políticos, 154, 574n6
Partner, Nancy, 67
Pasini, G., 564-565
Patriarcado, 500-502
Patton, Susan, 491
Paz Pardo, Gonzalo, 456-457
Perrons, Diane, 486-487
Persson, T., 547
Perugini, C., 563
Pesquisa de despesas do consumidor (Consumer Expenditure Survey, CEX), 411-412, 507, 516
Pesquisa de Finanças do Consumidor (SCF, na sigla em inglês), 406, 431, 440
Pesquisa de Norte-Americanos Economicamente Bem-Sucedidos (SESA, na sigla em inglês), 677-678
Pesquisas domiciliares, 337-338
Pessoas ricas. *Veja* Elites
Petróleo, 711
Pettit, Phillip, 159
Phil (trabalhador escravizado), 163
Philippon, Thomas, 418
Phillips, Ulrich Bonnell, 171-172
Pierson, Paul, 680-682, 685, 687
Piketty, Thomas, 41; análise baseada em gênero de, 487-502; capital definido por, 364n5, 365, 626-627; crítica substantiva de, 21-23; estratégia de estimativa de, 105-108; estrutura dos argumentos de, 19-21; excursão de publicidade de, 61-62; fé democrática de, 672-675; impacto de, 13-15, 17; implicações de, 33-36; palestras em Harvard de, 63-64; pessimismo de, 363; política na análise de, 133; popularidade de, 45-49, 51; propostas de, 391, 392; reivindicações de, 18-19; sobre a economia, 476n22; sobre a escravidão, 146, 165-167, 168-170, 176, 188-191; sobre a evolução da desigualdade de riqueza, 431-432; sobre a política macroeconômica, 152; sobre a riqueza herdada, 410; sobre a teoria da produtividade marginal, 296; sobre a tributação do capital, 68, 151, 216, 537; sobre as leis do capitalismo, 613, 614n8; sobre as normas de fixação de salários, 298; sobre as taxas de lucro, 612; sobre Becker, 580n11; sobre benefícios sociais, 267; sobre ciências sociais, 301; sobre concentração de riqueza, 432-434; sobre decisões de procriação, 495-496; sobre economia política, 546-547; sobre o aumento da renda de executivos corporativos, 212; sobre o capitalismo, 669; sobre o capitalismo patrimonial, 485-486; sobre o consumo dos capitalistas, 311n10; sobre o contexto institucional da desigualdade, 479-482; sobre o Estado (governo), 671-672; sobre o novo capitalismo, 320n18; sobre política educacional, 263; sobre superexecutivos, 296; sobre tecnologia, 222, 225-242; sobre tributação progressiva, 265-266; teoria do capital humano rejeitada por, 194-195; validade dos argumentos de, 24-28. *Veja também O capital no século XXI*
Planos de propriedade de ações de empregados, 329-330
Pluralismo, 676
Pobreza, 28-29, 704; absoluta, 361n100
Poder legal, 620-626
Polanyi, Karl, 707
Polarização política, 688-689
Política industrial, 358
Política macroeconômica, 152
Política monetária, 152

Política: em *O capital no século XXI*, 665-675, 724-725; em W/Y, 149-152; influência da riqueza na, 152-160, 422; Piketty sobre, 133, 706-707; reforma da, 698-700; retorno ao patriarcado na, 500-502
Políticas de ação afirmativa, 724
População: contexto demográfico da, 636-637; desigualdade global e, 358-359; direitos das mulheres e, 495-496; menor taxa de crescimento da, 453
Portalis, Jean-Etienne-Marie, 625
Poschke, M., 449
Poulantzas, Nicos, 155
Poupança: consumo e, 553; declínio na, 522; heterogeneidade endógena na, 425-426; heterogeneidade exógena na, 447; medição de, 411; preventiva, 442-443; por ricos, 203-204; taxas de, 433, 438-439
Preços imobiliários, 716-717
Preços, salários vinculados a, 289-290
Previdência social, 449-450
PriceWaterhouseCoopers, 380
Primeira Guerra Mundial: Alemanha na, 601-602; Estados Unidos na, 571-572, 583-584, 585; França na, 596; Reino Unido na, 589-590
Primeira Idade de Ouro, 18; pobreza durante a, 28
Primeira Lei do Capitalismo, 104-105, 715
Primogenitura, 497
Processo de acumulação de riqueza específico do grupo, 644-647
Produtividade total dos fatores (PTF), 144, 425, 426, 437, 452
Produtividade: Clark sobre salários e, 469; crescimento em, 76-77, 270; em setores não comercializáveis da economia, 251, 252n32; produtividade total do fator, 144; tecnologia da informação e, 237
Professores, 472-473
Programa de Gotha (Alemanha; 1875), 600
Programa Head Start, 217, 218n25
Projeto de igualdade de oportunidades, 721
Propriedade intelectual, 241
Propriedade privada, 618, 709, 727
Propriedade: do capital, 712; formas de, 727
Prússia, 598-599
Público e privado, 628-631
Pufendorf, Samuel, 618, 619n26
Pullman Strike (1894), 578, 579

Quadrini, Vincenzo, 440
Questão de confiança, 228

Raça: segregação por, 582, 691. *Veja também* Negros; Brancos
Rancière, Jacques, 69, 561-562
Ransom, Michael, 278n8
Raval, Devesh, 27, 37, 424, 716
Ravallion, Martin, 546
Ravikumar, B., 116
Ray, Debraj, 310
Razão entre capital e produto, 102-104, 105-106
Razão entre custo de capital e custo de trabalho, 113
Razão entre riqueza/rendimento anual (W/Y), 24, 72-74, 133-135; visões alternativas de, 136-141
Razões entre capital e renda, 76-77
Reagan, Ronald, 52, 726
Reardon, Sean, 691
Rebitzer, Jim, 288n22
Recessões, 541-543
Reconstrução (Estados Unidos), 576
Redlining, 692
Reed, Deborah, 492
Regan, Ronald, 514
Regulamentos: acumulando conhecimento em, 156; crescimento e, 418-419; sobre capital, 724-728
Reinhart, Carmen, 49
Reino Unido: ativos estrangeiros pertencentes ao, 711; desenvolvimento da classe mercantil no, 656; governos socialistas no, 608-609; história econômica e política do, 586-593; informações compartilhadas entre outros estados e, 392; poder dos acionistas no, 145; primogenitura no, 497; propriedade de escravos no, 167-168; Revolução Industrial financiada pelo comércio de escravos, 697-698; taxa de retorno no, 75; tributação no, 391
Remuneração executiva, 81, 93-94; aumento nos salários devido à, 414-415; opções de ações como, 419; renda de capital na,

149; taxas marginais de imposto de renda e, 235-236; tecnologia da informação e, 236-237
Remuneração: benefícios sociais em, 274-276; justiça na, 281-285. *Veja também* Remuneração de executivos; Salários
Renda: classe definida por, 381-382; dados de pesquisa sobre, 87; dados fiscais sobre, 88; das elites, 136-138; de capital humano e capital físico, 198, 199; de executivos corporativos, 212; desigualdade de riqueza e desigualdade de renda distinguidas, 229; desigualdade em, 401-406; distribuição funcional e pessoal de, 310-313; hipótese de renda permanente, 553n54, 562; Luxembourg Income Study quanto a, 87, 321-323; parte do trabalho de, 201n7, 413-416; participação do capital de, 93, 200n5; proveniente dos salários e do capital, 79-80; remédios para desigualdade de, 418-419; tecnologia na desigualdade em, 229-238
Rendas: compartilhada entre trabalho e capital, 298; em desigualdade, 147-148; Keynes sobre, 612; lucros como tipo de, 139-140; mudança tecnológica e, 241; na remuneração de superestrela, 238-239; propriedade internacional e, 712; Stiglitz sobre, 550
Rentistas, 148-149
República de Weimar (Alemanha), 602-608
Republicanos Oportunistas (França), 595
Reshef, Ariell, 418
Retorno sobre o capital, 666-667
Revolução Francesa, 625-626, 628n56
Revolução Industrial, 342, 647-648
Revolução Russa (Bolchevique), 591, 725
Rhode, Paul, 175n27
Ricardo, David, 131-132, 586, 704
Ríos-Rull, José-Victor, 443, 446
Riqueza herdada, 19; aumento de, 78, 91-92; concentração de, 92; própria conquista material vs., 410-413; resiliência de, 64; Solow sobre, 61
Riqueza: aumentando a desigualdade na, 505; capital humano na, 198; como reivindicação sobre recursos futuros, 132; dados históricos sobre, 72-73; desigualdade de riqueza e desigualdade de renda distinguidas, 229; desigualdade na, 406-409; dinâmica de transição de distribuição de, 448-450; dinâmica "ricos-ficam-mais--ricos" para, 78; distribuição de, 424; em ações, 525; escravos como, 146, 652, 661-662; ferramentas de políticas públicas para gestão, 150-152; fluxos de herança de, 202-205; herdado vs. adquirido por si próprio, 410-413; imposto global sobre, 82-83, 216, 477, 537, 673-674; influência da política na, 152-160; modelos que geram caudas de distribuição de Pareto de, 434-438; Piketty sobre a concentração de, 432-434; processo de acumulação de riqueza específico do grupo, 644-647; remédios para a desigualdade na, 420-421; tecnologia e desigualdade em, 225-229; transmissão intergeracional de, 444-446
Robinson, James A., 22, 40, 134, 482, 669
Robinson, Joan, 131-132
Robótica, 257
Rockman, Seth, 174-175
Rodriguez, J. G., 546
Rodriguez, Miguel, 111, 113
Rodrik, Dani, 542, 547, 567
Rognlie, Matthew, 21, 26, 106, 108, 110n7
Rogoff, Kenneth, 49
Romer, David, 470
Romer, Paul, 470
Ronzoni, Miriam, 673
Roosevelt, Franklin D., 584, 589
Rosanvallon, Pierre, 49-51, 593n14
Rosen, Sherwin, 93-94
Rosenbloom, Joshua, 651-652, 661
Rosenthal, Cautliln C., 649
Rosenthal, H., 549
Ross, Edward A., 579-580
Rothstein, Bo, 684
Rowthorn, Robert, 106

Saez, Emmanuel: como coautor com Piketty, 22, 50, 53, 72, 476; sobre a desigualdade, 39, 79-80; sobre aumento da desigualdade, 430-431; sobre gênero nas elites, 500; sobre mobilidade social, 57; sobre o World Wealth and Income Database (WID), 722-723; sobre o

projeto Igualdade de Oportunidades, 721; sobre renda permanente, 562; sobre taxas de poupança, 438-439
Sahin, Aysegul, 122
Saída política, 689-696
Salário mínimo, 247; Legislação do New Deal sobre o, 584
Salários: como retorno sobre capital humano, 194; desigualdade em, 93-94; diferenças nacionais na desigualdade dos, 232-233; fatores determinantes, 274-276; hipótese de local de trabalho fissurado e, 296-301; justiça em, 281-285; legislação de salário mínimo, 584-585; normas de configuração de, 298-300; poder de monopsônio e, 277-281, 286-287; preços vinculados a, 289-290; produtividade e, 469; renda de, 79-80; salário mínimo real, 247; tamanho da empresa e, 285, 286n20
Samuelson, Paul, 297
Sand, Benjamin, 127
Sandberg, Sheryl, 492
Sargent, Thomas J., 604n18
Sassen, Saskia, 370, 386, 389
Savage, M., 384
Savannah (Geórgia), 180-181, 184
Saving, Jason, 688-689
Schattschneider, E. E., 676
Schlesinger, Arthur, Jr., 59
Schmieder, Johannes, 292
Schmitt, John, 473
Schmitt, Mark, 698
Schmitz, James, 124
Schott, Peter K., 123-124
Schumpeter, Joseph, 64-65
Scipio (trabalhador escravizado), 163-164
Scognamillo, A., 563
Section Française de L'Internationale Ouvrière (SFIO) [Secção Francesa da Internacional Operária], 595-596, 597
Segal, P., 337-338
Segregação econômica, 690-693
Segregação, 582, 690-695
Segunda era das máquinas, A (*The Second Machine Age*) (Brynjolfsson e McAfee), 222
Segunda Guerra Mundial: Estados Unidos na, 585; França na, 595-596; Reino Unido na, 592-593
Segunda Idade de Ouro, 19; Krugman sobre, 85-97
Segunda Lei do Capitalismo, 103, 716
Segunda Revolução Industrial, 20
Segundo Império (França), 594
Seguro-desemprego, 312
Setor de manufatura: cadeia de suprimentos para o, 254; comércio chinês e o, 122-124; declínio em, 252-253; elasticidade no, 119; emprego no, 255, 509; local de trabalho fissurado no, 292-293
Setor de seguros, 168
Setor financeiro: cartelização facilitada por, 144; remuneração de executivos no, 94-95; riqueza determinada no, 134-35; tecnologia da informação e pagamento no, 237
Setores comercializáveis da economia, 247-252
Setores não comercializáveis da economia, 247-254
Shapiro, Tom, 692
Shaxson, Nicholas, 374
Sheppard, Eric, 365
Siedler, Thomas, 491
Sinclair, Upton, 96
Sindicato americano dos ferroviários, 579
Sindicatos, 573n3; antes da Primeira Guerra Mundial, 583-584; como fonte de informação política, 682-683; declínio na filiação aos, 246-247, 514; declínio no papel político dos, 685; desenvolvimento nos Estados Unidos dos, 576, 578-579; na França, 594-595; níveis salariais negociados por, 285; no Reino Unido, 587-588, 591; preços das ações e, 145; proibido em zonas, 372-373; terceirização para evitar, 274
Sisler, William, 49
Sistema de Contas Nacionais (SNA, na sigla em inglês), 402n9
Skinner, Jonathan, 412, 446
Skocpol, Theda, 59, 682, 686
Slichter, Sumner, 279
Smith, Adam, 29, 310, 616, 617, 621, 623
Smith, Anthony, Jr., 103n2, 447
Soberania, 628-632
Social-democracia, 572

Socialismo: Orwell sobre, 608-609; na Alemanha, 600; renda de capital sob, 313-315
Sociedade comercial: desigualdade moderna e, 615-620; poder legal e, 620-626
Sociologia e sociólogos, 66, 67
Solon, Gary, 210n19, 214n21, 491
Solow, Robert M., 17; modelo de crescimento de, 102-103; *O capital no século XXI* revisto por, 61, 241-242
Sombart, Werner, 675
Song, Jae, 294-295, 298, 500
Soskice, David, 365-366, 670
Southern Railroad Company [Companhia Ferroviária do Sul], 163-165
Spence, Michael, 27, 38, 716
Sperling, Gene, 46
Spire, Alexis, 66
Sposi, Michael J., 116
Stafford, Frank P., 428
Stantcheva, Stefanie, 418
Starbucks (empresa), 381n58
Steinbaum, Marshall, 25, 40, 707
Steinem, Gloria, 483
Steinmo, Sven, 684-685
STEM (na sigla em inglês, áreas de educação em ciência, tecnologia, engenharia e matemática), 264
Stephens-Davidowitz, Seth, 499
Stevens, Luminita, 441
Stiglitz, Joseph E., 61; sobre consumo, 554, 556; sobre desigualdade, 536-537, 543; sobre mercado de crédito, 552; sobre rendas econômicas, 549-550
Stolper-Samuelson, teoria de, 351
Stone, Lawrence, 488
Streeck, Wolfgang, 634
Subconsumo, 552-558
Súditos, cidadãos vs., 643-644, 661
Suécia, 322, 685
Sufi, A., 541
Sufrágio (votação), 572, 608; direito de proteção ao, 699; na Alemanha, 602; na França, 593; na Prússia, 599; negros excluídos de, 582, 585; no Reino Unido, 586; nos Estados Unidos, 575; para mulheres, no Reino Unido, 590
Suíça, 375n49
Sul Global, 365n12
Summers, Lawrence, 54, 62, 411
Superestrelas, 238-240
Superexecutivos, 148-149, 432, 668; em um por cento, 232-235, 238; herança de, 467; Piketty sobre ascensão de, 80-81; remuneração de executivos para, 296; rendimento de capital de, 241-242
Suporte de renda, 267-268
Suprema Corte (Estados Unidos): decisão no caso Citizens United pela, 57-58, 699-700; decisão no caso Munn vs. Illinois pela, 578; sobre a legislação do New Deal, 584-585; sobre a legislação trabalhista, 583; sobre o imposto de renda, 582
Supremacia branca, 575-576
Svejnar, J., 549-550
Swan, Trevor W., 102-103

Tabellini, G., 547
Taff Vale (Reino Unido; 1901), 587
Tarantino, Quentin, 190
Taxas de capitalização, 146-148
Taxas de crescimento, tendências estruturais de, 138-139
Taxas de fertilidade, 203
Taxas de lucro: históricas, 26-27; Marx sobre, 612; tendências estruturais das, 138-139
Taxas de retorno: endogeneidade de, 440-441; heterogeneidade endógena em, 425-426, 432; sobre o capital, 666-667; sobre poupança, 438-439
Taylor, Lowell, 288n22
Taylor, Susan, 291n26
Tecnologia da informação (TI), 236-238
Tecnologia digital, 257-261
Tecnologia, 26; desigualdade de renda ligada a, 93-94, 222-223, 681; digital, 257-261; economia de trabalho, 125-127; estimativas de elasticidade e, 113-114; globalização e, 242-257, 350-353; interferência do governo em, 357-358; Piketty sobre, 129, 225-242; respostas políticas para a, 261-268
Tecnologias de uso geral, 125
Temin, Peter, 584
Terceira República (França), 594-595

Terceirização, 273, 274. *Veja também* Hipótese do local de trabalho fissurado
Terra: capital e, 131-132; imposto sobre, 578, 588
Thatcher, Margaret, 52, 726
Think tanks ["centros de pesquisa"], 157
Thomas, Duncan, 218n25
Tinbergen, J., 352
Tobin's Q, 145
Tocqueville, Alexis de, 160
Tomes, Nigel, 212
Trabalhadores Industriais do Mundo (IWW, na sigla em inglês), 581, 583
Trabalho: de trabalhadores escravizados, 178-190; desigualdade de renda do, 229; elasticidade de substituição de capital por, 105-108, 110-112, 120-121, 226-227; elasticidade na demanda por, 137; em zonas, 372-373; fatores da determinação de salários para o, 274-276; máquinas substituindo humanos para o, 257-259, 261-262, 267; mudança tecnológica e, 125-127, 351-352; na teoria do capital humano, 194, 198-199; não pago, por mulheres, 483; parcela da renda nacional do, 201n7; poder de barganha do, 143-144; poder de monopsônio e, 277-281; polarização no emprego, 230-231; renda do, 75-76, 79-80, 413-416; tipos de, 244-245. *Veja também* Sindicatos
Transmissão de riqueza intergeracional, 643
Tratado de Versalhes (1919), 590, 596, 603-605
Tributação, 35-36; como elemento no orçamento público, 573; como fonte de dados, 654; comparação internacional de, 685-686; Constituição e Suprema Corte sobre, 582; crescimento não vinculado a taxas de, 418-419; declínio nas taxas marginais de, 234-235; dos americanos de alta renda, 97; efeito da, sobre escolha empresarial, 441; evasão corporativa de, 367n17, 368-369; global, Piketty sobre, 68, 82-83, 477; imposto de renda, criação de, 582-583; na França, 596, 725-726; na Prússia, 599; políticas dos Estados Unidos sobre, 686-687; progressiva, 66, 95-96, 416-418; respostas políticas à tecnologia em, 265-266; sobre capital, 122, 139-140, 151, 216, 727; sobre propriedades, 420n46; sobre renda de capital, 355; sobre riqueza, 420, 537, 673; sobre terra, 578, 588; transferências de renda através de, 404-405
Truman, Harry S, 585
Trump, Donald J., 675n25
Tyson, Laura, 27, 38, 716

Um por cento, 381-382, 719; aumento na renda para o, 246; desigualdade de renda dentro do, 233; empresários entre, 440-441; gênero dos membros do, 500-502; retorno sobre o capital para, 666-667; riqueza futura do, 450; riqueza pertencente ao, 406-407; superestrelas no, 238-239. *Veja também* Elites
União Soviética, 592, 596, 607; Guerra Civil Espanhola e, 608-609
Universidade Harvard: palestras de Piketty na, 63-64; renda dos pais de alunos na, 720
Urry, John, 374, 383
Uzbequistão, 670

Vacinas, 649-650
Van Reenen, John, 125
"Vencedor-leva-tudo", teoria do, 238
Venti, Steven F., 446
Vissing-Jørgensen, Annette, 444
Voitchovsky, S., 546
Volker, Paul, 513
Votação. *Veja* Sufrágio (votação)
Voz política, 676-689

Waldeck-Rousseau, Pierre, 595
Waldenström, Daniel, 307-308
Walton, Sam, 479
Wantchekon, Leonard, 155
Waring, Marilyn, 483
Warren, Elizabeth, 46, 55, 62
Washington, Juliet E., 163
Webb, Beatrice, 277, 279
Webb, Sidney, 277, 279
Webber, R., 385
Weil, David, 32, 38-39, 470, 717
Weimberg, Steven, 446
Weir, Margaret, 686

Weitz, Eric, 605
West Coast Hotel vs. Parrish (Estados Unidos; 1937), 584-585, 588-589
Whittle, Peter, 427-428
Wigmore, Barry, 584
Wilder, Craig, 187
Williams, Eric, 172, 647
Williamson, Vanessa, 59
Willman, Alpo, 110, 115
Wilson, Woodrow, 582, 603
Winant, P., 561-562
Wise, David A., 446
Wójcik, D., 378
Wold, Herman O., 427-428
Wolff, Edward, 407
World Top Incomes Database (WTID) [Banco de Dados Mundial das Principais Rendas], 397, 400, 402
World Wealth and Income Database (WID) [Banco de Dados Mundial de Riqueza e Renda], 402, 658-659, 662, 722-723

Yang, Fang, 39, 446, 450-454, 718
Yellen, Janet, 55-56
Young, Arthur, 704

Zandi, Mark, 40, 721
Zeckhauser, Richard, 695
Zeira, J., 550
Zeladores, 291
Zeldes, Stephen, 412
Zhu, Shenghao, 436-437
Zingales, 158
Zonas, 370-373
Zucman, Gabriel, 36, 118, 155, 366; registro de riqueza global proposto por, 662-663; rendimento de capital estimado por, 407-408; sobre aumento da desigualdade, 430-431; sobre paraísos fiscais, 374-376, 380, 391n90; sobre taxas de poupança, 412, 438-439

ESTE LIVRO FOI COMPOSTO EM ADOBE GARAMOND 11 POR 15 E IMPRESSO SOBRE PAPEL OFF-WHITE AVENA 70 g/m² NAS OFICINAS DA ASSAHI GRÁFICA, ITU — SP, EM JUNHO DE 2023.